越商管理创新案例
（2022）

严家明　丁志刚　周鸿勇　朱杏珍　李小明　曾红　编著

中国财经出版传媒集团
中国财政经济出版社

图书在版编目（CIP）数据

越商管理创新案例.2022／严家明等编著.--北京：中国财政经济出版社，2023.8

ISBN 978-7-5223-2222-3

Ⅰ.①越… Ⅱ.①严… Ⅲ.①企业管理-创新管理-案例-浙江 Ⅳ.①F279.275.5

中国国家版本馆CIP数据核字（2023）第092230号

责任编辑：田明晖 郭 颖　　　　责任校对：胡永立
封面设计：陈宇琰

越商管理创新案例（2022）
YUESHANG GUANLI CHUANGXIN ANLI（2022）

中国财政经济出版社 出版
URL：http：//www.cfeph.cn
E-mail：cfeph@cfeph.cn

社址：北京市海淀区阜成路甲28号　邮政编码：100142
营销中心电话：010-88191522　编辑部门电话：010-88190683
天猫网店：中国财政经济出版社旗舰店
网址：https：//zgczjjcbs.tmall.com
北京财经印刷厂印刷　各地新华书店经销
成品尺寸：185mm×260mm　16开　30.5印张　637 000字
2023年8月第1版　2023年8月北京第1次印刷
定价：108.00元
ISBN 978-7-5223-2222-3
（图书出现印装问题，本社负责调换，电话：010-88190548）
本社质量投诉电话：010-88190744
打击盗版举报热线：010-88191661　QQ：2242791300

前　言

说起古越之地绍兴，人们往往会想到文化；因为绍兴是“名士之乡”“戏曲之乡”和“书法之乡”，向来以历史悠久、人文鼎盛、享誉中外。然而，这块神奇的土地，不仅孕育了悠远的古越文化，同样创造了深厚的商业文明，不但出名士、出师爷，也出商人、出老板。

被尊封为“商祖”“商圣”的范蠡，2500 年前在越国当政时，就提出“农末俱利”“平粜齐物”的思想，为越国崛起奠定了坚实的理论基础，使越国有了发达的纺织、冶炼、酿酒等手工业。

隋唐以来，越瓷、越绫风行天下，特别是“越窑青瓷”名播朝野。两宋时期，绍兴成为鱼米之乡、丝绸之府，两度成为南宋临时首都。元、明、清三朝，绍兴民间经商之风更加浓厚，有三缸之称的“染缸、酒缸、酱缸”在行业中有着举足轻重的地位。民国时期，越商逐鹿上海滩、控制金融命脉。

越商不仅是历史辉煌的铸造者，更是时代篇章的谱写者。改革开放后，特别是进入 21 世纪后，越商更是叱咤风云、享誉海内外，这其中涌现出大批行业巨头，成长起来大批知名企业家、金融家。截至 2022 年，绍兴本地上市公司累计达到 94 家，在地级市中，位居浙江首位、全国前列。新时期越商的繁荣不仅对绍兴经济发展做出了不可磨灭的贡献，成为绍兴经济发展重要基础力量，同时也对改革开放后我国经济发展起到重要的支撑作用。

随着大数据与人工智能技术、产业与应用的快速繁荣发展，对社会经济各行各业的影响日益增大，企业生存与发展的内外环境都发生了根本性的变化。与之相对，以科学管理为主流的高校管理教学与企业管理实践，都将面临着前所未有的挑战。面对已经出现的未来工厂以及“00 后”职场新人，未来的企业管理将何去何从？

在这样的背景下，自 2016 年至今，绍兴文理学院商学院师生因地缘关系，主要以国内颇具影响的商业群体越商为对象，选择部分优秀的越商企业，在深入调研的基础上，以个案剖解的方式，从战略、文化、结构、资源、能力等多维度探寻其成功之道，并将这一过程与成果以案例编写的形式呈现，试图为未来管理的探索者提供思考素材。

本书选择11家企业，内容涉及乡村振兴、绿色农业、老字号发展、数字赋能等多个方面。感谢为我们研究提供支持的嵊泗县花鸟乡人民政府、新昌县镜岭镇外婆坑村、嵊州市越剧小镇、浙江越新印染有限公司、浙江一景乳业股份有限公司、浙江海丰花卉有限公司、浙江捷昌线性驱动科技股份有限公司、浙江宝纺印染有限公司、金华金贸火腿有限公司、浙江大明制冷科技有限公司、瑞安市李大同（老五房）食品有限公司。

由于时间紧迫和水平有限，书中存在不足之处在所难免，敬请各位同仁、专家、学者批评指正。

目　录

乡村振兴篇

绿色农业篇

老字号发展篇

数字赋能篇

其他篇

乡村振兴篇

案例1

以“花鸟模式”探索海岛共同富裕之路
——基于花鸟乡的案例研究

摘　要

党的十九大报告提出，到2035年的目标是人民生活更为宽裕，中等收入群体比例明显提高，城乡区域发展差距和居民生活水平差距显著缩小，基本公共服务均等化基本实现，全体人民共同富裕迈出坚实步伐。进入21世纪以来，国家海洋开发战略全面实施，海岛旅游产业异军突起，成为了海洋经济发展新的增长点和动力。2021年，共同富裕示范区落地浙江，乘着政策东风，舟山市嵊泗县抓住发展契机，着力探索海岛高质量特色发展之路。

花鸟岛，居于嵊泗列岛的最北面，是一个风景秀丽、植被丰富但人口日渐减少的离岛。当地各级政府创新管理模式，将花鸟岛的开发建设引入市场机制，提出了以“政府主导，企业运营”为原则的“花鸟模式”，实行“一岛一景区一公司”的旅游管理方式。本案例利用文献资料法、实地调查法、实地访谈法和案例分析法，借助复合生态系统理论，对“花鸟模式”的生态系统管理意义进行了剖析，提出了其所具有的还原性、生产性、社会性和复合性。事实上，“花鸟模式”是在充分考量海岛环境承载能力的基础上，以生态保护为前提，以经济崛起为核心，以全民共享为目标，为区域脱贫致富带来了重大贡献，为海岛实现共同富裕探索了一条新路子。

本案例以花鸟岛为例，试图提炼和总结出海岛经济社会的实践经验，为乡村共同富裕注入新力量，为边缘海岛和偏远山区等发展类似的地区提供借鉴和参考。

关键词：花鸟岛；“花鸟模式”；复合生态系统理论；共同富裕；案例研究

一、绪论

（一）研究背景

1. 共同富裕成为我国乡村振兴的重要目标

党的十八大以来，习近平总书记指出，“共同富裕是中国特色社会主义的根本原则”，党中央把握发展阶段新变化，把逐步实现全体人民共同富裕摆在更加重要的位置上，推动区域协调发展，采取有力措施保障和改善民生，打赢脱贫攻坚战，全面建成小康社会，为促进共同富裕创造了良好条件；党的十九届五中全会通过了《中共中央关于制定国民经济和社会发展第十四个五年规划和二〇三五年远景目标的建议》，首次提出，到 2035 年全体人民共同富裕取得更为明显的实质性进展；2021 年 4 月通过的《中华人民共和国乡村振兴促进法》把“走中国特色社会主义乡村振兴道路，促进共同富裕”列入总则：中国社会主要矛盾已经转变为人民日益增长的美好生活需要和不平衡不充分的发展之间的矛盾。新时代，共同富裕就是要基于中国社会主要矛盾的变化，着力满足人民日益增长的美好生活需要。自 2021 年省委部署推进高质量发展建设共同富裕示范区以来，舟山市立足海岛发展基础、特色和优势，聚焦短板和不足，狠抓贯彻落实，向海谋富，聚力攻坚，扎实开展了一系列初具成效的工作，积极探索海岛特色共同富裕路径。2021 年 7 月 20 日，舟山市委七届十一次全体（扩大）会议审议通过了《舟山高质量发展建设共同富裕示范区先行市实施方案（2021—2025 年）》，提出了推进共同富裕的工作目标和主要任务。

2. 海岛开发成为国家海洋发展战略的重要组成部分

党的十八大提出了“美丽中国”的概念，明确作出了建设海洋强国的重大部署，从而使“美丽乡村”“美丽海岛”建设纳入了全国性的战略框架。在“十二五”期间，我国确定了“陆海统筹、全面发展”的战略方针。战略指出，海岛开发是海洋战略实施的重要组成部分，是海洋开发的桥头堡，要进一步开发、经略海洋，提高海洋开发能力，培育壮大海洋战略性新兴产业，努力使海洋产业成为国民经济的支柱产业。“十三五”规划进一步指出，在海岛开发过程中，要加大海岛及邻近海域保护力度，有序推进重要海岛开发建设，扶持边远海岛发展，加强海岛地区生态保护，促进经济社会协调发展，全方位跟踪和监测海岛开发利用情况和海岛资源及生态状况，推进海岛生态修复等工作，在海洋开发布局中，充分纳入生态文明建设思想，坚持开发和保护并重、污染防治和生态修复并举，维护海洋自然再生能力；要根据不同地区和海域的自然资源禀赋、生态与环境容量、产业基础和发展潜力优化海洋经济总体布局，形成层次清晰、定位准确、特色鲜明的海洋经济空间开发格局。

3. 海岛旅游业成为海岛发展的重要产业

我国岛屿众多，但其中人居岛的面积较小，数量很少，对于舟山群岛来说，人口在岛屿上分布较散，故而许多小岛在当前环境之下迫切寻求新的发展出路。党的十八大以来，嵊泗县坚定不移沿着习近平总书记指引的方向推进海岛旅游产业高质量发展，在旅游业取得令人瞩目的成就：旅游产品不断丰富，旅游产业逐步健全，旅游环境日益优化。海岛旅游业将成为小岛内经济社会发展的支柱产业和重要的经济增长点，在新时代，加速发展旅游业成为全域经济增长的新动力、新引擎、人民增收致富的新路子，在促进国民经济转型升级、提质增效、满足人民美好生活需要以及迈向共同富裕方面发挥重要作用。

（二）研究意义

1. 理论意义

从国内现有理论研究来看，学术界对边缘海岛的发展关注较少，复合生态系统理论目前常用于指导崇明岛、海南岛或面积较大的山区以及人口较多、较为复杂的、具有重要战略地位的大岛屿或大区域，在与边缘海岛及偏远地区这类主体的结合上稍显空缺。但在海洋开发过程中，边缘海岛的发展却又不容忽视，偏远的小海岛乃至小乡镇等地区相比大岛屿和大区域之下更具特殊性，因此小海岛的发展不能简单套用内陆地区与大岛屿现有的发展模式，本案例从共同富裕的视域，运用复合生态系统理论阐述花鸟岛在旅游综合体异军突起的激烈背景下，成功走出一条独树一帜的发展之路，丰富了复合生态系统理论的对象并发展其内容。

2. 实践意义

第一，本案例通过对如何利用海岛资源以及平衡海岛上自然、经济和社会三个系统进行深入研究，探索出对海岛长远发展有帮助的模式，也为其他边缘海岛或偏远地区提供相关的实践借鉴意义。第二，海洋在社会进步和经济发展中占有极其重要的位置，合理开发利用海洋资源是经济可持续发展的战略选择。本案例研究找到了海岛发展的着力点，有助于帮助了解海洋发展大战略，以及认识到海洋对我国经济社会发展具有的重大战略意义，并将相关的海岛发展策略实施到海洋战略当中，全面助力国家海洋战略发展。第三，2021年，《中共中央　国务院关于支持浙江高质量发展建设共同富裕示范区的意见》发布，指出共同富裕示范区落地浙江。本案例研究能够深入了解浙江省内共同富裕的建设历程，助力探索共同富裕发展之路，将成功的共同富裕示范区建设经验推广至浙江省内和全国各地，帮助共同富裕在中国全面实现。

（三）研究方法

本案例研究综合运用文献资料法、实地调查法、实地访谈法和案例分析法对研究对象进行深入探索。

1. 文献资料法

通过查询中国知网、百度文库和其他网络资源，找出复合生态系统和共同富裕的相关理论。在撰写文本期间，也通过翻阅书籍以及浏览媒体平台如微信公众号等途径获取了更多关于研究对象的信息。

2. 实地调查法

为收集更多真实和可靠的一手资料，本团队由导师带领前往舟山市嵊泗县花鸟岛，实地调查了花鸟岛旅游和民宿产业，也走访了嵊泗县花鸟微度假旅游发展有限公司。通过本次实地的调研，团队对花鸟岛有了更多、更深刻、更真实的体会。

3. 实地访谈法

在前往花鸟岛实地调查期间，本团队与嵊泗县花鸟乡办公室主任和嵊泗县花鸟微度假旅游发展有限公司的董事长助理进行了深入的面对面访谈。本次访谈了解到了花鸟岛的产业结构以及现行发展模式和未来预期展望；此外，还了解到公司对花鸟岛未来的业务拓展和规划。

4. 案例分析法

综合运用案例分析法将获取到的所有一手或二手信息进行全盘的整理并对花鸟岛创立的“花鸟模式”进行深入的分析，最终探讨“花鸟模式”如何探索海岛共同富裕之路。

（四）研究思路

案例主要从五个部分详细对花鸟岛及其创立的“花鸟模式”作出讨论与分析。绪论主要写了研究背景、意义、思路和方法，为案例的下一步分析提供相关的铺垫；案例对象概述主要介绍了花鸟岛的发展历程和所获荣誉；案例主体详细介绍了“花鸟模式”以及在该模式下小岛取得的成就，为下一步理论分析提供现实依据；案例分析与思考主要将复合生态系统理论和共同富裕理论同“花鸟模式”结合起来完整分析；案例总结和启示系统地对本案例的研究内容进行总结和理解，并提出相关具有借鉴意义的启示和经验。本案例的研究思路如图 1－1 所示。

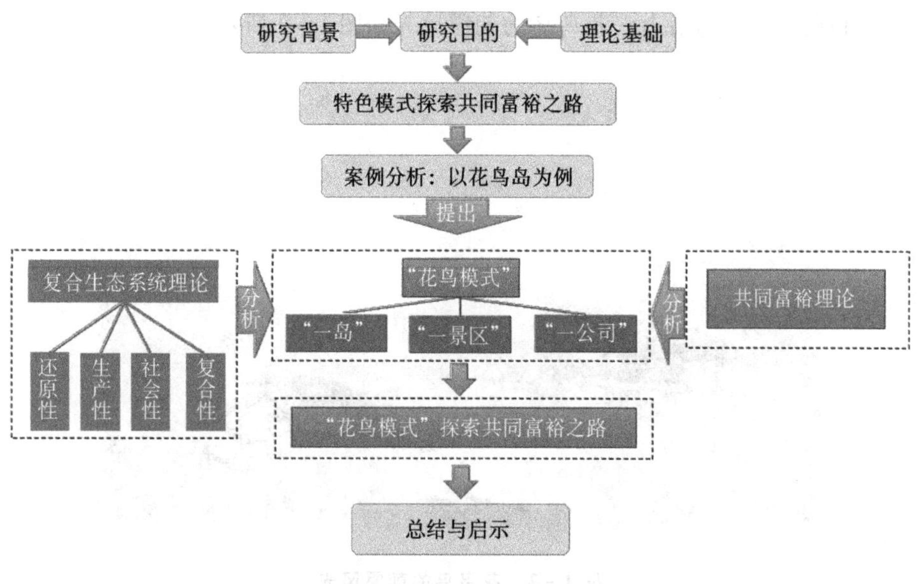

图1-1 案例研究思路

二、案例对象概述

（一）花鸟岛简介

花鸟岛，位于浙江省舟山市嵊泗县的一座美丽的岛屿，岛上植被众多，林壑秀美，因形似展翅欲飞的海鸥，故得名花鸟；居于嵊泗列岛的最北面，因与嵊泗本岛、舟山本岛相距甚远，也称其为离岛。

花鸟岛面积3.28万平方米，以岛设乡，下辖花鸟村与灯塔村两个行政村。现岛上户籍人口1937人，常住人口700多人。岛屿地处亚热带季风气候区，四季分明，气候宜人，落于国际航道，四面环海。这是一片邻近上海的蓝色岛屿，岛上花草丛生，山峦叠翠，海天一色，风光旖旎，被誉为“中国的圣托里尼”。它具有非同寻常的姿色，坐拥着“远东第一灯塔”的壮丽，“夏日荧光海”的梦幻，地中海式民宿的静谧……

小岛历史悠久，有丰富的传说故事和丰厚的风土人情。它被认为是《西游记》中花果山水帘洞的所在地，“离岛”的地理位置使它的文化生态体系完整、纯粹。

旅游业更高层次的开发为离岛注入生机，打造了现代化蓬勃发展的岛屿，而如今的小岛也正在实现经济效益和社会效益的协同发展。花鸟乡政府以整岛的发展眼光将提升老百姓的生活水平作为宗旨，充分挖掘地区元素的潜力，凭借一系列出色的生态治理举措，使花鸟岛成为绿色低碳的典范，达成了既要“金山银山”也要“绿水青山”的愿景；岛民安居乐业的现状也让我们看见了“岛屿生机勃勃，人民安居乐业，景区欣欣向荣，公司蒸蒸日上”的和谐、平衡与活力。花鸟岛的朝霞风光如图 1－2 所示。

图 1－2　花鸟岛的朝霞风光

（二）发展历程

花鸟岛在 21 世纪初发展落后，人口不断外流使其一直处于比较低迷的发展状态，小岛似乎已经被宣判了死亡的结局。之后国家与政府的政策下达，花鸟岛的发展契机出现，小岛逐渐成长。花鸟岛的发展历程如图 1－3 所示。

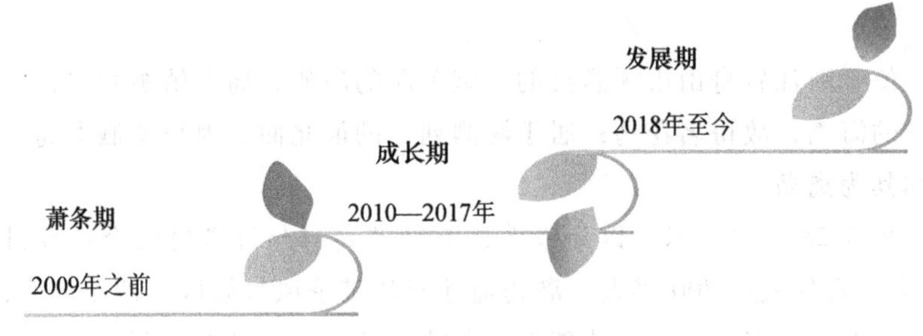

图 1－3　花鸟岛的发展历程

1. 萧条期（2009 年之前）——孤悬海上，亟待开发

20 世纪 90 年代至 21 世纪初，因交通、生态、资源等先天瓶颈，岛上青壮年大量外出务工，使人口不断外流，老龄化问题严重，传统产业衰退，花鸟岛一度成为萧条、贫瘠的老人岛、空心岛。岛的面积较小，能源紧缺，封闭落后，单调的商业形式和极度缺乏的旅游要素，使花鸟岛周围稀有的海岛风光和渔业资源被忽视和浪费。如此情形下的花鸟岛好似被下了一封死亡通知书，倘若小岛未能找到属于自己的发展模式，那么来日灯塔灭则花鸟亡。花鸟岛似乎成为一颗沧海遗珠，在等待采珠人重新把它拾起。

2. 成长期（2010—2017 年）——受到青睐，迅速发展

2010 年起，随着旅游综合体的不断挖掘和开发，人们将目标转向了这座静谧却独特的离岛。自 2013 年 10 月起，花鸟乡党委政府谨遵总书记“两山”重要论述，发挥离岛优势，做足“海”字文章，探索适合小海岛发展的新型模式；2014 年，“定制旅游”的提出，使花鸟岛拥有了特色的旅游模式，把招商引资作为推动发展的第一要务，开拓创新，完善机制，优化环境，许多民营资本支撑众多民宿在花鸟岛上扎根生长；2015 年，习近平总书记在舟山调研时说：“舟山有花鸟岛，听名字就美。”政府的大力扶持、引导，民间资本的不断融入，花鸟人民的辛勤劳作……数年内，岛上鸟语花香，景区生机勃勃，五湖四海的游客纷至沓来，花鸟岛跟上了时代发展的步伐，逐渐走进了人们的视野。

3. 发展期（2018 年至今）——稳步成熟，篇章开启

2018 年，花鸟岛确立了旅游开发的模式，委托专业团队负责整体运营，出台《花鸟岛定制旅游民宿纳管标准（试行）》《花鸟旅游示范岛民宿等级划定标准》等文件，保证了岛上“定制旅游”的高品质管理。2019 年，花鸟村荣获全国乡村旅游重点村、中国美丽休闲乡村等荣誉。如今的花鸟岛是“一岛一景区一公司”三者融合发展的新兴旅游综合体，岛上随处可见的是错落有致的民宿区，宛若世外桃源，一片欣欣向荣。自坚定地发展旅游业以来，岛、景区、公司都历经了更高水平的变革，其经营模式逐渐成熟，通过广招义工和举办各类活动走进大众视野，让更多人也参与小岛的建设和成长。花鸟岛于 2020 年获评国家级 4A 景区，2021 年获评省级 5A 景区镇，通过持续不断的 A 级景区创建，优化全域服务配套，营造设施完善、安全有序、精致高效的旅游环境。位于中国沿海的一个小岛屿用乡村旅游发展谱写了现代版的诗与远方，成功蜕变成舟山乃至浙江省旅游的一张金名片，花鸟岛首创的“一岛一景区一公司”模式正以它独特的姿态开启中国小型海岛战略发展的篇章。

（三）所获荣誉

花鸟岛以“高端定制化离岛微度假”为定位，从浙东诸多海岛中脱颖而出，成为了具有代表性的海岛旅游地，揽获了一系列荣誉。花鸟岛被评为国家 4A 级景区，作为旅游业核心载体的民宿产业也得到了很好的发展，岛上现有民宿 68 家，其中省级白金宿 1 家，省级金宿 1 家，银宿 3 家。

花鸟岛的建设秉持着可持续发展的原则，注重自然与生态的效益。不仅岛上村容村貌改变了，生态立岛的理念也牢牢根植于村民内心；区域经济的发展也增加了当地居民的收入，提高了居民的生活水平；凭借出色的治理体系，岛屿努力实现乡村振兴的五大目标，发展成果也成为了美丽乡村与海岛建设的典范，获评了优秀乡镇等诸多荣誉称号。花鸟岛近几年所获荣誉如表 1-1、图 1-4 所示。

表 1－1　　所获荣誉

年份	所获荣誉
2016	国家 3A 级景区 浙江省低碳城镇试点乡镇 浙江省美丽乡村暨精神文明现场会的示范点考察点
2017	浙江省休闲旅游示范村 浙江省 A 级景区村庄示范村 舟山市首批 3A 级景区村
2019	全国乡村旅游重点村 中国美丽休闲乡村 国家级卫生乡镇 省级旅游风情小镇
2020	国家 4A 级景区 入选“第一批浙江省美丽城镇样板镇” 浙江省 4A 级景区镇
2021	浙江省 5A 级景区镇 入选“浙江省历史文化（传统）村落保护利用十大模式” 全省首批自然保护地融合发展示范村 全省第一批低（零）碳试点创建单位 新时代美丽城镇建设省级样板

图 1－4　花鸟岛部分所获荣誉照片

三、案例主体介绍：“花鸟模式”

（一）“花鸟模式”提出背景

曾经，由于交通不便、渔业资源衰退、基础设施落后，岛上人口日渐稀少，花鸟岛成了“空心岛”。到2010年，尽管花鸟乡的户籍人口有1900余人，但常住人口不足800人，其中60岁以上的老人占60%以上，大多数青壮年劳动力流出。花鸟岛成了名副其实的“老人岛”。

近年来，舟山市嵊泗县致力于探索乡村振兴、实现共同富裕新路子。通过反复调研，决定以旅游业为抓手，谋划花鸟岛的发展。花鸟乡政府将创新作为引领发展的第一动力，创新管理模式，将花鸟岛的开发建设引入市场机制，以“政府主导，企业运营”为原则，以“离岛·微城·慢生活”为基调，乡村振兴“五大振兴”指标为目标，探索出“一岛一景区一公司”的“花鸟模式”。“一岛”指的是对全岛生态环境进行整治，打造宜居村落，盘活村里闲置土地，精耕细作保护海岛生态；“一景区”指的是全域景区化，通过特色旅游管理模式，提供“定制旅游”的优质服务，焕发海岛活力；“一公司”指的是花鸟岛引入社会资本，由嵊泗县花鸟微度假旅游公司进行专业设计，以艺术赋能，为游客提供个性化服务，谋划海岛发展。

“一岛一景区一公司”的“花鸟模式”敏锐把握了人们不断提高的旅游质量需求，发掘小众文青市场，打造了花鸟岛特有的主题特色，从而有力推进花鸟岛的共同富裕进程。

（二）“一岛”——精耕细作，保护海岛生态

1. 基础设施治理

花鸟岛岛屿面积狭小，孤悬海上，远离大陆，作为独立的地理单元，生态脆弱，资源短缺。为了给旅游业的发展提供良好的自然环境，提高游客的满意度，花鸟岛科学地实施开源节流，整合离岛资源，创造绿色低碳的交通体系，不断完善旅游基础配套设施，争取资源利用最大化，并在开发中始终坚持“可持续发展”的原则和“循环生态经济”的理念。

2016年，浙江省环保组织绿色科技文化促进会在花鸟岛建设了低碳示范点。花鸟岛依托原生态环境，实施四季园林景观廊道建设、山体绿化、美丽庭院和修旧如新、原生态设计，倡导废旧物改造、资源循环利用和健康饮食、步行等简约的生活方式，成为海岛保护

中开发的典范。

（1）多元治水。自2014年起，花鸟岛采用双管网分质供水工程来利用水资源，对全乡现有的水库、山塘进行修复利用，从中铺设一条管网，主要用于生产用水、公共用水的供水；原管网供应坑道井优质水源，主要提供全乡人民群众家庭生活用水和饮用水。每家房屋无论是民宿还是居民住房，均装有集水井和两条水管，分别是洗刷用水管和饮用水管，管道从屋顶连通一口井，也可收集可观的雨水量。“雨水收集在井中，可用于日常洗刷，植物浇灌，使水资源得到充分利用。”一位民宿主热心地向我们介绍。双管网供水解决了混合供水问题，更加合理分配了岛上的淡水资源。

岛上还建立了污水处理站（如图1－5所示），采用MBBR生物移动床技术（如图1－6所示）处理污水。自2014年9月启动农村生活污水治理工作以来，累计铺设主管1836米、支管8060米，安装MBBR一体化处理设备两套，建造厌氧生物处理池4座，使受益用户达789户，受益人口1800多人。花鸟乡也因此成为嵊泗县首个完成污水设施建造的乡镇。此外，海水淡化一期工程也依旧在建设中，日后启用海水淡化工程，其成本有望接近自来水以及工业用水的价格，即可大大缓解供水矛盾。

图1－5　花鸟岛建立污水处理站

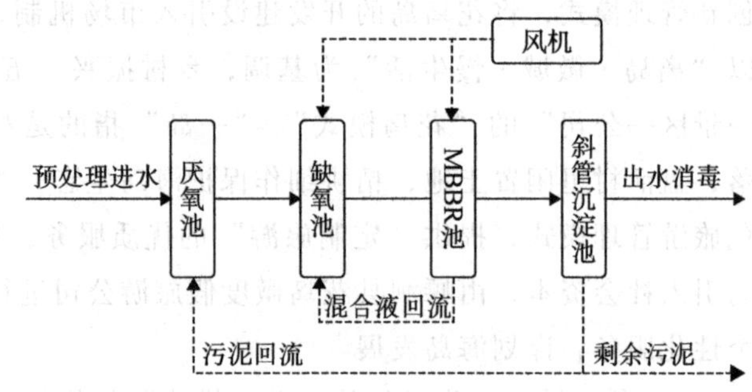

图1－6　一体化MBBR工艺流程

（2）节能减排。花鸟岛拒绝一切有污染的企业进入，岛上没有任何工业企业。岛上所有项目开发建设，包括已完成的民宿区、慢生活街区以及今后的“到灯塔去”项目，都是以生态保护为前提，以适度改造、就地取材、废旧物利用和贴近自然为原则。“花鸟的开发建设绝不以破坏环境为代价。”袁方圆表示。花鸟岛坚守低碳循环的理念，通过海岛生态工程进一步优化、美化和彰显其原生态的淳朴与魅力，凸显环境的可持续发展。

为保护村庄纹理不被破坏，花鸟严格控制岛内机动车数量，打造以电动车为主的绿色公共交通体系，保障交通运力。岛上10多辆公共电动车，游客招手即停。除运输车等必备车辆外，其他机动车辆一律拒绝进岛。

花鸟岛依托原生态环境，实施四季园林景观廊道建设、山体绿化、美丽庭院和修旧如旧、原生态设计，倡导废旧物改造、资源循环利用和健康饮食、步行等简约的生活方式，全面营造鸟语花香的生活及心灵的空间。居民生活采用节能设备、节约用水用电，民宿中不主动提供一次性“六大件”等，推崇变废为宝、新能源开发。2016年，浙江省环保组织绿色科技文化促进会在花鸟岛建设了低碳示范点。花鸟岛设计的节能减排标志如图1－7所示。

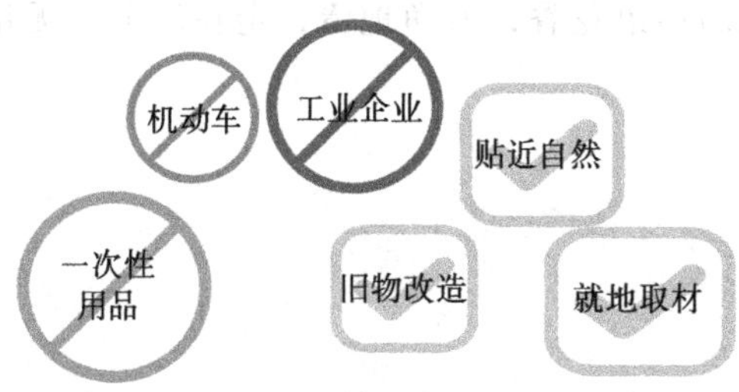

图1-7　花鸟岛设计的节能减排标志

（3）扩大电力。只有5公里的码塔线，是花鸟岛上唯一的一条公路，也是海景景观步道。路边的景观路灯，采用了花鸟灯塔的经典造型，同时这也是一款风光互补的新能源路灯，满足阴晴两种天气下的电能供应。这就是花鸟岛启动的码塔线太阳能景观路灯亮化工程，安装码塔沿线太阳能景观路灯，既保证了夜间出行安全，也使花鸟岛主线沿线拥有了独特的风景线。

绿华岛临近花鸟岛，和花鸟岛都是舟山群岛北部海域的两个小岛，岛上的电力输送由海底电缆支撑。原先绿华岛和花鸟岛均为单回海缆供电，一旦海缆被船锚钩断就会导致长时间停电。为了提高供电可靠性，保障岛上居民正常的生产、生活用电，如今建造了绿华岛—花鸟岛10kV海底电缆工程，敷设海底电缆，采用双回路供电，且在设计时注重对海洋生态的保护，海缆采用水力冲埋式设犁施工法埋设于海底沟槽中，工程施工期极短，作业区域小，故海缆敷设对海底地形与冲淤环境基本没有影响。

2. 设立垃圾分类账户

2016年3月底，花鸟乡积极响应国家号召，从上海引入“绿色账户”垃圾分类奖励机制，鼓励和引导居民积极参与垃圾分类。以垃圾减量化、资源化和无害化处置为突破口，全面推进渔农村生活垃圾治理工作，全力打造洁净村庄。这一机制以干湿分类为主，绿色垃圾分类账户是记录居民参与环保行为的绿色诚信档案，是用积分兑换奖励的凭证，按照市政公司统一管理、群众自觉参与、政府鼓励支持的模式进行运营，是建立符合花鸟岛特点的生活垃圾分类减量独特模式的重要载体。2016年以来，累计开展线上线下活动25次，收集固体废物300余吨。从源头上对生活垃圾进行减量、分类，可以进一步推进花鸟乡的垃圾干湿分类工作，提升花鸟乡生活垃圾减量化、资源化和无害化处理能力。

从具体实施方法来看，分类正确的每户人家一天最多获得10个积分，而10分就能兑换价值1元的购物券，凭此购物券就可以去岛上指定商店购买日常用品了。花鸟岛上的每户人家都有一个“绿色账户”，每天下午3：30—5：00，居民们都会自觉地提着自家的垃圾到“绿色账户”垃圾干湿分类投放点（如图1-8所示）投放垃圾并获得相应积分。每个月市政公司会将全部积分在宣传栏公示。在促、督并举下，居民们垃圾分类的积极性得到提高。此外，管理部门也健全完善对乡镇、村、垃圾分拣员和渔农户的考核评比制度，变被动接受转为主动分类，实现生活垃圾收集处理行政村覆盖率100%。在绿色垃圾分类账户制度下，如今的花鸟岛鸟语花香，海净地清，走在岛上，无论是本地居民还是外来游客的低碳环保意识都很强。

图 1-8 垃圾分类点

3. 开展净滩行动

除了推行全岛垃圾干湿分类和建立垃圾分类“绿色账户”诚信档案制度，使生活垃圾无害化处理率达到 100%，岛民们还会自发举办“净滩行动”，无论是乡政府机关干部、公司员工还是艺术家或民宿主，大家都会一起开启清理海草的行动，岛民们用自己的双手还花鸟岛一片蔚蓝的大海和洁净的沙滩。游客也可以参加净滩活动，凭借净滩成果和情怀卡的签名，就可以到绿色浙江未来使者民宿获得打折优惠。

2018 年 5 月 3 日，央视新闻频道 CCTV-13 用 40 分钟的篇幅报道浙江省在深入贯彻落实习近平总书记“共抓大保护，不搞大开发”的重要指示精神的生动实践。其中花鸟岛的“净滩行动”也光荣亮相。直播中，央视记者贾林在花鸟岛“捡垃圾”，报道中更是三次为绿色浙江花鸟未来使者民宿点赞，如图 1-9 所示。

图 1-9 净滩行动进行时

4. 改造闲置老房

（1）原拆原建。2010年，花鸟乡与国资企业合作，利用一批闲置农房集中打造了全岛首批12家民宿，通过旅游民宿的发展实现了村集体经济的初步壮大。而后几年，旅游市场不断升温，房屋租赁价格上涨，民宿开发压力增大，为避免房屋租赁乱象，花鸟乡政府坚持起到规划与引领作用，由政府主导，委托花鸟公司落实，搭建起专业的农房租赁统一平台，对民宿的建设打造进行合理布局，实施村集体土地有偿租赁制度：以“有利于提升民宿品质、有利于改善渔村环境、有利于壮大村集体经济”为原则，将闲置村集体资产以一定的收费比例租赁给民宿业主，从而提高花鸟岛土地资源的利用效率；政府与公司对闲置农房的租赁、签约、后续运营全程参与。通过租赁平台的有效运营，闲置房屋租赁形成了高效、便捷的衔接系统，效率与规范性明显改善，目前平台已与86户农房达成租赁协议。

在建造民宿的过程中，花鸟岛并不改动房屋与街道的格局，而是注重对老旧建筑的保护和对原格局的保留，实行“原拆原建”。花鸟乡办公室刘主任说：“我们所有房屋的建造都遵循原有的格局，避免大拆大改，连道路的宽窄也尽量不去修理，一是为了保留这些独特风貌，二是防止出海的渔民们一年回家一次找不到路。”“原拆原建”房屋俯视图如图1-10所示。

图1-10　“原拆原建”房屋俯视图

如今的花鸟岛兼具旧渔村的古朴与新农村的整洁（如图1-11所示），曲折隐匿的小路边上，蓝顶白墙的房屋错落有致，以崭新的面貌述说着古老的故事。游客在步行中并非是一眼望见头的畅快，更多了份走进其中细看的期待与欣喜。

图 1－11　老房与新房

（2）品质设计。为了使民宿的打造更具专业化，政府委托嵊泗县花鸟微度假旅游发展有限公司进行统一管理，专业品质设计。规定花鸟岛上的民宿、酒店采用定制旅游授权加盟的管理模式运营，由公司向民宿、酒店收取一定比例的费用作为定制旅游授权加盟管理费，对于整岛的卫生、垃圾清运、环保排放、绿化管理、道路景观维修等公共服务，由公司设立物业管理部门，进行统一服务。

花鸟乡书记袁方圆介绍：在发现花鸟岛发展问题之后，花鸟乡及时创建了民宿归纳管理模式，制定出台了花鸟岛定制旅游民宿纳管标准，花鸟旅游示范岛民宿等级划定标准两个办法。对民宿实行分类准入，倒逼民宿品质自我提升。花鸟岛的特色民宿作为花鸟岛旅游赋能发展的一个重要代表，必须在品质和质量上提升。并且在发展的过程中，始终把保护村庄内原生环境不被破坏作为建设的核心主旨，不允许民宿重建或者大规模的扩建等。同时，也鼓励当地发展小微型民俗综合体，要求业主在民宿的整体色调上保持蓝白风格，如图 1－12 所示。

图 1－12　蓝白风格的民宿

为了提高游客在度假中的满足感，花鸟岛决定以民宿项目为抓手，通过品质设计，提高旅游业质量；通过制定民宿准入标准，推进民宿综合建设；通过发展小型民宿综合体，丰富民宿服务项目，进一步提升民宿综合品质。2020年，共有8家民宿进行新建、扩建，利用闲置农房8栋。在政府的引导和民宿主的精心打造下，每座民宿都有自己独特的诗情画意，让游客体会到"离岛慢生活"的美好。直至今天，花鸟岛已经拥有68家综合体民宿，其中有几家分别获得了省级白金民宿和金宿的荣誉称号。

自民宿兴旺发展以来，商业街区业态逐渐丰富，良好的民宿品质也潜移默化带动了新兴产业，以民宿为中心载体的各项旅游项目也逐渐萌发。为吸引住客，岛上的民宿纷纷开辟独特的旅游项目，例如云汐民宿建设了无边际泳池，游客可以在这里拥有美美的风景照，如图1-13所示；玛塔海景民宿中央的豪华音乐餐厅，拥有着面朝壮阔的海景享受精品酒店的高端环境，如图1-14所示；也有民宿带领游客们一同观赏荧光海的奇观，沿着玛塔线徒步去灯塔，贴心周到的向导服务也颇受游客青睐。

图1-13　云汐海景民宿的无边际泳池

图1-14　玛塔海景民宿的全海景音乐餐厅

（3）植入艺术元素。花鸟岛的艺术广泛走进公共空间，艺术气息随处可见。人们对艺术的打造与热爱体现在一砖一瓦中，每一个路段，每一个转角都遍布着空间艺术，赋予了公共空间更细腻的美感。

岛上的民宿都有独特的文艺的名字，咖啡馆与酒吧的起名也各有文化创意。民宿主们用废弃的橡胶在屋外种绿植，将多肉摆出各式图案装饰水箱与配电箱等，旨在传递积极践行低碳环保的精神；在门口挂上一块小黑板，供游客涂鸦创作，旨在鼓励游客融入花鸟之艺术中。在花鸟岛的主干线，也是海景景观步道——码塔线上，所有的路灯都添加了灯塔元素，路上的鹅卵石铺砖都是经过人工精心布置的。随处可见的空间艺术使这座不大的岛屿更加温馨、浪漫。

岛上的花草树木和人都可以成为艺术的一部分，如图1-15所示。人们在地上、水泥杆上、墙上贴满了色彩斑斓的海报，映衬着蓝顶白墙的房子、碧海青山，格外明媚与温馨。小巷的墙上装饰着珊瑚和镜子，在白天看来平平无奇，到了晚上，却在灯光的照射下，泛起斑驳的蓝光，映衬得整个巷子好似海底隧道。

图1－15　随处可见的艺术

（三）"一景区"——特色管理，焕发海岛活力

1. 定制旅游

2015年4月，由花鸟乡人民政府、嵊泗县旅游局、嵊泗风景旅游投资有限公司联合主办2015年"探秘花鸟岛"网络达人体验活动暨花鸟岛"定制旅游"启动仪式在花鸟乡隆重举行。这标志着花鸟岛特色定制旅游模式正式开启。

定制旅游即为游客提供"定制化"高端旅游路线。它的提出基于花鸟岛作为独立的地理单元以及在生态脆弱与资源有限的重要因素下，防止游客过载后造成的环境恶化和品质下降，根据游客需求提供定制的个性化服务，配备专属的观光车辆和游船、专属的精美民宿、专属的私人管家服务，以"高端化""精品化"的旅游定位保障游客获得良好的度假体验。定制旅游的模式同时也强调了营造良好自然生态旅游环境的重要性，在不破坏、不丢弃的前提下适度开发、改造，保护了花鸟岛原有的生态环境和人文环境。其核心可高度概括为"特色是旅游之魂，文化是旅游之基，环境是旅游之根，品质是旅游之本"。

（1）掌上花鸟。为使来岛游客拥有更好的旅游感受，花鸟公司推出"掌上花鸟"App，如图1－16所示。平台的界面设置简单清晰，具有一定的美感；界面上植入了在线民宿预订、地图导览、在线资讯、票务服务和互动评价等一系列便民服务，来岛的游客可以通过手机畅游花鸟岛，便捷获得"游、吃、住、行"等旅游信息，自主选择和规划旅游路线，有效解决买票难、住宿难、找厕难等旅游痛点问题，更好地提升旅行体验，充分享受到"一站式"服务，连接线上与线下智慧海岛综合服务；也可以将自己旅游过程中的自拍照、风景照上传到"掌上花鸟"App，分享自己的游玩体验，构建起一个花鸟岛旅游社群，进行信息的交流与沟通，共享花鸟岛的人文美景。

图 1－16　掌上花鸟 App 公众号界面

这些记录在 App 上的信息是最宝贵而真实的旅游反馈，为花鸟公司旅游线路的规划提供大数据参考，为公司优化旅游线路，完善旅游项目提供了很好的数据支持，促使花鸟公司提升旅游服务综合水平，激发公司旅游项目开发创新能力。这不仅增加了公司的经济效益，同时也助推了公司的经营模式不断更新并逐渐走向成熟，最终通过互补为公司整体欣欣向荣、繁荣发展提供不竭动力。

平台也为电子商务提供了土壤，一系列带有花鸟特色的文创产品得以在线上销售，在一定程度上点亮了经济新业态；义工社区的平台发布了每间民宿的招募通知，来岛做过义工的青年和参与过岛上志愿活动的志愿者们记录了自己的所感所悟，“第一手资料”翔实、动人；花鸟的民宿主们也在 App 这个平台上与来自四面八方的人们展开交谈，为岛屿的宣传做出贡献。

“掌上花鸟”App 是景区向“互联网＋”靠拢的探索，也是花鸟岛全岛“数字海岛”工程推进中的重要部分。“互联网＋旅游”的融合模式加强了旅游资源网络化协同，有利于管理部门建立数据库，使对客群的把控更精准，提高旅游地的管控能力，也使游客自由、便利地为自己安排行程，真正实现“定制”。

（2）游客定量。定制化，前提是要“定量”。花鸟微度假旅游公司根据岛上物资配套的规模，包括旅游船舶与民宿的规模等来拟定进岛人数，对游客的数量予以严格控制，对于没有订到民宿房间的游客，则不提倡他们上岛旅游。花鸟岛设定了在岛人数最高不超过 1500 人的承载上限。以提前预约的形式，将每日进岛游客数量严格控制在 300 名，三天两晚的定制游客人数锁定在 600 人以内，防止游客过载后造成环境恶化和品质下降，也为游客提供更多私享化的休闲空间。央视新闻报道花鸟岛游客“定量化”如图 1－17 所示。

图 1－17 央视新闻报道花鸟岛游客“定量化”

花鸟岛也具有相对固定的客源。从地理位置来看，花鸟岛居于浙江东北面的海域，远离舟山本岛，而与上海仅 4 个小时的航程，故而定制旅游模式敏锐地寻找到了最适宜的市场，即以上海具备一定消费能力的旅客为主要客源，在有限的旅游设施和旅游项目中，尽可能精准地针对这类客源做出相配套的服务。

(3) 路线定制。定制旅游，不一定是奢侈，但一定要有主题特色，有人文、历史、自然的独特之处。花鸟岛期望在旅游模式上有所突破，深化旅游价值，亮出自己独特的名片，必然需要设计一套专属、独特的旅游路线。

发展过程中，花鸟岛将生态资源、渔俗非遗文化、灯塔文化等融合一体进行整体定位，以本土风格和地中海风格为主题，对南岙民宿以租赁的形式进行集中改造、分区块布置，并对周边环境美化，形成住宿区域综合景观。以全域景区化的视角实施景点规划设计，建设灯塔历史文化展示中心、石艾公园等特色景点，突出花鸟特色，切实打造品质旅游示范岛。

花鸟岛设计了“一线七点”的景观路线，并在该基础上继续优化建设，预期将改造后具有客运综合体功能的北岙码头与建成的岛中心精品酒店纳入一整条景观路线。有限的承载量决定了这个岛屿不追求游客数量，而更追求高端旅游品质。花鸟岛将在岛屿中心建造一座精品酒店，以增加部分客容量，该酒店将侧重面向年轻的女性客群，在品质上提升游客满意度；并且加快打造北岙码头为客运综合体，使其具备餐饮、休闲、艺术馆等服务区。

2. 义工旅游

民宿规模的不断扩大使民宿主产生了招募人手的需求，来保障完好的接待业务和营销力度。同时，为满足游客沉浸式体验旅游，花鸟岛开展了“义工旅游”的新业态。

通过“花鸟岛旅游”公众号、“掌上花鸟”App 及小程序，可以进入义工社区，这里有各个民宿招募义工的公告，用户简单填写简历进行报名，由民宿主进行挑选。花鸟岛招募义工的海报如图1－18所示，小程序中“义工社区”界面如图1－19所示。自从开启义工旅游以来，每年夏季，网上参与报名的人源源不断，暑期两个月义工的名额几乎在4月、5月就报满。义工社区也开辟了互动交流的平台，义工和游客们相互交流经验，分享日常，使岛屿的影响力和辐射力不断扩大。

图1－18　招募义工的海报

图1－19　小程序中“义工社区”界面

“义工旅游”可以实现多方共赢：青年旅客往往对远方的世界怀有憧憬，更愿意用充足的时间、较少的花费前往这类具有独特气质的海岛，体会当地人文风情；而花鸟岛通过义工旅游模式可以获取大量青壮劳动力，避免出现客流量大而旅游服务人员匮乏的尴尬局面；“义工旅游”同时对花鸟岛从业人员的文化素质提升效果非常明显，为岛屿带来青春与活力的同时，丰富了民宿旅游项目，有利于带动民宿营造学习型、文艺型经营文化氛围，增强当地旅游经营者提升自身文化素养的渴望，使景区具有更强的吸引力，提高了活力。

3. 讲灯塔故事

花鸟灯塔建造于清朝同治九年（1870年），由大清海关出资，英国人设计建造，是中国沿海最大的一座灯塔。因其地理位置重要、规模巨大、功能齐全、历史悠久且具有国际影响而被称为“远东第一灯塔”。它濒临公海，是护卫长江口的重要标志，是中外船舶进入上海、舟山、宁波等港口的重要门户，也是上海至韩国、日本以及经过太平洋的远洋国际航线绝不可少的重要灯塔。漫长的岁月里，它静静矗立在海湾山头，波澜壮阔地演绎着社会发展的轨迹和变迁，具有极为重要的历史和科学价值。站在灯塔下向海平面眺望，大洋如蓝色大漠般壮美，奇特的海天景色，对久居都市的人们来说，更有一种遗世独立之感和独特的艺术魅力。

花鸟灯塔曾经历多次战火的洗礼，所幸几乎未受损。作为我国现存最具有代表性的五座历史灯塔之一，花鸟灯塔在1997年10月被国际航标协会（IALA）列为世界历史文物灯塔；2001年6月，它被国务院批准为第五批全国重点文物保护单位。2011年国家发行过“历史文物灯塔”特种邮票（如图1－20所示），共五枚，其中一枚是“花鸟山灯塔”。中央电视台“走遍中国”栏目，到花鸟岛拍摄过灯塔工叶中央的故事，除了央视，长春电影制片厂也拍摄过以叶中央为人物原型的影片《灯塔世家》。“花鸟灯塔陈列室”在2017年被评为“浙江省级爱国主义教育基地”。这里展出了珍贵的史料，记载了百年来“守岛”“守灯塔”的动人故事，供游客了解过去的悠悠岁月。花鸟灯塔如图1－21所示，花鸟灯塔陈列室部分展出品如图1－22所示。

图1－20　国家发行“历史文物灯塔”特种邮票

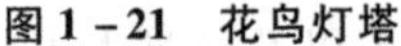
图1－21　花鸟灯塔

图1－22　花鸟灯塔陈列室部分展出品

2020年是花鸟灯塔在花鸟岛矗立的第150年，于是2020年举办的第一届艺术节便以“灯塔”为主题，活动结合了花鸟“艺术之岛”“环保之岛”的特点，与灯塔相关的历史和文物也在展览馆展出。在花鸟岛的发展新阶段，以艺术为载体，灯塔的百年故事重新被讲述，也被更多人知道，前来花鸟灯塔的游客络绎不绝。花鸟灯塔指引着花鸟人民在一年又一年里稳步前进。

（四）“一公司”——艺术赋能，谋划海岛发展

为更好地对公司和花鸟岛进行管理，嵊泗县花鸟微度假旅游发展有限公司（以下简称“花鸟公司”）于2018年由漫居投资管理股份有限公司和嵊泗风景旅游投资公司合并成立。此后由花鸟公司负责花鸟岛定制旅游的整体运营，实施标准化管理。花鸟公司将创新作为引领发展的第一动力，不断创新管理模式，将花鸟岛的开发建设引入市场机制。

嵊泗县花鸟微度假旅游发展公司董事长房小伟说，“花鸟公司进驻岛屿的这几年是花鸟岛的嬗变期，通过一届又一届的‘花鸟国际艺术节’，打造专属于花鸟岛的文化IP，希望游客一看到艺术、治愈、爱情等字眼，马上就想来到花鸟岛。”这也是花鸟公司的主旨：艺术赋能，谋划海岛发展。

1. 举办国际艺术节

2020年，花鸟岛成功举办首届花鸟岛灯塔艺术节暨2020花鸟岛国际动画节，主要由艺术家驻留项目、展览单元、游戏单元和流动展映四个板块构成。在艺术节上，嘉宾们畅所欲言，对“共同的栖息之所”的探索各抒己见；对我们正在步入的后疫情时代，应如何基于行动与协商，进而展开对未来世界的联结和想象作出思考。首届花鸟岛灯塔艺术节开幕式如图1－23所示。

图1－23　第一届花鸟岛灯塔艺术节开幕式

以灯塔艺术节为主题，花鸟岛也开展了许多衍生活动，在徒步过程中捡拾岛上的垃圾；和艺术家一起，共同创作环保装置作品，完成一场保卫海岛环境的行为艺术。在日落之后一起点亮灯塔，观看“西西弗斯”动画展，听导游讲解艺术节作品的含义等。

2021年7月16日，第二届花鸟岛国际艺术节开幕，本次艺术节首倡并强调以青年艺术家为主体，注重发展艺术生态可持续与社区艺术合作，以多样化的在地艺术表达形式为

主要内容，正式启动了“艺术花鸟”的文化品牌。此次艺术节还结合了当下潮流文化，新增“国潮艺术”限量单元，更有丰富的参与式艺术活动和国际艺术论坛，也加入了数字艺术、跨界艺术等线上专场，延伸了艺术的边界，为游客带来更丰富的艺术体验。除此之外，花鸟岛特邀中外艺术家举办“中国海岛·浙江舟山花鸟诗会”，并被授牌“中国诗歌之岛”，这大幅提升了岛屿的艺术气质。第二届花鸟岛国际艺术节开幕式及海报如图 1-24 所示。

图 1-24　第二届花鸟岛国际艺术节开幕式及海报

全岛规模的艺术活动彰显了花鸟岛向艺术之岛蜕变的决心，更新颖了艺术形式，建立动态艺术旅游的新体验。“当艺术公民与社会的共生关系更为紧密，艺术才使文化展现出更丰富活泼的样态。”艺术节使众多艺术家与当地居民和游客有更多机会一起开展社会参与式艺术活动，将在地艺术与参与式艺术实践结合，让艺术走入社会空间，呈现人与土地、社区、环境和文化的故事。

2. 设立研学基地

2020 年 7 月 1 日，巴塞罗那 EINA 设计与艺术学院、加泰罗尼亚理工大学的近 30 位中国教研团队来岛进行为期七天的研学考察活动，并与花鸟乡乡政府代表、嵊泗县花鸟微度假旅游发展有限公司领导在花鸟岛新服务中心济济一堂，举行了“巴塞罗那—花鸟岛研学基地”的授牌仪式，如图 1-25 所示。教研团指出，花鸟岛风景优美，环境舒适，海岛特色浓厚，能够启发学员的艺术灵感。同时，岛上的民宿、民居、海岛环境，以及旅游的发展历程，都有助于学员的学习研究。花鸟岛艺术中心如图 1-26 所示。

图 1-25　研学基地授牌仪式

图1－26　花鸟岛艺术中心

巴塞罗那—花鸟岛艺术之旅，是一场前所未有的思维碰撞，它不仅使参与的嘉宾们直观地感受到了“他们的生活”“我们的艺术”，也使花鸟岛新服务中心正式成为巴塞罗那EINA设计与艺术学院、加泰罗尼亚理工大学位于嵊泗县的教学基地，实现了“传统与现代、民宿与艺术的跨界融合”。这一重大事件标志着花鸟岛作为艺术之岛转型升级的重要开端和良好契机，为之后的艺术打造奠定了良好基础。

3. 艺术人才进驻

花鸟公司在重视艺术的在地性，为了保证旅游产业与岛屿息息相关，体现独特性，邀请各类人才驻岛进行创作，其中包括各地青年艺术家与艺术学院的学子、五湖四海的民谣歌手、摄影师等，并为他们安排好居住的民宿。在岁月静好的花鸟岛上，艺术家们走走停停看看，通过独到的视角，经过观察、体验、分析，然后加工积累的生活素材，创造出许多美的东西，如诗歌、雕塑、手工品、音乐……漫步在小道上的艺术家们使岛屿在游客稀少的淡季也多了生机。各领域艺术人才驻岛创作如图1－27所示。

图1－27　各领域艺术人才驻岛创作

2016年9月23日晚，“中国诗歌之岛”花鸟岛站正式授牌，同时，浙江省作协主办的“江南诗”诗刊工作室在花鸟岛成立。中国作协诗歌委员会主任叶延滨将“中国诗歌之岛”匾牌授予花鸟乡（如图1-28所示），来自北京、青海、浙江等地的30多位诗人、作家欢聚一堂举行了“海洋诗歌”沙滩篝火晚会，或赋诗或咏歌。边陲小岛因为这群人的进入而变得充满诗意。而此次“中国海岛·浙江舟山花鸟诗会”也是此次现场会的热身活动，旨在以“花鸟诗会”打造一个充满诗意的花鸟岛，提升美丽海岛建设的品位。“江南诗”诗刊工作室将带更多的国内诗人到花鸟岛开展采风活动，感受花鸟岛独特的风土人情，并将其间所作的作品汇集成书。

图1-28 “中国诗歌之岛”授牌

如今岛上还设有张海舟艺术家工作室、一阵风摄影工作室、高孝午雕塑工作室等个体工作室，每个工作室都有属于自己的艺术风格，在不同的领域展现了浓厚的人文特色。也有电音制作人为花鸟岛制作一曲动感纯音乐，收入进《花鸟岛》音乐专辑中（如图1-29所示）。艺术家们在岛创作，不仅为自身收获了灵感与浪漫，也为花鸟岛带来了不竭的生机与活力。

图1-29 音乐人发行《花鸟岛》音乐专辑

2021年4月，十位艺术家在岛上进行七天的封闭式驻地创作，将整座原生态岛屿作为封闭实验室，就地取材，以自己的作品呈现群展“花鸟反映”，多角度地描绘花鸟岛的生活与自然状态。该展览在自然与文明、传统与未来之间探索，并启发观众的感悟与思考；

另有一批由22位青年艺术家组成的群体呈现展览“多重宇宙”。离开城市，走上岛屿，艺术家们有机会通过直观感受用双手将情感表现出来，得以进行酣畅淋漓的创作。另外，通过远程合作和驻地参与，艺术家们不断思考自身与空间场域的关系，感受自然、人情和当下的生活，并提出这是“他们的生活，也是我们的艺术”。

艺术家与学生们上岛创作的作品在艺术中心展出，每一件作品都是从海岛出发，与花鸟岛本身的地域特质和文化息息相关，具有一定的在地性。艺术品也不只在艺术中心展出，部分艺术品如《海鸥生声》《再生·共境》《记忆保鲜》对应地放置在路段与景点旁，《红骨头》坐落在房屋中，而《自然生长》则放置在岛中心的“WOW”餐厅内，这让游客更能与艺术家的创作理念共情，增强了游客的艺术体验。

通过艺术家的思考和表达，使当地居民与游客在感官与心理上产生更深的理解和认同，也促进艺术与花鸟岛在发展过程中相互支撑，从展厅走入更广泛的公共空间、社会和文化空间，最终融为一体，实现未来的良性循环和延续发展。部分艺术作品如图1-30所示。

《再生·鲤鱼》 《共境·慢先生》 《再生·雨蛙》 《自由生长》 《红骨头》

图1-30 部分艺术作品展示

4. 艺术体验活动

2021年的花鸟国际艺术节上，上海理工大学、墨尔本皇家理工大学、国朝车间分别以“鲸落有声”“对·消失的礼仪”“美学海岸”为主题策展，结合当地的海洋生态、自然环境等元素，突破时间和空间的束缚，将非遗文化深入花鸟岛的各个角落，尝试走生态艺术路线。为了使游客能更好地沉浸到氛围中，花鸟岛增加了互动类活动的比重，为游客特别制定了5条艺术旅游路线，供游客们任意选择，并有相关工作人员进行对接。每条路线都会有一些可供参与的艺术活动，例如蓝晒、鱼拓、绘瓷、版画、滴胶等，其中“鱼拓”是中国传统“非遗”文化，这是一种将鱼的形象用墨汁或颜料拓印到纸上的技法和民间艺术。在体验制作鱼拓画的过程中，游客在工作人员的指导下将真鱼用墨汁拓印在纸上，真实地体验一把拾起“非遗文化”的趣味，完成了艺术品后可以将自己的作品装裱起来带回家，将属于花鸟岛的美好记忆珍藏，如图1-31所示。

艺术家鼓励游客们一同将收集到的废弃旧物制作成标本，也在各类艺术活动中积极“变废为宝”，例如将废弃浮漂等海洋垃圾进行二次创作成艺术品，如图1-32所示。经过

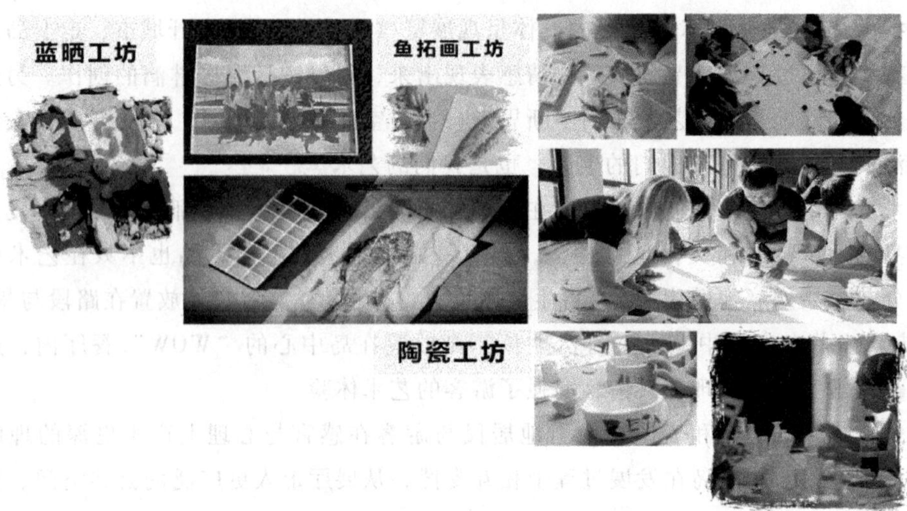

图 1－31　游客参与艺术体验

二次创作后的艺术品精美且饱含着游客创作过程的欣喜，具有珍贵的纪念意义，他们往往会将其作为文创物品带出岛屿。除此之外，花鸟岛的夜市也越发热闹，受地摊经济启发，花鸟岛汇集岛上隐藏的民宿或商铺达人，通过贩卖甜品、手工饰物、趣味杂货、海岛文创等，让游人感受花鸟的“夜生活”。各式各样的文创产品如图 1－33 所示。花鸟岛还推出缤纷周活动，在每天不同时段、不同地点展开手作美食、音乐聚会、纸戏剧等形式各异的活动，同时还有儿童、情侣、闺蜜专场活动，满足不同游客需求。花鸟岛以艺术赋能激活夜间消费市场、塑造文旅活动盛宴等消费模式，将餐饮、民宿、文化、商贸整合在一起，笼罩在浓郁的海岛艺术氛围之下，实现了对消费潜能的激发、新亮点经济的培育。

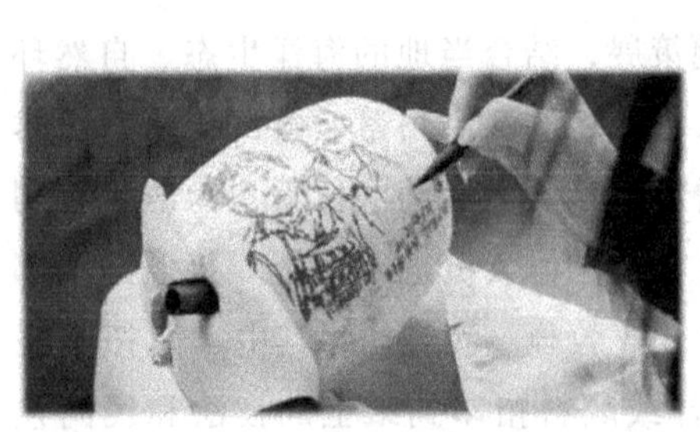
图 1－32　海洋垃圾二次创作成艺术品

图 1－33　各式各样的文创产品

5. 走进大众视野

花鸟岛吸引不少影视剧组前来取景拍摄，也有许多明星上岛游玩。如 2016 年《欢乐颂 2》剧组在花鸟灯塔、南岙沙滩、五指山等景区拍摄，2018 年张丰毅、陈佩斯、杨立新等人民艺术家上岛参观（如图1－34所示），2019年《你是我的命中注定》上岛拍摄，在沙滩、街道、海上会客厅、灯塔等地点取景。在花鸟岛取景拍摄的影视作品如表1－2所示。花鸟岛登上越来越多的影视剧荧屏，强大的明星效应大大增强了花鸟岛的知名度和影响力，吸引着五湖四海的人前来游览。

图1－34　张丰毅、陈佩斯、杨立新等人民艺术家上岛参观

表1－2　在花鸟岛取景拍摄的影视作品

电视剧	《你是我的命中注定》
	《蜗牛与黄鹂鸟》
	《欢乐颂2》
综艺	《不一样的生活》
	《期待的假期》
电影	《KITE风筝》

2022年2月，在湖南卫视一期主题为“未来乡村论坛——文化振兴”的综艺节目《天天向上》中，花鸟岛成为文化振兴的突出代表，亮相荧屏，该节目讲述了花鸟岛从东海悬水小岛蜕变成网红旅游岛的发展之路；讲述了花鸟岛以一百多年历史的灯塔为灵感，以长三角地区的生活方式为参照；讲述了当地将艺术融入生活，以一种驻地的艺术享受生活；在花鸟岛的两届国际艺术节里，艺术家们驻岛，作品坐落在海岛的各个地方，在村民的家里、在西餐厅里、在民宿的院子里、在海边……花鸟岛亮相《天天向上》节目如图1－35所示。

图1－35　花鸟岛亮相《天天向上》节目

（五）取得成效

1. 自然环境明显改善

自发展以来，花鸟岛在自然环境的治理上获得了一定效益，生态环境明显改善。通过整合离岛各类资源，给旅游业发展创造了更多可能性和可塑性；通过禁止工厂进岛、建立污水处理工程等一系列举措，创造了良好的旅游环境；在花鸟岛的开发过程中，始终以生态可持续发展为底线，为避免原生生态被破坏，特别强调岛屿北部的原始森林和北岙海礁完整性的保护；在发展过程中，环境治理也更加科学高效，码头的环境得到改善，公共空间干净、美观，离岛呈现出“处处是景、满目是画”的美丽风景，进一步提升了乡容村貌品质。在实现边缘海岛的再生创造中，为花鸟岛带来活力。乡政府积极找准基层党建工作与特色美丽乡村建设的结合点和着力点，实施全域党建工程，强抓绿色低碳，发扬生态美；提升群众获得感，共享生活美，打造美丽乡村样板岛。

2020 年以来，岛上环境更增添了浓郁的海岛文化氛围。民宿形态各异，装潢不一，各具特色，每一栋民宿都在墙上书写了诗情画意的文艺标语，让人身临其境地感受到岛民们恬淡安宁的生活；走在花鸟的街口小巷中，转角便有大大小小的艺术品，处处有花草，步步有遐思。自然与艺术的有机融合在这座小岛上体现得淋漓尽致，让游客走在花鸟岛上宛若置身童话镇，温馨美好的感觉从心底涌出，陶醉其中。

2. 居民收入稳步提高

在经济效益上，花鸟岛的旅游业发生了质的飞跃，直观地体现在持续增加的旅游收益上。从花鸟乡近几年收入情况可知，近年来花鸟乡的地区生产总值除了受疫情影响最严重的 2020 年，一直保持着持续增长的趋势，且旅游业的产值占地区总产值的比例不断上升，第三产业发展壮大，产业结构不断优化，对地区经济的发展贡献巨大，如表 1－3 所示。

从相关数据来看，2017 年至 2020 年，花鸟岛累计接待游客超过 14 万人，实现旅游收入 2. 12 亿元，其中 2020 年进岛游客 5 万人，2021 年接待游客 5. 27 万人，比 2016 年增长 4. 36 倍。全乡 68 家民宿，营运收入达 2589. 6 万元，平均收入达到 40 万元，是定制旅游发展前的 10 倍之多。“花鸟模式”形成了独具特色的现代旅游管理模式，建设了具有标志性的定制化民宿产业集群。在助推旅游业为岛屿创造更多经济活力的同时，花鸟岛不忘对渔业实施科学的管理，引导其中一部分转产转型，向休闲观光渔家乐等旅游项目发展。以“生态立乡、以旅活乡、以渔稳乡”的渔业发展战略为导向，实现了渔业向规范化作业，规模化、多元化发展的转变。

花鸟乡政府着眼于为花鸟岛原住民由第一产业向第三产业转型提供就业平台，实施产业融合战略，推动渔旅融合、商旅融合，党员干部带头大力发展渔家民宿、渔家乐、商贸零售、餐饮等产业。截至目前，花鸟岛原住民中共有 160 名群众直接、间接从事涉旅

表1-3　　花鸟乡2018—2021年产值一览表　　单位：万元

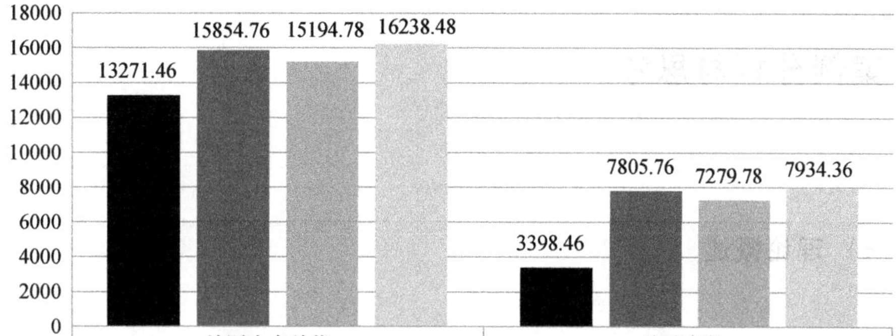

	地区生产总值	旅游产值
2018年	13271.46	3398.46
2019年	15854.76	7805.76
2020年	15194.78	7279.78
2021年	16238.48	7934.36

等第三产业，年均收入3.5万元，人均GDP达到1.5万元，海岛集体收入逐年增加，收入差距和地区差异明显缩小，收入结构不断合理，劳动与财富分配挂钩旅游富民效应凸显。

3. 百姓安居乐业

花鸟岛致力于增进民生福祉，高度关注“银发族”群体，营造关爱老年群体的社群文化实现共建共享的目标，在养老服务方面，创新推行“四位一体”养老模式，让老年人在家门口实现“老有所依、老有所养、老有所乐”。花鸟乡政府整合老年协会、社区卫生服务中心等资源，引入专业社工机构，成立花鸟岛乐龄幸福公社，打造长者的乐龄温馨家园，构建全岛乐龄幸福圈，引领孝老爱亲社会风尚。

同时，花鸟岛落实“减船转产”政策，坚持渔业为基，引导传统产业稳步转型，在大背景政策下向创业者倾斜。民宿产业的发展也让漂泊在外的年轻人们发现了新的机遇，回到岛上开起了民宿。青年们也在街边开起了文创小店、特色小吃店、精品纪念品店，融入自己对海岛文化的理解，丰富了经济新业态。当地政府对返乡青年、退伍军人、贫困户等施行的一系列创业扶持政策也更加促进了“青年民宿”的诞生和发展，同时政府也非常支持创业者们发掘当地非遗文化和传统渔文化特色，发展具有鲜明个性的民宿旅游项目，富有创造力的青年也在艺术氛围的感染下重拾对传统非物质文化遗产的关注。

四、案例分析与思考

（一）理论概述

1. 复合生态系统理论

复合生态系统理论由马世俊于1981年提出，经过了40多年的发展，越来越多的学者认为复合生态系统理论在规划城乡发展中发挥着越来越重要的作用，表1-4所示为多名学者对复合生态系统理论的阐述。

表1-4　多名学者对复合生态系统理论的阐述

年份	学者	定义
1981	马世骏	提出了基于多层次、多功能、多目标的“社会—经济—自然复合生态系统”理论
2012	王如松、欧阳志云	强调人类社会是一类以人的行为为主导、自然环境为依托、资源流动为命脉、社会文化为经络的社会—经济—自然复合生态系统
	王亚丽	只有放在复合生态系统三大子系统相互联系、相互制约的框架下才能正确地把握资源环境与城市化的关系
2021	董会忠、韩沅刚	从复合生态系统角度诠释城市高质量发展具有科学性与前瞻性，逐渐摆脱了单纯依靠粗放型资源开发及“唯GDP”论的发展思路，标志着城市经济发展、社会民生与资源环境协调共进，并最终达到“帕累托最优”状态
	吕旻懿、阳立军	复合生态系统理论是实现海岛开发与保护相协调的重要理论基础。
2022	屈昂、魏冰青、屈勇、杨同荣、李岩红、丛磊	旅游型乡村景观规划应充分利用现有资源，建立大生态系统理念，构建适宜的生态综合评价体系，达到“社会—经济—自然”的充分融合

复合生态系统理论为城乡建设通过生态规划、生态工程与生态管理，将单一的生物环节、物理环节、经济环节和社会环节组装成一个具有强生命力的生态经济系统，运用系统生态学原理去调节系统的主导性与多样性、开放性与自主性、灵活性与稳定性、发展的力

度与稳度，促进竞争、共生、再生和自生能力的综合，生产、消费与还原功能的协调，社会、经济与环境目标的耦合，使资源得以高效利用，人与自然和谐共生。城乡建设是一个复杂的生态耦合体，其社会、经济、自然子系统间是相互耦合而非从属关系，虽功能不同，却缺一不可。

（1）自然生态系统。自然生态系统主要是指土地、水、生物和矿产等自然资源，是一个区域发展的基础。各种资源间的相互作用，共同构成了人类赖以生存、繁衍的环境。它以生物结构及物理结构为主线，以生物环境的协同共生以及环境对地区活动的支持、缓冲和净化为特征。与生物圈中的自然生态系统有所不同的是，在人类的参与下，复合系统中的自然生态系统除去基础的生态效益之外，还能创造出不同程度的经济与社会效益。在地区发展过程中，自然生态系统最突出的功能是还原，经济系统的生产活动和社会系统的人类活动所产生的废物最终都会进入自然生态系统中进行还原，然后再次进入两个子系统，以此形成循环。

（2）经济生态系统。经济生态系统，主要包含产业、投资、就业、企业等结构，是一个区域发展的动力。它以物资从分散向集中的高强度聚集、信息从低序向高序的连续积累为特征。在经济系统中，人类主动地为自身生存和发展组织有目的的生产、流通、消费、还原和调控活动。在地区发展过程中，经济生态系统主要发挥的是生产功能，通过调动自然、社会等各种资源生产出社会生活所需要的产品，使人们通过消费产品获得满足感；同时，生产过程中产生的废弃物、废水等又会进入自然系统进行还原，由此形成一个经济生态圈，促进经济可持续性发展。

（3）社会生态系统。社会生态系统主要是指人口、劳动力、收入、消费等，是一个区域发展的目的。该系统以人口为中心，以较高密度和强度的生活消费为特征。社会生态系统主要由人的观念、体制和文化构成，第一是人的认知系统，包括科学、艺术、技术等；第二是体制，是由社会组织、法规、政策等形成的；第三是文化，是人在长期进化过程中形成的观念、伦理、信仰和文脉等。它们共同构成了社会生态子系统中的核心控制系统。而它以人为中心的特性也决定了它的主要功能为生活，通过不断满足人们的物质需要和精神需要实现地区发展的最终目的。

（4）子系统复合。复合生态系统的功能有三：生产，为社会提供丰富的物资和信息产品；生活，为市民提供舒适的生活条件和栖息环境；还原，保证城乡自然资源的永续利用和社会、经济、自然的协调发展。复合生态系统理论分析的是对象各个组成部分之间的相互联系和制约关系，考察各个部分的相对独立性，在综合和整体优化的思想下，指导组成部分之间的最优或者较优的有机组合秩序和状态。

社会、经济和自然是三个不同性质的系统，具有各自的指标：自然系统的合理性；经济系统的利润；社会系统的效益。但三个系统各自的生存和发展都受互相结构、功能的制约，通过目标指标的耦合，达到复合生态系统的最高效益，即一个理想的发展区域，如图1-36所示。

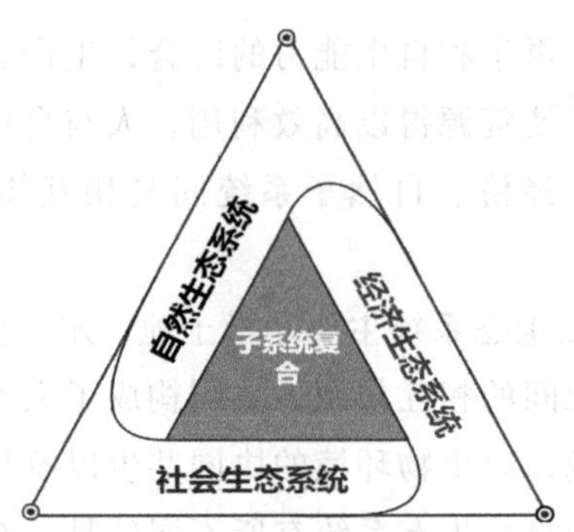

图 1-36　复合生态系统示意图

2. 共同富裕理论

共同富裕是全体人民通过辛勤劳动和相互帮助最终达到丰衣足食的生活水平，也就是消除两极分化和贫穷基础上的普遍富裕，是邓小平建设中国特色社会主义理论的重要内容之一。中国人多地广，共同富裕不是同时富裕，而是一部分人、一部分地区先富起来，以先富帮助后富，逐步实现共同富裕。这是社会主义的本质规定和奋斗目标，也是我国社会主义的根本原则。整个社会富裕程度的不断提高是共同富裕必须具备的前提条件，而全体社会成员共享发展的成果才是共同富裕的基本内涵。从全体人民共同富裕的角度来看，共同富裕应该包括收入与财产水平、能力水平以及能够享受到的福利水平等多维度的内容。对海岛而言，共同富裕的实现可以从区域经济发展水平、生态环境保护水平、社会综合治理水平上来衡量，如图 1-37 所示。

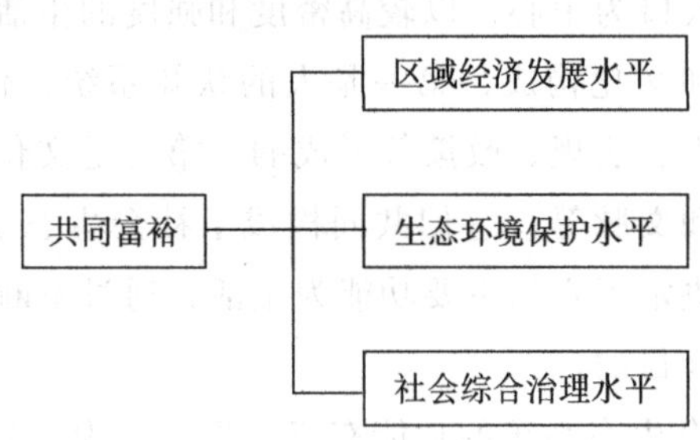

图 1-37　共同富裕的内涵

3. 理论适用性

“生态立乡、以港兴乡、以旅活乡、以渔稳乡”，花鸟岛发展紧扣海洋经济发展和美丽海岛建设，在物质基础、宜居环境、群体结构、服务机制、全域协同、文化支撑、安全根基、保障措施和机制等八方面，全力推进共同富裕建设，加快描绘“花鸟模式”下的崭新画卷。纵观花鸟岛的发展历程，其始终立足于本岛整体，寻求“自然”“经济”“社会”三者的协调与平衡，不断推进共同富裕。

花鸟岛的乡村旅游发展是在充分考量海岛环境承载能力的基础上，以生态保护为前提，以经济崛起为核心，以全民共享为目标，经过五年多的探索实践，形成了特有的花鸟模式——“一岛一景区一公司”，为区域脱贫致富带来贡献，改善了当地居民的生存条件，增加了居民收入，也是“自然”“经济”“社会”三大生态系统实现耦合的有力例证。这与复合生态系统理论中“立足系统整体，通过实现自然生态、经济生态、社会生态三个子系统的最佳耦合状态，来建设发展区域”的理论相契合，如图1-38所示。

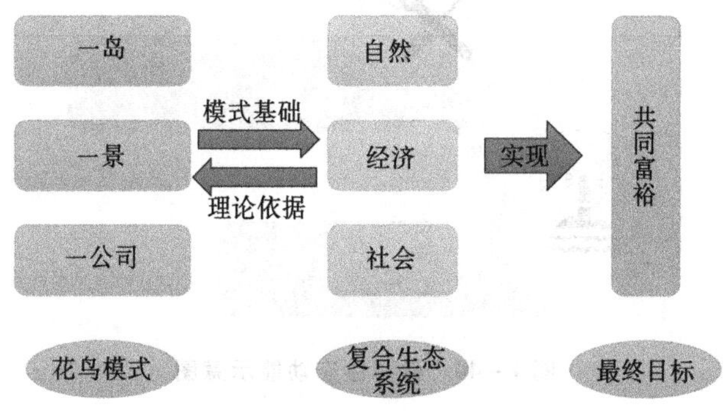

图1-38　理论适应性示意图

（二）“花鸟模式”的复合生态性分析

1. 还原性

自然生态系统是复合生态系统的重要组成部分，其功能主要表现为还原，战略目标主要有保障生态功能、改善环境质量、提高资源利用率三个方面。花鸟的开发建设绝不以破坏环境为代价，而是以生态为利器，坚守低碳循环的理念，通过海岛生态工程进一步优化、美化和彰显其原生态的淳朴与魅力，凸显环境的可持续发展。其中许多举措都体现着自然生态系统的理念。本案例以复合生态系统理论为指导，对照剖析花鸟岛诸多举措背后的科学道理，如图1-39所示。

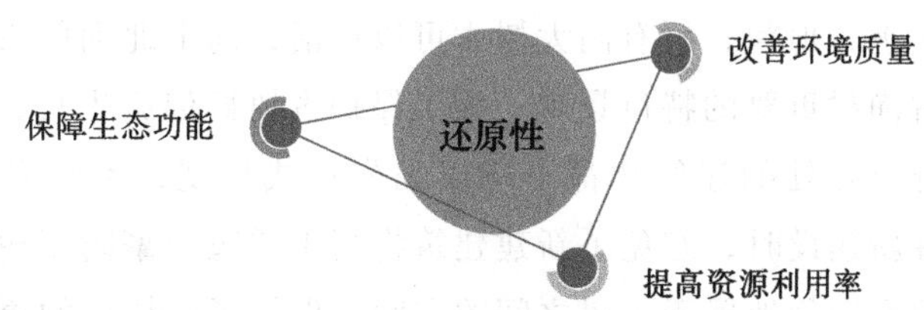

图1-39　还原性功能示意图

（1）保障生态功能。一个地区的生态功能，被认为在维护自然生态系统服务、保障区域生态安全等方面具有关键作用，其主要强调对原生态环境的保护与还原。原生态环境是一个区域生存发展的基础，对于海岛这样独特、脆弱的地理单元来说，原生态环境的平衡与否更为重要。在花鸟岛上，原生态功能主要通过保持岛屿景观原貌和加强生态功能修复两个手段实现，如图1-40所示。

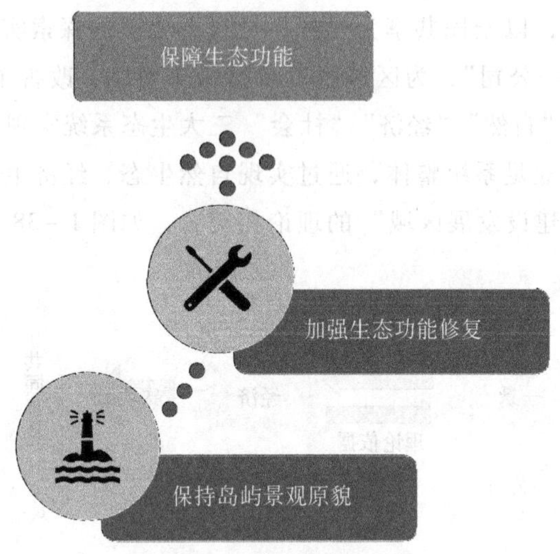

图1-40 保障生态功能示意图

①保持岛屿景观原貌。环岛公路是一项重要的基础设施建设，不仅完善了交通系统，也有利于旅游观光，衍生旅游项目，是很多海岛急于着手建设的工程。但环岛公路的打造常以对原生环境的破坏为牺牲，一些海岛急于追求短期经济效益，全然不顾地区建设环岛公路的可行性，结果导致路面塌陷；另一些海岛开发手段暴力，将施工过程中的废弃水泥直接倒向沿海的礁石，对沿海礁石造成极大破坏。原生海礁遭到破坏后，生态功能将退化，无法起到对海浪的缓冲作用，加速沿海建筑的老化。

花鸟岛也曾面对是否建设环岛公路的选择，起初将环岛公路建设工程归于"到灯塔去"的项目之一，若工程落地，将北面灯塔村与花鸟灯塔连接，不仅能够便利岛民的出行生活，也将增加观光游的项目。但在进行了科学的勘测与分析后，考虑到花鸟岛北部生态还原度高，海礁线漫长且脆弱，建设环岛公路将造成无法挽回的后果。在衡量了短期效益与长期效益后，花鸟岛决定最大限度保护海岛原生风貌，绝不以生态破坏为发展代价，最终放弃建设环岛公路。

此外，花鸟岛多礁石地貌，鲜有高大树木可以存活，岛上北面的古树群因此显得更为稀有、珍贵，也是古渔村重要的特色景观。为了保护古树群健康生长，花鸟岛要求岛屿北部灯塔村内的古树群节点处的建筑物都不应以强烈形式出现，不宜影响到古树群的标示性。所以在房屋的翻新建设时，避免了新建建筑物高于树冠或攀附于树干间的可能性，休憩平台及建筑物内敛而安静地置于古树之间的空间，保持了古树群的原生风貌。

②加强生态功能修复。保障海岛原生态功能，另一个很重要的举措是进行环境绿化，其具体指标包括森林覆盖率、人均公共绿地面积、绿化覆盖率和自然保护区覆盖率等。对于海岛来说，增加植被绿化面积有利于海岛的生态修复，一些海岛在绿化修复方面已经有所实践并取得良好成果，例如舟山定海区针对海岛土壤贫瘠、驻水能力差等问题，重点对一般灌木林地进行补植乔木树种并开展符合海岛实际的廊道建设，近年来成效显著。花鸟岛同样将绿化增量整治作为一项重要抓手。花鸟岛依据中心村绿化工程的整体规划，通过

开展植绿行动，将从码头至社区路段、社区至原幼儿园路段、乡政府至营部路段进行分段绿化整治，逐步打造出真正的“立体绿色廊道”；为了全面推进绿色生态花鸟建设，花鸟乡号召全乡妇女积极行动，共建美丽庭院，树立“植绿、爱绿、护绿”意识，还特别向群众赠送了西洋杜鹃、君子兰、袖珍椰子树等花卉植物600余株，带领岛民共同建设绿色家园。

在一系列的生态功能保障行动下，花鸟岛通过还原，用原始、美丽的原生态自然景观让游客体会到了鸟语花香的美好，给游客们带来了“离岛天堂”的良好体验。

（2）改善环境质量。环境质量是指在一个具体的环境内，环境的总体或某些要素对人类以及社会经济发展的适宜程度，主要强调环境对人居环境和人体健康方面的作用。一个地区发展的最终目的是生活，发展也应当以提高人类生存环境质量为前提，但历史上为求发展不惜降低环境质量的例子却屡见不鲜。“伦敦烟雾事件”5天内造成4000人因呼吸道疾病死亡，“日本水俣病事件”致数千人中毒死亡，这些历史事件都在印证着守住环境质量安全底线的重要性。花鸟岛在发展过程中始终将改善环境质量放在战略地位，其环境质量保障工作主要通过倡导绿色出行、打造无废花鸟两个手段来实现，如图1－41所示。

图1－41　改善环境质量示意图

①绿色出行。倡导绿色出行，考虑到离岛面积较小的现实条件和保持良好空气质量的现实需求，严格控制岛内机动车数量，淘汰老旧车辆，逐步调整为新能源交通工具，以绿色观光车为主，禁止私家车上岛，从源头上减少污染物排放和噪声干扰。在码头通往花鸟岛街区的“玛塔线”路段，道路两侧全部置放太阳能景观路灯，兼顾美学价值与照明需求，在重点景区旁设立生态停车场，合理设置临时停靠点。创建全岛慢行系统，建设环岛自行车道，辅以慢行徒步道，优化旅游精品线路。

②无废花鸟。花鸟岛拒绝一切有污染的企业进入，岛上没有任何工业企业。严格控制机动车数量，以电动观光车满足居民出行与旅游项目开展的需求。进行环境综合整治，通过深入开展“四边三化”“两侧两路”综合整治项目，以沿景区、沿产业带、沿海岸线为区域重点，结合小乡镇环境，开展村庄空间整治，规范主街道和市场范围内的沿街空调外机、卷闸门、广告牌匾等，整洁美化沿街两侧立面。花鸟岛深入开展净化污水治理工作，打好“五水共治”攻坚战，以污水全收集、管网全覆盖、雨污全分流、排水全许可、沿河排口晴天无排水等为目标，打造“污水零直排区”，同时为保证出水水质，对全乡5个污水终端进行了改造升级，使岛民喝上健康纯净饮用水。此外，强化生态理念，倡导民宿业主拒绝使用一次性用品，使用电子发票等。率先开展全国首创的海岛生活垃圾综合处理试

点工作，推行全岛垃圾干湿分类和垃圾分类“绿色账户”诚信档案制度，持续提高垃圾分类群众参与度，增强群众对生活垃圾分类的积极性和主动性。

花鸟岛始终将“绿水青山就是金山银山”的生态文明理念贯彻在发展之中，坚守住环境质量底线，在“三低”重治管理下，花鸟岛基本实现“增产不增污”目标，改善了环境质量。

（3）提高资源利用率。自然资源利用是指对自然界中一切能被人类使用的物质和能量的利用，包括对土地资源、水资源、海洋资源以及气候资源等的利用。海岛地区资源的稀缺性和有限性决定了它必须通过提高资源的利用率来实现海岛的可持续性发展。花鸟岛提高资源利用率主要通过节约原生资源和创造次生资源两个手段来实现，如图1－42所示。

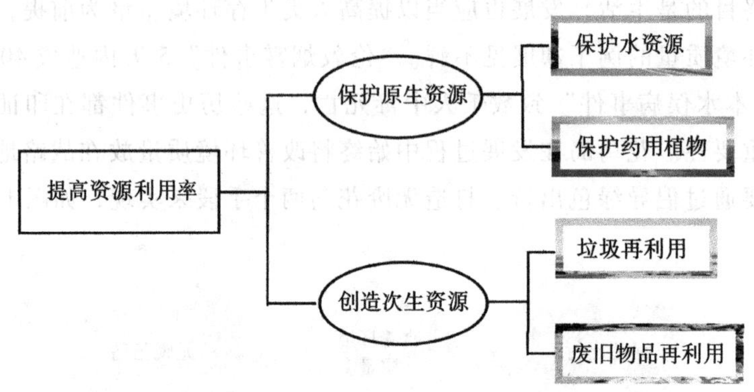

图1－42　提高资源利用率示意图

①保护原生资源。提高资源利用率，需要从根源上保护原生资源。对于一个极度缺乏淡水的离岛来说，花鸟岛在如何充分利用水资源上动足了脑筋，为了不浪费天然水资源，花鸟岛积极实施“海绵海岛”建设，建成整岛水资源收集循环系统，利用天然水塘收集雨水进行净化并用于日常生活，实现一水多用，有效解决海岛淡水缺乏的问题。开展屋顶集雨系统试点，在屋顶安装集雨器，雨水收集过滤后用于厕所冲洗、绿化灌溉等，使水资源能最大化利用。

药用植物是指医学上用于防病、治病的一类植物，千百年来我国对药用植物的利用历史悠久。花鸟岛自然条件优越，适合药用植物生长；受人为干扰少，对原始植被破坏小，故而药用植物资源丰富，其种类占浙江药用植物总数的13.8%，占全国药用植物总数3.7%，岛上药用植物中被《中华人民共和国药典》收录的有89种。为了促进资源保护与可持续发展，花鸟岛继续保护北面植被，采取了将部分区域划为药用植物重点保护小区等举措，并加强宣传教育，强化可持续开发利用的意识，为珍贵药用植物继续繁衍提供庇护所。

②创造次生资源。初始资源是十分有限的，因此实现废弃物的二次利用，创造次生资源很关键。花鸟岛实施全岛生活垃圾干湿分类，同时引进垃圾低温热解处理设施，将垃圾处理过程中产生的热能有效转化为电能，用于设备自身运转，降低了运行成本，将有机垃圾经厌氧发酵后转化成的有机肥直接用于居民农业生产，提高海岛垃圾循环利用率。花鸟岛还通过废旧物改造和就地取材的方式打造景观节点，将收集到的岛民家的废弃旧物制作

成艺术标本，也在各类艺术活动中积极“变废为宝”，例如将废弃浮漂等海洋垃圾进行二次创作成艺术品。在增添整岛艺术氛围的同时，实现了海岛废弃物的新利用。

通过节约原生资源，再到实现次生资源的创造，花鸟岛实现了资源利用的最大化，使本来资源贫瘠、发展处处受限的离岛，具有更多的潜力和可能性。

2. 生产性

经济生态系统主要包括产业、投资、就业、企业等结构，是地区发展的动力，是复合生态系统的命脉，其功能是生产。它的战略目标主要包括深度挖掘市场、优化产业结构、整合各项资源等。改革开放以来，国民经济快速发展，随着经济发展的要求由追求高速度发展转向追求高质量发展，相应地，各地区的经济重心也发生了变化，更多地向第三产业中更具深层、持久动力的因素倾斜。花鸟的开发建设从筹划开始就交给专业人士，并形成专业化开发模式。通过专业化管理、专业化设计以及专业化打造充分发挥了经济生态系统的作用，实现了经济繁荣。通过先富带后富，一步步完善花鸟岛的经济建设，最后实现岛屿的共同富裕，如图1－43所示。

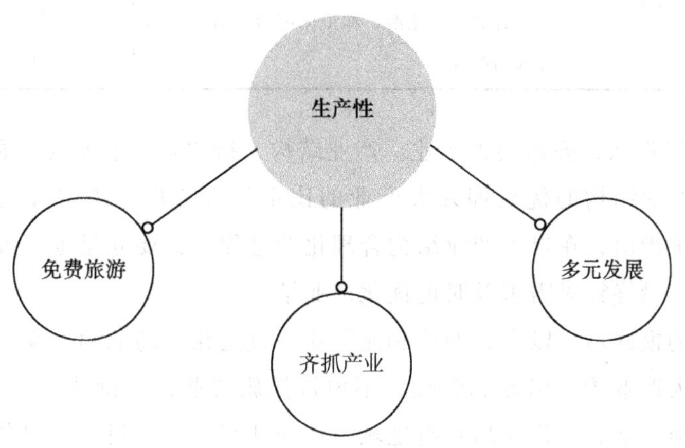

图1－43　花鸟岛生产性功能示意图

（1）开放免费旅游，拉动淡季经济。花鸟岛的旅游业得到初步发展后，面临着淡季经济萧条这一海岛旅游的普遍问题。在旅游旺季的夏半年，客源不断，民宿的客房往往在一个月前已预订满，订购船票也到了“一票难求”的地步；而冬半年的游客量就出现了断崖式下跌，如何为经济植入新的立足点，实现旅游收益新的突破，最终助力旅游业进一步的飞跃，是当下的关键问题。经济生态系统给出了指导：只有以消费需求为导向，生产出对应消费市场的产品，才能更好地实现经济生态系统的功能。这要求花鸟岛精准聚焦市场，寻找到最对口的消费群体，为固定的客源提供定向产品，进而激发海岛淡季经济的生产力。

国内一些地区给出了建设性的参考，例如同样为海岛旅游地的海南岛，每年的5—10月由于雨季来临，且日照充足，过于炎热，客流量较少，旅游市场季节性变动明显，淡旺季市场“冷热”悬殊，制约了旅游业平稳发展。因此，海南岛在发展中对旅游项目方向和管理模式作出调整，给出了自己的解决方案。看回我们的案例对象，在对市场进行一定的调查分析后，花鸟岛在冬季进行了免门票的做法，同时民宿的价格也对应地有所降低，结合在地性，利用资源条件和历史文化特色开辟出多种多样的旅游项目，以吸引一定的客流量，拉动淡季经济。海南岛与花鸟岛发展淡季经济比较如表 1－5 所示。

表 1－5　　海南岛与花鸟岛发展淡季经济比较

旅游地	旅游淡季	解决方案	增加淡季项目
海南岛	5—10 月	以高端游客群体作为主要消费对象抓住高端游客对旅游环境、服务品质更为关注、往往选择错峰出游的特性，在淡季重点加强对高端旅游项目的推广与营销，打造了 70 多个主题各异的文化旅游景区，满足了高端消费群体的需求	高尔夫、邮轮游艇、医疗养生项目等，室内旅游，体育旅游，培养特色餐饮体系，做大海上嘉年华等节目
花鸟岛	11 月—次年 4 月	以高端游客群体作为主要消费对象，以艺术赋能，培养经济新亮点，通过降低民宿价格，开放免费旅游，推出休闲游、研学活动等吸引游客	“全家福”摄影，海边瑜伽，渔船海钓，帆船体验，鱼拓画、陶瓷等手工活动，“花鸟灯塔”红色之旅，“仰望夜空”活动等

（2）立足发展现状，齐抓两大产业。产业结构，指的是一个地区中农业、工业和服务业所占的比重。产业结构的优良即几大产业的比重是否合理，决定着地区经济发展的潜能。经济生态系统指出，在寻求产业结构合理化的过程中，要立足地区发展现状，分析最迫切的发展需求，最终针对需求及时地优化产业结构。

自定制旅游的模式启动以来，渔业和旅游业一直是花鸟岛的两大支柱产业。花鸟乡政府也积极地对两大产业予以引导和管控，不但抢抓旅游业，也持续推动渔业的转型转产，同时两大产业碰撞交融，也衍生出具有地域特色的新兴旅游项目。新时代下，第三产业持续稳定发展，第一产业逐渐向第二、第三产业靠拢，焕发出新的生机，花鸟岛两大支柱产业如图 1－44 所示。

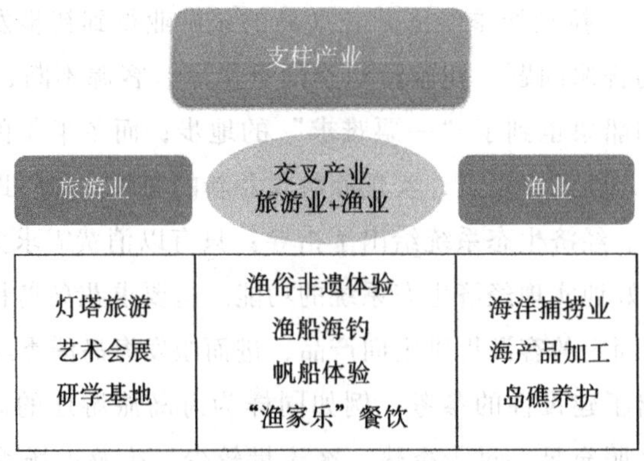

图 1－44　主要产业示意图

①渔业规范管理。花鸟岛的渔业有着悠久的历史，但小岛生产方式单一，就业市场狭窄，渔业发展的产业链短小，过多地停留在捕捞业等第一产业；由于海域固定，资源有限而捕捞力度大，渔业资源供不应求；且渔业若管理不当，会产生影响码头美观、影响村容村貌等问题。这些问题都使花鸟岛的经济无法进一步发展，从而停滞不前。因此，为了再次唤醒花鸟岛经济活力，增大第二、第三产业比重是当今地区发展的大势所趋，推动渔业的转产转型有利于海岛对资源更高效地利用，促进海洋渔区人口、资源、环境和经济社会可持续协调发展，加快城市化步伐，提升经济发展水平，提高居民生活水平，达成全面富裕的美好愿望。

党的十八大召开后，嵊泗县党委与花鸟乡党委抓住契机，深入实施“以旅活乡，以渔稳乡，生态立乡”总战略，积极调整渔业的产业结构，推动其转型升级。花鸟岛充分挖掘了渔业本身的吸纳力，引导渔民就近向第三产业发展。通过发展休闲渔业、公益性海洋管理和岛礁养护岗位等方式，重点向生计渔民倾斜。鼓励传统渔业与旅游业相互融合，推进集休闲、垂钓、体验、观光、餐饮、娱乐、购物等功能于一体的休闲渔业基地建设，丰富“渔家乐”的内容与形式，增强休闲渔业旅游的竞争力和吸引力。

近年来，花鸟岛渔业平稳发展，越来越多的渔农民利用自住房屋提供住宿、餐饮服务以及销售海岛特色产品，推动了经济的发展。在党的十八大召开之后的五年里，实现了渔业总产值同比增长37.8%；截至2020年，全岛渔船共44只，分别从事钓、养等多种作业，养殖户共22户并全部纳入公司化管理，取得了有效的成绩。

②旅游业稳中求进。旅游业在激发乡村发展内生动力、巩固和拓展脱贫攻坚成果中发挥着重要的作用。花鸟岛采取定制旅游的特色模式，以丰富的内容、灵活的方式改变了曾经单薄、稀少的旅游要素，改变了单一景区、景点旅游的传统模式；大力发展民宿产业，培育壮大渔农村新产业、新业态，使之成为海岛经济共同富裕新的增长点和渔农民增收的新亮点，是旅游业转型发展的重要方向之一。民宿经济有助于盘活渔农村资源，带动海洋开发与管理，是促进就业、转变渔农民增收方式、增加渔农民财产性收入的重要抓手。

聚焦我国整个海岛旅游业的发展现状，尽管经过了较长时间的发展，但在规划开发、管理经营等方面依然存在大量不完善的地方，且各地沿海城市的开发思路、模式、项目、管理方式等都存在着相似性，同质化问题严重。

而花鸟岛通过重点扶持一批特色化、高端化、精致化的旅游产业，发展一批上规模、上档次、效益好的海岛旅游项目，最大化实现利民富民；平衡了资源等生态上的制约因素，结合旅游示范岛的打造，挖掘市场资源，拓宽旅游业态经营，对现有的旅游资源进行科学的整合管理，在民俗活动、渔业体验、休闲娱乐等方面进行培育和支持。

通过推动旅游业稳中求进发展，带动了乡村多个行业发展，为花鸟岛群众就业、增收提供了更多渠道，拉动了经济生产高效，使更多资源得到有效利用。

（3）整合经济要素，推动多元发展。发展区域经济时，需要坚持全局观念，要立足整体，统筹全局，选择最佳方案，实现整体的最优目标，从而达到整体功能大于部分功能之和的理想效果。花鸟岛发展旅游业时，由于地理位置相对独立、资源有限，为了更好地服务游客，必须进行经济要素的整合，推动经济的多元发展。

旅游信息要素整合的目标是以现代信息技术为依托，将分散的旅游信息要素进行整合共享，提高信息资源的利用效率，发挥其最大价值，满足发展主体对旅游信息的需求。花鸟岛通过“掌上花鸟”App，发布关于“游、吃、住、行”等旅游信息，减少信息不对称可能带来的问题，使游客可以自主地选择自己想要的旅行方式。同时，游客可以在上面看到其他游客的游玩体验，也可以在上面购买关于花鸟的文创作品，增强了参与感。

此外，民宿作为游客的接待空间，是旅游业保质保量的核心，也是推动旅游业发展的重要因素之一。在花鸟岛“闲置农房激活计划”中，乡政府大力开发村里闲置农房资源，经过统筹、建造、装修后出租，后交由农房租赁平台进行专业的管理，这既增加了农户和村集体的收入，又提高了闲置农房利用率，推动了多元化业态的发展，打造了资源要素的双向流动通道。通过一系列开创性的改革工作，花鸟乡“变废为宝”，实现闲置农房从资源到资产、资产到资金的蝶变，推动实现了渔民增收、产业兴旺、乡村振兴，为海岛地区激活闲置农房提供了“花鸟经验”。

3. 社会性

社会生态系统主要是指人口、劳动力、收入、消费等，是地区发展的目的，是复合生态系统的经络，其战略目标主要是合理配置资源，完善基础设施，提高社会保障水平等。花鸟岛在推进“一岛一景区一公司”的过程中注重社会生态系统的效益，提升了岛屿气质，增加了人文关怀，提高居民生活幸福指数，实现了多元主体的共建共享，如图1－45所示。

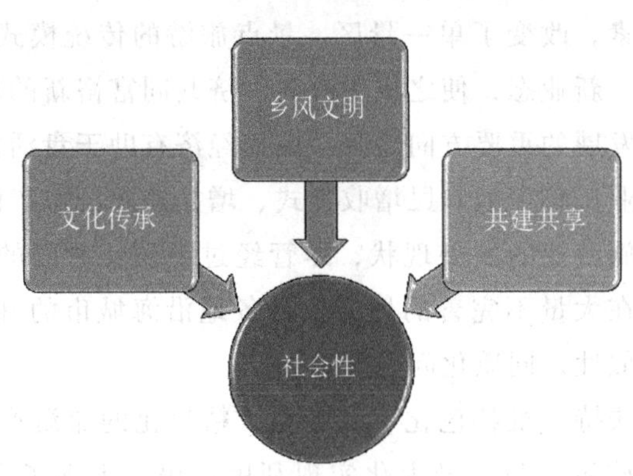

图1－45 花鸟岛社会性功能示意图

（1）文化传承，提升岛屿气质。进入21世纪以来，中国的城乡建设如火如荼，公共艺术也成为新时代乡村振兴炙手可热的手段之一，为村落带来了新的形象和吸引力。花鸟岛也在思考文化传承、发扬公共艺术的意义：“迄今为止，很多的事物都在改变，年轻人外出，老人正在失去文化认同感，新的游客为这里注入新的活力，也为花鸟岛带来多元发展的机遇。面对这样的情况，如何才能实现岛上文化的延续和融合，凝聚不同的社会群体，促进岛屿的多元发展，找寻出地方价值与扎根在生活中的文化。”

花鸟岛发展了艺术合作社，借用土地和商店进行艺术改造，以更新街道的视觉环境；举办工作坊活动，与民宿管理者合作，使他们带领住客参与更多的活动，例如蓝晒社区工坊的“一起晒”活动，游客可以参与蓝晒、绘瓷、版画、滴胶等工艺制作；艺术家们受邀上岛，住进民宿，拥有了个人工作室，他们的思考与岛上的日常生活产生密切的联系，创作出更为贴合的作品，以具有鲜明在地性特征的艺术作品装扮岛屿，提升岛屿的气质，实现未来的良性循环和延续发展。

当地文化和旅游部门也深入挖掘花鸟的特色历史文化，唤醒了鱼拓等过去的“非遗文化”，点亮了“灯塔文化”。通过文化的传承，赋予花鸟岛多元文化发展的机遇，既是一种对过去记忆的呼唤，也是对未来发展的期望。赋予岛屿艺术之美，推进花鸟岛“一岛一景区一公司”模式，重新体现了岛屿独特的地方价值，增添内涵，实现生态、人文的多元和可持续发展。

（2）乡风文明，具有人文关怀。复合生态系统理论认为，复合生态系统的建设是一项面向全民参与的生态建设活动，要让更多的公众参与，包括环境决策参与、环境监督参与、个人环境行为等方面。通过对公众可持续发展的素质教育，普及宣传可持续发展的思想以及环境承载力、生态保护的重要性以及紧迫性，使公众正确认识城市生态系统的功能以及自身的使命。一切发展为了人民，为了提高人民生活幸福感、获得感，这便是社会生态系统需要建设的。花鸟乡政府从公众的角度出发，呈现人与土地、社区、环境和文化的故事。一是依托民宿经济和乡村旅游业的发展，花鸟乡的集体经济不断壮大。二是结合精准扶贫，抓好脱贫增收。花鸟乡在租赁平台的房源推荐上向困难家庭倾斜，有针对性地优先推荐困难家庭的闲置农房，尽力让困难群众也能享受房屋激活的红利。三是依托花鸟旅游形势，积极推出多类就业岗位，针对性推荐困难群众应聘就业，使其依靠劳动实现脱贫，切实增强群众的获得感和幸福感。

此外，花鸟岛旅游业的发展使越来越多的年轻人愿意来到岛上，花鸟岛也变得热闹起来，但在这个过程中，老人们似乎更加孤独了。岛上老龄化十分严重，自 1998 年以来，嵊泗群岛人口一直呈负增长，根据 2020 年的人口普查，31.3%以上的居民超过 60 岁，他们的子女离开花鸟岛，前往外地求学、工作、结婚、生子，而他们还留在岛上，继续着传统的生活方式。而随着岛屿的开发和时间的流逝，他们与新时代的生活方式产生了脱节，无论是行为习惯还是内心的认识理解，使一些老人们开始失去自己的身份和文化的认同感。因此，花鸟岛针对“银发族”展开了一系列送关怀的活动，例如“花鸟照相馆全家福项目”，通过摄影为老人们留下特殊的“全家福”，从人文关怀的角度出发，关注岛上老年人的生活与他们的精神状态。照相馆的存在，似乎弥补了这个社区的一个功能性空间的缺失。但在这空间之下隐藏着的，是公众的情感诉求。当项目的意义真正展现的时候，被埋藏的情感和渴望也被显露出来，围绕在大家的身边，感动着每个人。花鸟岛在开展的艺术各项艺术活动中赋予情感，通过人文关怀，产生了更多的社会效益。

（3）主体和谐，实现共建共享。在发展过程中，花鸟乡政府积极推动岛屿走向“产业兴旺”“生态宜居”“乡风文明”“治理有效”“生活富裕”的五大“振兴”目标，新兴旅游业态在花鸟岛巩固脱贫攻坚成果、助力乡村振兴中起到了一定作用。在花鸟岛的社会生态系统中，鲜有博弈，多为共生。各用户要素形成了统一的和谐结构，使系统的凝聚力强，运行阻力小，综合效率高。

政府和景区间达成沟通，有利于二者统一规划发展方针；政府对原住民作出保护政策，村民可以搭乘乡政府的公务车，老龄人口出租民宿享有居住的一间房，退伍军人优先经营民宿。政府推动渔业的转产转型，使原本靠捕鱼、养殖的较低收入的渔民投入第三产业；景区与乡村共建共享，两者倘若隔离会使旅游地失去发展的文化根基，成为无源之水和无本之木，难以倡导和彰显地方特色，旅游发展也大受限制。而花鸟岛充分利用当地风土人情，发扬地方精神，高效利用当地文化资源。

在花鸟岛的决策、开发、规划、管理、监督等旅游发展过程中，公司负责顶层设计，政府建立健全管理体系，避免了岛上各用户“各自为政”，也避免景区发展与居民生活相脱节，很好地协调了旅游地中游客、居民、政府、公司、景区这些主体，使它们拥有统一的管理硬件和软件设施，充分调动了原居民的组织性，使原住民直接投入旅游业的生产中，与游客融为一体，保证了原住民对旅游发展的参与度，提高了原居民对旅游地改造带来诸多不便的容忍度，也提高了游客的满意度。几大主体间相互关联，共建共享如图1-46所示。

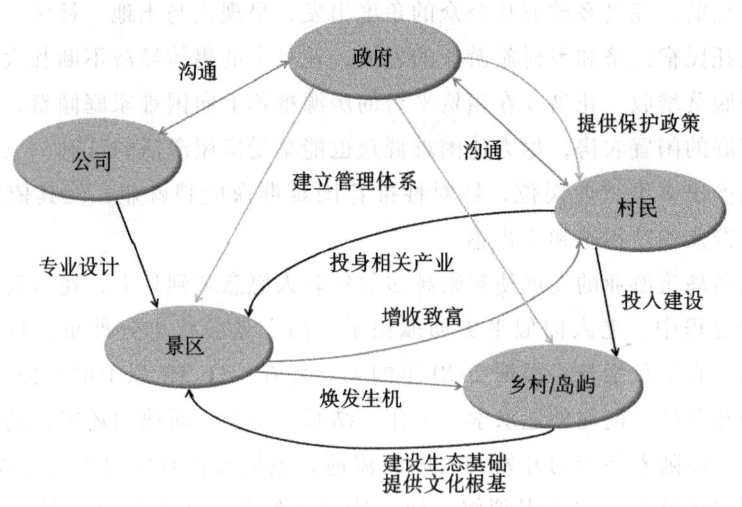

图1-46　主体和谐，共建共享

4. 复合性

复合生态系统理论的核心是生态整合，通过结构整合和功能整合，协调三个子系统及其内部组分的关系，使三个子系统的耦合关系和谐有序，实现人类社会、经济与环境间复合生态关系的可持续发展。在花鸟岛中复合性主要表现在循环再生和协同共生，如图1-47所示。

（1）循环再生。从子系统之间的循环再生方面来说，自然界中的物质终究是有限的，

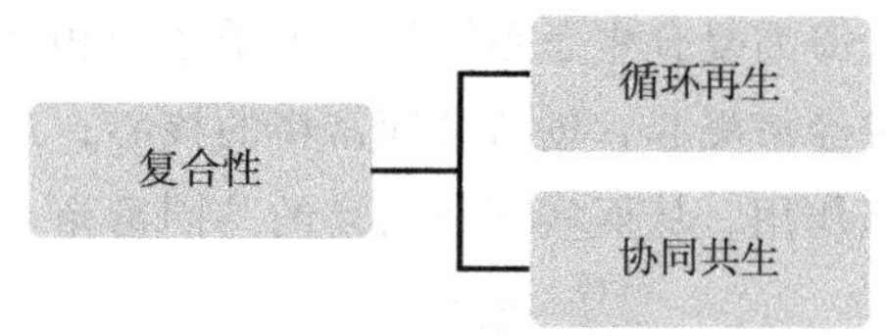

图1-47 花鸟岛复合性功能示意图

原料、产品和废物的多重利用及循环再生是复合生态系统长期并存并不断发展的特征，是复合生态系统得以运行的可靠保障。要在掌握系统运行规律的基础上，在系统内建立和完善循环再生特征，使物质在其中流动往复和充分利用，这样既可以提高资源的利用效率，而且还可以避免或减少生态环境的破坏，使资源利用效率和环境保护同时实现。这要求作为行为主体的人类在发展过程中，既需要认识、遵循自然规律，也需要认识和调节自身的再生产，在向自然适度索取的同时，也要补偿自然生态的能量亏缺和保护自然界内在的均衡演替，从而实现发展与保护的有机协同。

在花鸟岛的复合生态系统中，艺术元素的引入使因旅游而增加的生产经营活动给自然生态系统增加的一部分废物重新变成"艺术产品"，从而产生新的经济效益和社会效益；另一部分废物在垃圾低温热解技术的处理下转换为热能和有机化肥，重新返回自然生态系统，从而达到花鸟岛整体的循环。

（2）协同共生。从子系统之间的协同共生作用来说，复合生态系统是一个人与自然相互依存与的复杂系统，其包括自然、资源、人、经济与社会等。从本质上讲，它们在系统中是一种协同共生关系，也是这样一种协同共生作用成为了复合生态系统得以运行的必然要求。

花鸟岛在发展中始终重视自然生态，采用定量的方式保证游客对资源的使用不超出岛的承受范围；同时在寻求更进一步的发展中，深化绿色低碳示范岛、品质旅游示范岛、共建共享示范岛的有机融合、高度耦合，切实做到了人与岛的协同共生、自然、经济与社会三个子系统的协同共生。

当代若干重大社会问题，都直接或间接关系到社会体制，经济发展状况以及人类赖以生存的自然环境，通过寻求自然、经济、社会三者之间的平衡，使其达到最佳的耦合状态是整个复合生态系统健康运行的保证。结合我们的案例来看，在花鸟岛，自然生态系统保护良好，通过还原功能对资源进行高效利用，为经济生态系统和社会生态系统提供适宜环境与对应的资源；持续建设经济生态系统，为岛屿创造了利润，提供了必需的资金，使岛屿的建设具有可能性和能动性；社会生态系统则通过人民生活的满意度、获得感作出反馈，积极地影响着自然生态系统和经济生态系统，并由此形成良性循环，促进着岛屿的可持续性发展。究其根本，复合生态系统中系统的耦合是通过三个子系统的循环再生和协同共生作用来实现的。

（三）"花鸟模式"开拓共同富裕之路

海岛复合生态系统是由海岛社会、海岛经济活动和海洋自然生态环境三大子系统所共同组成的生态功能统一体。海岛复合生态系统的三大子系统相互制约、依存。通过环境保护夯实共同富裕基础；通过经济崛起，创造共同富裕的核心；通过社会和谐，营造共同富裕的氛围。三个子系统相互作用，从而实现花鸟岛的共同富裕，如图1-48所示。

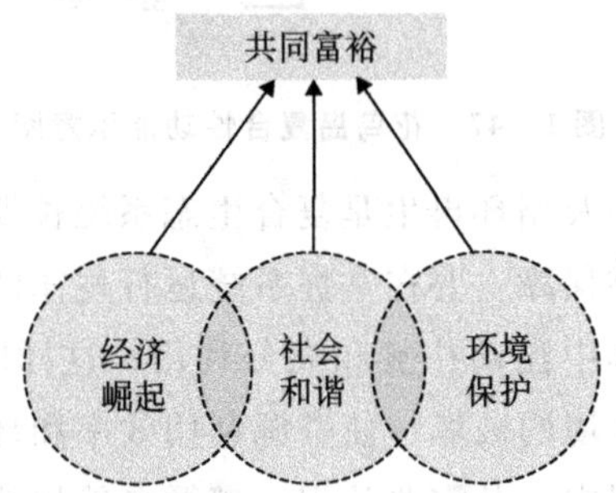

图1-48　共同富裕三个子系统相互作用示意图

1. 环境保护，夯实共同富裕基础

习近平总书记在2005年提出“绿水青山就是金山银山”的科学论断（即“两山论”）。“两山论”认为环境保护与经济发展之间并不存在不可协调的矛盾。“金山银山”体现为经济发展与社会发展两方面。“两山论”核心思想是“绿水青山就是金山银山”，表明了生态环境在经济社会发展中的重要价值。政治学学者郑石明、邹克、李红霞表示：绿色要素作为一种公共资产参与经济产出分配，促进共同富裕的潜在路径包括：一是由中央政府从生态资源丰富与环境保护良好的欠发达地区购买作为公共产品的绿色服务，服务于全体人民；二是随着绿色发展水平的提高，生态农业、生态旅游等生态经济规模扩大，低收入群体从绿色发展中更多获益，发展成果更公平地分配至欠发达地区。绿色要素的分配效应有利于提升分配制度的公平性，促进共同富裕实现。

随着海岛生态工程的逐步推进，“生态立岛”的理念也根植于花鸟岛百姓的内心。自2014年9月启动农村生活污水治理工作以来，岛上的生态治理有了可观成效。2018年，花鸟乡成为嵊泗首个完成污水设施建造的乡镇；2021年，花鸟岛成为省首批低（零）碳乡镇试点创建单位。花鸟岛在推进低碳建设的同时，也在不断地保护原有的资源。当经济发展与环境保护相冲突的时候，政府将环境保护放在第一位，因此在这几年的改造中，花鸟岛的环境不但没有遭到破坏，反而在持续出色治理中。

花鸟岛的绿色渔业也稳步发展，为保护海洋环境，规范推进养殖海域“三权分置”改革，制定《花鸟乡养殖海域管理暂行办法》，完成海域确权62公顷，积极推进养殖泡沫浮球整治，新型浮球替代率已达30%，成功创建省级健康养殖示范场。休闲渔业有序发展，出台《花鸟乡钓鱼船管理办法》，实行泡沫船总量控制，推行休闲渔船统一公司化管理。2021年，花鸟乡美丽乡村整体基础不断夯实，受邀参加全省深化“千万工程”建设美丽乡村现场会并作典型发言，同时获评新时代美丽城镇建设省级样板荣誉称号。

2. 经济崛起，实现共同富裕核心

在实现共同富裕自身的逻辑中，允许和鼓励一部分地区、一部分人先富起来则是必然性的过程，这是矛盾发展的不平衡性决定的，先富起来的要带动实现共同富裕是必然性的要求，这是社会主义的性质决定的。通过生产力的进一步发展和完善，从而促进经济的逐步提高，以最终实现共同富裕。

旅游产业和渔业是花鸟岛的两大产业，现阶段，花鸟岛以高品质省级5A级景区建设标准提质升级，借助海洋文化与现代艺术融合，展现新时代海洋魅力、渔村风情，以风貌提升推动渔村文渔旅融合，加快渔村振兴，打造最美游线。2021年，花鸟乡实现地区生产总值1.62亿元，比2016年增长62%；五年累计完成固定资产投资约2.53亿元。据统计，近3年花鸟岛游客增量分别为62%、59%和86%；岛上民宿从早年间零星几家增长为如今的60余家，外来投资者和本地居民投资建设各占一半；淡季旅游经济也得到发展，季节性变动缩小，地区差距、城乡收入、收入水平等明显缩小。

3. 社会和谐，营造共同富裕氛围

共同富裕目标的实现，需要一定的社会环境保障，需要不断创新和深化社会治理，推进当地治理体系和治理能力现代化，同时也要不断地完善社会保障系统，实现“老有所养，幼有所教，贫有所依，难有所助，鳏寡孤独废疾者皆有所养”。社会和谐是中国特色社会主义的本质属性，即在提高生产力的基础上，实现人的全面发展，通过不断化解社会矛盾，达到人与人之间和谐相处、人与自然和谐相处。共同富裕与社会和谐，二者密切联系。只有社会和谐，才能更好地走共同富裕道路。

共富路上一个不能落。对此，花鸟乡创新“5+X”服务体系，近年来，在本土党员、村干部的推动下，热心年轻的民宿创客成功组建了民宿志愿服务队，57家民宿与172位老人结对，30户60位老人享受到“融合式”养老服务的温暖。此外，花鸟乡投入335万元打造整岛幸福驿家，出台医疗应急兜底管理办法，通过补助减轻群众紧急就医交通费用负担，并累计投资2.53亿元投入大水坑水库、海水淡化厂、排水管网配套、绿华—花鸟输电工程、骨灰纪念堂、客运码头等新建改建工程，着力破解水、电、交通等影响群众生活幸福感的基础要素。

五、案例总结与启示

（一）总结

花鸟岛在21世纪初，封闭落后，人口流失，海洋渔业发展缓慢，生态环境治理不足，陷入濒临死亡的低谷。自2009年起，国家和省、市政府出台一系列相关海岛发展政策，花鸟岛乘着政策的东风，抓住发展契机，齐心协力，不断开拓创新，最后依靠“花鸟模式”成功走出了一条属于花鸟岛的独特海岛发展之路。在“花鸟模式”的运作下，岛屿充分发展特色旅游业、民宿业、餐饮服务业，不断激活经济新的增长点，使多种业态焕发生机，带动了岛内剩余劳动力的就业，提高了人民的生活水平和海岛经济发展水平。自发展以来，花鸟岛着力于构建一个“宜居、宜游、宜商”的综合型岛屿，除了抓经济，花鸟岛还开展生态治理和基础设施完善等工程，充分将经济、社会与自然三者有效平衡，使小岛内形成一个非常独特的循环运作体系。

曾经贫穷落后的边缘海岛如今涅槃再生，实现了“绿水青山”与“金山银山”的有机统一，实现了生态环境和经济社会发展的双赢，走出了一条新常态下边缘海岛科学发展之路，也走出了一条在科学发展之路下海岛共同富裕的康庄大道。

（二）启示

花鸟岛，一个富有诗意的“鸟屿花乡”。它的变化由内而外，是生态的、可持续的。希望花鸟岛的羽化成蝶，能够为浙江省内共同富裕方针政策的开展建设提供借鉴，能够为全国边缘海岛、边缘山区以及空心村、空心岛的脱贫致富带来指导。

1. 创新旅游管理模式，促进海岛经济稳步发展

地区想要发展应当找准适合自身的独特管理模式。以花鸟岛为例，花鸟岛作为浙江沿海的边缘小岛，充分地盘活自身岛屿资源，以旅游业和民宿产业为抓手，确立了“一岛一景区一公司”的“花鸟模式”。自“花鸟模式”开创、实施和发展以来，海岛旅游业逐渐成为花鸟岛新的经济亮点和村民收入增长点。

由此可见，地区经济要想得到准确和充分的发展，离不开因地制宜确立符合自身发展要求的发展模式。对于区域经济发展而言，应牢牢建立比较优势的概念。每一个边缘的小岛或者是偏远的地区，在其地理位置、发展历史、资源条件等方面都各不相同，所以每个地区都应该创立具有特色的管理模式，根据区域特点、具有的优势、发展的现状以及存在的问题，与自身情况相契合，而不能够把其他地区成功的经验复制或者照搬照抄。一旦有了明确的模式就有了明确的发展方向，因此能够推动区域经济不断转型来适应国内外宏观经济环境的变化，从而走出一条因地制宜的发展道路。

2. 加强生态系统治理，构建海岛长远发展机制

地区经济发展离不开生态环境的治理。花鸟岛深谙其道，故自岛屿开发建设以来，致力于生态系统的治理，将灰暗破旧的渔村老房改造成环境友好的高端品质的民宿区，使岛上的道路、码头、山塘水库、照明系统、排污系统等都得到合理修缮和整治，一系列治污治水的处理工程和高要求的工业指标，使岛屿生态环境得到还原、恢复和升级。

党的十八大以来，我国高度重视生态环境保护，大气、水、土壤污染防治三大行动计划相继实施，打好污染防治攻坚战是满足人民日益增长的优美生态环境需要的迫切之举。

当前，我国生态环境保护和生态治理面临不少困难和挑战，存在许多不足。一些地方和部门对生态环境保护认识不到位，责任落实不到位；经济社会发展同生态环境保护的矛盾突出，资源环境承载能力已经达到或接近上限；新老环境问题交织，重污染天气、黑臭水体、垃圾围城、生态破坏等问题时有发生。这些问题显现并且成为影响区域经济发展的瓶颈制约和短板。如果偏远地区或边缘小岛想要实现经济全面发展，首先应当考虑是否能还原和恢复当地生态，其次应当高度重视区域生态治理，一切经济发展都要以环境友好、生态稳定为基础，绝不能以自然破坏为代价。

3. 推进共同富裕目标，探索海岛发展新实践

偏远地区或边缘小岛的发展要着力把握当地自然、经济、社会三者的平衡，最终以建设共同富裕和促进人民福祉为主要方向和动力。维持区域发展平衡，强调自然、经济、社会三系统融合，通过整合当地自然生态、人文景观、民俗文化等传统元素，化资源优势为经济优势，不仅能够提高当地人民的生活质量，同时也成为打造美丽乡村和助力共同富裕的新引擎。

当地区的发展进入成熟和稳定的阶段后，应当在保持经济平稳增长的同时开始注重地区整体的平衡发展，增强地区发展韧性。经济开发建设不应以破坏环境为代价，要以绿色低碳为基石，在生态友好的基础上实现经济良性循环与发展。同时，地区经济发展要注重社会的良性平稳，不忘以人为本，要着力缩短居民收入差距，提升人民归属感和幸福感，厚植乡土情怀，使居民与其所在的地域产生深刻的连结性，有助于构建多元主体下的和谐社会。这对于边缘海岛和偏远地区的发展，同样作出启示，即地区在达到经济发展和生态友好相互平衡的基础上，还应当关注社会层面的发展，时刻维持三系统平衡，最终走向共同富裕。

思考题

1. “花鸟模式”构建的背景是什么？“花鸟模式”的主要内容是什么？
2. 花鸟乡的实践对其他海岛有哪些借鉴意义？

案例编写：沈奕言（工商管理20级）；祝溢镁（小学教育20级）；
李倾巷（工商管理20级）；张奕洁（小学教育20级）
指导老师：朱杏珍

参考文献

［1］马世骏，王如松．社会—经济—自然复合生态系统［J］．生态学报，1984（1）：1－9.

［2］黄鹭新，杜澍．城市复合生态系统理论模型与生态城市［A］．中国城市规划学会．生态文明视角下的城乡规划——2008中国城市规划年会论文集［C］．中国城市规划学会，2008：13.

［3］耿海玉．城市复合生态系统理论在崇明生态岛建设中的应用［J］．科学发展，2011（1）：94－99.

［4］曹万林．经济系统、社会系统与资源环境系统的耦合分析［J］．周口师范学院学报，2015，32（3）：103－107.

［5］秦书生．复合生态系统自组织特征分析［J］．系统科学学报，2008（2）：45－49.

［6］庄志民．复合生态系统理论视角下的文化与旅游融合实践探索——以上海为例［J］．旅游科学，2020，34（4）：31－45.

［7］谢依娜，刘云根，赵乐静．中国美丽乡村建设的复合生态系统理念探析［J］．西南林业大学学报（社会科学版），2017，1（6）：15－23.

［8］李梦程，王成新，薛明月，秦伟山．我国海岛旅游发展与生态环境耦合协调评价与影响因素研究［J］．世界地理研究，2021，30（5）：1048－1060.

［9］余中元，陈雪霞．岛屿型旅游目的地社会生态系统演变及可持续发展研究——以三亚西岛为例［J］．资源与产业，2015，17（5）：103－111.

［10］黄博，姜德刚，丰爱平，林雪萍．我国海岛旅游高质量发展的建议［J］．中国国土资源经济，2021，34（6）：72－77.

［11］文艳，倪国江，闫金玲．我国海岛开发与保护的战略思考［J］．海洋开发与管理，2016，33（S2）：13－18.

［12］王建友，周一新．对小岛移民政策的分析与思考——以舟山“小岛迁，大岛建”政策为例［J］．浙江海洋学院学报（人文科学版），2015，32（5）：37－42.

［13］谢慧明，沈玲佳，沈满洪．国内旅游业可持续发展的供求策略研究［J］．旅游论坛，2016，9（6）：45－50.

［14］杨成平，傅颜颜，刘贞文．中国海岛县（区）循环经济发展模式研究［J］．河北地质大学学报，2019，42（6）：68－74.

［15］叶激华，余海芳．推进“两山”理念海岛实践　打造美丽小岛中国样板［J］．新农村，2021（6）：12－14.

［16］庄继艳．牢记嘱托　高质量打造美丽乡村海岛［J］．政策瞭望，2020（11）：

26 - 27.

[17] 李娟. 美丽海岛建设背景下的特色小镇发展研究 [D]. 舟山：浙江海洋大学，2018.

[18] 乐观. 美丽乡村建设视阈下浙江舟山群岛新区历史文化村落保护利用问题研究 [D]. 雅安：四川农业大学，2016.

[19] 顾悠然，卢媛熠，陈俊崎，韩凝玉. 乡村振兴背景下乡村景观的艺术化存在模式研究——以乡伴苏家文创小镇等为例 [J]. 建筑与文化，2021 (8)：114 - 116.

[20] 谢天慧，董宝亮，李倩. 海岛旅游中的民宿产业发展研究 [J]. 湖北经济学院学报（人文社会科学版），2021，18 (2)：31 - 33.

[21] 杨海涛，陈修颖. 关于海岛民宿产业发展研究——以浙江省嵊泗县为例 [J]. 农村经济与科技，2016，27 (21)：92 - 94.

[22] 傅明燕. 花鸟岛披上“唯美外衣”　东海能否新添一段“艺术之旅”？[N]. 舟山日报，2021 - 08 - 06 (003).

[23] 黄筱，林光耀. 偏远“空心”海岛的重生嬗变 [N]. 新华每日电讯，2021 - 09 - 06 (008).

案例2

基于客户体验的文旅小镇商业模式分析——以越剧小镇为例

摘　要

众所周知，我国城镇化经历了由慢到快的历程，并呈现出区域不平衡性。快速城镇化使大量人口从农村流向城市，工作竞争压力大、生活成本高等城市病日益凸显。面临快速城镇化带来的诸多问题，国家开始大力推进以城乡统筹、城乡一体、产业互动、节约集约、生态宜居、和谐发展为基本特征的新型城镇化，并实施乡村振兴战略，坚持城镇化发展的全面性和协调性。通过发挥各自资源、产业优势，形成区域中心，辐射带动周边地区经济发展，减轻城市人口流入压力。而特色小镇的兴起与发展无疑是大势所趋，人心所向。

越剧小镇结合自身特质，找准产业定位，迅速发展起第一、第二、第三产业。小镇依托剡溪山水人文资源，发展种植业、采摘业、试验田等农业，吸引更多的人回流，带动第二、第三产业的兴起，推进现代农业与旅游、文化、休闲等特色产业深度融合。

小城镇的发展与产业融合作为一个重要规划，逐步在全国范围内展开。本案例以越剧小镇为研究对象，在围绕产业融合与乡村振兴的背景下，通过对越剧小镇商业模式深入解析，并运用商业模式等理论，揭示越剧小镇的基于客户体验的商业模式效应，并进行价值主张、价值创造、价值实现等方面的分析，最后得出总结与启示，为特色小镇的建设提供一些借鉴经验。

关键词： 乡村振兴；文旅小镇；商业模式；客户体验

一、绪论

（一）研究背景

1. 民族文化自信的提出

习近平总书记指出，文化是一个国家、一个民族的灵魂。在当代中国，文化自信是中华民族生生不息、走向复兴的精神源泉，是中华民族屹立世界、面向未来的精神脊梁。如今，文旅小镇正在快速发展，不同于其他特色小镇，文旅小镇是以文化旅游为切入点，以文化内涵为支撑贯穿始终的特色小镇经营模式，在特色小镇的创建中占比重较大。因此，文化自信的提出，可以促使特色小镇文化深层次地在各个环节融入小镇建设，通过文化的渗透和传承，促使特色小镇真正各具特色，推动特色小镇持续长久经营，打造更多知名的中国特色小镇品牌形象。

2. 乡村振兴战略的实施

城乡发展不平衡不协调是现阶段我国经济社会发展中较为突出的一大问题，制约着农业农村的发展，不利于城镇化水平的提高。党的十九大报告提出实施乡村振兴战略，着力解决城乡发展差距问题，切实改变农业农村的落后面貌。在实施乡村振兴的总要求中，位于首位的是产业兴旺。而特色小镇的建设是产业兴旺的重要组成部分，促进乡村振兴的改革举措可以在特色小镇先行试验。特色小镇产业振兴的突破口在于三产融合，因地制宜发展第一、第二、第三产业，深入推进产业融合，发挥“1+1+1>3”的效应。这有利于统筹城乡发展，为乡村振兴积累经验、提供动力。

3. 文旅产业发展现状和市场前景

近年来，中国文化旅游成为投资热点，各种类型的文化主题公园、旅游小镇应运而生，中国文化旅游产业规模得到很大提升。目前，中国文化旅游行业需求规模已达到2.7万亿元。

文化和旅游融合是“旅游+”的要求，符合文化和旅游产业发展的客观规律，其市场前景不言而喻，根据前瞻产业研究院统计，截至目前已经有21个省市积极响应国家号召，成立了文化和旅游厅；25个省市制定了文旅产业融合发展的规划和政策。“十三五”期间，旅游与国民生活及乡村、健康、养老等重点领域的“+”将成为发展热点，国家旅游局预计，我国旅游度假行业将形成十万亿元的支柱产业。

4. 人们对美好农镇生活的向往

如今，我国社会的主要矛盾已经转化为人民日益增长的美好生活需要和不平衡不充分的发展之间的矛盾。人们不仅仅是追求物质生活上的满足，更想得到的是精神上的“幸福感”。越来越多的都市人迫于金钱和时间的压力，想要回归人类本质的生活方式，而美好农镇生活正是他们所向往的。在小镇里，他们在获取大地丰足的粮食的同时可以从事自己热爱的工作，感受清新的空气，就这样简简单单地生活着。农镇这样一个“桃花源”般的存在，使他们心驰神往，同时也是其乡愁与乡情的寄托所在。

（二）研究意义

近几年，我国政府极为重视特色小镇的发展，一批又一批特色小镇不断涌现出来。在这样的背景下，研究特色小镇的商业模式，则显得十分必要。本案例从商业模式的角度整体把握，深入分析越剧小镇如何发展的。并结合客户体验，探究客户体验对小镇发展的重要性。这为未来国内更多特色小镇的建设与发展提供了很好的借鉴。因此，通过研究越剧小镇的商业模式具有十分重要的意义，具体包括：

1. 坚持文化自信，贯彻乡村振兴

为适应与引领经济新常态，浙江全面启动建设一批产业特色鲜明、人文气息浓厚、生态环境优美、兼具旅游与社区功能的特色小镇，这有利于加快产业转型升级和历史文化传承，推动城乡统筹发展和经济平稳健康发展。为了积极响应“特色小镇”的重要批示，贯彻乡村振兴战略，践行文化自信理念，越剧小镇在百年越剧的诞生地嵊州应运而生，这对推进新型城镇化有着重要意义。

2. 为文旅小镇进行产业发展提供借鉴

越剧小镇有着得天独厚的地理人文优势，利用古村落、古戏台、越剧人、剡溪水、田园味等原生态乡土资源，建造越剧博物馆、民俗风情文化馆、石文化博物馆、妙音走廊，组建戏班，打造出了一个青砖黛瓦的原生态江南古村；开通了问越路，交通更加便利，扩大了小镇的“旅游之路”；以越剧寻根文化为主线，围绕山水越剧品牌，发展民宿和越剧文化产业经济。越剧小镇文化产业与旅游产业的有机融合为其他文旅小镇的发展提供了一个良好的模板。

3. 有利于越剧文化的传承、保护与发展

越剧小镇着力传承和发扬越剧文化，打造一个“精神之乡”。越剧小镇建造众多专业剧场来进行越剧的表演，并且还将承接120个非遗剧种的演出。小镇十分重视非物质文化遗产保护、传承发展中华优秀传统文化。嵊州拥有丰富多彩的非遗文化，小镇规划了“非

遗 +”展馆，让竹编、古沉木雕、剡藤纸等嵊州非遗通过“展示 + 体验”的形式得到活态传承。小镇还把地域文化、越剧文化、江南文化进行了重组、整合，并融入日常生活中，让人在不知不觉中重新理解文化，重拾对文化的热爱，并且从中享受、获益。

4. 为越剧小镇的发展提供指引

本案例通过对越剧小镇在乡村振兴背景下的产业定位和产业发展问题的深入了解和分析，发现其在发展中仍然存在一些问题和不足之处，然后结合当前市场的竞争趋势以及需求状况等，提出在产业发展、市场开拓等方面的建议，为越剧小镇发展提供指引。

（三）研究方法

本案例所采取的研究方法如图 2 – 1 所示。

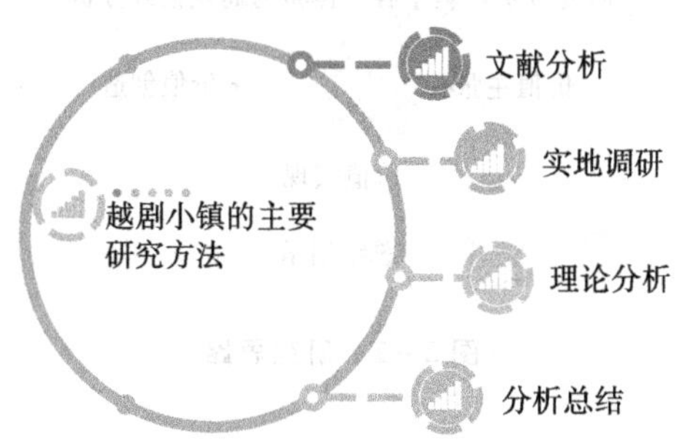

图 2 – 1　研究方法

文献分析：通过阅读书籍报刊、在数据文献资料库里调取越剧小镇的相关资料，加以分类、整合，了解小镇的基本情况，并确定案例研究方向。

实地调研：为了更加深入了解越剧小镇的发展情况及其环境，对小镇进行了实地调研，参观了古戏楼、戏迷馆等景点，亲身感受到当地的风景与文化，并对调研过程中产生的疑问进行了咨询。

理论分析：运用客户体验，针对越剧小镇的价值主张、价值创造、价值实现等方面，具体分析小镇的商业模式。

分析总结：通过对越剧小镇的案例分析，进行基于客户体验的文旅小镇商业模式的研究，总结出小镇的成功经验，可供借鉴学习。

（四）研究思路

我们团队以越剧小镇作为案例对象，前期通过文献分析，后期到小镇进行实地调研与访谈，探索越剧小镇是如何打造文旅小镇的。结合乡村振兴的大背景，我们了解并深入分析越剧小镇积极促进产业融合的具体做法，通过选取客户体验这一角度分析越剧小镇的商业模式，最后得出本案例的总结与启示。本案例的研究思路如图 2－2 所示。

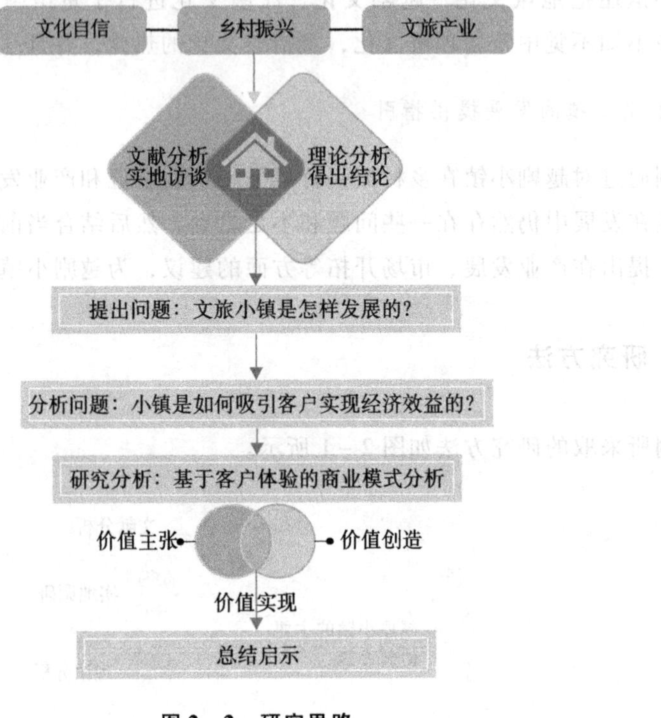

图 2－2 研究思路

二、案例研究对象

（一）小镇简介

越剧小镇坐落于中国女子越剧诞生地——浙江省嵊州市甘霖镇施家岙村，占地 3.68 平方千米，是国内第一个以戏剧剧种命名的文旅小镇，是浙江省第三批特色小镇，如图 2－3 所示。“赴梦里桃源，悟戏里人生”，小镇崇尚“越戏剧·越生活”的理念，营造优美风光里的文化景象，传导品质生活下的精神体验，着力构建当代人向往的“梦里桃源”。

小镇以“中国戏曲朝圣地，大众文旅目的地”为建设目标，具体定位在：中国越剧文化的传承展示基地、中国戏曲文化的保护展示基地、世界戏剧文化的交流展示基地，嵊州优秀地域文化和非遗项目的集中展示教学基地，山水相依、田园相融的戏剧文化休闲胜地。

图 2－3　越剧小镇

（二）发展历程

越剧小镇的发展历程如图 2－4 所示。

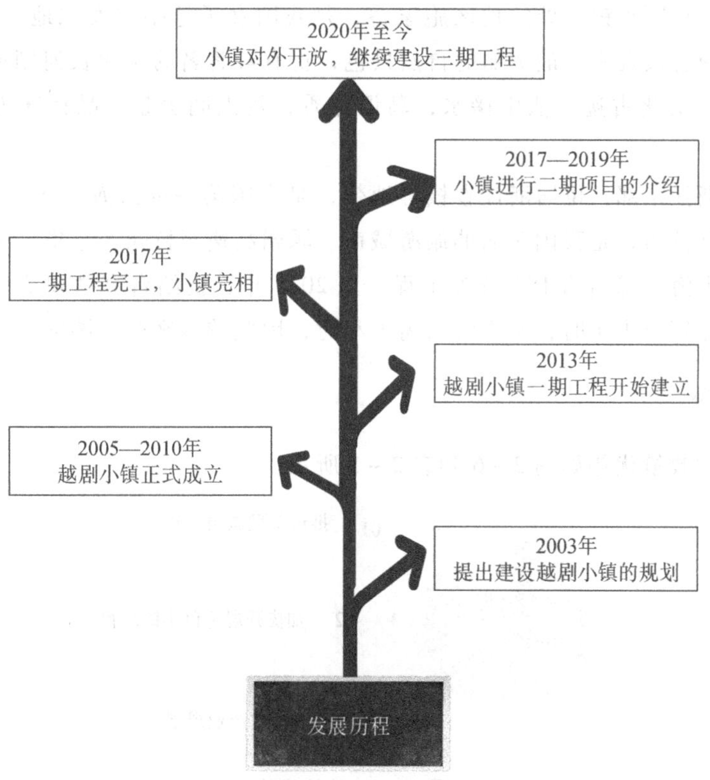

图 2－4　小镇发展历程

（三）小镇优势

越剧小镇的优势如图 2－5 所示。

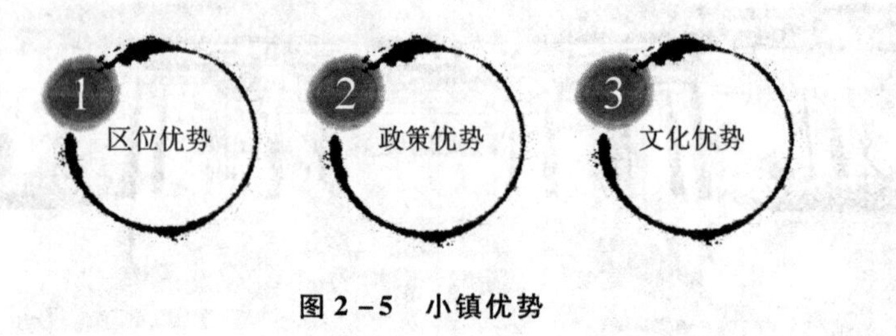

图 2－5　小镇优势

1. 区位优势

越剧小镇位于浙江省嵊州市施家岙村，占地 3.68 平方千米，拥有着广袤而又肥沃的土地，为当地的农业发展提供了优越的条件。在这里，传统与现代并行，不仅有着传统的农耕方式，保留原始田园生活的韵味，更有着高科技手段培育优良作物品种，为小镇的发展提供了坚实的基础。

除此之外，越剧小镇所处的地区施家岙，是我国女子越剧的发源地。四周群山环绕，峰峦叠嶂，展现着最真实、最美丽的自然景色，更有着著名的文化长河剡溪从中流过，遗留着丰富多彩的文化古迹。依山傍水，鸟语花香，赏人间美景，品诗味人生，宛如仙境一般。

嵊州地处浙江东部，位居浙江省核心地带，是全国第一批沿海经济开放县（市），全国综合实力百强县市，是我国著名的旅游城市。嵊州高速至杭州、金华、宁波、台州约 90 分钟车程，至上海、温州约 180 分钟车程。至 2021 年，杭绍台高铁建成后，越剧小镇与杭州的车程将缩短至半小时，到上海只需 1 小时，因此游客来此旅游度假十分方便。

2. 政策优势

越剧小镇的政策优势如图 2－6 和表 2－1 所示。

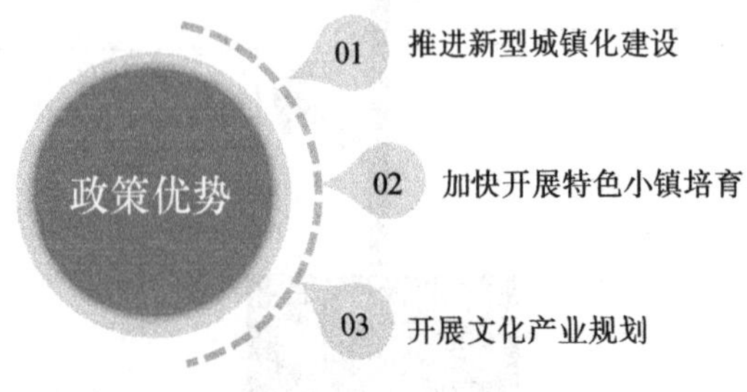

图 2－6　政策优势

表 2-1 政策优势

序号	发布时间	发布机关及联合发布机构	政策文件
1	2017-01-24	住建部、国家开发银行	关于推进开发性金融支持小城镇建设的通知
2	2017-04-01	住建部、国家开发银行	关于推进商业金融支持小城镇建设的通知
3	2017-04-19	文化部（现文化和旅游部）	“十三五”时期文化产业发展规划
4	2017-05-09	国家体育总局	关于推动运动休闲特色小镇建设工作的通知
5	2017-05-26	住建部	关于做好第二批全国特色小镇推荐工作的通知
6	2017-06-09	农业部（现农业农村部）	关于组织开展农业特色互联网小镇建设试点工作的通知
7	2017-07-04	国家林业局（现国家林业和草原局）	关于开展森林特色小镇建设试点工作的通知
8	2017-07-07	住建部	关于保持和彰显特色小镇特色若干问题的通知
9	2017-08-22	住建部	关于公布第二批中国特色小镇名单的通知
10	2017-12-04	发改委、国土资源部、环境保护部、住建部	关于规范推进特色小镇和特色小城镇建设的若干意见
11	2018-03-09	发改委	关于实施 2018 年推进新型城镇化建设重点任务的通知
12	2018-08-30	发改委	关于建立特色小镇和特色小城镇高质量发展机制的通知
13	2019-03-31	发改委	关于印发 2019 年新型城镇化建设重点任务的通知

3. 文化优势

越剧小镇是蓝城首个文旅小镇，地处女子越剧发源地施家岙。越剧文化展示如图 2-7 所示。四周青山屏列，剡溪江水如练，两岸古迹迭续。小镇深受“万年文化小黄山、千年剡溪唐诗路、百年越剧诞生地”的人文滋养，是以山水为承载、戏剧为核心的文化旅游小镇。

图 2-7 越剧文化展示

小镇规划建设专业剧场、大师工坊、工匠艺术村落、文旅商业街、特色酒店群、滨水休闲、农庄田园等，为游客和戏剧爱好者提供山水田园中的戏剧体验。

小镇的根本理想，在于重新建构贴近中国式文脉传统的品质生活，呼唤大众从“文旅”起步，重新确立曾经属于自己的“让精神得以愉悦，自然得以亲和，身心得以修养，艺术得以体验”的中国式生活理念。

（四）小镇特色

1. 古戏楼

越剧小镇的古戏楼仿故宫畅音阁而建，金碧辉煌，气势恢宏，是全世界最好的越剧金色大厅，如图 2－8 所示。走进古戏楼，游人听到的是《追鱼》《十八相送》《桑园访妻》等越剧经典折子戏。每一折戏都情意绵绵地诉说着爱情的美好和天长地久。观众坐下来，服务员奉上一杯小镇辉白茶，端来一碟干果茶点，观众边看戏边喝茶边享用茶点，时光变得如此悠长而缓慢，观众被咫尺之隔的演员所打动，此时表演者们的一个台步，一个眼神，一句唱词乃至一声叹息，都让你产生强烈的情感共鸣。观众会被“水袖勾连，眉目传情”的缠绵悱恻所感动，会被“死生契阔，与子相悦”的一往情深所感动，更会被巧夺天工的雕梁画栋所打动。

图 2－8　古戏楼

2. 聚贤阁

越剧小镇的聚贤阁是整个嵊州地域内的文化制高点，以历史为轴线，各层展示了嵊州相关重要历史人物的生平及其思想理念，如图 2－9 所示。第一层以古代哲学思想为引领，介绍吕规叔、吕祖璟、吕祖谦、朱熹四位理学大家，回溯鹿门传统，品读理学精神。第二层以王羲之、谢灵运、戴逵和许询等数位文人墨客以及他们的诗文书画和雕刻艺术为介绍，感受嵊州山水胜景，风雅人文。第三层以蔡元培、马寅初、竺少康、沈克非四位嵊州近代名人为介绍，品读国学传统，弘扬现代人文和科学精神的聚集。聚贤阁四层，仅一个巨大的银色金属“越”字，寓意宇宙、宏观、越来越向上向好的“善德大美”，其功能为观景大平台，小镇风光一览无余。可在此打坐冥想，陶冶身心，倚窗遥望，夜观星象。

图2－9　聚贤阁

3. 三合一非遗馆

越剧小镇开工建设了三馆合一的文化体验馆，三个场馆分别是嵊州博物馆、越剧博物馆和非遗博物馆。三个场馆共同构成了小镇的博物馆，具有厚重的历史文化。其中有竹编、古沉木雕、剡藤纸书法、辉白茶、围棋等非遗体验项目和场所，让丰富多彩的非遗文化通过“展示＋体验”的形式得到活态传承与光大。为将嵊州的非遗文化、越剧文化和历史文化整体呈现，该馆占地11.25亩，建筑面积18400平方米，将集中展示嵊州的传统文化，并形成小镇的永久性文化品牌，将小镇的价值观和理念传递给更多的人，形成良好的社会氛围，与更多热爱文化的顾客建立牢固的情感纽带、形成价值认同。

（五）获得荣誉

从2003年越剧小镇想法的提出，到现在三期即将建设完成，小镇已经初具规模，在这几年的经营过程中，小镇也获得了许多令人骄傲的荣誉。

2017年8月，越剧小镇被列入浙江省第三批特色小镇创建单位。

2019年8月，越剧小镇被列入绍兴市首批非物质文化遗产旅游景区——非遗主题小镇。

2019年9月，越剧小镇被绍兴市总工会评定为绍兴市第四批职工疗休养基地。

2019年10月，越剧小镇被绍兴市教育局、文化广电旅游局评定为首批绍兴市中小学生研学实践教育基地（营地）。

2019年11月，越剧小镇被绍兴市旅游景区质量等级评定委员会批准为国家3A级旅游景区。

2019 年 12 月，越剧小镇被浙江省教育厅、文化和旅游厅被评定为浙江省中小学生研学实践教育基地（第二批）；被列入浙江省首批诗路黄金旅游线。

2020 年 6 月，越剧小镇被评定为第二批浙江文艺创作采风基地。

三、案例主体介绍

越剧小镇主体如图 2－10 所示。

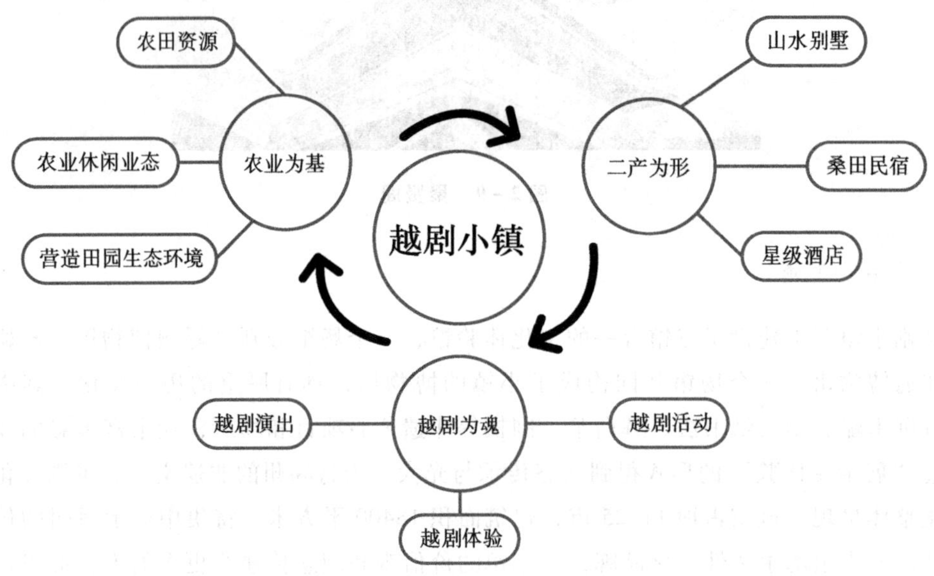

图 2－10 越剧小镇主体

（一）农业为基营造绿色生态环境

1. 农业资源打基础

农业资源整合如图 2－11 所示。

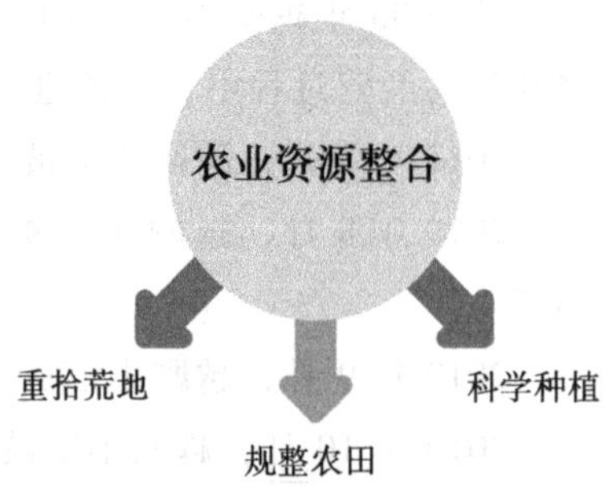

图 2－11 农业资源整合

"湖月照我影，送我至剡溪。"循着李白的脚印来到剡溪畔，山野间春意盎然，比城市的高楼大厦更能让人眼前一亮的是剡溪边那生机盎然的农田。随着城镇化范围的不断扩张，造成的劳动力资源外流加快了农田荒芜的速度。有的农田经过不合理种植而养分流失、有的农田缺乏开发逐渐长满了荒草、有的农田因得到不合理的整合而造成耕地浪费。随着时间的推移，这些问题愈加严重，而越剧小镇的驻地建设则为这一切带来了新的希望。

（1）重拾荒地。开发者将那些荒芜的耕地重新利用，种以瓜果等农作物，还荒草丛生的土地一片生机，让荒芜的土地再次大放异彩，得以利用。荒地的自然资源得以充分发挥，将丰富的农作物回馈给小镇居民，感受天然健康的农作物所带来的唇齿留香。

（2）规整农田。农田的不合理规划也使田园色彩过分单调、农作物产量低迷。而专业的农业技术人员的到来则解决了这一问题，他们利用具体农作物的生长习性将农作物进行了规整和安排，使农作物的花粉传授更为简便和迅速，对农产品的产量提高具有重要意义。经过这样的安排，农田间的色彩搭配也更为美观和丰富，使农田兼具实用、美观用途。

（3）科学种植。在现代化农业技术逐渐融入我们生活的大背景下，专业的种植科学技术也影响着小镇农作物的产量和人工投入程度。开发者在开发小镇的同时带来了高新设施和丰富的科学知识，通过采用温控大棚等类似手段减少了人工劳动力投入，减少了成本，提高了农产品的效益，使当地的农产品种植技术与现代新型技术接轨，从而实现其农业价值。

2. 发展农业休闲业态

（1）农业采摘。为使游客更好地体验田园意趣小镇设计了农业采摘园，它是一种以生态经济果蔬资源为基础的现代观光农业型产业，如图2－12所示。强调科学性、趣味性、示范性和艺术性及商品性的有机融合，为旅游者提供游览、参观、品赏、购买的观光游憩服务。在生态采摘园区良好的自然旖旎风光中，边休闲、边观赏，获取知识与乐趣，得到精神和物质享受；同时陶冶情操、净化心灵，达到物质文明与精神文明和谐的新境界。

图2－12　农业采摘

（2）产品自销。小镇所有的农产品，都以有机标准种植。蔬菜采用套种的方式，并用挥发的气味物理防止病虫害。小镇的菜园用石头和木块垒起，菜园的覆土使用的都是废弃的山核桃壳，既富含促进植物生长的微量元素又透水透气。农庄里还可以见到富含高科技元素的结构设计，大大提高了种植面积和土地利用率，这样的生产技术与种植方式在实现农产品产量的增加的同时又保证了土壤的可持续利用，保护了生态环境，构建了新型农业体系。

小镇新型农业种植技术的实现与农业体系的建立使农产品在质量与产量上实现了双突破，为小镇延伸农产品价值链奠定了基础，开始对外销售自己种植的农产品。

小镇在商业街打造了一个能直接向消费者进行农产品售卖的场馆——万松蔬苑，如图2－13所示。在这里进行农产品的自产自销，有利于积累消费者对于品牌的好感度，从而培养稳定的消费者群体，使农产品的产业链趋于完善和稳定。这也推动着农业种植技术进一步革新，达到更高的农业种植水平。此外，小镇的农产品还可直接通过蓝城的平台销售，打通了传统农业的“任督二脉”。如此一来，20亩地除了承担生态的功能外，一年还有超过10万元的生产性“收成”。

图2－13　万松蔬苑

3. 营造田园生态环境

生态环境营造如图2－14所示。

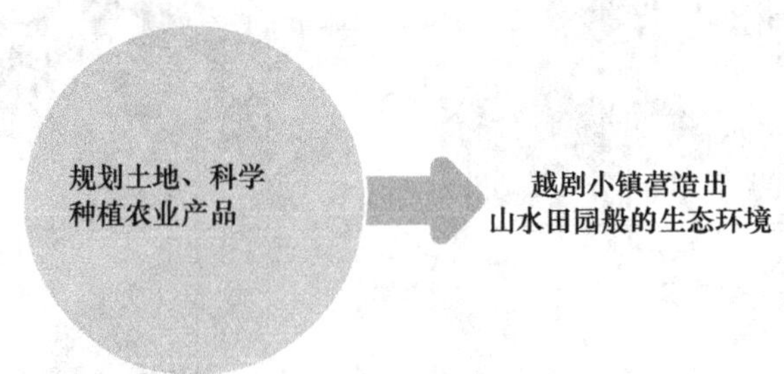

图2－14　生态环境营造

越剧小镇是文旅小镇的典型代表，越剧小镇在发展初期就已经规划好了发展蓝图，越剧小镇采用“产业＋文化＋旅游”的模式，创造出一条适合自己的、很有特点的发展之道。

越剧小镇的产业中的农业是越剧小镇的初始产业，也是小镇发展过程中非常重要的环节。小镇位于浙江省绍兴市嵊州市施家岙中国女子越剧诞生地，除了先天丰厚的文化底蕴之外，越剧小镇积极开垦当地的闲置土地发展了具有当地特点的现代农业。通过对当地农田资源的整合，运用科学的农业种植技术，种植出了一批又一批质量上乘的有机果蔬。这不仅合理规整了当地的土地，更促进了资源的充分利用，整个越剧小镇在整合之后变得更加生态、和谐、美丽，促进了新型城镇化，生态文明建设，美丽乡村建设。

一草一木、一果一蔬中不仅说明了越剧小镇创造人的态度和情怀，更创造了一幅有山、有水、有人家、有田园的美丽生态画卷。

（二）绿色为形创造商业经济价值

越剧小镇通过前期的农田资源整合，发展农业，打造了一个绿色宜人的乡村生态环境，由此吸引了一部分对田园生活充满向往的客户。正是人们对于重构新型邻里关系的心理诉求和共享绿色生态居住圈的追求，越剧小镇找准这个切入点，打造了有一定需求市场的宜居宜游人居生态圈，也就是进行高端房地产的开发，进一步提升客户的体验，创造出一种新型的经济内循环模式。因此，小镇通过建设别墅、民宿和酒店来推动第二产业的发展，实现经济价值。小镇的特色旅居如图 2－15 所示。

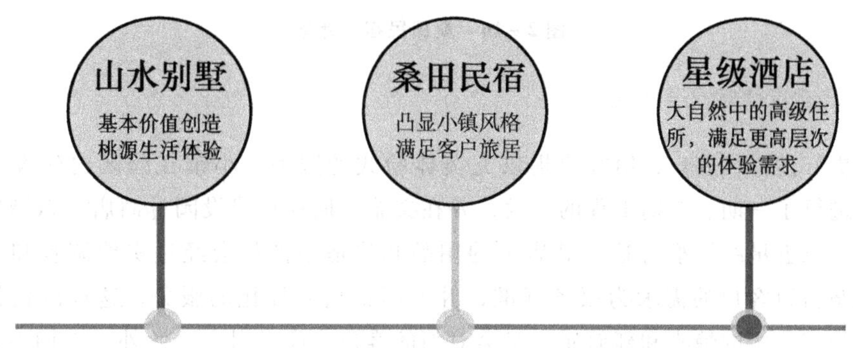

图 2－15　特色旅居

1. 山水别墅助力梦里桃源

小镇在园区周边打造了一片别墅区。通过前期生态环境的打造，这里的别墅依山傍水，从脚下的景观小院、蔬菜花园、迷宫和廊架、老树下的休憩区，到近处的玻璃暖房、生态泳池……一派田园风光尽收眼底。别墅屋内的设计理念也是十分新颖，主要房屋功能包括会议室、起居室、农具房和一个小小的书吧，满足了人们生活、办公、休闲、娱乐等的需求。小区还配有生活管家，基础设施齐全，生活便捷。感受山水田园，也犹如梦回桃源，越剧小镇就是依托自然田园环境在这里打造人们的生活之家，提升人们的生活质量，让人们愿意留在这里，与此同时也拉动了小镇经济的增长，给小镇带来了一定的资金来源。

2. 桑田民宿重温儿时旧忆

为了进一步满足更多客户的旅居需求，小镇开始在农田间建造了各式各样的民宿。小镇的民宿有仿照粮仓建造的，也有以茶舍为主题的民宿。其中大部分民宿都自配小花园。桑田民宿内外景如图2－16所示。民宿形态的多样化让居住在这里的人们不禁回忆起儿时的生活，渐渐勾起了乡愁之情。在宁静的午后，人们还可以独坐院中，品一壶茶，看一本书，时不时闻见迷人花香。除了粮仓、米宿等不同规格的民宿，小镇还配备了越音时代、越酒吧、剡溪茶舍、小映盒等完善的商业休闲配套设施，为人们提供了一个放松身心、缓解精神压力的好去处。在生活节奏普遍较快，人们压力巨大的背景下，紧密切合时代的发展趋势，充分地将商业与生态进行有机结合，实现小镇的盈利。

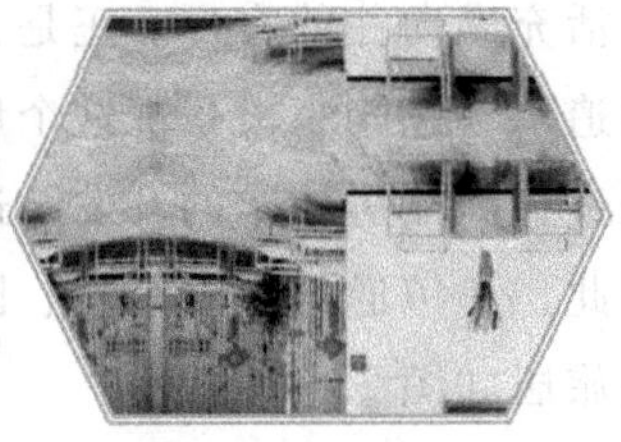

图2－16　桑田民宿内外景

3. 星级酒店续写戏里人生

为了更好地留住客户，给客户提供完美体验式的服务，小镇在园区内建设了星级酒店。小镇进行了一期、二期工程的开发，并在文旅二期规划建设园林酒店。该酒店为中式园林建筑，以五星级标准打造。酒店里的用品和住宿条件都会经过实地调查和问卷的形式，做到坚持以客户的需求为服务标准，并不断推出差异化的服务，这样既留住了老客户，带给他们一定的惊喜和新鲜感，又会对新的客户造成吸引力。此外，人们不仅能体验到高品质的服务，无形之中还受到了越剧文化的熏陶，进一步吸引了喜爱戏剧的客户群体。客户满意度的提升也让小镇营业收入逐渐增加，给小镇带来了一定的经济效益。小镇致力于为客户们创造和提供更佳的体验感，田园里舒适酒店的建造，不仅拉近了客户与自然、小镇的距离，而且实现了房产的溢价，从而进一步促进小镇更大利润的获取。

可以说，越剧小镇房屋的建设是集乡村情怀与现代化便利生活于一体，让越来越多正在追求一种不再被金钱或时间逼迫、回归人类本质的生活方式的都市人找到理想家园，满足客户的旅居需求。这样一来，能够快速吸引客流，提升客流量，为小镇创造良好的效益。并且，小镇通过建设不同风格的建筑群，推动小镇第二产业的有效发展，为文旅小镇的后续建造提供了基础设施。

（三）以越剧为魂打造特色文旅小镇

特色文旅小镇的打造如图2－17所示。

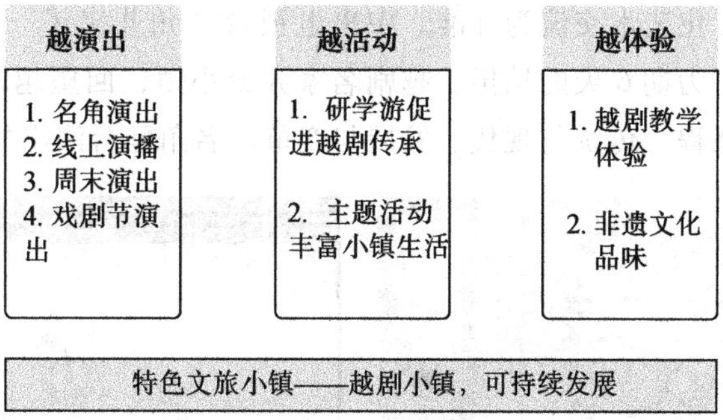

越演出	越活动	越体验
1. 名角演出 2. 线上演播 3. 周末演出 4. 戏剧节演出	1. 研学游促进越剧传承 2. 主题活动丰富小镇生活	1. 越剧教学体验 2. 非遗文化品味

特色文旅小镇——越剧小镇，可持续发展

图 2－17　特色文旅小镇的打造

1. “越”演出展越剧风采

越剧演出节目单如图 2－18 所示。

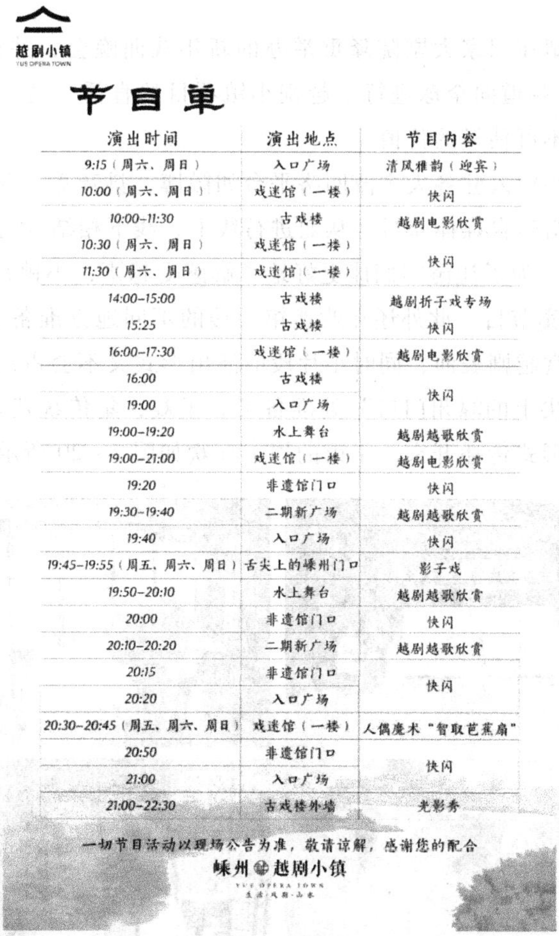

节目单

演出时间	演出地点	节目内容
9:15（周六、周日）	入口广场	清风雅韵（迎宾）
10:00（周六、周日）	戏迷馆（一楼）	快闪
10:00–11:30	古戏楼	越剧电影欣赏
10:30（周六、周日）	戏迷馆（一楼）	快闪
11:30（周六、周日）	戏迷馆（一楼）	
14:00–15:00	古戏楼	越剧折子戏专场
15:25	古戏楼	快闪
16:00–17:30	戏迷馆（一楼）	越剧电影欣赏
16:00	古戏楼	快闪
19:00	入口广场	
19:00–19:20	水上舞台	越剧越歌欣赏
19:00–21:00	戏迷馆（一楼）	越剧电影欣赏
19:20	非遗馆门口	快闪
19:30–19:40	二期新广场	越剧越歌欣赏
19:40	入口广场	快闪
19:45–19:55（周五、周六、周日）	舌尖上的嵊州门口	影子戏
19:50–20:10	水上舞台	越剧越歌欣赏
20:00	非遗馆门口	快闪
20:10–20:20	二期新广场	越剧越歌欣赏
20:15	非遗馆门口	快闪
20:20	入口广场	
20:30–20:45（周五、周六、周日）	戏迷馆（一楼）	人偶魔术“智取芭蕉扇”
20:50	非遗馆门口	快闪
21:00	入口广场	
21:00–22:30	古戏楼外墙	光影秀

一切节目活动以现场公告为准，敬请谅解，感谢您的配合

嵊州 越剧小镇

YUE OPERA TOWN

图 2－18　越剧演出节目单

（1）“角儿”来演出。嵊州是越剧的娘家，也是所有越剧人的娘家。坐落于越剧原乡的越剧小镇，自诞生之日起便自觉承担起中国戏曲传承发展的使命，以越剧文化为根脉，以非

遗传承为宗旨，以国际化艺术交流为标准。中央电视台“角儿来了”摄制组探访越剧原乡、体验剡溪风情，进行了为期 6 天的拍摄。越剧名家齐聚小镇，回望越剧百年来时路，共同探讨新时期越剧发展新征程、传统与现代、发展与变革。名角登台演出如图 2－19 所示。

图 2－19　名角登台演出

（2）线上越集萃。

①线上转播。小镇在国家大剧院隆重举办的新年戏曲晚会，并借助 CCTV1、CCTV2、CCTV4、CCTV11 四个频道向全球进行了越剧小镇项目的直播。这一举措，对越剧小镇的宣传和影响，带来了不可估量的价值。

②视频号宣传。小镇入驻各大主流网络平台如微博、抖音等，并开设公众号、建立小镇官网，借助互联网搭建自媒体账号，从而进行线上、线下相结合的小镇宣传。

（3）周末狂欢节。为了让游客们能更好地了解感受越剧，小镇每周末将在入口广场安排“清风雅韵”的迎宾节目。此外还在戏迷馆一楼的不同地方准备了小片段的越曲节目，让游客们可以时刻欣赏越剧表演，同时小片段的演出形式又不会占用太多时间。除了真人演出，小镇还在“舌尖上的嵊州门口”处准备了影子戏，集传统戏剧与皮影艺术于一体，让越剧以更加多元的形式传播开来。小镇的周末狂欢如图 2－20 所示。

图 2－20　周末狂欢

（4）小镇戏剧节。越剧小镇以“越传统 越世界”为主题举办首届戏剧节暨“一带一路”沿线国家文化艺术展。山西的蒲剧、广西的桂剧、福建的高甲戏、浙江的瓯剧，从东南沿海到晋北平原，从瓯江的气韵到边陲的芳华，四个影响范围几乎涵盖了半个中国的地方戏剧种将轮番亮相，以蒲剧《挂画》、桂剧《打棍出箱》、高甲戏《骑驴探亲》和瓯剧《断桥》四出代表性的折子戏亮出绝活儿。四出折子戏的演出场地“古戏楼”是越剧小镇剧场群落中率先落成的观剧场所，三面敞开的古戏台，演剧方式与观演关系还原了传统戏曲的审美感受，营造了民族戏剧艺术的欣赏氛围。

在女子越剧原乡，观众还将欣赏到原汁原味的越剧。《西厢记》《红楼梦》《梁山伯与祝英台》《孔雀东南飞》等越剧看家戏的经典唱段和场面，越剧小镇艺术团都将一一奉上。此外，以《梁山伯与祝英台》为母体衍生设计的“蔬果”梁祝动漫和快闪活动，将最大限度地拉近游客与戏曲的距离；剡溪边露天舞台上本地民间剧团的演出，一展社戏的乐趣；“戏迷馆”内则有戏曲身韵和装扮的体验活动。

值得一提的是，国庆期间，越剧小镇还专门辟出600平方米的“游客大厅”，向游客展示亚美尼亚的手工地毯、格鲁吉亚的葡萄酒和当代的丝绸壁挂，还在园区推出亚美尼亚民族乐队和格鲁吉亚民族舞蹈的表演。

展览方面则带来了格鲁吉亚第比利斯的著名“诗电影”大师谢尔盖·帕拉杰诺夫影展及图片展，此次不但展映《石榴的颜色》《游吟诗人》和《苏拉密城堡》三部大师级导演的代表作，而且还举办题为《艺术无国界》的图片展，包含导演的肖像照、工作照、电影剧照和他完成的拼贴画作品的图片共45幅。

此外，分别来自意大利的里奥尼舞旗、希腊爱琴海的“民谣三重唱”和罗马尼亚巴纳特地区的民间歌舞，也会出现在越剧小镇，以多元文化丰富小镇的金秋。

小镇的戏剧节展示如图2-21所示。

图2-21　戏剧节展示

2. “越”活动享越剧情怀

为多方位地体现越剧小镇悠久的越剧文化，以及创造更多的客流量，实现小镇的可持续发展，除了戏剧演出的形式，越剧小镇针对不同年龄段的客户，开展了各式各样的文化活动，生动形象地展示戏曲文化的丰富内涵，不仅使人们从中了解越剧文化和感受越剧魅力，而且更能够唤起人们对越剧文化的关注和喜爱。“越”活动的内容如图 2－22 所示。

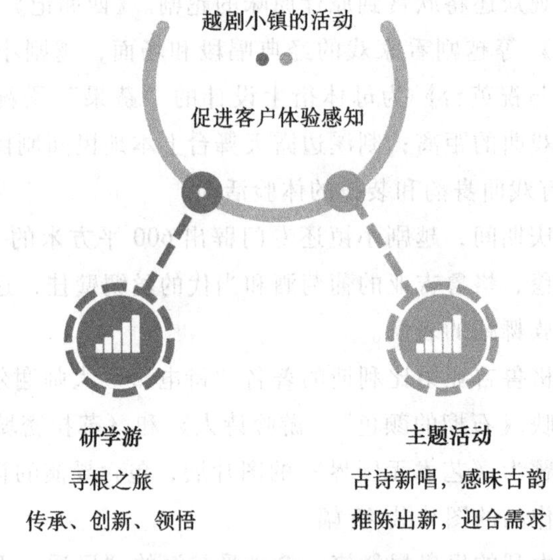

图 2－22　“越”活动的内容

（1）研学游。致力于对越剧文化的传承、保护和创新，以万年剡地文明为依托，百年越剧艺术为灵魂，越剧小镇倾力打造“小镇研学游”亮点项目，带领着孩子们开启一次难忘的寻根之旅。通过研学游之旅，可以让他们直观感受越剧文化、生动体验古文化，如图 2－23 所示。

图 2－23　研学游

为了提升教学质量，丰富教学内容，越剧小镇积极组建研学游研发团队，设立教师库，形成一支由自由讲师为主，嵊州当地优秀教师、非遗传承人、名家为辅的专业团队。小镇研学游项目集包容性、科学性、延展性于一体，根据青少年的年龄与喜好，开设越剧、农耕、非遗+、人文、DIY 工坊五大板块，含 23 门课程及 13 项手作体验。首先，这里的老师们言传身教，不仅讲述关于越剧的小故事，还会亲自演示越剧的唱腔和身段，有时准备几出木偶、皮影戏，带领青少年们在故事中领略越剧的诗意和烂漫，在互动学习中提升他们的民族自信和文化自信。其次，孩子们可以用自己的创意和精巧的手工，进行剪纸、拼贴、编织……采用多样的方式、丰富的材料来设计展现风采的作品，孩子们沉思在民间艺术里，一颗颗童心被点亮，越剧文化像一颗种子一样，悄然种在孩子们的心田。

（2）主题活动。为了积累更多的客流量，越剧小镇还大力举行既有古韵风又有现代范的各种主题活动，比如“剡溪古韵”朗诵会、跨年狂欢夜、节庆主题活动等，由此可以引来一批又一批不同需求、不同年龄段的客户群体，他们在这里体验，在这里感受，他们在这里和小镇交谈、与小镇握手，互诉情怀。

①“剡溪古韵”朗诵会。剡溪流千年，古韵得新唱。为了追寻前人身影，深挖优秀传统文化，推动越剧文化的创造性转化和创新性发展，“剡溪古韵”朗诵会应时而生。朗诵会由郭小男担任导演，民乐团现场演奏，并邀请濮存昕、陈铎、童自荣、张凯丽、茅威涛、李法曾、赵敏芬等国家级朗诵、表演艺术家，演绎《冬日》《泛春池》《夜坐忆剡溪》等千百年来文人墨客在此留下的优美诗篇，让悠悠剡溪再次流淌诗词华章。当声情并茂的朗诵者遇上豪放浪漫的大诗人，观众将感受到文学、声音及剡溪山水之美的多重叠加。

②“五乐天”音乐会。比越剧小镇本身更具有诱惑力的是高雅音乐，人们要是过来听一场“五乐天”音乐会，就能够观赏到梦幻般的舞台和感受涤尘怡心的天籁之音。这里有熟悉的《茉莉花》，以音传诗的瓯乐《窑工乐》，一武一文《打虎上山》和《梨花颂》的经典京剧，温婉而香软的南音，甚至还能够欣赏到与中国江南古韵古风有着截然不同风格的印度音乐，整场音乐会中相对独立的四个音乐单元，自成体系，而又浑然一体。“越是民族的，就越是世界的。”“五月天”音乐会正是通过展示各具风格的音乐来传递和传承古老悠久的音乐文化，传达包容开放的文化情怀。

③节庆主题活动。越剧小镇还设计了各个节庆的主题活动，比如小镇温情母亲节，儿女们可以带上母亲可免费入园，听一场折子戏，让平时操劳的她，可以放下心中生活的重担，还可获赠一朵康乃馨，表达对母亲的祝福；“六一”儿童节当天，家长可以带着孩子前来观看儿童越剧演出，在儿童戏乐馆里坐滑梯、做游戏，还举办了儿童美食节，孩子们可以在这里尽情地品尝特色小吃；在国庆黄金周期间举办过首届戏剧节暨“一带一路”沿线国家文化艺术展，中国的五个地方剧种、“丝路”沿线国家民间瑰宝一一亮相，小镇坚守本土文化积淀的同时，也在促进国际文化的交流。

④小镇狂欢夜。每年的元旦，为庆祝小镇开园，越剧小镇筹办了盛大的跨年狂欢夜暨美食好物嘉年华，如图 2－24 所示。上演的绚烂灯光秀、神奇水幕电影越剧新版《梁祝》、民间越剧剡溪泛舟湖景演出……同时邀请五大国际团队来华献艺。澳大利亚奇异果剧团五

米高空旋转舞蹈、奥地利蔬菜水果乐队天团演绎可以吃的旋律、土耳其乐队中西合璧演奏越剧、俄罗斯竖琴王子深情相约“梁祝”、西班牙光影舞马秀梦幻上演……小镇极力奉上一出别样的户外嘉年华盛宴。在越剧小镇古戏楼，《山河恋》的绝版再生，是越剧小镇秉承和肩负当年“越剧十姐妹”的人文理想和情感重托，延续中国越剧繁盛，光大越剧艺术未来的自觉担当。

图 2－24 小镇狂欢夜

3.“越”体验悟越剧传承

教育体验促进越剧传承如图 2－25 所示。

图 2－25 教育体验促进越剧传承

（1）越剧教学体验。为了探寻和发扬传承越剧文化，小镇专门开设了越剧小歌班活动，由专业老师为学员教授越剧经典唱段，每一个眼神，每一个动作，专业老师都会认真细心指导，就为了学员能真正感受到越剧的魅力，真正喜欢上越剧。最终，学员与老师一道致敬百年越剧，光大戏曲文化，引领学员们初探越剧之美，感受越剧戏曲的无穷魅力。

（2）非遗文化品味。为积极实践“非遗＋旅游”的文旅发展方向，越剧小镇开设了辉白茶馆、竹编馆、古沉木雕馆、剡藤纸＋书法馆、围棋馆和领带馆，让丰富多彩的非遗文化通过“展示＋体验”的形式得到活态传承与光大。让传统的技艺在这里得到展示和传承，让游客在观赏、体验的同时享受到游购娱的乐趣。非遗技艺体验如图2－26 所示。越剧小镇将厚植自身文化基因与传承当地优秀传统文化作为自身职责，建设嵊州越剧博物馆、嵊州博物馆、非遗展示馆三馆合一去展示此地悠久的历史与深厚的文化积淀。

图2－26　非遗技艺体验

（四）业态融合实现可持续发展

越剧小镇以越剧文化为核心，休闲旅游为主导，农业产业为辅助，居住生活为基础，通过科学规划、精心建设，逐步将其建设成为特色鲜明、布局合理、交通便捷、生态良好的文旅小镇。越剧小镇的业态融合发展如图2－27所示。

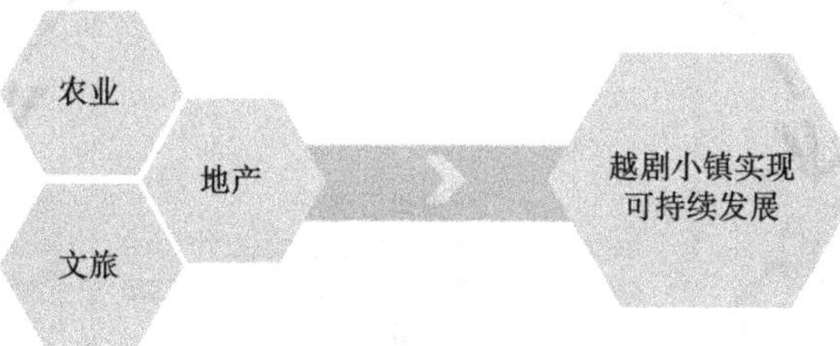

图2－27　业态融合发展

首先，越剧小镇充分利用山水自然环境、田园景观、农业生产、农业经营、农业设施、农耕文化、农家生活等资源，规划设计相关主题区块，为人们提供观光、休闲、体验、娱乐等多项需求的项目，成为集农产品生产销售、农业景观观光、文化创意体验等于一体的休闲体验区，为二产的发展奠定了环境基础。

其次，越剧小镇发展二产，建造别墅、民宿和酒店，集乡村情怀与田园风光于一体，让更多的都市人找到理想家园。房屋的建设是越剧小镇重要商业版图与战略规划的一部分，通过这些基础设施的建设创造经济价值，为后续的文旅产业发展又提供了一定的经济资源。

此外，作为一个以戏剧为核心的文旅小镇，越剧小镇既希望构建桃花源式的理想家园，也希望打造一个戏迷朝圣、名家寻根、文艺创作、创客追梦、尊客向往的“中国越剧旅游目的地”。基于文旅小镇的定位，越剧小镇建立古戏楼、戏迷馆等许多演出场所表演戏曲，并且通过打造非遗体验、聚贤阁等板块，以越剧文化为核心来弘扬戏曲文化，吸引戏迷、越剧爱好者前来观赏，也向人们展示小镇悠久的历史与深厚的文化积淀。如此一来，以文化为支撑，能够吸引各地游客，逐渐带动小镇旅游产业的发展。

越剧小镇打造的生态圈，为人居圈的发展奠定了良好的基础。完善的生态圈为客户打造了优质的生活环境，使客户在精神和心情上感受到双重愉悦。接着通过高品质化的文化圈，满足了客户对于文化的需求和高质量生活的渴望。文化圈又反哺生态圈和人居圈，促进生态圈和人居圈的进一步发展。可以说，越剧小镇将生态、生活、生产三者相融合，使自然生态资源、传统文化资源、商业资源有机结合，吸引了稳定的客户资源，顺应了客户的多层次需求，赋予小镇更多复合功能的重要实践。

四、案例分析研究

小镇客户关系如图 2－28 所示。

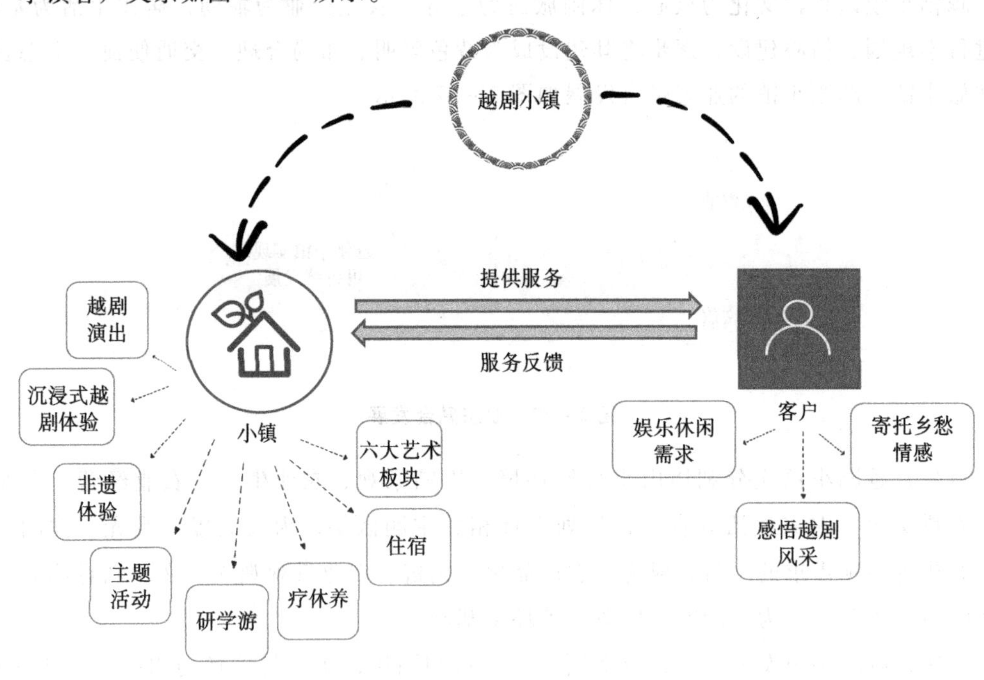

图 2－28　小镇客户关系

（一）理论基础

1. 商业模式理论

著名管理学经济大师彼得·德里克说：“当今企业之间的竞争，不只是产品之间的竞争，而是商业模式之间的竞争。”在经济日益信息化和全球化的今天，商业模式的重要作用已经得到社会各界的高度关注。

学术界针对不同的研究对象和视角提出了众多商业模式研究体系。其中，最为广泛接受和使用的是价值论，认为商业模式是企业实现价值主张、创造、传递和实现的运作架构，即从企业经营的价值逻辑出发，每个价值环节对标商业模式相应的运作体系，保证商业模式对企业价值经营的逐步落实，如图2－29所示。

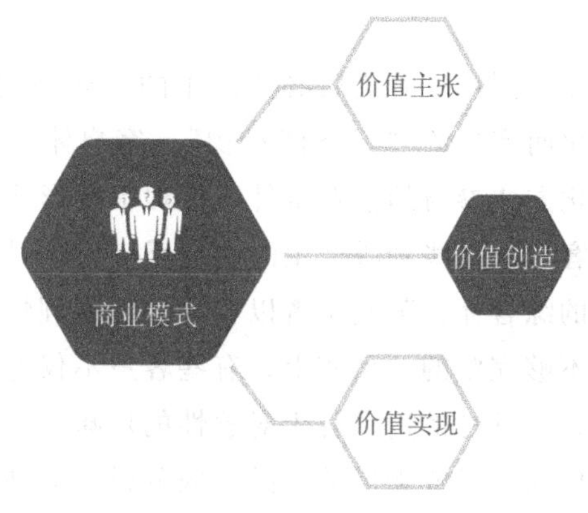

图2－29　商业模式

（1）价值主张。价值主张即公司通过其产品和服务所能向消费者提供的价值，确认公司对消费者的实用意义。在商业模式理论中，广义的价值主张是指客户界面、伙伴界面和内部构造中那些能够为客户、伙伴和员工创造价值，并最终为企业带来显著价值的关键要素形态组合。价值主张可以是全新的，即其能为客户提供区别于原有产品或服务的体验，也可以是对现有产品服务的完善与改进。

（2）价值创造。价值创造即企业为消费者甚至整个社会带来价值，是企业获得消费者和社会认同、能够存在发展的前提。在商业模式理论中，价值创造具体指的是企业生产、供应满足目标客户需要的产品或服务的一系列业务活动。目前，价值创造已经成为体现企业价值的根本，如何挖掘企业的价值，发挥价值驱动作用，将成为企业的核心竞争力。

（3）价值实现。价值实现即企业创造的价值被市场认可并接受，完成了要素投入到要素产出的转化。企业商业模式的价值实现是以多赢为前提。首先，商业模式的实现表现为顾客价值的实现，顾客认为购买所得大于顾客支出的成本。其次，表现为伙伴价值的实现，企业与合作伙伴共同通过优化价值链，共享增加的收益。再就是企业价值的实现，企业获得利润回报，最终实现盈利及价值提升。

由价值主张、价值创造和价值实现所构成的价值三角形框架，概括了众多学者对商业模式构成要素的研究结论，能够清晰反映商业模式与企业价值经营的密切关联，广泛应用于现实企业的商业模式案例研究，如图2－30所示。

图 2－30　价值三角形框架

2. 客户体验概述

客户体验是商品经济发展到一定阶段后必然产生的“经济提供物”，也是适应客户消费水平提高和消费结构优化而产生的“经济消费物”。客户体验是指客户在商品或服务消费趋于饱和后，在以个性化方式参与的消费事件或过程中所形成的期待的、美妙的、难忘的感性与理性感受。它是客户对某些刺激产生的内在反应，同时也是一种能满足客户情感需求的产品、服务和氛围的综合体。某些学者以客户的有限理性理论为基础，将客户体验简单地理解为感官刺激是不够完整的。事实上，有些客户不仅追求感性美，而且还追求理性美，知识层次高的客户，对理性的追求胜于对感性的玩味。

在客户消费体验中，任何有形或无形的产品、服务或环境都只是用于满足客户体验欲望的载体或工具，是将客户体验满足由不满意转化为没有不满意的保证因素，客户体验价值及由此导致的客户满意才是将客户体验满足由不满意升华为满意的激励因素。随着客户“机能价值”消费观的日趋弱化和“情绪价值”消费观的越发明显，体验需求正逐步超越物质需求而成为主导型需求。客户在作出购买决策时，不仅依据产品或服务给他带来的功能上的利益满足，更重视购买或消费产品或服务的过程中所能获得的、符合自己心理需要和兴趣偏好的特定感受，即客户体验。因此，客户体验除了具有功能性、价值性、交换性等特点外，还具有个性化、层次性、延续性、动态性、互动性和主观性以及必然会成为未来客户消费趋势的发展性等特点。

3. 理论适用性分析

商业模式中的价值主张、价值创造和价值实现三大要素与越剧小镇的发展道路高度匹配，越剧小镇通过这三个环节，并基于客户体验，实现了商业模式的成功运转。

首先，在价值主张环节，越剧小镇结合自身定位、所拥有的独特资源和客户需求提出价值主张，重在阐明小镇为客户提供什么价值，反映企业对客户的价值承诺；其次，在价值创造环节，小镇通过高效的运营模式实现价值主张，达到价值创造的目的，再以有效的方式将价值传递给目标客户；最后，在价值实现环节，小镇通过价值传递满足客户需求，带来更大规模的群体增长，驱动盈利模式实现利润回报和价值提升，最终实现经济现金流和经济内循环。

从客户体验角度来说，越剧小镇将百年戏剧重现在戏剧舞台上，提供给客户美的享受、文化体验以及以越剧为主体的其他体验物，实际上为客户带来越剧产业的经济提供物；越剧小镇各种体验项目的打造则为客户带来的是经济消费品；客户通过感知和感受小镇的越剧、风景、文化、美食等体验项目从而产生精神上的满足和物质上的享受，更会在心里产生美妙的、难忘的感性与理性感受。

总之，越剧小镇以越剧文化为中心，打造包含第一、第二、第三产业中所呈现给客户的优质服务和极致体验的商业模式，满足了客户的精神需求和物质享受，实现了文化的传承和创新，带动了当地经济发展，贯彻了乡村振兴战略，实现了企业、客户、地方村镇的多赢局面。

（二）越剧小镇商业模式架构

1. 文旅服务价值链分析

文旅服务价值链如图2－31所示。

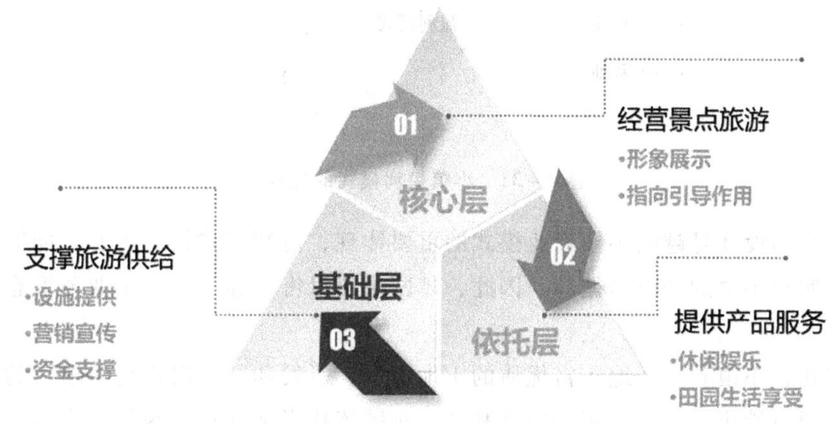

图2－31　文旅服务价值链

（1）核心层——经营景点旅游。小镇游客服务中心是越剧小镇的核心所在，提供旅游接待、游客咨询、零售商业、住宿餐饮以及观光车换乘、展示、会议、交流、办公等功能。

小镇游客服务中心作为进入景区的第一窗口，在承载集散功能、服务功能之外，它还是第一个形象展示窗口，这一形象不仅是服务形象，更是有别于其他景区的主题形象，具有主题引导、产品统领、线路指向作用。

（2）依托层——提供产品服务。小镇通过建设“九里桑园”让游客充分感受休闲娱乐。“九里桑园”里有特色餐厅、民宿、滨水休闲酒吧、茶室、儿童活动场、采摘园等，丰富多彩的项目保证游客们能享受到极致的服务体验。除此之外，小镇还设置了三大露天演出空间，通过各种演出形式，让游客在此感受山水里的戏剧休闲体验。在梅园西面，小镇还规划了一个生态农庄，让游客在体验农作的同时，充分回归“逆城市化”的田园生活，感受传统的生活方式。

（3）基础层——支撑旅游供给。小镇为吸引人流小镇进行了线上线下相结合的营销宣传，通过入驻各大网络平台发布视频、文章及举办线下宣讲活动让更多人了解知道小镇。推广活动在为小镇带来客流量的同时也吸引了一部分外来投资，资金的流入为小镇开发各类业务建设各色服务提供了经济基础，支撑小镇的旅游开发。

小镇还通过提供周边配套公共设施使小镇居民与外来游客拥有便捷舒心的生活体验。如医院提供就医；学校提供教育；多条公交线路、公路的修建便捷了来往小镇各类人群的出行。公共设施的修建为在小镇长期生活居住提供了可能性，丰富的配套设施服务大大提升了客户满意度，从而支撑小镇旅游业长远发展。

2. 小镇盈利模式的设计

小镇盈利模式的设计如图 2－32 所示。

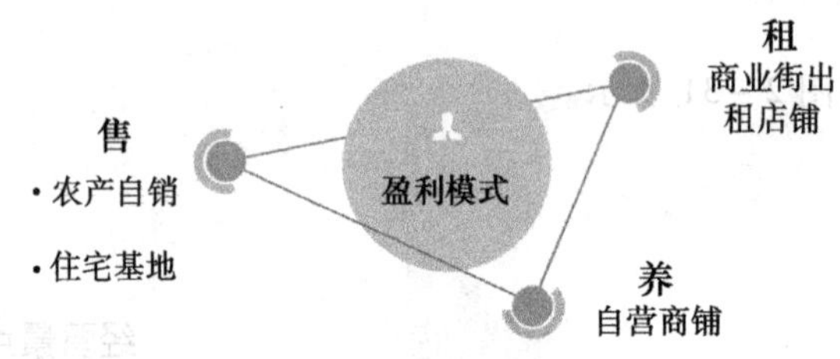

图 2－32　小镇盈利模式的设计

盈利模式的设计是越剧小镇商业模式的重要体现，盈利模式设计得好，能够促进小镇经济发展，实现小镇的经济内循环。因此，越剧小镇以售、养、租三个业务形态实现自身的盈利。

售：起初，小镇利用当地丰富优质的土地资源，研发和种植出市场需求大的健康绿色的农产品，通过销售，取得一定的经济利益。小镇依托当地的优美风景，主打着建设高端住宅区的口号，在依山傍水的景色周围打造了一片住宅基地，并在住宅基地周围建设了配套设施，如酒店、医院等，由此吸引了部分由越剧小镇母公司的品牌效应带来的忠实客户，这些初始客户的购房活动为小镇带来了初始的现金流，为小镇赋予了后续建设的动力。

租：单一的房产销售并不能使小镇获得长久的经济收益，小镇又开发了以越剧为特色的商业街，让不少来自全国各地的商家甚至是住宅区业主可以在此租赁店铺，开展经营活动，于是便有了如甜品屋、餐饮店等营利性商铺，游客们也可以在小镇品尝特色小吃，感受“舌尖上的嵊州”。可以说，小镇在满足客户旅居需求的基础上，又满足客户吃、游、娱的快乐体验。

养：文旅产业作为小镇最基本、最重要的产业，一直都由越剧小镇内的文旅部统筹经营和管理。首先，越剧演出能够为小镇提供一项最基本收入。为丰富越剧展现形式的多样性，小镇自身建造了如越剧博物馆、古戏楼等特色建筑，吸引更多的客户来感受越剧文化，这又为小镇建立了一种新的收入来源。其次，小镇自己还经营风景民宿，绝佳的居住体验感让小镇实现了自养的另一项收入。小镇正是通过构建多种文娱项目和体验设施来赢得一大群客户的青睐。

与传统的盈利模式相比，小镇“售、租、养”这种盈利模式的设计，使客户的吃住行、游购娱的一次性体验在小镇得到了实现，具有非常强且持久的经济活力。

（三）越剧小镇客户体验的形成

越剧小镇客户体验的形成如图 2－33 所示。

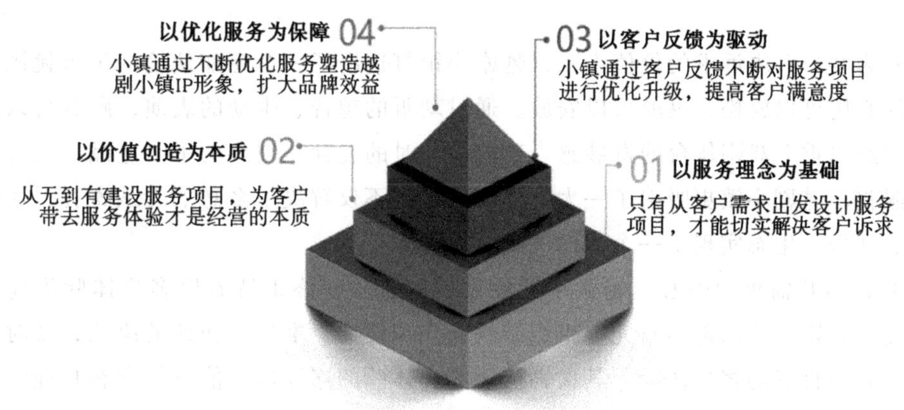

图 2－33　越剧小镇客户体验的形成

1. 以服务理念为基础

越剧小镇的价值主张是通过客户诉求、体验服务和品牌效应向消费者提供的价值，这保证了越剧小镇的价值主张对消费者的实用意义。在商业模式理论中，广义的价值主张是指客户界面、伙伴界面和内部构造中那些能够为客户、伙伴和员工创造价值，并最终为企业带来显著价值的关键要素形态组合。而现在，价值更多的要通过客户的体验感和满足感来决定，越剧小镇通过三大方面的主张使客户和小镇的价值同时得以保证和实现，如图 2－34 所示。

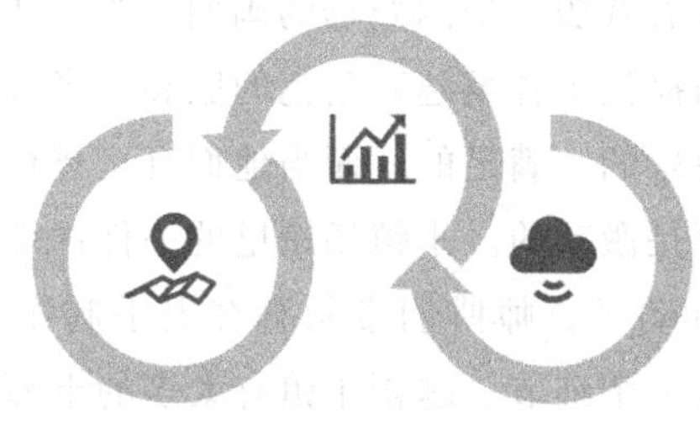

图 2－34　服务理念

（1）解决客户诉求。非物质文化遗产的继承与发展一直是社会的一项难题。越剧作为中国第二大剧种，因表演真切动人，唯美典雅，极具江南灵秀之气而广受人们喜爱。但近年来随着各种文化娱乐活动的兴起，越剧演出越来越面临观众减少、专业剧团难以生存的尴尬局面。与此同时，越剧人才流失严重的现状对于越剧的传承与发展也是极大的考验。

此外，快速的生活节奏让在城市工作的人们倍感压力，污浊的空气、狭小的空间让人想逃离，越来越多的人向往田园生活。可农村交通不便、基础设施不完善，不少土地因不合理开发而变得贫瘠不堪、生态环境遭受巨大破坏等问题，竟使人们的一片乡愁找不到地方寄托。

本着为客户解决诉求的价值主张，越剧小镇打造出了一个宛如仙境的世外桃源，在这里顾客的心情可以放松，灵魂可以安放。通过动听的越音、生动的表演，顾客可以真切地感受百年经典重上戏剧舞台的奇妙感。这里有儿时的美食、别致的手工艺品，顾客可以大饱口福眼福。越剧小镇更吸引了一大批外流人才，不仅解决了乡愁的无从寄托，还使当地的经济、环境、生态实现了一个质的飞跃。

（2）以客户需求为中心。越剧小镇在发展过程中始终秉持着以客户体验为优先的理念。首先，越剧小镇内部不断完善组织结构，实现便捷、准确、快速的决策，及时满足客户需求，打造良好的客户体验。其次，注重客户体验的连续性，能够依据客户往常需求进行预测或引导客户需求。客户体验绝不是某项产品或业务交付即完结，换言之产品或业务交付之时才是真正客户服务与体验的开始。最后，不断优化越剧小镇的内部环境，引进时尚的休闲娱乐项目，提升体验项目的服务质量，在提供服务的过程中为客户带来良好的体验。

越剧小镇从来都不只为客户提供一次性服务，而是与客户建立长期的合作关系。不仅应当考虑当下客户所带来的价值，还应当充分考量客户所具备的长期价值与潜在价值。如别墅业主的维护、商业街租赁关系的优化、农田项目的不断推进等，小镇都致力于为客户带来更好的体验，都在充分、积极地维护客户关系。

（3）提供极致体验服务。时代在进步，各种服务也在更新换代升级，小镇也不遗余力地为游客推出更优质的体验服务。戏服是演员们表演时穿的服装，戏迷们只能远远地观望，他们多次想象着自己身着戏服，华丽登场的画面。为了让戏迷们更好地感受越剧和越剧文化，小镇专门为戏迷们提供了各类越剧角色的服装，当戏迷们真正穿上曾经梦寐已久的服装，他们是幸福的、快乐的、满足的。而当他们真正登台，由专业老师在台上实地指导时，戏迷们是专注的，更是激动的。小镇场馆里的一件件手工艺品摆在橱台上时，游客们已然被它们的精巧细致打动了。师傅们带领游客上手制作手工时，游客们发出阵阵惊叹，用自己的感情去雕琢每一个细节。越剧小镇有太多的宝藏了，这些宝藏需要每一个爱钻研学习的人去细细揣摩和学习，因而，小镇推出研学游项目，一经推出，场次便已爆满。亲子娱乐也是小镇为游客提供的一类大的游玩项目，其中最具代表性的就是农业园的采摘项目了，小孩子们将自己采摘的果实送进嘴里时，其中的滋味不仅有甘甜、美味和清香，更有对农业知识的了解和感恩父母的心。

2. 以价值创造为本质

(1) 独特的体验服务。

①特色设施初体验。越剧小镇以文化资源为内涵，以产业资源为引导，以旅游业态为载体，建设基于地域文化特征的文旅小镇。通过深度整合属地特色人文资源、自然资源、产业资源等关联性资源，建设综合性、多功能、多业态的小型旅游区，打造以“微度假”为品牌的乡村度假型产品集群，逐步形成全领域、多层次、多品类的文化体验服务设施和项目。

A. 剧场

剧场是越剧小镇最具代表性的建筑之一，小镇的晚宴剧场、经典剧场和音乐剧主题剧场构成了小镇的主要剧场。近千人规模的圆形餐厅，观众们环绕而坐，舞台位于中间，高度还原了水乡社戏草台民俗，提升了娱乐休闲的本土化风格，让客户直观感受到专业舞台的高级享受，同时又不失记忆中水乡戏台的模样。以元杂剧和明清传奇为主的中国戏目和莎士比亚作品为主的外国剧目，形成专题性的戏剧体验场所，观众们雅俗共赏，饱览古今中外的戏剧。一个舞台，对观众来说是超预期享受，更实现了多样化的体验，这种体验若在其他地方必定要花费更多的金钱和时间去不同的场所才能体验到。所以，这正是越剧小镇在戏剧节目设计和表演方面做得最成功之处，这真正解决了客户的需求，为客户实实在在地用心做体验服务。

B. 工坊

风情各异的近十个小型戏剧工坊主旨是尽可能地呈现实验戏剧的可能性，邀请国内和国际戏剧、音乐、舞蹈、民间艺术等老师，来小镇免费实验、教学、研究、演出。这样的工坊设立举措在全国范围内都是遥遥领先的，在促进戏剧表演和传承创新方面，为越剧及越剧小镇的发展提供了不断向前的道路。更重要的一点是可以吸引有梦想有才能的戏剧家来到越剧小镇，实现人才汇聚，吸引顾客往来，进而不断前进，为客户们提供更高阶的体验服务，实现客户精神和客户价值的双重效应。

C. 艺术大学

越剧小镇以原有的嵊州越剧艺术学校为基础，按照国际标准，改变传统的教学模式，提升教育规格，强化师资能力，兴办高端艺术培育，专注于为客户做更好、更专业的体验服务。除越剧表演作为主科教育之外，还将囊括其他艺术学科，为学员提供更为成熟的培养体系和更为广阔的选择空间。艺术大学以教学的模式，为客户提供了一种学习类的体验项目，客户在学习的过程中会用心体验和感悟越剧及越剧文化的魅力，从而进一步促成更有质量的客户体验。

D. 工匠艺术村

依托嵊州丰富的民间工艺品类，小镇以一种村落的形式去收集各类艺术手法和艺术品，落户知名的艺术大师，给他们提供广阔的艺术空间和条件，发展小镇的未来，扎实小镇的艺术基础，为打造更好的艺术品铺设了道路。同时，也开拓了一条艺术体验及服务的新兴业态。

E. 影视娱乐

小镇将引进和创立国内先进影视娱乐基地，这样直接活跃了青少年对影视科技、艺术的参与，与当前青少年的休闲娱乐的方式相对接。建立的戏曲博物馆和戏剧数据库，让游客亲身体验艺术主题，感受越剧历史的优秀文脉，并在影视娱乐活动中获得自己的艺术作品录影，以供珍藏。

F. 商业街

小镇商业街采取的是“自营＋外包＋民俗经营”的经营形式。自营项目主要有儿童戏馆、景区门票、戏票；外包主要指商业街的店铺外包；古戏楼可以包场演出或开展大型活动，也是构成小镇文化收入的重要组成部分。这样，既提高了管理效率又提升了经济效益。获取经济利益的同时，也给游客带来了文娱一体的良好客户体验。

②沉浸式体验。为满足广大戏迷爱好者的需求，小镇适时地推出了戏迷体验活动，并且有专门的戏迷馆作为场地。在小镇戏迷馆里，专业戏剧老师们会为来自天南海北的戏迷传授“唱念做打，手眼身步法”的戏曲四功五法，让零基础的戏迷跨进戏曲门槛，也让有基础的戏迷与戏曲进行更亲密更深入的接触，在体验中感受戏曲的无穷魅力。角色体验如图 2－35 所示。

图 2－35　角色体验

同时，小镇还设立了戏曲表演与塑身的场地，满足戏迷们对越剧服装和表演状态的需求。轻摇折扇时的阳刚洒脱，莲步轻移时的楚楚动人，醉了观众、醉了戏迷馆。

③教育及疗养体验。为多方位地体现越剧小镇悠久的越剧文化，以及创造更多的客流量，实现小镇的可持续发展，除了戏剧演出的形式，越剧小镇针对不同年龄段的客户，开展了各式各样的文化活动，生动形象地展示戏曲文化的丰富内涵，不仅使人们从中了解越剧文化和感受越剧魅力，而且更能够唤起人们对越剧文化的关注和喜爱。

致力于对越剧文化的传承、保护和创新，以万年剡地文明为依托，百年越剧艺术为灵魂，越剧小镇倾力打造“小镇研学游”亮点项目，带领着孩子们开启一次难忘的寻根之旅。通过研学游之旅，可以让他们直观感受越剧文化、生动体验古文化，如图 2－36 所示。

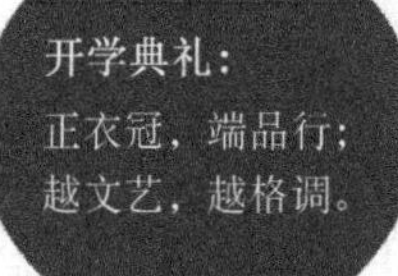

开学典礼：
正衣冠，端品行；
越文艺，越格调。

图 2－36　越剧学习体验

为了提升教学质量，丰富教学内容，越剧小镇积极组建研学游研发团队，设立教师库，形成一支以自由讲师为主，嵊州当地优秀教师、非遗传承人、名家为辅的专业团队。小镇研学游项目集包容性、科学性、延展性于一体，根据青少年的年龄与喜好，开设越剧、农耕、非遗＋、人文、DIY 工坊五大板块，含 23 门课程及 13 项手作体验。首先，这里的老师们言传身教，不仅讲述关于越剧的小故事，还会亲自演示越剧的唱腔和身段，有时准备几出木偶、皮影戏，带领青少年们在故事中领略越剧的诗意和烂漫，在互动学习中提升他们的民族自信和文化自信。其次，孩子们可以用自己的创意和精巧的手工，进行剪纸、拼贴、编织……采用多样的方式、丰富的材料，来设计和展现风采的作品，孩子们沉思在民间艺术里，一颗颗童心被点亮，越剧文化像一颗种子一样，悄然种在孩子们的心田。

优美的环境和出色的服务成了广大有疗养需求的人们的首选地，小镇通过提供场地和项目收费。疗养的项目内容部分由小镇提供，部分与其他专业公司合作，这主要是出于为客户提供更好的服务的理念。

（2）强化客户体验感知。

①田园——梦里桃源。对于大部分公司来说，客户体验是客户回头率的单一决定因素，也是决胜对手的决定性因素。因此，客户体验是公司在经营中不可忽略的一个考察指标。而一个好的客户体验将会给公司带来多层意义上的价值实现，使多方取得共赢。

“行过三里桃花渡，走过六里杏花村，七宝凉亭来穿过，九里桑园面前呈。”如诗句意境一般，越剧小镇的入口处采用了古色古香的建筑和大片的园林艺术，并有河流、喷泉点缀其间。与客户一路驱车经过的景色不同，当客户驻足，获得的是自然资源和人工开发相结合的视觉享受，这里的建筑风格在以现代化为主的同时又不失古风感，在保持古风感的同时又不失坚实牢固。不仅如此，还有隐藏的喇叭低声吟唱着越剧，时不时地伴随着几声鸟叫，犹如天外之音，给人一种空灵的美感。

因此，越剧小镇通过越剧神秘氛围的营造、田园风光自然资源的建设，从视觉上让客户在初入越剧小镇时就能感受到它区别于喧嚣世俗之外的那种厚重的文化底蕴和田园意趣。为客户打造了一处“世外桃源”，给客户留下了不错的初始印象，从而让客户对小镇的具体设施、服务项目等产生好奇，激发客户想进一步了解的欲望。田园嬉戏如图 2－37 所示。

图 2－37　田园嬉戏

②文化——戏里人生。众所周知，中国传统文化源远流长，博大精深，是中华民族在中国历史发展过程中形成的比较稳定的文化业态，是中华民族的智慧结晶，是中华民族的历史印记在现实生活中的展现。越剧作为优秀传统文化中的一部分，我们必须重视。同时，一些遗散在乡间村落里的非遗项目，我们也应该及时整合，以新文化的形式去传承和创新它们。

越剧小镇将嵊州的非遗文化、越剧文化和历史文化整体呈现，集中展示了嵊州的传统文化，并形成小镇的永久性文化品牌，将小镇的价值观和理念传递给更多的人，形成良好的社会氛围，与更多热爱文化的客户建立牢固的情感纽带、形成价值认同。小镇的文化体验如图 2－38 所示。

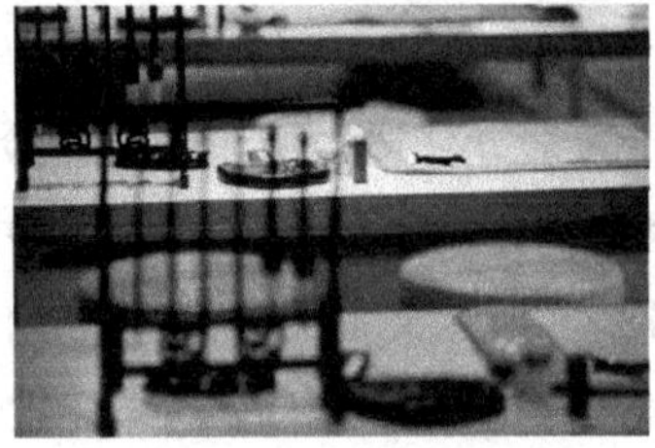

图 2－38　文化体验

故事体验：场景的营造算是硬件设施，故事带入就如同房屋装修中的家具，越剧小镇的做法是二重奏，其一是以员工起主导作用，其具体表现在对客户的服务行为上。通过员工的微笑、眼神交流、愉悦的行为和角色表演体现自己周到而人性化的服务，通过这些服务给客户一种亲切的家的感觉，营造了一种欢乐幸福的氛围，满足人们的情感体验需求。

其二是让客户能与艺术家或专业戏剧人同台舞蹈、参与戏剧演示，体味其中的故事情节。这些娱乐活动给了客户亲身实现自己梦想机会，满足了他们求鲜、求奇的体验心理，从而为客户营造一个美好的回忆。

主题活动：越剧小镇除了提供有故事的场景化的体验活动之外，还大力举行各种主题活动，比如“剡溪古韵”朗诵会、首届全国戏迷擂台赛、“五乐天”音乐会、六一儿童节专题活动、国庆主题活动、跨年狂欢夜等，这些既有古韵风又有现代范的主题活动引来一批又一批不同需求、不同年龄段的客户群体，他们在这里体验，他们在这里感受，他们在这里和小镇交谈、与小镇握手，互诉情怀。这里有文化的韵味，更有积极向上的生活态度，客户和越家人一同探索，一同体验，一同学习文化，一同体验文化。这是一种情感认同，更是精神宝藏，永远值得客户们去久久地回味和感悟。

(3) 推进与客户的联系。越剧小镇在打造文旅特色的过程中，除了提供好的体验服务设施和项目之外，更加注重与客户之间的联系。这种联系区别于传统意义上的直接联系或强联系，而是越剧小镇通过传递小镇的价值观和产品，去回馈客户、影响客户，进一步拉拢客户，让客户产生下次还要来的念头。

越剧小镇一直以来的主张都是以越剧为核心，山水为承载打造世界级的戏剧生态环境。在越剧小镇，有人们理想生活中的片段、缩影甚至是一直未变的向往。越剧生态环境中除了传承越剧、创新越剧、延续优秀文化之外，更是在向人们传递一种积极生活、美丽生活的理念，从而去影响更多的人去相信生活、热爱生活、学会生活。

每一种文化产品都体现了一种生活态度或生活方式，越剧小镇建造并发扬了博物馆、非遗馆等极具历史和文化韵味的场馆。在这里，人们可以感受历史、品味越剧、体验文化。人们看到精致的手工艺品，不免会坐下来尝试一番，当自己的作品在专业老师的指导下完成后，客户体验到的便是越剧文化的广博。客户带走了产品，对小镇的美好回忆一直留存在心中。这便是越剧小镇的成功之处——在很好的联系客户的过程中，也成功地做好了项目体验。

3. 以客户反馈为驱动

客户反馈驱动如图 2－39 所示。

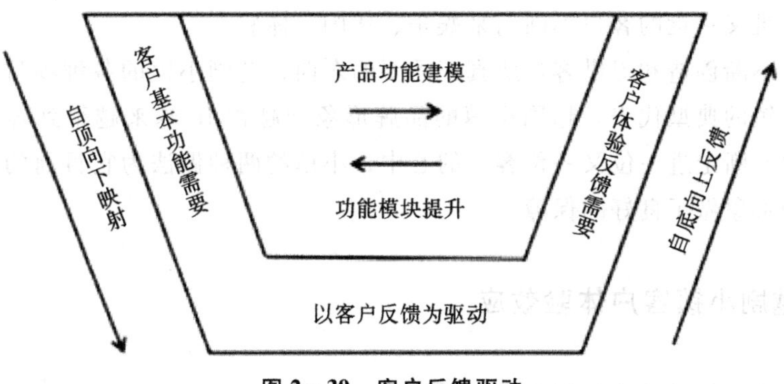

图 2－39　客户反馈驱动

越剧小镇从2003年规划设计到如今三期项目的建成，已经过去了18年。在这18年中越剧小镇如一个不断更迭的生命体，在不断扩大规模、完善建筑。越剧小镇除了有文旅小镇基本的“吃、住、行、游、购、娱”业务之外，还设计并创造了带有小镇特色的“寄托乡愁情感、感悟越剧风采”等环境和项目。这些项目使小镇的业务形态得以初步建立。小镇不断满足客户的需求，正是它自上而下从供给侧设计出一个又一个满足客户需要的体验项目。

高质量的体验项目一经推出，便引来了一波波的客户，不同的项目满足了客户们的差异化需求，使客户们得到了一种前所未有的高质量体验和极大的心理满足。任何的项目都有进一步改进提升的潜质，这种改进正是来自客户的体验感知反馈。这些反馈既有正向的鼓励，也有存在的问题。面对正向的反馈，小镇经常用以鼓励自己再创新高，而存在的问题便是小镇冲出重围、自我突破的重要驱动力。小镇不断解决存在的问题，不断否定自己，呈现一种螺旋式的上升状态，驱动要素使小镇走得更远更高。体验反馈便也是客户自下向上映射推动小镇产品功能的优化升级，不断驱动小镇向前发展。

4. 以优化服务为保障

服务是一种作为，质量是一种层次，水平是一种展示。对于越剧小镇来说，服务质量既是一种要求，也是对越剧小镇全体服务人员精神境界和业务能力的展示。为了全面提高服务质量和服务水平，越剧小镇非常注重文化建设和口碑建设，用以客户为中心的视角和以客户需求为导向的理念不断推进服务体验项目的建设，树立良好的越剧品牌形象。

越剧小镇主要从两个方面不断优化服务，以保障越剧的形象和客户利益。一是越剧小镇不断探索，不断创新，不断地突破现有的体验服务设施。农业方面用更吸引人的游戏采摘提供良好的客户体验；别墅建造和山水融为一体，浑然天成的桃源住所引来一大批客户的围观和青睐；小镇文化建设中汲取古今中外的戏剧文化，既不失越剧的风采，又给客户呈现出了一种新型的戏剧业态和戏剧体验模式。这样不断学习、不断创造的越剧小镇是生机勃勃的，更是让客户信赖的。二是越剧小镇始终贯彻以客户为中心的理念，为客户创造的体验服务到底怎么样，质量到底如何等，这些问题都要从客户体验和感知的反馈中去解决。越剧小镇在客户体验之后都会做一定量的反馈咨询，真正地去了解客户的感受和评价。越剧小镇善于发现问题且勇于解决问题，这让小镇的各种体验服务项目都做得有声有色，吸引了一批又一批的客户不断前来娱乐、休闲、体验。

通过自身不断创造和提供客户所真正需要的东西，越剧小镇的各种项目越来越成为当前文旅特色小镇的典型代表。越剧小镇的品牌形象和越剧IP越来越得到客户的信赖，良好的品牌形象不断走进一位又一位客户的心中，小镇的两种做法为它目前的经营能力和日渐累积的品牌形象做了良好的保障。

（四）越剧小镇客户体验效应

越剧小镇客户体验效应如图2－40所示。

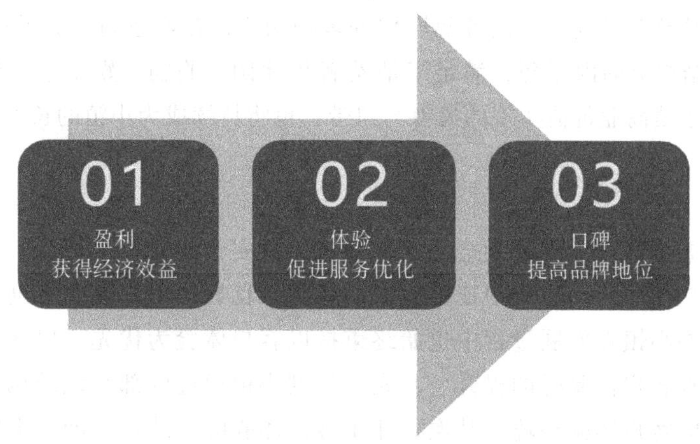

图 2－40 客户体验效应

1. 盈利——获得经济效益

盈利指众多之利，也指企业、个人或经营性组织的一种能力指标。小镇的盈利模式包括三部分，一是以越剧为中心的产业和衍生出的吃住行、游购娱产业的经营与持有；二是民宿、住宅、酒店等可以变现的地产开发；三是租赁小镇中的商业店铺的管理和营收。这三部分互相补充以平衡小镇的短期资金压力和长期资产增值。在漫长的探索过程中，越剧小镇找到了适宜自身的发展模式，即以越剧文化和越剧产业的自主经营为核心、以租金收益和文化产品增值收益为长期增值的主要盈利点。

第一，小镇以越剧为核心打造点，打造了以越剧为中心的吃住行、游购娱的一条龙服务，以客户在小镇能够得到全身心的享受为主要消费来源。这吸引了大批的客户慕名而来进行实地体验，从而通过经营、持有的相关盈利性优质商铺获取现金流，实现初步的盈利。

第二，随着小镇发展规模的不断扩大，自然美景资源也得到了开发商们的挖掘，他们依托当地优越的自然资源和政策优势建设了以高级酒店、文化民宿、高端住宅等为主的一系列体验服务设施，并配以专业人员提供专业化服务，为客户的体验付以真情、提供技术保障。让客户在山水之间洗涤身心烦恼，感受如家般的惬意美好。这一举措让小镇更深层次地把握了现金流的收付，真正意义上实现了成本投入和盈利获取的一定平衡，是小镇盈利方式的主要体现。

第三，细数小镇悠扬的越剧文化和丰富的非遗资源，这些无不彰显着越地璀璨夺目的文明。于是小镇在保留了一定数量的以越文化为主题的自营店铺的基础上，又将一定数量的商铺向外租赁。与普通商业模式不同的是，它创造了其独特完整的经营价值链，即所有的商铺设计、规划、招商都是由小镇亲自把控，并进行统一管理。这一举措不仅保障了客户的消费体验，还为商户提供了运营思路使其有了更多的发展可能。对于小镇而言，则获取了来自商户的源源不断的租金，达到了收入大于成本的盈利目标。最终实现了顾客、商户、小镇三者的共赢。

总体来看，各种戏乐场馆、商业街店铺、文化体验场所等多种建筑功能将不同的业态融为一体，有机地整合了商业、商务及居住等多种功能，在业态间形成了良好的互动作用，形成了小镇经济结构上的内循环，满足了消费者集休闲、购物、娱乐于一体的"一站式消费"需求，成为小镇商业价值实现的灵魂与纽带，也将持续成为小镇的长期增值盈利点。

2. 体验——促进服务优化

体验一般指亲身经历、实地领会，又指通过亲身实践所获得的经验。而客户体验是一种纯主观的在用户使用产品过程中建立起来的感受。良好的用户体验有助于公司不断完善产品或服务，越剧小镇在发展过程中也始终秉持以客户体验为优先，以客户需求为导向不断改进服务，力求客户体验感的提升。首先，越剧小镇通过内部组织结构的不断完善，为客户营造了良好的客户体验环境。其次，注重客户体验的连续性，即依据客户喜好进行未来喜好预测或客户体验分析。最后，优化越剧小镇的具体设施服务，引进时尚的休闲娱乐项目，提升体验项目的服务质量，在提供服务的过程中为客户带来良好的体验。

对于小镇而言，小镇的客户体验程度就像是小镇服务水平考察的一项重要指标，同时它也催化着小镇服务水平的不断提升，即通过客户的消费喜好、消费倾向不断地调整着服务的改进方向，提升服务的水平。在客户的体验感得到满足的同时实现自身的服务价值。这样的共生关系也将为小镇未来的客流量吸引创造了更多的可能，让客户能够被不断优化的服务所吸引，促使客户实现再回头消费，保持了小镇在客户心中的新鲜感，培养了客户对小镇的情感，促进了小镇的再发展，促进了体验服务的再循环。

3. 口碑——提高品牌地位

品质形象是品牌形象的基础。乌镇的戏剧节已经是世界上赫赫有名的戏剧节目品牌了。而主打越剧特色的越剧小镇能否成为下一个享有盛名的戏剧品牌则有待考量。建立品牌形象并不只是简单地提高产品的质量，其关键是要建立起良好品牌的印象。重要的是要从开始就做到这一点，良好的第一印象是成功的一半。

越剧小镇经过十多年的不懈努力，已经完成了对整个小镇的外形优化和内在重塑。现在的小镇类似越剧人物，外貌精致漂亮，内在厚重优雅。越剧小镇通过不断完善基础设施，不断改进游客的体验服务，它的名声无声地传进喜欢自然、崇尚越剧文化的人们的心中。梦里桃源，不负江南。嵊州越剧小镇积极配合国家"一带一路"，文化"走出去"的战略，力争打造知名越剧 IP 小镇吸引客户，将戏曲散播到每个越剧人的心中，提高越剧在大家心中的地位，在未来终将实现美丽的江南梦。

五、案例总结与启示

（一）总结

本案例以越剧小镇为例，针对特色小镇的特点开始探索越剧小镇在众多特色小镇中独具一格的原因。综合分析时代研究背景，总结本案例研究意义，认为产业融合是小镇打造田园综合体的重要手段，提升客户体验在越剧小镇建设和发展中发挥了重要作用。因此，本案例从以下几个方面归纳出基于客户体验的商业模式研究的总结内容：

1. 贯彻乡村振兴战略

党的十九届四中全会指出，实施乡村振兴战略，完善农业农村优先发展政策，健全城乡融合发展体制机制。实施乡村振兴战略，除了加大对农村的投入，更要激活农村发展的内生动力，推进农村经济迈向高质量发展。特色小镇建设在推进城乡融合发展、推动现代经济体系深入农村、促进农村经济社会转型发展等方面作用显著，是实现乡村振兴的重要载体和重要平台。

越剧小镇深入贯彻乡村振兴战略，发展现代化农业，形成当地的基础性产业。依托剡溪山水资源，越剧小镇发展起小镇农业。与传统农业不同的是，小镇十分注重农产品的绿色健康，雇用当地居民进行培训种植，所有的产品均由专家和专门培训过的员工进行研发、打理，采用的是全新的农业体系。在发展农业的同时还规划了休闲农庄，让当地居民可以参与进来，体验农耕生活。同时还能吸引人流，提升土地价值，优美环境。小镇有效地将技术与人文要素融入农业生产，进一步拓展农业功能，把传统农业发展成融生产、生活、生态于一体的现代农业，是实现农村产业振兴、助推乡村振兴战略的重要举措。

2. 实现产业融合

越剧小镇致力打造集现代农业、休闲旅游、田园社区于一体的田园综合体。大力开发农业多种功能，拓展农业产业链，引导发展第二、第三产业尤其是民宿、乡村旅游等，增加盈利渠道。

以产业为根、生态为基、文化为魂，越剧小镇探索出一条生产、生活、生态三位一体，农业、文化、旅游融合发展，加速推进特色小镇建设的路子。首先，越剧小镇依托农田、瓜果园、休闲农庄等，发展农业产业园区、生态农业；其次，在园区周边打造别墅区，在农田间还建造了各式各样的民宿，满足不同客户的需求，从而提升客户体验；最后，以越剧文化为核心，弘扬戏曲文化，通过建立古戏楼、戏迷馆等许多演出场所表演戏曲，吸引戏迷、越剧爱好者前来观赏，同时以文化为支撑，能够吸引各地游客，逐渐带动小镇旅游业的发展。在文旅产业的相互融合下，“旅游度假村”“民宿”“农家乐”等业态应运而生。越剧小镇通过发展绿色农业，融入文化元素，叠加旅游功能，将第一、第二、第三产业深度融合，努力将绿水青山转化为金山银山，探索出一条振兴乡村的发展路径。

3. 提升客户体验

越来越多的都市人，正在追求一种不再被金钱或时间逼迫、回归人类本质的生活方式。越剧小镇主张建立美好生活生态圈，针对有“乡愁”情怀、“田园”情趣的客户群体，通过对乡土的重塑，打造“世外桃源”，解放快节奏的都市生活带来的压力，实现城市人回归乡村的愿景。

人们对农业发展的第一需求从过去的吃得饱变成了吃得好，同时越来越多的消费者热衷于把消费过程转化为获得美好体验的过程。因此越剧小镇不仅致力于农业科技的研发，更注重农产品品质的保障。小镇的万松蔬苑是集农产品销售、果蔬选种、销售以及农业教育于一体的综合性农业体验场所，在这里不仅是游玩观光，游客们还可以采摘新鲜蔬果，选蔬果种子，回归土地，体验农耕文化，返璞归真。小镇家人的生活形态，是越剧小镇文化的重要组成部分。小镇秉承“众筹、共建、自治、分享”的信念，用充满着美好与温度的小镇生活服务体系，让小镇家人回归生活。另外，越剧小镇坚持“山水、戏剧、生活”的有机融合，视每一位来小镇的参与者为“家人”，通过舞台、山水、小镇农庄院落的多重体验，让每一个“家人”感受小镇最为亲昵的邻里关系以及人文关怀，使其内心重回故乡，从而构建最美好的品质生活。

4. 找准自身定位

越剧小镇地处女子越剧发源地，以戏剧和山水为核心，既希望构建桃花源式的理想家园，也希望在这里打造一个世界级的戏剧生态环境，吸引全世界的艺术家聚集于此。

越剧小镇基于戏剧小镇的定位，规划了五大艺术板块，分别是剧场、工坊、艺术大学、工匠艺术村、影视娱乐。其中最重要的剧场部分，包括以晚宴、经典、越剧场和古戏楼为构思的四大剧场。越剧小镇以这种剧场集群的形式推动越剧的传承与发展，使越剧融入生活创新、融入旅游转型、融入地方特色发展规划。同时依托深厚传统文化与地域文脉基因，越剧小镇致力于重构非物质文化遗产的现代生活导入方式。小镇园区开设有包括辉白茶、嵊州竹编、古沉木雕、剡藤纸等在内的本地非物质文化遗产项目的体验馆，使非遗文化在地风情、吴越文脉得到充分展示。千百年流传的优秀传统文化可见、可玩、可生活，从而得到活态传承、创造性转化与创新性发展。越剧小镇里的“天下第一团”，上演各种国内外濒危剧种，实现对传统文化的实质性传承与扶持。越剧小镇意识到只有与地方文化结合，并关注当地居民，注重运营和持续，形成自身的品牌，小镇才能持续发展。

（二）启示

1. 把握当今社会痛点，呼应美好生活需求

当前，我国社会主要矛盾已经转化成人民日益增长的美好生活需要和不平衡不充分的发展之间的矛盾。如今，人民生活水平显著提高，对美好生活的向往更加强烈。随着人民生活水平不断提高，人民群众的需要呈现多样化、多层次、多方面的特点，期盼有更好的教育、更稳定的工作、更满意的收入、更可靠的社会保障、更高水平的医疗卫生服务、更舒适的居住条件、更优美的环境、更丰富的精神文化生活。因此要解决这一矛盾，必须集中力量发展生产力，通过壮大实业来提升地方经济，改善居住环境来提高生活品质，健全

公共服务体系来提升人们生活的健康水平和幸福感，大力发展文化产业来丰富人们文化生活内容，更好地满足人们多元化需求。

2. 保持小镇鲜明特性，挖掘自身优势

目前在特色小镇建设中，出现了比拼数量、一拥而上、千镇一面等现象。一些小镇自身特色挖掘不足，在产业特色、建筑风格和小镇整体风貌上没有体现地区的差异性。特色小镇的特质在于“特色”，其生命力同样也在于“特色”，因此保持小镇“特色”的鲜明性，是建设特色小镇的重要原则。应充分结合当地自然条件和资源优势，坚持因地制宜，在不改变原有的村落肌理的前提下建设体现地域特色的美丽小镇；着力培育支柱性产业，把当地的产业优势糅合进去，或“农”，或“文”，或“旅”，形成自身的特色产业；注重特色小镇高质量的打造，从硬件建设到风貌改造提升都要体现出高水平、高质量，强化示范，并且还需与其产业特色相匹配，保持风格的唯一性，不重复、不趋同。越剧小镇以越剧为魂，以独有的越剧文化发挥自身的特性，吸引广大中外游客，给人留下深刻印象，同时带动当地经济的发展和维护社会的和谐。

3. 提升文化带动作用，推进产城融合发展

重视文化带动作用，推动文化产业转型升级，既促进了当地文化产业发展，又满足了人民群众对物质和文化的多样性需求。越剧小镇的核心是越剧文化，文化资源利用得好、开发得好，能够富民富镇。传承传播优秀地域特色文化，深入挖掘特色产业文化内涵和价值，推动文化创意与农业、建筑、旅游、科技等领域深度融合发展。越剧小镇在发展产业过程中，促进文化与旅游深度融合，形成互促互进、互融共赢的发展新态势。越剧小镇以文化资源为内涵，以越乡剡溪为载体，以旅游业态为引导，通过深度整合属地特色自然人文资源、产业资源等关联性资源，建设综合性、多功能、多业态的小型旅游区，逐步形成全领域、多层次、多品类的文化旅游产业链。

思考题

1. 越剧小镇作为文旅特色小镇是如何发掘越剧商业价值的？
2. 请运用客户体验理论解释越剧小镇商业模式成功的关键因素是什么。

案例编写：曹红娟（工商管理19级）；成琦（工商管理19级）；
陈旭（工商管理19级）；凌雁南（会计19级）；姬风雷（工商管理19级）
指导老师：丁志刚

参考文献

[1] 梁若冰．文化自信引领乡村文化建设的实践路径［J］．内蒙古社会科学，2021，42（3）：190－196.

[2] 吴佩芬．十九大以来我国乡村振兴战略研究综述［J］．农业经济，2021（1）：38－40.

[3] 丽莎．越剧小镇的融合与创新［J］．上海戏剧，2019（3）：26－27.

[4] 贾丽，叶三梅．三生融合视角下的皖南地区特色小镇建设路径研究［J］．国土与自然资源研究，2020（4）：78－82.

[5] 朱明洋，李晨曦，曾国军．商业模式价值逻辑的要素、框架及演化研究：回顾与展望［J］．科技进步与对策，2021，38（1）：149－160.

[6] 张琳晓．以特色小镇引领农村三产融合发展［J］．合作经济与科技，2019（24）：50－51.

[7] 黄舍得．从越剧小镇到驻场演出：戏曲文化产业发展的第三条道路［J］．上海艺术评论，2020（2）：90－91.

案例3

新内生式发展视角下的山村脱贫致富路——以外婆坑村为例

摘　要

在乡村振兴战略背景下，外婆坑村积极响应国家政策，实现了脱贫致富，华丽转身成为一个山美水清茶香、宜居宜游宜赏的“江南民族第一村”。

在30年前，外婆坑村是出了名的贫穷光棍村，一年之中9个月要靠政府救济粮度日。现如今村庄把握发展机遇，因地制宜发掘自身特色资源，引进先进社会资源，鼓励民众参与到建设之中，走出了一条深化践行内生式发展的脱贫致富路，实现了全村村民收入提高，产业蓬勃发展，乡村和谐发展的新局面。

本案例从开路和创业两个角度切入，介绍外婆坑村的发展历程，并借助新内生式发展理论深入剖析外婆坑村的脱贫致富路径，综合运用资源整合、民众参与、文化认同三要素对外婆坑村的内生动力的实现进行具体分析，诠释了外婆坑村脱贫致富的内生之道。

在此基础上总结提出相关启示，为国家制定农村经济建设政策提供参考依据，同时也为乡村振兴征途中的其他村落提供一些可借鉴、可复制、可推广的经验。

关键词：外婆坑村；乡村振兴；脱贫致富；新内生式发展理论

一、绪论

（一）研究背景

1. 中央高度重视乡村振兴

乡村振兴战略是习近平总书记2017年10月18日在党的十九大报告中提出的战略。

党的十九大报告中提出实施乡村振兴战略不仅能够解决新时代我国社会的主要矛盾，同时，对于实现我国“两个一百年”奋斗目标和中华民族伟大复兴的奋斗目标也具有重大的现实意义与深远的历史意义。党的十九大报告指出，农业农村农民问题是关系国计民生的根本性问题，必须始终把解决好“三农”问题作为全党工作的重中之重，实施乡村振兴战略是建设现代化经济体系的重要基础。

中共中央、国务院连续发布中央一号文件，对新发展阶段优先发展农业农村、全面推进乡村振兴作出总体部署，为做好当前和今后一个时期“三农”工作指明了方向。

乡村振兴促进法颁布实施是以习近平同志为核心的党中央保障乡村振兴战略全面实施的重大制度性安排，是适应全面依法治国新任务新要求，充分总结、提炼“三农”领域丰富法治实践经验，发展和完善中国特色社会主义“三农”法律体系的最新成果，将极大夯实乡村振兴的法治基础，促进农村治理体系和治理能力现代化。要尊重农民意愿和维护农民权益，把选择权交给农民，由农民选择而不是代替农民选择，可以示范和引导，但不搞强迫命令、不刮风、不“一刀切”。这一重要论述启示我们，必须把乡村振兴的主体权还给农民，同时不断对农民赋能，培养农民的乡村振兴能力，让他们把对美好生活的向往化为推动乡村振兴的动力，用双手托举起更加美好的新生活。

2. 各级政府严密部署乡村振兴规划

浙江是习近平总书记新时代“三农”思想的重要萌发地、中国美丽乡村建设的重要发源地。自2003年习近平总书记在浙江工作期间部署实施“千村示范万村整治”工程以来，全省上下坚持一张蓝图绘到底、一年接着一年干，使美丽乡村成为浙江的一张金名片。全省各级党组织要接好接力棒，充分发挥领导核心作用，把美丽乡村建设放到更加突出位置，加大力度、加快进度，确保美丽乡村建设高水平有序推进。

省委书记车俊强调，党的十九大明确提出坚持农业农村优先发展，实施乡村振兴战略。这是新时代“三农”工作的总抓手，标志着我们党对经济社会发展规律、城乡发展规律的认识达到新的高度，为我们开启了新时代美丽乡村建设的新征程。我们要全面振兴农村产业，深化以农村产权制度改革为核心的各项改革，夯实农业基础地位，大力发展农村电子商务，不断拓展养生养老、运动健康等新业态，做优做精农家乐、民宿等新产业，鼓励支持资本人才流向农业农村。要全面打造生态宜居的农村环境，认真落实“大花园”建设行动纲要，扎实推进万村景区化建设，巩固扩大治水成果，推进生活垃圾分类处理，加强农房管控和风貌引导，实施“除险安居”工程，全面推进村庄规划、村庄设计和农房设计，建设一批具有乡土气息、江南韵味的浙派民居。要全面塑造淳朴文明的良好乡风，用好传统文化在农村底蕴深厚、流传久远的优势，倡导现代文明理念和生活方式，让清风正气充盈每一个乡村，让家教家风滋润每一个家庭，让乡村文脉传承到下一代。要全面加强乡村社会治理，以“最多跑一次”理念推进乡村治理集成化，完善自治、法治、德治“三治融合”治理体系，推进乡村治理制度创新，实现政府治理和社会调节、居民自治良性互动。要全面创造农民群众的富裕生活，千方百计增加农民收入，持续改善困难群众生活，积极壮大村集体经济，让农民群众过上幸福美好的日子。

绍兴市发布《绍兴市乡村振兴战略规划（2018—2022年）》，这是绍兴市首个乡村振兴战略五年规划。规划明确，全市围绕“书写好诗画浙江绍兴样板，努力创建国家乡村振兴示范市”这样一个定位实施乡村振兴战略。2020年，乡村振兴取得实质性进展，全市60%以上村实现“五星达标”，并达到A级以上景区村标准，全市农村与全省同步高水平全面建成小康社会。根据规划，绍兴市将实施“七大行动”和“十大工程”，其中“七大行动”为城乡格局构筑行动、乡村产业振兴行动、新时代美丽乡村建设行动、乡村文化繁荣行动、乡村治理创新行动、美好生活创造行动和政策体系构建行动，“十大工程”涉及农业提质发展、一二三产融合、产业平台培育、美丽生态保护与修复、新时代美丽乡村建设、乡村文化振兴、乡村治理提升、基础设施升级等方面。

3. 外婆坑村努力开创乡村振兴之路

潜藏在崇山峻岭里的外婆坑村，几乎与世隔绝，地处新昌、东阳、磐安三地交界处，距新昌县城45公里。20世纪90年代末，该村经济发展十分落后，全村人均年收入仅96元，在浙江省贫困村中垫底。因此，想要经济发展得更好，必须要寻求振兴之路。外婆坑村依托环境优势和古村风貌，不断深化“千万工程”，努力践行“两山理论”，积极探索少数民族乡村体验，大力发展乡村旅游，实现了从“光棍第一村”到“江南民族村”的蜕变，穷山恶水的小山村发展成了绿水青山的样板村。此外，外婆坑村积极发展旅游配套产业，除大力推广高山茶、玉米饼等农特产品外，还致力发展民宿产业。沐浴着党委、政府扶贫政策的暖阳，外婆坑村人一步步走上了致富路，从全省出名的贫困村一跃入围小康村。

（二）研究方法

本案例主要研究方法有以下五种，如图3-1所示。

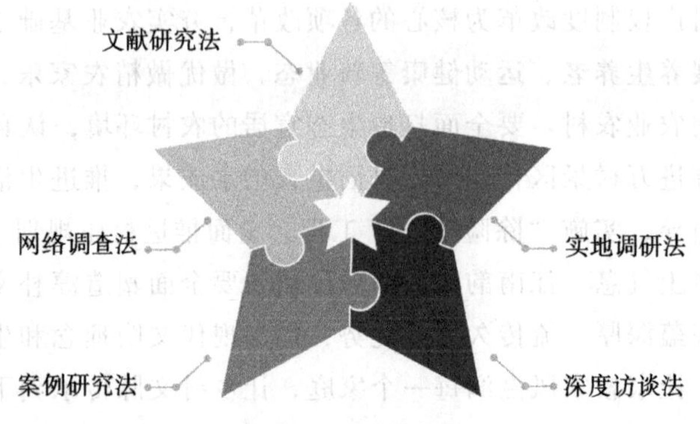

图3-1 研究方法

1. 文献研究法

搜索近几年“内生式发展理论”“新内生式发展理论”的有关书籍、文献和期刊，小组成员分工筛取有效信息并完成分类汇总。

2. 网络调查法

通过网络搜索有关外婆坑村的相关资料以及新闻报道，观看该村的一些发展历程视频和书记等村干部的访谈视频，找到该村发展历程的几个重要节点并对该村的发展和发展措施进行梳理。

3. 实地调研法

带着通过上述两种方法获取的信息，本小组全组成员均到外婆坑村进行实地走访，参观了外婆坑村的茶园和红色走廊等具有典型外婆坑村特色的景点并且参观了外婆坑村的荣誉墙。通过实地走访，对外婆坑村的特色、资源和人文都有了更深层次的了解。

4. 深度访谈法

小组联系到了外婆坑村的林书记，林书记是带领外婆坑村发展的首要人物，经过访谈和采访，小组获取到外婆坑村成功的细节和原因。

5. 案例研究法

小组通过公众号以及书籍等渠道对以往案例分析比赛中的优秀文本进行研究解读，学习优秀文本的构建方法和内在逻辑联系，通过学习更好地对本次案例分析的文本进行创作和书写。

（三）研究思路

本案例以外婆坑村的发展道路作为研究对象，探究在乡村振兴战略背景下，乡村寻求脱贫致富的道路，使用新内生发展理论对其进行研究，并从中总结出脱贫致富的关键要素，为条件相似的村落提供可借鉴的经验，具体研究思路如图3-2所示。

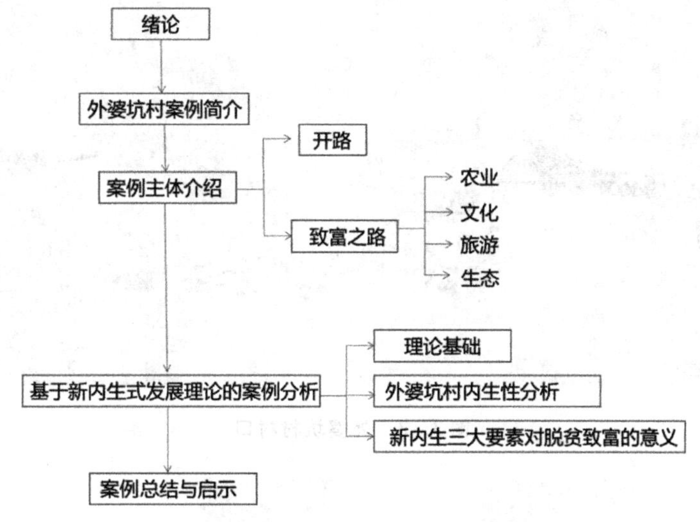

图3-2 研究思路

二、案例对象介绍

（一）外婆坑村简介

外婆坑村，是浙江省绍兴市新昌县镜岭镇下辖行政村，被誉为“中国传统村落”。外婆坑村位于镜岭镇西南面42公里处，地处曹娥江源头，与东阳、嵊州、磐安三地交界，村东与后坪村接壤，东临安山村，西接东阳下阳村，北濒洞坑村，自然景观丰富多样，人文景观内涵丰富，建村已有300多年的历史。外婆坑村村口如图3-3所示。全村共有158户，531人，其中35人为少数民族，分别为白族、苗族、傣族、壮族、彝族等13个少数民族，是远近闻名的“江南民族第一村”。耕地面积为120亩，其中水田30亩，茶叶面积1500亩，山林面积5000亩。

外婆坑村积极响应全面脱贫奔小康政策。2021年，获得全国脱贫攻坚集体荣誉。尽管受新冠疫情影响，2020年仍接待游客23万人次，创收约1800万元，村民人均收入达到43560元。

（二）外婆坑村发展历程

外婆坑村有建村350余年的丰厚历史，大致分为萌芽、发展、改革发展、深化改革四大时期，如图3-4所示。

图 3－3　外婆坑村村口

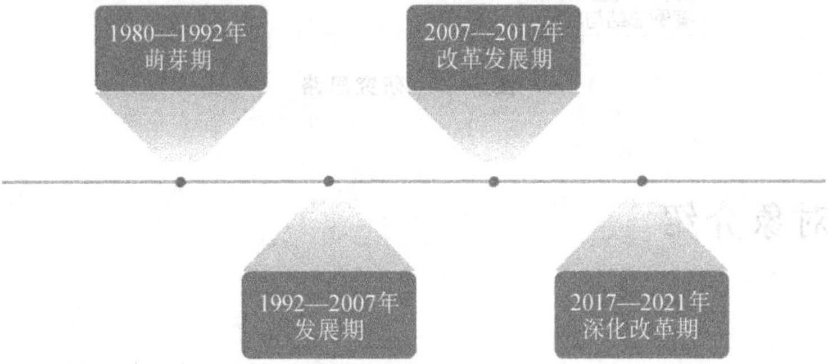

1980—1992年
萌芽期

2007—2017年
改革发展期

1992—2007年
发展期

2017—2021年
深化改革期

图 3－4　外婆坑村的发展历程

1. 萌芽期（1980—1992 年）：完成建路大业，开辟“对外开放”之路

1980 年，组织发动修筑通往山外的公路，实现村村通公路的目标。

1991 年 11 月 15 日，落实了修路资金 5 万元。

1992 年 1 月 25 日，外婆坑村修建好了一条长 1.4 千米的机耕路。

2. 发展期（1992—2007 年）：调动村民们积极性，利用地理优势实现茶叶大举

20 世纪 90 年代起，外婆坑村开始组织茶农们参加名茶炒制技术培训，并逐年引进和更新茶叶良种。

2002 年，外婆坑村村里通过“合作社＋农户”的经济发展模式，组织农户成立了新昌县第一家有机茶合作社，茶叶基地通过了有机产品认证，并注册了自有品牌“外婆坑”大佛龙井。

2003 年，林金仁开始带领大家在茶园里套种起香榧树，促进茶产业与香榧产业融合发展、提质增效，从而提高经济收益。

2005年，外婆坑村建了名茶炒制规范化示范点，进一步普及和提高了名茶炒制技术。

2007年9月，外婆坑村1500亩茶园全部通过了有机产品认证。通过增加茶叶种植和炒制的科技含量，提高了茶叶的品质和附加值。

3. 改革发展期（2007—2017年）：将地理优势转向文化优势，挖掘并发展旅游大业

2009年，外婆坑村开始发展旅游业。

2010年，外婆坑村向上海世博会组委会申报上海世博体验之旅示范点并获得通过，向国内外打响了外婆坑少数民族风情旅游的品牌。

2017年，外婆坑村开始在村里承租了几幢村民民宅，并着手改造设计，推出“归园田居”民宿。

4. 深化改革期（2017—2021年）：将民族风情推向极致，开展沉浸式研学体验

2021年，开展沉浸式民族风情研学体验，通过衣、食、住、行四个维度深度体验外婆坑村的生产生活。

（三）村支书介绍

带领外婆坑村走好、走稳脱贫路的，是外婆坑村的书记——林金仁（如图3－5所示）。1990年，在外做箍桶匠的林金仁，被村民一致推选为外婆坑村委会主任，“我一定要带领村民过上好日子。”这是林金仁当选时的一句承诺，为此，他扎根山村整整29年。林金仁个人也获得了新昌县“县富民好书记”“绍兴市优秀共产党员”“绍兴市第七届人民代表”“浙江省新农村建设带头人‘金牛奖’”、省千名好支书、省优秀党务工作者和“全国劳动模范”等荣誉，还受到中央领导接见，如图3－6所示。

图3－5　外婆坑村书记林金仁

图 3－6　胡锦涛接见林金仁

成功来自信念，林金仁带领外婆坑村，践行绿水青山就是金山银山的发展理念，自 2003 年实施“千万工程”以来，把环境整治和村庄建设与创建生态品牌、挖掘人文景观有机结合，建成远近闻名的江南民族村，促进了地方特色产业的发展和村民就业增收，成功把绿水青山转化为金山银山。2018 年，林金仁带领外婆坑村实施“千万工程”的经验做法被人民日报、新华社、光明日报等多家国家级、省级媒体的近 70 名记者集中采访报道。

下一步，外婆坑村将继续秉持绿水青山就是金山银山的发展理念，在原有发展基础上，继续提升乡村旅游发展水平，扩大旅游产业发展规模，加大引进人才力度，让外婆坑村“美丽经济”提档升级，让村民过上幸福生活。林金仁对外婆坑村今后的发展充满信心。

时光飞逝，斗转星移，外婆坑村日新月异，村民安居乐业，但林金仁书记依然不忘初心，坚守着自己最初的承诺，继续带领村民奔向更加幸福的生活。

（四）外婆坑村所获荣誉

外婆坑村曾先后获得了“第二批浙江省非物质文化遗产旅游景区”“国家人口和计划生育基层群众自治示范村”“全国妇联基层组织建设示范村”“浙江省生态文化基地”、全国生态文化村、浙江省第二批物质文化遗产“民俗文化旅游村”、省级农家乐特色村等国家省市级荣誉，如表 3－1、表 3－2、图 3－7 所示。

表 3－1　外婆坑村所获荣誉

时间	荣誉
2012. 11	认定为第一批全国一村一品示范村镇
2015. 09	授予 2015 年度“全国生态文化村”称号
2016. 01	入选第三批美丽宜居村庄示范

续表

时间	荣誉
2016.10	推介为2016年中国美丽休闲乡村
2016.12	入选为2016年度浙江省美丽乡村特色精品村
2018.07	表彰为第七批全国民主法治示范村（社区）
2019.04	列入浙江省第一批省级传统村落名录
2019.06	列入第五批中国传统村落名录
2019.12	认定为第二批国家森林乡村
2019.12	上榜2019年度浙江省高标准农村生活垃圾分类示范村
2020.06	入选浙江省第二批全国乡村旅游重点村推荐名单
2020.08	入选第二批全国乡村旅游重点村名单
2020.11	评为第六届全国文明村镇
2021	获得全国脱贫攻坚先进党支部

表3-2　　　　荣誉奖项

荣誉奖项	国家级荣誉	省级荣誉	市级荣誉	县级荣誉
项数	10项	18项	59项	若干项

图3-7　外婆坑村荣誉墙

三、案例主体介绍

（一）战略构想：自力更生，实现脱贫致富

外婆坑村是处于镜岭镇边上的一个小山村，曾经的外婆坑村很穷，在20世纪90年代

初，全村人均年收入只有96元，在浙江省贫困村中垫底。因为外婆坑村的地理位置偏僻，环境相对封闭，过去主要是靠种植农作物，单纯依靠单一低效的发展模式，资源利用率很低，经济难以发展，村民经济收入十分不乐观，甚至大多数时候村民们只能靠玉米饼来果腹，生活难以为继。伴随着村庄的落后，青壮年大多选择了离开外婆坑村，去到外面寻求发展。

林金仁17岁时挑起了箍桶担，一挑就是20年。他起早贪黑，走南闯北，挨家挨户为各地村民手工箍木桶，成为村里第一个"万元户"家庭。而由于当时村民生活十分艰难，外婆坑村急需一个带领大家走出贫困的领头人，村民们就把林金仁选举为村民委员会主任，在外地奔波的林金仁放下了箍桶担，毅然决然回到村里帮助村庄，挑起村里的发展重担。

林金仁意识到想要让外婆坑村发展起来，必须要唤醒村民意志，合理利用当地资源，动员全村力量，自力更生，走出一条属于自己的脱贫致富的道路。在以林金仁为主的基层党组织的带领下，外婆坑村开始进行基础设施、产品产业化发展、文化建设、旅游发展、生态建设，通过各方面的建设发展从而增加农民收入，实现乡村更好的发展。

要实现自力更生，必须寻找出一条适合自己发展的脱贫致富的道路，从而促进经济的发展。因此，首先第一步便是对于外婆坑村本地情况进行细致深入的了解与考察。当林金仁被选举为村委会主任后，经过他的认真考察，发现首先恶劣崎岖的道路对于外婆坑村的发展来说是一个很大的阻碍，其次外婆坑村的发展模式单一，发展成效低，且当地有许多资源没有得到合理开发利用，基于此，他提出了属于外婆坑村发展的战略构想：自力更生，实现脱贫致富路。具体如图3－8所示。

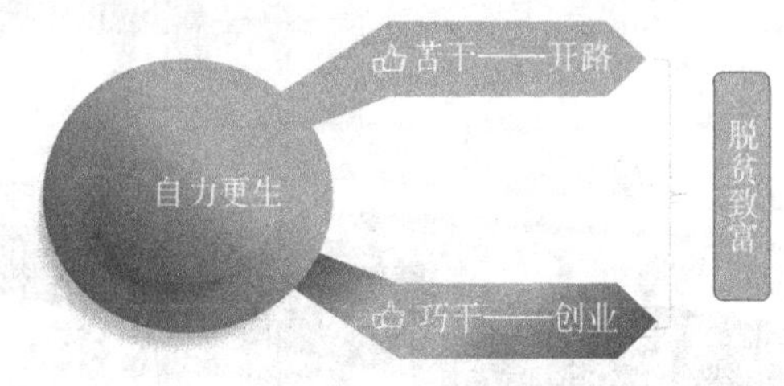

图3－8　发展战略构想

因此，首先必须要做的就是带领村民一起"苦干"，开出一条通往山外的公路，实现村村通公路的目标，实现对崇山峻岭的"突围"。在完成对道路的建设后，接下来就是要整合外婆坑村的资源，在依托当地资源的基础上，创业致富，进行"巧干"。林金仁发现外婆坑村种植的珠茶市场萎缩，不少茶农陷入了"卖茶难"的困境，因此他决定首先从茶业开始进行改良发展。他去到当时茶业发展繁荣的杭州进行观摩学习，引进良种茶苗后分发给村民进行种植，并邀请杭州有名的茶农为外婆坑村的茶农们进行技术培训，从而使茶业得到更好的发展。同时，他注意到茶叶种植的周期只有几个月，村民在那几个月便十分繁忙，但过了这个时期后，剩下几个月就十分空闲，因此他提出结合种植香榧、制作玉米饼的策略，使产业得到更好的发展。其次就是根据外婆坑村本地的文化背景，对当地特色的红色文化和多民族文化进行整合，建设出村庄的文化。再次便是依托文化发展旅游，通过特色文化，结合自身旅游资源，发展研学等项目，促进旅游业发展。最后便是在生态方面提出要强化大家的生态保护意识，且依托外婆坑村优越的生态环境，以森林为载体，打造集娱乐休闲于一体的森林综合体。

（二）开路：拼出一条脱贫之道

外婆坑村因地理位置较为偏僻且周围多山，因此过去的外婆坑村交通条件十分恶劣，出行极为不便。所以，为了能够得到更好的交流与发展，首先开出一条较为平坦宽敞的道路对于外婆坑村来说是必需的。

1. 交通状况

“开门就是山，出门就爬岭；看看面对面，走走老半天”，这句民谣俗语便是外婆坑村早年的真实写照。原来，过去的外婆坑村不通公路，自然条件非常差，外出只有两条路，一条是“打石路”，一条是“五岗路”。“打石路”是石匠在陡峭的崖石壁上凿出的20厘米宽，60米长的“鸡肠道”，一面倚着峭壁，一面临着溪坑，十分难行，一到下雨天，路就被淹了，根本没办法过去，如图3－9所示。而五岗路可通镜岭镇，可是走这条17.5公里长的羊肠小道，要翻过五个山岗，非常不方便。村民们去镇里办事，来回需翻山越岭步行8小时。那时村里的“特产”只有柴，挑一担柴到镇里可卖2元钱，但必须天没亮就出发，天黑才能返回家。生活在这里的村民尝尽了“肩扛手提爬山越岭”的苦头，天天盼着修一条路。

图3－9　早期外婆坑村的毛路

2. 村支书筹集资金

地处崇山峻岭之中，交通的闭塞导致了村民观念的落后，外婆坑村民世世代代都过着“脸朝黄土背朝天”的农耕生活。因此，林金仁意识到对于外婆坑村来说，想要让村民们的生活好起来，富起来，必须要先进行修路。外婆坑村党支部联合周边几个村党支部，基层组织下决心一定要组织发动群众，修筑通往山外的公路，实现村村通公路的目标，尤其是外婆坑村，要对崇山峻岭实现“突围”。

1990 年 4 月，林金仁被村民一致推选为外婆坑村村委会主任，“箍桶匠”摇身一变成“村管家”。“我一定要带领村民过上好日子。”多年来，林金仁是这样说的，也是这样做的。上任后，林金仁第一件事，就是对村民许下第一个承诺——修路。1991 年，林金仁提议修一条环山公路。他自掏腰包 2000 元作为启动资金，为了筹集资金，那一年他跑了 86 趟县城。凌晨三点半就要起来，走到镜岭再坐车到城里，为了节省 4 元钱的过夜费，他就坐夜班车回到镜岭，然后走三个多钟头山路回家。那年，他跑破了整整三双解放鞋，才向政府要来 2 万元的资金。

工程进展到某段时，必须劈开一座很高的岩石，没有资金，没有炸药，靠人工开凿进展十分缓慢。这时，时任浙江省省长的沈祖伦专程来外婆坑村视察，看了这个工程后对林金仁说：“老林，这个工程太大，是不是缓一缓？”林金仁就拍着胸脯说：“沈省长你给我 5 万元，我保证 60 天内把路劈通。”在林金仁等村两委干部的带领下，1992 年 1 月 25 日，外婆坑村修建好了一条长 1.4 千米的机耕路。老省长沈祖伦被林金仁感动，就有了后来沈省长九上外婆坑的佳话。当然也有当年的绍兴市市委书记陈礼安 12 次到外婆坑扶贫的故事。

3. 村民齐上阵

在林书记的带领下，村民们都自发加入修建盘山公路的工程之中，在修建初期缺钱缺人的情况下，村民们主动响应党支部，有钱的出钱，有力的出力，为这个工程的修建都献出自己的一份力，如图 3 - 10 所示。在后来林金仁向省长要来 5 万元的修建资金后，他带领全村男女老少，起早贪黑，带着简陋工具穿梭在岩壁间，测量、打孔、开凿、修整，饿了就吃自带干粮，渴了就喝山泉水，没日没夜地赶工。1992 年 8 月 18 日，外婆坑村这条创业致富路全线竣工，自此，村民告别了“肩扛手提爬山越岭”的时代。

这条路一修就是 15 年，总共耗资 600 万元，其中最贫穷的外婆坑村承担了 150 万元。从此村民们可以坐车去县城，外婆坑村实现了第一次“突围”。外婆坑村开辟出的新路如图 3 - 11 所示。

（三）创业：搏出一条致富路

“八十炉灶四十光，有女不嫁外婆坑，三餐吃着玉米羹，缺钱缺粮缺姑娘。”回想

图3-10 村民们挖路开路

图3-11 外婆坑村开辟出的新路

1990年以前，外婆坑村靠96亩茶园为生，人均收入仅86元，一年之中有9个月要靠政府救济粮度日，这是以前外婆坑村的真实写照。因此，想要自力更生，得到更好的发展，必须要做出一些改变，所以通过创业来搏出一条致富之路就很有必要。

1. 农业为根

（1）绿茶园里走出致富路（如图3-12所示）。

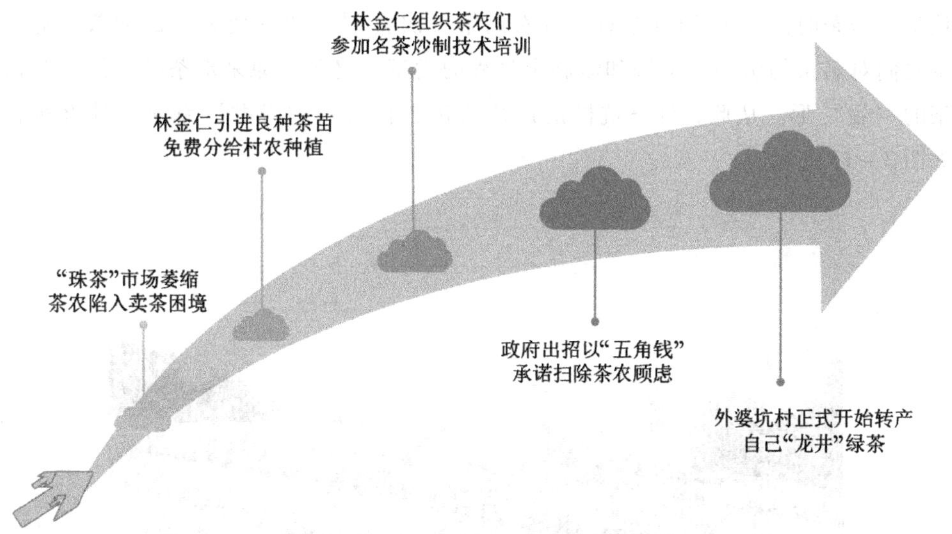

图3-12 绿茶园里走出致富路

“珠茶”市场萎缩，茶农陷入卖茶困境：外婆坑村所属的新昌是浙江茶叶的主产区之一，是国内出口“平水珠茶”的生产基地。20世纪80年代中期，茶叶市场逐步放开，传统的“珠茶”市场逐步萎缩，原来“只管种，不管卖”的外婆坑村茶农更是陷入了“卖茶难”的困境。在20世纪90年代初期，全村人多地少，唯一的收入就是珠茶。但茶叶面积少、价格低，村里珠茶的全部年收入也只有2万元。

林金仁引进良种茶苗，分发给村民种植：外婆坑村村民委员会主任知道杭州的西湖龙井茶畅销市场，价格还连年走高。一打听，原来产自西湖山峦里的龙井茶是用新鲜茶芽炒成“扁”形的，这一下子就与“圆”形的珠茶拉开了档次。1991 年，林金仁听说乡里正在办把茶叶从“圆”变到“扁”的炒制龙井茶的培训班，以应对珠茶市场的不景气。于是，林金仁跃跃欲试，先个人垫付 1 万多元从外地引进了发芽早、根系浅的良种茶苗，免费给村民种植。

林金仁组织茶农们参加名茶炒制技术培训：随后，因为大多数村民对于如何进行种植茶没有什么经验，加之为了让种出来的茶能够有更好的质量，他还特意去请当时杭州有名的茶农，组织村民们参加名茶炒制技术培训。

政府出招以“五角钱”承诺扫除茶农顾虑：“把刚长出来的茶芽就掐了，能卖得出去吗?”村里的茶农们受珠茶生产传统观念的影响，仍是顾虑重重，几个培训回来的村民都不敢“轻举妄动”，无论林金仁等村干部如何劝说也没用。1992 年开春，恰好有外地茶商来收购制作龙井茶的鲜叶，声称要把村里的茶芽全收了。“万一种出来他们不要怎么办?”难以置信的村民们仍然不为之所动。得知这一消息，乡政府果断决定：如果茶商不要，由乡政府按 3 元/斤全部收购。这比茶商的收购价还整整高了五毛钱。

外婆坑村正式开始转产自己“龙井”绿茶：没有豪言壮语，只有大家看得见、摸得着、算得清的政府承诺，使贫困山区的村民们迈出了决定性的一步。外婆坑村当年种茶收入就比生产珠茶时高出了 20% 左右，茶农们第一次尝到了“圆变扁”的甜头。通过林金仁和茶农们对名茶的引种、采摘和炒制全过程的尝试，终于把原来珠茶的“圆”形改成了龙井茶的“扁”形。从此，外婆坑村正式开始转产自己的“龙井”绿茶。外婆坑村龙井茶园如图 3－13 所示。

图 3－13　外婆坑村龙井茶园

（2）香榧树结出致富硕果。林金仁说道：“采茶是一个工作量大又艰苦的体力活，年轻人都不愿意干了，村里从事茶叶经营的大多还是老一辈的人。”为了茶产业的长远发展，早在 15 年前，林金仁就开始带领大家在茶园里套种起了香榧树，作为“三代同堂”的致富硕果。生长旺盛的香榧能够改善茶园环境，促进茶产业与香榧产业融合发展、提质增效，从而提高经济收益。“1500亩的茶园里现在已经种上了4000多棵香榧，虽然短期效益可能不高，但只要香榧生长结果，一定能给村里带来收入，这也是我们这代人留给子孙后代的财富。”林金仁信心满满地表示。

茶园套种香榧优势明显，香榧成活率高、生长量大，对茶叶产量影响小，春季采茶、秋季摘榧，实现一亩茶园两份收益，达到“省钱、省工、省时”的产业发展态势。大幅度提升农业设施的综合使用效益，有利于促进茶园生态旅游，提高茶园综合效益。生长旺盛的香榧能改善茶园小环境，有益于茶园提高防台风、霜冻、干旱高温等恶劣天气的能力，促进茶园防灾减灾。外婆坑村的香榧树如图3-14所示。

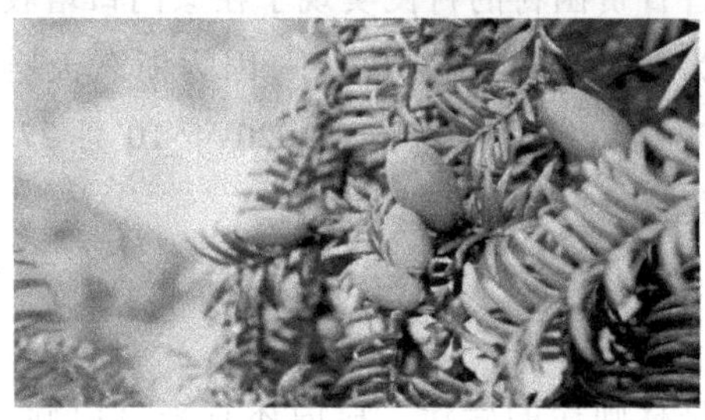

图3-14　外婆坑村的香榧树

村民们积极响应村委们的提议，每年在茶采摘工序完成后，将香榧下种，待到香榧成熟季，将其摘收，进行去种皮、除涩、炒制等加工工作，并将其包装好。每年炒制好的香榧会有一部分放置在村里农家店铺上售卖给来游玩的旅客；另一部分将其放到互联网上售卖。两种销售路径双管齐下，获取茶园地的额外增收，增加村民经济收入，提升村民生活水平。

（3）金玉米饼托起致富梦。林金仁想着先前村民们果腹的玉米饼会不会深受游客们的喜爱，想着让城里人也尝尝这些东西，他想挖掘出玉米饼这一产业链。一开始，林金仁向村民们提出想法时，大家都觉得没有人会来买，都不愿意去做。后来的12年里，林金仁下定决心先让几户人家做起来，林金仁亲自去给村民们做思想工作，后来村民们慢慢地看见了商机也就加入了售卖玉米饼的行列中，玉米饼也就慢慢地发展了起来。后来，玉米饼还登过人民日报、上过央视。

玉米饼在村里的销售越来越火爆，也深受来外婆坑村游玩的游客们欢迎，后外婆坑村村委会灵活运用互联网，将玉米饼重新包装，在淘宝上开起网铺“镜岭味道”，让玉米饼顺着互联网的桥梁走向世界各地，远销全国。外婆坑村的玉米饼产品如图 3－15 所示。

图 3－15　外婆坑村的玉米饼产品

一片片金色的玉米饼，托起了外婆坑村村民金色的致富梦。外婆坑村一张小小的玉米饼做出了大市场，让这个昔日贫困村的村民实现了在家门口增收致富。2019 年，玉米饼入选浙东天姥唐诗宴，取名为“满城尽带黄金甲”，因为浙东天姥唐诗宴的成功推出，新昌县荣获“诗画浙江·百县千碗”工程示范县。2020 年 10 月 27 日，玉米饼制作技艺被列入新昌县第八批非物质文化遗产名录推荐项目。

2. 文化为魂

外婆坑村居住的大多是林则徐的后代，村内还有来自白族、壮族、傣族等 13 个少数民族的 40 余位少数民族媳妇。村内有数十栋有保存完好的富有江南古村的古朴民俗土楼以及 30 条被编撰成三字经的家规家训。中国工农红军挺进师在 1935 年两次进入新昌活动，村内留有多处红色标语等足迹。当前，外婆坑村被列入第五批中国传统村落名录。

（1）传承红色文化。

①建乡村记忆馆，寻农耕创业史。外婆坑村村内拥有古村寻根、民俗博览、红色足迹、绿色创业、民族和谐、珍贵记忆 6 个馆。走进古村寻根纪念馆、民俗博物馆，可以看到外婆坑村的由来及民俗民风的记载，陈列的家谱、农耕用具、生活用品再现了外婆坑村 300 年来生产生活的发展史，这些保存完整的生产生活用具详细记录了历代外婆坑人的农耕生活，也全面再现了外婆坑村从远近闻名的光棍村，发展成为江南民族第一村的艰苦奋斗经历。外婆坑村的文化陈列馆如图 3－16 所示。外婆坑村的发展历程如图 3－17 所示。

图3-16 文化陈列馆

图3-17 外婆坑村的发展历程

②造林氏宗堂，寻林氏家风。外婆坑村的村民大部分是林姓的，据记载是明清时期从福建迁移而来的林则徐后代。在外婆坑村里设有林氏宗堂，保存了完好的林氏家训，由先祖林则徐传承下来，共有二十四条，包括社会公德、职业道德、家庭美德和个人品德四个方面，主要是教育林氏子孙修身齐家，推崇忠孝节义、教导礼义廉耻。林姓忠孝传家，有重视家族教育、尊祖敬宗、敦亲睦族等美德。同时还十分重视对宗族子弟的教育，使之从小即具备报效祖国和传承家业的良好素质。林姓人在历朝历代的科举考试中都能够榜上有名，甚至给人留下了“没有林姓人便无法发榜”的印象。

林氏宗祠保存完整，记录着林氏家族的辉煌和传统，是外婆坑村林氏悠久历史和传统文化的象征和标志，如图3-18所示。2016年4月公布林氏宗祠为县级文物保护点。

③修红色长廊，寻红色足迹。新昌县革命斗争历史十分悠久，遗留下不少“红色印记”。84年前，以粟裕为师长的红军挺进师第一纵队辗转于浙东，偏僻的山村易守不易攻，这里自然留下了挺进师的足迹。中国工农红军挺进师第一纵队一部曾于1935年10月25日和11月下旬两次进入新昌活动，在里练使、潭角、外婆坑等13个地方留下足迹。红

图 3－18　林氏宗祠

军以实际行动证明纪律严明，不拿群众一针一线的故事，给外婆坑村村民留下了良好印象，红军还在村墙上写下了“红军是工人农民的军队”等标语，如图 3－19 所示。村里的“红色”石碑镌刻着红军们“打土豪、分田地”“抗日救国”的伟大事迹；“红色”长廊展示了发生在外婆坑村的红色故事和红色革命年代物品；“红色”土楼陈列着领袖毛泽东像和毛泽东在浙江的学习生活的物品。在保护、利用和开发好外婆坑村革命史迹的基础上，外婆坑村修建了中国工农红军挺进师入境活动纪念碑和“红色足迹”长廊，重现了当年的革命斗争史迹。村里的纪念碑、纪念馆设施以及革命资料收集逐步齐全。“艰苦朴素的革命精神不能忘，幸福生活来之不易不能忘，红色文化一定要传承下去。”外婆坑村党支部书记林金仁告诉记者。

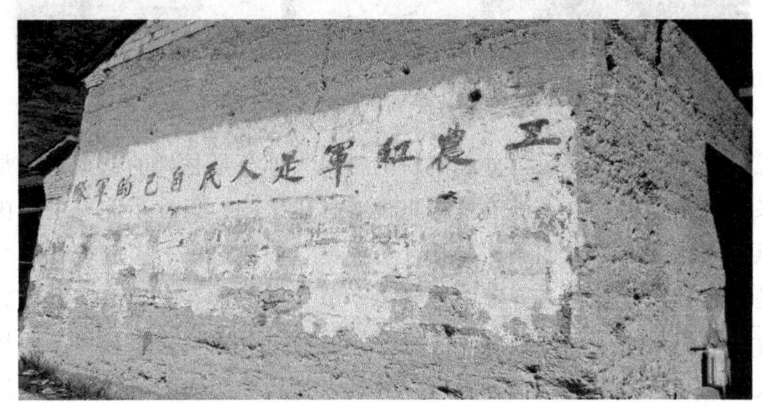

图 3－19　红军标语

（2）融合多民族文化。

①营民俗风情，寻民族文化。外婆坑里居住着白族、苗族、彝族、壮族、傣族等 13 个少数民族。以前的外婆坑非常贫困，村里流传着几句俗语：新昌有个外婆坑，有囡不嫁这条坑，三餐吃的六谷羹，干活行路是牛跟耕。所以很多人就从云南少数民族地区找媳妇，造就了一个少数民族媳妇村的现象。

民族风情园展示了外婆坑村少数民族媳妇的民族服饰、民俗风情及各民族和谐幸福生活的大剪影。在这里，你不仅可以从视觉上感受到各民族的文化特色，也能感受到“外婆坑里，民族和乐”的浓厚氛围，这正是体现中国各民族和睦相处的一个缩影，如图3－20所示。

图3－20　少数民族风情

②塑江南民族村体验民俗风情。外婆坑村重视对少数民族人才的培养，利用少数民族能歌善舞的特长组建了外婆坑少数民族表演队，还编排了许多具有浓厚乡土气息和民族特色的文化节目。同时，为了方便少数民族妇女定点、定时开展活动和交流，村里还特意开设了少数民族活动室。而且在一些传统的节日里，村里少数民族还会表演自己民族的特色文化节目。例如，每逢农历六月二十四日，彝族的男女老少身着节日盛装，会集跤场欢庆一年一度的传统节日。一支支火把点燃后，一堆堆篝火熊熊燃烧，象征着来年是个盛庆丰收吉利平安年。在一些重要的日子里，村里人还会表演舞龙舞狮，如图3－21所示。龙在历史文献的记载中出现的时间极早，而且“舞龙”包含“风调雨顺国泰民安”之意，原有“祁年”的意思。人们之所以要舞龙，与古代劳动人民在农业生产中对自然现象缺乏科学知识有关。他们想以舞龙来祈求神龙，以保风调雨顺、五谷丰登。

图3－21　少数民族舞龙舞狮

3. 旅游为路

外婆坑村作为多文化古村落，村内拥有少数民族文化、红色文化。旅游业也以融合发展的特色民族文化、传承革命时代的红色文化为基础发展了起来，外婆坑村开启走“多文化融合”的文化旅游之路。

（1）筑红色革命地享民族英雄气。外婆坑村将革命史迹与乡村旅游、民族风情有机结合起来，把外婆坑建成红色旅游的重要基地，设计红色旅游路线，将红色人文景观与绿色自然景观相结合，为游客提供红色旅游学习之旅。同时由专人负责红色讲堂，为游客讲述红色故事、重温红色记忆，传承红色文化、弘扬红色精神。

外婆坑村还与学校开展教育研学旅游活动，传承红色革命文化。2021 年 8 月 2 日，绍兴元培中学的老师们来到外婆坑村开展“学史明理、学史增信、学史崇德、学史力行”党员学习教育活动。活动中，林书记带领老师们参观民俗陈列馆、重温红色足迹。2021 年 8 月 6 日，哈凡营地教育团队在外婆坑村开展了首次研学教育活动，在研学旅行指导师的带领下，“红色基因代代传，争做时代好少年”主题活动顺利展开，如图 3－22 所示。活动中，孩子们以沉浸式的互动游戏，感受艰苦红军行、体验外婆坑民俗风味、聆听红色革命故事。

图 3－22　教育研学旅游活动

（2）打造多民族风俗体验民族风情。外婆坑村利用多民族文化的优势，结合自身旅游资源，开展民族文化体验类活动，邀请游客穿戴民族服饰，学习参与民族舞蹈和民族歌曲，将少数民族文化得以发扬与传承，打响“江南民族第一村”的品牌。

外婆坑村开展沉浸式民族风情研学体验，通过衣、食、住、行四个维度来深度体验少数民族族人的生产生活，学习乡村手工技艺，感受不同民族文化之间的碰撞与融合，如图 3－23 所示。

衣：外婆坑村聚集了 13 个民族，在外婆坑村里，你可以穿戴各式民族服饰，了解少数民族的服装是如何制成的以及服装上美丽花纹又有何种含义。你对少数民族文化的种种疑惑，外婆坑村中都有专业人士为你解答。

图3-23 衣食住行四大维度

食：玉米饼曾是林氏族人接待贵客的“美食”，加上少数民族同胞的改良，已成为村民们致富的“黄金饼”，游客可以学习制作玉米饼，深度体验系列传统饮食文化。

住：为了更好地让游客体验外婆坑村少数民族风尚和欣赏古村落、古建筑，外婆坑村修建了13家风格各异的民宿，隐于镜岭这方山水间，隔绝了城市的喧嚣，让游客们在旅途中感受到家的温馨，让游客感受现实版的诗与远方。

行：跟随泥瓦匠的创业实践学习瓦片的制作，传承传统手工技艺；细品白族扎染艺术，探寻街巷里的历史足迹，寻找石纹进行拓印，感受外婆坑村的文化底蕴。

在中秋、国庆等节假日里，外婆坑村推出了假期游玩攻略。在2021年的国庆假期中，外婆坑村推出“品·赏·乐·感”四大主题项目（如图3-24所示）：

①品：外婆长桌宴，汇聚了富有外婆坑特色的各式农家美味；

②赏：民族表演，少数民族穿着各种民族服饰载歌载舞；

③乐：军事模拟户外竞技，进行刺激水弹枪、激光枪比拼；

④感：匠作温度，体验扎染、木工、手工玉米饼等多项特色活动。

4. 生态为先

外婆坑村森林面积为4600亩，其中公益林为2250亩，森林覆盖率达80%，有名树木14株，生态环境十分优越。走进村庄，沿途有穿岩十九峰、火山遗迹奇观、月亮湾、十九寨等，景点众多，一路上奇峰幽谷、山清水秀、溪流潺潺，再加上清新的空气，令人心旷神怡。昔日的“光棍村”，如今成了远近闻名的“江南民族第一村”，新昌县镜岭镇外婆坑村以此为卖点发展起了乡村旅游。外婆坑村获得了“全国生态文化村”称号，成为绍兴市2015年唯一获此殊荣的村庄。

“全国生态文化村”遴选命名活动由中国生态文化协会组织开展，旨在树立农村生态文化建设先进典型，发掘和保护民间生态文化资源，传承和弘扬具有区域及民族特色的生态文化传统，不断丰富生态文化的时代内涵。“全国生态文化村”的评选，到2015年已经

图 3－24 “品·赏·乐·感”主题项目

举办了七届。2015 年 11 月 19 日，“第七届中国生态文化高峰论坛”在福建举行，这次，全国一共有 120 个村庄入围“全国生态文化村”，其中浙江省有 7 个村庄入围。当天，外婆坑村村支书林金仁代表全村村民捧回了奖牌。

（1）强化生态保护意识。为筑牢绿色生态屏障，外婆坑村始终坚持“一棵树都不能动”的生态保护意识，如今，生态公益林给村里也带来了一笔可观的集体收入。为营造美丽多彩的森林景观，外婆坑村还将开展宜林地更新造林，逐步改善林种树种结构，提升林地生态系统的物种多样性，并广植珍贵彩色树种。绿水青山就是外婆坑村的金山银山，为了拓宽全村发展的道路，近年来，外婆坑村利用优美的自然风光，大力发展森林休闲旅游，通过串联大佛寺、穿岩十九峰，形成旅游一条线，建设完成了民族风情园、红色足迹长廊、古村寻根纪念馆、民俗博物馆等旅游景点，声名远播的“江南民族第一村”已成为休闲养生福地，越来越多的人来此观光、旅游、摄影创作。

（2）打造森林综合体。外婆坑村将以森林人家为载体，致力于打造集吃喝玩乐购养生休闲于一体的森林综合体。“开荒南野际，守拙归田园。”走到村子尽头，一幢复古的木建筑十分引人注目，推开木门，里面更是别有洞天，露天庭院中，鸟语花香，流水潺潺，令人怡然忘忧，驻足此间。“归园田居”民宿的主人介绍说，她从上海过来，对外婆坑村的好山好水十分感兴趣，2017 年开始，在村里承租起几幢民居，并着手改造设计，营业以来，每逢周末节假日，生意都十分火爆。“归园田居”旁便是外婆坑村有名的农家乐——春波楼，在这里，地道的农家菜和绿色的农产品让游客赞不绝口，店家接待游客则像对待自家人一样体贴热情，亲切的氛围更是让游客流连忘返。据了解，外婆坑村目前已有农家乐 15 家，平均每户农户可接待 20 人就餐，其中最高日收入达万元；在住宿方面，全村共有 13 家民宿，共有 55 个房间，可供 110 人同时入住。接下来，外婆坑村将统一规划设计，进一步提升民宿档次。除此之外，旅游集散中心也正在建设之中，建成后将大大提高旅游接待能力，为游客提供更为舒适的旅游休闲养生环境。外婆坑村不仅有着现代化的民宿和都市田园慢生活的氛围，它对乡村环境的建设也从未止步。通过党员带头，积极做好门前三包、村庄美化绿化、小景观创新打造、垃圾分类等工作，全村环境得到了质的飞跃，全村正用实际行动打造生态宜居的绿色村庄。

（四）外婆坑村脱贫致富取得的成效

1. 村民收入稳步提高

外婆坑村存在潜在发展资源，但由于缺乏领导核心、交通不便、信息闭塞，无系统性规划，使村经济发展有限。在改革发展的过程中，外婆坑村通过基层党组织的核心领导，依托本土资源，挖掘潜在资源，带动农村经济发展。通过充分利用这些得天独厚的自然环境和独特的民俗风情，做实全域旅游文章，大力发展民宿、农家乐、玉米饼等休闲旅游产业，促进村民增收。此外，外婆坑村的有机茶合作社，发展有机绿茶 1500 亩，统一生产、制作和销售，打造了远近闻名的“外婆坑”龙井茶品牌。因此，外婆坑村村民的收入逐渐增长，生活水平逐渐提高，2018 年人均收入达 3 万元。2019 年上半年，外婆坑村接待游客 9.8 万余人次，旅游收入连续三年增幅达 22% 以上。

2. 产业蓬勃发展

（1）农业增产。村中最早种的是珠茶，价格低廉，直至改革开放前，1 斤珠茶的价格也只有 2 元左右，全村一年的珠茶总产量约为 100 担，约合 1 万斤，一年下来全村收入也仅 2 万多元。2003 年 5 月，新昌县首家有机茶合作社在外婆坑村成立，入股社员 510 人，带动茶农 1002 户，年产有机茶 16 吨，每公斤茶叶的经济效益提高了 100 多元。2013 年，外婆坑村的生态茶园由 1991 年的 96 亩增加到 1500 亩，茶叶总产值由原来的 2 万元增加到 356 万元，春茶人均收入已达到 8100 元；联合经营茶园 4090 亩，并带动全镇发展生态茶园 8000 亩，带动农户 1510 户，年产值 1500 万元，每户增收 3000 元。外婆坑村茶产业的发展变化如表 3－3 所示。

表 3－3　　茶产业发展变化

	发展前	发展后
茶叶面积	95 亩	1500 亩
茶叶总产量	1 万斤	16 吨
茶叶单价	2 元/斤	1000 元/公斤
茶叶总价值	2 万元	356 万元
人均收入	96 元	35600 元

原本玉米饼只是外婆坑村村民果腹的食品，现在成了远销外地的零食，且全年销售额已达600万元。

（2）旅游增收。近年来，外婆坑村通过举办“色调镜岭，丹霞风情”全国摄影大赛、“最炫民族风”主题系列文化活动等进一步带动旅游文化产业的发展。文化产业目前已占全村经济收入的22%，每年直接经济收入达50万余元。村中形成了10余户较为成熟的农家乐个体户，建成了一个大型旅游集散中心，村民们从事农家乐的年收入平均可达7万元，最高的可达10余万元。目前，已累计接待来自世界各地的游客30余万人次，营业总收入达200多万元。

通过基层党组织的领导将外婆坑村的各种农产品与当地资源有机结合，利用互联网为茶叶、玉米饼、香榧等农作物赋能，为外婆坑村提升经济水平，从而提高外婆坑村的影响力。同时，外婆坑村的名声也已经打响，来自全国各地的游客络绎不绝。

3. 乡村和谐发展

在脱贫致富的道路上，外婆坑村还不断引入各方资源，为乡村注入新的活力，打造“外婆IP”，重新激活价值、信仰和认同的归属。外婆坑村的价值日益凸显，政府和越来越多的企业开始为外婆坑村投资。例如，绍兴平安产险于今年端午节，与新昌吾乡文旅团队达成战略合作，通过共建党建单位，为玉米饼定制专项保险2000万元，为外婆坑村1500亩有机茶园制定数字化溯源系统等方面进行了积极探索。这些资金的注入将会促进外婆坑村的更好发展。

外婆坑村着眼利益联结机制，始终把茶农的利益作为头等大事来抓，不断提升农户生产积极性。合作社利润采用“三三开”的分红模式，一是合作社提留三分之一，二是社员按股分红三分之一，三是按销售额分红三分之一。这样既带动全镇发展茶叶，又带动全村的经济发展。

目前，在外打工的游子发现外婆坑村的价值，重回乡村，积极参与外婆坑村的建设，推动脱贫致富进程的发展。

2019年10月，国务院授予外婆坑村党支部全国民族团结进步模范集体称号。2021年2月，在全国脱贫攻坚总结表彰大会上，镜岭镇外婆坑村党支部委员会获评全国脱贫攻坚先进集体。

四、案例分析

（一）理论基础：新内生式发展理论

20世纪70年代末，内生发展思想开始被广泛关注并被应用于扭转农村的颓势、实现乡村振兴和发展的具体实践中。1975 年，瑞典哈玛斯库德财团在联合国总会报告中提到了一种发展方式，这种发展由社会内部推动，兼顾人口、环境、经济、文化等多方面，发展倡议包含了最初的内生发展理念。20 世纪 80 年代，欧洲学者在研究南欧农村发展时，因为过分强调地方内部资源的开发和地方居民力量的参与，忽略了与外部环境的连续，导致内生发展缺乏可操作性，成为一种“理想化”的理论观点。经过一系列反思，学界的观点逐渐从单一独立的视角向多元联系视角转变。

20 世纪 90 年代，日本学者鹤见和子、宫本宪一、西川润等认识到城乡之间、地方与超地方之间的联系和互动是解决内生发展理想化问题的关键。区别于传统内生发展的新内生式发展理论逐渐成形。新内生发展的概念由 Ray 于 2000 年正式提出，主要是以领土文化认同激发民众参与，以民众参与促进资源合理开发与利用，最大化地方价值和树立地方优势，在这一过程中视农村与城市同等地位，重视内部与外部的动态互动、地方与超地方的有机整合，摆脱经济单一目标，力图实现乡村经济、政治、文化等多维可持续发展的目的。新内生式发展理论在承认原有内生发展关注地方资源开发利用的前提下，也关注了超越地方力量的作用，并且将两者动态联系在一起，消弭外生和内生发展的对立冲突。

中国在乡村振兴和扶贫发展由来已久，发展理念也经过了几次转型，总体来说，战略理念从外援型扶贫到内生型扶贫，由“输血”式扶贫向“造血”式扶贫转化，从政府主导到社会合力，通过提升扶贫对象的可行性能力，激发其内在的扶贫动力。2013 年以后，政府更注重乡村贫困人口内生发展能力，推动多方力量参与乡村发展，“扶贫开发是全党全社会的共同责任，要动员和凝聚全社会力量广泛参与”。中国的内生发展模式实际上与新内生发展论有相似之处，发展由底层以改革和创新之名推动，国家认同后强力介入全过程，并一直发挥着积极作用。新内生式发展概念为乡村发展提供了一种崭新的思路，在原有内生发展的基础上，通过对内外部资源的共同整合，实现内生与外生的统一发展，使农村事业在新的轨道上得以快速前进。综上所述，新内生式发展与当前中国乡村振兴的实践具有高度的一致性，通过中国具体的振兴和脱贫实践，对新内生发展做出了更好的解释。

（二）外婆坑村脱贫致富的内生性分析

实施乡村振兴战略，是党的十九大作出的重大决策部署。产业振兴是乡村振兴的基础。然而，随着乡村青壮年劳动力外流，乡村发展普遍面临着人才、资金、技术匮乏的问题，产业发展举步维艰。如何培养和引进人才带动乡村发展？如何挖掘特色资源因地制宜发展农业？均考验着基层政府的治理能力。新昌县外婆坑村在短短十几年的时间内从偏僻落后的“光棍村”逆袭到独树一帜的“江南民族村”，为探寻乡村振兴之路提供了难得的样本。

本节将结合外婆坑村的实际发展过程，采用新内生式理论框架，结合三大要素，即资源、参与和认同，从资源整合、民众参与和文化认同三方面解释外婆坑村实现产业振兴和人才振兴的过程，并为其他乡村实现乡村振兴提供可行的实践路径。外婆坑村内生式发展理论框架如图 3－25 所示。

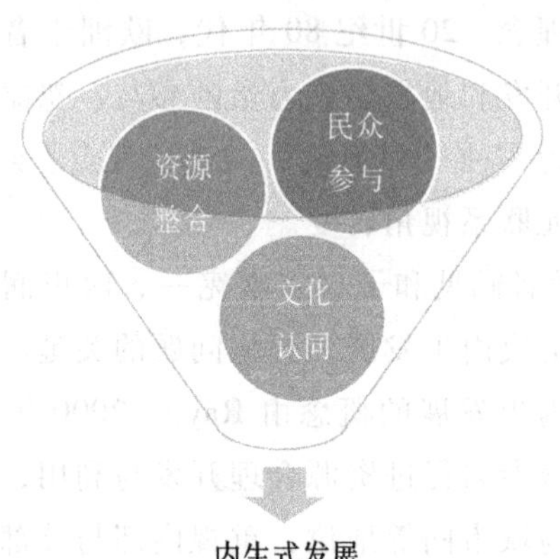

图 3－25　外婆坑村内生式发展理论框架

农村内生发展三要素之间的关系并不是割裂的。从地方居民的领土、文化认同出发，认同促进地方居民作为主体力量有效参与到发展进程中，在参与中对地方、超地方力量进行沟通协调以整合开发内、外部资源，实现内生发展的目标——人的全面发展。而在资源的整合利用过程中，参与主体之间的关系和作用被逐渐理清和明确，而通过对发展进程的参与与成果的分享，地方居民的地方性认同被不断强化。因而，资源、参与、认同三要素在发展过程中相互作用，成为一个相互勾连的整体，共同构成农村内生发展的根基。在外婆坑村的发展中，正是基于三大要素的提取利用，形成了以资源整合为驱动引擎、民众参与为关联纽带、文化认同为精神动力的内生式发展模式。三大要素构成内生式发展，内生式发展又为村庄的发展助力，帮助外婆坑村走出一条脱贫致富的道路，形成可持续发展的良性机制。

1. 资源整合

在新内生式发展中，资源整合居于首位，是整个内生发展的开始。首先，从地方与超地方角度来看，资源可以分成内部资源和外部资源两类。内部资源是乡村本身所拥有的资源，可以分为自然资源和人文资源，前者包括土地、植被、环境、空气等，后者包括习俗、人情、传统技艺等。外部资源是乡村发展中必不可少但无法先天拥有的资源，包括政府资源和非政府资源，主要表现为项目、资金、技术、管理经验等。按照 Ray 的观点，新内生发展过程中主要推动力量依次是：地方力量、政府力量和非政府力量，而在外婆坑村的顺序为：政府力量、地方力量和非政府力量。具体过程为：首先，村党支部书记林金仁将其所带来的政府资源（主要是资金）注入地方；其次，同村民一起对地方资源进行分类识别，进行合理性开发和运用，在使地方具有一定的优势条件后，吸引非政府的外部资源进入；最后，地方、政府和非政府三方形成合力，实现当地的可持续性发展。具体资源整合模式如图 3－26 所示。

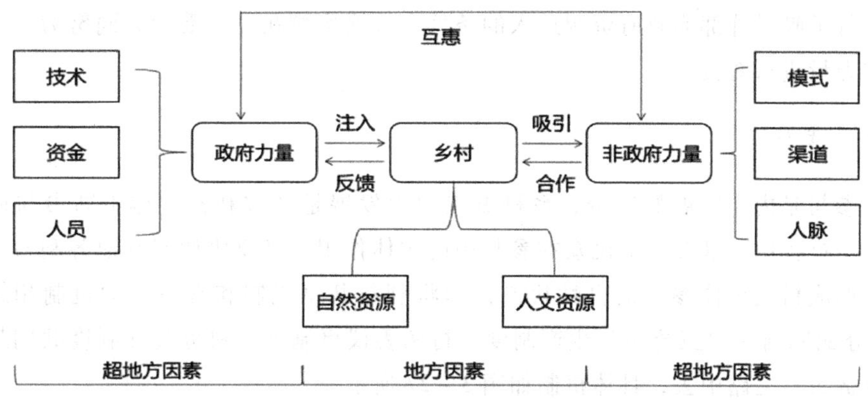

图3-26 外婆坑村资源整合机制

(1) 内部资源开发。村产业的发展依赖于资源，乡村的特色资源是实现其自身价值和实现振兴的重要资本。外婆坑村善于利用好比较优势的原则，选择最具比较优势的自身特色全力发展，将资源实现较好的整合。在开发和利用过程中也充分重视各类资源的整合意义，并在此过程中探索有效的协调方式与机制。同时坚持“绿水青山就是金山银山”的理念，将自然资源和文化资源进行整合，推动第一、第二、第三产业协调发展，创造出一整条符合村庄自身实际的特色产业链，为实现脱贫致富注入内生动力。地方内部资源开发要着重考虑以下三个方面内容：一是从整体视角出发，考虑内外部资源之间的联系，综合利用两类资源；二是避免片面、单独开发内部或者外部资源、人文或者自然资源，从资源之间的联系人手有机开发；三是考虑地区特点，防止重复性开发，避免丧失乡村特色。在实际发展过程中，外婆坑党支部对全村资源进行了考察与分析，最终总结出外婆坑村发展的两大内部资源：①自然资源：地居深山，山青水绿，自然条件十分优越，且从其气候、土壤等要素出发适合茶产业和特色农业的发展；②文化历史：由于历史原因，同时具有少数民族特色和红色文化，有相对较多的可挖掘的东西，但缺乏包装运营能力，针对对以上资源的整合，全村达成一致共识，确定了外婆坑村发展思路为先打造特色的环境，让村子有足够的吸引力（足够的本钱），然后在农民自愿的基础上，逐步将土地流转起来，并且充分利用自然资源，打造特色农业。

(2) 超地方资源注入。除了地方内部资源的整合开发之外，还需要其他超地方资源进入共力激活外婆坑村的内生活力。超地方资源主要表现为政府资源注入和社会资本进入。

首先是政府资源，政府拨给外婆坑村的资金为外婆坑村的发展奠定了坚实的基础，是外婆坑村获得发展，走出贫困的重要保障。外婆坑村获得进一步发展后，2017年6月“外婆坑农文旅产业发展运营规划”汇报会在新昌县文旅局会议室召开，县人大常委会副主任孙晓维出席，县人大城建环保工委、县委组织部、农业农村局、文广旅游局、教体局、财政局、自然资源局、交通运输局、水利局、旅游集团、外婆坑村等单位负责人参加会议，为外婆坑未来的发展献计献策，这些为外婆坑村的发展提供了人员和技术等资源的支持。

其次是其他社会资本，原有产业升级后，外婆坑村基础设施、经济基础得到了极大的提升，具备了吸引外部非政府资源进入的条件。外婆坑村在村两委的共同努力下，开始同社会各方力量进行对接。

2. 民众参与

民众参与是内生发展的纽带，乡村振兴内生发展是各方利益主体不断参与调适的过程。在这个过程中，既要保证民众在参与中的主体作用，又要协调好其他各利益主体之间的关系，形成村民全体参与的良性机制，即将利益共享机制和常态互动机制相结合，以“三三”分配原则 + “三统一”生产制度、村两委议事制度 + 村务公开制度共同鼓励村民参与到脱贫致富之路中去，具体机制如图 3 – 27 所示。

图 3 – 27　外婆坑村民众参与机制

（1）利益共享机制。外婆坑村茶叶种植长期以来都是粗放经营，缺乏科学管理，为此外婆坑村村两委积极出台各项措施，狠抓茶园良种化，发展无性系良种茶，提高茶叶附加值。为了提升品牌的含金量，村领导集体又鼓励全体村民发展有机茶生产，并在村里组建起全县第一家有机茶合作社，建设名茶炒制规范化示范点，同时注册“外婆坑牌”龙井商标。在茶园分户经营不变的前提下，坚持统分结合、品牌经营、利益共享的建设方针，开始走上茶叶产业化的道路，村里的茶叶经营模式也从原先的“散户”单打独斗变为了抱团发展。为了有效提升茶叶的质量和品质，外婆坑村的村民们聚在一起一商量，决定在外婆坑村有机茶合作社和村两委的统一领导下，将原先随心所欲的生产模式进行彻底改革，即在茶园分包经营不变的大前提下，采用统一治虫、统一收青、统一品牌的“三统一”生产方式。

为了最大限度地让利于民，保障村民获利最多的利益主体地位。合作社通过召开全体社员意见征求会、全民公投等方式，协商确定了“三三”制的利润分配原则。所谓“三三”制，即三成按青茶二次返利；三成按合作社股份分红；三成提存用于扩大再生产及日常开支。也就是说，合作社当年实现的利润有 60% 是通过二次分配分给了茶农，这让全体茶农的经济收入方面，不仅渠道变得多元化起来，而且收入也明显多了起来。“三三”制的确立，使村民的主体利益地位得到了有力保障。

如今，外婆坑村茶叶面积增加到1500多亩，几乎家家户户都参与茶叶经营。不仅如此，村里还定期组织村民到乡里参加名茶炒制技术培训，积极探索名茶炒制的技术，积累经验。现合作社年产有机茶8吨，茶叶总产值456万元，还远销国外，一年四季绿油油的茶园更吸引了众多游客来体验茶乡风情，一片片绿叶子经过村民们勤劳的双手成为增收致富的金叶子。外婆坑村茶叶产业化让茶叶价值实现新跨越。

(2) 常态互动机制。在村两委领导制度上，外婆坑村村两委按照“打铁还需自身硬”的道理，积极推进制度改革，建立“村两委议事制度”“村务公开制度”一系列制度，以制度管人，民主办事，科学办事。建立起村委领导集体和村民群体的常态互动机制和村委领导集体代表村民出面和企业建立长期的利益共享机制。近年来也大力兴办民生实事工程，全心全意为村民服务，推进村庄现代化建设，取得脱贫致富的巨大成就。

乡村振兴战略实施的主战场在农村，因而农村的地方居民是核心参与力量。地方居民的有效参与对乡村振兴战略的实施至关重要。基层领导组织鼓励广大村民参与乡村产业的开发建设，并且在引入政府力量和非政府力量的过程中，也在最大限度上保证村民的主体性参与，实现企业和村民的互惠共赢。同时，基层领导组织的积极引导、尊重村民的意愿及需求，可以充分发挥村民在乡村建设中的主动性。

3. 文化认同

认同是内生发展的精神动力。随着传统乡村社会结构的瓦解，村庄的社会关联度进一步降低，如何激发当地居民参与乡村振兴是实现乡村发展的重要一环，以新内生式发展理论来看，激发当地居民的文化认同，培养“领土”意识是解决之道。领土文化作为一种软实力，可以在潜移默化中将生活于其中的人们无形地凝聚在一起，形成“同心同德”的社会整体力量。这种精神价值和文化意识是维系民族精神的历史纽带，是维护乡村文化身份和文化主权的基本依据，更是开展乡村治理的深厚文化根基。培育领土文化，要着重唤起村民的领土意识，建立村民之间心理纽带，为乡民提高文化意义。

在社会发展中，个体文化意识一旦失落，势必造成文化本身的虚化和群体心理凝聚的散落，最终影响社会的和谐与稳定。为此，重构地方认同可以首先从个体文化意识的确立入手。一方面，脱贫攻坚要继续坚持以人为本的发展方略，秉持贫困户和贫困人口也要发展的理念，激发贫困人口的内在动力，促进贫困村民完成从“要我脱贫”到“我要脱贫”的思想转变。另一方面，利用好脱贫攻坚中的农民夜校、农民讲习所等宣传方式，继续弘扬自尊、自爱、自强精神，弘扬积极进取的优秀传统文化，提高农民的主体意识，坚决抵制等、靠、要不良风气。外婆坑村借助林金仁书记开办的老林讲堂，定期定点对村民进行党和政府最新相关政策的宣讲，激发村民建设乡村的意识和开拓创新的精神。其次，重点突破民生领域，改善自然生态环境，创造良好的生活环境。有了舒适的生活环境，村民对乡村的认同感会更加强烈。外婆坑村随着经济发展，大力兴办民生实事工程，村里道路全部修为水泥路，投资建成村社区服务中心，配置有线电视、图书阅览室、歌舞场、篮球场等设施。还根据村庄多民族的特点，增设民族文化室。新建公共厕所和垃圾费，配备清洁工定时清扫，使全村环境整洁无比。此外，家家装电视、户户用燃气，自来水、抽水马桶一应俱全。总而言之，大大改善村民生活环境，进一步提高村民生活质量，让广大村民能实实在在体会到振兴乡村的重要性，享受到脱贫致富累累硕果的欣喜快乐，实现从“要我振兴”到“我要振兴”的思想转变。

扶贫需扶智，首先要发展村民自身的知识和技能，帮助他们培养起建设乡村的能力。外婆坑村从三个方面激发居民的文化认同，培育领土意识，形成文化认同良性机制，如图3－28所示。

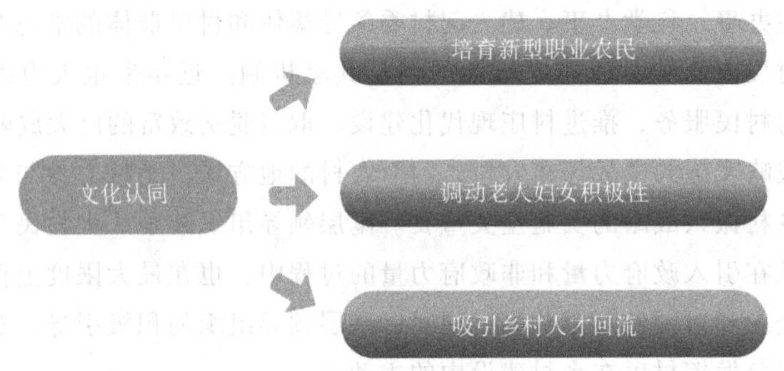

图3－28　外婆坑村文化认同机制

外婆坑村的领导集体根据不同村民客体的特点，有针对性地激发其自主发展，参与乡村建设的能力。第一，培育以青壮年为主体的新型职业农民。产业兴旺是乡村振兴的重要基础。留在乡村的青壮年可以更好地根据本地的资源禀赋和文化底蕴等进行特色产业建设。此外，青壮年对于知识和技能的掌握能力比较强，有利于成长为新型职业农民，在产业发展中起到中流砥柱的作用。第二，调动乡村老人、妇女的积极性。目前乡村这部分人群的比例较高，比如外婆坑村依靠传统农产品发展的玉米饼经济就很适合他们，只需掌握简单的制作包装销售等工作，就能充分发挥老人们、留守妇女的力量。第三，吸引乡村人才回流。人才振兴不仅是留住人才，还要吸引更多的人才回到家乡，保证人才的质量和数量。外出打工的村民不仅了解乡村的情况，而且熟悉城市的发展和产业运作，能够起到很好的点对点作用，应着力吸引这部分群体回到乡村，使其成为未来乡村治理的主力军，带领村民脱贫致富的领头羊。

综上所述，通过实行以上措施，引导村民理解、记忆和传承自己所创造的乡村文明，正确认知和对待自己所生活的乡土文化空间，懂得追求生命存在的意义和价值，从而真正开启丰富而生动的生命世界，培养起村民对于本土文化的强烈认同感和依赖感，从而更好地参与到脱贫攻坚与乡村振兴中，提升内生发展动力，形成长效发展机制。

（三）激活内生动力，赋能脱贫致富

文化认同、整合资源和民众参与三大要素相互作用、紧密联系，共同构成乡村振兴内生动力的有机体系，让乡村的发展从“输血式”向“造血式”转变，开展持续性的经济社会

活动，推动产业的转型升级，共同助力实现乡村脱贫致富，如图3－29所示。

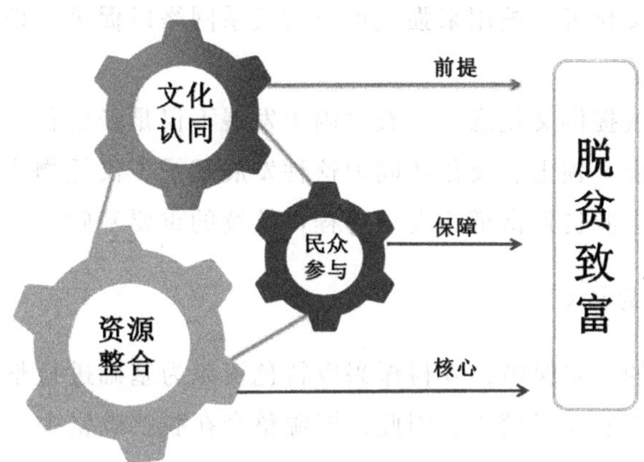

图3－29　三大要素对脱贫致富的作用

1. 实现脱贫致富的前提

农村内生发展不仅是经济行为，更是涉及社会、文化等多方面的综合发展。文化认同为这种发展赋予了仅凭物质财富增加而无法带来的文化意义。这构成了乡村脱贫致富的重要前提。

文化认同在农村脱贫致富的作用具体表现在以下几个方面（如图3－30所示）：

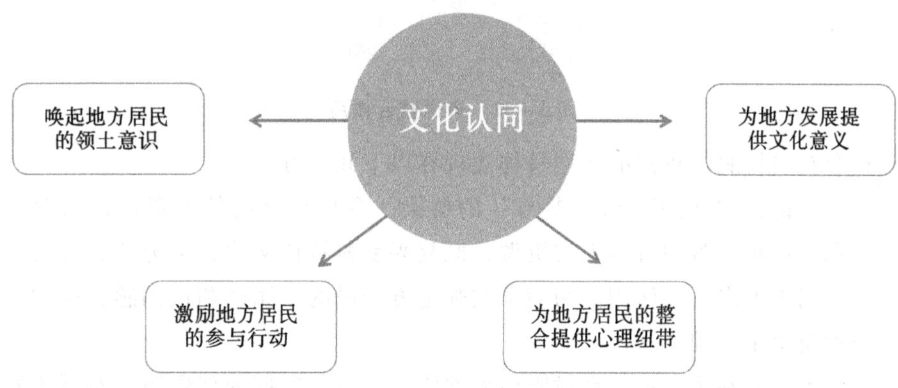

图3－30　文化认同作用

第一，唤起地方居民的领土意识。在农村发展中，地方居民作为主体力量，需通过文化认同在意识层面上激活地方居民的主体性，以此形成居民在农村发展和开发中的领土意识。领土意识有助于地方居民参与决策并对发展路径进行抉择和监督，从而进一步促进地方发展自主性的形成。

第二，激励地方居民的参与行动。农村内生发展依赖于地方居民的有效参与，领土、文化认同则提供了参与动力。构成领土、文化认同的重要基础的文化被认为具有激励作用。而这种激励会作用于地方居民的参与行为，使他们的参与更加积极和有效。

第三，为地方居民的整合提供心理纽带。基于特定地域及其文化生长物形成的领土、文化认同为地方居民提供了共同的情感和目标，强化了整合除共同经济利益外各种地方力量所需的纽带。传统文化可以被用来强化地方的关系网络以促进当地的发展。认同处于这种作用发挥的中间环节。

第四，为地方发展提供文化意义。农村内生发展不仅是经济行为，更是涉及社会、文化等多方面的综合发展。领土、文化认同为这种发展赋予了仅凭物质财富增加而无法带来的文化意义。这构成了脱贫致富道路发展过程可持续的重要基础。

2. 实现脱贫致富的核心

资源是乡村振兴的重要保障，乡村振兴以特色资源为基础进行整合，推动产业结构调整，形成当地特色的产业发展模式。因此，资源整合在脱贫致富中发挥着核心作用，如图3－31所示。

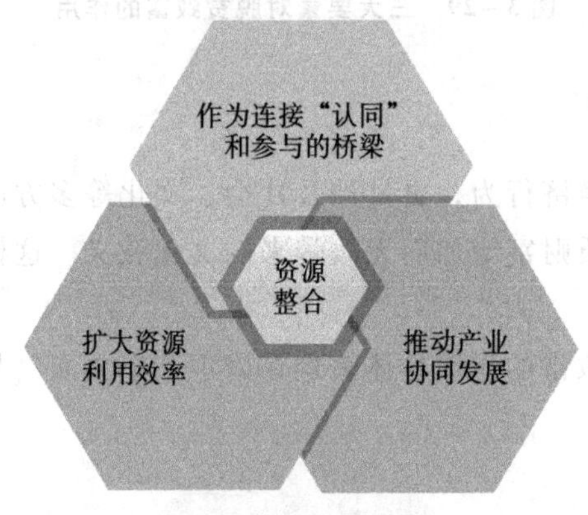

图3－31　资源整合作用

资源整合在农村脱贫致富的作用具体表现在以下几个方面：

第一，作为链接“认同”和“参与”的桥梁。乡村整合内外部资源，在发展乡村经济的同时发掘与传承村落的自然人文资源，既复兴乡村特色文化，又为地域发展注入新的增长活力，起到承上启下的作用。为后续增强地方居民的归属感和认同感，维护地方居民的主体参与地位奠定基础。

第二，扩大资源利用效益。乡村吸引外部资源，自主发掘内部资源，有利于发挥比较优势，减少资源内耗，最终实现政府力量，非政府力量和乡村自身力量的合力，实现当地村庄的可持续发展。

第三，推动产业协同发展。乡村在开发和利用过程中充分重视各类资源的整合意义，同时坚持“绿水青山就是金山银山”的理念，将自然资源和文化资源进行整合，推动第一、第二、第三产业协调发展，开创出一条符合村庄自身实际的特色产业链，为脱贫致富注入内生动力。

3. 实现脱贫致富的保障

内生式发展是一个本地民众参与的过程，“脱贫致富需要一个能够将各种利益集团集合，体现当地人意志的组织结构，去追求符合本地需求和意愿的战略规划过程以及资源分配机制，其最终目的是发展本地在技能和资格方面的能力。”因而民众参与是帮助乡村实现脱贫致富的保障。

民众参与在农村脱贫致富中的作用具体表现在以下几个方面（如图 3－32 所示）：

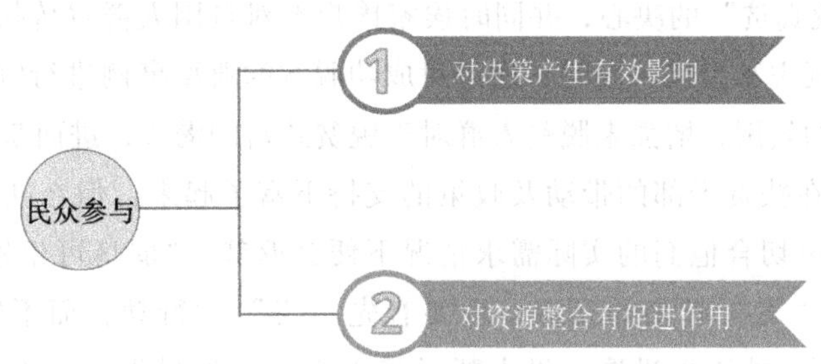

图 3－32　民众参与作用

第一，对决策产生有效影响。农村内生发展是一个参与的过程，通过参与，地方居民表达自己的利益诉求，并对决策过程产生有效影响。不仅如此，地方居民也会通过参与过程将自身转化为推动内生发展的核心力量。具体来说，在发展中参与包含以下几个方面的内容：地方居民作为直接的利益相关者进行参与。这表现为地方居民在通过参与充分表达自身诉求的同时，也能够充分享受发展带来的成果。地方居民参与发展决策过程，并能够产生有效影响。在形成地方发展策略的过程中，居民首先必须作为直接的利益相关者成为决策过程的主要成员。之后，在承认超地方因素作用的同时，地方居民发出的声音需要能够对决策结果产生有效影响。

第二，对资源整合有促进作用。新内生发展中资源整合是一项必要的工作，而民众作为资源整合效益的受用者，本身对于本土资源有充分的熟悉度，所以对于资源的整合工作有正向促进作用。并且民众广泛地参与到资源整合中去有利于加速资源的整合速度，从而加快脱贫致富的进程。

（四）融合内生要素，稳固脱贫致富成果

从马克思主义哲学辩证唯物主义内因与外因关系来说，精准脱贫是“事物发展变化”本身，扶贫政策、经济物质是“外因”，贫困地区、贫困群众是内生动力“内因”。要坚持内外因相结合的发展思维观察和解决问题，就要认识到内生动力才是解决脱贫的根本，这样好政策、好帮扶这些外因才能起到长期根本作用的关键。

内生动力正是实现脱贫致富的最根本、最稳定、最强大的力量。脱贫致富是要靠群众用自己的辛勤劳动来实现。贫困群众是脱贫攻坚的对象，更是脱贫致富的主体。从根本上来说，没有群众的呼应、认同，脱贫就成了无源之水、无本之木，一切帮扶措施都难以发挥作用。没有群众的内生动力，就不能凝聚出强大的力量，形成稳定的内生发展局势。

而要保证民众的参与从而凝聚出强大力量，就要保证参与主体对乡土文化的认同，培

育对脱贫的强烈意愿。人穷不能志短，扶贫必先扶志。一个人若缺少了志气，便会产生懒惰、消极情绪。人一旦产生了这样的情绪，即便有再好的政策和再多的资金，也无法帮扶没有脱贫志气、脱贫意愿的人。扶志要从宣传入手，加大宣传力度。驻村扶贫干部要起到正确引导舆论的作用，引导贫困人群正确认识贫困。通过舆论宣传让群众切实感受到党和政府对于"真脱贫""脱真贫"的决心，并同时挨家挨户地对贫困人群宣传扶贫政策，消除贫困人群对扶贫政策的疑虑和担忧。同时，通过对成功脱贫的典型事例进行宣传，努力营造依靠自身改变贫穷面貌的氛围，增强未脱贫人群对于脱贫致富的渴望，进而激发其内生动力。

一些贫困人群在扶贫干部的带动及政策的支持下富了起来，但在扶贫干部暂时离开后或新的扶贫政策不再切合他们的实际需求情况下便会返贫。"弱鸟可望先飞。"贫困地区以及贫困群众要有先"飞"起来的意识，也要有先"飞"的行动，而不能仅是等待"别人把饭喂到嘴里"，更不能不思进取、没人帮了就不干了。如果没有内在动力，仅仅靠外部因素的帮助是不足以使贫困人群摆脱长期贫困现状的。因此，要充分激发贫困群众的主动性、创造性，打开致富思路，并在政策上予以持续保障，减轻他们的消极情绪，减少后顾之忧。同时，要强化"授人以鱼，不如授人以渔"的思想，并在贫困群众心中深深烙下印记，逐渐培养他们自力更生、艰苦奋斗的品格以及不怕吃苦、敢打敢拼的精神。

要充分发挥"靠山'发展'山，靠水'发展'水"的理念，因地制宜地利用当地的自然条件、山水风光，通过改革创新，将绿水青山打造成金山银山，在解决就业的同时，让贫困户增加收入，使他们的心理状态真正发生变化。这样一来，其脱贫致富的内生动力自然持续高涨。久而久之，在宣传鼓舞及贫困群众自身踏实工作潜移默化的影响下，脱贫意愿就会深深刻在他们心中，并带动更加贫困人群由"要我脱贫"转变成为"我要脱贫"。

通过内生三大要素的融合，使内生动力具有长效性，长久稳固脱贫致富的成果。

五、案例总结与启示

（一）案例总结

脱贫致富的核心是村民，凝聚村民力量是实现振兴事业最根本的内在动力。外婆坑村为实现脱贫，由村委书记林金仁带头组织发动村民，修筑通往山外的公路，为获得发展机遇、走出贫穷现状打下坚实基础，完成了对崇山峻岭的"突围"。之后，外婆坑村也自主探索出带有自身特色的产业发展道路，打造了"外婆坑村有机大佛龙井"品牌，并开发出香榧、玉米饼等附加农产品，拓宽了资源产业链。同时发掘自身人文资源，立足特色文化谋发展，打造外婆坑村独特的人文旅游模式。统筹规划资源内生、民众参与和文化认同三要素，最终成功开辟了以新内生式发展理论为指导的外婆坑式发展道路。

外婆坑村根据自身资源禀赋，积极发展优质茶产业。准确把握新发展阶段，深入贯彻新发展理念，增强发展动力。依托自然风光、土地、文化和政策等资源加快发展的进程。自然资源方面，外婆坑村依托得天独厚的自然资源，立足生态优势，因地制宜发展名优茶生产；人文资源方面，外婆坑村深入挖掘自身内涵丰富的文化资源，激活后发优势，将少数民族文化和红色革命文化深入结合，打造外婆坑村独特的人文旅游模式。外部资源方面，外婆坑村坚定贯彻落实乡村振兴政策，并抓住世博会的独特时机，取得阶段性进步。之后巧妙利用政策优势，吸引大量民间资源注入，携手推动村庄产业发展。

为了保障村民参与主体地位，充分发挥村民主体参与的作用，并照顾好利益各方的需求意愿和积极性。外婆坑村通过建立村委书记林金仁和村民群体的常态互动机制和村委领导集体代表村民出面和企业建立长期的利益共享机制来实现民众参与。

为激发当地村民的文化认同，外婆坑村注重培养领土意识，帮助村民们培养起建设乡村的能力。将村民无形地凝聚在一起，这种精神价值和文化意识是维系人际关系的历史纽带，激发村民积极投身振兴乡村的热情。推进村庄现代化建设，最终取得了脱贫致富的巨大成就。

外婆坑村开创以内生式发展理论为指导的外婆坑式发展道路。完成了从光棍村到江南民族第一村的转型。为国家制定脱贫致富建设政策提供参考依据，同时也对急需脱贫致富的基层乡村组织走内生式发展道路，打造自身特色产业和实现经济社会协同发展提供理论上的借鉴意义，为其他乡村实现脱贫致富提供可行的实践路径。

（二）案例启示

根据外婆坑村的成功经验，归纳得出以下几点启示。

1. 基层党组织是脱贫致富中坚力量

基层党组织是脱贫攻坚的战斗堡垒，也是我们党联系广大村民的桥梁纽带，是带领村民们早日脱贫的中坚力量。在脱贫攻坚战中发挥着组织领导、示范引领和服务发展的桥头堡作用，是打通我国扶贫脱贫工作的“最后关键一公里”。

在广大乡村，村委干部要充分发挥领导带头作用，以“村两委”为核心，勇于担当，善于创新，改革各类不合理的规章制度，积极推进农村土地权的改革，发动全体村民一起加入振兴村镇的队伍。没有强大组织力，各基层党组织和管委会是不可能建出一个美丽乡村的，也没有办法开发村庄自身的核心资源，突出村级的资源文化特色，形成自家村的比较优势。

正如外婆坑村当初在村委书记林金仁的领导下，带领村民克服艰难险阻，起早贪黑开山修路一样。振兴乡村需要建立一个强有力的主心骨和领导集体，处理好农民和土地的关系，坚持和完善农村基本经营制度，坚持农村土地集体所有，坚持家庭经营基础性地位，坚持稳定土地承包关系。要抓紧落实土地承包经营权登记制度，真正让村民们吃上“定心丸”。要激发农村资源要素活力，完善农业支持保护制度，尊重采纳村民群众的意见和建议。

外婆坑村村两委会坚持民主办事、科学办事，每年召开两次村民大会，每月召开一次村民代表大会，激发村民们参政议政的积极性。同时，党支部按照“打铁还需自身硬”的道理，加强领导班子自身建设，建立健全“村两委会议事制度”“党员三会一课制度”“村务公开制度”等一系列制度，以制度管人管事。外婆坑村之所以能获得如此辉煌的成就，关键就在于村党支部和村委会干部能够时时刻刻把广大群众的利益放在第一位，全心全意为村民办实事。

2. 内生式发展是脱贫致富的重要途径

乡村振兴爬坡过坎，需要落实好习近平总书记的要求，用好深化改革这个法宝，激活乡村的内生要素。激活乡村振兴的内生要素，农民是实践主体，也是动力来源。回顾改革开放以来的农村改革历程，从大包干到乡镇企业崛起，从土地流转试水再到特色乡村的遍地开花，正是发端于最基层农村农民的改革实践，让广袤乡村迸发出强大的内生活力。今天的乡村大地上，无论是专业合作社，还是资金互助组，这些农民自己创造的新事物，朝着乡村振兴战略的总目标，汇聚成推动乡村振兴的强大合力。

3. 乡村振兴需要内外融合

综上所述，农村居民毋庸置疑是乡村振兴的参与主体，但仅依靠现有农村居民又不可能实现振兴，必须有全社会的共同参与。乡村要积极拥抱外部资源，开发内部资源，要加快形成工业反哺农业、城市支持农村、市民帮助农民的氛围，形成双向流动、各取其所、互利共赢的局面。需要改变目前人员单向流动、企业随着发展逐步聚向大城市的现状，引导社会资本流向农村参与乡村振兴。

就如外婆坑村通过政府帮扶招标，积极招商引资，与吾乡文旅发展有限公司合作，携手开发少数民族文化和红色文化资源，开展各类少数民族艺术活动，建设红色长廊、民风馆等，打造红色文化旅游线路。将革命史迹与乡村旅游有机结合起来，把外婆坑村建设成独具特色的红色教育基地。成功申办国家AAA级景区，让深山中的“光棍村”成为闻名遐迩的“江南民族村”。基本实现了两个比较优势：乡村对城市的比较优势，乡村对乡村的比较优势。使内部资源和外部资源深入结合，完成实现脱贫致富路上的关键一步。

思考题

1. 什么是新内生式发展理论？它对于乡村发展的意义有哪些？
2. 外婆坑村是如何实现脱贫致富的？对于其他乡村的脱贫致富有哪些借鉴意义？

案例编写：尹夏兴（工商管理20级）；赵杨浩（会计19级）；
俞林芝（工商管理20级）；王晨欣（数学20级）
指导老师：朱杏珍

参考文献

[1] 汉琴. 革命老区红色旅游发展对策 [J]. 当代经济, 2011 (6): 40-41.

[2] 苏东海. 关于生态博物馆的思考 [J]. 中国博物馆, 1995 (2).

[3] 李佳, 钟林生, 成升魁. 中国旅游扶贫研究进展 [J]. 中国人资源与环境, 2009 (3).

[4] 高舜礼. 对市场经济条件下政府支持旅游发展模式的思考 [N]. 中国旅游报, 2005-07-13.

[5] 朱方明, 屈恩义, 王弘. 我国山区贫困与反贫困状况的调查与思考: 以四川通南巴地区为例 [J]. 经济学家, 2013 (12): 84-92.

[6] 张守帅, 李秋怡. 大格局未变"小数据"里看新意 [N]. 四川日报, 2015-02-12.

[7] 高亢, 周相吉, 高原茶产业成为藏民脱贫致富"金钥匙" [N]. 人民政协报, 2015-05-01.

[8] 汪仁洪. 川东北经济区 GDP 逼近 5000 亿 [N]. 华西都市报, 2016-02-02.

[9] [美] 罗斯托. 经济增长的阶段 [M]. 北京: 中国社会科学出版社, 2010.

[10] 李森, 向朝伦, 袁婧. 私人定制脱贫菜单四川秦巴山区今年力争减贫 43.4 万人 [N]. 四川日报, 2015-05-20.

[11] 周关河, 徐晓恩. 武义走出欠发达地区城市化新路 [N]. 浙江日报, 2001-08-21.

[12] 吴军勇. 从下山脱贫到兴城共富 [N]. 金华日报, 2021-03-08.

[13] 郭梦真. 基层扶贫队伍建设中存在的问题及对策建议——以遂溪县扶贫干部为分析样本 [J]. 南方论刊, 2020 (4): 68-70.

[14] 陈美球, 廖彩荣, 刘桃菊. 乡村振兴、集体经济组织与土地使用制度创新——基于江西黄溪村的实践分析 [J]. 南京农业大学学报 (社会科学版), 2018, 18 (2): 27-34, 158.

[15] 朱亚鹏, 刘云香. 制度环境、自由裁量权与中国社会政策执行——以 C 市城市低保政策执行为例 [J]. 中山大学学报 (社会科学版), 2014, 54 (6): 159-168.

[16] Phills J A, Deiglmeier K, Miller D T. Rediscovering social innovation [J]. Stanford Social Innovation Review, 2008, 6 (4): 34-43.

[17] 温铁军: 中国农业如何从 1.0 向 4.0 演进 [J]. 财经界, 2016 (3): 76-79.

[18] 李朋来. 向农业 4.0 时代迈进中的我国精准农业发展制度供给研究 [J]. 科学管理研究, 2020 (1): 119-124.

[19] Albert, Sylvie, et al. Innovative solutions for creating sustainable cities [M]. Newcastle: Cambridge Scholars Publishing, 2019.

[20] 彭新万, 程贤敏. 脆弱性与农村长期贫困的形成及其破解 [J]. 江西社会科学, 2015, 35 (9): 205-210.

绿色农业篇

案例4

“菊花链”构建之路——浙江海丰花卉有限公司供应链协同案例分析

摘　要

近年来，随着人们生活品质的不断提升，鲜花消费逐渐兴起。国家积极倡导“绿色殡葬”，鲜花葬等观念也渐入人心。但我国菊花行业仍面临诸多困境，国民对菊花持有偏见，导致菊花行业销量不佳、菊花品种单一、国内品牌稀缺等一系列问题。“如何打破国民对菊花的传统偏见?”“菊花企业如何抓住这一机会推动自身的发展?”成为许多主营菊花企业所要面临的难题。在顺应时代发展潮流的背景下，浙江海丰花卉有限公司以自身开拓菊花行业的成功案例回答了上述问题。

本案例以浙江海丰花卉有限公司（以下简称“海丰花卉”）为研究对象，运用供应链协同理论，分析海丰花卉如何借助上下游的力量，从主打殡葬服务出发，然后开发菊花生产基地，最后开拓出口加工、观光农旅业务的成长路程，成功构建了“菊花链”。海丰花卉通过与其他单位合作，构建自身的菊花供应链，占领战略制高点寻求持续发展，用鲜花赋予殡葬业更多灵魂与生命力，使企业能在冷门的菊花行业中突出重围，成为国内菊花行业领先企业。

企业需要重视其在发展过程中与供应链上各节点企业间的合作，充分利用资源，注重自主研发技术和创新能力，积极顺应时代潮流，努力成为行业的领先者和标头兵。在此基础上，本案例总结和提炼出其中的经验和价值，为鲜花行业的发展提供“海丰模式”，具有借鉴意义和应用参考价值。

关键词：菊花；供应链；供应链协同理论

一、绪论

（一）研究背景

1. 国家重视生命权保护

2020 年 5 月 28 日，中华人民共和国第十三届全国人民代表大会第三次会议通过了《中华人民共和国民法典》，自 2021 年 1 月 1 日起施行。其第一千零二条规定："自然人享有生命权。自然人的生命安全和生命尊严受法律保护。任何组织或者个人不得侵害他人的生命权。"生命权是自然人一项根本的人格权，国家以立法形式保护公民生命权，不仅体现出国家极为重视对作为第一人权的生命权的保护，而且扩展了生命权的内涵，将只保护生命安全拓展到对生命尊严的维护。维护生命终结的尊严是维护生命尊严不可或缺的内容，人不仅要活得有尊严，也要死得有尊严。死亡尊严、灵性关怀和告别质量是人的必要需求，已经越来越受到社会公众的关注。

2. 殡葬观念有所转变

近年来，政府积极响应国家战略，大力宣传"绿水青山就是金山银山"的环保理念，力求为人们创造一个绿色健康的生活环境。为此将绿色殡葬作为深化生态文明建设的有力抓手，从无序安葬到有序安葬、从乱埋乱葬到集中安葬、从传统安葬到生态安葬，致力于形成科学、规范、生态、文明的殡葬管理新格局，推动绿色殡葬文明理念深入人心。再加上国民经济持续健康发展，人们对美好生活的质量需求日益增长，殡葬、祭祀活动观念也有所转变，人们逐渐抛弃焚烧纸钱、燃放鞭炮等污染环境的传统祭扫方式，转而关注利于环保的鲜花祭扫、网络祭扫等新兴祭扫方式。

3. 菊花市场需求潜力增大

随着人们生活水平的提高，菊花在人们日常生活中的使用越来越普遍，国内人民的日常消费也带动了菊花的批量种植和生产。祭祀活动的增多，再加上人们注重维护生命尊严及保护环境，更偏向于选择鲜花用于殡葬，因而菊花走俏市场，发展前景广阔。据统计，全国的菊花市场规模约达到 15 亿元，与此同时菊花出口量在持续上涨，已经超过 100 万株。现在市场对于菊花的需求量大幅度增加，已经进入了供不应求的状态。越来越多的创业者瞄准菊花市场，决定开拓菊花产业。2016—2020 年中国菊花行业市场规模如图 4－1所示。

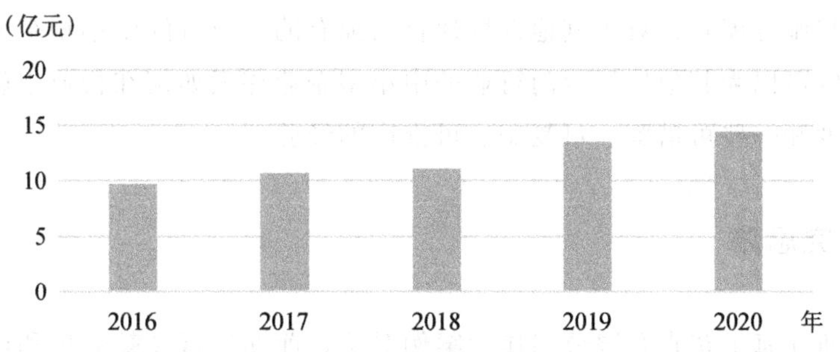

图 4-1　2016—2020 年中国菊花市场规模

本案例所选取的研究对象——浙江海丰花卉有限公司，正是菊花行业的领先者。在企业发展的这个过程中，海丰花卉注重整合立足菊花产业的多方资源，与之进行友好合作，成功构建出海丰的协同式菊花供应链。基于此，本案例希望通过对海丰花卉的深入分析与研究，总结出其成功的经验，从而为菊花行业或者意于构建自身供应链的企业提出相关建议。

（二）研究意义

海丰花卉虽然是一家主导菊花产业的中小型企业，但是公司经营状况良好，至今已赢得了大量荣誉和口碑。这缘于海丰花卉能利用好供应链的资源，深耕菊花产业，根据企业的发展状况，与供应链上的企业产生协同效应，形成完整的供应链，发挥规模优势。因此，研究海丰花卉如何打造属于自己的菊花供应链具有重要的理论和现实意义，具体包括：

1. 理论意义

本案例通过研究海丰花卉打造菊花供应链过程中各参与主体相互之间的协作，以供应链协同理论为理论基础，探索与分析海丰花卉供应链的构建路径。在发展初期，海丰花卉抓住市场机遇、敢于进军菊花这一冷门行业，主营提供殡葬服务。随着企业的发展，菊花出现了供不应求的现象，海丰发现了菊花背后广大的市场，建立了以农户合作为主的种植基地，实现了菊花自给自足。在经营企业过程中，企业高层时刻关注消费者的需求，开展了菊花出口等全新业务。海丰花卉顺应时代的要求，连接高校组建科研团队，并开拓观光农旅等全新业务，加强企业的市场竞争力。通过挖掘海丰花卉的闪光点，启示中小型企业如何通过供应链协同理论构建自己的供应链。

2. 现实意义

鲜花行业是一个具有潜在消费市场的朝阳行业。到目前，海丰花卉已建设成集花卉的种苗繁育、生产种植、冷链物流、加工销售、休闲观光、科普展示、文创体验于一体的花卉三产相融合的现代花卉完整供应链，实现了在菊花产业的独树绽放。通过探究海丰花卉的菊花供应链和服务模式，对于其他欲构建自己独有的供应链的中小型企业有着巨大的借鉴意义。本案例可以为其他处于冷门行业的中小型企业探索如何在行业中赢得市场份额提供创新性的角度和一些可借鉴、可复制、可推广的经验。

（三）研究思路

本团队以浙江海丰花卉有限公司作为案例对象，前期进行文献分析和电话访谈；中期进行实地调研。对于海丰花卉的研究，本团队将从企业供应链的构建出发，结合供应链协同理论，分析海丰花卉的发展之路，探究供应链协同经营模式对于中小型企业发展的重要意义，最后得出总结与启示。本案例的研究思路如图4-2所示。

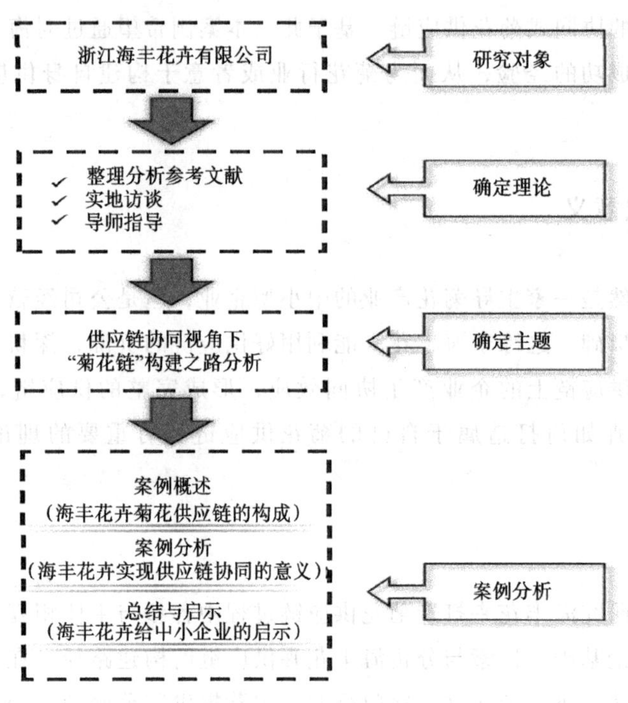

图4-2　海丰花卉案例研究思路

（四）研究方法

本案例将重点运用文献分析法、理论分析法、实地访谈法、网络调查法等方法对案例对象进行分析。具体研究方法及过程如表4-1所示。

表4-1　研究方法及过程

方法	过程
文献分析法	小组成员在数据文献资料库中调取菊花产业、供应链协同理论等相关文献资料，进行阅读分析，获得有力的理论支撑

续表

方法	过程
理论分析法	运用供应链协同理论分析海丰花卉如何构建菊花供应链并且推动企业的发展
实地访谈法	团队成员到海丰花卉进行实地调研，与公司负责人进行交流、参观种植基地，了解了公司现状并获得公司相关资料
网络调查法	通过网络搜索相关的公司视频、新闻等资料，观看公司董事长相关采访及公司报告，进一步掌握了公司现状，并了解同行业相关公司的发展情况

二、案例研究对象

（一）公司简介

浙江海丰花卉有限公司创建于2009年4月，总部坐落于绍兴市柯桥区平水镇（如图4－3所示），是一家以鲜花生产销售为核心，集种苗繁育、产品研发、生产种植、加工出口、殡葬服务、农旅观光于一体，融合第一、第二、第三产业的现代化企业，现在已经成为浙江省骨干农业龙头企业。经过多年的发展建设，公司于2013年通过业务板块的重新组合，旗下设有杭州福德、湖北福德、浙江卉丰园艺、海南卉丰园艺、云南花卉生态等多个子公司，现有员工600多名，2020年总销售额超3亿元，并形成了独特的企业运营模式。

图4－3　浙江海丰花卉有限公司总部

海丰花卉目前是国内规模最大的菊花及衍生产品（花束）生产加工中心和出口企业以及全国菊花鲜切花行业标杆企业，每年出口菊花达3000万枝以上，占我国菊花出口的

40%左右。海丰花卉在绍兴平水、上虞、金华磐安、海南东方、云南昆明等多地拥有2500余亩高品质花卉种植基地，利用立体气候分布，可周年连续向国内外供应菊花5000万枝，公司总部成立自主技术研发中心，并建有智能恒温保鲜加工中心，引进8条国际先进的花卉加工流水线，配套8100立方米大型冷库，日加工花卉可达50万枝。海丰生产的菊花80%销往日本，剩下的20%销往国内殡仪馆用于鲜花礼仪布置。

公司以花卉健康产业综合运营商为目标，深耕以菊花为主的鲜花产业，努力打通鲜花生产、加工和销售环节。经过几年的快速发展，海丰花卉有机构成了基地种植、加工出口和殡葬服务几大核心业务板块，形成了一条成熟完善、特色鲜明、富有生命力的菊花供应链。

（二）创始人简介

吴海峰，浙江海丰花卉有限公司董事长（如图4-4所示），从2009年开始创业，和团队经过10余年努力将海丰花卉有限公司发展成为一家集花卉种植、加工出口、殡葬服务及农旅观光于一体的第一、第二、第三产业高度融合的现代化企业，旗下设有多个子公司，总销售额持续增长。海丰花卉利用纬度之差，在浙江绍兴柯桥、金华磐安、云南弥勒以及海南东方4个不同纬度地区建立种植基地，不失时机栽种，全年不间断供应高质量菊花。他的公司一年产出5000万枝菊花，直接带动了平水镇四五百户农民增收，间接帮助两三千户农民增收，一对花农夫妇年均收入能达10万元以上。同时，他还用菊花带动四川省阿坝藏族羌族自治州的农民一起脱贫奔小康。

图4-4　海丰花卉创始人

1999年，吴海峰从浙江诸暨农校毕业后，一直从事花卉的种植与营销工作。2009年，他自立门户后开始寻找自己的“种花梦”，不久后创办浙江海丰花卉有限公司。靠着山里人特有的韧性倔强与刻苦好学，他攻克种植、销售和管理上的一个个难题，在巩固国内市场的同时，带领团队开辟日本、韩国、俄罗斯等海外市场，获得不菲收益。吴海峰还成立研发中心，致力于提升产品的品质和创新，打造出一支烙有海丰双创文化精髓的企业管理、经营、研发、营销人才战略梯队，在 2019 年获得国家农业农村部全国农村创新创业优秀带头人称号。

现在海丰花卉已具备种苗繁育、种植生产、采收分级、加工包装、冷链运输等菊花产业的整体运营能力，年产菊花 5000 万枝以上，是目前国内种植菊花品种最多、单体菊花加工生产中心最大的企业。在他的带领下，全体员工工作勤勤恳恳，毫无怨言，共同做到知行合一，为企业创造价值，为社会发展和乡村振兴贡献海丰人的力量。

（三）发展历程

3 人初创团队，30 万元启动资金，凭借对鲜花产业的热爱，上下求索，海丰花卉经过 11 年的耕耘，成为现代化农业龙头企业。海丰花卉的发展历程如图 4－5 所示。一枝菊花承载着海丰人的专一和极致，一片花田寄托着海丰花卉的奋斗与梦想。

图 4－5 海丰花卉的发展历程

1. 开创时期（2009—2012 年）

2009 年 4 月，创始人吴海峰先生毅然放弃旁人眼中安稳的事业编制工作，开始自己的创业之旅。在经历数月的摸索和碰壁后，凭借多年的销售管理经验，终于在 2009 年 5 月至 9 月建立长兴网点和荆门网点并开始售卖菊花，通过可复制化模式和标准化管理，与 8 家网点达成合作。在这期间，殡葬服务领域成为公司最早涉及的业务板块，也为公司的业绩发展奠定了物质基础。

2011 年，一个偶然的机会，吴海峰发现了一个商机：日本人酷爱菊花，每年菊花消费量 20 多亿枝，由于日本劳动力成本高、土地又少，40% 依赖进口，一枝成本 0.6 ~ 1.1 元的菊花，在日本可以卖到 1.5 ~ 2.5 元。吴海峰因此集结了一批志同道合的伙伴，合伙创办菊花专营公司。

2012 年，为了扩大销售市场，公司迁至武汉并收购复兴贸易，并投资 800 万元在上虞驿亭建立菊花种植基地。

公司开创时期大事记如图 4－6 所示。

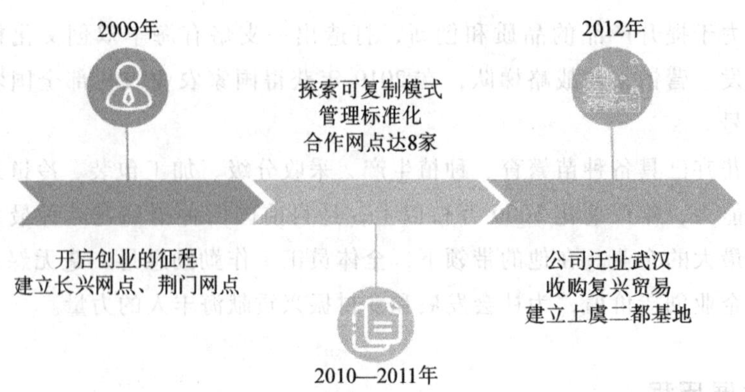

图 4－6　公司开创时期大事记

2. 成长时期（2013—2016 年）

2013 年后，公司将业务重点放在浙江地区。不承想，2013 年 10 月菲特台风带来的强降雨，让浙江余姚、奉化、上虞等 18 县（市、区）城市受淹，公司的驿亭菊花基地遭受灭顶之灾，基地被淹、花枝被折，驿亭菊花基地的菊苗供应海南的计划落空，还欠下了花农工资和客户损失费近 300 万元。面对此次危机，公司通过引进外部投资并开启外部融资的方式顺利渡过难关，同年正式成立浙江海丰花卉有限公司。

2015 年，公司吸取驿亭菊花基地受淹的教训，按照“有水、地势高、交通便利”的要求，寻到绍兴市柯桥区的平水镇剑灶村，在此建起 1000 亩菊花种植基地；又先后在绍兴上虞、金华磐安、海南东方、云南昆明等地流转土地 1800 亩，投资建设新的菊花种植基地。截至目前，海丰花卉拥有 4500 余亩高品质花卉种植基地，运用“候鸟式”种植实现菊花的周年种植和供应。而这一期间，出口贸易逐渐成为海丰花卉的三大销售板块之一。

公司成长时期大事记如图 4－7 所示。

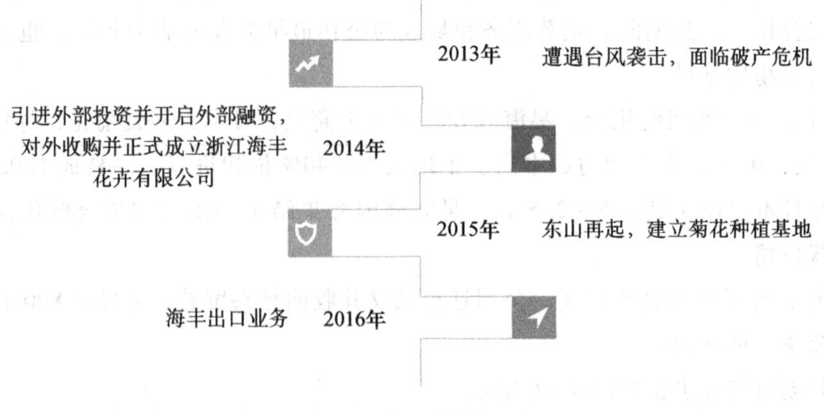

图 4－7　成长时期大事记

3. 跨越阶段（2017 年至今）

2017 年，通过精准绿色生态招商引智、盘活存量土地，海丰花卉菊花种植核心基地及公司总部成功落地平水镇。为进一步做大做强，公司十分注重技术积累和创新。2017 年起，公司开始投资 400 万余元自建企业技术研发中心，成立一支具有较强研发实力的技术团队，并与浙江省农科院园艺所达成切花菊技术研发合作，开展切花菊组织培养及种苗繁育技术的研究。海丰花卉现有 5 个注册商标、7 个发明专利、9 个实用新型专利和 5 项植物新品种保护。海丰花卉于 2017 年被评为绍兴市农村科普示范基地；2018 年被评为绍兴市企业研究开发中心、获得浙江省农业科学院授予的菊花生产技术示范基地；2019 年被浙江省农业农村厅、浙江省财政厅授予多头菊切花质量控制技术试验示范基地。

此外，公司积极响应新农村建设，深化第一、第二、第三产业融合，依托平水镇核心种植基地，投资开发花卉主题观光休闲农业园项目——海丰花园，拓展销售板块。按照“公司 + 基地 + 农户”的模式和“五统一”的种植方式与农民签订菊花种植合同，为农户创收。

2019 年，海丰花卉承办了菊花产业发展国际高峰论坛；2020 年，海丰花卉完成浙江省菊花种质资源圃建设项目，为企业充实科技实力、提升发展品质进一步开创了良好局面。

公司跨越时期大事记如图 4－8 所示。

图 4－8 跨越时期大事记

（四）组织结构

海丰花卉的组织架构采用直线职能制，结构清晰，责任分明，快速灵活。它保持了直线型结构集中统一指挥和职能型结构分工细密、注重专业化管理的优点，有利于海丰花卉统一调动资源，协调业务板块间关系，从而有助于提高管理工作的效率，是适合现时海丰花卉发展阶段的组织结构，如图 4－9 所示。

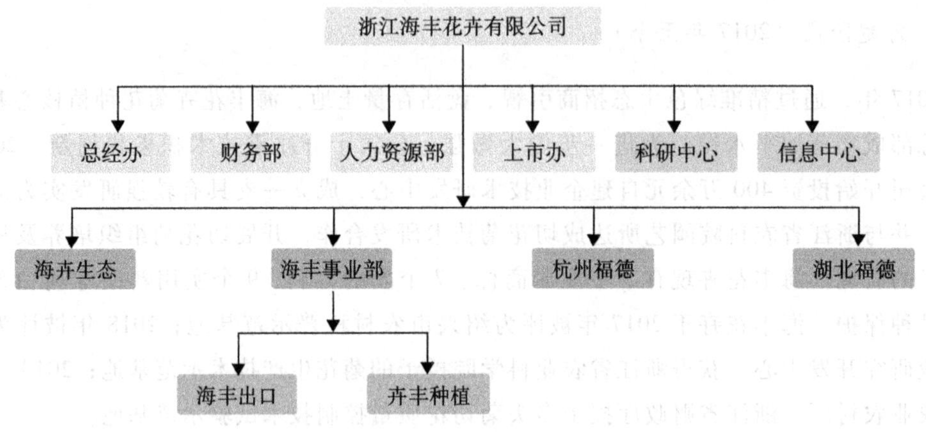

图 4－9　海丰花卉组织架构

（五）所获荣誉

公司多年来始终秉承“绿色、拼搏、创新、感恩、分享”的核心价值观，以“播种美好生活，诠释美好人生，成为国际领先的花卉健康产业综合运营商”为己任，受到社会各界的肯定和支持。近年来，公司先后获得了“浙江省农业龙头企业”“绍兴市农业龙头企业”“柯桥区十强农业龙头企业”“绍兴市现代农业园区”“浙江省科创型中小企业”等荣誉称号，并获得 2018 年度绍兴市经济发展贡献奖和柯桥区区长奖，2019 年度绍兴市乡村振兴突出贡献集体，得到社会各界的广泛认可。企业荣誉墙如图 4－10 所示。

图 4－10　企业荣誉墙

面对新的时代和发展机遇，海丰花卉将不断加大产品品牌和服务品牌建设力度，并积极开拓观光休闲的国内鲜花新市场。同时将继续强化供应链协同运营，做强菊产业、做深菊文化，谋求长远稳健发展。这些荣誉奖项镌刻出海丰花卉取得的丰硕成果，将进一步跟随“发展生态农业，打造绿色经济、振兴美丽乡村”的目标和使命，为员工、客户、社会创造更大的价值。

三、案例主体介绍

浙江海丰花卉有限公司是一家以菊花生产销售为核心的企业。公司创立之初，专营菊花销售业务以及提供附加花卉园艺加工服务，主要业务是殡葬服务，与多个殡仪馆达成了合作。随着公司发展规模的扩大，海丰花卉投资建设菊花生产基地，为公司的殡葬服务业务提供菊花供应，菊花生产基地的建立助力海丰花卉实现发展飞跃。海丰花卉生产能力的扩大积极助推其开拓市场，形成了国内外菊花销售市场兼而有之的势态。海丰花卉还积极发挥菊花的观赏价值，开发观光农旅，提升企业形象。不仅如此，海丰花卉十分重视与供应商的协同，一方面与上游供应商形成长效协同机制，另一方面自主研发，育苗育种。

通过多年拼搏，海丰花卉与上下游企业协同发展，打造了一条特色鲜明、富有生命力的供应链——"菊花链"，再现了供应链协同发展的意义。

（一）"链"之末：联合销售

海丰花卉最先开始的是"菊花链"末端的销售板块，即通过什么方式或者渠道，开展怎样的消费模式使菊花产品成功抵达至消费者的手中，实现产品价值。为拓展业务，实现销售多元化，海丰花卉依靠自身发展策略和经营模式，开展了三大销售板块，分别是殡葬服务、出口加工和观光农旅，如图4－11所示。同时海丰花卉联合其他企业布局销售网，共同促进了"菊花链"的构建。

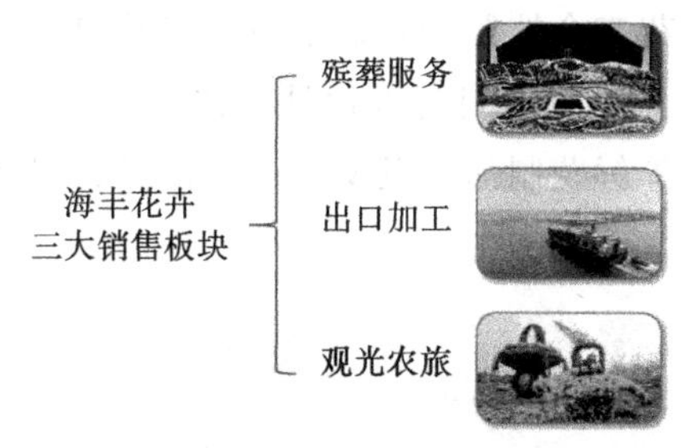

图4－11　海丰花卉三大销售板块

1. 殡葬服务

以"传播孝文化的鲜花礼仪专家"为己任的殡葬服务是海丰花卉最早涉及的业务板块，也是海丰花卉重要且基础的业务板块之一。近年来，国家对殡葬改革大力推进，人们对环境和生态的保护意识越来越强，绿色殡葬和文明祭祀已是大势所趋，鲜花（菊花）和殡葬礼仪有着天然的融合优势，用以替代纸花鞭炮的市场空间十分巨大。这为海丰花卉殡葬服务的发展提供了政治和社会基础。

海丰花卉为革新殡葬服务而时刻努力着，主要涉及殡仪服务和殡葬工艺品与鲜花供应两大板块，实现了殡葬一条龙。随着海丰花卉殡葬服务的发展，销售网点已涉及安徽等多个省市，旗下拥有湖北福德、杭州福德两家礼仪服务公司。目前海丰花卉可提供花艺策划、制作、殡仪服务以及物业管理等服务，再加上有生产基地可实现原料自供，达到了自己种植鲜花、制作花艺到礼仪服务一体化的效果。海丰花卉从接到鲜花礼仪服务订单，便根据顾客的需求，定制个性化服务和鲜花作品，输送整个鲜花礼仪服务项目的解决方案，并现场跟踪管理整个鲜花服务项目的解决方案过程始终。

（1）殡葬产品。公司拥有丰富多样的产品体系，拥有设备完善的文明棺、绢花圈等用品生产线，能生产高、中、低三档近20个品种的文明棺，以及满足殡仪服务所需的配套丧葬用品。公司拥有上百种绢花圈、鲜花篮的样式，还可以根据需求定制绢花圈等殡葬产品。例如，海丰花卉会根据顾客的需要修改花束颜色等。海丰花卉的菊花花圈如图4－12所示。

图4－12　菊花花圈

在订单确定之后，海丰花卉会按照顾客需求设计出殡典礼，精湛的花艺制作团队可以承接个性化鲜花工艺品设计，按照不同需求设计解决方案，可以提供不同类型的鲜花圈、鲜花篮、鲜花围台、灵车花等鲜花制品以及文明棺等产品，以满足顾客需求。高端化场景布置如图4－13所示。

图4－13　高端化场景布置

公司拥有平水基地、上虞基地、海南基地、磐安基地和丁宅基地五个基地，实现了全年的菊花供应，保障了殡葬产品的原材料供应，促进殡葬业务的大幅增长。正是因为海丰花卉自身拥有多家花卉种植基地，旗下福德礼仪公司可依托总公司现代化、大规模的花卉生产中心，充分发挥了自己的平台优势，可根据市场实际所需打造优质的白菊、黄菊以及多头菊等优质鲜花原料供给线，保证了鲜花品质和供应稳定性。同时菊花的全年供给，保障了公司殡葬服务的发展，为殡葬服务规模的进一步扩大奠定了物质基础。

（2）礼仪服务。海丰花卉认为提供殡葬服务最重要的是礼仪服务，体现对先人的尊重和生者的关怀。海丰花卉的礼仪服务包括献花仪式、祈福仪式、送灵仪式、护灵仪式、扶灵仪式、覆党旗仪式等，涉及葬礼的全流程。海丰花卉在初步确定好设计方案时，会多次与顾客进行交流，确定设计方案，确保产品客制化，服务优质化。在葬礼当天，海丰花卉安排专业的殡葬礼仪师提供引导、主持及扶灵等多元化的礼仪服务，予以肃穆庄严的礼仪形式，以感恩、敬畏、尊重之心，让生命得以尊重。派遣专业人员布置和跟踪葬礼现场，确保每个细节的实施。送灵仪式和祈福仪式如图 4 - 14 所示。

图 4 - 14　送灵仪式和祈福仪式

海丰花卉的主要合作单位是殡仪馆，通过积极参与政府部门招标的方式来促进与殡仪馆的合作。海丰花卉不仅为殡仪馆提供绢花圈等殡葬产品，还为殡仪馆提供守灵、接待、餐饮、客房、物业等殡仪服务项目，用灵活多样的托管服务模式，安排宾客食宿等，增强与殡仪馆的合作黏性，满足多层次的殡葬服务需求，强化殡仪馆综合服务能力，彰显殡仪馆的公益职能和社会属性。

优质的服务需要有优秀的员工支撑。在"认同、担责、尊重、合作"的人才理念的指导下，海丰花卉高度重视员工素质，严格要求企业人员心怀愿景，肩负使命，坚守职业道德，传承孝道美德，形成以"成就美丽事业，诠释完美人生"为核心的文化体系，将"绿色、拼搏、创新、感恩、分享"的核心价值观贯穿到日常行为的一言一行，落实到管理工作的方方面面。海丰花卉对员工在灵堂时有以下规定：在灵堂时必须时刻戴着白手套；在布置灵堂和插花时须主动蹲下；在抱着骨灰时会有他人帮忙撑伞等。这些规定表达了对先人及其亲人的尊重，也帮助海丰花卉赢得了良好的声誉。同时福德礼仪整合多元化服务经营，专业分工、人员到位。在每次葬礼之前都会培训员工，让每个员工都秉持“让告别变得更有温度，让人生得以完美谢幕”的公司理念，每次服务都要以感恩、敬畏、尊重之心，呈现出海丰花卉在殡葬服务方面的专业态度。为了提高员工的专业素养，海丰花卉会定期举办相关的大赛，例如，海丰花卉每年会举办司仪大赛，获胜者会获得相应的奖品和荣誉职称，从而激励员工在日常生活中不忘提高自身专业素养，如图 4－15 所示。

图 4－15　福德礼仪司仪大赛

2. 出口加工

从出口市场情况看，菊花乃世界四大切花之首，年产销量达 50 多亿枝，出口量大。而日本是菊花最大消费国，年消费量达 20 亿枝。日本由于其历史、文化的原因，国民钟爱菊花，在春分、秋分以及盂兰盆节等传统节日都必须使用菊花。而且随着日本社会的老年化加剧，死亡率呈上升趋势，殡葬用单头白菊的需求将有所增加。从不同的市场需求看，不同地区的人对不同颜色的菊花有着不一样的理解，不同场合对菊花也有不同的要求。例如，白色菊花在我国表示哀悼之意，而在日本则是贞洁、诚实的象征。海丰花卉看到菊花市场需求巨大，决定开拓国外菊花市场，面对不同的市场需求，研发种植加工菊花新品种。

（1）加工包装。花卉出口加工业务作为海丰花卉的重要主营板块，是通过将自有基地种植板块生产的鲜切花及外购的鲜切花、鲜切叶经过挑选、整理、加工组合、包装，销售出口至国外。作为国内单体菊花加工最大的生产中心，海丰花卉日产加工花卉产品可达 70 万枝。公司采用现代化、集约化的生产加工模式，投资 7000 万余元建设加工出口生产中心，占地 25 亩，建筑面积 20904.58 平方米，拥有杨桐、佛花等 8 条花卉先进生产加工线，有利于满足国内外市场的巨大需求。

海外销售商对于菊花品质的要求很高，花苞的大小、茎秆的长度、植株的重量等方面都有严格的要求。根据不同的市场需求，工人们按照标准将菊花进行初加工，例如在佛花底部包上浸水的棉花。为保障鲜花品质，员工们会将初加工的菊花迅速包装入箱，送入冷库保存，等待出口。海丰花卉加工链如图 4－16 所示。

图 4－16　海丰花卉加工链

（2）物流运输。

①仓库管理。海丰花卉目前拥有约 10000 立方米的保鲜冷库，通过冷库保存菊花，控制温度和湿度以提高菊花的存活率和商业价值，增强海外市场竞争力。

由于海丰花卉销售的鲜花成品批次较多，为了更快速有效地提高仓库管理的运行效率，海丰花卉与第三方团队合作对仓库进行智能化改造。运用 RF 芯片等物流网技术将一个个仓库无形地连接在一起，有利于解决传统仓库管理中失误率高，工作低下，人力资源严重浪费等问题，能够实现仓库货物指定区域的堆放，及时查找和跟踪，提高仓库的堆放管理效率。仓库物联管理如图 4－17 所示。

图 4－17　仓库物联管理

②运输管理。目前，海丰花卉是日本菊花及衍生产品的最大供应商，一年可连续向国外供应菊花 4000 万枝。海丰花卉为保持菊花的新鲜度选择与当地的批发商合作，配合冷链物流，实现菊花的出口。海丰花卉目前的运输管理较为成熟，从采摘到日本客户手里只需 7 天，鲜花插瓶还能保持 20 天。

鲜花对物流条件要求高，收割后需低温、恒温储运鲜花，其生理活动旺盛，呼吸作用强，过度抑制呼吸作用又可能导致无氧呼吸以致腐烂。因此鲜花的生命短暂，高效率的鲜花物流就是鲜花生命的保证。同时八九月是鲜花销售旺季，而其他月份菊花出口量较少。海丰的物流管理中心在选择快递公司运输管理的过程中，会综合考虑选择物流公司，合作较为灵活。海丰花卉的物流运输如图 4 - 18 所示。

图 4 - 18　物流运输

另外，海丰花卉拥有自检自控体系，取得出境种苗花卉生产经营企业注册登记资格。根据出口国要求，做好有害生物防治。从基地种植到装箱出口全过程监管服务，选派植物检疫专业人员对海丰花卉技术人员开展现场培训和实地指导，并指导海丰花卉开展有害生物监测。同时开辟绿色通道，实施“预约查验、即查即放”，在菊花采摘装运等环节实施现场检疫，及时签发植物检疫证书，缩短公司通关时间，确保菊花能够保鲜出口，助力海丰花卉菊花新鲜登陆海外市场。

3. 观光农旅

随着城市化的发展，农旅活动日益受到消费者的青睐。人们有了亲近自然，体验农业文化的需要。在农业活动中，人们可以体验“采菊东篱下，悠然见南山”的淡泊明志，可以体验自然、感受美好生活。

殡葬服务与出口加工业务已逐渐成熟并稳健发展后，海丰花卉利用在花卉种植领域的专业优势，以“千亩菊园”大型花卉生产基地为保障，通过融入多方合作来打造以鲜花文化综合展示为主题，集自然体验、赏花采风、休闲娱乐、旅游服务、教育培训及创新创意发展于一体的生态休闲观光园。

海丰花卉在完善农旅观光平台搭建的过程中，积极引入一些诸如烧烤摊、游乐设施等个体工商户，双方达成合作，共同为海丰花卉的设计做贡献。海丰花卉精心规划旅游路线，针对不同的顾客群体，做出了不同的行程设计，拓宽了消费受众面。面对青年群体，海丰花卉为其设计的路线主要涵盖了水上游乐区、户外游玩区、网红庭院打卡等拍照游玩胜地，其套餐还包括龙虾垂钓、烧烤团建、水上游船、竞速越野、射击区等。对于家庭群体，海丰花卉为其安排的路线主要经过果蔬采摘区、儿童游玩区、休闲茶艺区、土灶体验等亲子游玩区，使其在大自然中感受亲子相处的乐趣。在观光结束后，还可以前往鲜花超市，以优惠的价格将海丰花卉新鲜的花卉提供给游客选购，拓展园区鲜花超市模式。海丰花卉休闲娱乐区如图 4 - 19 所示。

图 4－19 海丰花卉休闲娱乐区

海丰花卉还积极寻找合作学校，邀请老师、同学前来参观，如此一来，便提升了海丰花卉"农旅＋研学"的育人价值。海丰花卉研学基地分为五大观赏区、活动体验区和外部活动区三大主体区域，以自然科普、历史文化、花卉、农耕体验为核心，外含体能活动、安全教育等功能。其下设六大类教学范围，为前来研学的师生开发一批特色研学实践活动课程，打造资源整合式互动体验课程，努力打造浙江研学产品示范课程，具有人文价值、观光价值、科普价值，如图 4－20 所示。

图 4－20 开展研学实践活动

（二）"链"之中：共同种植

海丰花卉的销售板块发展较为成熟后，开始反向发展种植板块，即建立菊花种植基地，实现菊花的自供，为销售板块的持续发展提供保障。目前海丰花卉在绍兴平水、上虞、金华磐安、海南东方、云南弥勒等多地拥有现代化花卉种植基地，共计 4500 余亩，如图 4－21 所示。利用立体气候分布，全年可连续供应菊花鲜切花 5000 万枝以上。海丰花卉在"五统一"种植理念的指导下，实施"候鸟式"种植战略，采取"公司＋基地＋农户"的生产经营模式以及"标准化"种植方式，从而确保了生产区产品的产量和质量，使海丰花卉步入以质量创品牌、以品牌占市场、以市场促发展的科学化发展道路。

图 4－21　花卉种植基地

1. “公司＋基地”模式

（1）政府支持。海丰花卉发现菊花的广阔市场，决定自己大规模种植菊花，首先要解决的便是土地问题。由于一开始选择的上虞驿亭种植基地受台风原因损失惨重，吴海峰董事长及其一众创业团队经过慎重考虑后，决定重新寻找菊花种植基地，最终把基地建设视角落在了绍兴市柯桥区。

我国农村土地政策规定，按照依法自愿有偿原则，允许农民以转包、出租、互换、转让、股份合作等形式流转土地承包经营权，发展多种形式的适度规模经营。海丰花卉租地的目的不是用来种粮食，而是建设菊花生产基地。按每家人数分配的土地大多面积较小，东一块，西一块，较为分散，一方面不利于海丰花卉进行菊花的集中种植和分配员工，加剧了管理的难度；另一方面土地和土地之间的分割区也会造成浪费，提高了种植成本。

2016 年，通过精准绿色生态招商引智，海丰花卉在柯桥平水政府“强村富民”项目的引导下，把基地的地理位置定位在地势较高、水源充足、交通便利的绍兴柯桥平水镇剑灶村。为了实现大面积土地整合，实现规模化生产，经过多番努力与协调，海丰将村内分散土地“化零为整”，将闲置土地变成千亩花园，以 1000 元每亩每年的租金支付村集体，实现土地增值。平水镇强村富民项目现场如图 4－22 所示。

基地建立之初，海丰花卉的发展还离不开国家以及绍兴市政府提供的一些农业优惠政策。公司落户柯桥之时，公司并没有充足的资金来完成基地建设，只能依靠第三方的投资。为了能够在柯桥长期发展，在当地政府政策指导下申请国家综合农业开发项目特色花卉园，利用政府 50% 的补贴资金建立起平水基地，为海丰花卉能在后续的发展打下坚实的

图4-22 平水镇强村富民项目现场

基础。作为柯桥区重点培育的现代农业经营主体，2020年，柯桥区农业农村局根据《关于下达浙江省农业产业化示范联合体项目建设计划的通知》，帮助海丰花卉完成单体薄膜大棚和道路、沟渠建设，完成投资99.78万元。

（2）候鸟式种植。在平水政府和村集体的支持下，海丰花卉成功建成平水基地。随着市场和需求量的扩大，为了能够在四季都能保持稳量生产，更好地满足客户的需求，同时减少因气候原因造成的种植风险，海丰花卉根据同样的方式，陆续也在全国各个地方建立起海丰基地。通过多方面考察土地性质是否适宜种植菊花、周边地势是否可以防水、交通是否便捷通行等因素，公司先后分别在绍兴上虞、金华磐安、海南东方、云南昆明，先后流转2800亩土地，投资建设花卉种植基地。

就像随着季节的不同周期性进行迁徙的候鸟一样，海丰花卉也随着菊花的生长花期对不同纬度的基地进行不同时期的种植。这一战略便是"候鸟式"种植，通过利用纬度差异，实现菊花的周年种植和供应。例如，在冬天平水基地受到天气原因不能大规模种植菊花，海丰花卉便会在海南或云南等纬度较低的基地种植菊花来补充订单货源。"候鸟式"种植战略的实施，不仅可以做到轮休耕种制度，让土地"休养生息"，也做到了满足消费者全年时期的菊花需求，可谓一举两得。

2. "公司+农户"模式

（1）统租返包。1979年，安徽凤阳小岗村率先实行家庭联产承包责任制，拉开了我国改革开放的序幕。同样的农户承包责任制也出现在海丰花卉，借此方法对种植农户进行科学化的精准管理。农户一般采用"夫妻制"或者"家庭制"，统一以"户"为单位进行菊园的承包，人员之间较为熟悉，便于之后种植看管时间的内部分配。海丰花卉在平水基地建设后便配套完善了一系列现代化设备，实行"统租返包"，将土地连同设备返租给农户，根据能力大小返包给种植户5~10亩的大棚面积，形成"公司+农户"的合作关系。农民在基地工作如图4-23所示。

图 4－23　农民在基地工作

（2）五个统一。种苗的品质是决定产出菊花质量的第一步。海丰花卉在将土地交由农民负责时，并不是就当了“甩手掌柜”。为了能够保障种植数量与质量，海丰花卉提出了种植“五个统一”，打造“五统”模式，即公司统一安排生产计划、统一技术作业标准、统一管理、统一物资、统一收购的种植管理制度，农户只负责田间管理，如表 4－2 所示。通过提高节本增收度，由点到面、逐步放大，推进海丰花卉种植标准化生产，推动花卉特色产业走上品牌化经营之路。

表 4－2　“五统一”种植模式

措施	内容
统一生产标准	针对出花数量及质量下降、农户收益不稳定的问题，公司建立起全过程标准化种植体系。通过合作研发和海外引进等方式，统一为种植农户提供种苗，从源头保证菊花品质统一。制定了 23 项严格标准，生产规范性显著提高。两年来，农户种植出花率由 80% 提高至 95% 以上
统一种植计划	公司坚持市场导向，采用精准化订单管理模式，实现“精细化配额、科学化控量、滚动式种植”，最大限度保证订单合理分配。2020 年，平水基地小农户出产的菊花总数约 3500 万枝，菊花收购率达到 100%。产品远销国外，销售同比增长 28.9%
统一技术指导	海丰整合种植、培育等方面的专家资源，邀请农技专家，对农户开展多场集中培训，并安排技术人员与农户“一对一”结对，全程帮带，提高小农户规模化生产技术水平。目前，农户生产的菊花 90% 以上都符合出口高标准，且出花品种由 M 级提升至 L 级及以上
统一物资	种植期所需农资物品由公司与第三方进行合作进行统一采购，提供农药和肥料，为农户做好后勤工作，提高农民科学种田的能力，打造好“海丰菊花”
统一收购	收购标准严格，对花蕾大小、植株长度和直径、病虫害情况、开放程度等均作出了详细规定

为弥补农民员工文化水平低、专业知识欠缺，海丰花卉派技术人员对其进行技术指导，如图 4－24 所示。每位技术人员都有各自负责的农户和领地，主要工作是指导种植技

术，极大降低了农户种植风险和海丰的经营风险。如为了达到海外客户的品质要求，技术员会指导农民统一排布尼龙网，将菊花均匀地放在每个网格内，使植株完全笔直，高度整齐一致。这些技术人员大都是农科类大学毕业的优秀学生，经历过专业知识的学习，能够科学指导农户种植，保证菊花的质量。

图4-24 技术员指导农民

(3) 收益兜底。农户员工在海丰花卉具有很大的自由性，尤其在菊花淡季自由时间较多。为防止农户员工因懈怠工作等原因导致菊花产品形态不一，海丰花卉在种植之初便与农户签订收购协议，按照“保底不保高”的价格收购农产品，不同品质的菊花收购价格不同，农户按照签订合同要求的产量、价格和品质按期生产。如果因为不可抗力造成损失，海丰花卉会进行“收益兜底”，即公司兜底保证农户的收益。

组织农户按照合约生产，对于小农户来说，第一，该模式筑就小农户“零风险”兜底网络。海丰为农户提供设施维修、损失补偿等一系列保障措施，如农田道路沟渠的修葺改造、定植网、棚膜等检查维护，让农户真正吃下“定心丸”。第二，建立小农户“负盈不负亏”保障制度。海丰花卉将农户多项出资环节“后移”至种植花款结算环节之后，还每月向农户预支花款，满足农户生活开销等需要；同时提供免费住宿，开办平价食堂，最大限度上减少其开支，帮助农户真正实现“安居乐业”。

(三)“链”之初：合作研购

销售网络的发展已较为成熟，花卉种植基地经过多年建设也在平稳运行，海丰花卉紧跟时代发展潮流，注重科研，开始投入技术研发板块。通过增强海丰花卉的科研实力和现代科学技术的应用，提高业务经营效率，为海丰花卉的销售和种植增添新的力量。企业不断发展，管理水平也在不断提高，海丰花卉对采购业务的管理、供应商的选择不断完善起来。

1. 多主体研发

作为一家农业型企业，海丰花卉十分重视自主创新能力的建设。海丰花卉与多方科研机构和各高校合作，引进人才，构建专门的育苗团队，联合研发保鲜保质等技术，增强种苗的质量，提高培育的效率和存活率。海丰花卉的合作研发机构如图4-25所示。

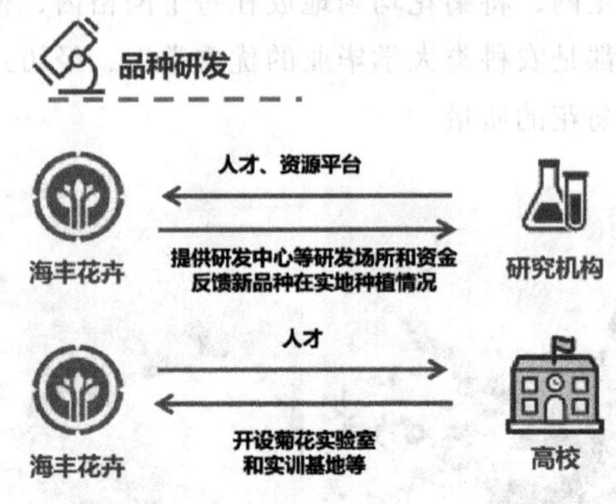

图4-25 海丰花卉的合作研发机构

（1）建立研发中心。海丰花卉的育苗研发板块是随着公司经营规模不断扩大而展开的。海丰花卉投资建设自己的生产基地后，通过订单基地、农户合作和转租承包等形式，实现了切花菊的规模化生产。为进一步做大做强，公司在发展的过程中，逐渐认识到了技术创新的重要性，注重技术积累，开始建立研发中心，如图4-26所示。

图4-26 研发中心

自2017年起，公司投资400万余元自建企业研发中心。其中科研实验室600余平方米，包括组培实验室、保鲜实验室、净化消毒室、化学药品仓库等研究场所，并配备了大型实验操作台、空气净化及恒温控制系统、各类检测仪器等科研设施设备；同时建成科研试验基地30亩，包括连栋温室大棚12000余平方米，单体温室大棚7000余平方米。

（2）吸纳研发团队。研发中心具有完善的物质条件，“搭好梧桐树”便会“引得凤凰来”。从2017年开始，公司始终坚持人才强企战略，招贤纳才，公司的技术员、研究专家越来越多。当前公司研发中心有一支较强研发实力的技术团队，拥有科研人员20余名，其中博士1名，硕士6名，本科上学历技术人员12人。同时科研机构提供权威专家指导、把关，保障菊花品种的质量。

同时，海丰花卉还积极与农校、科研院所展开合作。公司以项目的形式展开合作，海丰花卉给予科研资金、实践基地、实习场所等，合作的科研机构能够提供人才、技术进行合作研发。经授权允许后，海丰花卉有了技术专利的使用权，同时这些技术也实现了商业化。在农校科研院所与海丰花卉的合作过程中，双方各取所需、互惠互利。海丰花卉与科研院所之间建立了资源、成果在企业和合作方之间"双转化、双循环"的良好机制。双方共同培育种苗及研究种植技术，促进从花卉种植的生产端向育苗研发的供应端发展，使产业范围不断拓展，产业功能不断增多，产业层次不断提升，实现了新产品、新技术、新业态、新空间布局。

自 2017 年起，海丰花卉与浙江省农科院园艺所达成切花菊技术研发合作，开展切花菊组织培养及种苗繁育技术的研究。自 2019 年起，与南京农业大学达成菊花产业发展战略合作，重点开展商品化切花菊杂交育种工作（如图 4－27 所示）；与浙江省农科院装备所达成自动化改造项目合作，侧重解决切花菊生产环节机械化自动化程度低的问题。

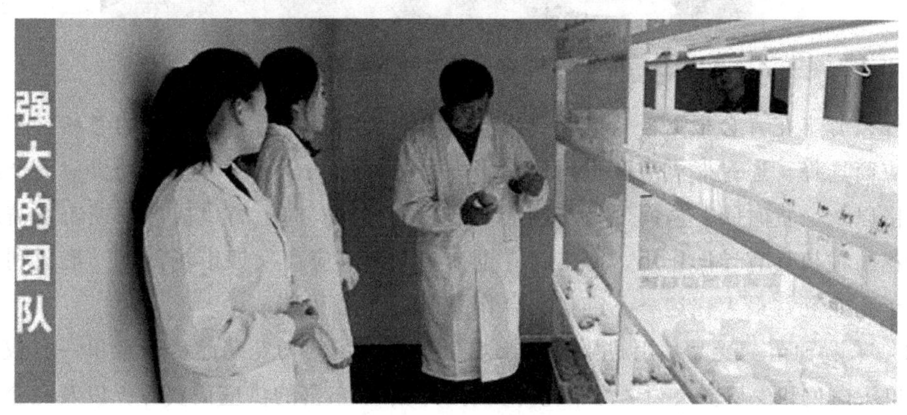

图 4－27　强大的科研团队

2. 多渠道采购

（1）采购菊花。海丰花卉在创立之初，凭借公司团队的菊花销售管理经验，通过招投标的方式与湖北的一些殡葬馆达成合作。由于没有自己的花卉种植基地，只得寻找国内较大的花卉生产基地进行菊花采购，海丰花卉的菊花供应商均为当时国内较大菊花生产企业，可实现菊花的稳定供应，保障殡仪鲜花服务的原料供给。海丰花卉采购的菊花主要用于殡葬服务，公司有专门的花艺师团队，将采购的菊花剪裁加工，为菊花提供附加值，用以布置殡葬的灵堂以及满足日常祭祀用的花束，满足殡仪馆的白事订单。在采购菊花的过程中，海丰花卉综合考虑订单的时间、地点、菊花产品特点等，制订合理的分类采购管理计划，在分类过程中按照花艺师的标准进行严格的挑选，针对不同菊花需求结果制定不同的菊花采购管理策略。

随着殡葬服务的顺利开展，各地区网点的增加，对菊花的需求日益增多，采购业务方面需要重新调整。在菊花采购方面，海丰花卉结合不同地区的订单，在原来的采购管理策略上优化升级，积极寻求合适的菊花供应商。通过对供应商进行认证，对采购策略进行报价、议价等方面的探讨，共同商讨采购的数量等其他因素，对采购活动可能发生的各种问题提前预想解决方案，以满足海丰花卉经营的需要。采购经理与供应商交流如图4－28所示。

图4－28　采购经理与供应商交流

另外，海丰花卉会根据自身的菊花采购需求对供应商进行采购方面的考核，积极扩大菊花供应商选择。通过对供应商进行技术等方面的评价和分析，考核不同供应商产品的品质、价格以及交货时间，从而保证采购活动的顺利进行。向上游供应商反馈市场需求，对他们菊花的种植具有导向作用。海丰花卉也会向上游供应商反馈市场需求，形成利益共同体，基于企业利益最大化这一基准点，合作共振，互惠互利。

（2）采购种苗。受品种引进限制的影响，我国市场的切花菊品种非常单一，仅有单头黄色、单头白色和少量多头菊。海丰花卉在前期积累了丰富的供应商资源，以及在企业交流会上了解到目前国外菊花种苗市场较为成熟，拥有较多的菊花品种、较优的品质。在建立了自己的种植基地后，公司积极主动与国外的种苗供应商取得联系，达成合作机制，为海丰花卉的生产种植提供了原料供应。菊花种苗采购如图4－29所示。

图4－29　菊花种苗采购

海丰花卉与日本、荷兰等海外育种公司合作，可获得专业化生产苗。专业化生产苗在种源体系、繁殖、采后的检验方法、包装、标志和运输以及周密的质检体系等方面具有天然的优势，可降低企业的经营管理风险、提升产品质量、提高市场竞争力。

市场规模不断扩大，品种选择成为了企业面临的问题，比如种什么品种、能否种好、能否出口以及国外市场情况都是菊花出口生产者的艰难选择。在品种选择上，海丰花卉积极把握目标出口市场流行的品种，扩大育种供应商的选择范围，不局限于只种单一育种公司的品种，也会把市场表现好的品种组合生产。

（四）"菊花链"成效

1. 海丰花卉销售板块呈现多元化发展

海丰花卉在殡葬服务方面积累了丰富的资源和经验，现已为中国殡葬协会会员单位、浙江省殡葬协会副会长单位、绍兴市殡葬协会会长单位、湖州市殡葬协会副会长单位。目前海丰花卉旗下拥有湖北福德礼仪服务有限公司和杭州福德礼仪服务有限公司两家殡葬服务公司，宣传并壮大福德文化。此外，海丰花卉的合作网点已达 50 余家，在殡葬服务中占据了市场领先位置，正处于高速增长期，向着新时代殡葬服务综合运营商迈进。2019 年以来，海丰花卉已向日本市场出口鲜花 3500 万枝，发货 323 批次，占我国菊花出口的 40% 左右。从起初"菊园"升级到现在的"综合生态观光区"，海丰花园已经成为当地的旅游打卡地、网红点，成为展现平水当地乃至全市的特色观光农旅"优质样板"。

2. "公司 + 基地 + 农户"的生产种植模式实现了政府、企业和农户的三方共赢

该模式促进了生产基地的发展，合作种植基地的面积迅速增长到 4500 余亩。同时该模式为海丰带来了大量的劳动力，提高了菊花的种植效率，实现了菊花产量的大幅增长，销售端的发展也得到了保障。2019 年销售额为 2 亿元，2020 年销售额达到 2. 5 亿元，获得净利润 3500 万元。对农户来说，农户获得就业机会，实现增收。据了解，种植鲜花的农户每人每月有 3500 元最低收入保障。海丰花卉种植产业直接带动了四五百户农民增收，间接带动了两三千户农民增收。此外，海丰花卉还对接了四川省阿坝藏族羌族自治州精准扶贫项目，阿坝州贫困户来平水镇基地种植鲜花，年收入可由原来的两三万元增至 10 万元。为实现脱贫攻坚，走向乡村振兴做出了贡献。

3. 商标、专利、研发项目稳步增加

公司形成了以"品种开发、保鲜技术、种植技术和智慧物联"为主要研究方向的研究体系。自 2018 年成立技术研发中心以来，海丰花卉目前有 5 个注册商标，拥有及申报 7 个发明专利、9 个实用新型专利、2 项自主知识产权、2 项省级重大技术推广项目和技术研发项目"多头菊切花产前和产后质量精制技术研究与示范"和"露地球宿根花卉组培

工厂化生产技术与花卉生态配置应用示范”。目前，海丰花卉现在拥有菊花品种资源达500余种，现已承接了浙江省种子管理总站“浙江省菊花种质资源圃”建设项目。海丰花卉品种繁多的鲜花如图4-30所示。

图4-30　品种繁多的鲜花

四、案例分析与讨论

（一）理论基础：供应链协同理论

1. 理论概述

协同是事物或系统在联系和发展的过程中，打破资源之间的各种壁垒和界限，使其内部各要素之间有机结合，共同协作，实现“1+1>2”的效益最大化。供应链协同（Supply Chain Collaboration，SCC）的概念是基于协同学和供应链管理理论于20世纪90年代中期由咨询界和学术界正式提出。供应链协同是指两个或两个以上的企业为了实现某种战略目的，通过公司协议或联合组织等方式而结成的一种网络式联合体。在网络和各种集成技术推动下，市场变化的不确定性增加，业务外包和企业间的合作越来越广泛，供应链的概念更加注重企业与供应商等一切前向节点企业的关系，注重与用户及一切后向节点企业的关系。企业之间由单一企业之间的竞争转向企业所在的供应链之间的竞争，通过供应链上各节点企业间的合作和分工，使整个“链”上的物流、信息流、资金流集成化与合理化，从而提高整条"链"的竞争能力。1999年4月，全球著名的供应链管理专家Anderson和Lee发表了题为"协同供应链：新的前沿"的文章，文章指出新一代的供应链战略就是协同供应链。供应链管理的核心思想就是供应链协同思想。目前，供应链协同已经成为供应链管理领域研究的热点，受到了理论界和企业界的广泛重视。

英国唐纳德、索尔等学者认为，供应链协同是指供应链节点企业为了提高供应链的整体竞争力而进行的彼此协调和相互努力。它是指多家企业共同分享业务数据，联合进行预测和计划，管理执行以及完成绩效评估等各项工作。通过将供应链上分散在各地的、处于不同价值增值环节的（如资源提供、研究开发、生产加工、物流服务和市场营销等）、具有特定优势的独立企业联合起来，以"协助共赢"为指导思想，以协同机制为前提，以协同技术为支撑，以信息共享为基础，从系统全局观出发，促进企业内部和外部协调发展，提高供应链整体竞争力，实现供应链节点企业效益的最大化目标，开创"多赢"的局面。供应链协同理论内涵如图4-31所示。

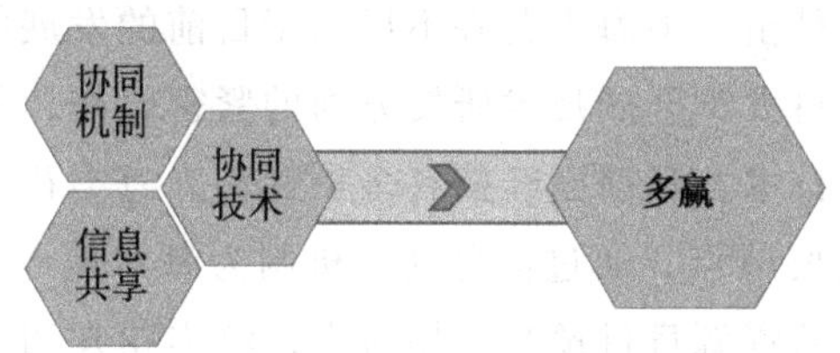

图4-31　供应链协同理论内涵

供应链协同的外在动因显而易见，是为了应对竞争加剧和环境动态性强化的局面；其内在动因包括：谋求中间组织效应，追求价值链优势，构造竞争优势群和保持核心文化的竞争力。供应链协同是供应链管理中的重要概念，目的在于有效地利用和管理供应链资源。

2. 理论的适用性

供应链协同是对供应链的高度整合，协同可以促进供应链绩效的提升。供应链协同通过降低成本和库存，缩短提前期，有利于巩固供应链节点企业间的战略伙伴关系，提高顾客满意度，促进企业降本增效，实现合作伙伴之间的市场信息共享，从而提高市场占有率和服务水平。海丰花卉的供应链协同适用性如图4-32所示。

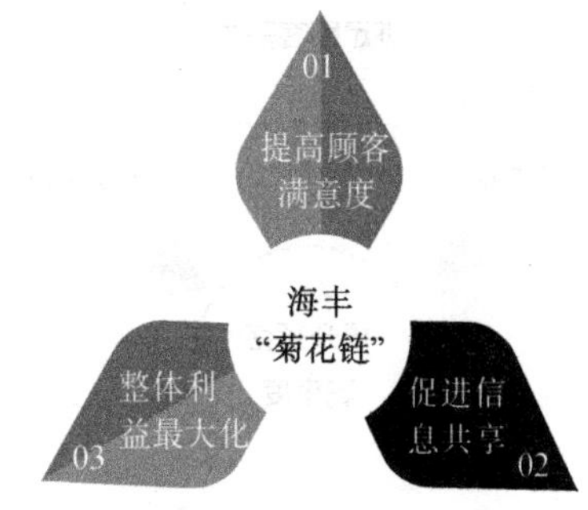

图4-32　海丰花卉的供应链协同适用性

海丰花卉经过了数十年的发展，自身以花卉种植为基础，促进殡葬服务、出口加工等销售板块的发展。在这个过程中，海丰花卉注重整合菊花产业、殡葬产业的有利资源，提升融资水平、技术能力等，拓展企业的价值链，提高信息的匹配度，降低企业的生产成本，最终达到助力于企业发展的效果。

海丰花卉在种植方面采用“公司＋基地＋农户”的模式，与农户签订收购合同，注重整合农户资源，为菊花的种植提供人力资源保障。海丰花卉在销售端也呈现多元化，一方面海丰花卉将菊花卖给日本等海外批发商，再通过零售商将大量菊花产品送往国外的最终消费者手中。另一方面海丰花卉以殡葬服务为主要业务板块，开展与各个地区殡仪馆的合作，及时为殡仪馆供应所需的菊花产品；积极配合民政局有关祭祀的工作，赢得了良好的社会声誉。观光农旅是海丰花卉新的业务增长点，打造“海丰菊园”，积极开展与佳特草莓、烧烤、游玩项目等有关企业的合作伙伴关系，提高菊园的趣味性，每年都有数万名游客前来海丰菊园赏花游玩。

海丰花卉有自己的种苗供应商，已形成了长久的合作伙伴关系，供应商为海丰花卉提供价格合理、品质优良的种苗。但海丰花卉不局限于目前的发展状况，近年来与南京农业大学等多所农学院以及农科大学开展技术研发方面的紧密合作，努力培育出新品种菊花和提高菊花种植、质量管控技术，目前已经拥有多项专利。海丰花卉的销售合作伙伴是“菊花链”上连接消费者的重要节点，通过信息共享机制为海丰传达最新的市场需求，不同于企业故步自封、利用较少的资源盲目预测市场需求，海丰花卉和销售伙伴共享市场信息资源，进行需求预测协同，传达消费者的需求，按照订单进行菊花生产，有效降低了菊花滞销的可能性，极大地发挥了打造协同式供应链的平台优势。

（二）构建“菊花链”，提高顾客满意度

供应链协同以顾客为中心，成员企业与顾客的合作、交易中，可清晰地发现顾客的价值诉求，进而通过供应链的传导机制，以顾客需求为导向，进行生产的优化升级。海丰花卉在满足顾客需求的过程中，由于企业自身的资源和能力有限，通过供应链协同构建“菊花链”，实现优势互补，通过各节点的协调和控制，增加顾客感知利得，降低顾客感知利失，从而提高顾客满意度。“菊花链”对顾客的作用如图 4－33 所示。

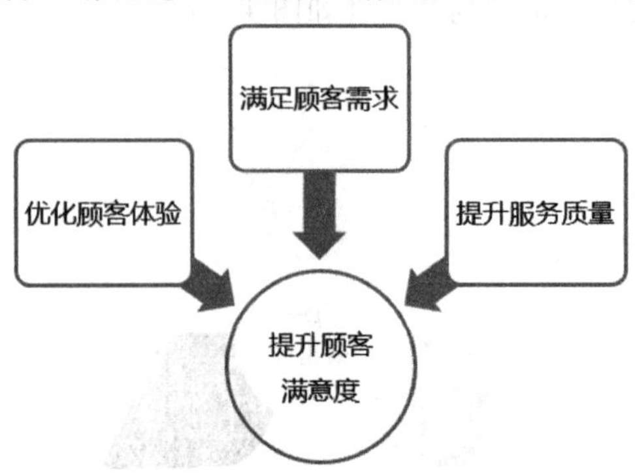

图 4－33　“菊花链”对顾客的作用

1. 满足顾客需求

顾客需求是指顾客对商品与服务的目标、需要、愿望以及期望，是消费者心理与生理需求的表现。顾客进行消费行为时，要在自身生存需要得到满足的条件下进行高级需要的抉择，高级需要的满足往往需触及消费者的内心情感层面，即心理需求。供应商、生产商、销售商在满足顾客需求中发挥着不同的作用，因此为了提高顾客满意度的效能，必须进行不同生产环节间、企业间的合作，方可实现满足顾客需求的目的。

社会经济的不断发展，顾客需求与市场需求也随之提升，产品设计必然要以不断创新的形式来适应这一变化，处理好顾客的真正需求。海丰花卉作为一家以提供服务为核心的中小企业，满足顾客需求是最基本的理念。海丰花卉基于供应链协同理论，打造“菊花链”，众多合作伙伴均是这链条上的重要组成部分，为最大限度满足终端消费者需求贡献出了自己的力量。海丰花卉处于中游，与上下游之间的沟通必不可少。海丰花卉接收到销售端合作方提供的顾客需求后，首先从自身出发，对农户进行培训、聘请技术员对其指导等保证菊花的品质。通过设立研发中心，并借助科研院校的人才资源共同进行菊花新品种的研发。在服务上，海丰花卉注重对殡葬礼仪的服务人员进行定期培训，举办礼仪服务大赛。

根据马斯洛的需求层次理论，产品创新的基础是满足顾客维持生活必要需求和追求安全的心理需求。通过挖掘产品故事与顾客心理需求相联系，使产品符合用户基本需求并同时体现出产品内在的情感延伸。殡葬是一个沉重的话题，追悼会上的每一个人都心情悲痛。以殡葬服务为主要销售板块的海丰花卉非常看重在此期间员工对顾客的细心服务、暖心安抚。为区别于同质化产品，海丰花卉努力挖掘顾客个性化需求，让产品呈现出求异、个性化、私人定制等特点。根据不同的顾客需求做出不同的绢花等殡葬产品和个性化灵堂布置服务。员工在进行礼仪服务时必须表现出对亡者及其亲人的尊重，主要有插花时主动蹲下、对顾客进行心灵安抚等行为。

在菊花供应链运行的整个过程中，海丰花卉与各个链条上的节点企业通过合作协同，以满足顾客需求为目标，不断优化产品与服务水平，提升了海丰花卉的企业形象和顾客满意度，也为海丰花卉赢来了广阔的市场。

2. 优化顾客体验

顾客体验是顾客在厂商基于营销所创造的特定场景或流程中，亲身感受或参与创造产品或服务价值的活动。随着现代技术的发展和全球互联网时代的到来，消费者能够了解和考察品牌的产品和服务的渠道前所未有的庞杂。这种情况下，顾客体验尤为重要，优化顾客体验也就是帮助提升顾客价值，实现价值交换。消费者在消费前、消费中和消费后的体验是交换价值之所在。

顾客体验包括两个基本要素：感知和互动。顾客对品牌的整体认知来自他们在顾客生命周期中与品牌的持续互动。因此，在生命周期内的每个阶段的每次互动都十分重要，这些体验的好坏会直接影响顾客对品牌的整体印象。品牌应当跟踪顾客与品牌互动的各个阶段，在相应环节予以有针对性的激励，吸引顾客长期积极地使用品牌的产品或服务，从而降低顾客流失率并提升顾客满意度。

海丰花卉主要通过公司理念、产品和服务来优化顾客体验。“播种美好生活诠释完美人生”是海丰花卉一直以来的发展理念。服务型公司最重要的就是要给予顾客优质的顾客体验，海丰花卉首先从菊花种植上，通过与销售端企业的合作，接收到顾客不断变化的需求，并针对不同顾客所要求的不同层级的需求进行及时反馈。与供应端的合作企业做好沟通，合力研发出使顾客满意的产品，从而优化顾客体验。海丰花卉在殡葬服务上为顾客提供一系列相关的产品和服务，对殡葬的工作人员进行严格要求，定期对其进行培训，管理层也时常与菊花行业、殡葬行业相关的企业互相交流和学习，殡葬服务的一体化发展也让顾客放心地去选择海丰花卉。海丰花卉打造菊园，回馈社会，通过与个体工商户的合作，引进烧烤、水果采摘、游玩项目等，让游客在海丰花园可以享受一次农家乐的最佳体验，游客之间的赞美得到传播，游客逐渐多起来，也使海丰花卉的观光农旅板块开始初步发展。菊园与周边中小学学校进行合作，海丰花卉为老师和同学提供研学课程、实践基地，老师带领着同学们在这里进行课外实践活动，学习插花艺术等，有趣而又有意义的实践体验，得到了老师和同学们的高度满意，也为海丰花卉赢得了良好的企业形象。

3. 提升服务质量

服务质量指的是企业提供服务型产品的水平。提升服务质量一般基于顾客的期望值，建立企业内部的评价体系，是企业服务不断精进的动态过程。海丰花卉提升服务质量主要表现在殡葬服务、技能培训、售后服务三方面，如图 4－34 所示。

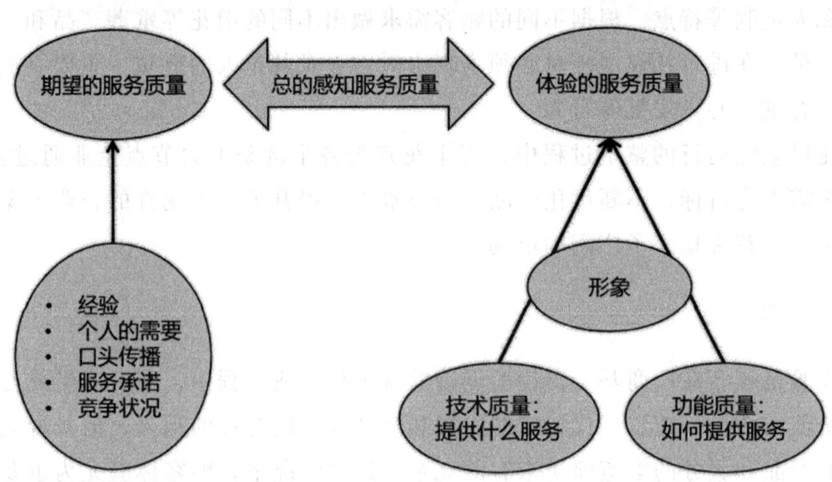

图 4－34　提升服务质量

海丰花卉的主要业务之一就是殡葬服务。公司前期提供殡葬服务用的菊花，后逐渐发展成为殡仪服务一体化的企业。目前海丰花卉可提供花艺策划、制作、殡仪服务以及物业管理等服务，从接到鲜花礼仪服务订单，海丰花卉会根据顾客的需求，定制个性化服务和鲜花作品，提供鲜花礼仪服务项目的个性化解决方案，并全过程跟踪管理整个鲜花服务项目的实施。海丰花卉要求员工在灵堂必须戴着白手套、在插花的时候主动蹲下等。这些礼仪表达了对先人及其亲人的尊重，也帮助海丰花卉赢得了良好的声誉。海丰花卉通过一体化的殡仪服务，为逝者向世界体面地告别，向生者表以慰藉。

在服务方面，海丰花卉还积极进行一些技能培训，例如海丰花卉会请专业的殡葬礼仪师给公司的礼仪人员提供培训，让每个员工都秉持"让告别变得更有温度，让人生得以完美谢幕"的公司理念，每次服务都要以感恩、敬畏、尊重之心，呈现出海丰花卉在殡葬服务方面的专业态度。海丰花卉不断精进服务，为顾客提供满意的礼仪服务，予以肃穆庄严的礼仪形式，让生命得以尊重。

在售后服务上，海丰花卉积极开展客户关系管理。海丰花卉的售后服务着重体现在菊花销售板块。"让新顾客成为回头客，让回头客成为老客户，让老客户成为忠诚客户"。在菊花供应链上，海丰花卉的客户之一是下游的经销商。海丰花卉在菊花供应链上始终是一个负责任的企业，公司始终秉持对客户负责的理念，十分重视客户的售后服务。由于菊花是生鲜农产品，产品受自然条件的影响较大，产品运输途中容易发生损耗。海丰花卉之前的种植基地——上虞基地受台风影响，当年菊花产量大大减少，公司董事长自己筹资解决客户的赔款问题。在日常的菊花产品交易中，菊花出现损耗，公司也会负责地进行售后服务。海丰花卉由此在业内享有较好的声誉。

海丰花卉的客户还有直接的消费者。在与消费者打交道的过程中，海丰基于顾客需求、顾客反馈做到了 PDCA 的良性循环。PDCA 是美国质量管理专家戴明（w. Edwards Deming）创立的，称为"戴明环"。PDCA 循环对于供应链组织合作，改进顾客价值有很强的指导意义。

PDCA 循环的程序在供应链组织合作的一个生产经营过程中将抽象为策划、实施、检查、处理四个阶段，强调对顾客价值创造质量的检验或检查只是整个供应链质量改进过程的一个阶段。海丰花卉菊花供应链在完成菊花销售的时候，吸收消费者、批发商的需求及建议，不断优化产品与服务。顾客的建议既是菊花供应链的终点，又是新一轮菊花供应的起点，以此不断提高产品质量、服务质量。顾客价值长效改善循环机制如图 4－35 所示。

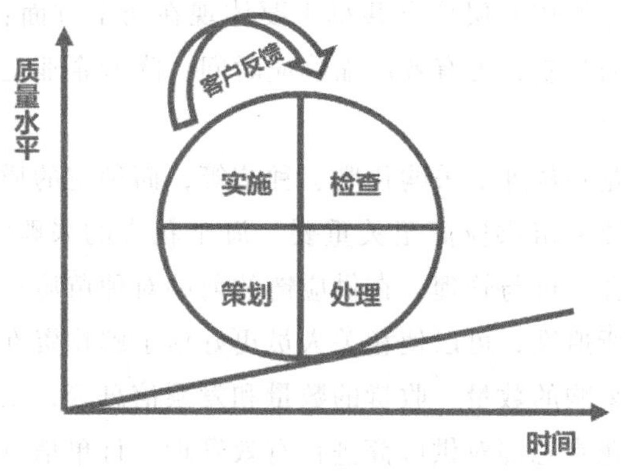

图 4－35 顾客价值长效改善循环机制

（三）构建“菊花链”，促进信息共享

企业只有通过信息交换，资金流和产品流才能有效运转。销售商需要与供应商交换库存信息和贷款信息，而供应商需要关注市场反馈信息、原材料信息和成本信息。一方面，通过供应链协同，链条上的各节点企业之间在一定程度上可以做到互通有无，促进信息共享；另一方面，在信息共享的背景下，整个供应链才能更加稳定运行。若部分企业拒绝信息共享，便会降低供应链的运转效率，使各企业利益受损。海丰花卉注重进行资源整合，借助他方力量，构建菊花供应链，促进了与“菊花链”上的其他合作企业进行作业层、管理层和战略层三个层级方面的信息共享，如图 4-36 所示。

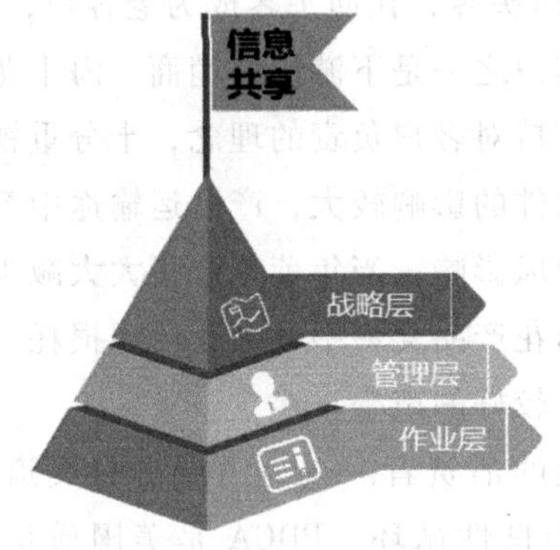

图 4-36　信息共享层级

1. 作业层信息共享

作业层信息共享是指在特定交易过程或合作过程中，不同企业之间的信息交流与传递，一般指交易与流程信息共享，包括产品品种、价格等产品采购信息以及其他有关订单处理的信息。作业层信息共享以降低交易费用为目的，具有缩短订单处理时间，降低订单处理成本的效益。

海丰花卉与其他企业的作业层信息共享主要体现在两个方面：采购信息和订单信息，以此强化对各供销环节的控制，可有效压缩响应时间，降低企业运作成本，从而提升供应链绩效，如图 4-37 所示。

采购信息上，海丰花卉从外部采购化肥、种苗等，而种苗的质量与成品花卉的质量密切相关，这也就决定选择种苗供应商至关重要。海丰花卉的采购部门会通过 ERP 系统与评分制对供应商进行综合评价与管理，在供应链的前端对种苗质量进行严格把控。ERP 系统可以使物资的采购有所追溯，可以使相关人员更好地了解物资在采买过程中的每一笔业务往来，其中具体包括采购的数量、收货的数量和发票信息等，最终使采购过程得到较完整的控制，有利于海丰花卉总部对供应商进行有效管理。订单信息上，海丰花卉通过 ERP 系统在成品花的交期方面可以实现严格的把控。花卉交货日期对海丰花卉的运作有极为重

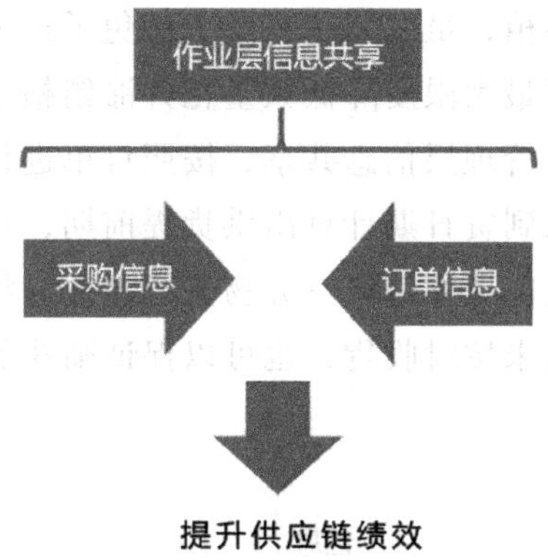

图4-37 作业层信息共享成效

要的影响。花卉区别于其他商品，花卉保鲜期较短，花卉流通运输储存风险较高。由于海丰花卉的产品销售出口占大部分，对物流的精确度要求也很高，因此海丰花卉对交货期的把控非常严格。在ERP系统中，可以通过管理员设置来确定提前或延后物资交付的具体时间，这不仅可以为企业调整生产提供缓冲时间，还能保证货物在规定时间内送到，保障公司的项目运作与后续收益。

通过长效协作机制的构建，海丰花卉与上游、下游合作企业实现了业务可视性的提升、服务水平的提高和业务柔性的增加，最终实现客户满意度的提高、生产周期的降低。

2. 管理层信息共享

对于企业来说，如何提高对下一波主流产品的预测、如何提高对客户的准时交货率，这至少需用到管理信息层级。管理信息层是指企业共享运营信息，包括生产信息、库存信息和配送信息，以便减少信息失真的可能性和降低库存成本，提高运营效率。一方面，大多数企业通过市场交易，以自由议价的方式与外部厂商交易而得到所需要的产品，此方式生产成本低，但协调成本高。另一方面，企业向市场供应产品的过程中常常容易出现"牛鞭效应"。"牛鞭效应"指供应链上的一种需求变异放大现象，使信息流从最终客户端向原始供应商端传递时，无法有效地实现信息共享，信息扭曲而逐级放大，导致了需求信息出现越来越大的波动。供应链协同可以实现企业间的信息共享，是弱化牛鞭效应的重要手段，为改善供应链管理方式提供了巨大的机会，可实现供应链成员企业间及时快速、准确可靠地协同响应最终客户的需求。这就要求中心企业需更好地与上下游企业做好协调工作。

海丰花卉作为供应商，一直以来都注重与销售商之间的信息交流，这是合作双方达到良好合作效果的必然要求。随着业务和企业的发展，海丰花卉的种植基地也在不断增加，现已可以达到菊花的全年供应。扩大种植基地面积，提高生产能力，这是海丰花卉与下游企业共享管理信息的结果。市场需求增加，下游合作企业将市场信息反馈给海丰花卉。海丰花卉作为生产商，及时调节产品数量和质量，对顾客需求作出快速响应。菊花具有花卉易衰败枯萎的普遍特点，采摘后即使在冷库中也无法保证菊花鲜度一如往常，因此，库存信息、供货提前期、送货时间对于以花卉种植为基础的海丰花卉来说就显得尤为重要。海丰花卉选择按照订单来进行种植，虽在菊花数量上避免了过大的差错，但时间、花期也是其必须予以重视的问题。为了最大限度降低大量花卉滞销枯萎的情况，海丰花卉从花卉种植就开始与下游合作企业进行管理层信息共享，按照订单进行生产，通过交货日期推算出种植时间，根据销售商的要求到货日期计算出供货提前期，从而对菊花进行及时采摘，放到冷库进行保存。海丰花卉提前通知好第三方物流公司准时将菊花产品运输至港口，这样既不会误了船期，导致销售商未按时收货，也可以保证菊花的新鲜度。管理层信息共享成效如图4－38所示。

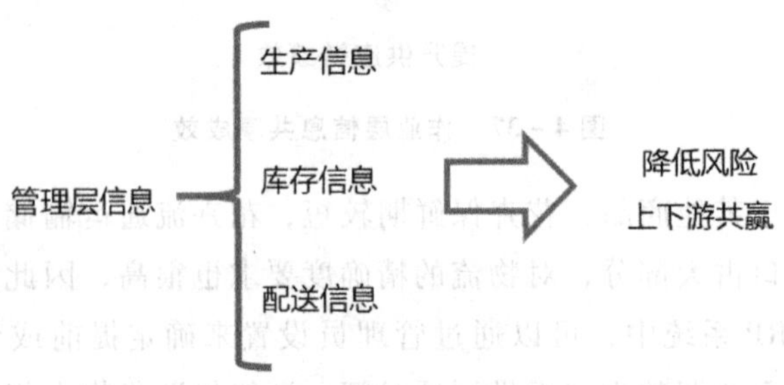

图4－38　管理层信息共享成效

有效做到管理层的信息共享，双方对生产信息、库存信息和配送信息及时互通，如此一来，海丰花卉可以降低损害成本的风险，下游合作伙伴也可以准时收到优质的菊花产品，达到共赢。

3. 战略层信息共享

只有在彼此信任的基础上，企业间的信息交流才会明显增多且更加充分，同时企业将会共享更深层次的信息以促进合作关系。但是当企业间互相不信任时，其便会隐藏企业的关键信息。很明显，战略层信息共享是建立在业务层信息共享和管理层信息共享的基础上实现的更高级别的信息共享。协同式供应链上的企业之间的信任与合作达到一定高度时就会更希望利用战略信息层级共享来共同分析市场需求，共同设计与改进产品，以便快速对市场需求作出反应，实现高水平供应链一体化。战略层信息共享成效如图4－39所示。

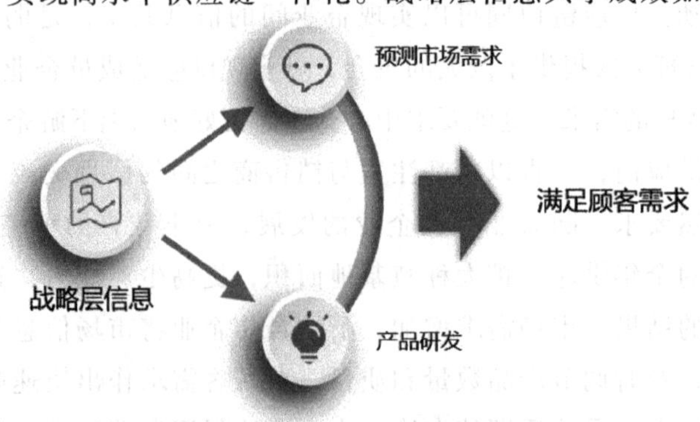

图4－39　战略层信息共享成效

合作源于信任，也受制于诚意。海丰花卉可以做到与众多企业建立合作伙伴关系，成功构建具有自身特色的菊花供应链，企业之间的信任与合作诚意起到了关键作用。海丰花卉借助"菊花链"，利用信息共享机制，可以及时有效地接收到销售商对市场信息的反馈。海丰花卉了解了市场对菊花的需求量以及需求质量要求，可以从自身生产端进行调整，但仅仅是中游环节对市场需求作出反应是远远不够的，海丰花卉还会将市场需求通过"菊花链"传递给上游合作方，从而可以从源头对菊花产品进行调整，菊花供应链的稳步运行，有利于保持供给与需求平衡的市场状态。海丰花卉通过与上下游合作企业之间的战略信息共享，与销售端合作伙伴共同进行市场预测工作，对市场需求快速作出反应，相对于没有打破信息壁垒的企业来说，降低了需求的不确定性和业务经营风险。不仅如此，对供应终端来说，即研发机构、农业高校等合作方得到海丰花卉菊花链传递来的市场信息，以较快速度集结人力、物力进行新产品研发，共享新产品的设计信息，并运用海丰提供的一些资金、菊花新品种培养基地等物力资源支持，整合多方优势资源，共同进行产品研发。

战略层的信息共享，使海丰花卉菊花供应链上的多方合作伙伴贡献出自己的优势资源，一定意义上缩短了新产品的研发周期和研发难度，提高了市场预测精度。同时，企业还可以集中力量发展自己的优势业务，打造企业未来发展的新机遇。

（四）构建"菊花链"，实现整体利益最大化

企业间的合作、有机结合达到"1+1>2"的效果，实现协同效应是供应链上下游企业合作的最终目的。企业通过组织内部的管理协调来优化和重新布局企业现有资源，纵向集成供应链的上下游各个环节资源，实现企业间的优势互补；横向整合不同产品和供应链间在服务、品牌、物流、信息方面的优势资源，在纵横交错的供应链网络内寻找价值增值关键点。

一方面，多个上下游企业之间的协同可以有效降低成本。海丰花卉与多个企业间的协同合作，多方形成一种长效稳定的合作机制。这种机制模式的形成降低了每个企业的时间成本、信息成本、管理成本、销售成本等。

另一方面，多个企业共同组成了这条菊花供应链，实现资源的优势互补，以及企业间合力形成了规模效应、集群优势，实现了整体利益最大化，如图4-40所示。

图4-40 实现整体利益最大化

1. 降低交易成本

海丰花卉通过加强菊花企业间的协同合作，通过上下游企业之间的沟通交流进行生产、加工、销售及消费相关信息的实时传递，促进供给与需求、库存与生产、物流与消费之间的匹配，不断优化资源配置。上下游企业之间的高效协作降低了企业的宣传成本、销售成本、信息成本以及管理成本，如图 4-41 所示。

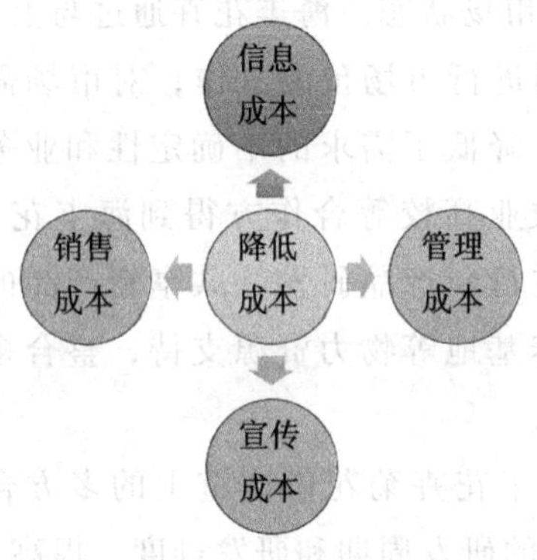

图 4-41 “菊花链”降低成本

（1）降低了信息成本。传统的农产品流通模式下的流通主体是简单的买卖关系，信息流单向传递，产销脱节。海丰花卉菊花链的构建实现了供应链上的企业高效沟通协作，实现了商流、物流、信息流、资金流的统一，信息获取成本降低。

（2）降低了销售成本。传统的菊花流通模式下，涉及多个中间商的流转，等待时间长导致菊花的交易时间很长，而菊花作为鲜切花，保鲜期有限，过于低效的流通模式导致菊花的损耗大，存储、运输成本大。

海丰花卉菊花链的构建，将传统分散经营的流通主体联合起来，减少了菊花的损耗，降低了菊花的存储、运输成本，销售成本大为下降。

（3）降低了宣传成本。传统的菊花流通模式缺乏集群效应、规模效应、品牌效应。各个流通环节的组织相互独立，“各自为政”，菊花的宣传成本很高。

海丰花卉菊花链的构建，使渠道权力增强，拥有一定的品牌效益，可有效降低菊花的宣传成本。国内方面，公司在殡葬行业拥有良好的服务品牌。国外方面，海丰花卉在日本、韩国等海外市场，市场美誉度不断提升，现已成为日本菊花及衍生产品的最大供应商。海丰花卉菊花链有效提升了市场渗透力，降低了宣传成本。

（4）降低了管理成本。海丰花卉菊花链的构建，将供应商、分销商、零售商直到最终用户连成一个整体的功能性网链结构模式，实现了各个企业的精益化管理。各个企业以订单效益为目标，采用目标成本法，有效降低了企业的管理成本。

2. 增加企业效益（如图4－42所示）

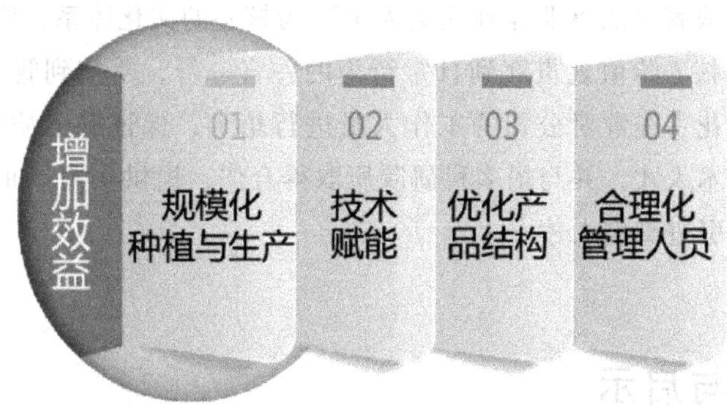

图4－42 "菊花链"增效

（1）向规模化要效益。海丰花卉有广阔的种植基地和先进的菊花加工生产线。公司利用我国地理气温呈阶梯变化的特点，分别在浙江绍兴市上虞区、平水镇，浙江金华市磐安县，海南东方市，云南昆明市先后流转3500亩土地，投资建设花卉种植基地，实现菊花的周年种植和供应。目前有各类温室大棚等设施面积2000亩，形成年产菊花达5000万枝的能力。在菊花加工板块，海丰花卉投资7000万元建设加工出口生产中心，引进8条先进的花卉加工生产线，日产加工花卉产品50万枝，是目前国内最大的单体菊花加工生产中心。广阔的种植基地和先进的菊花生产线为海丰花卉业务规模的扩大提供了物质基础。

（2）向技术要效益。海丰花卉应用精准农业理念和技术，在农业生产、加工、流通过程中加强智慧化设施设备的使用，提升农产品流通供应链智能化水平。通过完善农产品供应链体系，将农产品供应链中所有参与主体作为服务对象，结合以需求为驱动的下游指导上游的逆向思维，提升农产品供应链中质量安全追溯服务的质量和效率。

不仅如此，海丰花卉在引进国外优势品种的基础上，不断增加研发投入和积极引进人才，建立了自己的企业研发中心，大力培育自有知识产权品种。通过与南京农业大学、浙江农科院和陕西农林院校等985、211科研院校合作、项目研发、生产实践等多形式，使研发实力不断增强，可提供的菊花品种更加丰富，种植技术更加科学。

（3）向产品结构要效益。海丰花卉积极优化产品结构，从公司创立之初的菊花销售到现在的菊花产品与殡葬服务双面开花，正是海丰花卉积极优化产业结构的结果。随着海丰花卉发展规模的扩大，公司拓展了观光农旅业务，公司实现了三产融合、三足鼎立的态势。第一、第二、第三产业高度融合。公司通过菊花产供销一体化经营模式，有机构建种植、出口、殡葬服务三大业务板块，形成了一条成熟完善，特色鲜明，富有生命力的"菊花链"。

（4）向人力资源管理要效益。在供应链协同中，海丰花卉积极向人力资源要效益。在种植中，海丰花卉通过与农户的合作，进行种植的人力资源管理，并通过配备相对应的技术员，为农户进行技术指导，加强对花卉、农户的管理，统一光照时间、光照强度和浇灌水分等，提高种植人员的技术水平，保证产品质量。在销售过程中，海丰花卉充分调动销售人员的主观能动性，授权于销售人员，提高企业的收入，为企业增加效益。在殡葬服务上，海丰花卉高度重视员工素质，严格要求企业人员心怀愿景，肩负使命，坚守职业道德，传承孝道美德，形成以“成就美丽事业诠释完美人生”为核心的文化体系，将“绿色、拼搏、创新、感恩、分享”的核心价值观贯穿到日常行为的一言一行，落实到管理工作的方方面面。在服务质量上，海丰花卉经常对公司的工作人员进行培训，保证服务质量。在研发过程中，公司积极招聘高端技术人才，并与很多科研院所取得合作，提供实习基地，促进校企之间的合作，间接地为公司引进高端人才。

五、案例总结与启示

（一）案例总结

作为集花卉的种苗繁育、生产种植以及出口加工、销售于一体的花卉种植企业，海丰花卉在打造菊花链的过程中并不是一蹴而就的，而是在长期经营中注重恰当的资源整合与协作。海丰花卉深入“供应链协同”的内在机理，分别在上中游识别、配置与利用资源。在上游，海丰花卉加强资源识别达成采购与育苗研发的合作；在中游，“公司＋基地＋农户”的种植模式有效实现了土地、劳动力等资源配置；在下游，实施多元化协作销售经营有效达成资源利用价值。海丰花卉与供应商、农户、销售商等各节点环节的协同发展，打造海丰花卉利益共同体模式。另外，海丰花卉利用现代信息技术的共享，为“菊花链”的供产销发展保驾护航。在注重菊花品种研发的合作基础上，加强公司物联网技术的发展。借助科技力量实现创新发展，从靠天吃饭到精准调控。在海丰花卉，越来越多传统的农业方式插上了“数字翅膀”，向高质量发展“起飞”。

从供应链协同理论出发，海丰花卉模式一方面有效实现企业资源优势互补，保证菊花原产品供应的质量优势，使服务水平更高；另一方面通过建立利益联结机制促进了海丰花卉的发展，实现了生产资源重新整合和组织模式重组。这有助于提高生产管理效率、促进规模扩张和相关多元化经营，产生规模经济，形成成本优势，获取可持续竞争优势从而实现自身的经济价值和社会价值。

（二）案例启示

1. 企业发展要增强上下游协同意识

现如今的产品供应链链条较长，各环节以各自利益为主，协同意识薄弱。但随着经济的发展，竞争关系已不再是企业间的竞争，而是供应链间的竞争。面对中小企业发展的现状，要树立供应链协同发展的理念，特别是要加强对现有传统产业中龙头企业的培育发展和引领作用，需要在企业和部门间的密切配合和良好的分工，建立起有效的合作伙伴关系。通过发现顾客需求，构建起供应链战略合作伙伴关系，充分利用自己在产品、技术、市场上的优势，根据物质协作的方向，使新的经营业务在其原有业务供应链的上游或下游（或上下游同时展开）相互合作，深化专业分工与协作，提高资源的利用深度和综合利用率。

2. 企业发展要加强多方主体支持

中小型企业为了能够长期稳定地发展，应寻求多方主体的帮助和支持。一是寻求政府政策支持；二是依靠研发机构。中小型企业在发展的过程中应积极寻找外部因素稳固自身发展，特别是在新冠疫情期间，企业可有效利用政府的相关扶持政策，破解经营困境，减轻企业负担；从企业长远发展来看，技术的获取并不是面临的首要问题，而技术人才才是真正制约企业发展的关键因素。加强企业内部研发技术团队的建设，消化吸收外来技术，不断改进以适应新的技术问题，破解技术过度依赖外部力量的制约，提升企业自主创新能力。

3. 企业发展要建立利益共同机制

基于双方的信任，与农户等主体形成利益共同体，实现利益共享、风险共担，在一定程度上能避免龙头企业通过道德风险侵害第三方利益。稳定和完善企农利益联结机制，构建企农双赢的命运共同体，不仅是新时代农业产业化健康发展的核心动力，更是调动全社会力量参与乡村振兴的重要举措。通过加强龙头企业与农户之间的利益联结，将其置于追求共同长期利益的虚拟边界之内，以减少交易双方的机会主义行为并降低交易成本。稳定和完善利益联结机制，构建双赢的命运共同体，不仅是新时代农业产业化健康发展的核心动力，更是调动全社会力量参与乡村振兴的重要举措。

思考题

1. 怎样理解供应链？它的适用范围有哪些？
2. "菊花链"是如何构建的？对其他企业的借鉴意义有哪些？

案例编写：甄孟姣（会计 19 级）；赵琪（会计 19 级）；江艺楠（工商管理 19 级）；
陈锦好（公共管理 19 级）；杨力绫（会计 19 级）
指导老师：朱杏珍

参考文献

[1] 李国雅．我国花卉产业现状和发展刍议［J］．甘肃农业科技，2019（5）：77－80.

[2] 郭莉缘，张磊，唐文韬．美丽乡村建设背景下花卉旅游产业发展现状及实施策略［J］．大众文艺，2020（2）：254－255.

[3] 邓淑红，周方舟．基于精准扶贫视角的农业产业扶贫问题研究［J］．陕西农业科学，2017，63（11）：89－92.

[4] 詹帅，霍红．供应链创新驱动的精准农业实现路径及保障措施［J］．北方园艺，2021（2）：165－171.

[5] 樊琴．夯实内控制度基础，提高企业管理水平［J］．财会学习，2016（13）：218－219.

[6] 高阔，唐雯钰．农产品供应链运作模式与提质增效分析［J］．江苏农业科学，2017，45（24）：333－337.

[7] 李方方．浅谈供应链环境下如何提高企业的采购管理水平［J］．中国包装工业，2014（6）：15.

[8] 胡引霞，胡剑南，韦一，王琛琪，张浩，赵珍．基于花卉供应链的需求扰动应对策略及实证研究［J］．市场研究，2016（3）：30－33.

[9] 陆丽丽，陈竹．温江花木供应链协调度探析［J］．商场现代化，2012（20）：60－61.

[10] 卢凌霄．数据仓储技术在物流管理中的应用与前景——以中国台湾花卉供应链的物流现况分析为例［J］．农业展望，2010，6（12）：55－57.

[11] 熊毅俊，周灿芳，谭翔，汪必旺，梁巧丽．农业龙头企业带动小农户发展优化路径探索——基于广东海纳农业有限公司的案例分析［J］．广东农业科学，2020，47（4）.

案例5

践行生态经济理论，探索奶业可持续发展之路
——基于浙江一景乳业股份有限公司的案例分析

摘　要

生态环境与人类和谐共生是永恒的全球性问题，随着各国二氧化碳排放，温室气体猛增，对生命系统形成威胁，国家也进一步提出以碳达峰、碳中和为主题的经济社会系统性变革。奶业作为碳排放大户，其发展深受外部环境的影响与制约。案例以浙江一景乳业股份有限公司（以下简称“一景乳业”）为研究对象，对其践行生态经济，将外部环境对企业环保的要求内化为自身行动进行了深入研究与分析。结合生态经济与可持续发展理论、生态奶业理论分析得出一景乳业在奶牛饲养、乳品生产、多元营销、休闲观光以及专利技术等环节贯彻生态经济理念，将它们绿色化，不仅为自己营造了良好的外部环境、创造了生态效益，还为企业带来了切实的经济效益与社会效益，促进了其可持续发展。

在全球对生态环保问题愈加关注、各国对企业的污染排放等采取措施进行监督控制的背景下，本案例的研究对于企业该如何应对外部环境对企业生态环保的要求，有意变被动为主动、贯彻生态经济理念促进可持续发展的企业有一定参考借鉴意义。此外，本案例对一景乳业及牧业的经营运行等情况的介绍，对于人们了解奶业亦有一定的帮助。最后，案例也可作为生态奶业的一个具体企业样本，充实生态奶业的相关研究。

关键词： 奶业；生态经济；可持续发展；生态奶业；绿色环保

一、绪论

（一）研究背景

面对全球气候变化愈演愈烈的现实，习近平总书记指出：实现碳达峰、碳中和是一场广泛而深刻的经济社会系统性变革，要把碳达峰、碳中和纳入生态文明建设整体布局。碳达峰是指我国承诺在2030年前，二氧化碳的排放不再增长，达到峰值之后逐步回落。碳中和则是指在一定时间内直接或间接产生的二氧化碳排放总量，通过植树造林、节能减排等形式，以抵消自身产生的二氧化碳排放量，实现二氧化碳“零排放”。奶业是碳排放的大户，从饲料的生产到奶牛的养殖、牛奶的加工运输、包装的回收和利用、消费者的购买都会消耗能源，产生碳排放，碳足迹贯穿于奶业的养殖端、加工端和市场端。

奶牛的养殖不仅会产生高碳排放量，还会产生大量的粪污和废弃物。据统计，早在2003年我国畜禽粪便产生量就已超过工业固体废弃物，其中，奶牛粪尿日产生量明显高于其他畜禽，如表5－1所示。

表5－1　各类畜禽粪便日产生量

千克/（天·个体）	生猪	肉鸡	蛋鸡	奶牛	肉牛	肉羊
粪尿	7	0.16	0.30	35	35	2.6
其中：粪	3.5	0.08	0.15	25	25	2.6
尿	3.5	0.08	0.15	10	10	—

奶牛粪污如果处理不及时，会造成对空气、土壤和水质的严重污染。奶牛粪便中含有氨、甲基硫醇等6种恶臭有害物质，处理不及时臭味会成倍增长，带来空气污染。同时牛粪便中含有大量钠盐和钾盐，直接返田会因为产生反聚作用使土壤板结，严重影响土壤质量；而土壤污染与水质污染密切相关，土壤污染很容易引起地下水污染。有研究显示，奶牛粪便已经成为影响水体质量的第二大农业污染源。

奶牛养殖需耗费大量的资源，以对水资源的消耗为例，按每天每头成年乳牛产奶25～30千克来计算，一般要消耗60千克水，产奶越多，消耗水越多，如果加上冲刷圈舍及其他用水的话，每天每头成年乳牛平均要用水80～100千克。

伴随着我国经济持续稳步快速发展以及人们对牛奶营养好、易吸收的逐步认识，消费者对牛奶的消费需求逐年增加，奶业大量碳、粪及其他污染物排放、高耗能的问题更加突出。在这样的背景下，案例选取了在奶业深耕经营20余年、在发展生态绿色奶业领域颇有建树的浙江一景乳业股份有限公司作为研究对象，探究其秉承可持续发展理念，在奶牛饲养、乳品生产、营销配送、休闲旅游以及专利技术等环节践行生态经济理论，发展生态绿色奶业的实践。总结其成功经验，为相关农牧企业谋求可持续发展提供实践启示和参考借鉴。

（二）研究内容

本案例的主要研究内容分为五部分，如图5-1所示。

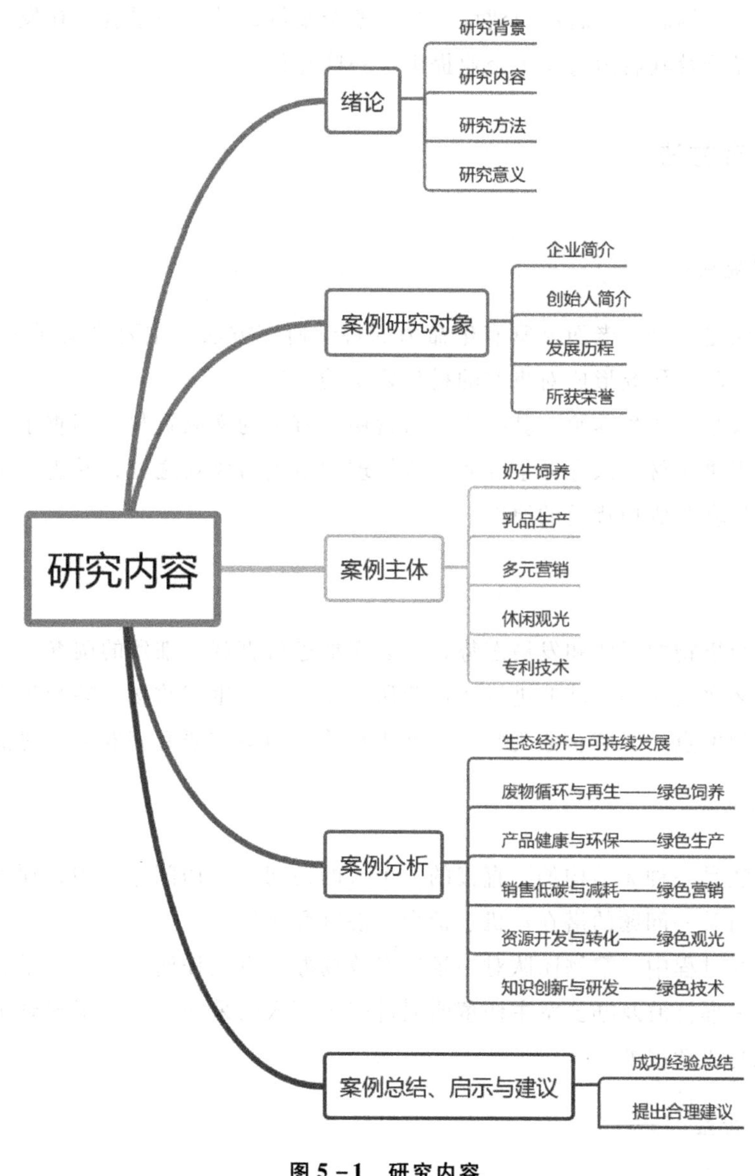

图5-1　研究内容

第一部分：绪论。阐述了本案例的研究背景、研究内容、研究方法和研究意义。

第二部分：案例研究对象。对浙江一景乳业股份有限公司的现状、创始人、发展历程、所获荣誉进行简单介绍。

第三部分：案例主体。对一景乳业的奶牛饲养、乳品生产、多元营销、休闲观光和专利技术等进行了介绍。

第四部分：案例分析。结合生态经济及可持续发展理论对一景乳业的奶牛饲养、乳品生产、多元营销、休闲观光和专利技术进行了分析，得出一景乳业在这些经营管理活动中贯彻了生态经济及可持续发展理念，实现了资源的循环利用、低碳环保、节能减排，因此获得了经济、社会及生态效益，促进了企业的可持续发展。

第五部分：案例总结、启示与建议。总结整个案例，结合一景乳业在发展绿色生态奶业领域的成功经验及其启示对相关企业提出了一些建议。

（三）研究方法

1. 文献研究法

文献研究法是一种古老而又富有生命力的科学研究方法，主要是指通过搜集、鉴别、整理文献，对文献的研究形成对事实的科学认识的方法。

通过查阅大量与奶牛养殖、乳品生产与营销等有关的文献资料，调查了解奶业的行业现状，为采访提供素材，探寻一景乳业经营管理的特色与成功之处，并进一步查找适用理论分析解释一景乳业成功背后的原因。

2. 实地考察法

为清楚一个事物的现状和发展态势，而去实地进行直观、细致的调查。

案例团队多次前往一景乳业进行实地调研，参观滨海生态牧场、嵊州生产车间及办公场所，探访零售网点，了解企业现状、发展历程等，为案例研究获取翔实的企业资料。

3. 深度访谈法

深层访谈法是一种无结构的、直接的、个人的访问，在访问过程中，深入地访谈被调查者，以揭示对某一问题的潜在动机、信念、态度和感情。

在案例研究过程中，案例团队对一景生态牧场办公室主任谢女士、一景乳业股份有限公司董事长秘书邢喜波及办公室主任董明亚进行了深入的采访，调查了解到了一景乳业经营管理的特色与成功之处。

4. 理论分析法

理论分析法，是在感性认识的基础上通过理性思维认识事物的本质及其规律的一种科学分析方法。从理论思维角度把事物分解为各个组成部分、特征、属性、关系等方面，再从本质上加以界定和确立，进而通过综合分析把握其规律性。

案例团队结合生态经济及可持续发展理论对一景乳业的奶牛饲养、乳品生产等进行了分析，得出一景乳业在这些经营管理活动中贯彻了生态经济及可持续发展理念，实现了资源的循环利用、低碳环保、节能减排，因此获得了经济、社会及生态效益，促进了企业的可持续发展。

（四）研究意义

案例的理论意义在于：论述了生态经济与可持续发展的关系，提出“生态经济理论是实现人类可持续发展的方法手段”的观点，发展完善了生态经济与可持续发展理论。

案例的实践意义在于：以一景乳业为研究对象，对其践行生态经济理论，将外部环境要求内化为自身行动，在奶牛饲养、乳品生产、多元营销、休闲观光以及专利技术等环节贯彻生态环保理念进行了研究，论证了一景乳业的这些绿色行动不仅为自己营造了良好的外部环境、创造了生态效益，还为企业带来了切实的经济效益与社会效益，促进了其可持续发展。从微观企业层面给出了企业主动实践生态经济理论的样本。

案例对一景乳业及牧业的经营运行等情况的介绍，可为人们了解奶业及农牧产业企业提供一定的帮助，相关农牧企业可参考借鉴一景乳业的相关做法构建竞争优势、实现可持续发展。

二、案例研究对象

（一）企业简介

浙江一景乳业股份有限公司成立于2002年8月，注册资本6848.79万元，公司业务包括奶牛饲养、乳品加工生产与销售、休闲观光等，企业愿景是做中国最好的乳品小企业。企业标语如图5－2所示。

图5－2　企业标语

一景乳业位于嵊州市经济开发区农产品加工园区的牛奶加工生产基地，占地面积38000多平方米，建筑面积13000平方米，引进国内先进的牛奶加工生产流水线，日处理鲜奶能力100吨。

一景乳业建在绍兴滨海新城省级现代农业综合区的浙江一景生态牧业有限公司，总面积3000亩，分为奶牛养殖区、蔬菜种植区、果木区、花卉区、休闲观光区、体验区等多个区块。目前已建成控温综合牛舍、青储窖、干草库、机修间、消毒室等3万多平方米，配备有利拉伐PR3100转盘式挤奶器、自走式TMR饲料搅拌车等先进设备，饲养优质奶牛4500余头，日产量65余吨，牛奶质量优于欧盟标准。

一景乳业现有鲜牛奶、甜牛奶和酸牛奶三大类10个品种，分屋顶式、纸杯式和袋式三大无菌包装系列。当前企业客户主要来自绍兴地区各县市（嵊州、新昌、绍兴、柯桥、上虞、诸暨、袍江）和萧山、杭州等，直销配送网点近80家。一景乳业奶源全部由一景生态牧场供给，没有散户收购，自营直销配送，牛奶从牧场到用户手中，全程冷链管理，牛奶加工以销定产，保证了所有的客户每天都能喝上放心的新鲜牛奶。

浙江一景乳业股份有限公司现拥有浙江一景生态牧业有限公司和浙江一景乳业配送有限公司两家全资子公司，控股绍兴市一景有限公司。一景乳业总部负责牛奶的加工，两家全资子公司分别负责养牛和配送服务，而其控股子公司主要负责奶品的销售。企业组织框架如图5-3所示。

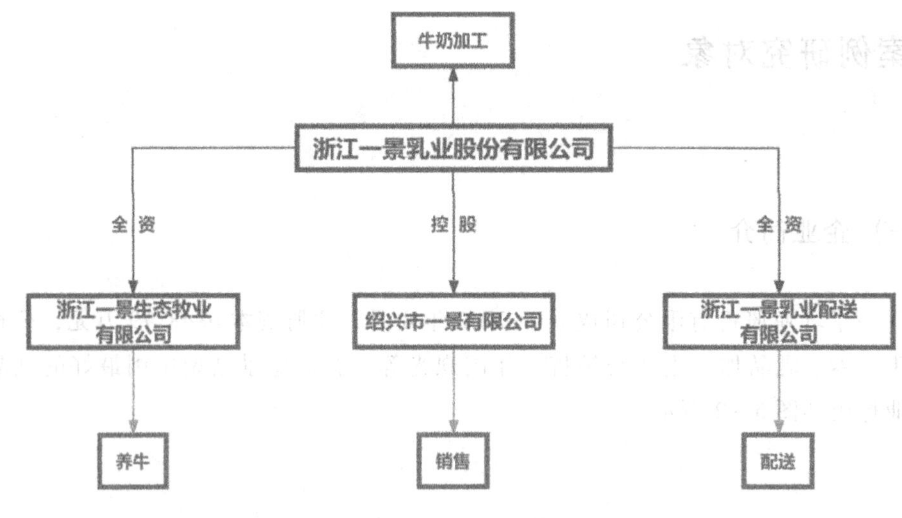

图5-3 企业组织框架

（二）创始人简介

李鸣先生，浙江一景乳业股份有限公司的创始人，生于1958年1月。在创办一景乳业前，李鸣先生曾有4年部队任职的经历，还在啤酒厂及酿造行业工作过10多年，于1995年成立绍兴市一景酒业有限公司。

李鸣先生因为有肠胃方面的困扰，在听说“牛奶养胃”这个说法后，萌生了做奶制品行业的想法并开始付诸实践。2002年，绍兴只有塔山村饲养了百来只奶牛，并没有一个规模化的养殖场，李鸣先生抓住契机，于2002年8月在一景酒业有限公司的基础上创立了一景乳业股份有限公司。企业创立之初，李鸣先生就树立了“坚持用品质赢得消费者信赖、树立好口碑”的经营理念并一以贯之。一景乳业曾经有6年亏损，其间有员工向他建议适当加入奶粉进行调和，降低生产成本，被他拒绝。李鸣先生说：“相比大规模企业，我们的规模可能相对较小，但产品品质优良。公司员工是本地人，消费者大多也都是本地人，我做出来的东西，一定要对得起父老乡亲。”品质一直是一景乳业的立企之本，多年来一景乳业坚持以质量求得生存发展，坚持生产不添加一滴水的高品质牛奶。三聚氰胺奶粉事件使我国奶业遭遇了空前的信任危机，正是因为李鸣先生对品质的坚守，使一景乳业作为一家本地小型奶制品加工企业，能平稳度过三聚氰胺等事件对于中国奶业的考验，并乘势而上，逐渐扩大规模，受到绍兴市民的青睐。

从创办一景乳业至今，李鸣先生一直踏实严谨、兢兢业业。“企业应该主动履行社会责任，这是一景乳业始终坚持的办企原则。”李鸣先生说。在李鸣先生看来，公司少赚钱，甚至不赚钱，也必须确保客户喝上放心奶；企业每天面对十几万客户，从养牛到加工，再到运输配送，整个链条的各个环节都来不得半点马虎，必须是高质量、严要求；企业应该主动顺应外部环境趋势，满足外部环境要求，而这些也是企业可持续发展的根基。

（三）发展历程

浙江一景乳业股份有限公司于2002年8月注册成立。

2003年5月，公司开始在嵊州石璜牧场养殖奶牛，并于年末将牛奶上市，被评为绍兴市级重点农业龙头企业以及嵊州市技术改造先进企业。

2004年，企业通过了ISO9001质量体系认证，乳制品通过QS质量安全认证。

为进一步扩大规模，2005年4月，一景乳业兼并绍兴塔山奶牛场，被评为浙江省农业科技企业和浙江省高新技术产业信息试点企业，并被绍兴市委宣传部等多家单位联合授予“诚信企业”。

2006年9月，“一景牌”牛奶被评为绍兴名牌产品，“一景”商标被评为绍兴市著名商标。

2012年5月，公司在绍兴滨海新城省级现代农业综合区投资2.4亿元新建6500头饲养规模的现代化生态观光牧场——浙江一景生态牧业有限公司，总面积3000余亩，包括奶牛养殖区、蔬菜种植区、果木区、花卉区、休闲观光区、体验区等多个区块。同年，公司在嵊州市经济开发区农产品加工园区建立牛奶加工生产基地，占地面积38000多平方米，建筑面积13000平方米，引进国内先进的牛奶加工生产流水线，日处理鲜奶能力可达100吨。

随着企业不断发展壮大，2016年9月，浙江省一景乳业股份有限公司正式挂牌新三板。

2019 年 5 月 30 日，第一家一景鲜奶体验店的正式营业。现场制作，即时饮用，品味俱佳，充分享受，为广大市民消费者提供了全方位、高质量、绅士式服务。嵊州电视台以《一景乳业创新经营模式，谋求企业发展》为题，在新闻频道头条对其进行了采访报道。

2022 年 1 月，由农业农村部农业生态与资源保护总站和中国农业生态环境保护协会公布的名单中，一景生态牧业有限公司入选“全国首批生态农场”。

一景乳业发展历程如图 5－4 所示。

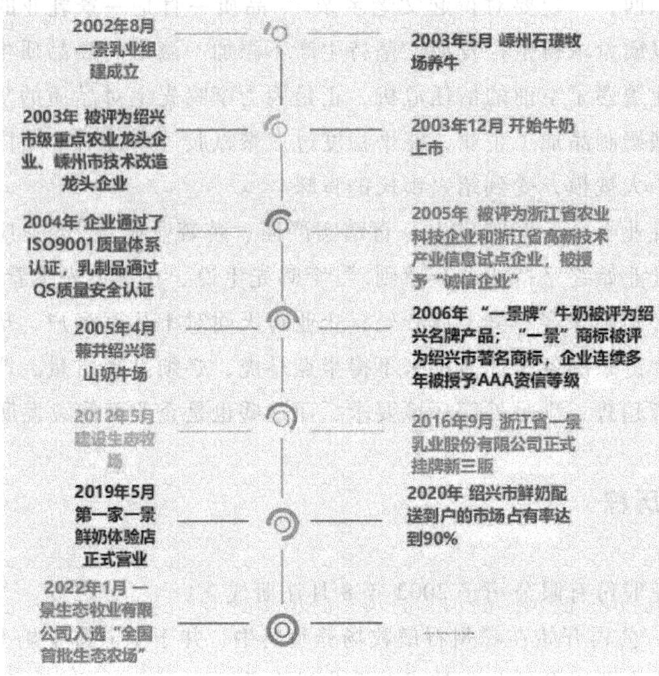

图 5－4　一景乳业发展历程

（四）所获荣誉

浙江一景乳业股份有限公司自 2002 年成立至今，近 20 年来获得诸多荣誉。公司曾被浙江省科技厅批准为“省农业企业科技研发中心”和“浙江省农业科技企业”。一景生态牧场还获得过“浙江省美丽生态牧场”和第九届长三角奶业大会“奶牛场优胜奖”等称号，企业连续多年被多家银行授予“AAA”资信等级。企业所获荣誉如表 5－2 所示。

表 5－2　所获荣誉

年份	荣誉称号
2003	绍兴市级重点农业龙头企业
	嵊州市技术改造先进企业

续表

年份	荣誉称号
2005	浙江省农业科技企业
	浙江省高新技术产业信息试点企业
	“诚信企业”
2006	“一景”被评为绍兴市著名商标
2007	绍兴市工程技术研究开发中心
	区域科技创新服务中心
2008	浙江省农业企业科技研发中心
2010	浙江省骨干农业龙头企业
2012	外国专家工作站
2014	浙江省知名商号
2016	浙江省美丽生态牧场
2017	第十届长三角奶业大会“十佳乳品企业” 舌尖上的浙江——2017浙江农业博览会金奖产品鉴赏推介会
2018	全省“最美田园”
2019	全国奶业休闲观光牧场
2022	全国首批生态农场

三、案例主体

（一）奶牛饲养

1. 现代化控温牛舍

奶牛的产奶性能主要受环境和营养因素的制约。湿热环境是制约奶牛产量的主要因素，在湿热环境中，在对湿热应激的适应基础上，奶牛进化出了一些应对湿热应激的生理机制，但这些生理机制或多或少是以牺牲奶牛产奶量为代价。为了给奶牛提供舒适的生活环境，减少湿热对奶牛的影响，达到提高产奶量的效果，一景乳业在生态牧场建立了江南第一家现代化控温牛舍，该牛舍号称奶牛的空调房，采用低面横向通风设计，为南方夏季高温高湿天气导致的缺奶现象提供了解决方案，其建筑形式和管理模式在美国7个州被普遍认可。现代化控温牛舍内部设置有温度传感器和湿度传感器，一旦温度或湿度超过了预设的温度，设置在顶部的多个风机就会运转，实现室内的空气流动，起到有效调节室内温度湿度的作用。牛舍温度一年四季都保持在20℃左右，即使在炎热的夏季，牛舍内部的最高温度也不会超过29℃。温度湿度的有效控制减少了有害菌的滋生，降低奶牛的生病率，提高了产奶量。现代化控温牛舍中间设置有走道，走道两侧设置有食槽，奶牛24小时都可以自由吃喝活动。

牛床是奶牛活动和休息的主要场所，也是影响奶牛生活环境舒适度的关键因素之一，一景牧场牛舍内的牛床是由经过沼气烘干后的牛粪铺垫，含水量约为30%，松软而干燥，为奶牛提供了一个舒适卫生的休息环境，可以增加奶牛趴卧的时间，从而增加乳产量，同时减少趾蹄病的发生，延长了奶牛的寿命。一景牧场工作人员对牛舍进行两天一次的消毒杀菌，兽医日常检查奶牛确保健康，并在身体状况差的奶牛上做标记，便于后续加强对它的监督与营养供给。牛舍全貌如图5-5所示。

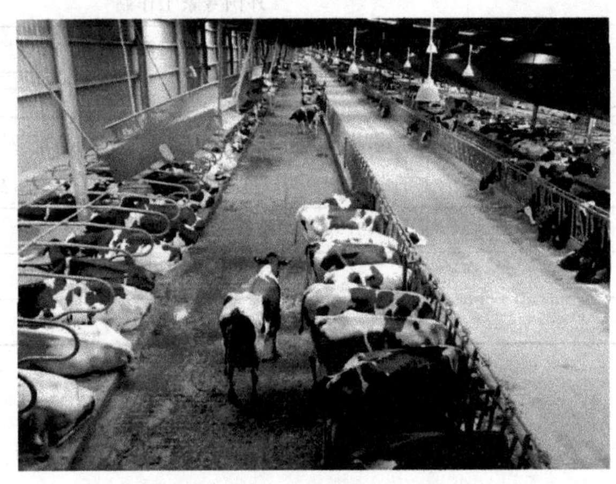

图5-5　牛舍全貌

2. 技术化奶牛管理

荷斯坦牛被认为是世界上产奶量最高的牛，因此在一景乳业2013年建成的牧场内，最先引进了澳大利亚荷斯坦黑白花奶牛，之后一景采用世界排名前50位的美国优秀种公牛冻精进行繁育，使培育出来的后代比澳大利亚荷斯坦牛品种更优良，产奶量更高。

为了增加母牛的数量，一景乳业与浙江大学合作共同承担浙江省重大科技项目——提高母牛的繁殖率（性控技术），最终达到92%的母性奶牛比。当牧场母牛的规模达到6000头左右时，奶牛管理者便取消使用性控技术，让奶牛在自然比例下繁育。

为科学管理奶牛，一景牧场人员在每头奶牛的耳朵上都配备了一个电子耳标，相当于奶牛的身份证。任何有关这头奶牛的信息都通过这个电子耳标与数据库对接，包括何时生小牛、父母信息、每日奶产量与脂肪蛋白、体细胞等牛奶质量参数等，实现了智能化记录与原奶供应生产记录存储，便于工作人员对整体的牛奶品质进行掌握。

另外，为降低饲养成本、提高劳动生产率及实现科学喂养，一景乳业还引进了具有国际先进水平的全自动牛犊饲喂器和自走式饲喂车。对于刚出生的小牛，一景乳业采用德国进口的全自动牛犊饲喂器取代人工喂奶，保障每头牛犊每天的喝奶量和牛奶的品质，并且记录牛犊相关参数后传到电脑上进行实时监控。对于成年母牛，一景乳业采用意大利进口的自走式饲喂车，能将草料搅拌均匀，正确取料，确保牛群正常消化产奶。

企业还十分注重引进国际先进技术，建有外国专家工作站。从2005年开始，相继已有来自欧洲、澳洲、美国、以色列等地的30多位专家到一景乳业进行技术指导和交流，目前企业的奶牛饲养和产品生产基本与国际水平接轨，如图5-6所示。

图5-6 外国奶牛专家来访一景乳业

3. 均衡性饲养配方

饲料是奶牛维持生命活动和保持良好生产性能的物质基础，为了保证奶牛的健康和提高奶牛的产奶量，一景牧场对饲料进行了严格的筛选并采用均衡的营养配方，以确保奶牛摄入充分、全面、均衡的营养物质，促进奶牛的生长发育。

一景乳业聘请了法国和以色列的专家对奶牛饲养管理进行技术指导，奶牛喝的水取自库容2.35亿立方米、水质达到欧盟优质饮用水标准的小舜江水库；吃的饲料是美国进口的苜蓿草和牛粪浇灌的一景牧场自种青储玉米（如图5-7所示），营养价值高。苜蓿含有丰富的苜蓿多糖、大豆黄酮和异黄酮以及多种未知促生长因子（UGF），在奶牛的生长过程中具有改善奶牛生产性能、提高奶牛免疫力以及调节肠道微生态平衡等生理功能。青储玉米由一景牧场种植区的玉米基地生产，鲜玉米棒连同鲜玉米秸秆粉碎后，用青贮发酵的方法将秋收后尚保持青绿或部分青绿的玉米秸秆保存，该方法可以很好地保存其养分，青贮发酵的玉米秸秆质地柔软，具有香味，能有效增进奶牛的食欲，增加产奶量。

图5-7 青储玉米和美国进口的优质苜蓿草

4. 自动化转盘挤奶

一景乳业不惜成本，引进国际上最先进的瑞典进口利拉伐全自动转盘式机械挤奶器，其具有自动电子识别、电子计量、自动脱杯等功能，有独特的操作系统与个人电脑相连，实现了对牛群挤奶的数字化管理。

如图 5－8 所示为一景牧场挤奶区，挤奶区同样配有温度感受器和湿度感受器，能够判断当前环境是否处于牛的舒适范围内，顶部配有的多个风机在温湿感应器的数据指挥下运转，实现室内的空气流动，同时室内工作人员的进出也需要进行严格的消毒以控制内部环境的清洁和卫生。

图 5－8 挤奶区全景

一景牧场挤奶区设有两个大转盘，牛群排队自动站上转盘式机械挤奶器等待挤奶，挤奶杯组和奶牛同时移动，转盘每小时可转 7～8 圈，待转盘缓慢地转动一圈后，机器自动脱落吸奶套杯，挤完后的奶牛退出挤奶位置，挤奶就此结束。挤奶流程如图 5－9 所示。

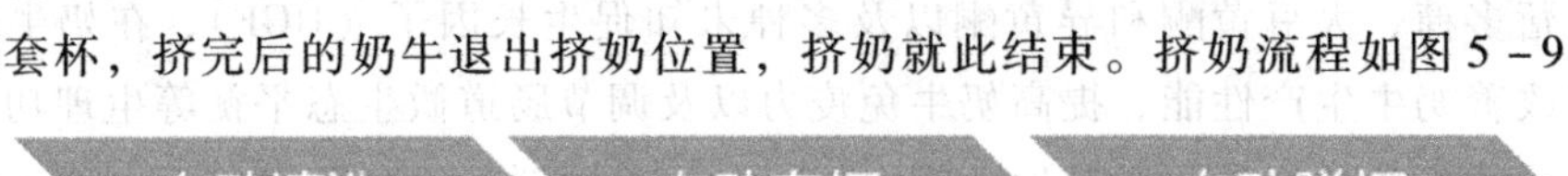

自动清洗 → 自动套杯 → 自动脱杯

图 5－9 挤奶流程

自动挤奶区域一般配有 5 名员工，在挤奶前后对自动挤奶转盘进行乳头清洁、设备连接和检查奶牛状态等工作。传统的人工挤奶每头牛需要 10～15 分钟，每人每小时可挤 4～6 头牛；而机械挤奶每头牛的挤奶时间在 4～6 分钟，每个人可以操作 5～10 个杯位，每小时每个人可以挤 50～120 头牛，挤奶效率是传统人工挤奶的 10～20 倍。同时，与人工挤奶相比，机械挤奶将原奶通过密封的管道直接导入制冷罐，整个过程与外界环境完全隔离，到达制冷罐的原奶可在短时间内利用速冷系统及时冷却到 2℃左右，有效抑制了原奶中微生物的繁殖，而后传输至具有良好保温功能的室外奶罐临时保存，可以最大限度地保证原奶质量。机械挤奶的压力、脉动频率相对稳定，可以尽可能地为奶牛提供舒适的挤奶环境，保证奶牛乳房健康、提升产奶量。

由于奶牛的乳汁分泌是一种复杂的生理功能，分泌效果会受到奶牛的视觉、听觉及触觉的影响，外部环境的各种刺激会传输到牛的神经系统从而影响奶牛的产量。一景牧场在挤奶时会播放轻音乐，让正在挤奶的奶牛们放松心情，保持愉悦，调动情绪，增加泌乳反射，从而分泌出更多的乳汁。

（二）乳品生产

1. 安全奶品打造

“100匠心，只为一杯好牛奶。”一景乳业严格把控牛奶生产的全过程，牛奶加工生产车间设在一景总部——绍兴嵊州，从滨海牧场到总部只需要一个小时的车程，最大限度地保留了牛奶的营养和口感。牛奶用专用的奶罐车运输，全程冷链管理，不接触空气，抑制了细菌的繁殖。

每批牛奶必须经过如图5-10所示的原料奶检验、过程控制检验、出厂检验“三重关卡”层层把关。仅原料奶检验，就要经过理化、卫生、安全三类近60项指标的检测，检测合格方能进入车间生产。为保障牛奶品质，一景乳业大力引进先进设备，使用具有世界领先水平且国内应用不多的体细胞快检仪，持续检测原料奶体细胞，努力为消费者提供质量更优的奶制品。数据表明，一景乳业的牛奶在菌落总数和体细胞数方面已经达到国际先进水平，菌落总数美欧标准为≤10万个/ml，一景乳业≤1万个/ml；体细胞数严格的欧盟标准为≤40万个/ml，一景乳业已≤20万个/ml。中美欧牛奶菌落总数及体细胞标准与一景数据如表5-3和图5-11所示。

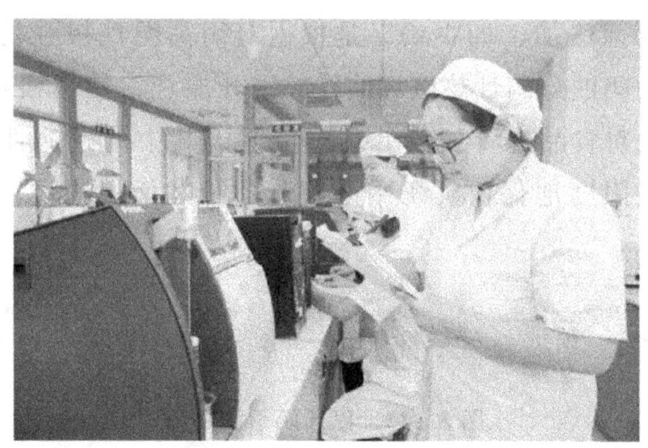

图5-10　工作人员正在检测原料奶体细胞

表5-3　牛奶菌落总数及体细胞标准

标准类别	美国标准	欧盟标准	中国标准	一景生态牧场
菌落总数	≤10万个/ml	≤10万个/ml	≤200万个/ml	≤1万个/ml
体细胞数	≤75万个/ml	≤40万个/ml	无	≤20万个/ml

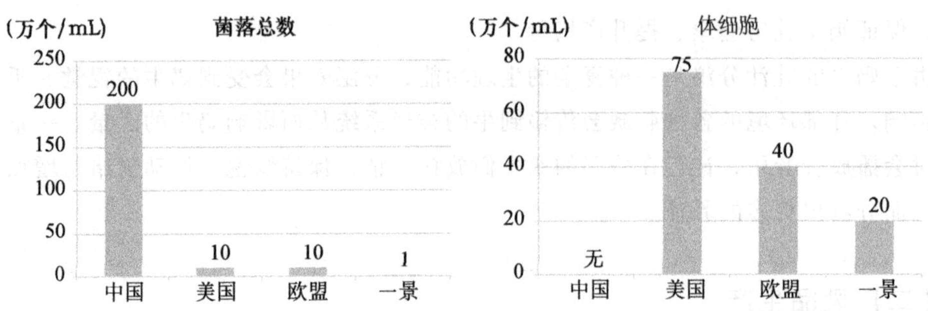

图 5－11　中美欧牛奶菌落总数及体细胞标准与一景数据

一景乳业在生产加工过程中只做检测、过滤和杀菌，坚持打造不加一滴水、不加食品添加剂的牛奶。一景牛奶不使用增稠剂、防腐剂、香精和色素，一景酸奶仅用新鲜一景生乳、白砂糖和优质发酵菌种酿造而成，一景乳品保留了牛奶最本真的口感，是健康安全优质乳品，如图 5－12 所示。

图 5－12　零添加牛奶

一景乳业坚持只生产对营养成分破坏少、风味保留完整的低温杀菌的巴氏鲜奶。巴氏鲜奶指的是采用巴氏灭菌法加工的牛奶，是根据对耐高温性极强的结核菌热致死曲线和乳质中最易受热影响的奶油分离性热破坏曲线的差异原理，使用相对较低的温度——60～65℃，在规定的时间内对食品进行加热处理，可杀灭其中的致病性细菌和绝大多数非致病性细菌，同时能最大限度地保留鲜奶中的营养成分和活性物质。巴氏奶杀菌过程如图 5－13 所示。

图 5－13　巴氏奶杀菌过程

相比巴氏奶，常温奶是利用超高温灭菌法，在 120～150℃的条件下，进行 0.5～4 秒的瞬间灭菌处理而制成的一种液体奶。由于杀菌温度控制得较低，巴氏奶与常温奶相比含有更多的营养成分，例如免疫球蛋白、乳铁蛋白等的含量都高于常温奶。按照国家标准，牛奶中的蛋白质含量应为 2.95%，而一景乳业的牛奶可以达到 3.2% 左右。常温奶与巴氏奶的区别如图 5－14 所示。

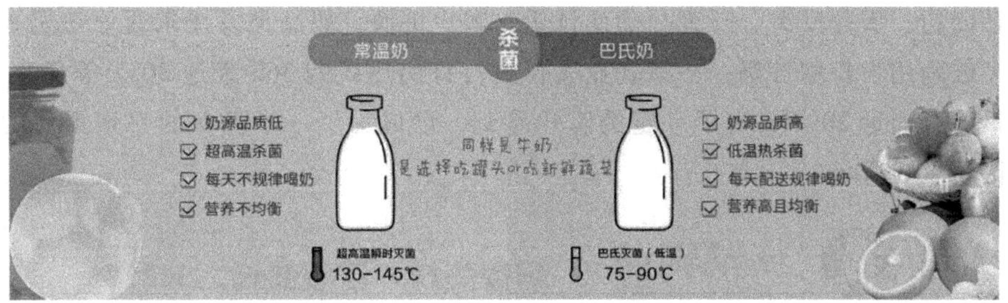

图5-14 常温奶与巴氏奶的区别

2. 无菌环保包装

一景乳业采用以天然植物和有关矿物质为原料研制成的绿色材料包装牛奶，易于降解，有利于回收利用，既保障了乳品安全健康，又保护了生态环境。同时，一景乳业的包装还使用了无菌技术，在无菌环境下灌入无菌牛奶，并形成足够紧密防止再污染的密封封口。除了包装材料，一景乳业在包装设计上也别出心裁，以蓝白、红白、绿白色调为主，搭配清爽，给人以健康安全的印象，如图5-15所示。

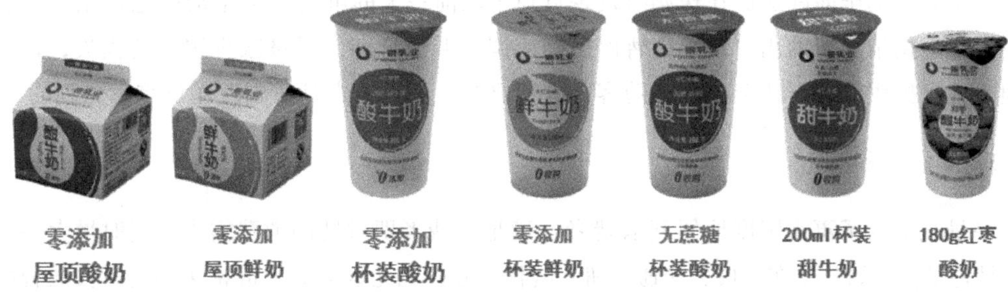

图5-15 包装图示

（三）多元营销

一景乳业生产的牛奶以往会通过去小区、学校、农博会摆摊直接销售，而目前大部分通过直销配送网点、96211服务热线、一景乳业App、智能零售柜直接出售给绍兴地区各县市（嵊州、新昌、绍兴、柯桥、上虞、诸暨）和义乌、萧山、杭州等地的居民，并通过自营配送公司600余名全职配送员直接送奶到客户家；余下的部分以伊利高端奶的原料奶的形式出售给了伊利公司。

1. 订奶配送服务

早在2003年，一景乳业就联合浙江通信管理局率先开通96211订奶服务热线，通过其实现与订奶用户的沟通。目前该热线客服中心一共有30多名员工，分早晚两个班，一天工作14个小时，从早上六点半到晚上八点半，每天接听与拨打几千个电话，电话内容包括电话回访、服务反馈、与客户确认订奶、客户更换订奶品类及要求暂停送奶等沟通信息。为了鼓励用户长期订奶，一景乳业实行拨打订奶热线购360天送30天等优惠。96211热线电话已开通近20年，有了一定的客户基础，已成为了一景乳业的一张重要的销售名片，如图5－16所示。

图5－16 订奶热线

2004年，相比其他送奶到户商家一天一送的配送服务，一景乳业为了让客户能喝到最新鲜的奶，不计成本首创了一天两次送奶到户，配送队伍早晚出发，早晨喝的牛奶早晨送，晚上喝的牛奶晚上送。目前一景乳业拥有直销配送网点近80家，日配送牛奶120000余份，其中11万份主要送往绍兴。

企业在扩大规模时，通常会把配送服务外包给快递公司，但一景乳业为了保证配送服务质量，选择自营配送公司雇用全职配送员。相比兼职配送员，全职配送员服务更周到细致，一景乳业的全职配送员在送奶时发现订户未取前一天的鲜奶，会主动打电话给客户、了解原因并根据情况帮助用户或申请暂停送奶或调整派送日期，尽量减少用户的损失，最大限度地为客户提供便利，还会主动帮助客户清理奶箱，而这通常是兼职配送员难以做到的。

2. 智能零售服务

一景乳业为了更大限度地便利消费者、满足消费者即时性的消费需求，同时增大一景牛奶的销售量，开始尝试在高校、交通枢纽、购物中心、观光景点等人群密集的场所投放智能售货柜进行自助销售，并配置了导购员协助消费者使用智能售货柜购买牛奶，如图5－17所示。

图5－17 智能柜展示

为了顺应移动互联网的发展趋势、方便消费者，一景乳业还专为手机用户推出了一景乳业App，其具有订奶（及其他产品）、变更配送需求、支付、取货、在线客服、资讯等功能。该 App 能与 96211 客服热线、智能售货柜信息互通，共同构成了一景乳业立体、多方位的客户服务系统，用户用自己的手机号码注册登录一景乳业 App，可查询配送信息，在线选择品种、天数、配送模式、配送时间、配送早晚等个性订奶服务。送货员会在送往客户的牛奶上贴上记录交易全程的 QR 码，通过 App 客户可依据 QR 码查看交易记录，这些信息也被 96211 客服热线共享，客户也能与在线客服即时沟通、即时问答；用户还可以通过一景乳业 App 选择附近的线下智能售货柜取奶。一景乳业 App 界面如图 5－18、图 5－19 所示。

图 5－18　一景乳业 App 界面（一）

图 5－19　一景乳业 App 界面（二）

3. 企业合作销售

除了订奶配送与智能柜销售，一景乳业还和大型乳企合作，以伊利高端奶原料奶的形式将部分牛奶出售给了伊利公司，出售量依据季节波动会有所不同，一景生态牧场日产牛奶30~50吨，其中平均每天出售给伊利的量为16~18吨。

（四）休闲观光

为了响应国家农业农村部要求，也为了让生产过程公开透明增加消费者信任度、开拓盈利渠道、扩大产品销售，一景乳业开设了牧场休闲观光服务项目。在2019年农业农村部公布的第三批全国奶业休闲观光牧场名单中，浙江一景生态牧场成功上榜，成为目前绍兴市唯一一家入选的奶业休闲观光牧场，被农业农村部纳入全国休闲农业和乡村旅游精品线路和景点，向社会公开推介。一景牧场休闲观光项目主要包含舒心览、畅快学、放心尝三大服务。

1. 舒心览

舒心览提供户外草坪与休闲区、牛犊观赏区、挤奶观赏区、农事采摘区四大区的游览及体验服务。

户外草坪与休闲区——走进一景生态牧场，一望无际的青储玉米区，令人心旷神怡。整个牧场就是一个大公园，处处都是绿化，充满现代化牧场气息，房屋建筑简约大方，与自然环境和谐相称。在整洁的马路旁，有大片的草坪，草坪上每相隔一段距离，就能看到卡通奶牛的雕塑，极富牧场特色；川流不息的小河，河面上漂浮的乌篷船，给整个牧场增添了份江南气息，如图5-20所示。牧场还设有儿童乐园，用于亲子互动游玩，增加牧场的趣味性。

图5-20 卡通奶牛和乌篷船

牛犊观赏区——牧场建有露天牛棚。当母牛繁育出小牛后，牧场工作人员挑选出样貌出众的小公牛，带到牛舍外的露天牛棚饲养，供游客近距离欣赏，游客还能享受亲自喂小牛的乐趣，带来新奇的体验，如图 5－21 所示。

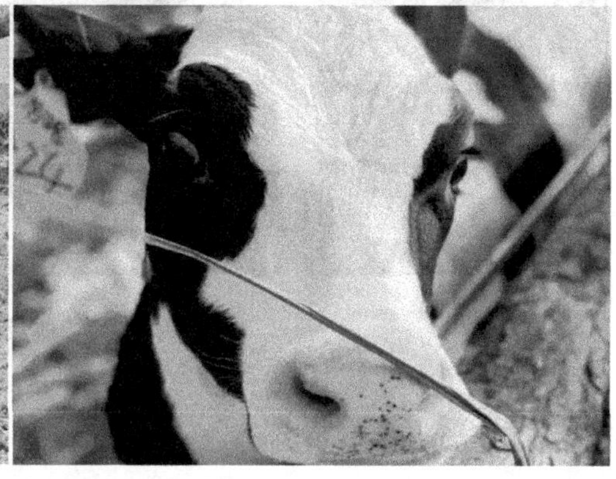

图 5－21　牛犊观光

挤奶观赏区——一景牧场建成 300 米长的空中科普长廊和近 20 米高的观光塔，走进长廊能够透过玻璃参观奶牛休憩区、饲料投放区、挤奶厅等一系列场景，奶牛饲养和自动化挤奶全过程尽收眼底。走上观光塔，则可以俯瞰整个牧场的景色，给予游客更加丰富的游览体验，如图 5－22 所示。

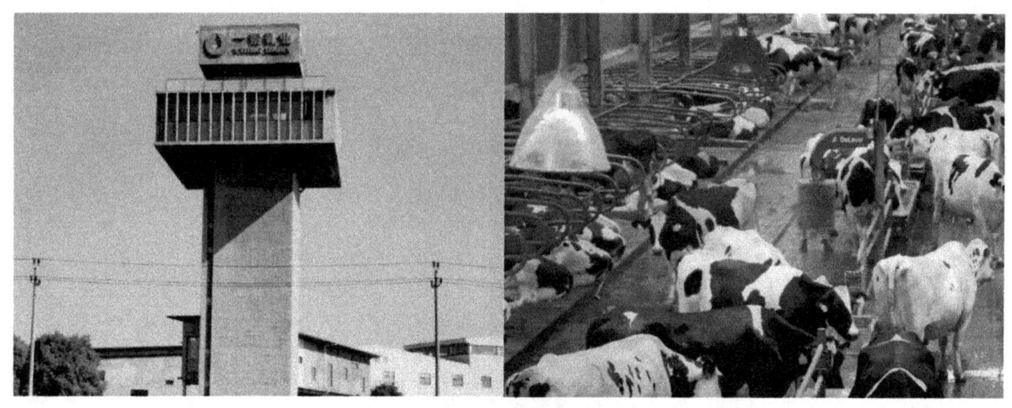

图 5－22　观光塔和奶牛休憩区

农事采摘区——牧场现有水果基地和蔬菜种植基地，游客可游览园貌、采摘、品尝、拔菜、收获农作物等，深入其中，尽享果田园风光，体验劳作之艰辛，尽享收获之愉悦，满足城镇居民回归自然、融于自然的愿望。牧场指示标和枣园如图 5－23 所示。

图 5－23　牧场指示标和枣园

2. 畅快学

一景乳业拥有绍兴唯一一家奶业休闲观光牧场，利用其优越的硬件设备向游客尤其是青少年展示现代化的挤奶技术和散栏式养牛的场景，帮助他们了解奶牛生长和产奶的过程，由此可能使他们对生物学科产生浓厚的兴趣。在空中科普长廊内部，牧场也张贴了相关奶牛小知识海报，亲民度极高，如图 5－24 所示。一景牧场还设有专职导游给游客宣传讲解奶业科普知识，开设奶业科普教育、模拟挤奶等功能型活动，让游客在游玩中学到知识，以参与性、趣味性、娱乐性、知识性获得游客的青睐。

图 5－24　长廊内奶牛知识海报

3. 放心尝

一景牧场新建“鲜奶吧”，可以品尝到新鲜的常温牛奶和使用一景牛奶制作的鲜奶吐司，如图 5－25 所示。牛奶为一景牧场挤出来后就冷藏在 4℃以下的鲜奶，每杯售价 9 元，鲜奶吐司的原料为杀菌处理过的生牛乳，制作过程不加一滴水，保证产品的新鲜、优质和安全。

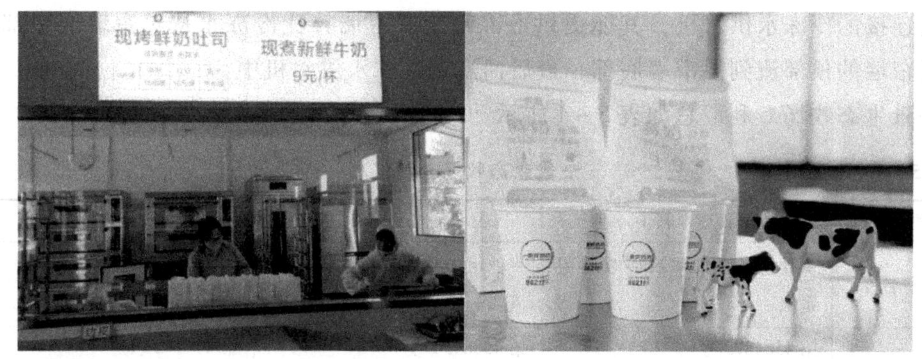

图5-25　鲜奶吧和鲜奶土司

（五）专利技术

一景乳业坚持创新发展，善于研究与总结归纳，并将生产过程中积累的经验知识申请为专利，现拥有专利35项，其中牧场专利3项，牛奶生产专利27项，外观专利1项以及计算机软件著作权4项。

1. 牧场专利

一景乳业子公司——浙江一景生态牧业股份有限公司现拥有3项养牛技术专利。牛粪作为一种动物性有机肥料，是一种宝贵的资源。但牛粪尿如未能有效利用，不仅污染空气和水源，而且占据大片的土地。农业部（现国家农业农村部）办公厅“关于印发《畜禽规模养殖场粪污资源化利用设施建设规范》的通知”指出，畜禽规模养殖场需要将粪污集中处理，综合利用。为顺应外部环境的要求和实现一景乳业自身可持续发展的需要，一景乳业在牛粪的处理上刻苦钻研，研发出“一种牛粪再处理后回收利用系统”和“一种牛粪回收利用系统”两项技术专利。“一种牛粪再处理后回收利用系统”处理流程依次包括牛舍、集粪池、匀浆池、厌氧发酵罐、干湿分离机以及牛粪烘干室，牛粪烘干室连接有加热源沼气燃烧室，沼气燃烧室通过沼气输送管道连接到厌氧发酵罐，厌氧发酵罐之间设置有脱硫塔，干湿分离机分离出的液体流向沼液池。“一种牛粪回收利用系统”克服现有技术的不足，提供了一种以牛粪为原料制备牛床垫料的回收利用系统，其通过牛粪便厌氧发酵后制备的沼气燃烧加热牛粪残渣得到牛床垫料。

夏季高温造成的奶牛热应激问题一直是制约我国牧业发展的重要原因之一。奶牛产生热应激，会大幅度降低奶牛的采食量、产奶量，并影响奶牛的健康和繁殖力，甚至导致死亡。为解决现有技术对牛舍降温效果差的技术问题，一景乳业研发出“一种用于夏季牛舍的水冷通风降温系统”，并用于建设现代化控温牛舍，为奶牛养殖提供舒适的环境。该技术包括若干设置在牛舍墙壁上的且能把牛舍内的空气引出到牛舍外的引风机，与引风机相对的另一面牛舍墙壁上设有湿帘墙架构。湿帘墙架构包括固定在牛舍墙壁上的湿帘墙及与湿帘墙连接的冷冻水供水机，其能提供冷冻水给湿帘墙并让冷冻水从湿帘墙的顶部进入，再从湿帘墙的顶部流到湿帘墙底部，最后回流到冷冻水供水机中。

一景生态牧场专利汇总如表 5-4 所示。

表 5-4 一景生态牧场专利汇总

项目	牧场专利 1	牧场专利 2	牧场专利 3
实用新型名称	一种牛粪再处理后回收利用系统	一种用于夏季牛舍的水冷通风降温系统	一种牛粪回收利用系统
证书号	第 4584825 号	第 4586454 号	第 4741720 号
发明人	李鸣	李鸣	李鸣
专利号	ZL2015 200253002. 1	ZL20152 0253002. 1	ZL2015 0253155. 6
申请号	20152002530021	2015202530021	201502531556
专利申请日	2015 年 4 月 24 日	2015 年 4 月 24 日	2015 年 4 月 24 日
专利权人	浙江一景生态牧业有限公司	浙江一景生态牧业有限公司	浙江一景生态牧业有限公司
授权公告日	2015 年 9 月 2 日	2015 年 9 月 2 日	2015 年 9 月 2 日
专利权限	10 年（自申请日起算）	10 年（自申请日起算）	10 年（自申请日起算）

2. 牛奶生产专利

为解决牛奶制作和加工过程中遇到的杀菌、温水配置和牛奶加热等问题，一景乳业科研人员通过利用企业原有信息技术平台，围绕提升产品品质进行创造性研发，成功申请了包括营养牛奶生产用的自动化杀菌装置、加热时的加热装置和带自动转向的双温度水浴装置等 27 项专利，突破原有技术瓶颈，实现核心研发模式的升级创新。

一景乳业专利汇总（部分）如表 5-5 所示。

表 5-5 一景乳业专利汇总（部分）

项目	专利 1	专利 2	专利 3	专利 4
实用新型名称	一种无菌灌装机	一种组合式冷却水循环系统	一种液体包装机	一种低压发酵罐
证书号	第 5745029 号	第 5845754 号	第 5746180 号	第 5747022 号
发明人	李一清	李一清	李一清	李一清
专利号	ZL201620714190. 8	ZL201620707575. 1	ZL20162 0711086. 3	ZL201620713717. 5
申请号	2016207141908	2016207075751	2016207110863	2016207137175
专利申请日	2016 年 6 月 30 日	2016 年 6 月 30 日	2016 年 6 月 30 日	2016 年 6 月 30 日
专利权人	浙江一景乳业股份有限公司	浙江一景乳业股份有限公司	浙江一景乳业股份有限公司	浙江一景乳业股份有限公司
授权公告日	2016 年 12 月 7 日	2017 年 1 月 11 日	2016 年 12 月 7 日	2016 年 12 月 7 日
专利权限	10 年（自申请日起算）	10 年（自申请日起算）	10 年（自申请日起算）	10 年（自申请日起算）
年费缴纳情况	每年 6 月 30 日前缴纳	每年 6 月 30 日前缴纳	每年 6 月 30 日前缴纳	每年 6 月 30 日前缴纳

以“一种无菌灌装机”为例，一景乳业为解决适用于巴氏消毒奶、保鲜奶和超高温灭菌奶的袋式灌装机械技术的不足问题，研发成功了一种封接强度高、封口质量高、封口褶皱少的无菌灌装机。该无菌灌装机实现了包装材料灭菌、产品的商业灭菌、无菌输送以及在无菌环境下的充填，然后进行完整封合，从而能够生产出无菌产品。

四、案例分析

（一）理论基础

1. 可持续发展与生态经济

（1）可持续发展。可持续发展（sustainable development）亦称“持续发展”。1987 年挪威首相布伦特兰夫人在她任主席的联合国世界环境与发展委员会的报告《我们共同的未来》中，把可持续发展定义为“既满足当代人的需要，又不对后代人满足其需要的能力构成危害的发展”，该概念取得了广泛的认同。就人类可持续发展而言，关键是处理好人、自然及社会的关系，协调平衡好经济系统、社会系统与生态系统，要求在保护资源的基础上，开发再生能源来实现可持续发展，强调人类社会的长期性、持续性，其实质是要求人们从向自然索取的传统经济发展方式转向可实现良性资源利用的经济发展方式，实现生态效益、经济效益和社会效益的协调统一。可持续发展的内涵如图 5－26 所示。

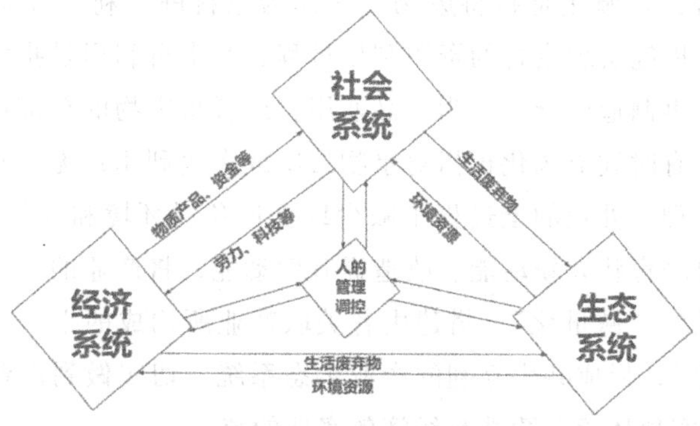

图 5－26　可持续发展的内涵

（2）生态经济。生态经济是在 20 世纪 60 年代初期提出的一种旨在摆脱现实社会面临的诸多困境的新的经济理论，是在人类逐步认识到生态资源有限性，寻求生态环境问题解决方法的基础上发展起来的。其基本思路是遵循生态规律和经济规律，通过研究自然生态和经济活动的相互作用，运用生态经济学原理和系统工程方法改变生产和消费方式，合理利用自然资源与优化环境，在物质可持续利用的基础上发展经济，以实现生态和经济的和谐发展。

生态经济理论的目的是探索生态经济社会复合系统协调和可持续发展的规律性，并为资源保护、环境管理和经济发展提供理论依据和分析方法。作为生态文明建设的重点领域，生态经济理论是在经济和环境协调发展思想指导下，按照生态学原理、市场经济原理和系统工程方法，运用现代科学技术，形成生态上和经济上两个良性循环，实现经济、社会、资源、环境协调发展的现代经济体系。其内涵在于保证经济增长的同时，按照生态发展规律构建经济发展体系，促进企业在生态环境方面的建设，以减少环境污染，降低生态破坏，加强环境保护。与传统经济学相比，主要强调了生态资源对于人类社会的重要作用，提出了生态资源的有限性和重要性，并以此提出了经济发展并非单纯追求经济增长的目标，将生态和经济在人类代际之间的协调可持续发展引入了生态经济的发展目标，认为它们之间从根本上讲是有机统一、相辅相成的关系，可以相互转化。一方面，高质量发展须是绿色、可持续的发展，贯彻绿色生态经济理念，突出转型发展主攻方向，推进产业结构调整、深度治理，减少企业污染排放，促进生态系统环境质量改善；另一方面，人类经济活动中不忘环境治理，注重生态系统建设，形成绿色生产方式和生活方式，促使环境质量不断提升，也能为经济系统的发展提供更大空间。

生态经济理论建设是一个层层递进的过程。在内在要素和内生动力方面，生态经济理论建设要求树立绿色发展理念，强调经济发展必须与自然环境、人类社会的发展相协调；在体系支撑与制度根基方面，要构建科学完善的产权认定、价值核算、生态补偿和市场交易等制度机制，为生态资源资本化提供有效的载体，进而使生态资本增值和价值实现，同时不应忽视绿色化技术体系的进步；做到“减量化、资源化和无害化”，减量化是指在生产、流通和消费等过程中减少资源消耗和废物产生，以及采用适当措施使废物量减少（含体积和重量）的过程；资源化是指将废物直接作为原料进行利用或者对废物进行再生利用，也就是采用适当措施实现废物的资源利用过程，其中再利用是指将废物直接作为产品或者经修复、翻新、再制造后继续作为产品使用，或者将废物的全部或者部分作为其他产品的部件予以使用，有时候资源化也指对事物二次或多次利用；无害化是指在废弃物的收集、运输、储存、处理、处置的全过程中减少以至避免对环境和人体健康造成不利影响。落实到产业层面，要培育壮大新动能、改造提升旧动能，将产业的生产活动消耗的生态资源降至最低，切实做到“减量化”。搭建由各关联产业所构成的生产链条，使物质与能量的利用能够“资源化”，形成共生互利的产业生态系统。切实做到产业和生产活动排放的废弃物“无害化”，实现环境存续性与经济效率性的统一。

（3）生态经济与可持续发展。可持续发展强调既关注当下，也考虑未来；生态经济将生态因素纳入经济考量，目的是实现人类社会及其生存空间的可持续发展。生态经济理论作为实现可持续发展的方法手段，蕴含着人类活动与环境尤其是自然环境的和谐统一，即人类在重视并保护自然生态，尊重自然内在价值的发展模式前提下，开发、发展一系列经济社会活动，同时环境因受到保护而有能力对人类活动进行持续性资源反哺，如图 5－27

所示。

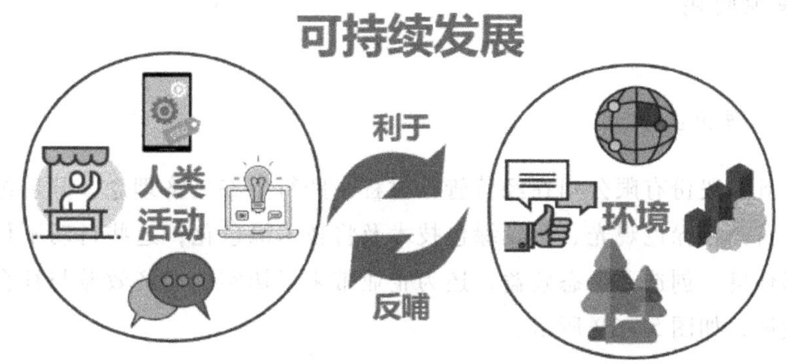

图5－27　人与环境和谐相处实现可持续发展

2. 奶业生态经济与可持续发展

奶业生态经济是将生态经济理念贯彻于奶业生产经营之中，更具体来说是指运用生态学、生态经济学原理和系统科学方法，以建立绿色企业经营为根本目的、实现企业与自然的和谐统一原则，坚持“注重经济效益、社会效益和生态效益”原则，把现代科学技术成就与传统饲草种植、奶牛养殖、乳品加工、包装、运输等技术有机结合起来，以绿色、环保技术为支撑，将牧草种植、奶牛养殖、机械化挤奶、产品加工以及无菌化包装与运输方式、产品废弃物处理、奶牛养殖场粪便无污染处理、回收循环利用和生态环境治理与保护资源的培育融为一体，实现高产、优质、高效与持续发展目标，达到经济、生态和社会三大效益的有机统一，从而实现奶业的可持续发展。

结合当前奶业实践，奶业可持续发展具体可通过饲料青贮、奶牛人工授精、粪污发酵沼气利用、优质牧草喂牛、全进全出式管理、高效节水排污等兼顾生态与经济要素的生产与经营管理方法及措施来实现，如图5－28所示。

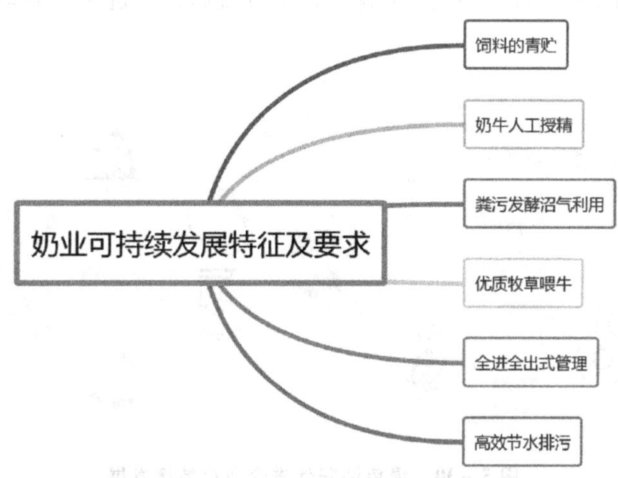

图5－28　奶业可持续发展特征及要求

（二）理论应用

1. 一景乳业理论应用

浙江一景乳业股份有限公司在经营管理过程中践行生态经济理念，开展绿色饲养、绿色生产、绿色营销、绿色观光、研发绿色技术及将技术绿色化，这些行动不仅为自己营造了良好的外部环境、创造了生态效益，还为企业带来了切实的经济效益与社会效益，促进了其可持续发展，如图5－29所示。

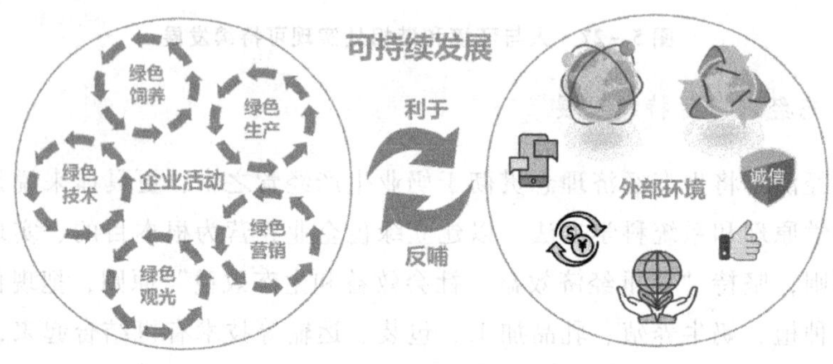

图5－29　绿色经营促进企业可持续发展

2. 废物循环与再生——绿色饲养

一景乳业践行生态经济理论，发展生态奶业，通过产业联合循环、清洁水循环，实现了废弃物资源化与再利用，节省了资源和企业成本，减轻了环境负担。同时满足了外部环境对企业环保的要求，给周围农户提供了就业机会，对其他企业起到了示范作用，产生了一定的社会效益，生态、经济、社会效益三者相得益彰，促进了一景乳业的可持续发展，如图5－30所示。

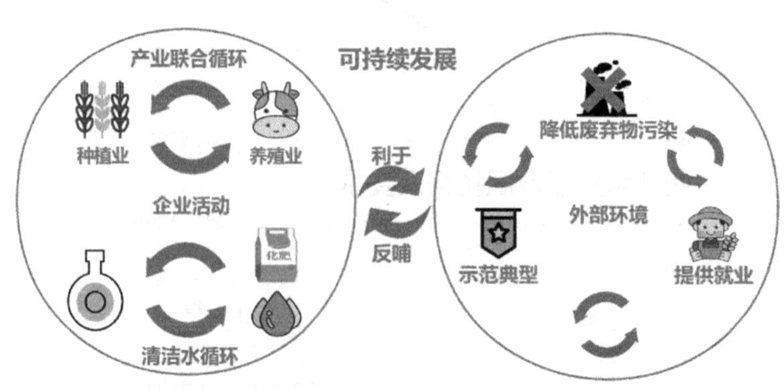

图5－30　绿色饲养促进企业可持续发展

（1）产业联合循环。综合考虑资源禀赋、生态类型和产业基础等因素，一景乳业结合自身牧场特色，围绕建立新型产业体系和资源持续利用，构建了种养产业联合、良性循环的生态奶业发展模式。通过秸秆、玉米棒和奶牛排泄物的综合利用，实现了生态经济理论所倡导的无废化、资源化与减量化。

一景乳业自建优质饲草料种植区，推进饲草料种植和奶牛养殖配套衔接，就地就近保障饲草料供应。其将种植区种植的玉米秸秆、玉米棒、玉米粒一起粉碎，通过青贮微贮技术制成奶牛饲料。这样的做法将传统的废弃物——玉米秸秆与玉米棒资源化，提高了它们的利用率，通过奶牛食用再排泄实现了秸秆与玉米棒过腹还田，培肥了地力，减少了因玉米棒和秸秆焚烧产生的大气污染，减轻了当地的环境负担，实现了生态效益。且相较于市场购买，一景乳业自种青储玉米、就地收割储存与加工，大大节省了饲料购买成本和运输成本（如表5-6所示），经济效益显著。同时一景乳业将空置的土地租给附近农民栽种玉米，在一定程度上助力了乡民就业，带动了周边农户实现增收，为促进农民脱贫致富做了一定贡献，创造了一定的社会效益。

表5-6　　饲料成本对比

饲料	市场价	自种成本
青储玉米	750元/吨	450元/吨

一景乳业贯彻生态环保理念，在资源化、无害化原则下，将4500头左右奶牛的牛粪进行厌氧发酵集中处理，先运到德国CSTR沼气罐发酵，然后利用意大利进口固液分离机进行固液分离，得到沼液、沼气与沼渣，沼液用来灌溉农田，沼气用来燃烧为烘干沼渣供热，沼渣送至回转滚筒烘干机烘干粉碎后送回牛舍用作牛床垫料，烘干后的沼渣还能直接用作有机肥养殖蚯蚓，如图5-31所示。

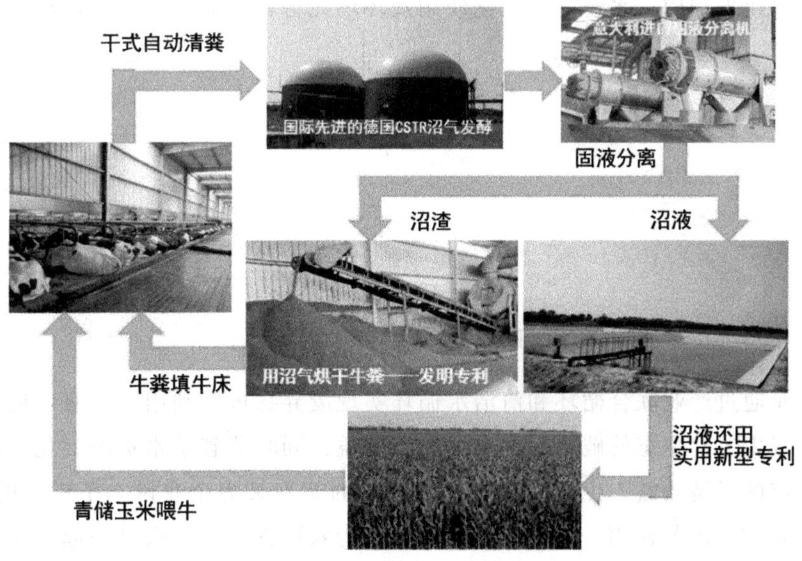

图5-31　粪便综合利用

用沼液灌溉农田可改善土壤的品质从而提升一景牧场的玉米产量。沼气烘干沼渣用作牛床垫料，相比木屑垫料因原料来源复杂而易霉烂、滋生病菌，经700℃高温烘干的沼渣，没有异味、松软舒适，用沼渣制作牛床更安全环保、可为奶牛提供更舒适的环境，更益于奶牛健康。另外，用沼渣制作牛床还节省了一景牧场另购木屑作为牛床垫料的成本。沼渣用作有机肥养殖蚯蚓出口日本和韩国，或直接销售给钓鱼爱好者，也为一景牧场增加了营收。牛粪被资源化、无害化综合利用，变废为宝，既创造了生态效益，又为企业节省了肥料、玉米饲料及牛床垫料的成本，新增了出售蚯蚓的营收，创造了经济效益。牛床利用效益如表5-7所示。

表5-7　牛床利用效益

年产牛床垫料	木屑垫料市场价	节约牛床木屑成本
7300吨	200元/吨	146万元
年产沼液	可施肥面积、肥料市场价	节约肥料成本
10.95万吨	2200亩、300元/亩	66万元

（2）清洁水回用循环。挤奶机是与牛奶生产有直接接触的设备，因此保障挤奶机的清洁卫生成为关系牛奶品质的关键环节。挤奶机的多次清洗需要使用大量的清水，为了减少水资源浪费，一景乳业结合生态经济理论，在资源化、减量化、无害化的原则下，做到了废水的清洁回用，其将清洗挤奶机过程中产生的废水进行初步过滤，分出固态部分送至堆粪区用作有机肥料，浇灌农田；液态部分则送入调节混匀池，处理达标后进入清水池等待被回用，如图5-32所示。这种做法节省了水资源及其成本，减少了买化肥的开销，且有机肥有助于增肥地力改良土壤结构，解决了因废水直排所造成的周边环境负担的问题，实现了废水资源化再利用、水资源减量化使用及环境无害化，兼顾了生态效益与经济效益。

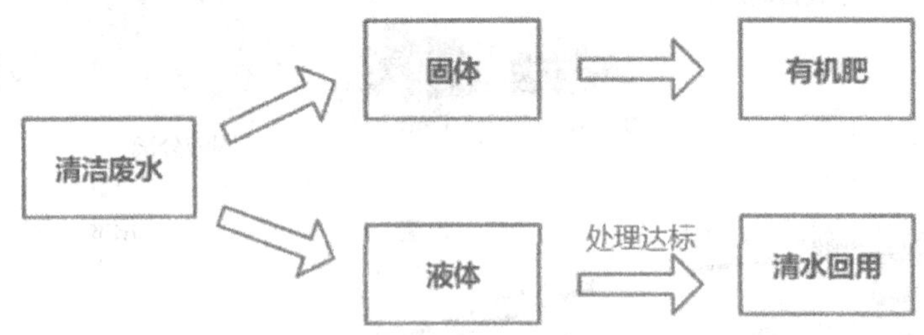

图5-32　清洁废水利用

一景乳业通过产业联合循环和清洁水循环实现废弃物再生利用，把对环境不利的废弃物资源化，减少了对生态的破坏，实现了生态效益；同时节省了水资源、化肥的使用，给企业带来一定的经济效益。生态效益、经济效益的实现又为企业树立了良好的外部形象，对其他企业起到了示范作用，叠加牧场闲置土地为农民创造就业机会一起产生了良好社会效益。生态效益、经济效益和社会效益三者相得益彰，促进了企业的可持续发展。

3. 产品健康与环保——绿色生产

一景乳业从保障消费者健康出发，扩大绿色优质安全奶制品供给，通过鲜奶零添加和可回收包装打造原生态好奶，为消费者创造了价值的同时节约了资源，减少了环境污染，承担了企业的社会责任，为其他企业在环境保护方面起到了示范作用。由此，一景乳业在乳品生产环节创造了生态、经济与社会效益，促进了企业的可持续发展，如图 5 - 33 所示。

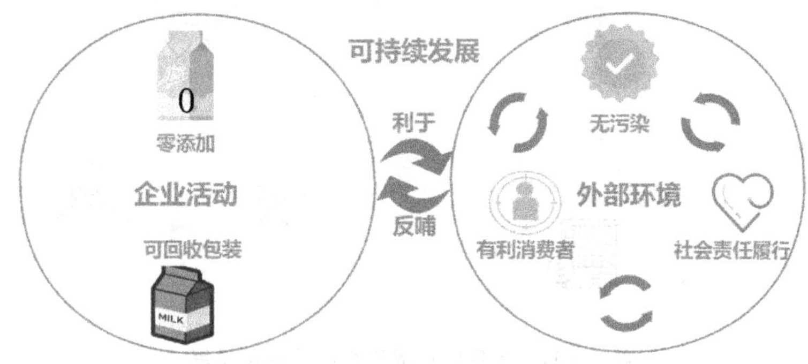

图 5 - 33　绿色生产促进企业可持续发展

（1）牛奶零添加。一景乳业坚持“100 匠心，只为一杯好牛奶”，将品质视为生命，严格把控奶品安全，生产不添加一滴水、不添加任何食品添加剂，生产奶味纯正的零添加绿色环保好奶，满足消费者对健康、营养、美味、环保的需求，做好品质赢得顾客、留住顾客，一景乳业每月牛奶盈利近 1700 万元，绿色环保产品为企业创造了经济效益。同时，较其他企业生产中使用香料、防腐剂等添加剂，一景乳业的牛奶生产过程无添加剂及其相关劳动等的消耗，符合生态经济倡导的减量化原则；另外，零添加的鲜奶经消费者食用消化排泄后，不会污染环境，减轻了粪污处理的负担及其能源消耗，符合生态经济倡导的无害化、减量化原则，零添加通过对环境有利创造了生态效益。

（2）可回收包装。一景乳业在生产中采用以原生木浆为主要材料的无菌纸包装牛奶，相比市面上流行的以石油为原材料的包装，一景乳业的包装更环保、更易于回收再利用，因此减少了对环境的污染和因处理包装废弃物而产生的二氧化碳的排放，通过对能源消耗的最低化、生态环境影响的最小化、可再生率的最大化，实现了生态效益。同时，无菌纸包装健康安全，有利于一景乳业赢得消费者的信任和青睐，为企业积攒了优质口碑，有助于一景乳业经济效益的实现。一景乳业本着环境保护的目的，使用可回收包装，履行了企业的社会责任，为其他企业在环境净化方面做了示范作用，具有一定的社会效益。

一景乳业在乳品生产中坚持牛奶零添加和可回收包装设计，保障了消费者健康，吸引了消费者前来购买，为企业创造利润的同时达成环境保护的目的，兼顾了生态效益和经济效益。同时引导消费者关注生态和谐，思考人与自然的关系，具有一定的社会效益，为企业的可持续发展做出了贡献。

4. 销售低碳与减耗——绿色营销

一景乳业贯彻生态经济理念开展绿色营销，其集中配送及智能零售低耗能、低碳排放，承担了环境保护的社会责任，集中配送及智能零售还可以更好地满足顾客促进企业销售量增长，为企业创造经济效益。绿色营销为一景乳业带来经济效益的同时，兼顾了社会及生态效益，促进了企业的可持续发展，如图5-34所示。

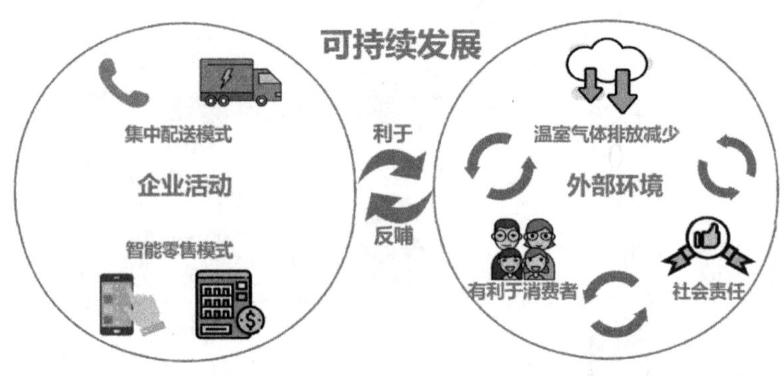

图5-34 绿色营销促进企业可持续发展

（1）集中配送模式。一景乳业实行先付款后集中配送到户的销售模式，相比当前主流的超市集中销售、顾客上门购买的方式，后者的能源耗费及碳排放需叠加超市配送布货及顾客上门购买等多个环节，实现同样的牛奶销售，显然一景乳业的集中配送耗能及碳排放量更低，而这对于环境是有利的。

一景乳业在配送过程中还会对运输线路进行合理布局与规划，将小批量商品集中配送形成大批量的配送，优化运输路线，提高物流资源的利用效率，节约了资源，降低了企业成本、减少能耗及尾气排放，给企业带来了经济效益，同时有利于环境，兼顾了生态效益。

一景乳业的集中配送还有利于与顾客进行直接沟通，调查了解到最真实的顾客信息与意见，并将其反映到企业经营管理优化中去。集中配送队伍同时还是企业的一线营销队伍，可提供鲜活有效的直销宣传和服务宣传。而这些都有助于培养顾客的品牌忠诚度。根据数据显示，送奶入户渠道在巴氏奶销售渠道中占比27%，独占性较强，这也证明了直接配送的市场有效性。集中配送对企业的好处会体现为企业利润，给企业带来了经济效益。

（2）智能零售模式。为更好地满足顾客的需求，一景乳业还在人流密集的地方设置了智能销售柜供顾客自助购买一景牛奶，这种购买较多是直接购买，即需求与满足需求同时发生，相比需求与满足需求存在一定时差（包括消费者前往超市等零售店购买、网上购买、先订奶再配送等）的消费，用智能销售柜满足需求耗能更少、碳排放量更小，这符合生态经济的减量化、低耗能、低碳的原则。智能销售柜除了可直接购买以外，还可以配合App使用，用户可选择就近的智能销售柜取奶，给用户带来方便快捷的购买体验。便利的购买渠道、便利的服务选择会扩大一景乳业的牛奶销售，增加企业的销售收入。

综上所述，一景乳业的集中配送模式和智能零售模式符合生态经济理论倡导的低耗能、低碳排放、企业与环境和谐相处、企业需主动履行环境保护的社会责任等理念，通过兼顾经济与生态效益，促进了企业的可持续发展。

5. 资源开发与转化——绿色观光

一景乳业一方面将现有的奶牛养殖、挤奶等农牧业资源及牛奶生产加工过程等工业资源再利用转化为旅游业资源；另一方面充分利用自身的闲置土地等进一步开发旅游资源，提供花卉观光、科普知识、牛奶品尝、水果蔬菜采摘等旅游观光活动，并将游客再次转化为一景乳业的牛奶消费者；借此实现了农牧业、生产加工业与旅游业的资源循环转化，推动了企业的可持续发展，如图 5－35 所示。

图 5－35　绿色观光促进企业可持续发展

一景乳业践行生态经济理论，将现有的牛奶生产加工过程资源化，在牧场建设了 300 米的空中长廊、在嵊州加工车间外设玻璃走廊供游客参观，同时在空中长廊张贴了牛奶科普和生态奶业小知识，并配有讲解员；奶牛休憩、饲料投放、挤奶、牛奶生产加工等都成为了可供参观的旅游资源和学习资源，符合生态经济倡导的资源化原则，同时带来了社会效益。

为了增强游客的旅游体验，一景乳业充分利用牧场闲置土地等现有资源，修建了露天牛棚，在其中饲养样貌姣好的小公牛，游客能够亲自喂养小公牛；专设了 50 亩花卉区，种植着当季的鲜花可供游客观赏；建设了水果基地和绿色蔬菜基地，为游客提供采摘、品尝活动；开设了牧场鲜奶吧，并定期开展品尝活动。小公牛、花卉、水果及蔬菜都丰富了牧场的生态环境，为牧场增添了优美风光，带来了生态效益。

据统计，一景乳业平均每月接待游客人数超过 5000 人，这些游客在参观的过程中购买鲜奶吧的产品，每月为一景乳业增收约 30000 元，这是绿色观光为一景乳业带来的直接经济效益。另外这些参观游客还可能会因为参观增加对其的了解而更信任一景乳业，一景乳业的品质优先可能会因此而深入客户的心中，由此留住了老客户，带来了新客户。

综上所述，一景乳业的绿色观光帮助企业实现了农牧业、生产加工业与旅游业的共赢，将三者的资源循环转化，为企业带来了经济效益的同时创造了社会效益与生态效益，促进了企业的可持续发展。

6. 知识创新与研发——绿色技术

一景乳业申请环保等技术专利，通过申请专利的方式将隐性知识显性化、以知识互动实现企业与外部环境的友好互动。环保专利（绿色技术研发）带来生态效益，专利（将技术绿色化）为一景乳业带来经济效益与社会效益，三类效益联动共同促进了其可持续发展，如图 5－36 所示。

图 5－36　绿色技术促进企业可持续发展

一景乳业坚持技术创新和升级，并将生态经济与可持续发展理论运用到技术创新中去，成功研发了牛粪回收与再处理系统、沼液还田、用沼气烘干牛粪、无菌灌装等绿色技术与方法，通过这些技术实现了废弃物资源化利用、无害化环境，创造了生态效益，为奶牛养殖业及一景乳业可持续性发展做出了贡献。

另外，一景乳业还有意识地将技术绿色化，即将企业技术研发及其成果进行整理加工，申请为企业专利，通过专利的方式让企业拥有的隐性知识显性化，而能更多地被同行及相关领域的专家及企业看到，再进一步被运用、被发展、被完善，发展完善的知识又可能反哺一景乳业，帮助其更好地开展相关工作，一景乳业以技术专利知识与外部环境友好互动、互相促进、共同成长，而这正是生态经济所倡导的企业与环境和谐相处理念的表现。专利本身也可以给一景乳业创收，使其获得政府奖励，提高企业声誉，并因此给企业带来经济效益与社会效益，促进其可持续发展。

综上所述，一景乳业在企业的技术研发、知识创新与管理中贯彻绿色生态理念，研发绿色技术，通过申请专利将技术绿色化、资源化，使其可以通过专利授权使用等继续为企业创造价值并惠及业内其他机构及人员，以此实现经济效益、生态效益与社会效益，促进了企业的可持续发展。

五、案例总结、启示与建议

（一）案例总结

乳业是健康中国、强壮民族不可或缺的产业。当前，我国乳业正在从数量扩张型向质量效益型转变，浙江一景乳业股份有限公司发展至今已20余年，在竞争激烈的乳业市场脱颖而出，已成为本地区较为成熟的企业。

本案例以浙江一景乳业股份有限公司作为研究对象，探究其秉承可持续发展理念，在奶牛饲养、乳品生产、多元营销、休闲观光和专利技术等环节践行生态经济，发展生态奶业的实践。本案例论证了一景乳业通过构建农牧产业循环、废水再利用发展绿色饲养，坚持零添加与环保包装开展绿色生产，实行集中配送与智能柜零售开展绿色营销，将旅游与养殖加工资源互相转化实现绿色观光，申请环保等技术专利发展绿色技术就是对生态经济所倡导的减量化、无废化、资源化与环境和谐共处等原则的践行；并进一步分析了企业的绿色饲养、生产、营销、观光、技术给企业带来的经济与社会效益和这些行动创造的生态效益，最后本案例论述了这些效益相得益彰，共同促进了一景乳业可持续发展。

环境作为一种公共物品，具有显著的外部性：环境污染具有很强的负外部性，污染者所承担的成本远小于社会承担的成本，仅受自身成本约束的污染者终将会使环境污染超过环境的耐受值；而环境保护则具有很强的正外部性，保护者所获得的利益小于社会的收益，受自身利益激励的保护者不会有足够的动力去提供社会所需要的环境保护。因为上述原因，环境保护通常是由政府部门以强制性方式要求与约束企业行为。而一景乳业立足于企业可持续发展，在企业生产经营中主动贯彻生态经济理念，并因此取得了一定的经济与社会效益，从微观企业层面证明了将外部环境对企业的环保要求内化为企业自身的主动行为是可行的。

（二）案例启示与建议

1. 坚持以品质求生存，以特色谋发展

好品质赢得好市场，奶源质量决定了一家乳品企业是否能在市场中取得一席之地。一景乳业从始至终十分重视奶制品质量，从牧草种植到奶牛饲养、牛奶加工运输都实行严格的科学管理，保证一景牛奶的安全和优质。一景乳业基于现代消费者健康安全意识的提升，致力于打造特色优质好奶，不添加任何食品添加剂，也正是其优质的产品使其有能力

与伊利、蒙牛等大型乳企竞争，并在区域乳品市场上占有一席之地。

2. 以满足客户为宗旨，提高服务质量

一景乳业遵循一切都是为了客户满意的宗旨，不断改进服务态度，提高服务质量。一景乳业严格把关产品质量，开发满足客户要求的产品设计与包装，打造订奶到户与智能柜销售等销售模式，为客户提供人性化、贴心的服务，自企业创办以来深受消费者好评，在市场上形成了良好的美誉度。

3. 规模化减排与再生，实现绿色环保

一景乳业将奶牛排泄物作为农业新型清洁能源，经过沼气发酵后，用作种植粮食、蔬菜、果蔬的肥料，从而达到废弃物再生利用的效果。这将生产过程中产生的废弃物资源转变为另一种产业的原料，循环利用资源使相关产业形成产业生态系统，从根本上减少了碳排放量，减轻了对环境的污染，有效节约和利用资源，实现绿色环保。

4. 坚持技术引进和创新，赢得竞争优势

一景乳业注重技术的引进及创新，现有多项专利技术，这也是其取得成功的重要原因。对于其他农牧企业而言，技术的研发和创新这一点具有很大的借鉴意义，他们可以通过对专利技术的研发与应用，实现企业的转型升级，从而让企业发展得更优，在总体上能够提升农牧业的产业技术化发展。

5. 开拓营销新方式，打造电商新平台

为充分调动电商平台资源，大力提升乳品品质消费，一景乳业及其相关农牧企业可以顺应当今“互联网+”新潮流，调整营销方式和策略，利用新电商打入消费者市场，通过抖音、小红书等短视频平台带货推广，增强品牌营销力度，扩大知名度，深入消费者市场，增加产品销量。

（三）结语

回望整个案例研究过程，研究团队有收获、有遗憾。收获在于通过本次案例研究接触到了生态经济这个正在蓬勃发展、代表未来趋势的新的领域。遗憾在于对于企业践行生态经济所带来的经济、生态及社会效益的论证数据不够翔实，一方面因为企业对这类数据的收集整理理念还正在形成中，另一方面因为案例研究时间限制，未能与企业一起去为之付出努力，希望今后开展类似研究有机会弥补这样的遗憾，也希望本次研究的经验可为类似研究提供参考借鉴。

思考题

1. 一景乳业是如何践行生态经济理论的？
2. 一景乳业践行生态经济理论可以给其他企业带来什么样的启示？

案例编写：高晓婷（会计19级）；朱芸洁（工商管理20级）；
范子颖（工商管理19级）；王馨悦（工商管理20级）
指导教师：曾红

参考文献

[1] 郭利亚，杨永，赵广英等. 基于优质乳的“哑铃型”现代奶业生产结构分析 [J]. 中国乳业，2020，224（8）：10－12.

[2] 于娟. 新冠疫情下我国乳业发展的思考及建议 [J]. 中国乳业，2020（9）：11－13.

[3] 薛白，王之盛，李胜利，王立志，王祖新. 温湿度指数与奶牛生产性能的关系 [J]. 中国畜牧兽医，2010，37（3）：153－157.

[4] 胡仁超，梅楚刚，昝林森. 荷斯坦牛产奶量、挤奶效率、牛奶电导率与活动量的关联性分析 [J]. 中国奶牛，2016（8）：13－17.

[5] 宋亮. 新形势下乳业发展的四大趋势 [J]. 中国乳业，2015（11）：28－30.

[6] 朱启，杨金勇，俞佳妃，毛家真，吴文旋，杨凤，王翀. 中小城市型乳业发展启示——以秀洲奶业发展为例 [J]. 当代畜牧，2020（6）：65－68.

[7] 丁少华，应孟飞. 畜禽养殖废弃物处理典型模式与“畜—沼—果”生态循环模式 [J]. 农业工程技术，2020，40（29）：43－44.

[8] 陈渝，刘岩，陈连芳. 中国奶业可持续发展的必由之路——生态奶业 [J]. 中国乳业，2003（11）：9－13.

老字号发展篇

案例6

立根生存　创新发展　老字号企业破困局发展之道——金华金贸火腿有限公司成功解析

摘　要

本案例以新时代下老字号企业陷入发展困境为背景，以火腿制造业转型升级的成功代表——金华金贸火腿有限公司为例，运用创新理论，分析该公司是如何守正创新、多措并举破局赢得市场的。通过对金华金贸火腿有限公司（以下简称“金贸”）发展历程和发展状况的分析、考察，探索该公司如何将传统工艺与现代市场紧密结合，进一步培养企业核心竞争力，在传承中创新发展之道。同时，本案例期望通过金贸的成功对其他老字号企业未来的创新发展起到一定借鉴作用，指引其实现以创新求发展之路。

关键词： 金贸公司；创新理论；老字号；守正创新

一、绪论

（一）研究背景及意义

1. 研究背景

我国的老字号企业起源于19世纪末至20世纪初，平均有160多年的历史，创办较早的已有四五百年的历史，涉及手工业、饮食服务业、商业、中医药业等行业，它们经历了中国经济发展的历程，是我们民族工商业的骄傲。

提起老字号，人们通常会想起同仁堂、全聚德、恒源祥、瑞蚨祥、六必居等耳熟能详的名字，这些名字代表着一个企业或一个产品，每一个名字都是一个著名的品牌，具有很高的声誉，它是用几代人的心血凝聚而成的，几十年来获得了消费者极大的认同。在我国的商业发展史上，老字号企业代表着高超神秘的传统工艺、诚实守信的经营准则、热情周到的服务态度、有口皆碑的商业道德，又具有深厚的文化底蕴，深受消费者的青睐。过去人们对老字号的喜爱就像现在人们对名牌的推崇一般火热。

据商务部提供的资料，中华人民共和国成立初期，我国的老字号企业有16000家，涉及零售、餐饮、医药、食品加工、烟酒加工、居民服务（包括照相、美发、洗染等）、书店、丝绸、工艺美术和文物古玩等行业。但是由于种种原因，老字号企业经营不善，频频破产。20世纪90年代初，经原国内贸易部认定的“中华老字号”企业仅剩1600余家，是中华人民共和国成立初期的10%。而在目前这些企业中，70%面临长期亏损的困境，有的甚至破产、倒闭；20%勉强能维持现状；只有10%的企业生产经营有了一定规模，正在通过不断的努力发展壮大（如图6-1所示）。

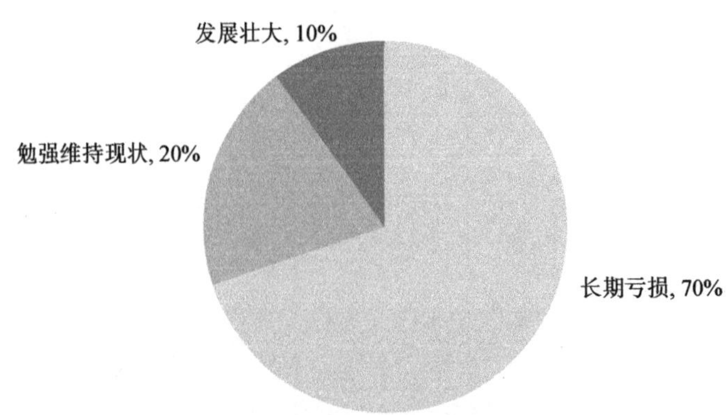

图6-1　中华老字号企业发展现状

然而，发展态势向好的企业仅仅为少数，绝大部分老字号企业仍在艰难度日，有的甚至宣告破产，几百年的老字号永远在市场上消失了，只能存在于人们的记忆中。始创于1651年的王麻子剪刀，从前是那样的家喻户晓，一度占据剪刀市场一半的份额，甚至成为刀剪业的代名词。但在2003年，王麻子剪刀厂的资产负债率达到216.6%，不得不提出破产申请。天津“狗不理”曾经顾客盈门，现在却门庭冷清，最终陷入被拍卖的境地，仅以1.06亿元的价格转让给了同为老字号的天津“同仁堂”，虽然表面上看去算是不错的结局，但不知今后去“狗不理”，是吃包子还是吃药膳……

鉴于此，国家大力推动振兴优秀老字号企业，金华金贸火腿有限公司以慧眼识得机遇并紧紧抓住机遇，在守主业的同时注重变通，积极创新，使其能突出重围，不断提高自身市场竞争力，引领行业潮流，从价值链低端走向价值链高端，完成中小型老字号企业的转型升级。

2. 研究意义

本案例的研究对象为火腿制造业转型升级的成功代表——金华金贸火腿有限公司。一个屹立百年不倒，在国家振兴老字号大背景下寻求突破，创新发展的火腿制造中小企业。从创新理论的视角出发，通过梳理金贸如何在大环境中立根生存、创新发展的过程，分析金贸如何在市场竞争激烈的情况下，沉着应对、另辟蹊径；如何在强大的竞争对手面前，开辟并占领新市场，发挥其核心竞争力，快速成长；如何通过研发、改进火腿生产技术，弥补传统火腿生产的不足，实现企业的特色化运营，最终成功完成蝶变。本案例研究得出的结论能够为老字号中小型制造企业提供借鉴，提高中小企业自身竞争力和市场活力，促进它们的转型与发展。

（二）研究思路及方法

1. 研究思路（如图6-2所示）

2. 研究方法

如表6-1所示，本小组采用文献分析法、访谈法、现场观察法、专家论证法对本案例进行深入细致的研究。

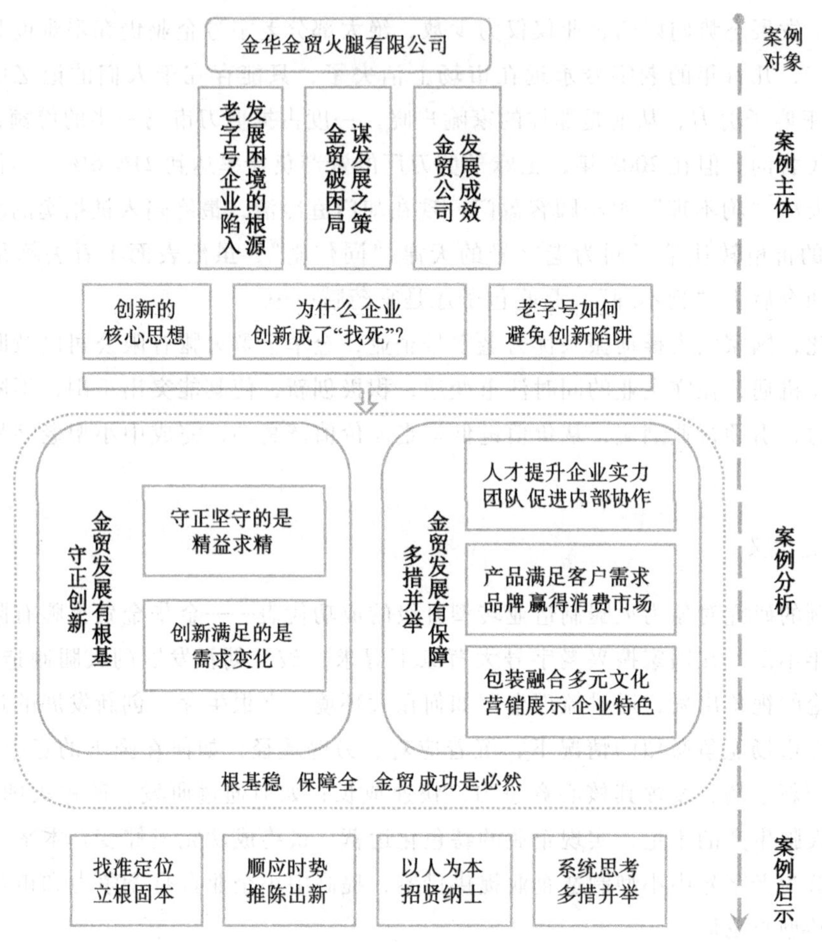

图 6-2 研究思路

表 6-1 研究方法

研究方法	研究内容
文献分析法	主要指搜集、鉴别、整理文献，并通过对文献的分析、探讨，形成对事实的科学认识的方法。小组通过查阅文献和相关数据，了解火腿产业的发展情况，并结合金贸公司现有文献资料进行梳理，以此分析金贸的发展特色和经营状况
访谈法	根据案例研究的需要，小组成员赴金贸公司与公司主任及各部门负责人进行了深入访谈，了解金贸公司的发展过程、战略规划以及公司的基本情况
现场观察法	案例研究过程中，小组成员深入金贸公司生产车间，通过现场观察的形式，了解火腿的生产工艺流程，记录、收集研究需要的信息
专家论证法	案例研究过程中，为保证小组研究的观点具有合理性，小组成员多次邀请火腿业内人士和高校老师进行分析论证

二、案例对象介绍

在简单了解我国现今老字号的发展现状、案例的研究思路、方法及意义后，本案例将更为详尽而系统地介绍金华金贸火腿有限公司，通过对金贸百年历程及所获荣誉的介绍，为案例主体部分的描述打下根基。

（一）金贸公司简介

金华金贸火腿有限公司位于浙江省金华市浦江县，前身为张记金贸腌腊行，始创于1918年；1956年，因公私合营，并入浦江县食品公司；1988年，国家改革开放政策后，创办了浙江省浦江县外贸火腿厂；2008年，企业升级更名为金华金贸火腿有限公司，是一家名副其实的百年老字号。该公司是一家经国家QS认证和ISO9001国际质量管理体系认证、专业生产加工火腿系列产品的企业，是国家原产地域产品保护单位和金华市农业龙头企业。其中，“金贸”商标（如图6－3所示）为金华市著名商标。

图6－3　金贸商标

金贸公司（如图6－4所示）秉持“人无我有，人有我优，人优我先”的发展理念，坚持虔诚做火腿的信念，不断创新。其中，“人无我有”之品——竹叶熏腿，是浦江千年传统名品，为金华火腿中的珍品，近于失传，由金华金贸火腿有限公司独家发掘弘扬。该产品醇香中带有竹叶清香，味带淡甜，别具风味，2014年10月在金华火腿行业产品质量评比中荣获金奖。醇香火腿，是金华金贸火腿有限公司独家研发的产品，口感清新，肉质细嫩，酱香浓郁，在第七届全国食品博览会中荣获金奖。“人有我优”之品——火腿分割小包装，是金华金贸火腿有限公司的优势产品，处在同行业前列，销售覆盖沃尔玛、世纪华联、家乐福、乐购、大润发等著名连锁超市，网点超两千余家。“人优我先”之品——即食火腿丝，是金华金贸火腿有限公司在火腿行业率先投入研发生产的火腿精深加工产品，是“发明专利产品”。原料采用金贸低盐发酵成品火腿，经精细加工、真空包装、高温灭菌而成，无添加任何防腐剂和人工色素，它既保持了火腿的色、香、味和营养价值，又食用方便，经济实惠，适合不同的消费人群，成为盘中新宠、餐中珍品和休闲送礼的佳品。

图6-4　金华金贸火腿有限公司

金贸拥有着上百年的传统火腿加工技艺，同时，在一代代火腿技师的不断努力下，加工工艺与时俱进，日臻完善，产品品质稳定可靠，目前已形成了一套完整的工艺体系、产品标准体系。超1.2万平方米的生产场所（如图6-5所示）搭配“公司+基地+农户”的生产模式，使产品质量得到可靠的保证。

图6-5　金贸公司生产场所

无论是产品内在质量还是外表包装，金贸都追求品质与创新；无论是顾客的意愿还是员工的诉求，金贸都高效地倾听与满足。品质好，要用心；产品新，动脑筋，为客户提供优质产品，是金贸永远的追求，金贸也在不断地追求中成就自己的辉煌。表6-2展示的是金贸公司近20年来的发展成就。

表6-2 金贸近20年来的发展成就

时间	奖项
2003年4月	浙江省食品工业协会肉制品专业委员会会员单位
2003年6月	浦江县外贸火腿厂金华火腿明星企业
2003年9月	浦江县外贸火腿厂"金贸"牌金华火腿荣获第四届全国食品博览会金奖
2004年10月	浙江省浦江县外贸火腿厂"金贸"牌 金华火腿芯在第三届全行业产品质量评比中荣获金奖
2004年10月	浙江省浦江县外贸火腿厂"金贸"牌 竹叶熏腿在第三届全行业产品质量评比中荣获金奖
2004年11月	浙江省浦江县外贸火腿厂"金贸"牌竹叶熏腿荣获第五届全国食品博览会金奖
2004年12月	浙江省浦江县外贸火腿厂"金贸"金华火腿荣获第五届全国食品博览会金奖
2006年	竹叶熏腿被列入金华市级非物质文化遗产代表性项目名录
2006年	浙江省浦江县外贸火腿厂金贸牌醇香火腿荣获第七届全国食品博览会金奖
2006年	浙江省浦江县外贸火腿厂经审核评定荣获全国食品博览会明星企业
2008年	金华市农业龙头企业
2008年	浙江省首届"三农"博览会农产品珍品
2009年	浙江省浦江县火腿厂荣获金华市著名商标
2010年	浙江省工商企业信用A级守合同重信用单位
2011年	年度食品安全诚信体系建设A级单位
2015年	"金贸"被认定为金牌老字号
2015年	金贸火腿被评为2015年"最金华"城市伴手礼
2016年	获评"浙江名牌农产品"称号
2017年	"金贸"品牌被认定为浙江省著名商标
2017年	荣获首届"紫禁城杯"中华老字号文化创意大赛金奖 即食火腿丝荣获金奖，竹叶熏腿荣获铜奖
2018年	荣获金牌老字号荣誉
2019年	荣获2018年老字号文化影响力企业30强
2020年	荣获2019年度浙江省商标品牌示范企业
2020年10月20日	竹叶熏腿荣获"薪传奖"

（二）金贸发展历程

如果高山流水是神圣的期待，那脚下这块平地，又怎能不藏古涵今。浦江，位于浙江中部，东汉兴平二年（公元195年）建县至今，已有1800多年历史。一万年前，中国农耕文明的炊烟，从这里袅袅升起。在这历史的长河中，有一种任何食物都替代不了的美味，顽强地生存着，这就是驰名中外的美食——金华火腿。中国人食用火腿的习俗自古有之。金华火腿始于唐，盛于宋，至今已有1200多年历史。清乾隆年间，赵学敏编写的《本草纲目拾遗》中记载："兰熏，俗名火腿，产金华者佳，金华六属皆有，惟出东阳浦江者佳。"图 6-6 中介绍的即是金贸百年来在浦江大地上书写的火腿篇章。

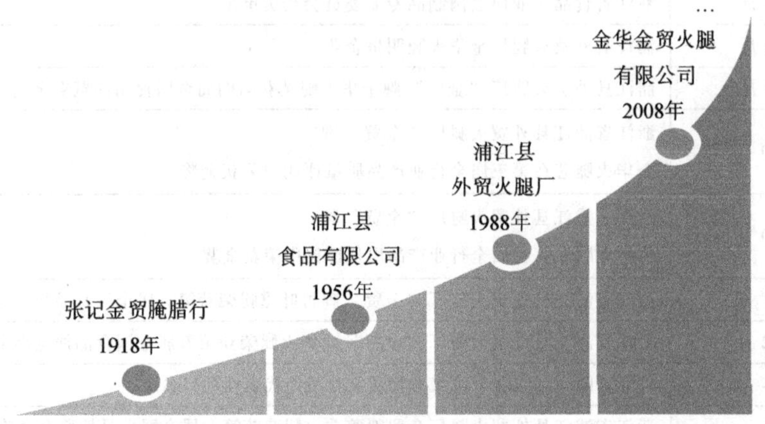

图 6-6　金贸发展历程

早在乾隆年间，张氏家族的火腿制作技艺已经十分完善，于是张氏家族在 1918 年创办了张记金贸腌腊行，这就是金华金贸火腿有限公司的前身。然而，逐渐壮大的张记腌腊行却遭遇了战火的冲击，结果可想而知，火腿的销量因战乱而骤减。于是，当时的张记老板——张时昌便思考如何将金贸腌腊行做得长久，将金贸这个品牌流传下去。他一边改善自家的火腿做法，一边寻找不同地区的火腿，最后张时昌将目光锁定在浦江曹源村的竹叶熏腿。最终，功夫不负有心人，张记金贸腌腊行打开了市场，逐渐地站稳了脚跟，成为浦江县独具一格的火腿生产商。从抗日战争后到公私合营前，张记金贸腌腊行一直在火腿上盖上印章"复兴"二字，深切表达了对振兴国家以及历经磨难的家族老字号的殷切希望，也成为了金贸火腿在特殊历史时期的品牌标志。

1956 年，全国掀起了全行业公私合营的高潮，张记金贸腌腊行被合并，成立了浦江县食品有限公司（如图 6-7 所示）。1983 年，当时处在计划经济年代，浙江省食品公司以三统一，即统一经营、统一调拨、统一核算的行政关系为由，将原金华市浦江县食品公司已获国家商标局注册的"金华"火腿的注册商标，无偿转移到了自己的名下，浙江金华市与浙江省食品公司在"金华"火腿商标归属问题上的纷争由此而生。在这场纷争的影响下，"金华火腿"的总体质量每况愈下。直到 1988 年国家政策开放，张氏腌腊行创办人的孙子张吉林与浦江县外贸局联营，成立了浦江县外贸火腿厂。

2003 年，张吉林申请注册商标"金贸"。从此金贸火腿成为浦江县内唯一一家原产地域产品保护单位。2008 年 12 月，公司产业升级后更名为金华金贸火腿有限公司，从此金贸火腿有了更为规范化的生产方式，金贸的发展从这一年起更为迅速。此时的金贸公司已经历了九十载的风风雨雨，在九十年的积淀中，金贸公司拥有了更为娴熟的生产方法和制作经验。在这一年里，金贸挖掘整理前人资料，将金贸的主打产品竹叶熏腿推向了市场。同时，金贸还推出了首创的发明专利产品——醇香火腿，这两类产品一经推出就被列为浙

图6－7　浦江县食品有限公司生产厂房旧址

江省富民强县项目，获得了良好的经济效益和社会效益。为跟上市场的变化，适应消费者的需求，金贸的掌门人即金贸火腿的传承人张吉林，不断地尝试研发新产品。2012年，金贸公司创造性地推出了发明专利即食火腿丝，将传统的火腿形态进行创造性转变，迎合了消费者的需求，助力金贸火腿走入大众，进入寻常百姓家，收获了消费者的赞誉，也赢得了业界的好评。接下来的几年时间里，金贸加大了对其火腿产品的宣传力度，知名度不断提高的同时，也获得了不少荣誉。2018年，金贸收购浙江帕尔玛有限公司，使其成为子公司，金贸公司整体实力提升，生产车间进一步优化，生产能力得到提高。2020年，金贸公司荣获“薪传奖”，这是由浙江省文化旅游厅举办的“非遗薪传”传统美食展评最高奖项，“薪传奖”寓意着企业要懂得传承创新，不只是守着老旧事物，而应将传统的精华结合现代的技术，创造出让现代消费者接受的传统食品，充分展现全社会对金贸公司的认可。2020年4月，金贸火腿有限公司的第二家门店开业，业务在不断地扩展，传奇也在不断地续写（如图6－8所示）……

目前，在江浙沪等地的大中型连锁超市中有近2000余家门店在销售金贸的产品。即食火腿丝的市场占有率更是超30%，其销售额还在持续增长。近年来，金贸公司还引进了西方先进的火腿制作设备和技术，严格把控火腿的制作流程，学习别国精良的制作技术，同时也将我国制作传统火腿的技法传播出去，受到了海外食客的热烈欢迎。这既提高了自身的技术实力，又弘扬了我国的优秀传统文化，推动了火腿产业的加速发展。金贸公司在百年来经历了大大小小的变化与磨难，但最终依旧坚持了下来，并未被击垮，不仅如此，还进一步做大做强，吸引了一大批忠实的消费者，既继承了传统又实现了创新。在一代代火腿技师的不断努力下，加工工艺与时俱进，日臻完善，保证了产品品质的稳定可靠，目前已形成了一套完整的工艺和产品标准体系。

图6-8 金贸所获部分荣誉

三、案例主体介绍：老字号困局与金贸破局之策

在对金贸公司有了初步了解后，本案例将从现今老字号企业陷入发展困境的根源出发，阐述金贸作为百年老字号企业如何破除困局、谋求发展，突出重围，在众多老字号企业面前取得耀眼成绩，并通过对案例主体的描述为案例分析部分奠定牢固的现实基础。

（一）老字号企业陷入发展困境的根源

20世纪90年代初，经原国内贸易部认定的中华老字号企业有1600多家，但是近几年来，这些老字号企业中只有10%生产经营较好，有极少数还走出了国门；有70%企业经营较为平淡，没有显著变化；另外约20%的企业经营不景气，极少数甚至已经倒闭。其缘由是随着更多新兴的行业出现，老字号企业的思想、技术、管理等各方面未能跟上时代发展，困局自然而然地就来了。图6-9分析了老字号企业陷入发展困境的根源。

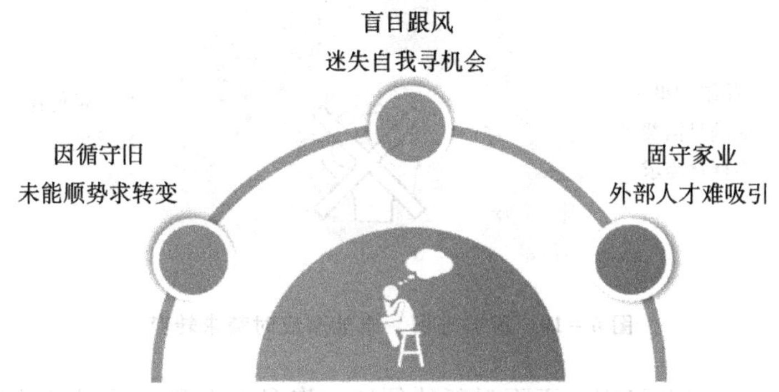

图6-9　老字号企业陷入发展困境的根源

1. 因循守旧，未能顺势求转变

随着经济全球化的到来、社会主义市场经济的影响，人们的消费需求日益呈现出多样化的特性。多样化的消费需求要求企业提供的产品和服务能够体现出个性、时尚，体现出与众不同。新奇是现代消费者所追求的，同时也应当是中华老字号企业所追求的。市场环境是不断变化发展的，在新的市场环境下，中华老字号企业准备不充分。产品结构单一、老化，产品亲和力下降，不能满足消费群体对多样化产品的需求。老品牌产品不够时尚和流行，缺乏产品创新，缺乏必要的产品延伸。老字号企业被主流消费群体，特别是年青一代认为是落后的代名词，代表逝去的历史。王麻子的产品依然是剪刀和菜刀，且款式功能长久以来没有创新和必要的产品延伸，最终被后起的“十八子”等新品牌产品所取代。这不得不说是“老字号”的一种悲哀。倘若老字号拥有创新意识，老字号完全可以制造出更多符合现代消费者需要的产品，而不是原地踏步。目前大多数“老字号”以“老”自居，自认为有着上百年的历史，在国人心中深深地扎下了根，没有什么可以撼动自己的地位；但随着信息时代的到来和市场日益激烈的竞争，“酒香不怕巷子深”“小富即安”等陈旧的营销理念已经严重制约了企业的发展。同时，老字号企业往往严守“祖传秘方”，忽略了以市场为中心的现代企业管理观念，缺乏现代管理的技术手段以及健全的规章制度。品种、工艺到包装几十年鲜有更新，原汁原味的技艺传承与现代工艺应用之间存在矛盾。仅仅靠招牌支撑，墨守成规，缺乏竞争压力与意识，缺乏创新精神与能力，缺乏改革动力与目标，导致产品更新滞后，技术创新不足，跟不上市场发展的步伐，甚至被市场淘汰出局，令人扼腕（如图6-10所示）。

2. 盲目跟风，迷失自我寻机会

老字号企业在发展的过程中，如若遭遇困境，迫切想要打破困局的心态会使企业极易被其他企业的成功所诱惑，盲目跟风，放弃主业，将副业作为主业发展，本末倒置。老字

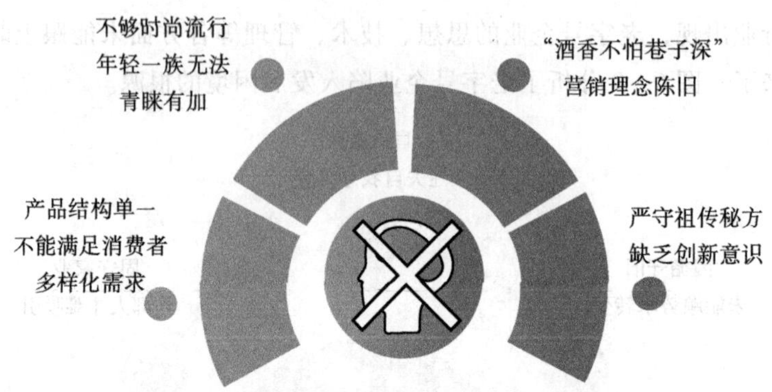

图 6－10　因循守旧，未能顺应时势求转变

号的主业发展多年，根基稳固，而面对新的领域，许多方面都会呈现出经验不足、能力不够的问题，不经意间就会造成"捡了芝麻丢了西瓜"的局面。例如春都集团，开创了以西式灌肠系列产品为主导的新兴产业，在 20 世纪 90 年代初，春都收入超 10 亿元，成为利润过亿元的国内著名大型肉制品生产加工企业。也许成功来得太容易，春都的经营者开始得意忘形，当地领导也要求春都尽快"做大做强"，起了煽风点火的作用。该企业在较短的时间内投巨资增加了医药、茶饮料、房地产等多个经营项目，并跨地区、跨行业收购兼并了 17 家扭亏无望的企业，使其经营范围扩充，涉及生猪屠宰加工、熟肉制品、茶饮料、医药、旅馆酒店、房地产、木材加工、商业等产业。企业经营项目繁杂、相互间关联度低、与其原主业之间也无任何关联，投资时间集中，一时"发展神速"。这 17 家企业半数以上亏损，近半数关门停产，春都集团陷入困境。正是因为盲目创新，使原本前景一片光明的企业就此陷入深深的泥沼之中。

除此之外，不少企业放弃了长久坚持的生产工艺。传统工艺大多复杂，难以坚守与传承，因此老字号企业便放弃了采用原有工艺生产产品，失去了原有的生产工艺，老字号企业就失去了原有的产品特色，更加失去了消费者的信赖。面对市场的诱惑，不少老字号企业丢失了尽职尽责、精益求精、专注耐心的工匠精神（如图 6－11 所示）。随着生产成本的不断提高，老字号企业为追求高利润，抬高产品价格或采用劣质的原料生产产品，短时间内收获暴利，但消费者权益受到严重侵害之时也就是企业失去长远发展之日。例如狗不理包子，极具盛名，吸引着各地的消费者，但终究因虚高的价格、名不副实的口感，劝退了一大波消费者，狗不理包子的辉煌时代也就此终结。

3. 固守家业，外部人才难吸引

人才危机是老字号企业当前面临的最严重的危机：一方面老字号企业人才流失严重，另一方面老字号企业又难以吸引优秀的人才（如图 6－12 所示）。在民营企业创业初期，家族式管理可以凭借所有权和经营权合一的管理模式，决策迅速、经营灵活，发挥企业的效率优势，助推企业迅速立足和快速发展；可以凭借家族成员之间特有的血缘、亲缘、地缘关系构建一个全面的信任关系，上下一心、同舟共济，发挥组织优势、凝聚企业力量；

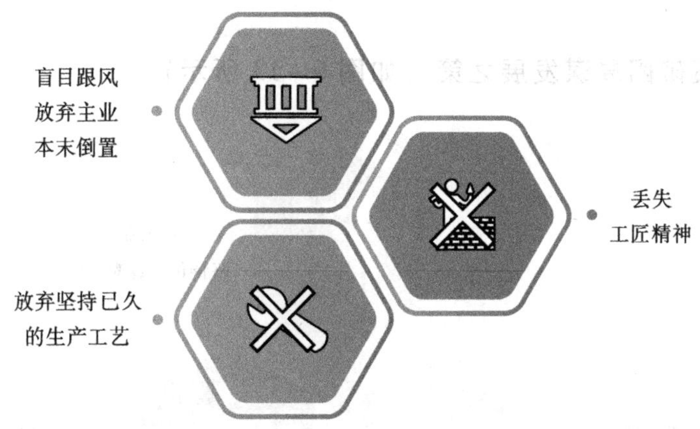

图6－11　盲目跟风，迷失自我寻机会

可以凭借共同的家族利益目标，增强成员间高度的认同感，容易协调各部门的关系，大大降低企业内部管理成本，政令通达、易于控制。在20世纪50年代所有制改造之前，我国老字号企业凭借家族式管理，完成了资本的原始积累并逐渐发展壮大。但是，随着市场变革的加快，过分依赖于传统封闭式家族管理往往会给老字号企业带来诸多弊端。这些企业的人才构成相对封闭，甚至有严重的任人唯亲现象，势必会加剧专业化分工与家族管理水平低下之间的矛盾，企业面临着严重的管理瓶颈制约；缺乏良好的员工职业发展规划和培训；没有建立符合市场要求的激励机制；缺乏良好的企业文化氛围，企业员工对企业的认同感、归属感较差。如北京一得阁，据总经理王杰介绍："我刚到一得阁工作一年，一得阁职工平均年龄53岁，30岁以下的一个都没有，这样的人员结构使企业后劲儿不足。"优秀技术人才"进不来，流出去"，没有新鲜的血液流进企业，犹如一潭死水，企业生机在慢慢地消失。再如山西广誉远国药有限公司拥有龟龄集、定坤丹、安宫牛黄丸三个国家非遗保护项目，四大经典国药品种，但由于工艺复杂，方法不易掌握，劳动强度大，工资低等原因导致后续人才的培养、工艺的传承方面出现断档。除了工艺上人才的缺失，大多数企业又因缺乏专业电商骨干人才，所以需要与第三方的企业合作，导致企业加大成本运营，老字号发展电商乏力。

图6－12　老字号企业的人才危机

（二）金贸破困局谋发展之策（如图 6-13 所示）

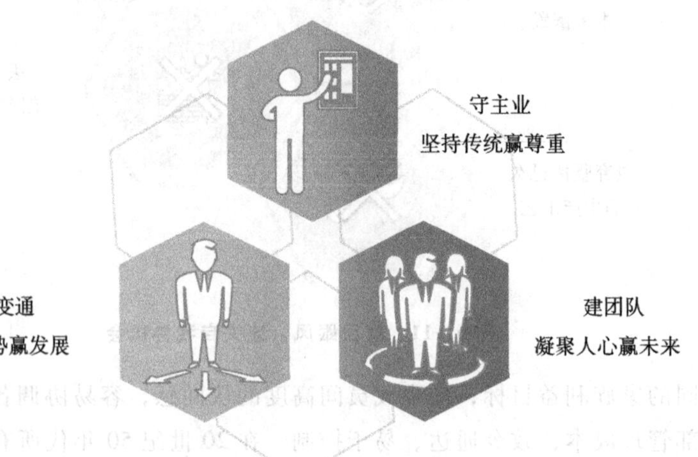

图 6-13 金贸破困局谋发展之策

1. 守主业，坚持传统赢尊重（如图 6-14 所示）

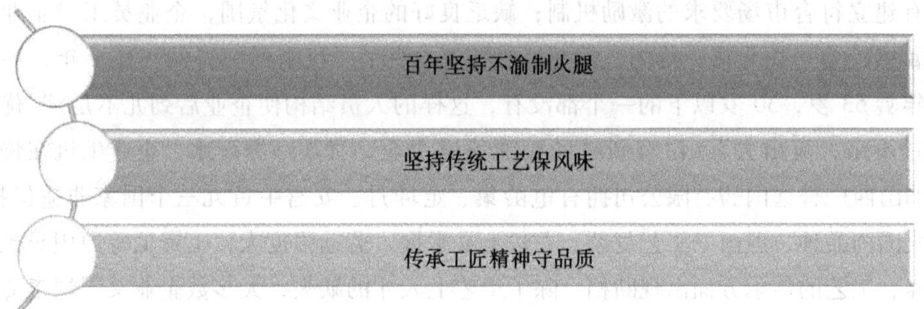

图 6-14 守主业，坚持传统应尊重

（1）百年坚持不渝制火腿。金贸公司经历了大大小小的改革，算起来也有百年的历史，期间经历了不少的困难——战争、产品滞销、品牌受损……但是金贸从未有过放弃生产火腿的想法。从始至终都坚持生产火腿，将火腿推广到全国各地。

1918 年，实业救国的思潮正旺，受到这种思想深刻影响的张时昌决定创办以火腿为主要商品的张记腌腊行，既是为促进实业发展贡献力量，也是为了宣传家乡的火腿。品质好、口感独特的火腿，慢慢地受到大家的喜爱。张时昌也没想到，当时的小小腌腊行能够历经百年。

抗日战争发生后，火腿产业遭受了严重打击，销量骤减。面对战火，张时昌的斗志没有被压倒，他没有退缩，反而是思考着怎样可以将张记做长久，以免遇到困难就停滞不前。于是张记引进了浦江曹源村一带传统的竹叶熏腿，为了使新引进的火腿受到大家的喜爱，张记改进生产技术并和原来的制腿工艺结合，生产出了适合自己的火腿产品，这在一定程度上改善了当时张记的销量，张记在战火中生存了下来，并逐渐越做越大。

1983年，张记早已经成为浦江县食品有限公司的一部分，依旧生产火腿。虽然越做越好，但是问题接踵而来，商标归属的纷争不仅让当时的金贸疲惫不堪，也让使用“金华火腿”商标的产品质量有所下滑，给消费者带去了不良的消费体验，导致当时金贸的火腿销量也深受其害。失去商标、消费者的误会、销量下降让当时金贸的发展严重受阻。在强有力的同行竞争下，也许金贸这时转行会更加容易度过这次危机，但是，金贸没有因此放弃生产火腿，而是选择了迎难而上。前期建立的口碑受损，那就重新向消费者介绍他们的火腿，用高质量的火腿捕获消费者的消费兴趣。

经过多年的坚守，在2003年，张吉林申请注册商标“金贸”，从此金贸火腿成为浦江县唯一一家原产地域产品保护单位。金贸火腿有了属于自己的商标，多年的坚守也有了回报。2008年因产业升级，企业更名为金华金贸火腿有限公司。从浦江小小的腌腊行到如今的金华金贸火腿有限公司，诞生在浦江，成长在浦江，扎根在浦江。金华火腿，这个驰名中外的中华传统美食，经过千年的发展，终未泯灭。正是浦江县张氏一族，用传统技艺的“接力”，让火腿这门古老的技艺得以传承下去。尽管金华火腿是扬名古今中外的名品，但还是受到了时代发展的波及，需要再加工的金华火腿无法适应如今的快节奏生活，消费者减少了购买火腿的欲望；再加上人们对火腿的误解，认为其是高热量不健康的腌制食品，似乎火腿已经不适合这个时代了。但金贸终归是沉淀了百年的老企业，他意识到是时机转变了。火腿企业的转变无论何种方式的创新都不应该脱离自己坚守多年的主业，所以金贸并没有改变主要生产产品，依然以生产火腿为主，要变化的是产品呈现的形式。经过多年的研究、技术创新、市场调研，在2008年，金贸推出了新产品即食火腿丝，主要原料仍然是金贸生产的火腿，经过再加工处理变成火腿丝。2020年，金贸首创火腿餐馆开业，使用的主要原料依然是金贸生产的火腿……

经历了那么多的变故，金贸有坚守、有创新，但是从未放弃生产火腿，百年来始终致力于将金华火腿传承下去（如图6－15所示）。

图6－15　金贸百年坚持不渝制火腿

（2）坚持传统工艺保风味。金贸公司是一家火腿生产企业，金华火腿的闻名归功于自己独特的味道，成就其与其他火腿味道不同的根本，是火腿的制造工艺不同。张家世代生产火腿，一直沿用传统的火腿制作工艺，旨在做出传统口味的火腿。正是这火腿独特鲜香的老味道，收获了大量顾客的青睐。金华金贸火腿有限公司至今仍与十几年前的客户有着业务往来，顾客看重的就是金贸火腿几十年来不变的味道。味道可以唤起人们深处的记忆，金贸火腿至今沿用古法制作火腿，传统味道亘古不变，也因此留住了许多老顾客。按照传统工艺发酵的火腿有着浓厚的香味，口感细腻软糯，而且发酵好的火腿不但味佳，且有益肾壮阳、养胃生津与固骨髓、健足力等保健功能，味道和营养兼具，很难不获得老顾客的喜爱。

据记载，张氏最开始就有自己古法原创的一套制腿工艺，在乾隆年间，张氏腌制火腿的技艺已经趋于完善，后因销量下降，张氏引进了竹叶熏腿的技法，销量上升后他们也没有放弃原来的火腿制作工艺，而是将其改进，依旧售卖传统火腿。虽然有更为独特的火腿，但传统的火腿是企业安身立命的根本。

金贸火腿的制作工艺复杂，需经历原料修剪、腌制、浸泡和洗涤、晾晒（如图 6－16 所示）、堆叠（如图 6－17 所示）等步骤，尤其是腌制的步骤要经历六道盐腌的过程才能完全发酵，哪怕只要有一道工序没有符合标准，火腿的口感都会受到影响，火腿的质量也会因此下降。如此繁杂的工序，金贸依然在采用。为此，金贸公司的传承人张吉林还专门组织了一个研究团队，研究传统火腿技法，收集整理出一些从前记载的火腿制作工艺，并进行归纳存档。金贸根据自己找到的资料优化生产工艺，传统工艺也在与时俱新。不过，不管如何创新，其技法的核心没有变化。

图 6－16　晾挂发酵的火腿

图 6－17　落架堆叠的火腿

时间总是在悄无声息中抹去过去的痕迹，许多古老的工艺在慢慢地消失，慢慢地被遗忘，这些都是中华文化的宝贵遗产。金贸火腿作为浦江县唯一一家金华火腿原产地保护单位，承载着重大传承责任，火腿中的历史珍品——竹叶熏腿唯有金贸公司挖掘开发。张吉林明白，与其他火腿相比，竹叶熏腿存在加工周期长，生产成本高，经济效益不显著等问题，但张吉林依然坚持生产这种浦江传统的火腿珍品。这是祖辈的心血，也是他的骄傲。

俗话说"七分看原料，三分看工艺"，这"三分工艺"则凝聚着先人的智慧和后代传承人的坚持与保护。在这些年的传承里，张吉林早已将火腿工艺的要点烂熟于心。终于，金贸火腿公司在 2016 年入选了金华市第三批市级非物质文化遗产生产性保护基地。这个荣誉是对张吉林这个非遗传承人一直以来的坚守的肯定和赞许。正是张家人一代又一代的坚守，才不至于让金贸的火腿技法被遗忘在时间的缝隙里；正是金贸的坚守，才让消费者在今天也能够品尝到古法炮制的火腿。

（3）传承工匠精神守品质。金贸公司一直坚持制作火腿，一直坚守传统工艺，是什么让其一直坚持下来的呢？答案就是金贸多年坚守的工匠精神。坚持制作火腿的同时也坚守着传统工艺，历经多年已经成为非物质文化遗产，因此金贸制作的火腿就是在传承我国的传统火腿文化。在我们调研的过程中，金贸公司的石主任说道："我们制作火腿，传承金贸这百年企业，为我们的子孙守住了这方文化。同样，我也希望我们可以身体力行，宣传浦江的火腿文化，让更多人了解并爱上浦江的火腿文化。"一位传承人教授的徒弟越多，越是他将火腿文化发扬光大的体现，每一位坚守着的传承人都是传统文化的践行者。这些行为也是传承人文化自信的表现，他们有着强烈的企业荣誉感、国家荣誉感，只是很难将这种情感表达出来，于是就依靠行为将这精神传递下去。荣誉感被传承人们内化于心、外化于行，影响着周围的人，对企业、国家的热爱不仅用言语表达，而是在践行中体现真谛……

一个企业坚守百年，不改初心，专注做好产品。精益求精，把控每一个细节，秉承着"质量为先，品质为重"的企业精神，金贸公司严格把控企业产品的质量。每个火腿制作、存贮车间的温湿度都严格控制在合理的范围内，于第一步就保证了火腿的品质。制作的每一个步骤都有详细的记载：每一步具体经过了哪几人之手，每一条猪腿的来历都可以溯源，在某种程度上规范了工人的行为。

分装火腿成品时，金贸火腿采用人工分装，而不是机械流水线。按照如今注重效率的视角，相对于机器，人工效率不高，且成本很高，不利于企业的发展。但是从企业文化的角度思考，这恰恰体现了金贸精益求精的工匠精神，人工的分装是为了制作出更好的产品。发酵过后的火腿，表面并非那么光滑、可口，所以需要对其进行再加工——将其表面发黄的肉削去，这样才有更好的卖相。观而知之，这是一项需要十分仔细的流程。如果使用机器，虽然提升了效率，降低了成本，但是品质却会有所下滑。人工生产制作的产品也有一定的标准，在放入真空包装的时候，需要对产品称重，最后加入礼盒还要进行再一次的称重，出库产品的质量有严格的把控，不可能出现缺斤短两的情况。众所周知，机械很难有精细工作的时候，尤其是处理火腿最后一步，需要将不同品质的肉分开，多削一分，质量高的肉则会被处理掉，少削一分，口感就会被影响。为了践行企业文化，让消费者有良好的消费体验，食用到高品质产品，金华金贸火腿有限公司不惜成本，采用人工分装（如图 6－18 所示）。

图 6－18　金贸人工分装火腿成品

相比其他的大企业，金华金贸火腿有限公司的工人并不多，企业受其文化的影响，没有将扩大企业规模作为第一要务，从不惜成本地采用人工分装就可以看出，很多的员工都是身兼多职，为了做好产品而一直努力着，所以虽然企业人员并不多，但是企业仍然井然有序地运行着。一个百年企业的企业文化一直传承下来，也一直影响着企业中的人，企业现今发展至此，很大程度上受到了企业文化的影响。

2. 重变通，顺应时势赢发展

2008 年是金贸命运变化的关键之年，也是它从衰落走向振兴的转折点。这一年，国家提出大力振兴传统老字号企业，让有文化、有深度、有内涵的老字号企业焕发它的第二春。于是，张吉林积极转变思想观念，不忍金贸如温水中的青蛙那般死于安逸，毅然带领着金贸离开温床，顺势变通，冲破传统的桎梏，努力寻求金贸的创造性转化、创新性发展。

张吉林敏锐地捕捉到了振兴老字号的时代信号，顺应时势，积极求新求变，在其他传统老字号企业还未发觉之时，成功开发竹叶熏腿产品，改变火腿的制作工艺，推出醇香火腿产品，创新火腿的物理形态，完美开创火腿丝的新食品之路，并注重营销的多样创新，把最传统的火腿玩出了新花样，受到了广大食客的热烈好评，在时代的洪流中赢得了独属于金贸的一片天地！

（1）竹沁兰熏再绽放。竹叶熏腿的产地为浦江曹源一带，这里四周山岭连绵，盛产毛竹，山林高峻，空气潮湿，气候有别于浦江其他地域，正是这独特的地理条件，使竹叶熏腿的美味无法复制。竹叶熏腿，在当地还流传着这样一个传说，相传，水泊梁山好汉被招安后，为消灭方腊起义残部，官兵们挨家挨户搜寻，竟看到家家户户屋檐下，挂着形似竹叶的猪后腿，这猪后腿经过长时间的烟熏，腿皮棕黑发亮，官兵们揭下那猪腿，用刀切开后，瘦肉红似火，肥肉亮晶晶，一股竹叶清香扑鼻而来，经过烹煮后，更是鲜味无比。当官的为了迎奉上师，逐级进奉，一面圣就俘获了芳心，竹叶熏腿因此成为了贡品。

张吉林走访曹源山区有经验的老村民，拜他们为师，虚心学习。将前辈的传统制腿技艺挖掘整理，结合金贸拥有的竹叶熏腿制作技法，并引进西方先进的生产设备与生产技术进行制作，使千年竹沁兰熏再度在金贸手中绽放。独具金贸特色的竹叶熏腿，其竹烟清香沁入猪腿深处，形成一种特有的清醇香味；成品外表呈紫褐色，皮肉略呈透明，精肉鲜红，咸中带甜，别具风味。竹叶熏腿的包装更是独具匠心——两头小猪在竹林中嬉戏，透过画面，我们仿佛也能感受到小猪在竹林中的欢乐。小猪嬉戏图以水墨作画，仅由水与墨、黑与白交织，但依旧近处写实，远处抽象，色彩微妙，意境丰富，独具传统韵味。因此，竹叶熏腿成为金贸区别于其他火腿厂商的一大特色产品（如图6-19所示）。

图6-19　千年竹叶熏腿再度绽放

（2）低盐健康引风尚。如今，许多人甚至金华本地人依旧认为火腿是腌制食品，因其含有大量的硝酸盐和亚硝酸盐，过多食用容易诱发高血压、心脏病，而对它们避而远之，这种错误思想不仅不利于火腿的销售，更容易影响对火腿的认知，给火腿贴上错误的标签。事实上，金华火腿是一种发酵食品。发酵食品拥有多种对人体有益的微生物、酶、氨基酸等，可以起到降低胆固醇和降血压的作用。同时，发酵食品也具有易消化的特点，对于肠胃功能较差的人以及处于康复期的患者都具有一定的帮助作用。在西欧，由于火腿超高的营养价值和丰富的口感，火腿在百姓家中非常普遍，其受欢迎程度并不亚于红酒和奶酪。因此，为了改变中国人认为火腿是腌制食品的固有观念，金贸公司想了很多办法。

其中，金贸公司采用了一种低盐、口感淡甜、肉质细嫩、酱香浓郁、保存时间长、生食熟食皆可的火腿制作方法。以豆酱作为腌制剂赋予火腿醇香味，白糖增加风味的柔和感，蜂蜜赋予火腿风味的醇厚并增加香味，白糖和蜂蜜因替代部分盐作为腌制剂，降低了用盐量。这种制作工艺拓宽了原料面，降低了用盐量，缩短了产品生产周期，不受季节环境影响且火腿品质更好。成品火腿，醇香浓郁，咸淡适中，肉质细嫩而不干硬，食后回味无穷。可以生食的低盐火腿新品种，也让传统的食客领略到别样的异域风情，更符合当今大众对健康饮食的高要求。目前，这种制作工艺已获得国家发明专利，其产品“醇香火腿”自上市以来就获得众多食客欢迎，是金贸公司开发的成功产品之一（如图 6－20 所示）。

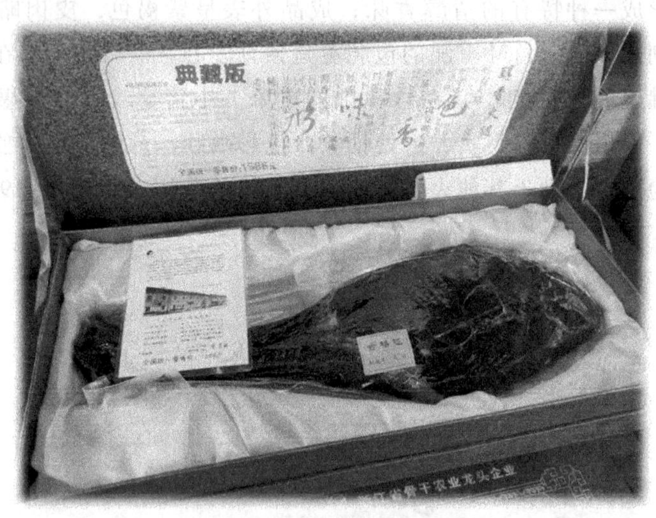

图 6－20　低盐健康醇香火腿

（3）火腿形态全突破。通常情况下，火腿都是以整块的形态呈现在大家面前，而整块的火腿食客不便切割且烹饪工序烦琐，鲜有出现在大家的餐桌上。现有的即食火腿在保存一段时间后食用时需要再次加热处理，可以即食且口感品质好的火腿保存时间一般都不会超过 6 个月，同时即食火腿口感品质较差，存在哈喇味、偏咸等问题。这些弊端不仅影响着各大火腿厂商，更困扰着金贸公司。

与此同时，随着消费群体多元化的发展，年轻一族已经成为现在消费的主力军。在张吉林长时间的市场调研下，他发现新一代的年轻人更追求食用的便利性而对小包装食品青睐有加。而年轻人喜欢小包装的即食产品这一现状却被许多火腿制作厂商很大程度上忽略掉了，这也在一定程度影响了火腿产品在年轻群众中的销量，更不利于火腿产品的推广和对火腿产品认知的改变。张吉林发现了青年群体中蕴含的巨大商机，决定创新火腿的物理形态，发明即食火腿丝。

这种产品开袋即食、携带方便、安全卫生，肉丝口感品质好，酥而不腻，味道先为咸鲜，后有回甘，其保存时间长，在常温状态下至少可以保存一年的时间。同时，该产品也更加迎合青年消费者对小包装食品的喜爱偏好，可选择产品方向更多，吸引了一众青年群体，使金贸这一品牌在青年群体中打下了一片天。即食火腿丝同样获得了国家发明专利，受到了国家及社会的认可。自产品推出以来，其在淘宝、拼多多等网店的销量也节节攀升，因其食用方便、价格实惠、受众广泛而在金贸销售额中占比突出，是金贸公司最具开创性的产品（如图6－21所示）。

图6－21　火腿形态全突破——即食火腿丝

（4）营销创新助发展。随着互联网技术的蓬勃发展，企业的营销方式也在与时俱进地变化。从前，金贸产品的宣传主要以线下广告的方式进行，宣传覆盖面小且宣传效果不佳；如今，金贸公司一改从前落后的宣传方式，利用互联网的优势，将线下宣传与线上宣传相结合，积极开拓新媒体营销新模式。例如，金贸运用微信公众号进行营销。微信营销的私密性带来高可信度、强号召力，增加品牌黏性。通过建立一对一对话平台机制，不仅拉近了金贸与消费者之间的心理距离，而且使消费者在这种对话关系中增强对金贸的信任感，消费者朋友圈的口碑传播，使微信渠道更具有营销转化率的优势，从而增强了对金贸产品的宣传效果。直播“带货”拓宽销售渠道。直播最大的特点就是直观、即时、互动，具有较强的信息披露性和情感感染力，有利于用户沟通和宣传。金贸还运用视频营销——直播“带货”（如图6－22所示）。直播“带货”改变了传统消费者和金贸之间的关系，让消费者与金贸产品的联结关系更紧密，面对市场上大量存在的同质化产品，直播“带货”可以更好引导消费者。而金贸公司直播形式和场景更丰富和生动的优点使消费者能更为直观且全面地了解产品内容及服务信息。金贸直播“带货”如图6－22所示。

图6－22　金贸直播“带货”

金贸公司注重营销时和用户的关系与互动性，利用微信营销、视频营销，与用户寻找共同的话题，而不是向用户灌输某种营销理念。在微信、抖音发布信息时遵循了“有趣、有用、个性”的原则，个性化的产品和服务越来越凸显，越来越能吸引大众注意力。做到使传播的内容言之有物，从功能层面进行差异化，在感性层面塑造个性，使营销渠道更加贴近生活、更容易为大众接受。用与众不同、新颖奇特的创意元素融入金贸品牌及其产品，建立起“金贸”二字与消费者的情感关联，促进金贸及其产品认知度的提升。

2008 年，金贸公司选择了勇敢创新，它冲破牢笼，开辟净土，经过多年的孕育，它展现出前所未有的成长活力，并逐渐在产品线方面和其他火腿制造企业拉开差距，展现“金贸特色”。千年竹叶熏腿在金贸人的手下再次绽放，醇香火腿引领低盐健康新风尚，即食火腿丝推动火腿形态全突破，正是因为金贸人能识得时势，重视变通，另辟蹊径，大胆创新，重视营销，才使金贸公司能够取得如此良好的成绩。

3. 建团队，凝聚人心赢未来

一个优秀的企业离不开对优秀人才的吸纳和培养。人才，特别是高技术人才对企业发展的意义是不言而喻的。在当今经济高速发展、规模迅速扩大、竞争愈演愈烈的企业发展过程中，人才竞争是最激烈的竞争，谁能拥有一批高素质、高竞争能力的人才，谁就能掌握未来。因此，高智力资本和创新性人才是金贸公司最宝贵的一笔财富，直接影响了金贸公司的整体水平和竞争力，也是其不断发展的源头活水。但如何引进、培养并稳定人才队伍，实现可持续发展？这是金贸公司一直关注和思考的话题。

于是，金贸公司基于人才需要和自身长远发展的战略目标，实施了如下的可行方案（如图 6 - 23 所示）。首先，金贸公司创建了高效的研发团队，以团队的形式开展工作，促进了团队成员之间的合作，鼓舞了员工的士气。团队规范在鼓励团队成员工作效率的同时，还创造了一种增加工作满意度的氛围。金贸公司通过制定明确的目标，广泛宣传，使团队成员间认可共同发展的目标，激励成员将个人的目标升华到团队群体的目标；在团队中形成良好沟通，为研发团队搭建一个畅通的信息交流渠道，对协调和指导团队成员的行为，在团队成员中形成相互信任的氛围发挥了重要作用。如此，金贸公司的团队建设使每一个人都形成了一份一体感、认同感，团队成员将自己的前途融合到整个团队的发展当中，形成了“你就是我，我就是你”的高层次集体观念，使整个团队更有凝聚力。其次，金贸公司设计了有效的激励机制，加强对员工需求的研究，采用针对个体需求差异的激励方式，加大员工培训力度、实行提成奖励等人才激励机制，充分考虑到人才资源的专用性特点，将“尊重知识、尊重人才”的核心理念充分体现在人才的劳动及其成果上，为激活人才队伍创造了充分的条件，让金贸公司优秀的人才能够感到公司的兴衰与自己的利益休戚相关，从机制上保证了金贸公司和员工的利益紧密地融合在一起，形成以金贸公司的发展带动员工个人的发展，以员工个人的发展推动金贸公司发展的良性互动机制，使员工为公司的长远发展而尽心尽力。

图 6－23　建团队，凝聚人心赢未来

（三）金贸公司发展成效

2008 年，金华金贸火腿有限公司选择打破困局，守正创新。它冲破牢笼，开辟净土，经过多年的孕育，展现出了前所未有的活力，其表现超越了一众发展较好的火腿企业。以下是 2016—2020 年金贸与同行业、龙头上市公司的成长速度对比分析。我们将从营业收入增长率和营业利润增长率两个角度分析金贸近年来的突破式发展（如图 6－24、图 6－25 所示）。

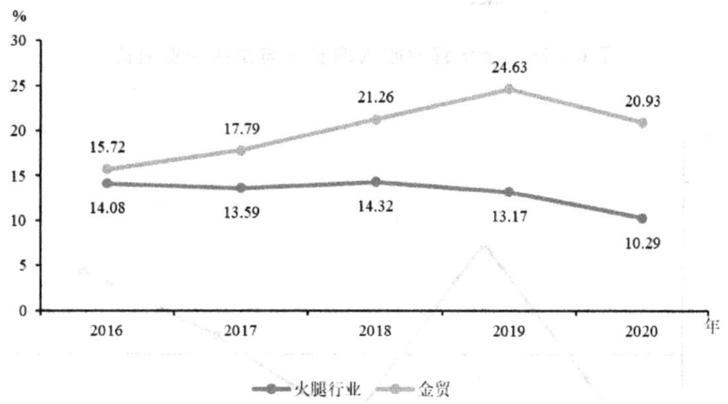

图 6－24　金贸营业收入增长率与火腿行业对比

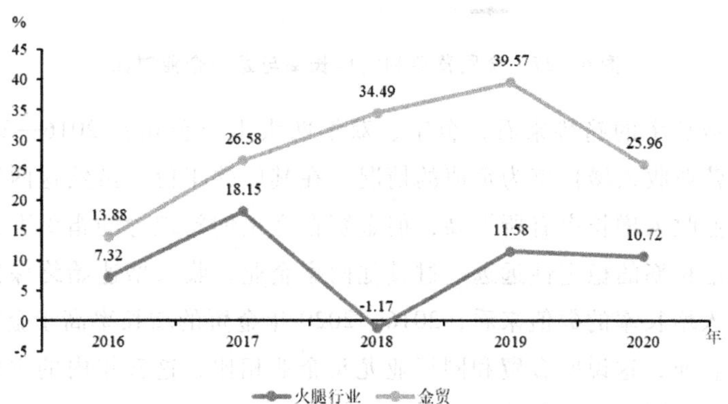

图 6－25　金贸营业利润增长率与火腿行业对比

与全行业相比，金贸的营业收入增长率和营业利润增长率均明显高于同行的平均水平，企业成长能力较强，前景一片大好。2016—2019 年，金贸在创新驱动的引领下，营业收入增长率及营业利润增长率持续提高；2019 年，金贸营业收入增长率达到 24.63%，营业利润增长率更是逼近 40%，远远高出行业的平均水平。即使在 2020 年新冠疫情的影响下，火腿行业的发展并不景气，各项指标均有所下滑，金贸的营业收入增长率和营业利润增长率仍然高于行业均值。

金贸不仅在与行业对比中拥有领先优势，与火腿龙头上市公司相比，金贸的发展能力也毫不逊色（如图 6－26、图 6－27 所示）。

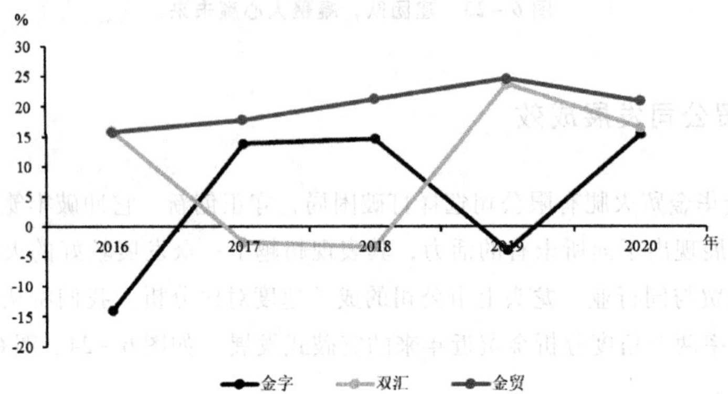

图 6－26　金贸营业收入增长率与龙头企业对比

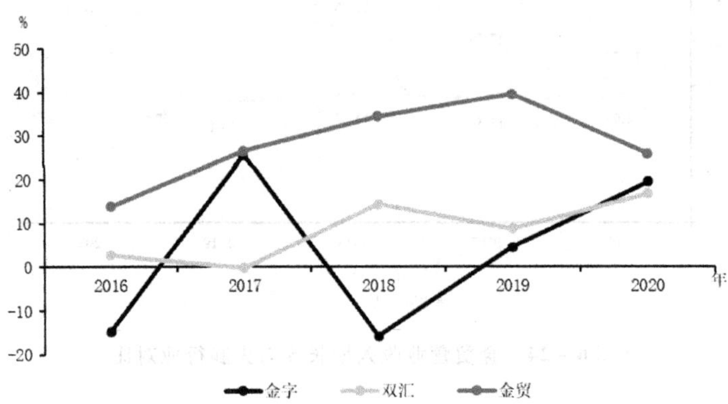

图 6－27　金贸营业利润增长率与龙头企业对比

从营业收入增长率的趋势来看，金字、双汇两大上市公司在 2016—2020 年，均在不同程度上出现了营业收入增长率为负值的情况。在其后的年份，虽然这两家企业通过一定的整改措施，营业收入增长率有所提高，但金贸在守正创新理念的指引下，业务收入持续增长，营业收入增长率的稳定性远远超过其他两家企业，收入增速始终保持在一个较高的水平。从营业收入增长率的数值来看，2016—2020 年金贸的增长率高于金字和双汇这两家火腿行业的龙头企业，这说明金贸和同行业龙头企业相比，这五年内的主营业务收入增长速度较快，企业的发展速度也较快。

从利润增速的趋势来看，2016—2020年，金贸营业利润总额的增速基本维持在20%~40%，利润增长率较为稳定。在守主业的基础上，金贸使千年竹叶熏腿焕发生机、引领低盐健康火腿的新潮流、推动火腿的物理形态完全改变，拓展了产品线，减轻了传统火腿制品销量堪忧所带来的负面影响，增加了营业利润，让金贸的利润额能够保持稳定增长。从利润增速的数值上看，金贸的营业利润增长率均为正数，利润总额总体上呈快速上升趋势，而其余两家龙头企业的利润增长率基本上在正负间摆动，利润增长不稳定。

综上所述，从整体上看，金贸的发展能力高于同行水平，发展潜力较大。同时，与全行业营业收入增长率总体上高于营业利润增长率不同，金贸的主营业务收入和利润总额几乎实现了同步增长，而且后者增长速度总体上高于前者，这说明金贸的产品附加值与利润空间远高于全行业的平均水平。与火腿行业的龙头企业相比，金贸有着较高的营业收入增长率和营业利润增长率，说明金贸的成长能力要明显强于龙头企业。

四、案例分析：金贸成功的必然性解析

在描述了金贸破困局谋发展的对策后，本案例将根据创新理论进行分析，彰显金贸守正创新、多措并举的正确性，突出金贸成功的必然性。

（一）创新支撑发展的条件

1. 创新的核心思想

（1）创新的概念。创新是指人类为了满足自身需要，不断拓展对客观世界及其自身的认知与行为的过程和结果的活动。或具体讲，创新是指人为了一定的目的，遵循事物发展的规律，对事物的整体或其中的某些部分进行变革，从而使其得以更新与发展的活动。

创新，顾名思义，创造新的事物。然而，作为经济学的创新概念，则是由经济学家熊彼特首创的。熊彼特在1912年发表的《经济发展理论》将“创新”引入经济学中，首次将创新视为现实经济生活中的经济事实，诠释了创新概念及创新生成机理，并论证了创新对经济发展的作用，对创新理论的形成做出重要贡献。他认为，所谓创新就是建立一种新的生产函数，把一种从来没有过的关于生产要素和生产条件的“新组合”引入生产体系。这种“新组合”有五种情况：采用一种新的产品或一种产品的一种新的特性；采用一种新的生产方法；开辟一个新的市场；掠取或控制原材料或半制成品的一种新的供应来源；实现任何一种工业的新的组织。

（2）创新的内涵。创新是为客户创造出“新”的价值，把未被满足的需求或潜在的需求转化为机会，并创造出新的客户满意。创新的目的不是利润最大化，创新的目的是创造客户。以牺牲客户价值为代价的“创造”不是创新。

在持续改进的过程中有时也能够产生创新的成果，然而，更多的创新产生于对客户需求更深刻的发掘和认识，从而创造出“全新的业务”和客户价值，即所谓“颠覆式创新”。创新是有风险的，然而，“吃老本”或者“重复改进”比创造未来风险更大。

创新所释放出来的生产力及其创造出来的市场价值推动了产业和社会的不断进步，有效地避免了经济的衰退和社会动荡。创新不但是企业可持续发展的原动力，而且是推动社会进步，避免暴力革命对社会造成伤害的有效途径。

在高速变化的互联网时代，创新正在成为每个组织和个人必须具备的能力。

（3）创新的产生与发展。在西方，创新概念的起源可追溯到1912年美籍经济学家熊彼特的《经济发展概论》。

20世纪60年代，随着新技术革命的迅猛发展，美国经济学家华尔特·罗斯托提出了“起飞”六阶段理论，把“技术创新”提高到“创新”的主导地位。

1962年，由伊诺思在其《石油加工业中的发明与创新》一文中首次直接明确，“技术创新是几种行为综合的结果，这些行为包括发明的选择、资本投入保证、组织建立、制订计划、招用工人和开辟市场等”。

美国国家科学基金会，也从20世纪60年代开始兴起对技术的变革和技术创新的研究，在NSF报告《1976年：科学指示器》中，将创新定义为“技术创新是将新的或改进的产品、过程或服务引入市场”。

20世纪七八十年代开始，有关创新的研究进一步深入，开始形成系统的理论。

著名学者弗里曼把创新对象基本上限定为规范化的重要创新。他从经济学的角度考虑创新。在1982年的《工业创新经济学》修订本中明确指出，技术创新就是指新产品、新过程、新系统和新服务的首次商业性转化。

我国20世纪80年代以来开展了技术创新方面的研究，我国学者陈伟博士构筑了创新管理学科架构体系。

进入21世纪，信息技术推动下知识社会的形成及其对技术创新的影响进一步被认识，科学界进一步反思对创新的认识：技术创新是一个科技、经济一体化过程，是技术进步与应用创新“双螺旋结构”共同作用催生的产物。知识社会条件下以需求为导向、以人为本的创新2.0模式进一步得到关注。

（4）创新的形式。关于创新的形式，学术界没有公认的说法，一般认为，创新包含三种形式：发现、发明和革新（如图6－28所示）。

①发现。发现与“科学”相关联，指观察事物而发现其原理或法则，即发现已经存在但不为人知的规律、法则或结构和功能。发现主要是寻找或认识两个方面的东西，一种是对自然界各种原理、规律的寻找或认识；另一种是对社会发展规律的寻找或认识。例如，原始时代的人们以石投水则沉，投以木则浮，因而发现水有浮力。牛顿从苹果从树上掉了下来的事实发现万有引力定律，而且从数学上论证了万有引力定律。

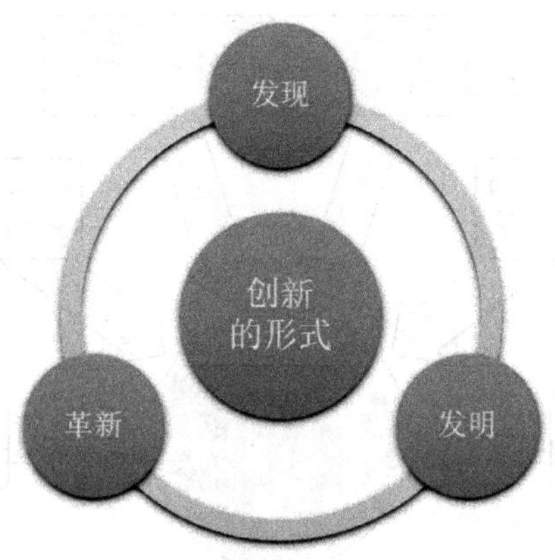

图6-28 创新的形式

②发明。发明与“技术”和“工艺”相关联。发明与发现密切相关。发现是通过观察事物而发现其原理；发明是根据发现的原理而进行制造或运用，产生出一种新的物质或行动。例如，古人发现水有浮力，于是根据这一原理“刳木为舟”，把大木头挖空，造成独木舟，这叫发明。

③革新。革新即变革或改变原有的观念、制度和习俗，提出与前人不同的新思想、新学说、新观点，创立与前人不同的艺术形式等。人类社会是不断发展变化的，为适应这种变化，人们原有的伦理道德、价值观念、政治制度、法律制度、婚姻家庭制度、礼仪制度、生产制度和宗教制度等，也必须随着不断地革新。学术界和艺术界也一样，也是随着社会的发展而不断超越前人。

2. 为什么企业创新成了“找死”？

（1）创新失败的原因。第一，“创新人才缺乏”是导致企业创新失败的最重要因素。人才缺乏一直是企业创新的主要障碍。

第二，“市场竞争秩序混乱”对企业创新具有抑制作用，这一结果说明我国一些企业之间无序或不顾规则的“模仿”、低成本竞争，极不利于企业创新的实施。

第三，“急功近利和短期行为的文化氛围”和“创新失败的风险过大”等排在抑制企业创新关键要素的第三梯队。

第四，企业家对行业与政策环境的把握不准确，也会导致企业创新失败。

第五，“缺乏对创新的信心”“创新投融资机制不健全”“财务管理制度过严”也在不同程度地抑制创新。

（2）有效创新的基本条件。除非处于绝对垄断地位，否则企业只有创新才能有出路。作为一家企业必须面对市场竞争，创新可以提供竞争力，但是创新是有风险的，如何控制创新的风险是成败的关键。我们总结说：不创新等死，创新找死，创新是有风险的，所以创新要取得成功是有条件的，需要注意以下几个方面（如图6-29所示）。

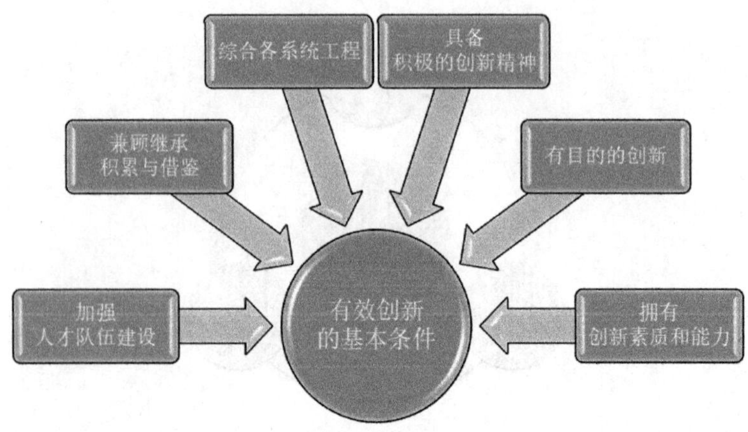

图 6-29 有效创新的基本条件

①加强人才队伍建设。“功以才成，业由才广。”一切科技创新活动都是靠人完成的。创新驱动实质是人才驱动。创新发展靠人才支撑，不断激发全社会创新创造活力。人是生产力中最活跃的因素，也是科技创新最关键的因素。企业要坚持科学的人才观，坚持人才是企业发展之源的理念，继续创新人才管理，加强人才队伍建设，为企业创新发展提供强有力的人才支撑和核心竞争优势。只有这样，才能实现企业的转型升级和科学发展。

②兼顾继承、积累与借鉴。创新不是闭门造车，不是踩着模仿的脚步亦步亦趋，创新也是时代的产物。创新关键在一个“创”字，去做前人没有做过的事，以达到另辟蹊径、缩小差距、后来居上的目的。这就是创新应有的科学发展观。创新要摆脱模仿尾随的困境，就要善于吸收包括自己传统文化在内的多种文化的优秀成果，认真研究自己民族的精华，博采众长，走出一条有自己特色的科学创新探索之路。

创新的源泉来自社会需求，不同的时代有着不同的社会需求。研究这种潜在的社会需求，是创新的源泉。同样，没有继承就没有创新。创新离不开继承、离不开坚持、离不开积累、离不开借鉴，最重要的是离不开落实。继承是创新的基础和前提，创新是继承的最终目的。勇于坚持才能有所创新，创新不是一蹴而就的，是从一点一滴开始的不断积累。创新离不开借鉴，借鉴体现了一种开放的发散性思维，是成才谋事的必经之路，也是探索未知领域的有效方法。只空谈而不落实，创新就无从谈起。创新包括的范围非常广，要敢想敢创，要与时俱进，要有所发现、有所发明、有所创造、有所前进。

③综合各系统工程。创新活动不仅涉及多组织、多部门的合作与配合，而且涉及技术、资金、市场、信息等多个要素的投入与管理，甚至关系到研发、生产、采购、营销、售后服务等多个环节，以及战略战术制订与实施等的方方面面。可以说，创新是一个系统工程。就某一企业而言，创新活动要与其发展战略相适应，各部门要协同合作。例如，研发部门的研发就需要管理、行政、资金、市场和营销五部门合力提供组织协调、后勤保障、资金支持、需求信息和营销服务等。在这个系统工程中，任何一个环节或部门出现问题，都会影响创新的效率和创新成果的实现程度，甚至导致创新的失败。

要想在创新活动中取得成效，企业的制胜法宝是依据创新的特征，明确目的，培养自身的创造能力，分阶段地进行评估和风险控制，凝聚各部门的综合实力来共同对抗创新活动中的风险因素，做有用功，真正地把创新融入企业的灵魂。

④具备积极的创新精神。必须培养善于思考，勇于探索，有远大的抱负和责任感，不怕挫折，不怕困难，而且有科学的理智的冒险精神。树立勇于变革、勇于开放、勇于进取的创新观念，营造创新人才成长的氛围，对现代经济发展具有极大的推动作用；而守旧、封闭、安于现状的思想观念，对现代经济发展则有很大的阻滞作用。

⑤有目的的创新。创新就是为了解决问题，或者满足需求，因此具有较强的目的性。在经济领域，创新是一种经济活动。企业进行技术创新，包括产品创新和工艺创新，是为了提高市场竞争力；进行管理创新是为了减少管理层次，提高管理水平，降低管理成本；进行市场创新是为了开拓新的市场，扩大市场规模，提高市场占有率；进行制度创新，则是为了消除影响企业发展的体制性障碍等。

总而言之，企业进行创新，是为了应对市场竞争的压力，更是为了追求利润最大化。企业进行创新就是为了商业目的，从创新设想的提出到创新成果价值的实现，完成了商业化的“惊险一跳”，其创新才算获得成功。

⑥拥有创新素质和能力。有“创”才有“新”，创造是创新的本质特征。“创”与“新”具有因果关系，不“创”就谈不上“新”；而“新”的东西无一不体现创造性。因此，创新是一种创造性行为，它必然要求创新者即企业具有创造的能力，包括创造性的决策能力和组织才能。从另一个角度看，创新是一种实践性很强的活动，这种实践尤其能够体现企业家的精神，是企业家对生产要素进行创造性重新组合的过程。因此，对创新者良好的素质要求是：创新意识、探索精神、求真务实的工作作风、广博的知识基础、良好的心理素质、顽强的战斗精神。对创新能力的要求是：敏锐的观察问题、发现机会的能力、深入分析和把握关键环节的能力、自我管理和控制、协调的能力、良好的记忆力和丰富的想象力、科学的综合创新能力。

3. 老字号如何避免创新陷阱

（1）老字号企业的特征（如图6－30所示）。

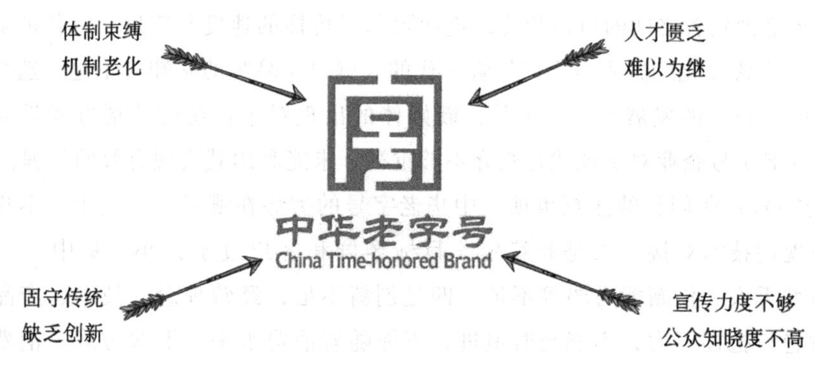

图6－30　老字号企业的特征

①体制束缚，机制老化。体制决定了企业的品牌属性、知识产权等。截至目前，已经有很多老字号企业完成了不同程度的改制，但仍有部分老字号改制不彻底，在产权改革方面存在问题。例如山西省的中华老字号企业中，六味斋、双合成、东湖陈醋均已改制完成，生存状况良好，摆脱束缚，走出了自己的一片天地。而老香村、老鼠窟以及太原酒厂还属于国有企业，生存状况不佳，老香村糕点甚至已经停产。很多事实证明，产权改革彻底的企业都克服了困难，得以重焕青春。另外，改制也留下了许多问题，例如老字号的一些无形资产仍然由政府控制。就商标来说，企业所拥有的只是使用权，所有权仍归政府所有，企业只能有偿向政府租赁商标的使用权，这就严重影响了企业的积极性，阻碍了企业的发展。

②固守传统，缺乏创新。在经营模式和管理机制方面，部分老字号企业仍过分强调“继承传统”，而没有采用现代化的企业管理理念和管理技术，例如有些经营行为必须层层上报获批才能实施，由此就束缚了企业的自主发展；经营渠道也大多以店铺经营为主，受地域限制而无法满足部分消费群体的需要；随着技术更新速度的不断加快，产品更新换代的速度也在加快。但很多老字号企业仍固守于某种传统工艺，缺少创新，对于消费者需求的改变未能作出及时调整，对于品牌延伸也缺乏足够的重视。如何在发挥“老”的优势的同时加以创新，是老字号企业普遍面临的难题。

③人才匮乏，难以为继。老字号企业的核心竞争力就在于独特的技术、手艺，而手艺传承发展的载体就在于手艺人，所以从某种意义上可以说老字号品牌的长盛不衰得益于那些仍在坚守的手艺人。现如今，老一代的手艺人正在慢慢老去，而学徒却越来越少。以胡魁章笔庄为例，做笔的工作枯燥乏味，收入也较低，曾经有聋哑学校的学生去学，最后也没有坚持下去。传承和保护传统工艺，培养传承人已经成为老字号企业发展急需解决的关键问题。另外，大多数企业中从基层员工到管理层年龄普遍偏大，且缺乏创新的动力和能力，专业的技术人员和管理人员也较少。企业发展的关键在于人才，人才的匮乏也就成为了企业发展的羁绊。

④宣传力度不够，公众知晓度不高。企业通过各种传播手段进行品牌推广，可以有效提升品牌在消费者心中的认同与喜爱程度。但目前还有部分老字号企业品牌推广意识淡薄，仍停留在“酒香不怕巷子深”的传统思想中，忽略了对老字号文化的挖掘和宣传，将品牌的推广仍依附于老消费者之间的口口相传，进而限制了传播的速度与广度。宣传的侧重点偏于“传统”，缺少现代文化的融入也会使年青一代的人群对于品牌的熟知度不足，造成消费者结构的断层，影响企业的发展壮大。另外，新媒体的出现对于传统的传播方式带来了一定冲击，而大部分老字号企业对于现代化媒介不够重视，未能利用其实现有效的品牌传播。

（2）老字号企业创新的注意事项。中华老字号的劣势在哪里？一是生产不规范，传统工艺不能与现代技术对接。二是超稳定，目标客群和客户过于狭小、集中。三是人才匮乏，导致后继无人、创新能力弱等不足。四是创新不足，经营理念、技术、产品和服务缺少创新，对趋势把握不力，不能与时俱进，不能随着消费水平、消费方式、消费观念的变化而变化。五是营销手段落后，缺少主动营销意识和现代营销手段。正如前文老字号的发展困局中所说的，盲目创新、因循守旧、人才匮乏是当下众多老字号企业的通病，过于热衷追逐行业热点，而忽视了自己的本来，忽视了创新的正确路径，最终结果可想而知。那么，老字号的创新应当注意什么呢（如图 6－31 所示）？

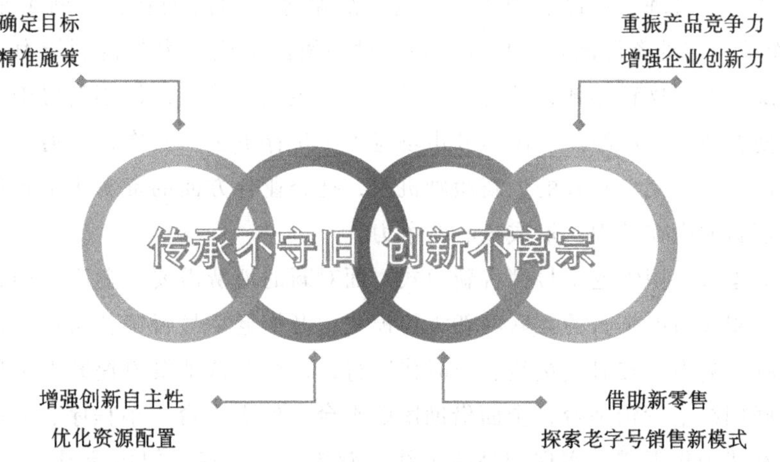

图 6－31　老字号企业创新的注意事项

“老字号”的魅力在于“老”，价值也在于“老”，但是不能“老生常谈”，更不能“墨守成规”，要辩证地看待“老”字，要在“新”字上做文章。老字号通过百年发展，已经将老字号产品之“优”，转化为市场发展之“势”，通过“优”“势”并举，推动老字号融合发展，进一步释放老字号活力，展现老字号新容颜、新产品。因此，老字号在创新的同时，应当牢记自己百年积累的主业，使创新有一个良好的跳板做基础；应当守住精益求精，传承工匠精神，守住产品好品质。事实上，老字号企业也得益于此，打造了良好的企业名誉，并依托于此发展至今。

①确定目标，精准施策。进入新经济时代，老字号必须要主动去适应新市场，适时地调整自己的产品策略、营销策略、服务策略，使之更加符合现代市场的特点和需求。现代消费者同过去相比，也有了很大的变化，不仅需求量大增，需求层次也呈多元化，发达的市场还使现代消费者变得更加聪明和挑剔。针对消费者的这些变化，老字号也必须跟着变。如果以“不变应万变”，最终只会失去消费者。因此，老字号必须找准市场定位，从产品、质量、规格、包装、销售、服务各个方面投消费者之所“好”，努力满足消费者的各种新需求，确定企业目标人群，针对不同的目标人群采取不同的方法策略，为消费者提供超值的全程服务，才有可能保住并不断扩大自己的消费群体。

②重振产品竞争力，增强企业创新力。在坚守中创新。老字号的价值在老，出路在新。老字号能够历久弥新，靠的是在匠心传承中创新发展，搞创新绝不是“另起炉灶”，而是在守住根基的基础上加强创新。老字号品牌活化的过程中，第一要务是重振产品竞争力，要立足于品牌历史和文化基因的基础进行整合或改变，不断通过创新研发，使自有产品在激烈的市场竞争中占据一席之地。第一，一定是基于它的历史文化，基于它的资源基础和经营特色上的创新；第二，一定是要紧跟市场变化；第三，一定是一个系统的创新。企业的创新应该建立在企业原有的成果上，这样才能够夯实企业创新基础，助力企业活力创新。

③增强创新自主性，优化资源配置。用熊彼特创新理论及创新的形式分析老字号企业创新，其实质上就是在尊重客观规律的前提下，适时地根据主客观条件的变化，进行观念、制度、技术、管理、产品、服务、市场、战略等方面的创新，不断重组，即“新组合”，调整企业内部的资源配置，形成更强的对环境的适应能力与盈利能力。但从老字号目前发展状况来看，这种创新，首先，应是具有自主创新意识，把创新置于企业战略的最重要位置，使企业在日趋激烈的国内外市场竞争中生存下去。其次，要通过加快建设现代企业制度建设，形成完善有效的创新激励机制，把企业各方面的资源集中到创新上来，增强企业自主创新的内在动力，形成核心竞争力。

④借助新零售，探索老字号销售新模式。面对新的消费需要，老字号创新思维应于变化中求发展，积极借助全新的互联网新零售模式，开拓老字号营销新渠道，将老字号的文化优势和品牌影响力，与时代接轨、与时代同行，以全新营销渠道提升老字号品牌推广力度，拥抱互联网线上营销平台，全面借助团购平台、外卖平台、小程序、会员系统、直播平台等多种在线销售渠道，实现产品线上线下营销互动，提升门店流量和会员管理水平，助力老字号线上营销模式新发展，让老字号在新零售时代焕发新生机。

老字号是我国品牌中的精华和骄傲。历史上它曾是一块沉甸甸的金字招牌。今天，尽管悠长的岁月使它蒙垢而有些黯淡，但其含金量仍然不容置疑。它是先辈企业家们留下的宝贵的无形资产，今天，老字号不应守着“金矿”没饭吃。但老字号必须突破“老”的束缚，把传统的生产经营方式与现代生产技术、管理方法相结合，找准其历史基业与现代企业的契合点，使企业的生产经营和服务方式符合新经济时代的国际标准和现代消费者的需求，这是老字号创新战略的核心所在。紧紧把握住这个核心，老字号就有希望在创新中走出困境，再现辉煌。

（二）守正创新 金贸发展有根基（如图 6－32 所示）

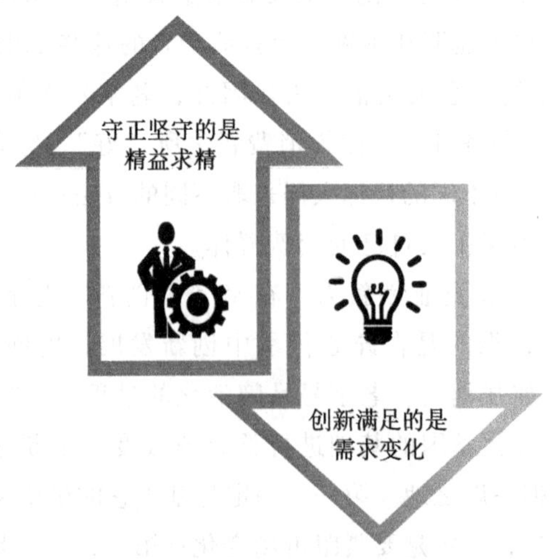

图 6－32　守正创新 金贸发展有根基

1. 守正坚守的是精益求精（如图6－33所示）

坚持火腿主业不动摇
精益求精才会有基础
坚持工匠精神不变化
精益求精才会能实现

图6－33 守正坚守的是精益求精

守正在汉语词典中作为动词的含义是恪守正道，这是一个宽泛的概念，那么在企业中呢？什么是企业的正道？守正，就是要坚守正道、正统、正直、正气、正义、正常之规则，用社会公论的法则、方针、路线、思想、政策、措施处事做人；正道是正确的道路，是可以促进企业发展的正确方向，是企业长久不变的正确信仰，也是企业发展的根本——主业。因此，守正对于老字号的发展来说至关重要。

那么精益求精呢？精益求精是工匠精神中的内容，原意是指学术、技术、作品、产品等完美还要求更完美，表示要求极高。在企业中是指从业者对每件产品、每道工序都凝心聚力、追求极致的职业品质。拥有精益求精的职业品质是企业产品高质量的保障，企业中的员工受到精益求精的品质感染，做出来的产品更加优质，从而促进企业产品质量整体提高，企业自然而然就发展起来了。

为什么守正就要守精益求精？首先，老字号发展的前提是守正，要找到正确的道路和发展方向，要坚守正确的指引，也要守住老字号的根本。其次，还要注意发展的质量，老字号企业应当营造精益求精的工作氛围。正确的发展方向和道路都可以在时间的帮助下找到，但是精益求精的品质就要靠长久的累积，它是老字号企业多年的积淀。正是在精益求精这种精神的要求下，企业才能生产出高质量的产品，才能规范企业的生产，所以守正应当守的是精益求精的品质，在精益求精的指引下，企业会向更完美的方向发展，老字号的发展才能实现真正的成功。而金贸公司一直以来都是如此，既坚守主业，又传承精益求精的工匠精神。

①坚持火腿主业不动摇，精益求精才会有基础。金贸由一代代人经营下来，早已有了深厚的文化沉淀，作为家族企业，金贸还是张氏家族的百年来的心血，想要成功就不能朝三暮四，坚守主阵地，不断致力于做大做强主业。制作火腿是金贸的主业，对于金贸来说得心应手，因此坚持主业发展，不会有太大的错误，反而在发展中寻找机遇，会获得更大的成功。因为发展副业有很大的风险，尤其对于金贸这样的中小老字号企业，主要有以下几个方面的影响：

第一，大量资金流入副业，主业生产受到影响。因此如果没有足够的资金支持和完善的规划，偏离主业发展的风险将非常大；

第二，没有完善的设备、技术和管理经验，发展受阻；

第三，主副业的领域不同，会损害金贸多年建立起来的口碑。

已经固定运作了多年，企业内早已习惯了那一套的制度，如果“跨界”就容易偏离方向、误入歧途，而一些低水平副业，占用了企业大量宝贵资源，严重制约了企业核心竞争力的提升和长远发展。金贸也认识到这个问题，因此在发展的过程中从未偏离自己的主业，坚持在主业上开新花、发新芽。将企业研发的精力集中在火腿产品的研发和更新上，不放松懈怠，期望能够在原有的基础上做出更好的改变。

金贸在面对困难时，并未像其他的老字号企业那样缺乏抓好主业的决心和底气，轻率地淡化主业，寻找热门的副业，乃至将副业作为主业。而是继续坚持在火腿上做文章，凭借多年做火腿的经验，金贸在困境面前总能化险为夷。如果金贸没有继续坚持下去，就可能失去克服面对困难的实力，难以应对多重压力，甚至产生严重生存危机。如果新主业顺利发展当然最好，但实际上再“热门”的行业，持久发展中也难免有困难，这时企业就可能处于尴尬之中：淡化老主业时，竞争对手乘机而入占据市场，而新主业发展中的困境又接踵而来。可见，无论是坚守主业还是适度多元化，抓好主业都是成功的保障。

抓好主业是成功的基础，在主业范围内扩大产品门类，通过技术创新提升产品质量和功能，增强市场竞争力。不但能够顶住困难站稳脚跟，而且由于困境淘汰了一部分竞争对手，使本企业在业内地位上升。金贸就是顶住了外界的压力，坚持主业不放松，不熟悉的行业不进入，提高自身的火腿生产实力，在火腿领域不断开发新产品，最终在同行业内稳固了地位。在激烈的竞争中，企业往往难以准确判断自身现实状况和未来发展前景。不少案例证明，企业会过早地放弃对现有主业的深度挖掘，容易犯两个错误：一是低估主业未来的潜力。就像挖井一样，一定要挖到一定的深度才能有井喷的一天。而很多企业在挖到一定深度需要打攻坚战的时候，就放松了专业化进攻而去做多元化拓展。二是高估自己在主业的地位，失去进一步提升主业竞争优势的压力和动力，但往往在放松的一刹那就导致了竞争对手的迅速壮大，使自己丧失主业优势。反观金贸，认识到火腿行业还有发展的空间，投入企业内的资源，深度研究火腿产品，终于挖到了那口“井”。获得一定的成就后，金贸并没有骄傲自满，依旧将企业的发展放在首位，以提高企业的实力为重，把握住作为老字号企业的主业发展优势。

现如今国家出台了政策，支持老字号传承和创新传统技艺，鼓励老字号在保护和传承优秀传统技艺的基础上，导入先进的质量管理方法和模式，运用先进的技术创新传统工艺，提高产品质量和工艺技术水平。可以看出国家是支持并希望能够保存老字号的原有风貌，也乐于给予一些发展主业的老企业帮助。所以金贸作为老字号企业积极响应国家政策，坚持发展主业，百年坚持不渝制作火腿、坚持传统工艺保留风味，将传统发扬光大。金贸生产的火腿产品始终符合金贸一直以来带给消费者的印象（如图6－34所示），金贸爱惜羽毛，注重企业品牌在消费者心目中的形象。

图6-34　金贸坚持火腿主业不动摇

②坚持工匠精神不变化，精益求精才会能实现。金贸公司的守正是金贸得以发展的基础，而能够长久地发展得益于精益求精的工匠精神。精益求精体现了金贸对产品质量、制作工艺、管理技术等的追求，是实现“制造”到“精造”的重要基础。

根据国家研究显示，我国集团企业的平均寿命为7~8年，小企业的平均寿命2.9年，每年有近100万家企业倒闭。当今社会物欲横流，人们精神浮躁、急功近利，大家很难沉下心来，精益求精地雕琢一件事情，但金贸却能在这时代摈弃浮躁，脚踏实地，认真细致地做事，靠的就是那份工匠般的精神，将工匠精神做到极致。金贸的百年坚守，很大程度上得益于金贸的工匠精神。工匠不是机械的重复工作劳动者，而是一个拥有自己思想，能够不断提高的人，工匠精神更是不同，并不只是将工作视作赚钱的工具，还要树立一种坚持工作、精益求精、一丝不苟的精神，这种精神如果能够在企业内盛行，成为统一的价值取向，那么企业的可持续发展指日可待。

工匠精神包括了对产品质量安全可靠的坚持，这种坚持来源于精益求精的品质。当一个企业发展起来了，不久就会出现一系列的模仿者，在这一个个的模仿者中，他们的价格低廉，但是产品的质量得不到保障，对于他们来说，只是想趁着这个产品热销赚一笔，根本不会考虑企业的长期发展，所以当热度过去，产品很快就滞销，企业也就随之倒闭了。这种想法便是缺乏了工匠精神。民以食为天，食以安为先。企业，尤其是食品企业，应当将产品的质量放在首位。金贸的火腿能够受到大家的喜爱，重要原因就是质量让消费者放心，味道使消费者开心，每一道工序严格把控，每一步骤都专注细致，每一位员工都严格地按照标准生产，包装前的火腿要经历人工的检查，除去不好的地方，以保证口感（如图6-35所示）。每一步都是为了做出质量安全可靠的产品，能够实现这些操作，是精益求精的精神在支撑，尤其是火腿制作工艺繁冗复杂，需要制作人员有强大的专注力。金华火腿也曾因为质量问题深受打击，由于金华火腿畅销，许多小企业就来到金华生产火腿，希望能分一杯羹，不过，金华火腿哪里是那么容易模仿，没有娴熟的制作工艺，因此这些小企业做出来的产品，质量低，口感差，不仅如此，还有甚者使用病猪、烂猪作为火腿的生产原料。火腿制作完成后盗用了金华火腿的名号流入了市场，结果可想而知，金华火腿的口碑严重受损，且销量也急剧下降。质量出了问题，消费者也不敢再消费了。虽然火腿销量下降，但是金贸也没有放弃，生产的都是优秀质量的火腿，消费者怀疑就用质量证明自己，也正是如此，消费者才改善了对金华火腿的差印象。企业不能只看到现如今的小利，要将目光放长远，才能得大利。

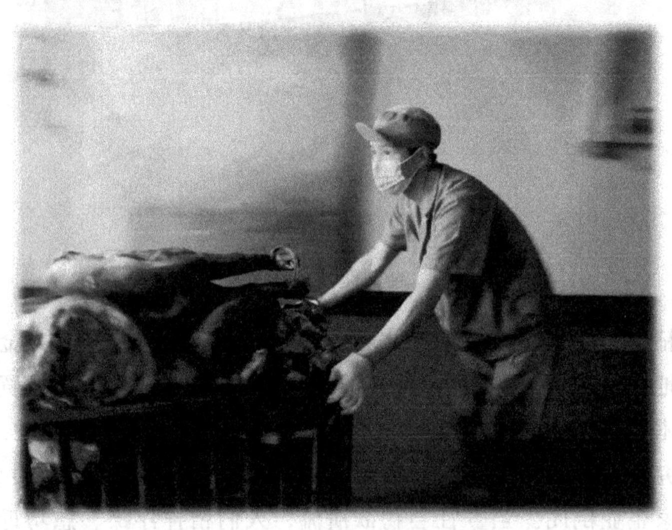

图 6－35　金贸坚持工匠精神不变化

高质量的产品必不可少，新鲜的产品也不可或缺。企业无法仅靠一种产品发展得长久，一旦过时，消费者就会减少消费，企业也就会从人们的视野中消失。金贸也认识到了这一点，在近几年的时间里，不仅是生产火腿，还在不断地开发出新的产品以适应消费者的需求，金贸的"工匠"们在工匠精神的引导下，在传统火腿工艺的基础上不断地改进，研究不同的制作方法，希望能够生产出更好的火腿产品。正是这种对完美产品的不懈追求，增加了金贸在同行业内的竞争力，促进了金贸的可持续发展。金贸传承了百年，精益求精的工匠精神也传承了百年，外在的部分是很容易借鉴的，但处于内在的精神只能靠自己凝聚，也许其他的企业可以借鉴金贸的火腿，但是无法借鉴金贸工匠们一丝不苟的工作态度，富有能量的内在潜力。

金贸在发展的过程中守着多年来坚守的主业，更重要的是守着精益求精的工匠精神。这些都是金贸多年来的积淀，是金贸多年来的宝贵财富。在这些优势的加持下，金贸必然会成功。

2. 创新满足的是需求变化

为什么创新要满足客户的需求变化？创新首先要为客户创造价值，就是要能满足客户的需求变化。正如理论所说，创新不仅是概念，不仅是创造新的事物，创新的关键是要为客户创造出“新”的价值，把未被满足的需求或潜在的需求转化为机会，并创造出新的客户满意。

几十年来，随着经济的发展，人们的需求在发生变化，在当今的社会环境下，客户需求仍然在不断改变。因此，企业要想通过创新来发展，首先就是要满足客户需求。改革开放以来，人们对美好生活的向往不断显著，消费需求在变化，如何创造价值呢，就是不断改变，不断满足客户的需求。

金华金贸火腿有限公司就是如此，顺应时势、迎合变化，创新满足消费需求，为消费者创造价值。随着社会的发展，生活水平的提高，人们不仅要求吃得饱，更加追求吃得好，吃得健康、卫生，高质量、高品质，追求精致。金贸捕捉到“早些时候，消费者要求实惠，改革开放以来，人们开始追求品质生活”的这一消费观念变化，积极求变，大火腿变小火腿，包装上变得精致，切成小块精包装，又根据不同的需求，不同的部位，设计有不同的包装。通过市场调研发现，年轻消费群体更追求个性化、简单快捷的零食产品，基于扩大消费市场，满足年轻消费者群体需求的愿景，金贸创新开发专利即食火腿丝产品，获得消费者喜爱。另外，针对健康、低盐的消费需求，金贸在传统工艺的基础上，改进制作技艺，自主研发新品醇香火腿。

综上所述，我们可以看到，金贸一直以创新、以客户需求为前提，以为客户创造价值为基础。面对新的目标群体，针对新的消费需求，金贸积极开发新产品，金贸的创新始终在满足需求的变化，所以金贸的成功是有保障的。

金贸破困局，创新是关键。中华文明历史源远流长，而中国商业文明的发展也有着悠久的历史。不少民族品牌历经百年沉浮，在商海的大浪淘沙中生存下来，金华火腿更是早已经成为我国商业文明发展史中熠熠生辉的明星品牌，成为今天家喻户晓的中华“老字号”品牌。然而，如今中华“老字号”这道亮丽的风景线却面临着严峻的生存和发展困境。尽管食品业的“老字号”金华火腿的销售额依然能保持每年20%的增长，但是经营惨淡、生意冷落已经成为大部分“老字号”企业所面临的共同问题。研究发现，质量上乘、技术先进的产品遭遇市场冷遇以至于销售业绩糟糕的事例不胜枚举，而导致这种尴尬境地的关键在于一些企业今天依然沿用着以往传统陈旧的营销模式，没有因时制宜建立一套新型的企业营销模式。本研究团队认为，营销、品牌和管理是导致我国“老字号”企业发展陷入困境的主要因素，有研究则进一步指出，营销对于企业的发展至关重要，营销是企业的生命线。正所谓“货好还需勤吆喝”，企业要不断发展必须与时俱进、不断开展适时的营销创新活动。营销创新是企业创新战略的重要部分，是关系着企业与时俱进，满足消费者日益变化的需求并求得企业生存发展途径的关键性因素。金华金贸火腿有限公司已经意识到营销战略在企业战略中的重要地位，从而开始尝试新型的营销策略并取得了引人注目的成果（如图6-36所示）。

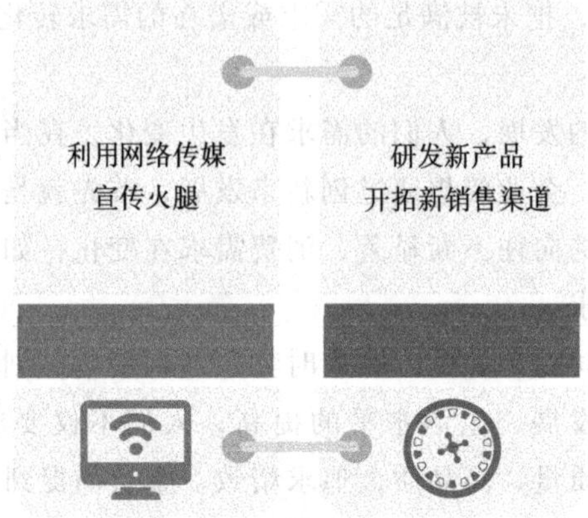

图 6－36　金贸破困局，创新是关键

（1）利用网络传媒宣传火腿。企业官网是企业品牌形象门户，现代科技的发展使网络具有其他宣传模式所不具备的一些特点，如信息的丰富性、及时性、互动性和交互性。金华金贸火腿有限公司懂得运用网络来推销自己的产品，网站宣传做得到位，为了改变中国人认为火腿是腌制食品的固有观念，金贸公司用心制作宣传册，图文并茂地为我们介绍了火腿的各种知识，让读者深刻地了解了金华火腿的制作过程、营养价值和食用功效。其次，金贸公司还拍摄了多样的火腿宣传片（如图 6－37 所示），从各个方面展现了一方纯正的金华火腿的诞生，那充满食欲的短片，不免吸引消费者，仿佛火腿的香气已经透过屏幕幽幽飘入观者鼻中，使消费者对金华火腿产生深厚的感情，从而逐步更新消费者的旧观念，重新认识火腿，了解火腿的营养和食用价值。消费者上网查阅企业产品，很大程度上也起到宣传老字号产品的作用。

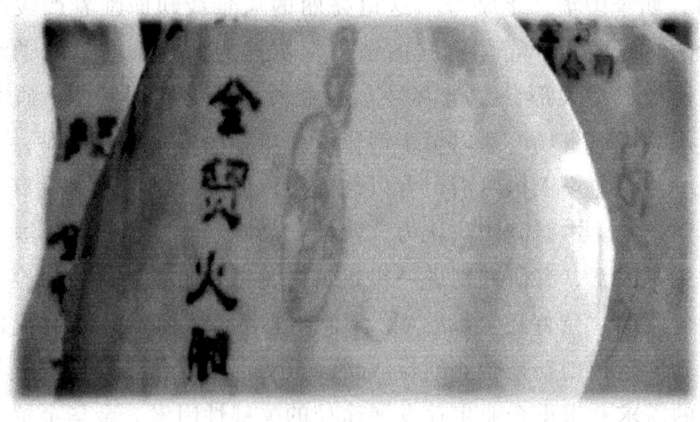

图 6－37　金贸公司火腿宣传片

（2）研发新产品，开拓新销售渠道。金贸经营者自我反思，为了进一步提升品牌知名度、扩展业务线，金贸公司当机立断，进入电商领域，搭起电商平台。营销渠道展现出更加开放、包容的特质。金贸产品在淘宝金贸食品旗舰店、拼多多帕华食品官方旗舰店进行销售（如图 6－38 所示）。其中，即食火腿丝、精腿上方自然块、火腿碎肉等产品均获得了可观的销售量，消费者在网络平台留言，发表购物体验，与金贸保持产品沟通交流，金贸在消费群体中感受产品好坏，消费者喜爱程度，改良不足，从而更好地为消费者提供优质产品。

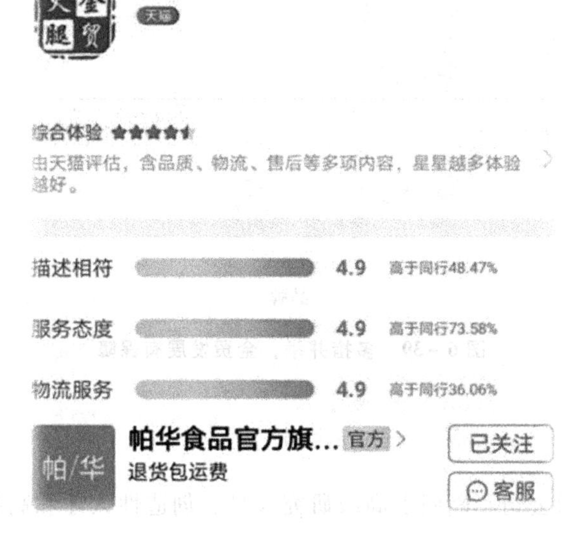

图6-38　金贸食品电商平台

除此之外，金贸积极开拓新媒体营销新模式，运用微信公众号、直播“带货”、抖音等新营销方式，一定程度上增强了售购的私密性、便利性；产品信息的交互性、及时性；提高了产品可信度、感召力、用户黏性以及营销效率。金贸跟上现代市场的变化，积极开发新的销售方式，不断变换老字号产品的口味和品种在吸引新客户的同时留住老客户。金贸公司改进制作方法，研发低盐醇香火腿，发明专利即食火腿丝，均取得不错的收益。更加细分的人群和需求，创造了更加丰富多样化的营销表达式样，并以此不断激发消费者产生强烈的互联和消费意愿。在新营销环境下，所有网民都可以参与到特定的传播过程中，营销渠道展现出更加开放、包容的特质。

（三）多措并举，金贸发展有保障

多措并举，指多种措施同时实施。多措并举要求各种创新资源和要素有效汇聚，通过突破创新主体间的壁垒，充分释放彼此间“人才、资本、信息、技术”等创新要素活力而实现深度合作。金华金贸火腿有限公司在产品、营销、宣传、技艺、包装、人员、管理等多方面都有措施同时实施（如图6-39所示），致力于创造更多生产机会，打造产业系统化升级。

图 6-39 多措并举，金贸发展有保障

1. 人才提升企业实力，团队促进内部协作

金华金贸火腿有限公司不断吸引高级研究人员、创造性人才和高技能职员，建立公平的奖励制度，充分体现对科技成果来之不易的高度认识，充分承认科技人员付出的艰苦劳动。此外，金贸为核心岗位人员制定相适应且起到激励作用的薪酬制度，能够更加高效地促进金贸公司企业绩效的生成。薪资的高低与所从事职业的难度有直接关系，在满足员工对薪酬的期盼值的同时，又能为企业获取最大的经济效益。把科技人员的利益与企业的发展前景紧紧捆绑在一起，同时激发其全身心地投入，从而实现个人目标与组织目标的趋同。金贸为科技人才提供探索与创新有力的物质支持，配备优良的设备仪器，加强对资料室、企业信息中心等部门为科学研究提供信息的管理。

从团队人才培养的角度出发，金贸意识到个人成功和团队成功并不矛盾，计划与高校进行深度的校企合作，将人才需求传达至高校，从而进行金贸人才的“定制”，为金贸的人才培养设计人才开发体系，真正为火腿产业源源不断地输送新鲜血液。人才组成团队，团队中有一致的目标，极易产生一种归属感。正是因为这种归属感使每个成员明白在为团队努力的同时，也是在实现自己的价值。与此同时，其他成员也在共同为这个目标努力，这种工作环境能够激发更强的工作热情，团队的出现加强了企业的内部协作，提高了工作效率。现阶段，金贸广纳青年大学毕业生，一方面教授火腿制作技艺，以期传承传统工艺；另一方面提高企业整体知识文化与思想道德水平，向更高更好更强的企业目标迈进。

2. 产品满足客户需求，品牌赢得消费市场

一个品牌，既要有精准的品牌定位，也要有好的产品来体现。市场上不存在不依托产品而存在的品牌。一个企业有了能体现品牌的好产品，才能带动整个企业品牌的持续发展。

产品创新主要是指产品线的创新，这是一种基于产品核心价值的创新，它不是要求金贸凭空去创造一个全新的产品，而是在金贸核心技术工艺的领域范围内去探索新的产品模式，具体可以通过形式创新和产品线的创新来完成。

金贸的产品就是通过产品线的创新来增加自身产品的市场领域。金华金贸火腿有限公司顺应时势，重变通，2008 年响应振兴中华老字号的时代需求，积极求新求变，成功开发出属于金贸的竹叶熏腿，并改良火腿制作工艺，创新性推出醇香火腿，这两大创造性产品形成金贸火腿产品线，为金贸赢得市场，使其广受消费者好评；2012 年，金贸又通过市场调研，探索发现新消费群体对便利性火腿产品的消费倾向，市场容量客观，于是金贸创新变换火腿的物理形态，发明即食火腿丝，吸引着年青一代的喜爱。

产品是满足消费者基本需求，可以触摸、感受或看见的事物，是传递品牌精神诉求的载体，能起到桥梁作用。品牌是消费者对产品情感的总和，是产品的一种精神体现。产品满足人的各种需求，品牌是一种精神，让人产生偏爱。品牌建设、品牌保护对一个企业来说尤为重要，不仅有利于客户提高商品的选择效率，还有利于企业信用累积，更有利于企业在市场上站位。“大品牌，我放心”普遍反映出人们的消费心理，也反映出消费者对企业的信任，并给产品增加附加值。

金贸从自身情况出发，发现问题、找出问题并积极加以解决，重视网站建设，对新产品的信息及时进行更新，同时设立网上经营者和消费者的交流平台，加强与消费者的互动，同时开展一些优惠和趣味活动，吸引消费者浏览、传播品牌价值。与此同时，金贸坚持举办和参与相关展览交流活动，从 2003 年 9 月第四届全国食品博览会陆续展开，到 2018 年 2 月迈入新时代，踏上新征程——浦江县“三农”展览会，再到如今参加各类农博会等，通过活动实现了“创意拉动设计、文化创造价值、技艺引领潮流、产品取得信赖、品牌营销赢得市场”，赢得越来越多人的喜爱，尤其是年轻时尚群体的青睐。金贸火腿有限公司积极推动老字号企业增品种、提品质、创品牌，着力提高供给能力和质量，更好地满足人民群众消费升级的需要。

拥有 100 多年历史的金贸火腿，则面临着品牌之争和互联网大潮的冲击。“进入互联网时代以来，很多传统企业遭受断崖式冲击，为了更好地发展，金贸也在积极地布局‘互联网 +’。经过多年积累，金贸在网络大数据、消费者体验等方面获得的数据沉淀推动着产品从外观设计、包装形式以及口味口感等方面作出调整。”金贸火腿董事张吉林如是说。

3. 包装融合多元文化，营销展示企业特色

(1) 挖掘产品包装与现代元素的融合点。在互联网新经济时代，金贸考虑到年轻消费群体的审美爱好，而年轻消费者的审美与时代发展潮流有着密不可分的关系。金贸若想在新经济时代分一杯羹，那么具有特色的包装设计就是必不可少的手段。金贸定期进行市场调研，研究目标消费者的角色特点，包括对他们的喜好、动机、愿望以及他们使用的其他代表性产品，进行综合描述，发现新消费群体对小包装、便利性零食食品的消费倾向，基于此发现，金贸将原来的大火腿改良为小巧的小方块火腿，研发小包装即食火腿产品，开

袋即食、便利卫生，其中即食火腿丝产品更是赢得了广大消费群体的喜爱。

（2）在包装设计中融入品牌文化、人文元素，注重情感体验。消费者购买金贸产品，除了产品质量的因素外，更多的是一直以来金贸产品在消费者心目中的地位，金贸产品的包装能够唤起消费者的共鸣或者是一段回忆。包装是消费者看到产品时先接触到的视觉元素，也可以说是另一种产品，其设计也需要加入情感化设计。金贸产品包装的情感化设计主要从消费者的视角出发，在注重产品物质属性的过程中，将更多的关注点放在了消费者的情感体验上。金贸产品经过历史的变迁，每一个产品后面都有自己的产品故事和产品文化。金贸产品包装注重传统文化的传承，竹叶熏腿包装以绿色为主色调，竹林为背景，突显竹叶熏腿的清香，现在的金贸产品由于其品牌价值所在，多用于作为旅游纪念品或者馈赠友人的产品，被消费者所认识，所以大部分的金贸产品以礼盒形式居多（如图 6－40 所示），礼盒配以诗文颂扬浦江文化，富有浓厚的历史气息，整个包装就像在讲述一个故事……金贸产品包装立足市场需求，从产品自身出发，在包装中注入人文元素，拉近产品与消费者之间的距离；醇香火腿以中国红为主色调，以方文正楷强调“秘制配方”，即食火腿丝配文“专利产品”，彰显知识产权保护意识，更是增强了消费者购物的信任度、安全感，这些人文元素的加入，吸引人们去关注金贸产品文化信息成长的同时，刺激了消费欲望，也使该产品在同类型产品中脱颖而出，是企业对于品牌的一次成功升级。

图 6－40　金贸火腿礼盒

消费者的购买习惯是在不断变化的，这种变化也是购买方式的变化。新一代消费者大多习惯于从网络商店进行商品或者服务的购买，为了适应这种变化，金华金贸火腿有限公司对自己原有的销售方式进行评估，发现仅靠线下销售已经不适应新一代消费群体的购买习惯，两者之间已经不匹配了。于是，金贸进行销售方式的创新，依靠网络平台，实施网络宣传，在拼多多、淘宝、天猫、抖音、微信等 App 进行产品销售就是一种崭新的尝试，销售面更广，能够在很大程度上满足全国各地消费群体的需求。

（四）根基稳保障全，金贸成功是必然

如上所述，金贸的根基稳。百年来，尽管经历战火、经历夺标、经历改革，金贸依旧坚持火腿主业不动摇：坚持发展主业，将传统发扬光大。坚持工匠精神不改变：坚持产品质量安全可靠、严格把控每一道工序、标准生产每一步骤，细致检查每一次包装，保证口感。坚持产品的精益求精，不断创新：金贸的“工匠”们在工匠精神的引导下，不断地改进火腿，研究不同的制作方法，研发金贸新产品。企业应将大部分资源投入科技研发和产品创新，坚持精益求精的工匠精神，对完美产品的不懈追求从根本上增强了金贸的竞争力，百年来，坚持传统工艺、坚持做火腿、坚持传统火腿、坚持传承工匠精神，百年积累，强基固本。

金贸的保障全。创新是有风险的，为了将这种风险降到最低，企业必须根据自身内外的实际情况，结合公司的整体发展战略和业务特点，遵守科学原理原则、市场评价原则，指定适合本企业的创新方案。首先，得益于金贸百年主业的积累，金贸的创新有着强有力的跳板。其次，金贸能够顺应时势，迎合变化，长久以来以创新、以客户需求为前提，以为客户创造价值为基础，进行创新。创新新产品，搜集古法、总结经验，金贸创造性发掘竹叶熏腿；满足消费者对低盐健康的消费需求，金贸自主研发醇香火腿；满足对高品质、精包装的消费变化，金贸开发、探索小包装、精包装，在包装设计中融入品牌文化、人文元素，注重情感体验；满足青年消费群体对简单快捷、零食化产品的消费喜好，金贸创新性推出即食火腿丝产品，赢得市场（如图 6－41 所示）。

图 6－41　根基稳保障全，金贸成功是必然

金贸引进新技术，改进产品性能，提高产品质量，降低生产成本，在市场竞争中站稳脚跟。多年来，金贸形成了以“低温腌制、中温脱水、高温发酵、堆叠后熟”为核心的金

华火腿生产新工艺。改革开放背景下，金贸公司学习并引进意大利先进的生产工艺，在腌制、洗涤、干燥等阶段进行技术革新，中西结合，开拓了更加广阔的市场，达到规模化生产的要求，为市场提供充足的商品和服务，以满足消费者的需求。

金贸利用网络传媒宣传火腿，信息更具有丰富性、及时性、互动性和交互性。金贸开拓新销售渠道，进入电商领域，搭起电商平台，市场更加开放、包容，销售更加贴近生活。金贸整合人才资源，打造高效团队，建立公平的奖励制度，打造具有激励作用的薪酬制度，建立培养方案，重视人才，尊重知识。金贸坚持举办和参加相关展览交流活动，设立与消费者的交流平台，实现了“创意拉动设计、文化创造价值、技艺引领潮流、产品取得信赖、品牌营销赢得市场”，赢得越来越多人的喜爱。

正如前文所说，老字号企业要避免创新陷阱，就要冲破体制束缚；就要在发挥“老”的优势的同时加以创新，把传统工艺与现代市场结合；就要重视人才，培养人才、吸纳人才，打造企业核心竞争力；就要通过各种传播手段进行品牌推广，提高公众知晓度……金贸传承不守旧，创新不离宗，多措并举，根基稳，保障全，所以金贸的成功是必然的。

五、案例总结与启示：老字号创新求发展之思考

正如上文所述，老字号企业面对这瞬息万变的时代，与新兴企业相比，存在诸多劣势，在寻求改变的过程中会遇到各种困境。其中，包括固守老化的体制机制，缺乏创新意识；即使有着先人一步的勇气，但是盲目跟风，最终一事无成；人才匮乏，企业创新有心无力；忽视企业宣传，无法打开新市场。金贸同样面对着这些风险与挑战，百年积累，金贸没有自乱阵脚，在充分认清时代现状的基础上，分析出企业的优劣势，明确未来发展方向，采取相关措施，有目标、有举措、有能力，金贸获得了必然的成功。因此，研究小组分析认为，老字号企业要想以创新求发展关键，关键要做到以下几点（如图 6－42 所示）。

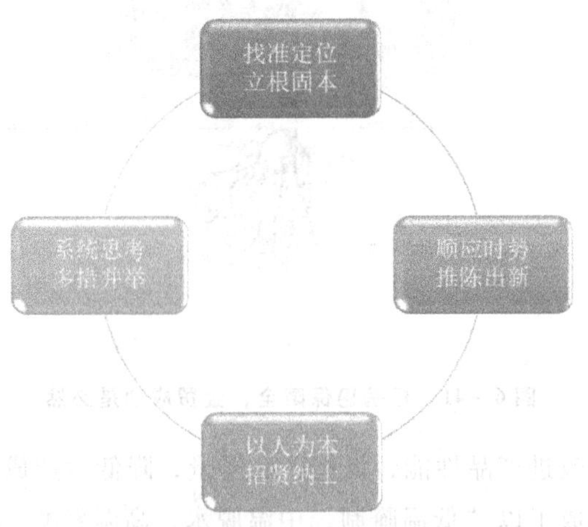

图 6－42 案例启示：老字号创新求发展之思考

（一）找准定位，立根固本

定位指确定方位、确定场所或界限。对于企业，找准定位，即找准自身的优劣势，并凭借优劣势找到适合企业发展的方向。

金贸认识到，作为老字号企业，自身的优势首先在“老”，但劣势也在“老”。优势在于积累深厚的经验，百年的发展使金贸的底蕴深厚，百年来坚持生产火腿，金贸早稳固了自身的根基；而劣势就是因为金贸太“老”了，如果一直坚持老一套的做法，则与现代社会显得格格不入，很难顺应时代的发展，面对新的消费需求就会变得手足无措。因此金贸在认识到自身的优劣势之后，首先继续坚持自身优势——制作火腿，这是金贸多年来的主业，如果放弃了主业，金贸便不再是金贸，所以金贸在发展的过程中从未放弃主业，守住根基，把握未来，最终金贸获得了成功。

老字号企业发展应找好定位，切不可盲目跟风，市场上有些老字号企业发展副业获得了成功，但也有部分老字号企业由于操之过急，并没有对自己的企业的全面认知，没有找准定位，没有认清自己的发展优势，直接照搬其他企业的发展路径，最终失败，消弭在历史的长河中。老字号之所以能够流传至今，靠的就是千百年来主业之积淀，这也是老字号企业不同于其他企业的最大优势。主业是企业的立身之本，是发展的基础。主业的发展就如同建设地基，只有地基牢固了，大厦才能屹立不倒。古人云，“学有所长，术有专攻”。在市场经济条件下，企业家应具备长远的发展眼光，认真做专、做精、做优自己的主业，并沉下心、潜下身扎扎实实走好每一步，积小胜为大胜，切莫幻想一步登天、一口吃成胖子。综上所述，老字号企业在发展的过程中，要牢牢把握自身优势，把优势转化为企业的特色，切不可摒弃自己的主业，应在主业的基础上再创辉煌！

（二）顺应时势，推陈出新

时势即某一时期的客观趋势。那么顺应时势可以理解为顺应时代的发展趋势。前文研讨定论，企业要在不断变化的时代趋势下存活，就要顺应时势，为客户创造价值，满足需求变化。

为了将“老”的劣势转变，金贸开展市场调研，了解到当今消费者的需求，根据不同的需求对火腿产品进行不同的创新，创造了“新”的客户价值，满足了新的消费需求。

老字号企业虽然要在潮流中保持本色，但又不能抱着“祖宗之法不可变”的错误观念坐以待毙。应当顺应市场的发展变化，摒弃“酒香不怕巷子深”的传统观念，坚持将主业做精、做细、做深，尊重传统不僵化，敢于创新赢未来。在立足于传承优秀传统文化的基础上，不断探索先进的生产经营方式，创新技艺和产品，满足消费者日益增长的需求，进一步扩大老字号品牌影响力。老字号企业更应发挥文化本体的辐射力，学习现代管理经验，充分挖掘竞争与创新潜力，适应市场发展的需要，使老字号魅力弥新，名不虚传。

（三）以人为本，招贤纳士

以人为本，即把人当作社会活动的根本。在企业中，人才就是其发展的根本，企业要认识到人才的重要性，注重培养人才，要建立以人才为中心的管理体制。

金贸注重人才的吸收和培养。在传承人难寻的今天，金贸从企业内找寻合适的人才，专门学习火腿技艺，对于这些人，金贸给予鼓励和支持。同时，为了提高技术研究水平，金贸引进高校人才，利用人才优化企业工艺。

功以才成，业由才广。人才是实现老字号发展、赢得竞争主动权的优渥战略资源。老字号企业要树立全面的人才观、摒弃狭隘的人才观。须知，在知识经济爆炸、市场风云变幻的时代，人才对一家企业，尤其是老字号企业尤为重要。因此，老字号企业要运用各种手段吸纳人才，重视人才招聘工作、加大人才选拔力度、强化人才培训、做好人才接力，为老字号企业的发展提供正确的方向保证、不竭的精神动力和强大的智力支持。

（四）系统思考，多措并举

企业顺应时势创新的过程中，不能仅仅改变某一方面，企业是一个由多方面组成的整体，为促进整体水平的提高，创新的过程中就要顾及企业的方方面面，实施多种创新手段，促进企业发展。

金贸基于客户需求，改良了火腿的呈现形式、创新了产品的包装、优化了产品的口感。这些是产品和包装上的创新，直观地满足了顾客的需求，赢得了顾客的青睐。打破“酒香不怕巷子深”的传统观念，积极采用现代的宣传方式，向消费者展示金贸的产品，拉近了消费者和金贸之间的距离。引进人才，为金贸注入新鲜血液，为金贸火腿的创新助力。多方面的创新措施共同实施，金贸内部也实现了协调发展。

企业创新有风险，创新并不等于成功。老字号创新的过程同样面临诸多风险与挑战，多年的发展使消费者对老字号品牌的知名度和美誉度有清晰的认知。因此老字号企业在创新的过程中不能偏离原有的产品定位，如果偏离了原有的产品定位，非但不能实现成功，反而会稀释原有的品牌形象、动摇老字号企业在市场中原有的地位，对中华老字号的品牌价值造成损失。所以，中华老字号在实施品牌延伸策略时，要有效地利用品牌在长期发展中积淀的卓越品牌声誉，充分考虑中华老字号的品牌文化和品牌形象，进行合理的品牌延伸，推出能够满足消费者现实需求的延伸产品，重新占领市场，实现老字号品牌的激活。除此之外，在企业老化的困境中，老字号如果只关注产品创新而忽略其他方面的创新，终究无法应对多样的市场需求和白热化的竞争形势。因此企业还要注重其他方面的创新，在实现创新的过程中，企业要处理好产品、包装、营销和人才之间的关系，单是发展一方面是不可取的，只注重产品创新，营销和包装创新滞后，商品可能会面临滞销的风险；只注重包装，没有吸引消费者的产品，就是金玉其外败絮其中的纸老虎。企业产品、管理、营销、人才等多措并举，整合企业的各项流程，极大地提高了企业的效率。木桶的装水量取决于最短的一根木板，企业亦是如此，系统地思考企业的发展，多方面地创新，切勿让企业的短板阻碍企业健康发展。

思考题

1. 当前社会环境下，老字号要实现持续发展的关键是什么？
2. 如何避免企业发展落入创新陷阱？

案例编写：刘鑫（会计 20 级）；郝蕾（会计 20 级）；李紫芩（会计 20 级）

指导老师：严家明

参考文献

[1] 王周宾．老字号企业发展问题之我见［J］．商丘师范学院学报，2008（11）：85－88.

[2] 陈喜．商业银行金融产品创新及其风险防控的措施初探［J］．今日财富（中国知识产权），2021（10）：46－48.

[3] 金立刚．百年老字号如何守正创新唇齿留香——访北京稻香村副总经理石艳［J］．中国商界，2020（3）：62－63.

[4] 陈自芳．支持中小企业抓好主业［J］．浙江经济，2012（3）：12－13.

[5] 余孝强，石霞霖．守正与创新：老字号发展对策研究——以苏州市吴江区为例［J］．江南论坛，2021（8）：32－34.

[6] 薛冰．老字号保护与发展的研究［D］．济南：山东大学，2008.

[7] 顾烨．浅谈新时代老字号品牌如何突围发展困境——以天宝龙凤品牌为例［J］．上海商业，2020（11）：68－71.

[8] 高聪蕊．营销赋能：新媒体营销下的渠道创新［J］．商业经济研究，2021（18）：82－84.

[9] 杨博．基于品牌文化的中华老字号传承与创新研究［D］．昆明：云南财经大学，2014.

[10] 高柯．创新基础知识之三　创新之箭当有的放矢［J］．华东科技，2010（7）：32－33.

[11] 刘柏松．中华老字号品牌如何重振雄风［J］．企业研究，2007（10）：42－44.

[12] 杨长富，蔡德林．科技制度创新是建设创新型国家的前提条件——学习与探讨党的十七大报告［J］．中国高新技术企业，2007（14）：17－20.

[13] 许衍凤，杜恒波．中华老字号品牌延伸风险识别与控制研究［J］．山东社会科学，2019（8）：146－151.

案例 7

4V 视角下老字号依托品牌忠诚度重焕光彩——以瑞安市李大同（老五房）食品有限公司为例

摘　要

老字号企业作为时代传承的产物，具有深厚的文化底蕴和鲜明的地域特色。然而随着互联网技术的发展革新，老字号的“老”也一定程度上也为其发展带来了阻碍，其传统的竞争优势正渐趋湮没。传统老字号企业如何解决发展困境，重焕光彩，不仅是企业面临的问题，也应是我们思考的角度。

瑞安李大同（老五房）食品有限公司是一家有着一百三十多年历史，以江南特色茶食糕点为主要经营内容的著名老字号企业。企业在顺应时代发展的过程中，以传统之舟，乘现代之浪，把握传承与发展之道。通过扎实百年匠心、百年精神，加之走现代产业化道路，实行扩大盘子、强化管理和更新产品等举措，将湮没的老字号再次呈现于消费者眼前，并不断扩大发展，增强消费者品牌忠诚度，进而促使老字号品牌重焕光彩。

本案例以培育品牌忠诚度为切入点，结合 4V 营销理论，深入分析了其能重焕光彩，增强品牌忠诚度的内在动力和原因，并对企业未来的发展方向提出了合理的设想，促使老字号企业能够在传统的继承中又跟上时代的步伐，开启传统老字号企业的新征程。

关键词： 老字号；品牌忠诚度；李大同；4V 营销理论

一、绪论

（一）研究背景与意义

1. 研究背景

谈起老字号，每一个人心中都会浮现出几个品牌。那些承载着几代人记忆的企业品牌，经受了长期的历史沉淀，承载着独特手工技艺、精深服务理念和商业文化精髓。中华老字号不仅承载着鲜明的中华民族传统文化背景和深厚的文化底蕴，而且还是中国经济的重要组成部分，具有很高的历史意义和经济价值。时代发展至今，尽管有一部分老字号企业仍然是相关行业中的中流砥柱，但是由于消费群体、消费观念、消费习惯等的改变及移动互联网技术的发展，很大一部分老字号企业已经逐渐陷入衰败的困境（如图 7 – 1 所示）。老字号企业虽有“光环”加持，在现代商业大潮中却也显得有些力不从心。生产方式的落后，品牌继承力度不足，又或是经营理念落后等，都是造成老字号发展困境的原因。同时，老字号自身也面临着艰难的抉择：是继承还是改革。外部环境的变化与内部环境的问题都使老字号企业的发展道路变得不明朗。在市场竞争激烈、消费升级换代的今天，如何让老字号重新焕发光彩，散发新活力，值得我们思考和探究。

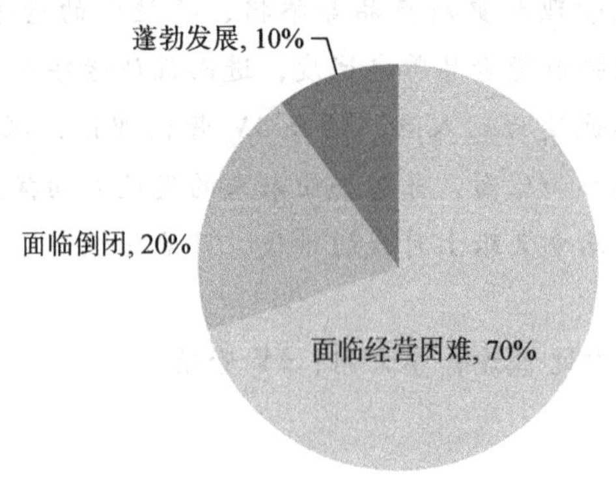

图 7 – 1　中华老字号现状

综观“中华老字号”现态，机遇与挑战并存是其最真实的写照。

（1）机遇。老字号发展机遇一方面体现在政府大力支持和帮助老字号企业新发展。改革开放以来，特别是进入 21 世纪以来，为创新发展中华老字号品牌，我国政府出台了一系列保护和推动发展的措施。这些政策帮扶引导，能够为“老字号”的生存撑起一张政策保护伞。接下来，商务部将进一步完善老字号发展的政策措施，不断激发老字号创新的活力，推出更加富有时尚元素，符合国潮消费需求的新产品、新服务和新场景。持续推进“老字号嘉年华”，把握“金九银十”和年末岁初的重要节点，组织各地推出“把老字号带回家”“老字号品牌进社区”系列主题活动，同时也要指导电商平台和新媒体平台开展专题的促销和宣传推广活动，为人民群众提供更加丰富的消费和文化体验。近年来政府为推动老字号发展出台的政策如表7－1所示。

表7－1　近年来政府为推动老字号发展出台的政策

年份	政府文件	印发单位	相关机遇
2006	《“中华老字号”认定规范（试行）》	商务部	标志着振兴老字号工程正式启动
2008	《关于保护和促进老字号发展的若干意见》	商务部、国家发改委等	提出要支持一批具有一定品牌影响力和市场认知度的老字号
2017	《关于促进老字号改革创新发展的指导意见》	商务部等16部门	从推动老字号传承和创新、加强经营网点保护、推进产权改革三方面提出八项任务

在国家政府政策支持的保护伞下，老字号企业可以根据前辈的发展经验，依靠顾客对老字号品牌的支持，抓住消费者的需求，在产品本身、营销、服务上全面发力，重塑品牌活力，赢得市场规模与良好口碑，成为一股促进消费升级的强有力的力量。据商务部对1128家中华老字号企业2019年经营情况的调查显示，84%的企业处于盈利状态，1%的企业收支相对平衡，年营业收入达到5000万元以上占比接近50%。同时，中华老字号企业总体利润率达到2.7%，半数企业利润率超过6%，一大批老字号市场竞争力不断增强，品牌影响力明显提升，整体呈现良好发展势头。国家针对老字号品牌创新发展出台的指导意见如图7－2所示。

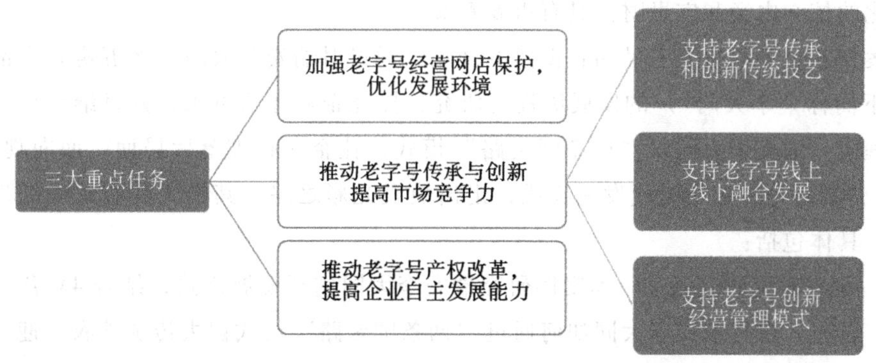

图7－2　国家针对老字号品牌创新发展出台的指导意见

老字号发展机遇的另一方面体现在老字号的发展拥有一定消费者基础。老字号企业在当地拥有百年的历史和忠实的消费人群。相比于新兴企业，消费者们更愿意去购买老字号企业的商品。这种对老字号企业的信任和支持为其崛起和发展提供了积极的人群基础。

（2）挑战。新时代，各色各样的企业不断兴起，形形色色的商业模式和销售模式在被创造。企业根据自身特色，不断迎合年轻人的口味，以此来提高竞争力。在这种情况下，中华老字号企业本应不断进行创新为品牌注入新的活力。然而，许多我们耳熟能详的中华老字号却因各种原因而逐渐老化。老字号出现危机的原因如图 7-3 所示。面对品牌老化，产品陈旧，品牌维护乏力，技术局限等问题，中华老字号企业如何解决是关键。

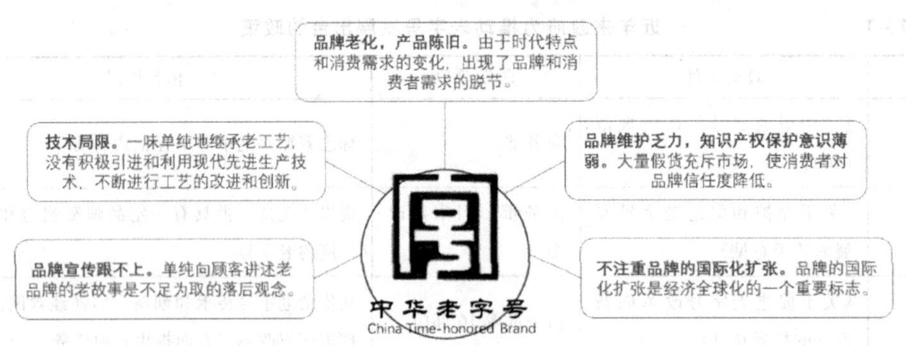

图 7-3　老字号出现危机的原因

2. 研究意义

老字号是具有强大竞争力和国际影响力的优秀民族品牌，积淀了厚重的中华文化基因，拥有鲜明的中华民族传统文化背景和深厚的文化底蕴，取得了社会广泛认同，形成了良好信誉的品牌。老字号所继承的独特产品、精湛技艺和经营理念，具有不可估量的品牌价值、经济价值和文化价值。拯救“老字号”品牌、弘扬“老字号”文化，不仅能为消费者提供更优质的产品和服务，而且对于扩大品质消费，推进新时期诚信兴商开展、弘扬商业文化的核心内涵和宝贵财富具有重要意义。

本案例立足于中华老字号品牌没落的现实，通过对瑞安李大同（老五房）食品有限公司（以下简称“李大同”）的发展历程的研究，探究企业存活下来，并且继续焕发光彩的原因和理由。瑞安李大同以“两条腿走路”模式，让企业打破落后局面，面向现代企业；融合 4V 营销理论，迎合时代发展步伐，走出焕发光彩之路。其模式具有重要的理论和现实意义，具体包括：

（1）具有理论研究意义。本案例研究瑞安李大同创新发展之路，结合 4V 营销理论进行探讨。首先，研究瑞安李大同如何通过“两条腿走路”模式褪去传统外衣，迎合时代发展需求，走上现代化之路的；其次，利用 4V 营销理论形成分析框架，从差异化、功能化、附加价值化和共鸣四个角度依次分析李大同培育品牌忠诚度的做法的可行性与必要性；最后，剖析其成功之道，得出经验启示，从理论上深化议题的研究。

（2）具有现实推广价值。老字号企业是中华民族文化内涵的具体体现，富有深刻的价值，而在现实市场中，被新兴企业不断打压，在市场上越来越看不见它们的身影。因此，我们亟须帮助更多老字号企业摆脱现有困境，助力其转型升级，实现老字号活化。

（二）研究方法与研究内容

1. 研究方法

（1）文献研究法。文献研究法主要指搜集、鉴别、整理文献，并通过对文献的研究形成对事实的科学认识的方法。文献法是一种古老而又富有生命力的科学研究方法。

本案例通过中国知网、万方数据库等平台，以“老字号”“品牌”“4V营销理论”“品牌忠诚度”“瑞安李大同”等作为关键词，广泛搜集了相关文献资料，并认真阅读，根据不同主题，对大部分相关文献进行了摘记和归纳。

（2）案例研究法。案例研究法是实地研究的一种。研究者选择一个或几个场景为对象，系统地收集数据和资料，深入地研究，用以探讨某一现象在实际生活环境下的状况。

本案例围绕“老字号企业如何重焕光彩”这一核心研究问题进行，通过对李大同品牌进行分析，归纳总结其竞争优势和成功经验，为老字号企业焕发活力提供思路。通过掌握案例研究的基本思路和研究步骤，并按照研究步骤进行案例的前期准备、案例资料的收集、案例的分析以及书写，从而保证了本案例的研究过程的规范性。

（3）实地考察法。实地考察就是到指定的地方去做研究，指为明白一个事物的真相、势态发展流程，而去实地进行直观的调查，局部进行详细的调查。在考察过程中，要随时对自己观察到的现象进行分析，努力把握住考察对象的特点。

本案例在完成初稿后，我们小组派代表到企业内部和销售点进行实地考察。通过切身的所见所闻来体会企业成功的理由。

2. 研究内容

本案例主要包括五个部分：

第一部分——绪论：主要包括研究背景、研究意义、研究方法和研究内容。

第二部分——案例对象介绍：包括企业的基本介绍、发展历程、所获荣誉。

第三部分——案例主体介绍：从老字号企业传承和创新两方面选择企业发展模式，介绍李大同如何以传统之舟，乘现代之浪，即实行“两条腿走路”模式以及其具体举措，最后对其成效进行分析。

第四部分——案例分析讨论：首先介绍4V营销理论内涵并作出适应性分析。其次从四维角度深入分析，具体为差异化表达、功能化设计、附加价值化和共鸣。差异化表达明确品牌定位，实现核心差异；功能化设计直击消费者需求；附加价值化增强情感联结；提升共鸣，实现价值最大化。

第五部分——经验总结：对本案例提出的观点进行进一步总结和发展，并指出本次研究对于其他老字号企业值得借鉴之处。

研究内容介绍如图7－4所示。

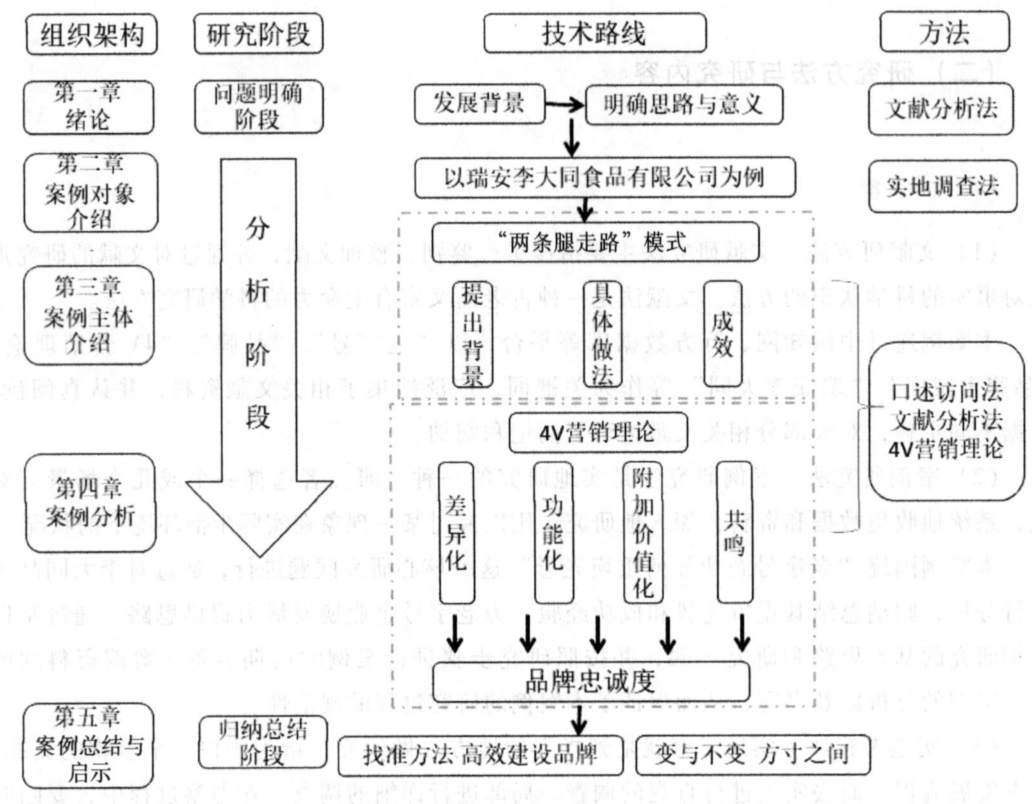

图 7-4 研究内容介绍

二、案例对象介绍

（一）基本介绍

瑞安市李大同（老五房）食品有限公司是一家具有一百三十多年历史，以江南特色茶食糕点为主要经营内容的著名老字号企业。公司一直以来秉承“诚信经营，童叟无欺”的经营理念，注重顾客对食品的喜好，积极进行改良，并与外界优秀科研机构和学校进行合作，邀请有经验的糕点制作师傅前来瑞安合作，并建立起良好的合作伙伴关系。在公司的努力下，李大同深受顾客的喜爱，取得广大顾客的信任。公司坚持保证百年老字号产品传统品质，并以此为基础积极发展成为规范的现代企业。瑞安市李大同（老五房）食品有限公司商标如图 7-5 所示。

图 7－5　瑞安市李大同（老五房）食品有限公司商标

瑞安市李大同（老五房）食品有限公司发展至今，从未忘记传承老字号品牌的责任，一心一意地希望让更多人看到“李大同”的光辉。从百年匠心传承、目标市场定位到不断创新和宣传，一直坚持“扩盘子”理念，坚持赢得顾客忠诚度和品牌黏性，不断为老字号的发展探索新出路。此外，公司不断创新管理方式，以现代企业的模式来运作“李大同”，并且注重品牌建设，加快推动“李大同”的发展。

（二）发展历程

瑞安李大同茶食品店，是一家具有一百三十多年历史，以江南特色茶食糕点为主要经营内容的老字号企业。纵观其发展，有高潮也曾有过低谷，传承发展至今，已成为一家著名老字号企业。

图 7－6 所示为李大同的发展历程。

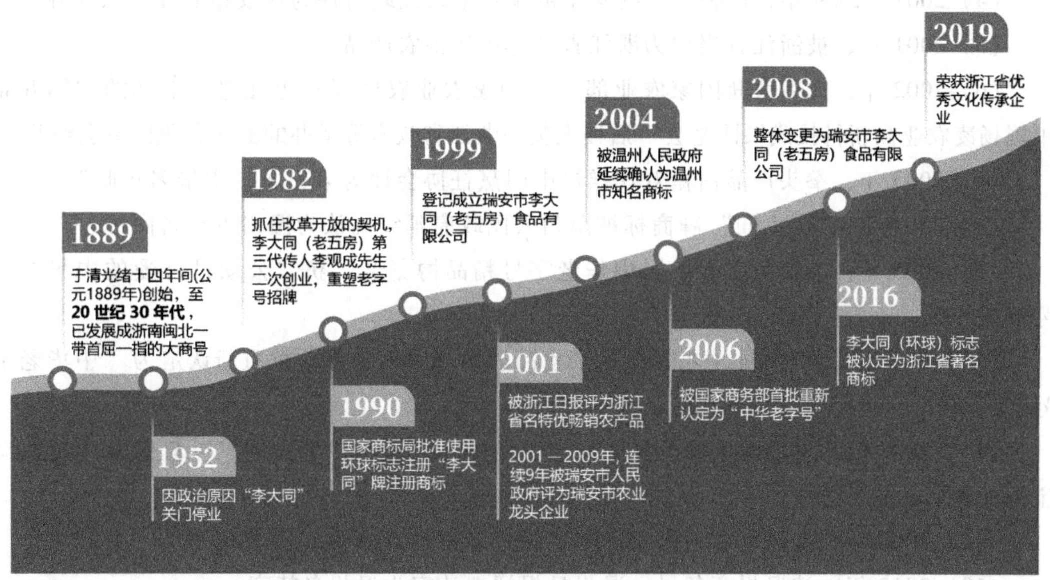

图 7－6　李大同（老五房）发展历程

1. 李大同首创，首屈一指（1889—1952 年）

（1）1889 年（清朝光绪十四年间），浙南一带糕点名师李瑞庆创始店铺，因仰慕孙中山先生“世界大同”精神，故取店名为“李大同”。经营糕点茶食、南北海味干货，经苦心经营，发展至20世纪30年代，“李大同”已成为浙南闽北一带首屈一指的大商号，其产品风味独特，被视作浙南特产。

（2）1952年，因政治原因“李大同”关门停业。

2. 抓住契机，重塑招牌（1982—1992年）

（1）1982年，抓住改革开放的契机，李大同（老五房）第三代传人李观成先生二次创业，发扬“大同”精神，恢弘祖业，重塑老字号招牌。借助老字号的名声，加之严格按照“李大同”传统制作工艺产品和诚信无欺的经营态度，糕点销量逐年增加，声誉再度鹊起。

（2）1990年，国家商标局批准李大同（老五房）茶食品店使用环球标志注册“李大同”牌注册商标。

3. 新任掌门，现代化发展（1992年至今）

（1）1995年，“李大同”牌商标被评为瑞安市首届名牌商标。

（2）1999年，在瑞安市工商行政管理局登记成立瑞安市李大同（老五房）食品有限公司。

（3）2000年，该商标又被评为温州市知名商标。

（4）2001—2009年，该企业连续9年被瑞安市人民政府评为瑞安市农业龙头企业。

（5）2001年，被浙江日报评为浙江省名特优畅销农产品。

（6）2002年，先后荣获国家农业部（现国家农业农村部）等九部委举办的“第九届中国杨凌农业高新科技成果博览会”后稷大奖和浙江省政府等举办的浙江农业博览会银奖。

（7）2003年，拳头产品白糖双炊糕被中国烹饪协会评为第三届“中华名小吃”。

（8）2004年，“李大同”牌商标被温州人民政府延续确认为温州市知名商标。

（9）2005年，参加第二届中国中华老字号精品博览会，获“公众最喜爱的中华老字号品牌”奖。

（10）2006年，李大同（老五房）茶食品店被国家商务部首批重新认定为“中华老字号”。

（11）2007年，参加淘宝网开展的“中华绝铺”活动，“李大同”（老五房）设在淘宝网的网店正式开张。

（12）2008年，整体变更为瑞安市李大同（老五房）食品有限公司。

（13）2012年，被温州商务局、温州日报评选认定为温州名特产。

（14）2016年，李大同（环球）标志被认定为浙江省著名商标。

（15）2018年，被浙江省评为金牌老字号，后又被温州市旅游局评选为温州市特色旅游商品（伴手礼）。

（16）2019年，荣获浙江省优秀文化传承企业。

（三）荣誉概况

企业发展过程中获得过金牌老字号、年度优秀文化传承企业、浙江省消费者信得过单位称号。企业产品双炊糕获第十二届中国中华老字号精品博览会金奖，金芙蓉获得第十五届中华老字号精品博览会金奖。企业商标“李大同”被评为瑞安市首届名牌商标、温州市驰名商标、温州市知名商标，李大同（环球）标志被认定为浙江省著名商标。图 7－7 所示为李大同近年来的部分荣誉。

图 7－7　瑞安李大同近年来的部分荣誉

三、案例主体介绍

（一）捏着一块糕，再踏创业路

李大同是一家具有深厚文化底蕴和历史的茶食品店，从诞生日起，便受到当地居民的喜爱，成为浙南闽北一带首屈一指的大商号。到 1952 年，因政治原因“李大同”关门停业。改革开放二次创业以来，李大同第三代传人（老五房）李观成先生恢弘祖业，重塑老字号金字招牌，使消失了整整 30 年的“李大同”糕点重新登场。借助老字号的名声，加之严格按照“李大同”传统制作工艺加工产品，以及诚信无欺的经营态度，糕点销量逐年增加，声誉再度鹊起。

李大同新一代传人李敬斌 1993 年起便参与经营管理瑞安市李大同（老五房）茶食品店，现为李大同的第四代掌门人。已是不惑之年的他，接过父亲手中的接力棒后，心中只有一个念头：如何把李大同老字号做大做强。

当时企业面临的巨大难题是企业虽然本身留下深厚根底，但在新时代的冲击下，是选择“老”模式继续发展小作坊，还是紧随时代步伐，抛弃原有基础，从头开始？如图 7－8

所示，企业发展陷入了困境。而每一个选择都有它自身的弊端。坚守“老”模式，将出现发展滞后的局面，如继续坚持家庭式小作坊发展模式，便会面临被时代所抛弃，被世人所遗忘的可能，其发展模式已不适应当代潮流；而只“新”不“守”，就会荒废基底，不顾传统，那仿佛就是重新开创企业，失去了最根本的消费者基础和金字招牌。

图7－8　“传承”与“发展”两难选择

“李大同”一直以来坚守以“顾客至上”经营理念，几代人以诚信为本，坚持老一辈的发展理念。虽生意状况一直不错，但在现代商业浪潮下，也显示了其中的不足。李敬斌先生通过广泛阅读管理书籍，发现只有将企业发展成为现代化企业，走现代产业化道路，才能实现原定目标。由此，创造性地提出了“两条腿走路”模式。

老字号企业必须要继承企业优秀文化遗产，继续在“独”“特”上做文章，铸造老字号企业金字招牌。老字号的价值在于“老”，发展却在于创新。在立足于传承优秀传统文化的同时，不断吸收先进的经营方式，创新自身的技艺和产品，才能满足消费者日益提高的需求，进一步扩大老字号品牌影响力。

（二）以传统之舟，乘现代之浪

新一代掌门人李敬斌接手店铺后，开始改变战略，坚持两条腿走路（如图7－9所示）：一方面坚持传统特色，坚持历史精神，不能忘本；另一方面走产业化道路。左腿守护老字号企业的“根”和“魂”，右腿走出现代产业步伐。

图7－9　“两条腿走路”模式

1. 继承传统，保留原有实力

（1）守传统——保留传统手艺和特色。中华传统老字号企业有着深厚的历史底蕴，凭借初始创立的手工作坊的独门秘籍，经过多种社会形态和经济形态的考验，历经百年而经久不衰。

①糕点原料非优则弃，品质保障。李大同对原料质量的要求是非常高的，价格便宜的次货、贱货，一概不进，把关严格、讲究地道、非优不用。如糯米必要上等糯米——文成双桂山单季红壳糯米，单季红壳糯米有更长的生长时间，更大的昼夜温差，于是其就有特别的品质；白糖须用台湾产的太古牌绵细白糖，其质地绵软、细腻；猪油用自熬冬油，冬油即冬天用肥猪肉熬的猪油，凝成油脂至夏天亦不化，味极好。20 世纪 80 年代，李观成亲自去双桂预付订金，订购单季糯米，要求不施化肥，不用除草剂，仍用农家肥。过去的李大同如此做，现在的李大同依然如此。为了获得更多的质量好的原料，公司与当地多家优质供货商合作，包括又不限于江金恩食品有限公司、温州苍顺粮油有限公司、瑞安市胡记食品添加剂商行等，公司一直秉持这一理念，用最好的原料制作最百姓最喜欢的糕点。

②糕点滋味醇厚，守护的是消费者记忆中的味道。在现今糕点市场上，西式糕点大行其道，西式味道受到消费者较为广泛的喜爱。各大外资企业强制入驻，不少国内中小型食品企业也如雨后春笋般一个接一个地冒出，参与市场竞争，抢占市场份额。而作为传统百年企业的李大同，坚持做具有中华民族特色和鲜明地域文化特征的传统中式糕点，对于产品的选料、配制、火候、口味、造型，都有自己的规范，从而形成独特的风味。李大同的金牌产品，承载了几代人对于传统味道的共同记忆。

在选料方面，坚持非优则弃；在制作方面，坚持纯手工制作，运用最朴实的加工器具做出最符合当地人记忆的味道。新式蒸煮器具在制作糕点时，虽方便快捷，但却缺少了火候的精确把控和口味的把控。由此，李大同仍采用煤油炉进行烧制新鲜产品，如图 7－10 所示；在造型方面，坚持使用中国传统元素，以最朴实的方法，创造最美味的食品。这方方面面的努力，成就其糕点滋味醇厚，保留消费者记忆中的味道。

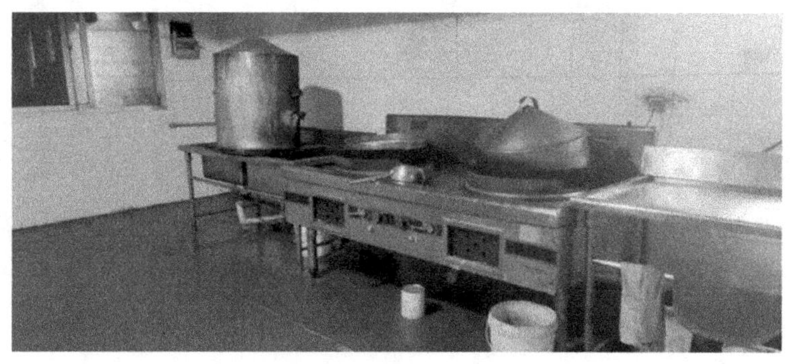

图 7－10　李大同生产车间煤油炉

③十三道工艺纯手工古法制糕，守护的是百年匠心。为保证产品风味不变，产品最核心的制作工序仍然坚持古法，半点不会用机器替代，一块糕、一块饼全是经验丰富的老师傅纯手工制作出来的，小小一块糕点，倾注了糕点师傅的百年匠心。

就以白糖双炊糕的制作为例，小小一道糕点，背后却有极其复杂的十三道工序，如图7－11所示。首先将糯米淘洗干净，去沙，去杂质。先把糯米炒熟成米花，再磨成粉，这样做成的双炊糕才更香。接着是独门技巧，刚磨好的糯米粉被叫做“火粉”，不能马上用，而是晾半个月再用。往糯米粉里加浸泡过的麦粒，使糯米粉缓缓吸收水分，与惯常的直接往糯米粉里加水的做法不同，这一步工序能增加米粉的水分而不改变其原有的糯米质感和风味，使其成品除了有糯米的软糯口感之外更增加了大麦的香气。接着把白糖化成糖浆，按比例与糯米粉拌匀，用圆形木擀碾平、搅匀，成糕粉。糕粉过筛，撒上桂花，用桂盘成型、切块。再经“阴”“闷”“蒸”三道工序、两番炊制，这也是双炊糕的名字由来。把成型的生双炊糕放在竹筛里，待上几分钟。再将一竹筛一竹筛的生双炊糕，相间叠放，用刚蒸熟的双炊糕的热气“闷”生双炊糕。在蒸的时候也有讲究，首先需要把生双炊糕放在蒸汽锅里蒸10分钟，再翻转双炊糕，另一面朝上再蒸5分钟。最后凉上10分钟，剥下竹筛上蒸熟的双炊糕，出炉包装。制作工艺极其复杂精细，这也是独家产品质量和特色的保证。

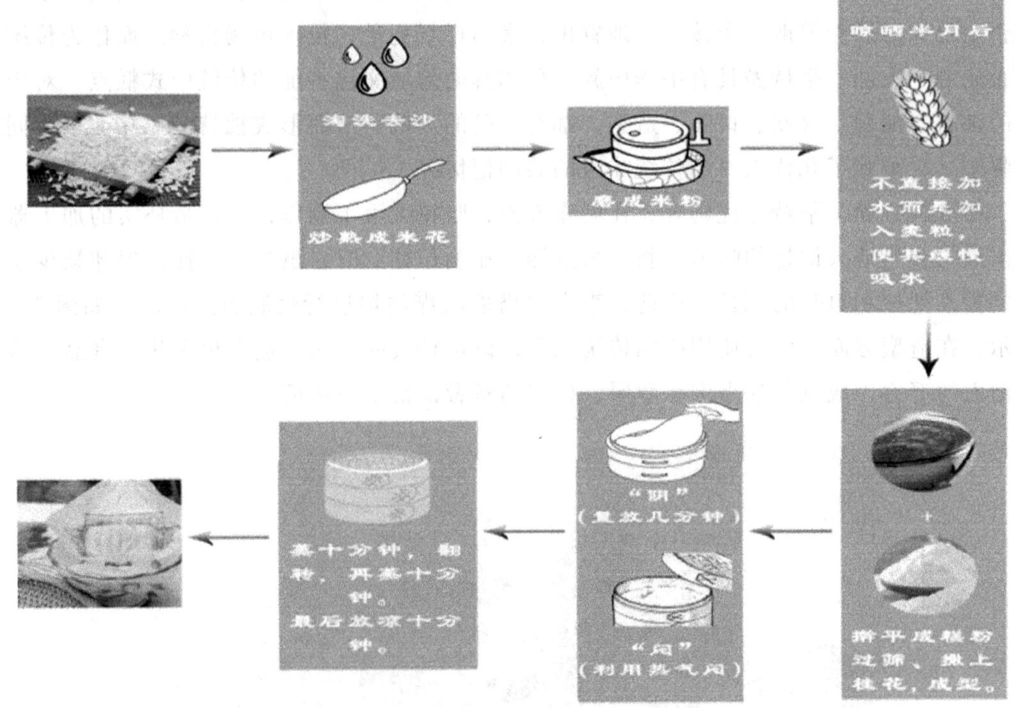

图7－11　双炊糕制作工序

（2）持匠心——坚持匠心精神和文化（如图 7－12 所示）。

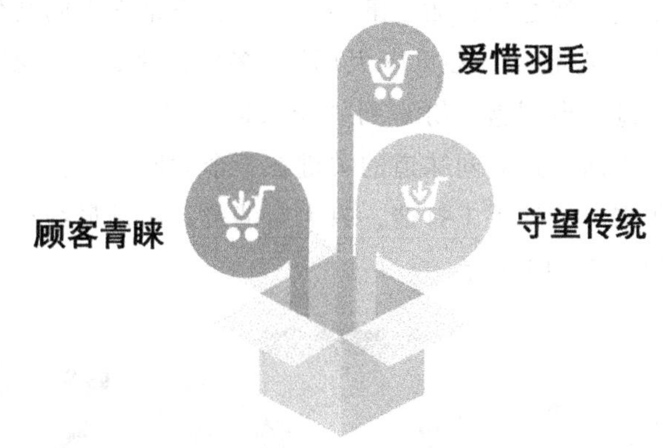

图 7－12　匠心精神

①顾客的青睐是李大同的首要选择。公司一直以来秉承“诚信经营，童叟无欺”的经营理念，注重顾客对产品的评价。历代李大同人不懈的奋斗创造了李大同百年传承的基业，使“李大同”这个老字号从有到无、由弱到强，企业从一个设备简陋的小店铺发展成为一家颇具规模的现代食品企业。每一个李大同人都坚持“顾客至上”的理念，以最好的品质服务每一个顾客。纵观李大同一百三十年的历史，奋斗贯穿其中。李大同食品积极面向顾客，用心感受顾客的喜好，并对此积极地进行调整和改进。

②爱惜羽毛是李大同的智慧之举。品牌是有效的推销手段，有利于在产品销售中，使消费者熟悉产品，激发购买欲望。同时品牌也是一个公司的价值符号，对于老字号的传统企业来讲更为重要。李大同掌门人为自己的双炊糕制定了“环球”标志的李大同商标。环球标志，代表着李观成光大祖业的决心和理想，寓意为心怀全球，放眼世界，世界大同。1991 年 1 月，国家商标局批准李大同（老五房）茶食品店注册环球标志“李大同”牌商标。这意味着李观成所从事的事业、所付出的艰辛，终于得到了国家的承认，确认了百年老店李大同的合法地位。李观成在商标注册这件事上的超前占位显示了其作为大商人的胆识和魄力。2006 年，得知国家商务部要重新认定“中华老字号”消息后，李敬斌亲自组织、精心安排，准备大量翔实丰富的申报资料向有关部门递交了申请。经过多番努力，于 2006 年 11 月，“李大同（老五房）茶食品店”被国家商务部首批认定为“中华老字号”。

瑞安市李大同植根于品牌丰厚的历史文化，以悠久的品牌历史和良好的口碑作为生长土壤，并有意识地保有品牌的正向影响力。积极参与社会公益事业。公司多年以来都坚持“诚信经营，童叟无欺”的经营理念。多年来都保持考究的选料态度，制作精细化，保证产品的高质量。在打击仿冒品牌的行动中重拳出击，尽最大努力消除盗版品牌对顾客信任度以及自身美誉度的损害。可以说，创始至今，李大同都注重品牌的打造。

③对传统的守望是李大同不变的初心。一方面，坚持传承传统糕点。李大同经过百年经营仍一心传承传统江南特色茶食，双炊糕、面茶糕、芙蓉糖、空心月、芝麻巧等茶食糕

点，以甜、酥、软、韧、香为主要特色，牵挂了几代人的共同味道记忆。选料考究、制作精细，是李大同糕点工艺独特之处；甜、酥、脆、韧、香是李大同几代人摸索研制出来的产品特色，以至于“凡欲吃甜品，必觅李大同”，多年以来，前来温州、瑞安探亲访友、观光旅游的海外侨胞和港澳台同胞，纷纷到“李大同”选购糕点，分赠亲友，“李大同”声誉远播海内外。另一方面，这共同味道的关键在于李大同百年代代相传的匠心精神，从原料的非优不用到百年来坚持纯手工打造，只为给消费者提供最纯粹的老糕点。制作师傅手工制作糕点的过程如图 7－13 所示。

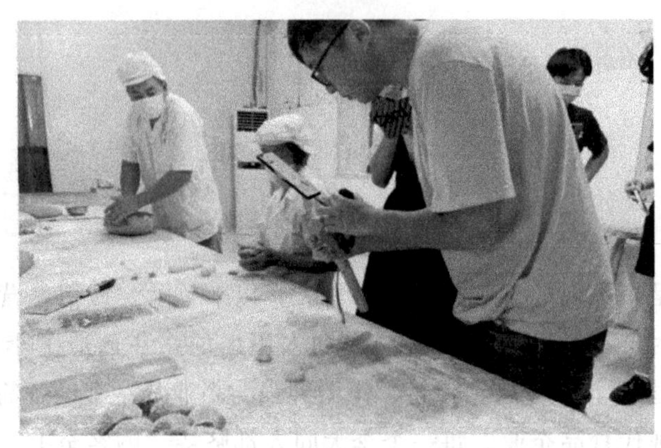

图 7－13　制作师傅手工制作糕点

2. 面向现代，跟随时代潮流

“右腿”走的举措——产业化道路模式如图 7－14 所示。

图 7－14　“右腿”走的举措——产业化道路模式

（1）扩盘子——扩大生产和市场规模。扩盘子，是指扩大生产规模与市场。为了提高生产效率，提供更多更丰富的产品，公司将原来的加工作坊扩大成大厂房，并搬进了当地的一个工业园区，为产品生产提供良好的生产基地。同时为了开拓市场，公司进行了细致的市场调研，深入研究，细分市场后选定目标市场，有针对性地进行宣传，不断扩大目标人群数量，吸引消费者购买。

①不断扩大生产规模。为了让李大同达到一定的生产规模。李敬斌把原来的加工作坊

扩大成大厂房，搬进了当地的一个工业园区，使企业有足够生产空间，大大地提高了生产效率，为企业后续发展做了一定的铺垫。李大同工厂如图 7－15 所示。

图 7－15　李大同工厂

作为一家传统老字号食品企业，李大同的传统系列糕点，主要原料为糯米和白糖，而以糯米为原材料生产的糕点普遍存在容易霉变、保质期较短的问题，这就导致产品生产和销售环节存在一个较大的缺陷，即保质期短、易硬化和霉变，春夏季节只能保存 5～7 天，秋冬季节也只能保存 10～15 天，极大限制了百年老店规模的扩大。当年为解决产品的保质期问题，李大同有“期不过三”的规定，也就是说保质期一般不超过 3 天；而发展到现在，为了扩大生产规模，进一步扩盘子，李大同特聘请浙江大学的教授、科技局的专家组成专家组联合攻关，为以后的研发方向开启了新的思路。

②选定目标市场。经过掌门人的现代化发展模式，“李大同”在瑞安市已经发展到一个总店，两个分店，一个面积 2000 多平方米加工厂的规模，另在杭州淘宝网建立了李大同网上商店一个，在杭州中华老字号唐堂商城建立了李大同网上商店 1 个，拥有加盟连锁经销点 8 个，其中上海 3 个，温州 2 个，瑞安 3 个。李大同拥有 70 余名员工，3 大类产品，70 余个品种。李大同根据消费者的购买动机作出市场细分。对为追求实、廉的消费者，李大同开启零售店，在瑞安附近开设总店和分店，销售传统的平价糕点；为了更好地满足邻近食品厂的消费者的需求，李大同在食品厂也增设新的小型销售点，促使销售更为灵活；对于追求精致和美观的消费者，李大同便从包装等角度进行修改，创新产品风格。在进行细致的市场调研与细分研究后，为取得更高的经济效益，李大同在这些细分的市场中不断发掘，最终确定主打的目标市场，也即礼品市场。

一方面，对于喜欢追求物价比的消费者，他们选择李大同是因为李大同产品的价格合理，味道鲜美，且具有特殊的时代味道。他们有的将糕点作为一种儿时的回忆，有的将糕点作为一种饭后的小零嘴，李大同对于他们而言是时代的烟火记忆。另一方面，李大同看好婚庆喜宴市场，并将其产品打造为婚庆喜宴人家必备的伴手礼。通过其努力，成功打入了这类市场并将其作为自己的目标市场，也赢得了极好的消费量和稳定的客户。

伴手礼一词出自《台湾语典》：“伴手贽曰伴手。俗赴亲友之家，每带饼饵为相见之礼。”在中国传统习俗中，人们推崇礼尚往来，在重要庆典如婚庆、满月、祝寿等场合都有向来宾赠送伴手礼的习俗。

李大同食品作为一家主营传统中式糕点的企业，在瑞安饼饵市场上占据一方天地，成为人们走亲访友必备伴手礼，离不开公司和员工的共同努力。以各大宴席市场为例，过去由于经济水平的限制，人们往往难以承担宴席礼俗上的巨大开销，于是也不十分注重宴席上伴手礼的往来。但随着近几十年来经济社会不断发展，人们在物质生活丰裕的同时越来越在意精神上的满足，于是人们越发重视宴席场合的伴手礼背后的寓意——体面和好彩头，而现代快节奏的生活也促使人们趋向于讲究选择轻便小巧而不失档次的伴手礼。这时，在瑞安，李大同食品就被人们再一次记起。李大同订婚喜饼系列产品如图 7－16 所示。

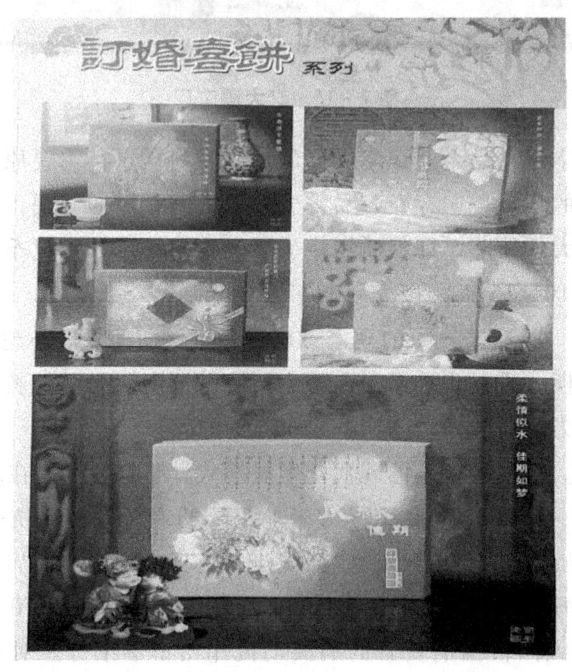

图 7－16　李大同订婚喜饼系列产品

李大同通过改革，成功打入宴席市场，几乎成为家家必用到的伴手礼，于是李大同品牌的推广宣传也在这个过程中实现。糕点在亲友们之间流转的过程中，“李大同”的概念不断地出现在消费者的意识之中，形成一提起“糕点”，便会想到“李大同”，一需要“伴手礼”，消费者们也会首选“李大同”的思维，进一步做到了市场宣传与扩大。而李大同产品的品质在伴手礼相伴的过程里也被人们信赖、认可。

③主动宣传。扩大市场的另一重要手段就是宣传，并且同时品牌宣传还可以提升企业知名度，塑造企业形象，为企业的发展起到事半功倍的作用。作为传统老字号企业，仅仅故步自封于过去的“酒香不怕巷子深”的口碑宣传，在现时代来说，是远远不够的。

李大同现任董事长李敬斌先生十分注重品牌的运作，为了把“李大同”的知名度传播到更远的地方，让更多的消费者认识并且品尝到李大同的美味，他做了不少努力与工作。

一方面，公司积极地印发广告宣传单，让每一位消费者都能更好地了解李大同的产品和企业基本情况，也带给了消费者更好的购买体验。另一方面，十几年来，他带领公司积极参加各种美食博览会，曾先后把产品带到北京、中国台北、中国香港等地去参展，并获得了众多客商的认可，在美食博览会上打响了名头。而除了积极地到各地参展之外，李敬斌先生还主动将产品送向各个景区，只为更好地让消费者们认识到“品质好”的李大同。几年前，他把“李大同”双炊糕送进了温州雁荡山风景区、温州历史名街五马街等地，以本地土特产的身份招徕过往游客，成功地开辟出一片广阔的市场，使产品销售比赶旅游“班车”前提高了 30%。

除广泛开展线下宣传外，公司还积极地利用互联网等线上手段开展宣传。在互联网发达的今天，网购已经成为了一种时尚，李敬斌也顺应时代的发展开始了新的尝试。2007 年 6 月，李敬斌与山区湖岭一名大学生张小斌协议合作，参加淘宝网开展的“中华绝铺”活动，“李大同”（老五房）设在淘宝网的网点正式开张。后又另在杭州中华老字号唐堂商城建立了李大同网上商店 1 个。线上开设的李大同食品旗舰店，主营糕点、芙蓉糕、面茶糕等产品，迄今为止已被 1615 人关注收藏，被官网认证为顶级卖家，如图 7－17 所示。

图 7－17　李大同食品旗舰店

为了专门宣传推广李大同产品以及温州特色老字号企业，李敬斌先生积极参与网页和软件设计，利用计算机技术发扬温州传统美食。在多年前，因技术问题，无法做到网页宣传，经过多年努力，李敬斌先生于 2020 年与一家计算机公司签订授权协议，不久后，将能完成他的心愿。计算机软件著作权登记书如图 7－18 所示。这种强大的社会责任感，使品牌形象愈加完善。此外，公司还利用媒体技术，与著名微信视频号“老陈拍温州”（如图 7－19 所示）和“学习强国”平台合作，通过视频的形式宣传品牌，从而塑造“百年李大同”的金字形象。

李敬斌希望百年老字号搭上网络经济的快车，更好地宣传自己。网上开店能及时听到顾客对李大同的评价，有利于企业更好地改进，达到长足发展。老字号借助知名网站直销，不仅有利于地方名特产品开拓全国性知名度，还能变坐等上门被动营销为主动营销，增强老字号的生命力。

（2）强管理——增强企业和商标管理。走上产业化的道路，加强管理也是十分重要的一环。而这管理，既包括对公司内部的管理，即公司的组织架构与管理体系等，也包括了公司外部的管理，主要是品牌的打造与商标的保护。

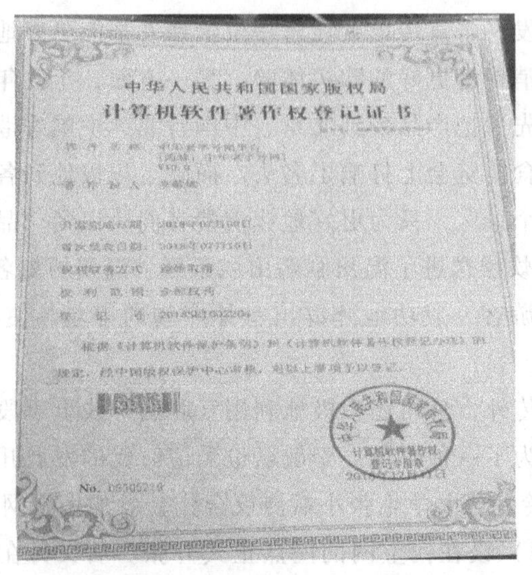

图 7－18　计算机软件著作权登记书

2021年7月22日 15:53 视频号 · 老陈拍温州

图 7－19　微信视频号宣传

①加强企业管理。李大同创新传统的管理体系，接轨现代化管理道路。2008 年，李大同（老五房）茶食品店整体改制为浙江省瑞安市李大同（老五房）食品有限公司。改制之后，公司管理更加规范。“李大同”自 1889 年创立至今，已有一百余年，从最初的两三人的小团队，到现在的公司已有 100 余名员工，其组织管理模式也在不断改进。“李大同”现已形成稳定的扁平化的组织结构，缩短了上下级距离，密切上下级关系，信息纵向流通快，管理层次少，与当前公司的规模相适应，如图 7－20 所示。

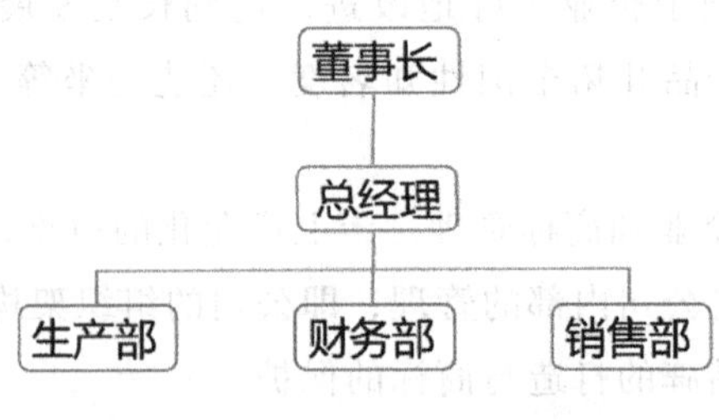

图 7－20　“李大同”组织结构

此外，为了提高员工的凝聚力，“李大同”定期举行外出活动和评先进。每年的重阳节会召集全体员工进行外出团建活动，在每年正月开工期间，也会进行迎新酒会。其乐融融的团队氛围增加了全体员工的凝聚力，同时也提高了工作效率。不仅如此，每年年终，为了鼓励员工继续奋力工作并对工作到位、努力的员工进行评奖，给予一定数额的奖金。这些举措也让员工能开心地工作，并且愿意继续留在公司。“李大同”全体员工外出活动如图7－21所示。

图7－21　“李大同”全体员工外出活动

②品牌的打造也是有效的推广手段。在产品宣传中，能够使企业有重点地进行宣传，简单而集中，效果迅速，印象深刻，促使消费者熟悉产品，激发购买欲望，促成消费。当前，商品经济高度发达，产品的同质化程度越来越高，也就是同类产品之间的差异减小了。在这种情况下，企业为了保护自身利益，品牌就应运而生了，品牌本来只是个标志，是个极富个性化的标志，但它却是一个企业产品的代言。品牌可以保护生产经营者的利益。

③重视商标保护。经法定程序注册之后的品牌，成为企业的一种特有的资产，受到法律保护，其他企业不得仿冒和使用。若发现冒牌商品可依法追究并索赔。李大同（老五房）食品有限公司注重自身的品牌建设。一是对内严格管理。李大同在商标的日常使用中进行了严格的商标管理，通过设置商标管理工作室，配备专业人才管理，同时制定《商标管理制度》，对商标管理组织框架商标设计、商标申请审批流程、商标使用和商标侵权维护等方面作出明确规定。对外密切关注市场动态，一旦发现他人侵权公司商标的专用权，及时向工商行政管理机关举报追究侵权者的法律责任，并积极配合新闻媒体做相应的宣传。

二是对外打击冒牌。为了更好地维护李大同的招牌，他们积极地向各新闻单位提出严格区分打着“李大同”招牌的数家茶食品店，并向广大消费者提出科普正宗李大同（老五房）的商标。对于那些假冒李大同商标，并盗用包装的企业进行批判，并指出瑞安李大同老五房的注册标志为环球标志“李大同”牌商标，如图7－22所示。李大同多年来一直十分注重产品质量和商业道德，在广大消费者中树立了一定的声誉，如有质量等问题，欢迎批评，更应吸取教训，严加改正。这体现了李大同对自身品牌的高度重视。李大同食品的百年口碑是在一代代继承人的兢兢业业、诚信经营的过程中代代积累下来的，对于侵害企业形象的行为，必要严厉打击。

图 7-22　李大同（老五房）环球商标

(3) 更产品——更新产品口味和包装。“右腿迈步”的第三个方面，就是更产品。李大同食品积极地面向顾客，用心感受顾客的喜好，并积极地进行具有针对性的调整和改进。如今，有各式各样的西式糕点在刺激年青一代的味蕾，时代不同，人们的口味也在改变，李大同也未曾故步自封，而是知难而进，不断改革创新。一步步向现代化企业进军，推进技术改造，扩大生产，增强产品创新。对企业而言，开发新产品具有十分重要的战略意义，它是企业生存与发展的重要支柱。李大同不断改变更新，为消费者带来更为丰富多彩的产品，也进一步推动了企业的产业化道路。

①更产品，新口味。过去的李大同主打糯米类甜食，虽是继承了传统的金字招牌，且契合温州人惯有的口味，但长久如此口味难免会有些单调，这也是如今食品行业老字号企业所共同面临的问题。再者，甜口糕点更易受到年迈老人的喜爱，青年人则更偏好新颖的口味。若不抓紧进行口味上的变革，跟上市场的变化，李大同在未来的发展情势显而易见。

为此，李大同积极进行创新和改革，依据青年人的口味对自己的产品做出及时调整，不断健全多元化的产品机制，创新开发咸点糕点，从过去专营甜品转向咸甜共制，推出了椒盐糕、咸油酥、葱油桃酥、肉葱酥等各式咸味糕点。不仅如此，李大同还多方作出努力，如将产品类别往多类别发展，突破传统以蒸煮为代表的制作方式，并增加烘焙和油炸形式，既为原来的老顾客提供了更多的选择，加强二者的联系，又可以吸引潜在顾客（诸如对李大同知之甚少的青少年和外来消费者）前来购买，开拓了新的消费市场。李大同部分产品类别及售价如表 7-2 所示。

②更产品，新健康。研究显示，油炸食品有高脂肪、维生素杀手、油脂氧化聚合物致癌、油烟吸入致癌、致衰老和重金属超标六项危害。高糖食品会导致肥胖、高血糖甚至骨折。21 世纪以来，健康饮食、健康生活的观念逐渐深入人心。若此时再一味地继承传统，仅仅生产追求口感、油炸类糕点已然不合时宜。对此，李大同在继承传统糕点的手工技艺的基础上进行了制作手法的改进和制作工具的改良及引进，丰富了已有的烹饪种类，推出大量新式烘焙类、蒸煮类糕点，如面茶糕、冰雪酥、玉带糕等糕点，如图 7-23 所示。

表 7-2　　李大同部分产品类别及售价

品名	类别	规格	销售价
白糖双炊糕	蒸煮类	220g 袋装	12.0 元/袋
状元糕	蒸煮类	110g（包）	4.5 元/包
椒盐糕	蒸煮类	260g 盒装	9.0 元/盒
五味香糕	蒸煮类	450g 袋装	13.0 元/袋
金芙蓉	油炸类	240g 盒装	18.0 元/盒
金枣儿	油炸类	240g 盒装	11.0 元/袋
冻米糖	油炸类	240g 盒装	13.0 元/袋
杏仁酥	烘焙类	220g 盒装	12.0 元/盒
圆蛋糕	烘焙类	100g（只）	4.0 元/只
圆锦饼	烘焙类	140g（只）	6.0 元/只
双喜饼	烘焙类	180g（只）	7.0 元/只
空心月饼	烘焙类	75g（只）	7.0 元/只

图 7-23　李大同新式健康糕点

同时注重糕点制作的少油少糖，采用更为健康且少油的蒸煮方法替代原有的重油炸、重烘烤，从而有效避免了因油烟带来的各种危害，制作更为健康的产品，这不仅保证了食品的安全卫生和健康，守住了食品企业的生命底线；推出的新式健康产品还契合了当代消费者的健康生活理念，开辟了绿色食品的新市场。一方面，对于消费者而言，这为其提供了健康产品的选择；另一方面，对于企业而言，新式产品为其带来了新的盈利点，促进了企业的进一步发展。

③更产品，新包装。如果说产品品质如同一个人的内在，那么包装就是她的外衣，注意到一个人之前很大概率上会先被其外表所吸引。李大同作为一个老字号品牌，注重包装带来的品牌影响力。因此，李大同在糕点的包装上下功夫。

过去，李大同之前更加注重产品本身，包装更偏向于简单朴实风，而这类包装也恰好体现了李大同“老字号”的特点，给当地老一辈人联想到家乡、童年的记忆，但这也忽视了消费者对产品信息的获取。在包装上，只是简单地印着几个小字，讲述一下产品的名称，而缺少其他重要信息。无法给消费者传递更多有用可靠的信息，也不能让消费者了解到更多关于本企业的信息。

而现在，李大同给老产品穿上了新装，李大同推出的每一个当季新品，尤其是礼盒精装的，如葱汁酥礼盒、“老味道”系列月饼礼盒等，都观察到了消费者对包装的需求，应一些海外同胞要求，李大同改进了产品的包装，方便他们携带，并在每盒里面放上保质期卡，注明商品名称、重量、出厂日期和保存期，附上许多关于企业的信息，让消费者更好地认识到本产品，以保证消费者可以保持产品最佳风味，给消费者最好的体验。同时也给消费者提供了企业的公用电话，用以解决意外产品事故发生时的突发状况。李大同产品参数如图 7－24 所示。李大同采用了个头轻便小巧的独立包装，使产品更易于携带、易于短时间储藏；包装底色呈明黄色，上绘打糕工人劳动的简图，整个包装简约中透着传统的手工气息，结合了传统与现代，符合现代人的审美。此外，在寓意上，中国传统糕点本身就寄托着人们对美好生活的祈愿，加之李大同也恰如其分地给特色产品赋予了特殊的内涵，如状元糕寓意高中状元，白糖双炊糕寓意生活甜甜蜜蜜、和和美美等。

产品参数：

生产许可证编号：SC12433038101183	产品标准号：GB/T20977	厂名：瑞安市李大同(老五房)食品有限…
厂址：浙江省瑞安市东山街道东山车头村	厂家联系方式：0577-28778888	配料表：小麦粉、白砂糖、食用猪油…
储藏方法：常温 阴凉处保存	保质期：40 天	食品添加剂：见包装
品牌：李大同	系列：桃酥X3	净含量：690g
产地：中国大陆	省份：浙江省	城市：温州市
包装方式：包装	钠含量：260mg/100g	

图 7－24　李大同产品参数

现在，新一代包装，让消费者感受到了时间的沉淀，也带来了不一样的新鲜感。李大同前后包装的变化，以双炊糕的包装为例，李大同原先的包装是一张白色的油纸，正面上书“白糖双炊糕”几个大字，字的上方印着李大同 Logo 和温州知名商标几个小字，字的周围是一圈正红色繁复花纹，侧面用红字写着“馈赠佳品，四季咸宜”，包装传统简单，却又极富民族特色；新包装小巧精致，每包 220g，以棕黄色为背景色，上绘制糕工人打糕的简笔图画，给人以“老字号”“手工制作”的初印象。新包装的左上角印着李大同的商标，右边竖排写着“白糖双炊糕”，整体看来简约大方又不失传统特色，符合当下人们的审美。李大同白糖双炊糕新旧包装对比如图 7－25 所示。

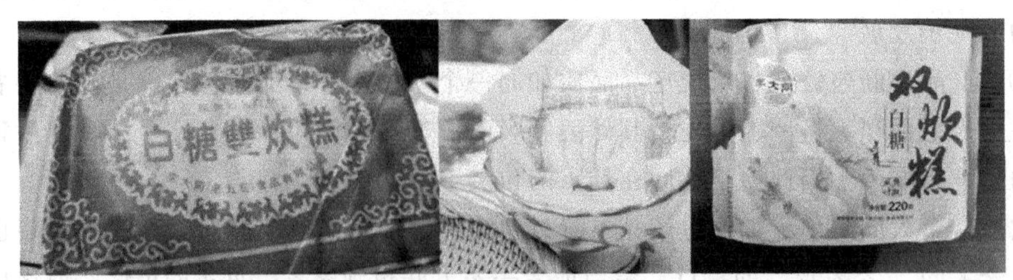

图 7－25　李大同白糖双炊糕新旧包装对比

产品包装的先后变换，让消费者感受到产品形象的差异化。企业通过塑造自己特有的品牌形象，形成与竞争对手的差异，使消费者对企业及其产品更加认可，从而增加品牌忠诚度。

（三）奋斗百年路，三重效益得

1. 经济效益

李大同通过“两条腿走路”模式，在保留了原有工艺，传承传统的基础上，实现了向现代化企业的跨步，成功实现老字号企业焕发光彩之路。

在此过程中，企业通过保留传统工艺手法，留住了老顾客。通过扩盘子，拓宽企业生产渠道，提高了产品生产效率。通过强化企业内部管理机制，形成专业化管理团队，提升了企业管理效率。通过不断更新产品，从口味、功效和包装三个角度不断改进，实现了产品附加价值和功能。种种措施多管齐下，实现企业现代化转型，使老字号企业重焕光彩。2012—2020 年李大同主营业务收入如图 7－26 所示。

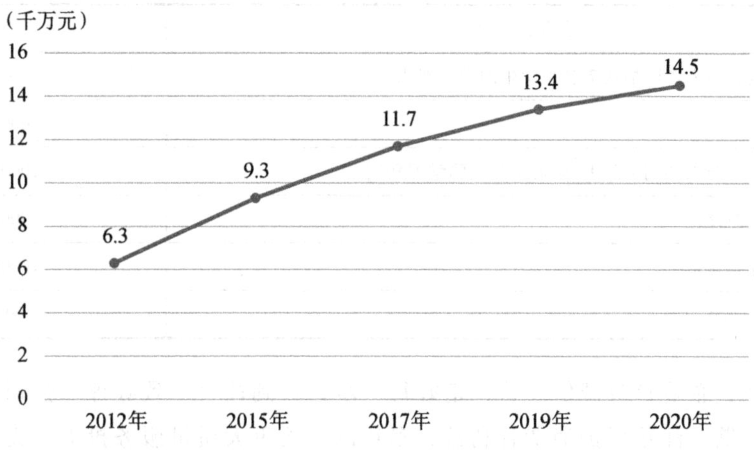

图 7－26　2012—2020 年李大同主营业务收入

2. 文化效益

李大同糕点汇集了温州特有的生产生活方式、风俗习惯、民俗信仰等因素，保有了温州特色的同时也体现出了民间技艺特有的创造活力。同时，李大同糕点亦是温州民俗与艺术传承的重要载体，以其丰富的产品类型、精细的制作工艺、独特的地方特色成为温州民间一道独特的风景。

一直以来，李大同糕点都保持着它最大的特色，就是传统的味道。历代掌门人也一直坚守着，一步一步，踏踏实实把传统糕点做下去。无论如何发展也一直没有失去原来的味道，或许这就是它存在百年还可以做到消费者每天都络绎不绝的原因。李大同坚持传统的做法，使消费者对其品牌产生情感归属，从而建立起顾客与品牌间的情感关系。

传承与创新对于李大同糕点来说密不可分，对于食物的传承，承载的是一种情怀；对食物的创新，是推动它发展的力量源泉。李大同以扩盘子、强管理、更新产品为三大主要创新方案，通过选定目标市场、不断扩大生产规模、主动宣传，使消费者在接受宣传的过程中，对李大同品牌的认同感不断加深，进而打造出强有力又能体现偏好的思维模式，增强消费者以情感依赖为主要载体的态度忠诚；通过创新管理体系、打造品牌和保护商标，引导消费者产生正向的情感反应，塑造品牌信任。通过不断创新产品、包装等多种形式，不断激发消费者的消费兴趣、给予消费者更多具有差异性的消费体验，培育其对李大同品牌的忠诚。

3. 社会效益

李大同作为一家极具社会责任感的企业，在经营过程中，专注于社会资助，帮助需要援助的人，给予工作岗位以解决剩余劳动力，捐赠礼品、资金等社会扶贫项目献上一份力。李大同的社会资助项目如表7-3所示。

表7-3　社会资助项目

社会资助项目	捐赠金额
湖岭永安乡扶贫，与人共同捐认7名小学生的学习费用	—
市体育中心建设	10000元
高楼顺泰乡扶贫，与人共同捐认11名失学儿童的学习费用	20000元
资助湖岭芳庄乡筑路	10000元
玉海广场孙怡让铜像捐资	10000元
慰问八十亩海军部队	3000元

不仅如此，企业自身诚信经营，走好每一步，得到社会一致好评。公司一贯注重诚信经营，童叟无欺，注重保护消费者利益，多年以来无重大质量服务投诉，无严重侵害消费者权益事件；注意环境保护，严格遵守执行国家和省市有关环保方面的法律法规，一直以来无重大责任事故和环保纠纷等事件；规范企业用工，严格执行国家劳动和社会保障有关的法律法规，一直以来无重大劳资纠纷事件；严格执行国家安全生产有关法律法规，一直以来无重大安全生产事故。重视对商标专用权的保护，密切注意市场动态，一旦发现他人侵权公司的商标专用权，及时向工商行政管理机关举报以追究侵权者的法律责任，并配合新闻媒体作相应的宣传报道，扩大社会影响。

四、案例分析

（一）理论基础

李大同通过“两条腿走路”模式加强了企业核心竞争力，发展到了如今的规模。那么，李大同究竟为什么能取得这般成就呢？下面，我们将根据“4V 理论”，从四个维度入手，详细研究，分析其培育品牌忠诚度成功之道，探讨老字号企业如何活化，打破重围，提升企业核心竞争力。

1. 4V 理论内涵

随着世界经济的飞速发展，市场需求、营销观念、营销模式及营销组合理念不断变化和发展，市场营销学理论应运而生。而最为著名的是以产品、价格、位置和促销方式为核心的 4P 市场营销组合理论。此后，在发达国家买方市场逐渐取代卖方市场，为了满足客户需求和提高客户满意度，美国市场营销专家劳特朋教授提出了新的营销理念，重新定义了营销组合的 4 个基本要素，创建了消费者、成本、便利性和沟通的 4C 理论。进入 21 世纪，中国产业增长势头迅猛，科学技术不断进步，产品质量提升、优质服务不断涌现，企业营销理念和方法发生了变化。基于此，吴金明（2001）提出了 4V 营销理论。4V 是指同时使用差异化、功能、增值和共鸣营销的理论。企业根据消费者的需求创建特色产品，提供更灵活的产品或服务，并使用差异化的营销方法满足客户个性化的需求来吸引客户，从而获得核心竞争力。4V 理论内涵如图 7－27 所示。

功能化（Versatility）

以消费者的需求为作为重点，满足多样化的功能需要，增加或者是减少某些商品的功能，实现系列化的奢侈品产品。

差异化（Variation）

企业凭借自身综合优势，在产品的生产、销售渠道以及广告、售后服务方面做好，区别于市场中其他的品牌，形成突出差异。

共鸣（Vibration）

企业在持续占有一定份额市场的情况下，保持竞争力价值创新，让消费者的心理需求得到满足，将产品的价值最大化。

附加价值化（Value）

企业利用高水平的生产工艺、创造品牌的文化价值以及有创意的营销广告等，使产品获得更高的附加价值，增强综合竞争能力。

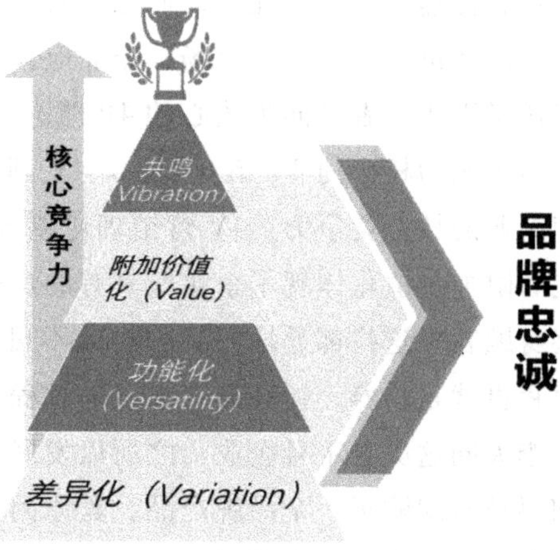

图 7－27　4V 理论内涵

4V 营销策略中将维护顾客对品牌的忠诚度作为核心，其主要特征有以下四点：

一是差异化（Variation）。也就是企业凭借自身的综合优势，在产品的生产、销售渠道以及广告和售后服务方面做好，区别于市场中其他的品牌和产品，形成突出的差异。

二是功能化（Versatility）。以消费者的需求为作为重点，满足多样化的功能需要，增加或者是减少某些商品的功能，实现系列化的奢侈品产品。

三是附加价值化（Value）。企业利用高水平的生产工艺、创造品牌的文化价值以及有创意的营销广告等，使产品获得更高的附加价值，增强综合竞争能力。

四是共鸣（Vibration）。企业在持续占有一定份额市场的情况下，保持竞争力价值创新，让消费者的心理需求得到满足，将产品的价值最大化。

通过对“4V”营销的展开，可以培养和构建企业的核心竞争力，从而赢得消费者品牌忠诚。其中，差异化和功能化是通过改变产品本身，明确品牌定位，实现本企业产品的核心差异，并设计多重功能，以此满足消费者的需求，属于基础的物质满足，达成消费者品牌认知与认同。再从附加价值和提升共鸣入手，将消费者满足上升到情感层面，从而将行为忠诚提升到态度忠诚，最终达成消费者品牌忠诚。

2. 适用性分析

（1）分析对象的适用性。科技的迅猛发展使产品与服务不断更新迭代。互联网、移动通信工具的持续推陈出新，营销方法也得到了极大的完善和创新。信息透明化程度不断提高，企业与消费者之间沟通也得到了极大提升，信息不对称的现象得以明显改善。企业与消费者的沟通渠道和沟通方式越来越多元化，4V 营销理论应运而生。

老字号企业消费基础是忠诚的顾客，而建立忠诚，需要彼此之间的信息对称，形成互相信任的局面。将 4V 理论运用到老字号企业经营中，通过以创新为导向，进行一系列创新改造，使老字号企业打破发展僵局，实现品牌活化。

（2）分析角色的适用性。21 世纪以来，随着信息技术和社会经济的发展，企业和消费者信息传递方式的多元化，使企业营销环境发生了巨大变化，从而有效地推动了营销组合理论的演进。面对买方市场，企业应该更加注重顾客需求。在这种背景下，营销组合理论经历了以生产者导向为核心的 4P 理论、以追求顾客满意为核心 4C 理论，逐渐发展成为以顾客忠诚为核心的 4V 组合理论。4V 理论满足了企业利益相关者的需求，能够更加有效构建企业的核心竞争力。4V 营销理论差异化体现了企业产品或服务的创新及独特性，功能化和附加价值化体现了企业所具有的渗透性与扩展性，共鸣要素的运用使企业获得更多的终身顾客，这些都是培育品牌忠诚不可缺少的要素。由此可见，4V 营销组合理论的实践过程也就是培养、提升品牌忠诚的过程。

李大同这类老字号企业，之所以发展态势良好，主要是有坚实的顾客基础。而消费者为何要长时间购买一个品牌产品，其原因是对此品牌的忠诚。对品牌忠诚度的培育是本案例研究核心内容，企业通过“两条腿走路”模式，实现品牌活化，同时增强消费者对品牌的忠诚。

（二）差异化表达：明确品牌定位，实现核心差异

在当前的市场环境中，企业之间的竞争激烈，想要占据一定的市场份额，就离不开通过产品、形象和市场资源等多方面的差异化，形成自己的核心竞争力，提升消费者对企业的满意度。

差异化营销的目标对象是针对消费者而言，抓住消费者就是抓住了差异化，具备了差异化才能够获取市场。实施差异化战略的企业，能比竞争对手更好地应对替代品的威胁，此外，差异化战略提升了消费者对企业的品牌忠诚度，使他们的价格敏感度降低，有利于企业创造更高的绩效。本案例将主要从以下三个方面阐述差异化营销：产品差异化、形象差异化和市场差异化，分析李大同如何利用差异化，形成消费者对品牌的忠诚。差异化表达思维导图如图7－28所示。

图7－28　差异化表达思维导图

1. 创新产品，双面导向

就企业所生产的商品而言，不同企业的商品均具备各自的特点，这种特点就形成了商品与商品之间的差异。差异化营销要求企业所生产和提供的产品必须具备一定的不完全替代性，即实行产品差异化战略。产品差异化是指企业的产品无论是在功能、性能、品质上都具备明显超过同类竞争企业的优势特色，从而形成具备企业自身独特性、区隔于竞争对手的市场。

在新产品开发过程中，顾客导向和竞争者导向反映了企业战略导向两个重要的决策焦点，前者以满足顾客效用和增加顾客价值为企业战略制定的出发点，特别注重对顾客消费能力、消费偏好以及消费行为的调查分析，强调通过新产品开发和营销手段的创新以动态地适应顾客需求。竞争者导向则是指公司以竞争者为中心，及时根据竞争者的行动和反应来调整战略行动。双面导向产品差异化表达如图7－29所示。

（1）消费者导向。从实践层面来看，新产品差异化优势来源于企业为顾客创造价值的产品实际独特性和将这种价值传达给顾客并使之接受的能力。李大同以消费者为导向，创新产品，产品的创新让消费者感受到品质在不断提升，使消费者的感知质量增加。

李大同过去主要制作糯米型甜类产品，并以此作为它们的主打招牌产品，虽受到了温

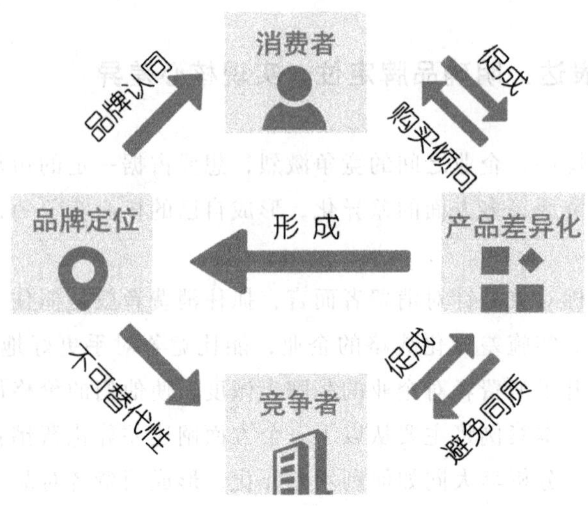

图 7－29 双面导向产品差异化表达

州当地老百姓的热爱，却也限制了部分消费群体。如今，李大同为更好地适应发展，迎合不同消费者口味，不断做出尝试，研究出了许多新产品。其独创的“咸点”，突破传统糕点定义中的“甜”，满足了不喜甜食的消费者的口味，又拓宽咸食消费者的消费领域。新产品的出现，不仅使面向的消费群体扩张，开拓了新的市场，同时也给消费者提供了更多的选择。

首先，新产品的出现，充实了李大同产品的品种种类，以甜、酥、软、韧、香为主要特色。对于消费者而言，就会出现更多的选择可能性。企业制作出更多的新产品，建立多元化产品机制，增加产品种类数量可以巩固原有的消费群体，同时挖掘潜在的消费意愿与消费群体，以此增加了品牌忠诚度。其次，企业生产出的新产品，加深了企业的产品服务方向，形成特有的品牌定位，使消费者更方便区分本品牌与其他品牌之间的差别，在消费者心中形成品牌认知。良好的品牌定位是奠定消费者品牌认知的基础，加上高质量的产品内在加持，他们会相信这些产品会带来更高的价值、更好的质量和信任，并且愿意为此支付更高的价格。而当消费者对一个品牌进行评价时，他们不仅会根据自己对产品使用体验对该产品进行评价，提升感知质量，形成品牌认同。随着感知质量的不断加深，消费者会更多地表达出对品牌的态度倾向，形成行为与态度忠诚，最终形成品牌忠诚，如图 7－30 所示。

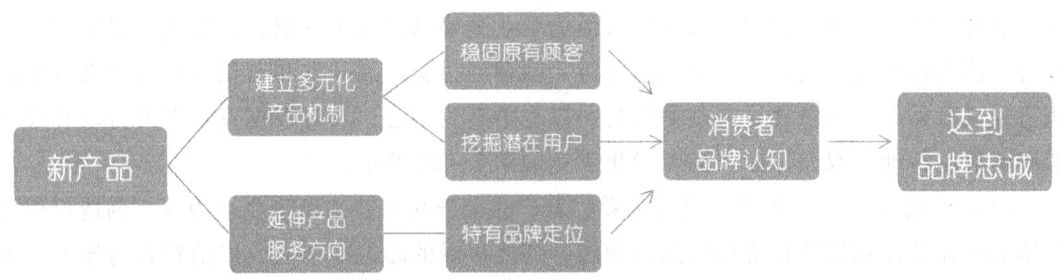

图 7－30 产品创新与品牌忠诚度

（2）竞争者导向。竞争者导向是指以竞争对手为中心，分析他们的目标、策略、优势与劣势、反应模式等，从而制定相应的策略，以增强自身实力，巩固、提升行业地位。竞争者导向要求企业在对竞争者分析的基础上，思考如何实现差异化，将自身品牌与其他竞争者区分开来，从而在消费者的心中占据一个有利的地位。

从糕点市场来看，由于糕点的生产具有投入少、见效快的特点，使一些国有、私营和外资企业纷纷上马，糕点行业面临着市场供大于求的严峻形势。现在市场上的糕点主要分为中西两大类别（如图 7－31 所示），在激烈的市场竞争之下，市场出现了明显的两极分化现象：西点企业连锁经营快速发展，规模不断扩大，许多食品公司也把精力集中到西式糕点上，生意很红火。而传统糕点厂市场逐渐丧失，生意日渐萧条。如图 7－31 所示，糕点业间的竞争如火如荼。那么，糕点业为什么会出现两极分化现象呢？据调查其主要原因是生产传统中式糕点，利润只有西式糕点的三分之一到二分之一，较小的利润使其创新发展受阻。同时，传统糕点又受到食品多样化的挑战。特别是各式小食品的出现，对传统糕点形成较大的冲击。

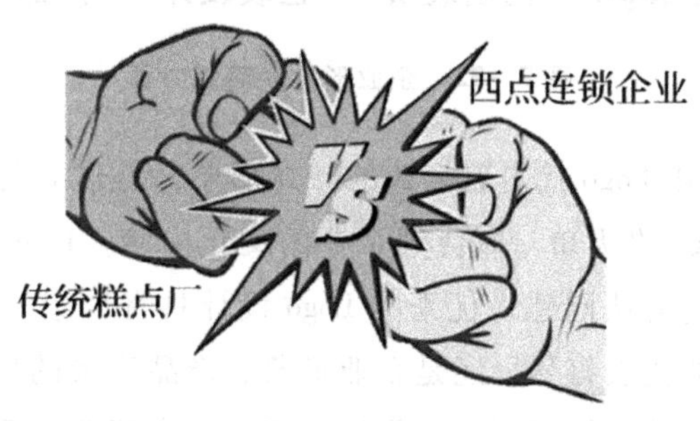

图 7－31　市场竞争局面

针对这样的市场背景，李大同进行产品创新，以独到的外形和口味来区分西式糕点。以李大同特有的空心月饼为例，传统的中西式月饼皆以市面上常见的内含各种馅的月饼为主，如蛋黄莲蓉月饼和冰皮月饼，而李大同空心月具有与众不同之处，其制作特殊、形状特别，吃起来又香又脆，还表达了中秋佳节阖家团圆的浓浓情意，而且其营养成分，也符合现代人低脂肪的要求。种种创新，使其在众多同质月饼中脱颖而出，深受当地消费者喜爱，成为瑞安特产之一。

创新产品不仅可以获得消费者的青睐，赢得品牌忠诚，亦可形成不可替代的差异化产品，与竞争对手形成鲜明差别，避免同质竞争。而这种不可替代性使竞争对手在短期内无法超越，形成特有的品牌定位，使消费者形成品牌认知，从而最终形成品牌忠诚。

2. 多样形象，新鲜体验

形象差异化是指企业在实际的市场运作过程中通过实施相关的企业形象战略和品牌战略而形成的具备企业特性的差异。企业形象战略是有计划、全方位、全时段对企业形象各要素进行的精心策划，进而促使企业形象的物质表征、社会表征、精神表征优于其竞争企业的一种战略。企业通过塑造自己特有的品牌形象，形成与竞争对手的差异，使消费者对企业及其产品更加认同，这将有利于培养消费者对品牌的忠诚度。

首先企业需要有一个独特的品牌定位，将自己与其他竞争者所区分开，并从品牌定位本身出发，选用适合品牌定位的元素，并抓住视觉识别（VI）这一重要因素，通过企业视觉设计风格来展示企业形象。

李大同将中华老字号作为品牌定位，其企业视觉设计风格呈现方式通过以下四个方面展现（如图7－32所示）。

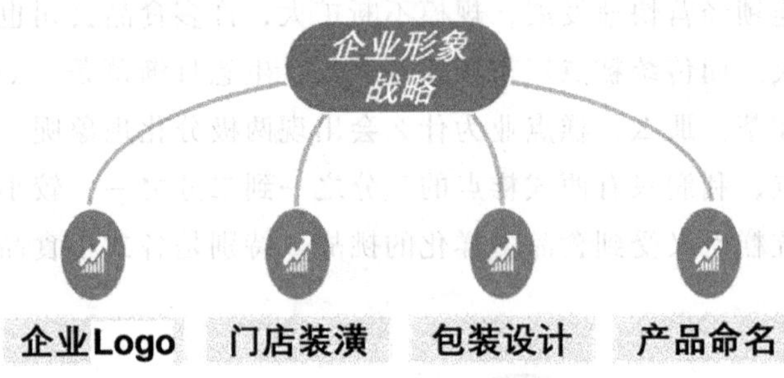

图7－32　企业形象战略四方面

（1）企业Logo。企业Logo代表着企业的外在形象，是建立与消费者联系的一个无形方式，消费者通过对Logo的认知，体会到企业的文化内涵。Logo的文化内涵在无形之中会提高产品的形象和人们的认同感，优秀的Logo设计具有理想的品质形象，Logo代表着品牌形象，是商品形象的代表符号，还是企业形象、产品质量的代言人。研究发现，企业的名称选择对消费者对产品感知起到一定作用。正如，当消费者看到企业名称是西化品牌名时，消费者对外国产品具有“高质高价”的光环效应，认为外国产品质量高于国内产品。但作为一个老字号企业，李大同品牌名称需符合老字号企业形象，如若名称新奇，缺少古味，那么在消费者心中自动生成感知效应，认为产品与品牌不符。李大同采用标志性的中国红为商标背景，刻以清晰明了的“李大同”三个字，简洁醒目，极具传统韵味。

（2）门店装潢。门店装潢是消费者进行购买时，首先看到的。好的装修可以大大提升店铺的整体档次和形象，它能在众多店铺中脱颖而出，为商铺带来源源不断的客流量，也可以提升品牌形象，明确品牌定位，加深消费者印象。从长期的战略布局来看，企业需具备整体经营的意识和宏观把控能力。统一店面形象，统一产品和包装。这些统一，就如同一支统一的军队，在市场上是正规军，以鲜明的视觉形象为武器，战胜对手，在公众面前形成统一的认知和识别。

李大同以中式风格为基调，符合老字号品牌形象，各门店根据选址环境的不同而各有差异；如位于商业街的总店，以红棕色为主色调，木制深棕色商品摆架，配以不同样式，形成多重体验。搭配浅黄色木质的屏风，加以古董装饰，与周围现代化商店形成鲜明对比，形成差异化形象，带给消费者不同体验之感。与品牌定位相似的装潢风格，加之差异化的形象，有利于加深品牌认同，促成品牌忠诚。

（3）包装设计。产品包装是消费者认知到品牌形象差异的一个途径。产品包装的改变，让产品形象更具差异化。通过塑造与竞争企业不同的产品、企业或品牌形象来取得竞争优势，使企业在消费者中树立起良好的形象，从而对该企业的产品产生偏好，当有所需求时，会选择该企业品牌，从而形成品牌忠诚。

李大同产品包装随着时代的发展，也作出相应改变。迎合不同消费者需求与口味，设计不同包装样式。从包装图案上，仍保留传统风格，体现老字号品牌形象。同时配以美学要素，使包装整体简洁大方，又富有美感，既体现了企业的文化境界，又能凸显消费者的品位。

（4）产品命名。产品名称关乎消费者是否愿意购买此产品。产品名称不仅要体现产品功能与价值，同时需富有文化内涵。只有两者兼之，才能让消费者更愿意购买此产品，形成态度和行为忠诚。李大同产品命名一般遵守符合原则，既展现产品应有特点，同时又富有一定深层寓意。如"状元糕"，给予青少年考上状元的寓意，美好的寓意也使消费者更倾向于去购买李大同的产品。

总之，李大同以营销美学为理论基础，通过视觉营销设计对其品牌进行感官体验与设计，在糕点市场，全方位体现差异化的企业形象战略，以此获得消费者品牌认同，最终促成消费者品牌忠诚。

3. 细分市场，找准定位

市场差异化是指产品在市场销售中，因为企业所具备的资源、条件以及营销策略的差异性，从而导致企业在销售渠道的设计上形成了一定的差异性。

针对同一件产品，消费者的需求可能有所不同，找准市场定位，是李大同取得成功的重要因素之一。准确的市场定位是商业项目运作成功的重要一环。正是认识到了市场差异化的重要性，李大同在品牌创建之初就已确定了目标群体、市场细分，把销售目标人群按需求进行划分，进行市场细分，选定目标市场，并在目标市场中占据主导地位。

市场细分，是以消费者需求为出发点，根据消费者购买行为的差异性，把消费者总体划分为类似性购买群体的过程。在市场上存在着不同需求的消费者，企业进行市场细分，就是发现不同消费者之间的需求差别，然后把需求相同或类似的消费者群体归为一类。市场细分的目的是进行企业产品的定位，企业在细分市场时，既要考虑消费者需求的不同，也要考虑实效性，即一个细分市场必须具有适当的发展潜力，细分市场是否足以实现具有经济效益的营销目标。

我国老字号面临的国内市场竞争日益激烈，企业要想实现在激烈的市场竞争当中获得主动权、长久地保持不败的地位这一目标，最根本的问题就是如何使企业找准其目标市场及客户进而全面、有效、尽心尽力地提供优质的产品与服务满足市场和客户的需要。目标市场通常指一个企业确定要进入、有着共同的需求及特性的所有客户的总和，而企业是否已经找准了目标市场是决定其能否在市场竞争中获得成功的一个关键性因素。目标市场与品牌忠诚的关系如图 7 – 33 所示。

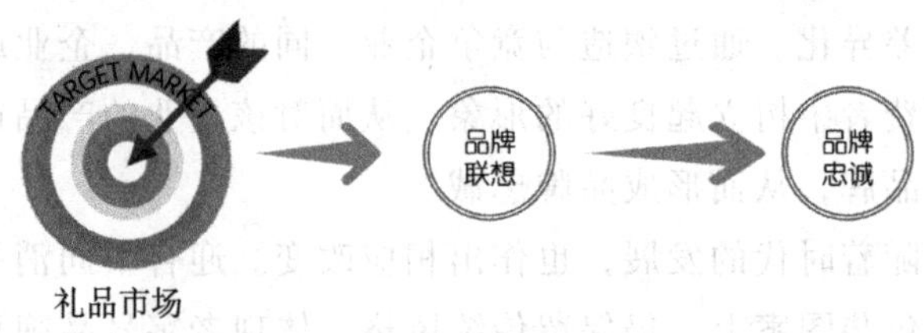

图 7 – 33　目标市场与品牌忠诚的关系

李大同为适应市场发展的新形势、满足客户的新需求，进行了合理的市场细分。对于市场细分作出细致的评估，从而确定出目标市场并制定和施行有效的营销方式及手段服务目标性市场、满足部分客户的消费需求。为此，瑞安李大同曾做过许多市场细分的尝试，诸如景区市场、外地地区分区等。其中礼品市场这一目标市场最为突出，这是因为瑞安李大同在温州地区的伴手礼原始基础较好，有稳定的顾客群体。基于此，李大同又细分出了礼品市场，针对部分消费者购买行为的差异性，划分出婚庆时分赠送的具有美好寓意糕点伴手礼和青少年上学时分赠送的具有祝愿“步步高”的伴手礼。借此，瑞安李大同产品在礼品市场的定位就愈加明确，在细分市场、推动目标市场的锁定这个过程中，概念愈加细化和明确，由此消费者对于品牌的联想也会愈加强烈。

这种品牌联想度为消费者对于李大同食品的品牌认同打下基础，使李大同打通了礼品领域的市场，获得了不同于其他传统糕点品牌的独特市场优势。而特定的市场定位，帮助企业实现其与其他品牌的核心差异，赢得了消费者的品牌认同。随着品牌认同的加深，消费者更易形成行为和态度忠诚，最终促成品牌忠诚。

（三）功能化设计：多重功能发力，直击需求满足

消费者消费的过程是产品使用价值让渡的过程，因而实用价值实现与否关乎着消费者的选购行为。产品的功能实现是产品使用价值实现的体现，因而产品的功能实现某种程度上决定消费者的去留。产品的核心功能是构建消费者品牌忠诚度的核心和基础；产品的附加价值关乎消费者不同需求的满足，更充分地满足不同消费者的不同需求，更有利于构建品牌忠诚度；产品附加价值的多寡，影响顾客让渡价值的多寡，消费者对于让渡价值的感知，同样影响着其选购行为，对于品牌忠诚度的构建存在着持续性的影响。李大同的产品功能化设计如图 7 – 34 所示。

1. 质优味美，功能核心

产品的核心功能是决定产品存续的关键。食品企业的产品功能核心在于其可供食用。而产品的可食用性需要产品的质量作为保证。从市场经济发展以及消费者心理来看，产品

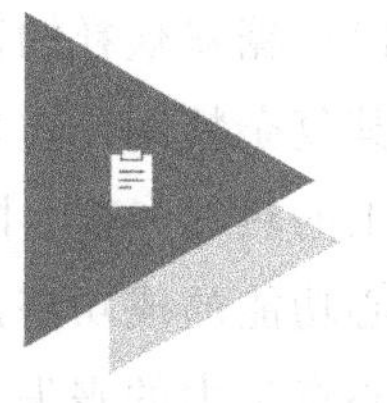

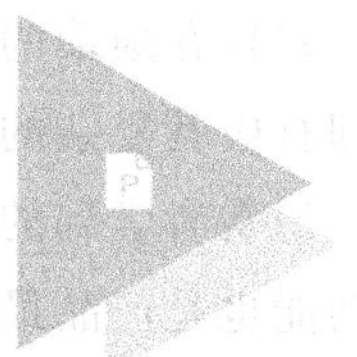

图 7－34　产品功能化设计

质量永远是食品类产业进行质量管理的关键。一切的延伸与附加功能打造都需要基于过硬的产品质量。产品质量包含的因素是多方面的，最主要与最根本的因素之一是产品本身的质量和口味能够符合消费者自身需求，即产品质量本身与消费者需求的对接，企业关注并乐于实现这种对接，是保证食品企业产品核心功能的关键。核心功能得以保证，才是品牌赢得顾客的开始。因此，核心功能是企业构建消费者品牌忠诚度的核心和基础。

作为售卖茶食品的企业，产品本身的质量十分关键。在把控产品质量方面，李大同将其做到极致。从产品的选料到技艺，都体现了李大同以顾客为导向的决心。

在产品选料方面，李大同有自己的特殊标准。过去，李大同选用文成双桂山单季红壳糯米。单季红壳糯米有更长的生长时间，更大的昼夜温差，因而有特别的品质。白糖用台湾产的太古牌绵细白糖，质地绵软、细腻。猪油用自熬冬油。冬油，即冬天用肥猪肉熬的猪油，凝成油脂至夏天亦不化，味特别好。20 世纪 80 年代，李观成亲自去双桂预付订金，订购单季糯米，要求不施化肥，不用除草剂，仍用农家肥。如今，李敬斌董事长在掌管企业后，与当地知名企业合作，通过实际调查、座谈访问后，只有确定企业的产品质量是优质的时候，才肯与其签订合作合同。目前，公司已与当地多家优质供货商合作，包括又不限于江金恩食品有限公司、温州苍顺粮油有限公司、瑞安市胡记食品添加剂商行等，如表 7－4 所示。公司一直传承这一理念，用最好的原料制作百姓最喜欢的糕点。

表 7－4　合作企业

合作企业	合作内容
江金恩食品有限公司	—
温州苍顺粮油有限公司	食用油
瑞安市胡记食品添加剂商行	食品添加剂

在产品技艺方面，百年来，尤其是工业化逐渐普及并且占据优势的今日，面对大规模工业化的冲击，在流水线作业逐渐取代手工作坊生产的环境下，李大同仍坚持："只有一道道工序坚持做下去，才能保证产品质量，达到消费者满意的样子。"李大同为提高生产效率，也引进了一批先进的生产工具，同时将原有的生产工具进行了创新与改良。但是为保证产品风味不变，产品最核心的制作工序仍然坚持古法，半点不会用机器替代，全是经验丰富的老师傅一块糕一块饼、一块一块地纯手工制作出来的，小小一块糕点，倾注了糕

点师傅百年匠心。并且在烦琐的工艺面前也未曾马虎。就以白糖双炊糕的制作为例，小小一道糕点，背后却有极其复杂的十三道工序，制作工艺极其复杂精细，这也是独家产品质量和特色的保证。消费者尝到的每一口糕点，都蒸腾着手工的热气和李大同的赤诚匠心。

产品的核心功能也是产品最基础又最重要的功能，核心功能的成功搭建是关乎产品甚至企业存亡的关键，核心功能的丧失往往也意味着企业核心竞争力的丧失，也是失去消费者青睐的开始，只有踏踏实实保证产品的质与量，做好核心功能的搭建，企业才能行得远，走得好。百年李大同行至今日的原因不乏于此，百年来对于核心功能的良好把握，与此同时也牢牢把握住了消费的喜爱，构建了消费者的品牌忠诚度。

2. 系列产品，功能延伸

产品的延伸功能是产品功能的纵深拓展，在产品核心功能得到保障的基础上，顺应消费时代的市场竞争状况以及消费者喜好的改变，产品功能深耕的重要性日益凸显。其中产品功能具有弹性化的特征，展开而言便是根据消费者消费需求的不同，提供不同功能的系列化产品，增加一些功能，或减掉一些功能就变成能够对接不同消费者需求的产品。消费者根据自己的习惯与承受能力选择具有相应功能的产品。企业对于消费者不同需求的满足，影响消费者的选购行为，即影响消费者的忠诚。那么企业对于延伸功能的关注也成为增强企业竞争力，实现消费者品牌忠诚的重要因素，如图 7－35 所示。

图 7－35　延伸功能与品牌忠诚

延伸功能作用到食品企业便是开发针对不同受众的食品。具体做法可以体现在开发系列化产品。在不同的消费群体中，对产品进行细分，提供不同功能的产品，满足消费者差异化的需求。过去李大同主要制作糯米型甜类产品，并以此作为它们的主打招牌产品，虽受到了温州当地老百姓的热爱，却也限制了部分消费群体。如今，李大同为更好地适应发展，拓宽品牌忠诚度，不断做出尝试，研究出了许多新产品，如独创“咸点”，突破传统糕点定义中的“甜”，满足了不喜甜食的消费者的口味；又如创造多类别的糕点，改变传统仅限于蒸煮糕点的局限，将糕点推向油炸类、烘焙类等新类别。新产品的出现，不仅使其面向的消费群体扩张，开拓了新的市场，同时也给消费者提供了更多的选择。在推出差异产品的销售策略下，李大同逐渐成为人们忠诚喜爱的糕点类龙头企业。

3. 让渡价值，功能附加

产品的附加功能是在产品的原有功能的基础上，在生产、营销过程中形成的功能，即附加在产品原有功能上的新功能。一方面，附加功能能够被企业所创造，并施之于消费者的购买行为过程中，满足客户更高层次的需求；另一方面，附加功能可能从消费者的购物习惯与喜好中衍生，逐渐形成该产品的附加功能，形成独特的价值符号。附加功能通常具有多样性的特征，不同产品由于产品特性不同，可以形成各具特色的附加功能。而同一产品也会由于市场定位和消费环境的不同，形成具有差异性的附加功能。附加功能的丰富带给消费者更丰富价值的感受，满足消费者更高让渡价值的期许，对消费者建立品牌忠诚具有积极的正向作用，如图 7-36 所示。

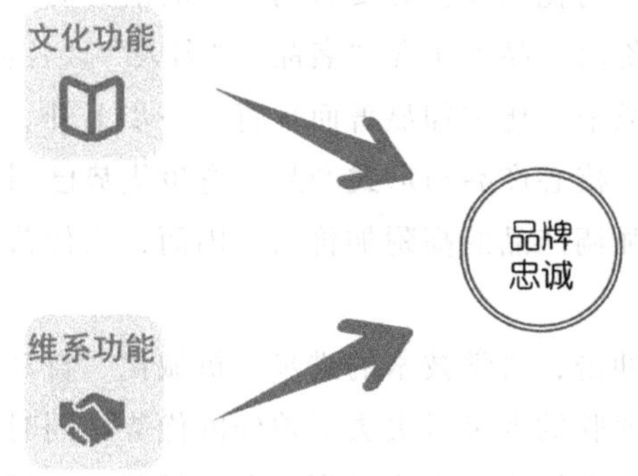

图 7-36　附加功能与品牌忠诚

（1）产品的文化功能。产品的文化功能较为常见，是附加于产品之上的文化符号、文化现象、文化内涵等。一方面，文化功能能够通过企业创造和讲好品牌故事，作为营销的重要方式之一而被强调；另一方面，文化功能自然形成于企业的发展脉络中，存于企业与消费者的情感共识里。瑞安李大同便更像是后者，作为一家老字号企业其品牌本身自身具有深厚的历史底蕴，承载着一代又一代消费者的记忆。因而在李大同的精心经营下，其产品本身早就承载着其背后的品牌文化和消费者情感。消费者也会一次又一次为了这份情怀买单。

（2）产品的维系功能。中国有句俗话“民以食为天”。食品是居民生活的重要组成部分。亲友相聚，共享盛宴，从古至今都是中国人的重要情感维系方式。产品的维系功能在李大同的案例中颇具特色也较为突出。瑞安李大同主营的茶食产品，质优味美，深受当地消费者喜爱。逢年过节，走亲访友的时刻，通常是伴手礼的不二佳选。因而在温州地区的伴手礼原始基础较好，有稳定的顾客群体，有着维系沟通亲友关系，承载亲友祝福的功能基础。基于此，李大同把握此功能基础，明确细分出了婚庆宴席市场，针对部分消费者购买行为的差异性，划分出在婚庆宴席这一部分的类似性购买群体。借此，瑞安李大同产品在婚庆市场的定位也愈加明确，其产品的维系功能也愈发凸显。

丰富的附加功能能够给予消费者更丰富价值的感受，理性的顾客能够判断哪些产品将提供最高价值，并作出对自己有利的选择。在一定的搜寻成本、有限的时间、灵活性和收入等因素的限定下，顾客是价值最大化的追求者，他们形成一种价值期望，并根据它作出灵活反应。然后，他们会了解产品是否符合他们的价值期望，这将影响他们的满意程度和再购买的可能性。此为消费者品牌忠诚的作用过程。

（四）附加价值化：提升附加值，促成情感联结

从当代企业产品的价值构成来分析，其价值包括基本价值与附加价值，前者是由生产和销售某产品所付出物化劳动和活劳动的消耗所决定，即产品价值构成中的“C+V+M”。后者则由技术附加、营销或服务附加和企业文化与品牌附加三部分所构成。从当代发展趋势来分析，围绕产品物耗和社会必要劳动时间的活劳动消耗在价值构成中的比重将逐步下降；而高技术附加价值、品牌（含“名品”“名人”“名企”）或企业文化附加价值与营销附加价值在价值构成中的比重却显著而且将进一步上升。目前，在世界顶尖企业之间的产品竞争已不仅局限于核心产品与形式产品，竞争优势已明显地保持在产品的第三个层次——附加产品，即更强调产品的高附加价值。因而，当代营销新理念的重心在“附加价值化”。

面对大规模工业化的冲击，科学技术的进步，机械化、自动化、信息化生产方式的普及等，一些依靠手工技艺取胜的老字号失去了曾经的优势；同时，中小企业的蓬勃兴起和外资、洋货的大量涌入，使市场竞争更为激烈，老字号稍有松懈就有破产倒闭的风险。传统老字号想要在激烈的市场争夺中站稳脚跟，可谓如履薄冰。身为老字号的李大同面对快速革新的生产工具和生产技术，兼顾传承与创新，从技术创新、包装与服务以及企业文化三方面入手，不断提升自己的附加价值，从而提高企业的核心竞争力，构建“品牌—顾客”情感链接，从而获得品牌忠诚度。产品的附加价值如图7－37所示。

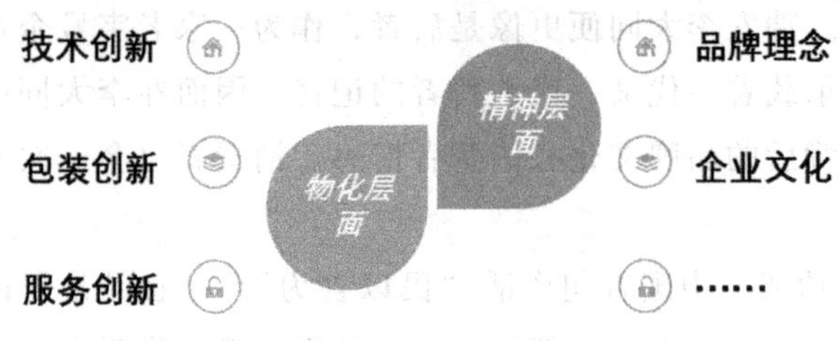

图7－37　附加价值

1. 技术创新，丰富价值提供

李大同公司多年以来都坚持“诚信经营，童叟无欺”的经营理念。多年来都保持考究的选料态度，制作精细化，保证产品的高质量，作为一家百年老字号企业享有较高的知名度。为保证效率，李大同引进了先进的生产工具和生产技术，同时也引进了先进的车间管理经验等，不断扩大生产规模，提升生产效率，跟上现代化的市场步调。

值得一提的是，糯米糕点制品都存在保质期短，易硬化和霉变的通病，若不加紧改进生产技术，极易限制企业的发展。为此，2003年，企业特聘浙江大学的教授、科技局的专家组成专家组联合攻关，探索研究延长传统产品保质期，此外，与相关院校的科技合作也一直在进行中。

李大同作为食品制造企业，产品本身是企业立足的根基，其不断提高生产技术，从而提高技术创新在产品中的附加价值，把高技术含量充分体现在“价值提供”上，实现从技术创新走向价值创新。同时，技术创新作为附加价值的基础，也为包装、服务以及文化层面的价值附加奠定了良好的基石。

2. 包装服务，增加价值凝结

（1）产品包装提高消费者认知。随着时代与技术的发展，传媒渠道的不断革新与丰富，宣传对产品销售和品牌塑造越来越重要，其中包装作为宣传的一个重要环节，其价值不言而喻。包装是消费者在选购过程中最先接触的环节，其质量直接决定了消费者对产品的第一印象，长久以来也就形成了消费者对于品牌的印象。包装一直以来担负着为品牌向顾客传递利益信息的媒介作用，能够更好地帮助品牌持续为顾客提供价值以保持双方的紧密关系，促成品牌成为顾客价值的创造者，顾客则成为品牌价值的赋予者。这一相互给予的关系的达成，赢得了顾客的认同，并使其转化为品牌忠诚度。

传统老字号具有上百年的文化底蕴，其产品的包装一般具有朴实性，美学价值有待提升。但随着时代的发展，人们在购买产品时更加注重产品的包装。由此，李大同也顺应需求的变化，不断地变换新包装。在原有包装的基础上，加入了更多温州和老字号的特色，主动契合消费者的审美，让消费者可以在产品的外包装上看出新意。同时在经营过程中，李大同十分注重听取消费者的建议，改进售前售后服务。应客户要求，李大同进一步改进了产品的包装，使其更为方便携带，并在每盒里面放上保质期卡，注明商品名称、重量、出厂日期和保存期，让顾客吃得安心、放心。李大同食品新包装如图 7－38 所示。

图 7－38　李大同食品新包装

产品包装的改变，赋予了产品更多的附加价值。通过塑造与竞争企业不同的更具价值的产品来取得竞争优势，使企业在消费者中树立独特的形象，从而对促使消费者选择该企业品牌。当消费者看到老品牌出现新包装时，会产生一定的新鲜感，更加关注此类产品。消费者自身感知到了企业对产品的关注，增加感知质量，便会不由自主地愿意去购买此类产品甚至花更多的钱。这也是产品中的附加价值被消费者所感知，从而引发的关注与购买行为。当消费者多次关注此产品后，易形成态度忠诚和行为忠诚，最终达到品牌忠诚。

（2）服务管理提高顾客满意度。增加价值凝结不仅在于生产和销售阶段，在管理环节也同样能够丰富产品的附加价值，促成消费者“价值最大化”的实现，如图7－39所示。

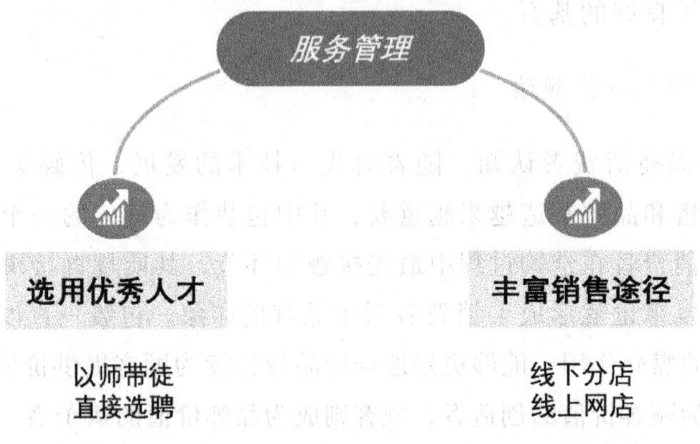

图7－39 服务管理关系

①选用优秀人才。作为手工制作茶食品的企业，“李大同”在员工任用上采用传统的师带徒和现代化招聘选任相结合的方式，既保证了古法工艺的传承，又实现了员工管理的创新，实现了产品服务价值的提高。

一是以师带徒，传帮带。为解决“新人”能力不足、缺乏经验的问题，李大同采用“传帮带”的形式，以老师傅带新人，以此更好地帮助年轻师傅融入生产之中。在李大同，老师傅除了坚守在一线岗位外，也会统一安排，利用时间，向年轻师傅分享自己的技艺和实战经验。一场场的分享会，大师们严谨对待，悉心传授；一次次的学习，年轻继承者不断体味大师们精益求精的严谨态度。二是直接聘用优秀人才。李大同十分欣赏经验丰富且有一定技术能力的优秀人员，并积极去寻找并直接聘用。掌门人李敬斌求贤若渴，其积极地亲自去外地进行产品宣传，向外寻找大师，对有一定技术能力的人员十分欣赏，给予他们加入李大同的机会。

此类方式让李大同既承担了传承的责任，又定期融入新鲜血液，使公司能更加长远发展。通过这种方式促使服务价值不断凝结于产品之中，并随着产品供应链的延长而不断丰富，最终到达消费者的手中，从而提高顾客满意度，促使消费者“价值最大化”的感知不断加深，最终促成品牌忠诚。

②丰富销售途径。一是在线下方面，不断拓宽销售渠道。李大同在瑞安市已经发展到一个总店，两个分店，一个面积2000多平方米加工厂的规模。拥有加盟连锁经销点8个，其中上海3个，温州2个，瑞安3个。李大同拥有70余名员工，3大类产品，70余个品种，年产值七八百万元。这些经营网点的合理分布，不仅使李大同取得了良好的业绩，更是为老字号品牌更快延伸销售终端、更好开拓国内市场起到了很大的作用。二是发展线上销售。互联网发达的今天，网购已经成为了一种新的销售模式，李大同也进一步利用电商开发线上业务，提供多样化销售服务。2007年6月，参加淘宝网开展的“中华绝铺”活

动，李大同设在淘宝网的网店正式开张，如图7-40所示。后李大同又另在杭州中华老字号唐堂商城建立了网上商店1个。

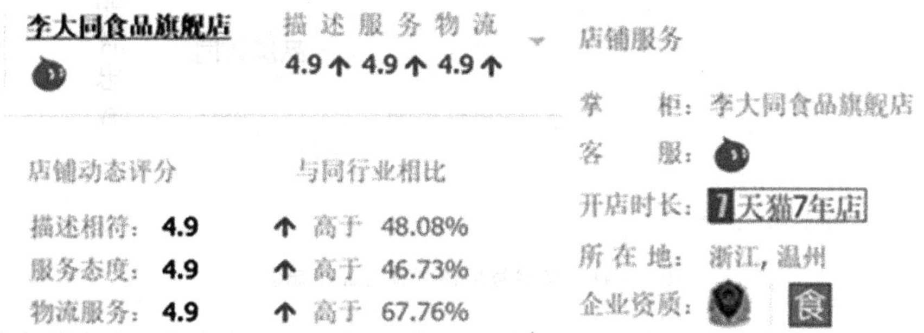

图7-40　互联网营销

结合互联网进行销售，能缩短企业与消费者的距离，有利于企业更好地改进，达到长足发展。老字号借助知名网站直销，不仅有利于地方名特产品开拓全国性知名度，还能变坐等上门被动营销为主动营销，增强老字号的生命力。通过多元化的销售途径，可以实现在销售过程中增加核心产品外延的服务，从而增加产品的价值和吸引。消费者在购买企业产品时，也在体验企业的服务，因而适当的销售附加服务会给消费者带来卓越的购物体验，这有利于产品更好地销售。

3. 文化渗透，加深情感联系

（1）情怀营销，传承传统。第一，由于时代的不断发展，尤其在改革开放以后，中国的对外开放程度不断加深，西方文化与产品也大举进入我国市场，一定程度上造成了我国传统老字号的衰落；第二，由于西式甜点口味和形式更为丰富多彩以及现代消费者消费需求的变化，使一些老字号的特色略显疲弱；第三，由于中外文化的交流和价值取向的多元化趋向，也使老字号的传统文化吸引力相应减弱。总之，种种原因在一定程度上导致了我国传统老字号在市场上的弱势地位。但纵使面对如此不利的外部环境，李大同的产品在当地市场上仍占有相当份额，每年的营业收入更是逐年增长，究其原因，还是在于其坚持做具有中华民族特色和鲜明地域文化特征的传统糕点，通过品牌文化的渗透，赋予了产品更多更为丰富的附加价值，从而使自己的核心竞争力不断提高。

巴塔查里亚（Bhattacharya）等学者认为，稳固的“顾客—品牌”情感关系依赖于顾客对品牌的认同，品牌认同可以使消费者对品牌产生情感归属感，并自觉抵制品牌的负面信息。企业以文化与情怀为内核，将共同的理想主义价值取向塑造于产品之上，通过附加的文化价值和消费者进行绑定，进一步加强了品牌与消费者之间的品牌情感归属与价值观认同，并在这种情感联系过程中，产生对品牌自身的认同；接着通过品牌认同的中介作用，使消费者和品牌产生的情感联系不断加深，既加深了顾客的态度忠诚，又通过加强消费者的重购意向加深了顾客的行为忠诚，从而培育了品牌忠诚，如图7-41所示。

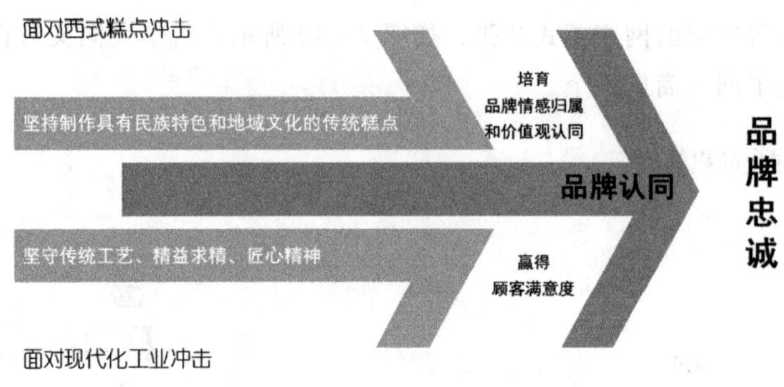

图 7－41　老字号情怀营销与品牌忠诚

在企业这一以情怀和理想价值为主要取向的营销策略下，消费者所拥有的身份认同与价值归属共同构成了品牌认同的基础。企业不再仅仅宣传产品的质量、价格或者别的方面，而是通过宣扬文化与情怀，为消费者提供一种“共同的社会身份”，培养消费者对于自身品牌的情感归属与价值认同，从而赢得顾客忠诚度和品牌黏性。

发展至今，老字号企业已经不单单只是一个商业企业，它悠久的历史为其增添了深厚的文化底蕴，使其具有了民族文化象征的意味。李大同坚持制作具有民族特色和地域文化的传统糕点，不仅是对其本身老字号企业的传承、对传统工艺的传承，一定程度上也反映了其对于中华民族文化以及当地地域特色的坚守，这种坚守在竞争复杂激烈且西式糕点具有优势的市场上更显弥足珍贵。李大同糕点，也不再单单只是一种食品，而是具有了传统的象征，其上附着的文化价值促使消费者产生文化归属感和文化认同感，与品牌之间产生了情感联系，在情感联系中进一步又产生了品牌认同感，一方面增强了消费者的态度忠诚，另一方面从情怀营销的角度，也塑造了老字号传承的情怀，增加了消费者的情感依赖与归属，综合两者，大大增加了老字号企业的品牌忠诚度。

（2）知识产权保护，扫除障碍。商标是一种能够区分商品和服务来源的具有显著性的符号标记，创设了一种“认牌购物”的消费习惯，降低了来源搜寻的成本，从而使商品和服务的提供者更快、更多地实现利润。假冒伪劣产品由于不用支付研究开发费用、广告费用，在生产中使用廉价、低劣的原材料，并逃避税收，其在价格上与知名品牌相比具有相当的优势。品牌商品的市场份额还会受到假冒伪劣产品的挤占，更为严重的是，假冒伪劣商品的品质得不到有效的保证，容易对于企业的品牌形象造成负面影响，摧毁搭建在消费者和品牌间的信任桥梁。

故李大同格外注重商标的运作与专利的保护。一是对内严格管理。李大同在商标的日常使用中进行了严格的商标管理，通过设置商标管理工作室，配备专业人才管理，同时制定“商标管理制度”，落实到制度。二是对外打击冒牌。维护品牌声誉，尽最大可能避免消耗消费者对企业的信任这一情况，维护公司现有的以及潜在的消费者对品牌的认知与信任，对吸引消费者，构建品牌忠诚度发挥着积极正向的作用。李大同的招牌如图 7－42 所示。

图 7－42　李大同的招牌

李大同重视商标和品牌的打造和保护，坚决反对冒牌产品滥竽充数，通过设置专门机构严格把控商标的使用，保证人们眼中的李大同“只此一家”，扫除了品牌建设的障碍。在当今时代，消费者表面上看仍是购买企业产品的使用价值，实质上是购买企业的价值；表面上看是消费企业所提供的产品，实质上是消费企业的文化。通过知识产权的保护，能够帮助消费者更好地识别品牌，避免因假货泛滥而破坏顾客对品牌的信任。

（五）共鸣：提升顾客认同感和获得感，实现价值最大化

4V 理论中共鸣（Vibration）理念强调的是为客户持续地提供具有价值创新的产品和服务，使客户能够更多地体验到产品和服务的实际价值效用，最终在企业和客户之间产生利益和情感关联。也就是将企业的创新能力与客户所重视的价值联系起来，通过为消费者提供价值创新使其获得最大限度的满足。在消费者能稳定地得到这种“价值最大化”的满足之后，将很容易成为该企业的终身顾客。

价值创新的着眼点就是将企业的经营理念直接定位于消费者的“价值的最大化”，通过强调“尊重顾客”和建立“顾客导向”，为目标市场上的消费者提供高附加值的产品和效用组合，以此实现向顾客让渡价值。因为每一顾客在消费产品和服务时都具有一定的价值取向，顾客的购买行为是在对成本与利益进行比较和心理评价之后才发生的。因此，企业在经营活动中不仅要创造价值，而且更要关注顾客在购买产品和服务时所倾注的全部成本。只有顾客整体价值达到最大化后，顾客才乐意倾注顾客整体成本的全部，而企业也只有在“价值提供”上达到顾客要求时才能获得顾客整体成本的全部，从而使“利润最大化”，达成供求双方的共鸣，从更深层次上提高企业的竞争能力。

糕点是社交属性和多元化生态消费理念的表现形式之一，只有当消费者持续、稳定地实现效果最大化的满足后，他们才能对产品产生忠诚度，并逐渐成为忠实的消费者。

企业与客户之间的共鸣思维导图如图 7－43 所示。

1. 迎合需求，激发情感共鸣

（1）迎合食品安全健康需求。“民以食为天，食以安为先”，食品安全是食品企业赖以生存的基础，食品安全是最为关注的热点，许多消费者家中有孩子，他们购买食品会仔

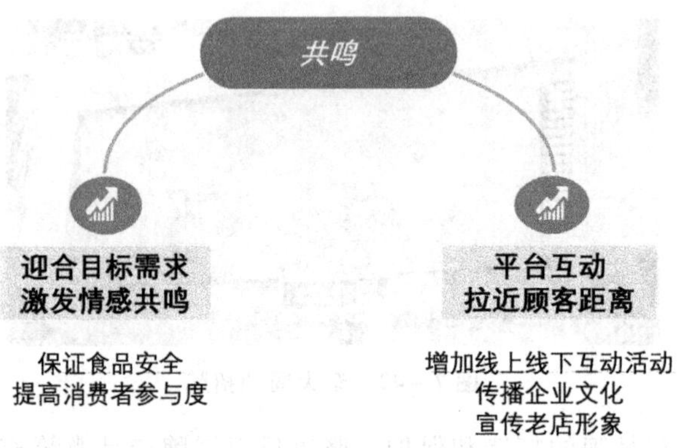

图 7－43　共鸣思维导图

细斟酌。李大同抓住消费者对于食品安全和健康的关注，理解消费者在购买糕点时对于质量安全方面的情感顾虑，所以在营销方面，将“做好每一块糕点”的理念传播出去，对消费者保证做好每一块糕点，做到安全、美味、健康三者缺一不可。

为了保证糕点的食品安全，李大同的糕点经过多家第三方检测机构的安全监测，微生物含量和食品添加剂的使用都符合国家标准。

随着生活水平的不断提高，消费者们在饮食方面有了越来越多的特殊需求，包括要求食物有机、低脂、低碳水化合物、不含过敏原，以及其他个人偏好。尼尔森健康与食品意见调查（如图 7－44 所示）显示，中国人更加注重食品问题，对饮食有特定需求，并愿意花更多的钱购买不含有不良成分的食物。李大同察觉到这一需求，对糕点的制作手法和工具进行了改良和引进，推出大量新式烘焙类、蒸煮类糕点，丰富了已有的烘焙品类；同时采用更为健康少油的蒸煮替代原先的重油重烤，有效减少了因油烟带来的各种危害，也开辟了绿色食品的新市场。

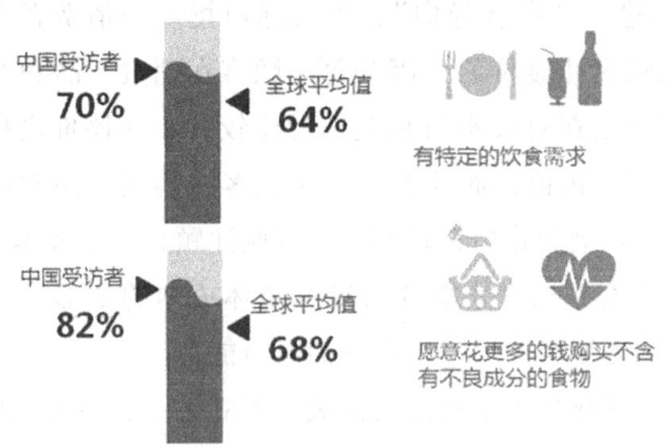

图 7－44　尼尔森健康与食品意见调查

李大同迎合消费者需求，注重食品的安全和健康，使消费者对于其产品产生共鸣，运用共鸣这一重要的营销手段快速占领温州传统糕点市场，快速提升市场竞争力。消费者在购买、享受糕点的同时，在情感上得到最大的满足，从而增加消费者对李大同的黏性，让“安全、美味、健康”这种品牌形象深入人心。

（2）迎合消费者参与需求。消费者参与被定义为“在特定的商业关系中通过与特定的代理人或对象（如品牌）的线上/线下互动，共创客户体验而产生的一种状态”，顾客不再是价值的被动接受者，而是价值的共同创造者，企业通过为客户提供实现个性化体验的环境并与顾客持续互动来共创价值。顾客参与行为不仅能直接或间接地加强顾客与品牌的关系，也能提高企业的绩效结果。

在瑞安李大同（老五房）食品有限公司，李大同品牌的各项活动策划都可由顾客主导；包装创意与设计等由顾客推荐或评比；口味变化、新品上市等由顾客抉择等，李大同利用社会媒体作为接触和沟通的桥梁，邀请消费者出谋划策，最大限度提高消费者的参与度与主人翁意识。顾客参与活动后会对李大同产品的相关特征有一个较为清晰的认知，会将其获得的产品感知与其对产品的期望进行对比，帮助顾客形成对产品较为符合现实的认知，缩小其受到产品后的感知落差，进而获得较高的产品满意度。顾客对产品的满意度与对品牌的忠诚度正向相关：顾客对产品满意意味着其在与生产者的过去交往经验中确认了生产者具有满足自己需求的能力，这种满足会使顾客对生产者未来要提供的产品产生心理依赖感等，进而作出继续购买决策或口碑宣传等行为。

李大同正是通过这种独特价值与创新服务，使顾客获得最大限度的满足与体验，最终达到共鸣的效果。

2. 平台互动，拉近顾客距离

如何建立自身品牌的壁垒是品牌营销成功的关键因素之一，但产品、顾客与体验仍是零售业最重要的本源，这很大程度上依赖于企业与顾客的关联互动。李大同充分利用媒体的宣传优势，为广大消费者提供实用的信息。李大同体验式互动营销与品牌推广如图 7 - 45 所示。

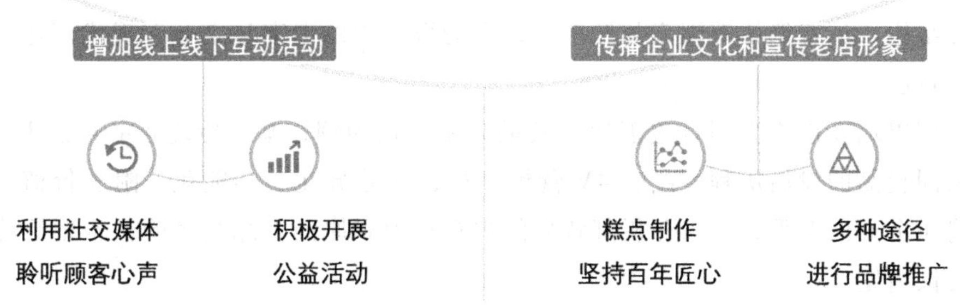

图 7 - 45　体验式互动营销与品牌推广

（1）增加线上线下互动活动。一是利用社交媒体聆听顾客心声。李大同借助微信、微博等平台开展活动，了解顾客需求；同时向广大消费者征集他们与李大同品牌的故事。通过此类线上活动不仅增加了企业与消费者的互动，更提高了品牌的知名度。二是积极开展公益活动。公益活动的开展有利于提升顾客对李大同品牌的认同：企业关心社会公共事务，热爱公益活动，资助公益事业，将自己的部分利益回馈社会开展各种公益活动，不仅满足了社会公益活动中对资金的需求，同时企业又将良好的企业道德伦理思想与观念带给了社会，提高了社会道德水平。企业通过公益活动，不仅能够增加社会的公共利益，而且能够加强公司的形象和顾客对品牌的认同和忠诚。

（2）传播企业文化和宣传老店形象。瑞安市李大同（老五房）食品有限公司是一家具有130多年历史，以江南特色茶食糕点为主要经营内容的著名老字号企业。在糕点的制作上，其最核心的制作工序仍然坚持古法，半点不会用机器替代，全是技艺娴熟的老师傅一块糕、一块饼地纯手工制作出来，小小一块糕点，倾注的是李大同的百年匠心。在品牌宣传上，李大同肩挑老字号招牌，积极参加各种美食博览会，让李大同的老字号品牌为更多人所熟知、认可；除了线下宣传，李大同还积极利用互联网推广：在2007年，参加淘宝网的“中华绝铺”活动，后又在杭州中华老字号唐堂商城建立李大同网上商店一家。自此，李大同搭上了网络经济的快车，变坐等顾客上门为主动营销，增强了老字号的知名度。

五、案例总结与启示

（一）总结

老字号企业，在数百年甚至更久的时间下，沉淀了一代代人的记忆和回忆。老字号的背后，是坚持不变的品牌初心，是代代愈见丰厚的品牌文化，是传承着的独特技艺，是商业精髓的活现。它们是中国经济的重要力量，具有很高的历史和经济价值。但在消费习惯、消费结构、消费群体等因素的转变中，有为数不少的老字号企业在现代商业大潮中逐渐迷失了自己。

本案例以瑞安市李大同（老五房）食品有限公司为例，基于传统老字号企业的发展现状和李大同食品的发展历程，结合4V营销理论，从差异化、功能化、附加价值、消费者情感共鸣四个方面着手，深入分析其背后的内在动力和原因，总结经验，希望给传统老字号企业提供借鉴。

研究发现，瑞安市李大同（老五房）食品有限公司秉持着“诚信经营，童叟无欺”的经营理念，多年来坚守品牌初心与品牌文化，坚持百年传承、匠心态度，注重塑造顾客的感情归属，守护一代代顾客记忆中的味道；把握市场变化和消费者的心理预期，不断对产品的类型、包装以及其内涵进行推陈出新；再通过主动参展、注册商标、打击冒牌等方面的积极举措，打造品牌信任，最后精准定位目标市场，在婚庆宴席市场进行推广。这些举措，对于品牌忠诚度的培育具有较深的积极意义。

在这个脚步不断加快的现代商业时代，“酒香也怕巷子深”。李大同食品在产品的制作、包装和营销上也不断进步，不断推陈出新，满足当代消费者对于口味和审美的双重需求。在品牌建设方面也丝毫不怠慢：以消费者为导向，兼顾社会责任，打造和维护良好的品牌形象和声誉。在一代代李大同人的勤恳努力下，李大同食品逐渐成为温州一张亮丽的名片，品牌忠诚度不断提高。这家老字号企业，在时代浪潮中，显现出愈加强烈的生命力。

（二）经验启示

1. 找准方法，建设品牌忠诚

品牌忠诚是紧密联结消费者与企业的重要方式。市场进入一个新时代，消费者希望营销者能够预计他们的需求，识别并满足他们的偏好，消费者会以忠诚（心理与行为的结合）作为回报。品牌忠诚可以从以下四个方面培育：差异化、功能化、附加价值化和共鸣。

差异化理念推崇创新，倡导企业应拥有创新并以其持续不断的创新形成并维持其产品或服务的独特性提升企业竞争力；4V 组合中功能化理念提出企业应以产品的核心功能为基础，提供不同功能组合的系列化产品供给，以满足不同客户的消费习惯和经济承受能力，其关键是要形成产品核心功能的超强生产能力，同时兼顾延伸功能与附加功能的发展需要，以功能组合的独特性来博取细分客户群的青睐；4V 中的附加价值理念引导长期稳定地给客户进行价值提供，要求企业重视除去产品本身，包括品牌、文化、技术、营销和服务等因素形成的价值，给顾客带来更多的消费者剩余和超值效用；共鸣理念将企业的创新能力与消费者所珍视的价值联系起来，使客户能够更多地体验到产品和服务的实际价值效用，最终在企业与客户之间产生效益与情感关联，也就是为消费者提供价值创新使其获得最大限度的满足，在消费者能稳定地得到这种“价值最大化”的满足之后，将很容易地成为该企业的终身顾客。

对于老字号企业而言，注重差异化建设，生产出在性能（口味）上、质量上优于市场上现有水平的产品，或进行特色的包装和宣传；做好核心功能，延伸相关功能，建立“顾客导向”，为目标市场上的消费者提供高附加值的产品和效用组合，有利于满足消费者“价值最大化”需求，建立消费者对企业和品牌强有力的忠诚度，从而使企业在繁杂多样的品牌中脱颖而出，最终实现企业“利润最大化”的目标。

2. 感知形势，把握变化之道

传统老字号企业与新兴的企业不同，有着不同的经营轨迹和文化底蕴。老字号企业在活化自身，培育忠诚度的路途中，辨明自身的变与不变尤为重要。品牌历史悠久，文化内涵丰厚，消费者的品牌记忆与依赖度，独特的技艺传承……传统老字号企业代代积累下的宝贵财富，具有新兴企业一时无法企及的独特优势。把握自身现有的忠实顾客群，吸引新生顾客群体就显得尤为重要。传统老字号企业应该在传承的过程中发展创新，正视所长，发挥运用。在不变中求变，商业局势风云变幻，消费者的消费习惯、消费结构等总在发生变换，老字号企业若是故步自封，无数前例显示，这些企业必将也终将被淘汰在历史浪潮之中。当然这变与不变，要综合敏锐考虑当下甚至未来局势，以消费者为导向，顺势而为，老字号企业要在这变与不变的方寸之间追寻平衡，因为这方寸之间，自有天地。

思考题

1. 李大同（老五房）食品有限公司在品牌忠诚度方面采取了哪些具体举措？
2. 李大同（老五房）在产品功能化设计方面突出了什么？

案例编写：薛超洋（国际商务19级）；付钰婷（国际商务19级）；
沈佳颖（国际商务19级）；钟甜甜（法学19级）
指导老师：李小明

参考文献

[1] 姚云萍．中华老字号品牌活化策略研究［D］．长沙：湖南大学，2019（5）：1－80.

[2] 李智健．基于4V 理论的蛋类农产品营销策略研究——以“快乐的蛋”为例［J］．山西农经，2021（8）：132－133，165.

[3] 梁悦，盛丽俊．基于4V 理论的云南嘉华饼屋营销策略研究［J］．当代经济，2019（9）：120－122.

[4] 吴妍珏，文杏梓．基于4V 营销理论的我国新式茶饮品牌差异化营销战略探析——以“茶颜悦色”为例［J］．商场现代化，2020（17）：91－93.

[5] 安青虎．品牌与商标［J］．知识产权，2006（4）：3－8.

[6] 王薇．论4V 营销组合理论对企业竞争力的提升［J］．现代商业，2009（12）：98.

[7] 邓诗鉴，郭国庆，周健明．品牌联想、品牌认知与品牌依恋关系研究［J］．管理学刊，2018（1）：44－53.

[8] Cunningham，R. M. Brand loyalty-what，where，how much［J］．Harvard Business Review，1987，39（3）：116－138.

[9] Jacoby，J. A model of multi-brand loyalty［J］．Journal of Advertising Research，1997，11（4）：25－31.

[10] 沈蕾．论品牌忠诚度的作用及影响因素［J］．消费经济，2001（5）：50－53.

[11] 唐皓远，单春艳．基于4V 理论的重庆江小白企业营销策略研究［J］．山西农经，2019（20）：48－49.

[12] 吴金明．新经济时代的“4V”营销组合［J］．中国工业经济，2001（6）：70－75.

[13] 王鉴忠，秦剑，周桂荣．顾客导向、竞争者导向、市场知识与新产品开发——基于产品创新性的差异比较研究［J］．科学学与科学技术管理，2015，36（10）：89－99.

数字赋能篇

案例8

数智化赋能中小制造企业全面质量管理——以浙江大明制冷科技有限公司为例

摘　要

当前，我国新旧产业和发展动力正处在换挡关键期，中小企业通过改革创新，为社会经济的发展注入源头活水，正在成为经济增长的强劲引擎。中小企业里制造业的生产发展成为重点关注的问题，如何站稳脚跟并突破创新，“质量”成为其核心竞争力的重要因素。制冷行业作为制造业内重要的一环，广泛渗透到工业生产、建筑工程、空气调节、食品饮料加工、农业生产、制药等国民经济各个部门以及人们日常生活中，在国民经济生活中具有重要地位。当今数字革命的不断发展，多维度、多层次推进制造业自动化、数字化、智能化转型升级显得尤为重要。本案例以浙江大明制冷科技有限公司为研究对象，立足实践情况和现有研究，运用全面质量管理理论，对大明制冷质量管理发展的内涵逻辑、运行机理进行系统阐释，探究其如何通过数智化转型更好赋能实现企业质量全面提升，并整理提出可供借鉴的经验启示，为企业如何在滚滚波涛中乘风破浪，完成自身使命与担当，实现高质量发展、成为本领域内的领头羊提供实践指导意义。

关键词：数智化；全面质量管理；制造业；中小企业；专精特新

一、绪论

（一）研究背景

1. 促进中小企业“专精特新”发展指导意见的提出

2021 年 7 月 30 日召开的中共中央政治局会议要求“发展专精特新中小企业”，为中小企业下一步发展指明了方向。专精特新中小企业，是指具备专业化、精细化、特色化、新颖化优势的中小企业。为了发挥引导中小企业长期专注细分市场，发挥“补短板”、提升核心竞争力的作用，促进专精特新中小企业健康发展，对于推动我国经济实现高质量发展具有重要意义。“企业不分大小，只要创新能力强、质量效益高、在制造业基础和产业链中发挥独特作用，都是制造业优质企业。”工业和信息化部相关负责人表示。近年来上榜的“专精特新”“小巨人”企业数量不断攀升，各级共同推进“专精特新”企业的协同工作体系已初步形成。

2. 质量强国战略已经上升为国家战略

制造业是我国国民经济的主导产业，是实体经济的主体，是技术创新的主战场，也是供给侧结构性改革的重要领域，中国经济要实现高质量发展，必须要有高质量的制造业作为支撑。党的十八大以来，习近平总书记高度关注发展质量，强调“以提高发展质量和效益为中心”，把质量强国放到了战略高度，推动中国制造向中国创造改变、中国速度向中国质量转变、中国产品向中国品牌转变，努力实现更高质量、更有效率、更加公平、更可持续的发展。以推动高质量发展为主题，坚定不移建设质量强国，提高经济质量效益和核心竞争力，这既是有效应对资源瓶颈、环境压力的重要抉择，也是参与国际竞争、实现民族复兴的自强之路。质量强国战略的发展历程如表 8－1 所示。

表 8－1　　质量强国战略

年份	内容
2012	国务院印发《质量发展纲要（2011—2020 年）》，首次提出建设质量强国
2016	中央经济工作会议强调，要树立质量第一的强烈意识，开展质量提升行动，提高质量标准，加强全面质量管理
2017	《中共中央　国务院关于开展质量提升行动的指导意见》印发，对开展质量提升行动作出全面部署。这是党中央、国务院针对质量工作的纲领性文件，在我国质量发展史上具有重要的里程碑意义
2017	党的十九大报告强调必须坚持质量第一、效益优先，推动经济发展质量变革、效率变革、动力变革，明确提出建设质量强国

续表

年份	内容
2020	6 月 17 日，国家市场监管总局质量发展局印发《2020 年质量发展工作要点》，包括组织编制质量强国战略纲要、持续深入开展质量提升行动、统筹推动高质量发展工作、加强缺陷产品召回管理、推进产品伤害监测与预防干预等相关工作
2021	市场监管总局、中央宣传部、国家发展改革委等 20 个部门联合印发《市场监管总局等 20 个部门关于开展 2021 年全国"质量月"活动的通知》（国市监质〔2021〕51 号），不断提升质量总体水平，大力推进质量强国建设

3. 制造业质量问题成为我国发展制造强国的拦路虎（如图 8-1 所示）

图 8-1 制造业质量问题

近年来，因产品质量不佳导致的生命健康财产安全问题层出不穷，产品质量问题包括产品续航能力差、制作过程偷工减料、零配件易损坏等。损坏、坍塌、爆炸，频繁发生的一系列事故让人们开始注重产品质量的问题，并对我国的制造产品质量抱有不信任、不期待等态度。我国虽然为制造大国，但仍然不是制造强国，制造企业的产品质量、技术缺陷也使其与国外同类产品相比竞争力薄弱，如何加强质量管理以提升我国消费者对中国制造产品的信心，减少制造业各类因质量问题发生的事故、维权，为我国建设发展成为制造强国，迈上新台阶助力，值得我们深入研究探索。

4. 数智技术的发展为制造业质量管理注入强心剂（如图 8-2 所示）

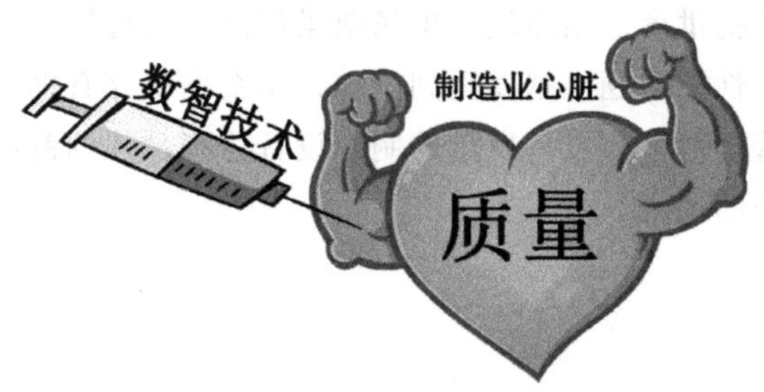

图 8-2 数智技术为制造业注入强心剂

随着人工智能、5G物联网、大数据的蓬勃发展，数据成为制造业发展的重要资源，数字化、智能化也成为制造业高质量发展的重要变革力量，成为制造业创新发展的引领。党的十九大报告提出：加快发展先进制造业，推动互联网、大数据、人工智能和实体经济深度融合，出台相关政策方针，大力推进"数字化+""互联网+""智能化+"加速赋能传统制造业转型升级。而质量是企业生存的根本，是品牌的基础，制造业企业要把产品、服务等质量放在首位，数智技术的发展无疑为制造业质量管理注入强心剂，促进构建以数字化、网络化、质量化为基础的全过程质量管理体系，创新质量管理模式，有助于采用卓越的绩效模式、先进的管理工具来实施全面质量管理。

（二）研究意义

团队通过对浙江大明制冷科技有限公司（以下简称"大明制冷"）进行深入调研分析，探寻其成功的背后原因，结合全面质量管理理论展开研究叙述，重点具有以下几点研究意义。

1. 为中小企业实现数智化探索路径

通过此案例分析，探索中小企业应该如何进行数智化，挖掘数智化在企业全面质量管理中的赋能作用，全面提升质量，把握质量的运用与发展，为中小企业在时代潮流下如何加强数智化管理、进行数智化改造提供借鉴，为中小企业的生存发展寻求最优解。

2. 为制造企业进行质量管理提供可行性方案

通过此案例总结制造企业如何做到以"质量"为根基，从市场需求出发，在产品设计、采购、销售、售后等方面满足消费者需求，进一步激发企业全员的工作积极性和创造性，实现员工质量管理上的提升，确保各部门职能的质量化，以点带面最后实现全面质量管理，为制造企业进行质量管理提供可行性方案。

3. 为企业自身提供优化管理的对策

大明制冷是一家专业从事制冷压缩机和压缩冷凝机组等制冷设备的企业，随着国民经济水平不断提高，人们对冷冻冷藏的需求与日俱增，中国冷链物流市场规模持续扩大，作为冷链物流设备的上游提供商，制冷设备市场前景广阔。与此同时，港口、冷库、冷藏车等对制冷设备的质量、性能问题也越发受到重视，本案例研究有助于替企业整理如何通过提升质量管理，优化管理对策，以高质量的制冷设备达到最佳的制冷效果，同时满足冷链物流市场需求急剧增长的情况。

（三）研究思路

本案例研究思路遵循理论结合实际的方法，分析浙江大明制冷科技有限公司如何筑牢质量生命线，并通过数智化赋能实现企业的全面质量管理，带动企业进一步发展。整体思路框架如图8-3所示。

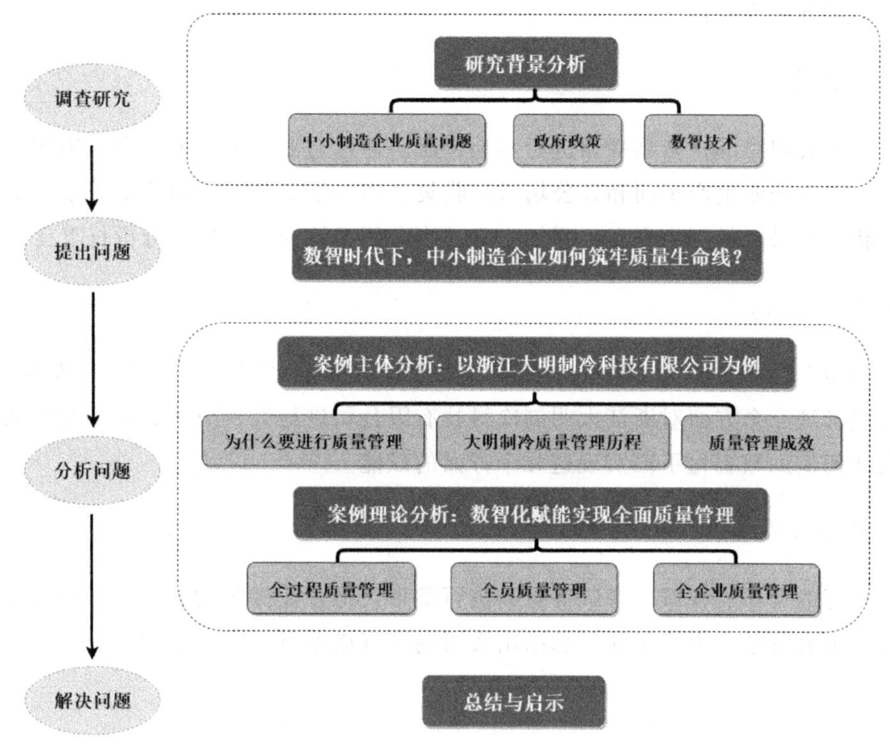

图8-3 研究思路

本案例主要的内容分为五大模块：

第一部分——绪论：包含研究背景、研究意义、研究思路和研究方法。

第二部分——案例对象介绍：简要介绍浙江大明制冷科技有限公司的基本概况、主打产品、产业链以及公司荣誉。

第三部分——案例主体介绍：分析大明制冷质量管理的缘起、发展阶段以及质量管理的成效。

第四部分——案例理论分析：结合公司的云MES、云OA、销项易和IOT四大平台对此进行深层次的分析，深入剖析浙江大明制冷科技有限公司如何以数智化赋能推动全面质量管理的实现。

第五部分——案例总结与启示：结合本案例，总结大明制冷可供其他企业发展借鉴参考之处，并针对四大利益相关方整理启示。

（四）研究方法

1. 文献研究法

通过互联网、报纸期刊等渠道，以“数智化”“质量管理”“制造业”等作为关键词，广泛收集与本案例有关的各种文献资料。通过查找浙江大明制冷科技有限公司官方网站和微信公众号等各种资料，收集有关浙江大明制冷科技有限公司的基本信息，进行梳理总结后方便案例展开深入分析。

2. 实地访谈法

团队深入公司总部，来到嵊州进行实地调研。通过与浙江大明制冷科技有限公司创始人的交谈，参观企业生产车间和办公场所，收集公司一手资料，了解企业发展历程、内部环境及现状，确保资料更为真实、更加丰富，为案例主体介绍、理论分析打下良好基础。

3. 理论分析法

以“质量”为核心概念，运用全面质量管理理论的全过程质量管理、全员质量管理、全企业质量管理三个方面对浙江大明制冷科技有限公司进行案例分析，从而更深入地了解该企业是如何借助数智化手段实现这几个方面的赋能。

4. 数据分析法

将收集好的文字、视频、音频等材料进行整理，把企业提供的相关数据结合实际情况进行分析，由表及里，由浅至深，总结出大明制冷有借鉴意义的经验和方法。

二、案例对象介绍

（一）公司概况

浙江大明制冷科技有限公司（如图 8－4 所示）于 2016 年正式成立，其前身可追溯到 20 世纪 80 年代，其是一家专业从事制冷压缩机和压缩冷凝机组等制冷设备设计、研发、制造和销售的科技型民营企业。

图 8－4　浙江大明制冷科技有限公司

1. 发展历程

1981 年，现任大明制冷的董事长谢新江，和父亲在一间不到 10 平方米的破瓦房里生产半封闭压缩配件，极其简陋的手工打磨机器、一张四角桌和一对父子组成了大明制冷的前身作坊。

1986 年，梦家塘机械厂成立，开启压缩机生产，这是大明制冷最早的工厂雏形。

2000 年，新昌县大明制冷机厂（活塞机事业部）成立，其摒弃了老一套的生产观念，开始生产半封闭活塞式压缩机，该举措推动了中国制冷行业取得重大突破，对国内的外资企业造成重创。

2006 年，活塞机事业部获得浙江省“省级高新科技新产品奖”。

2014 年，公司成立螺杆机事业部（浙江来福康机械有限公司），公司产业开始扩增至螺杆式压缩机。

2016 年，浙江大明制冷科技有限公司正式成立，公司形成较为完善的生产管理体系，逐渐走上发展快车道。这几年，公司逐步引进日本进口数控立式加工中心、德国进口三坐标检测仪等高精度加工、检测设备，与国内顶尖加工、零部件供应商建立稳定的合作关系。

公司的发展历程如图 8－5 所示。

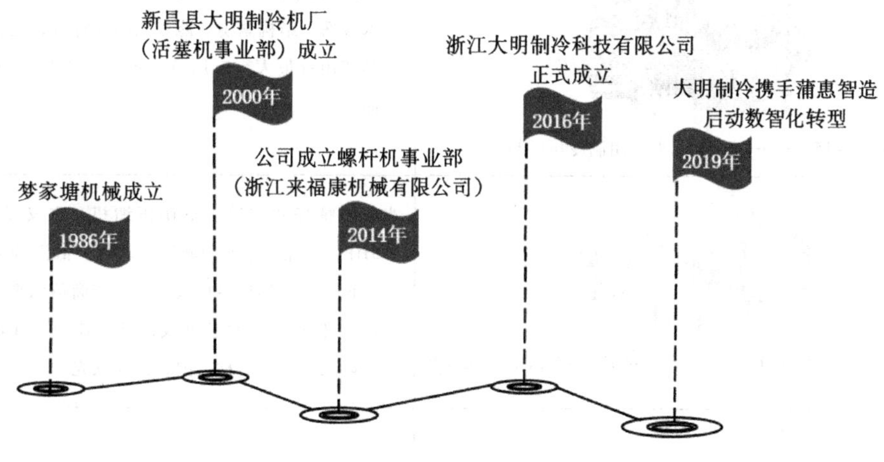

图 8－5　公司的发展历程

2. 经营现状

公司总部设于嵊州市，目前建有专业的制冷压缩机生产基地，拥有厂房 5 万余平方米，专业技术人才 180 人左右。公司引进了多种高精尖进口加工设备，建立了现代化的制冷压缩机和压缩冷凝机组装配线，并配备有专业的仓储中心和物流配送中心。目前，大明制冷年收稳定在 2 亿元左右，从营业收入和公司规模来看属于中小企业。

3. 发展定位

制冷压缩机行业作为一个小众行业，鲜少有人关注。浙江大明制冷科技有限公司作为国内制冷压缩机企业的领头羊，始终把“打造民族品牌，创建百年企业”作为企业根本目标，遵循“品质为本，创新为魂”的经营理念，以匠心做好产品，以创新求无限生机，努力将“大明制冷”打造成国产压缩机民族品牌、中国一流制冷压缩机制造商，实现以小众行业成就民族品牌的目标。

（二）主打产品

大明制冷作为国内专业压缩机制造商，目前从事制冷压缩机和压缩冷凝机组等制冷设备的设计、研发、制造和销售全流程业务，其产品为暖通、空调、制冷设备提供强有力的“心脏”。经过多年研发努力，现公司旗下拥有三大核心产品，分别为半封闭活塞式制冷压缩机、半封闭螺杆式制冷空调压缩机、半封闭或全封闭涡旋式制冷热泵压缩机，如表 8－2 所示。

表 8－2　　产品介绍

产品	介绍
4VD－15.2——4VG35.2 半封闭制冷压缩机	半封闭活塞式制冷压缩机，名义功率 2－50HP，拥有技术成熟、结构紧凑、能效比高等特点，是目前中国市场使用量最大、应用技术最为成熟的制冷压缩机产品
SLD120—30——SLD140—40——30—40HP 螺杆式制冷压缩机	半封闭螺杆式制冷、空调压缩机，名义功率 25－210HP，冷冻、空调领域均可适用，低温领域尤其出色。该产品采用世界最大螺杆生产商英国霍洛伊德企业进口螺杆，5:6 最佳型线设计，独创排气止回阀设计，防反转时间 2 秒以内，世界领先
 DM50HM~DM200HE 全封闭涡旋式压缩机： DM50HM～DM200HE （3～12HP）  DSF35HM~DSM260HE 半封闭涡旋式压缩机： DSF35HM～DSM260HE （5～15HP）	半封闭、全封闭涡旋式制冷、热泵压缩机，名义功率 2～15HP，热泵、冷冻、空调系统均可适用，拥有振动小、噪声低、能效比高、稳定性强的特点。双柔性设计涡盘，有效保证产品的密封性和可靠性，该设计一举打破国外技术垄断的据的局面，使大明制冷成为国内屈指可数的掌握该核心技术的企业之一

随着生产全球化与冷鲜配送业务的蓬勃发展，市场对制冷设备的需求扩大，大明制冷的业务就是为冷链物流提供心脏起搏器——压缩机。无论是码头冷库还是生鲜食品集散地，产品保鲜都是冷链物流的重中之重，因此各个场合对制冷压缩机的需求不同。大明制冷根据市场需求，设计了三种不同口径、不同功能的制冷压缩机，能够满足冷链物流中各个业务环节的需求。

大明制冷的产业链描述及产品运用场景如图 8－6 所示。

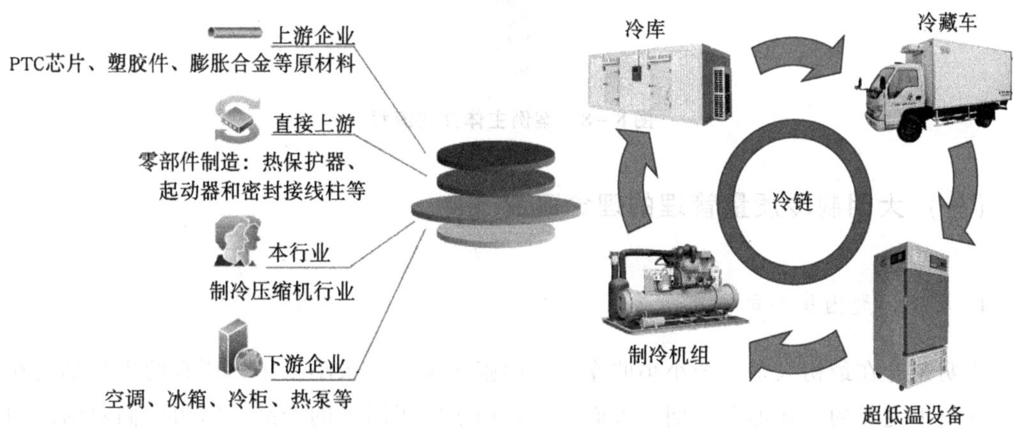

图 8－6　产业链描述及产品运用场景

（三）公司荣誉（如图 8－7 所示）

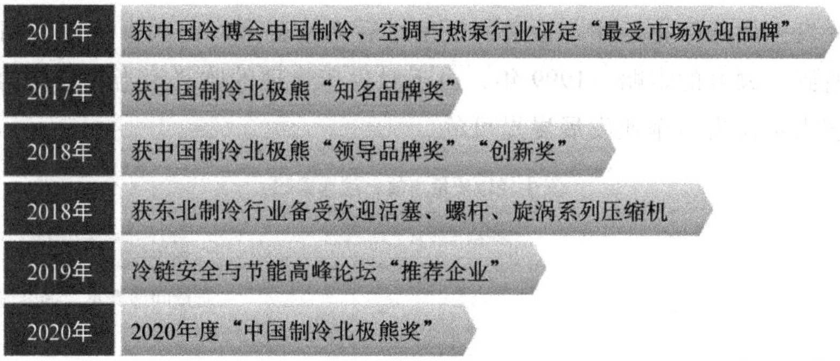

2011年	获中国冷博会中国制冷、空调与热泵行业评定“最受市场欢迎品牌”
2017年	获中国制冷北极熊“知名品牌奖”
2018年	获中国制冷北极熊“领导品牌奖”“创新奖”
2018年	获东北制冷行业备受欢迎活塞、螺杆、旋涡系列压缩机
2019年	冷链安全与节能高峰论坛“推荐企业”
2020年	2020年度“中国制冷北极熊奖”

图 8－7　企业荣誉

三、案例主体介绍

案例主体介绍流程如图 8－8 所示。

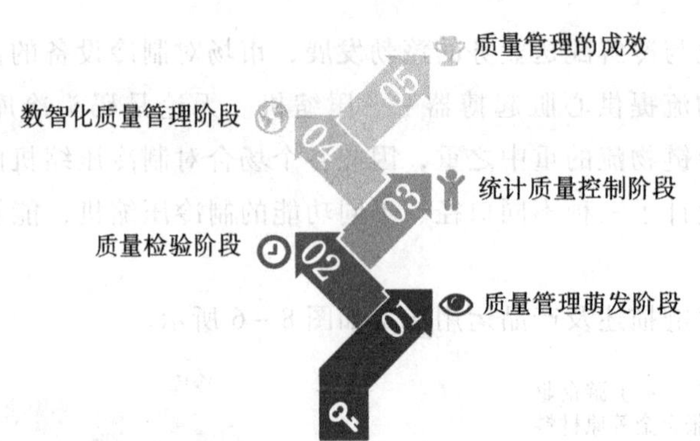

图 8-8 案例主体介绍流程

（一）大明制冷质量管理的理念萌发

1. 质量问题困扰公司早期发展

大明制冷在最初只是一个小小的作坊，两张车床，一张小桌子，所有的生产都是在这个小作坊里完成的。在那个时期，人们更加偏向于购买国外的产品，因为他们对国产的东西信任度不高，认为国产的质量不佳，所以在这样的大环境下大明制冷的销量比较惨淡，只能靠低成本获得利润。公司早期质量问题如图 8-9 所示。1987 年，在梦家塘机械厂，由于对采购的疏忽，产品的零部件质量参差不齐，产品生产后续航能力不佳、生命周期较短，常常遭到顾客的投诉，对产品的抱怨越来越多。1992 年，发生了一起轻微质量事故，被购买的产品发生故障停止运作，被送回厂里之后突然着火，此次事件对前期的大明制冷影响很大，遭到了顾客的索赔。1999 年，由于对生产管理的监督不当，产品的质量问题愈发严重，顾客大量流失，企业发展岌岌可危。

图 8-9 公司早期质量问题

2. 质量管理成为驱动公司持续成长的动力源泉

大明制冷的创始者谢新江意识到产品的质量再这样下去，企业根本没办法在市场中继续生存。他开始致力于摸索质量管理之路，提高产品质量。他清楚地认识到只有好的质量才能留住顾客，使产品走得更远。制造业只有以质取胜，诚信经营才可能“营”在起点，

“销”到最后，质量管理是势在必行的。

而压缩机是整个冷链工程的心脏，如果压缩机的质量不过关，那么整个冷链工程都会受到严重的影响。大明制冷的创始者认为，现代制造业中质量管理是必不可少的，一方面，这能为企业获得稳定的消费人群，使消费者信任企业的产品，以此获得经济利益；另一方面，这对企业的信誉和企业文化的建立有着非常深刻的影响，能够获得一定的社会效益。质量就是生命线，特别是制造企业，一道工序的错误会造成最终产品质量的差异，质量就成为影响企业生存和发展的至关重要的因素。一个企业想做大做强，务必需要努力提高产品质量和服务水平。

（二）大明制冷质量管理的深化推进

1. 劣汰择优，问题初浮现——质量检验阶段

谢新江不甘于只在小小的作坊里生产，于是他自学了许多的机械书，想要用知识搭建更多的机会，知识的储备也是后来厂子越做越大的根基。他开始做起了开启式压缩机，憋着这股干劲，不断地拼搏，终于从小作坊发展成一个小厂子。规模扩大后，他在产品质量的问题上下了更大的功夫，设立了检验专员，将质量检验作为一种管理职能从生产过程中分离出来，建立了专职质量检验制度，通过事后检验，在成品中挑出废品，以保证出厂产品质量。

问题总结：这时的生产还停留在手工半机械化，但当生产规模进一步扩大，在大批量生产的情况下，光靠事后检验的弊端就凸显出来了，并发现实施事后检验进行把关，无法在生产过程中起到预防、控制的作用。废品已成为事实，很难再进行补救，大大增加了原材料的成本，且百分之百的检验，提升了检验的费用。所以大明制冷开始寻求更好的质量管理之路。

2. 轻虑浅谋，改良遇痛点——统计质量控制阶段

大明制冷发现如果能在生产的过程中进行工序的质量控制，那么能大大提升产品的合格率从而降低原材料和检验的成本，于是大明制冷从单纯检验的质量检验阶段进入了检验与预防的统计质量控制阶段，如图 8 - 10 所示。统计过程控制，是为了贯彻预防为主的原则，应用统计技术对过程中的各个阶段进行评估和监控，从而满足产品和服务质量的一致性。有效的实施、应用统计控制可以及时发现过程中的问题，采取适当的改善措施。在发生问题之前，消除问题或降低问题带来的损失。统计过程控制将生产线的检验结果带入统计分析的手法，及时发现并排除造成过程不稳定的因素，把生产制造的数据套入常态分配原理，预估不良品的产出概率，了解产品潜藏的变异，从而采取管理预防措施以提升过程能力。

图 8－10 统计质量

为了实现工序的质量控制，大明制冷设立了车间主任到每个工位查看生产进度，并且每个员工用纸质流程卡记录每道工序的完成情况。这提高了员工的生产效率，大大降低了最终产品的残次率。

问题总结：但是慢慢大明制冷发现，这种方法只能提高产品的质量，而在销售、仓库业务等方面的管理存在很大问题。

（1）销售业务管理痛点。销售业务员大部分时间在外地跑客户，接到订单后需要通过电话或微信的方式与公司内部的人员确认产品库存情况并告知订单详情安排发货事项，订单执行进度无法在第一时间获取。

（2）仓库业务管理痛点。仓库发料没有发料依据，要发什么物料全凭仓库保管员脑子记忆，有时候还需要翻阅产品装配表，发料的效率低，经常发错料、少发料。改造前仓库管理标识卡如图 8－11 所示，其存在涂改、丢失现象。

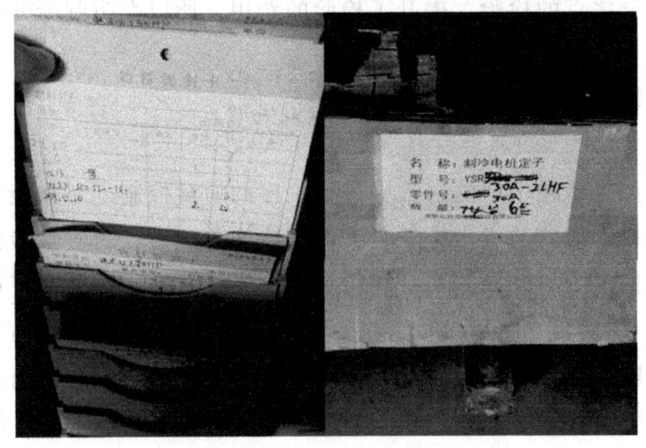

图 8－11 改造前仓库管理标识卡

（3）销售业务管理痛点。销售业务员大部分时间在外地跑客户，接到订单后需要通过电话或微信的方式与公司内部的人员确认产品库存情况并告知订单详情安排发货事项，订单执行进度无法在第一时间获取。

（4）采购业务管理痛点。采购员想要了解库存情况需要询问仓库保管员，哪些物料低于安全库存需要采购也需要仓库保管员上报；部分供应商送货时直接联系仓库收货，仓库保管员又没有及时上交入库单，导致采购员不清楚订单的执行进度。改造前采购流程所使用的手工单据如图 8－12 所示，其存在容易丢失、数据没有汇总等问题。

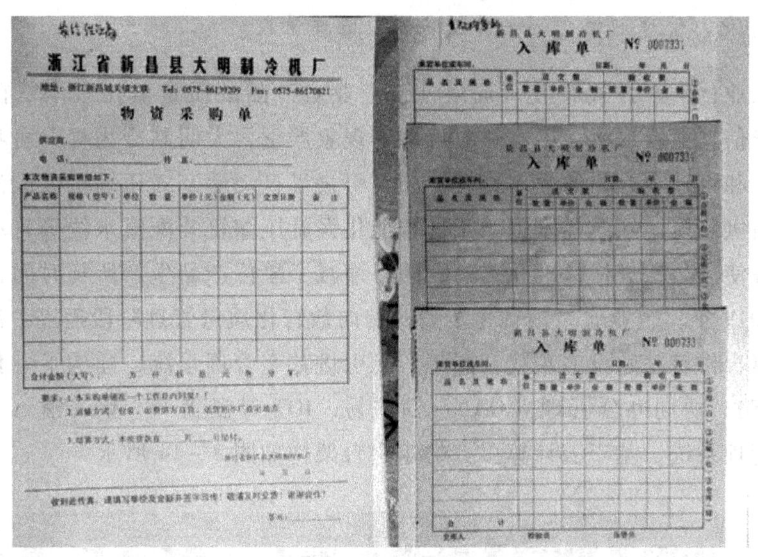
浙江省新昌县大明制冷机厂
物资采购单
新昌县大明制冷机厂
入库单

图 8－12　改造前采购流程所使用的手工单据

（5）生产业务管理痛点。车间生产订单的生产进度不清晰，车间主任需要到每个工位查看生产进度；纸质流转卡容易被操作工弄脏，导致流转卡上的字迹不清晰；一旦产品出现质量问题需要翻阅流转卡追责，翻阅、查找的过程比较浪费时间。改造前实际流程卡和检验单据如图 8－13 所示，其存在涂改字迹不清晰、进度统计困难等问题。

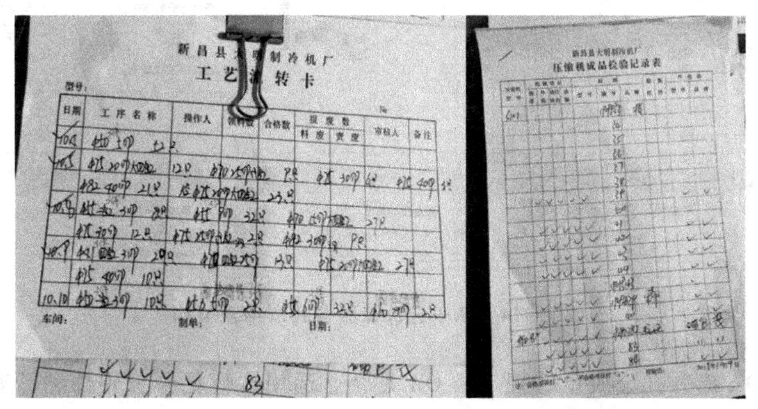
新昌县大明制冷机厂
工艺流转卡
压缩机成品检验记录表

图 8－13　改造前实际流程卡和检验单据

大明制冷开始重新进行规划设计，建立基础数据库，并建成统一的信息管理系统。此时，企业 IT 主管开始把企业内部不同的 IT 机构和系统统一到一个系统中进行管理，使人、财、物等资源信息能够在企业集成共享，从而可以更有效地利用现有的 IT 系统和资源。大明制冷的创始者谢新江意识到信息战略的重要性，信息成为企业的重要资源，为更好地提升客户满意度，提高产品的合格率，实现高质量发展，他决定进行数智化转型。利用数智化转型更好地实现质量管理。

3. 全面深化，管理迎蜕变——数智化质量管理阶段

传统的工业化生产方式有较多局限性，企业对产品的质量监控多停留在产品售后服务，实时生产信息更新迟缓、生产材料浪费等现象严重，大明制冷为提升自身竞争力，多方面推进生产和管理全方位的效率提升。公司引进半自动活塞式压缩机装配流水线、恒温无尘螺杆压缩机装配流水线和全伺服柔性智能化涡旋压缩机装配流水线等自动化设备，智能化生产设备使产品的规格标准化提高，同时缩减了单位产品生产所耗时间，大大提升了生产效率。2019 年，企业通过数智化转型开始向数智化质量管理阶段迈进，浙江大明制冷与数字商蒲惠合作启动建设的现代智慧工厂，引进数字管理系统，建构了一套包括制造执行系统（MES）、协同办公管理（OA）、销项易、IOT 等涵盖产、供、销、人、财、物全业务的信息管理系统。基于云计算服务的双中台架构如图 8－14 所示。

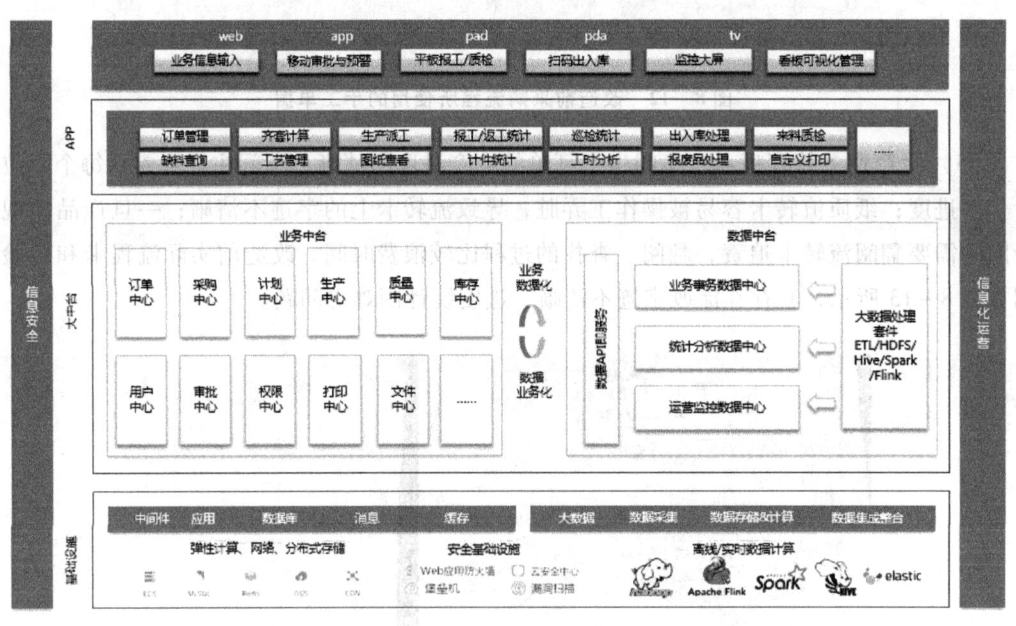

图 8－14 基于云计算服务的双中台架构

（1）云 OA 提升办公质量管理。云 OA 是企业运用现代化办公硬件和计算机技术来实现自动化、数字化、云端协同办公的方式，如图 8－15 所示。大明公司通过使用电脑、PDA、钉钉、微信群、云 MES 等方式，实现数据扫描录入、信息平台共享、在线 OA 审批等，减少沟通环节，实现无纸化办公，提升了办公质量管理。

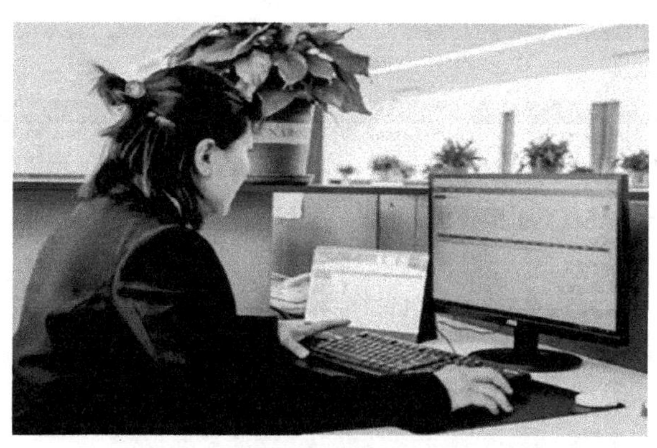

图 8 - 15　大明制冷员工使用云 OA

使用蒲惠系统后，车间主任下达生产订单后直接从系统中生成领料单并打印下发至仓库保管员，需要发什么物料、发多少数量一目了然；仓库保管员通过 PDA 设备扫描领料单、物料存放的库位和物料的条码对物料进行领料出库，若扫描的物料条码不在领料单中则系统会提示错误，无法进行出库，从而防止了领错料的情况发生；在仓库悬挂的电视机看板中会滚动显示当前未发出的物料，防止漏发料的情况发生。原材料仓库看板如图 8 - 16 所示。

原料仓库看板

蒲惠智造　　2019年12月6日 星期五 14:27:36

序号	采购订单号	物料编码	物料名称/物料规格	申请/收货/合格/入库数	收货时间
1	PO20191118003	5118931	RFC1控制活塞 D=80/	60/0/0/0	2019-11-18 10:46:25
2	PO20191118003	5114801	RFC1控制活塞前盖/	60/0/0/0	2019-11-18 10:46:25
3	PO20191118003	5119187	RFC1活塞杆/	50/0/0/0	2019-11-18 10:46:25
4	PO20191118003	5119189	RFC3连杆L=210/	30/0/0/0	2019-11-18 10:46:25
5	PO20191118003	5119385	RFC3阳转子轴承压盖/	30/0/0/0	2019-11-18 10:46:25
6	PO20191118003	5117240	螺杆电机固定垫/	30/0/0/0	2019-11-18 10:46:25
7	PO20191118003	5119873	RFC3阴转子轴承压盖/	30/0/0/0	2019-11-18 10:46:25

生产领料统计

序号	生产领料单号	物料编码	物料名称/物料规格	申请/已领/未领数
50	MO20191125004	5118480	RFC1接线盒盖 /	5/0/5
51	MO20191125004	5118470	RFC1接线盒/	5/0/5
52	MO20191125004	5103079	RFC3接线盒/	4/0/4
53	MO20191125004	5119593	RFC3接线盒盖/	4/0/4
54	MO20191125003	5103053	截止阀 CH 2'1/8-2'5/8 D=54/67/	2/0/2
55	MO20191125003	5102210	RFC2接线盒盖/	2/0/2
56	MO20191125003	5102200	RFC2接线盒/	2/0/2

图 8 - 16　原材料仓库看板

采购员在系统中对常用的零件设定了安全库存数量，安全库存查询如图 8 - 17 所示。一旦仓库库存低于设定的安全库存数量，系统会自动预警提示，如图 8 - 18 所示，采购员也可以通过查询安全库存预警表对低于安全库存数量的零件生成采购订单；采购员还可以通过查询采购订单进度表分析订单的执行情况，如哪些订单已延期，延期了多少天。

首页 安全库存查询 ×

刷新 | 导出 | 生成采购订单 展开搜索条件

序号		物料编码	物料名称	物料规格	单位	安全库存量	实际库存量	缺料量	预警状态	安全库存偏离(%)
1	小警告	...P952014	桌脚上结合板	1.0tx120.0x166.5/SPHC	PCS	2	0	2	警告	100%
2	小警告	0150714975-3	上装垫	t4.0	PCS	200	0	200	警告	100%
3	小警告	101002-101002-999	EM2上安装板2（2#）--99	101002-101002-99	PCS	50	0	50	警告	100%
4	小警告	301-20008730-022	叶轮200*87	冷板单层	PCS	511	0	511	警告	100%
5	小警告	301001	缸手柄	圆M10	PCS	2000	500	1500	警告	75%
6	小警告	AQ1001	安全库存测试		PCS	1000	100	900	警告	90%
7	小警告	TEST-051901	TEST-安全库存		kg	100	45	55	警告	55%
8	小警告	XRX-001	谢瑞鑫-办公用品		个	100	24	76	警告	76%
9		10086-0101	控制臂	硅钢80H15/1.25千克	kg	5	100	0	正常	100%
10		10086-0201	注塑壳		个	30	239	0	正常	100%
11		22222222	测试		kg	4000	6990	0	正常	74%
12		841	紫铜型材	2000*82.75	kg	100	130	0	正常	30%
13		LOO01002	LOO测材料2	2222	个	50	2298	0	正常	100%

图 8－17　安全库存查询

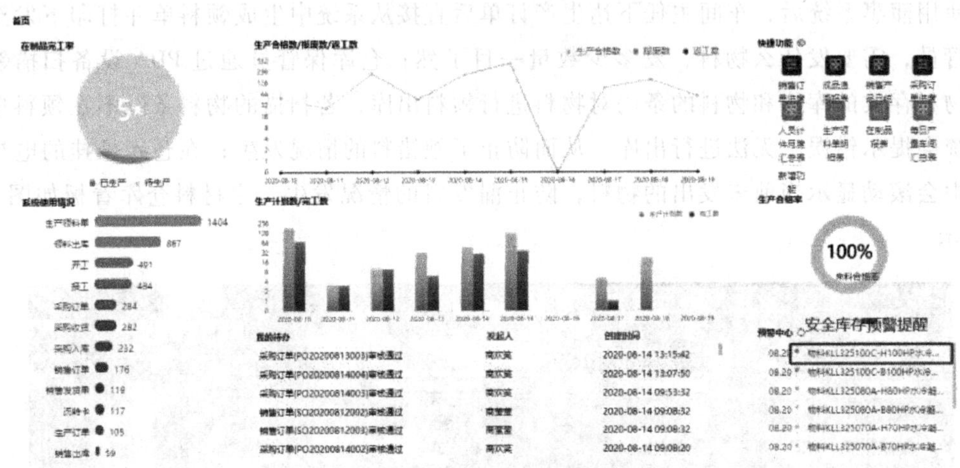

图 8－18　库存数量预警提醒

采购完成之后，采购员在系统中录入“采购订单”，系统进行“采购订单”的审核之后，订单才正式生效。当已审核的采购订单需要取消时可在系统中对相应的订单进行取消或关闭操作。还要在系统中关联采购订单录入采购收货单，在采购收货单中填写条码数量并打印材料条码，同时在系统中对已收货且非免检的材料进行检验，录入合格数量与不合格数量，使用 PDA 扫描材料条码进行采购入库。采购订单进度表如图 8－19 所示，在该表中，采购质量数据自动汇总呈现，进度清晰。

首页 安全库存查询 × 采购订单进度表 ×

采购订单进度表

展开搜索条件

导出

订单-下单日期	订单-供应商	采购-物料编码	采购-物料名称	采购-物料规格	采购-单位	采购-数量	采购-允许最大超收数量	收货-已收货数量	质检-质检不合格数量	质检-质检合格数量	入库-入库数量	采购-延期天数
2019-12-03	[illegible]司	5183772	电机 D=257 60HP 380V/3/50 V/D		PCS	2	0	2	0	0	2	0
2019-12-03	[illegible]司	5183439	电机 D=257 90HP 380/3/50 Y/D		PCS	10	0	10	0	0	10	0
2019-11-28	[illegible]公司	5131260	RFC2吸气量		PCS	24	0	24	0	0	24	0
2019-11-28	[illegible]公司	5133150	RFC4 吸气调量		PCS	32	0	32	0	0	32	0
2019-11-28	[illegible]公司	5133795	吸气调量阀器 S453...603		PCS	32	0	32	0	0	32	0
2019-11-22	[illegible]公司	5183439	电机 D=257 90HP 380/3/50 Y/D		PCS	5	0	5	0	0	5	0

图 8－19　采购订单进度表

(2) 云 MES 增强产品质量管理。云 MES，是基于"MES 管理 + 云平台储存 + 大数据"运算而来，运用互联网技术将 CRM、ERP、WMS、MES 等模块通过云端进行数据储存、运行，最后将计算完的数据在 MES 系统上呈现的工厂信息解决方案。大明公司通过使用蒲惠云 MES 管理系统及生产现场的智能化改造，实现生产数据可视化、物料管控数据化、产品质量可追溯、职能部门信息共享等。库存物料、生产流程、检验记录、销售订单、出入库记录等信息，云 MES 系统可全部实时在线呈现，各部门根据各自职能选择采用：采购部可以通过零配件仓库的库存信息制订采购计划，在线生成采购订单并下达供应商；生产部可以根据销售部销售订单制订生产计划，并向零配件仓库申领物料，零配件仓库则根据 BOM 表生成领料单，扫码出库；财务部根据成品仓库的出库单统计销售信息、生成对账单等。大明制冷工人操作云 MES 如图 8－20 所示。

图 8－20 大明制冷工人操作云 MES

大明制冷的生产车间里，在 PC 端创建销售订单后，销售经理通过手机 App 蒲惠 BOSS 审核销售订单；生产部根据审核后的销售订单关联自动生成生产订单，创建生产计划、打印生产车间流转卡派工到下料车间并根据生产计划自动生成生产领料单和打印。车间主任根据生产管理员提供的生产领料单到仓库领料；仓管员根据领料单使用 PDA 一键扫码完成物料出入库，库存账物数据同步更新，当物料库存数据触及安全库存线时，系统会智能预警，确保及时精准采购；车间员工在一体机上扫描流转卡条码操作开工、报工。现在质量标准与产品工艺紧密结合，质检员通过平板便捷采集检验数据，质量分析与质量问题追溯能力全面升级。扫码领料操作如图 8－21 所示。

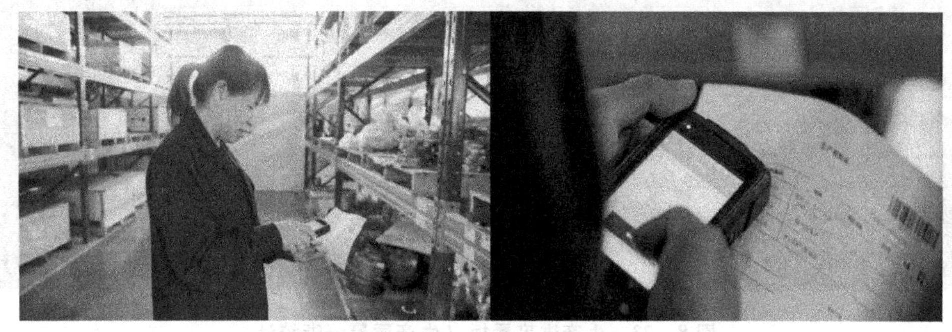

图 8－21 扫码领料操作（简单、快捷、账目自动变更）

在数据指挥中心，各环节数据在云端交汇，不仅能智能监测工厂运行状态，实时掌握每一张订单、每一条产线的生产进度、产品合格率、完工日期、库存物料数据等信息，还能依托物联网终端传感器采集设备的运行、故障、暂停、离线等数据，实时掌握设备的工作状态。从自动化生产到实现制造生产的智能化，不仅加快企业升级改革的互联网道路，实现了数字化工厂，同时还能结合现有的科技，不断应用到企业的生产制造中，实现智能生产智造，加强企业的生产竞争力，提升产品的质量，提高客户的满意度。生产质量检验详情如图 8－22 所示，生产进度看板如图 8－23 所示。

生产质量表

刷新 | 导出 | 打印 | 自定义打印　　展开搜索条件

序号	生产工单	产品规格	产品名称	单位	流转卡	流转卡数量	工序名称	检验方式	检验类型	检验数量	合格数量	报废数量	返工数量	检验人	检验时间	合格率
1	WO20210315005-1	4YD-6.2 机壳	活塞式压缩机	台	21032660	1	包装检验	单个检验	工序检	1	1	0	0	吕萍	2021-04-06 18:27:37	100%
2	WO20210315005-1	4YD-6.2 机壳	活塞式压缩机	台	21032659	1	包装检验	单个检验	工序检	1	1	0	0	吕萍	2021-04-06 18:27:25	100%
3	WO20210315005-1	4YD-6.2 机壳	活塞式压缩机	台	21032658	1	包装检验	单个检验	工序检	1	1	0	0	吕萍	2021-04-06 18:27:02	100%
4	WO20210315005-1	4YD-6.2 机壳	活塞式压缩机	台	21032657	1	包装检验	单个检验	工序检	1	1	0	0	吕萍	2021-04-06 18:26:46	100%
5	WO20210315005-1	4YD-6.2 机壳	活塞式压缩机	台	21032656	1	包装检验	单个检验	工序检	1	1	0	0	吕萍	2021-04-06 18:26:29	100%
6	WO20210315005-1	4YD-6.2 机壳	活塞式压缩机	台	21032655	1	包装检验	单个检验	工序检	1	1	0	0	吕萍	2021-04-06 18:26:13	100%
7	WO20210315005-1	4YD-6.2 机壳	活塞式压缩机	台	21032654	1	包装检验	单个检验	工序检	1	1	0	0	吕萍	2021-04-06 18:25:53	100%

检验详情

刷新 | 打印 | 自定义打印

生产订单号	WO20210315005	产品编码	6302060222	检验类型	工序检	生产工单	WO20210315005-1
产品名称	活塞式压缩机	工序名	包装检验	流转卡编号	21032660	产品规格	4YD-6.2 机壳
检验数量	1台	检验方式	单个	检验时间	2021-04-06 18:27:37	检验人	吕萍

检验项目编号	检验项目名称	检验项目类型	必检项目	数值子项	检验顺序	标准值	上限偏差值	下限偏差值	检验值	检验结果	缺陷类型	缺陷数量
01	外观	选择缺陷	是		1					合格		
02	油漆	选择缺陷	是		1					合格		
03	接位油色	选择缺陷	是		1					合格		
04	漏油	选择缺陷	是		1					合格		
05	标牌	选择缺陷	是		1					合格		
06	外包装	选择缺陷	是		1					合格		

图 8－22　生产质量检验详情

生产进度看板

蒲惠智造　生产车间　　2019年12月7日 星期六 00:23:24

生产进度统计

序号	生产订单号	物料编码	物料名称/物料规格	计划/完工数	进度	完工日期
1	CA07-003-1	CA-H0132A	一汽1003016-81D/H68	4564/0	0.00%	2020-11-13
2	CA07-004-1	CA-Cr079	23533148/不锈铁	10000/0	0.00%	2019-12-26
3	CA07-007-1-1	CA-T0225A	4YDC2K-03105V/	23000/0	0.00%	2019-12-25
4	CA07-008-1	CA-CR0154A	611600040007/不锈钢（304）	5000/0	0.00%	2019-12-19
5	CA07-007-1	CA-T0225A	4YDC2K-03105V/	16500/0	0.00%	2019-12-17
6	CA07-006-1	CA-H0182A	8980184620/1003110-FE64R/	5000/0	0.00%	2019-12-15

流转卡进度统计

序号	流转卡	物料编码	物料名称/物料规格	计划数/工序	进度	状态
55	CA19110042	CA-H0176A	1003016-M30-0000/H68	1000/5	25%	已开工
56	CA19110043	CA-H0176A	1003016-M30-0000/H68	1000/5	25%	已开工
57	CA19110044	CA-H0176A	1003016-M30-0000/H68	1000/5	25%	已开工
58	CA19110045	CA-H0176A	1003016-M30-0000/H68	1000/5	25%	已开工
59	CA19110046	CA-H0176A	1003016-M30-0000/H68	1000/5	25%	已开工
60	CA19110047	CA-H0176A	1003016-M30-0000/H68	785/5	25%	已开工

图 8－23　生产进度看板（生产质量清晰统计）

（3）销项易促进销售质量管理。销项易指的是客户关系管理系统。大明公司使用的蒲惠云 MES 管理系统，集成了 PC、移动 CRM 功能，除了能够在电脑上进行操作，还能够在外出时通过手机进行操作（如图 8－24 所示），能够随时随地掌握公司内部信息，下达工作指示，使用平台所提供的所有功能，搜集客户信息，根据客户的需要，提供符合要求的产品，提高公司响应速度，提升客户满意度，提升了销售质量管理。

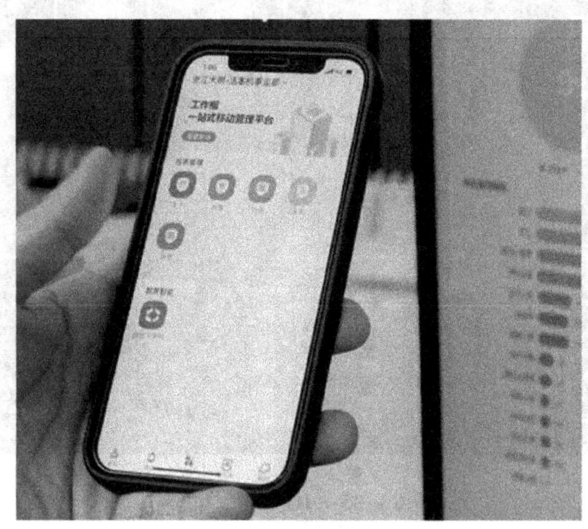

图 8－24　大明制冷手机云平台

使用蒲惠系统后，销售业务员能够在外地直接登录云 MES 系统，录入销售订单并发起订单审批，并且在录入订单时能直接查询产品的库存状况，如目前账目库存有多少，有多少在制数，有多少已下达订单还未发货，实际可发库存有多少，一目了然；销售员还有可以通过查询销售订单执行进度表分析订单的执行情况。

（4）IOT 驱动人员质量管理。IOT，物联网系统是通过各种装置与技术，实时采集设备信息，通过网络接入，实现物与物、物与人的泛在连接，实现对物品和过程的智能化感知、识别和管理。IOT 整体框架如图 8－25 所示。IOT 的技术进步非常迅速，如果制造业没有进步、管理跟不上，那么将无法使用 IOT 的数字化改善。大明公司通过对设备进行改造，开放端口，采集其运行数据，经过分析、计算，在系统上呈现设备的使用效率和人员的工作效率。例如数控立式加工中心，通过联系生产厂家，开放控制系统后台端口，接入网络，将设备运行数据进行采集，设备运行了多长时间，每个产品的加工耗时是固定的，这样可以计算出这台设备的产能是多少。每个员工各自操作不同数量的加工中心，以此也可以进行对比，如果在同样的工作时间内，设备的产能差距过大，那么员工的工作状态便是有问题的，设备的能效并没有发挥出来，这时候就需要车间领导介入调查并进行调整。

大明制冷认为产品最终还是要靠员工做出来的，员工对产品质量控制起着至关重要的作用，所以一定要严抓员工的质量，让员工的个人素质不断地得到提升。大明公司执行的是后道全责的方式，即某个工序的员工的质量问题，除了依据规定给予的罚款之外，还需支付后道工序的计件工资。员工如果提前发现质量问题避免公司损失的，或者提出对工艺

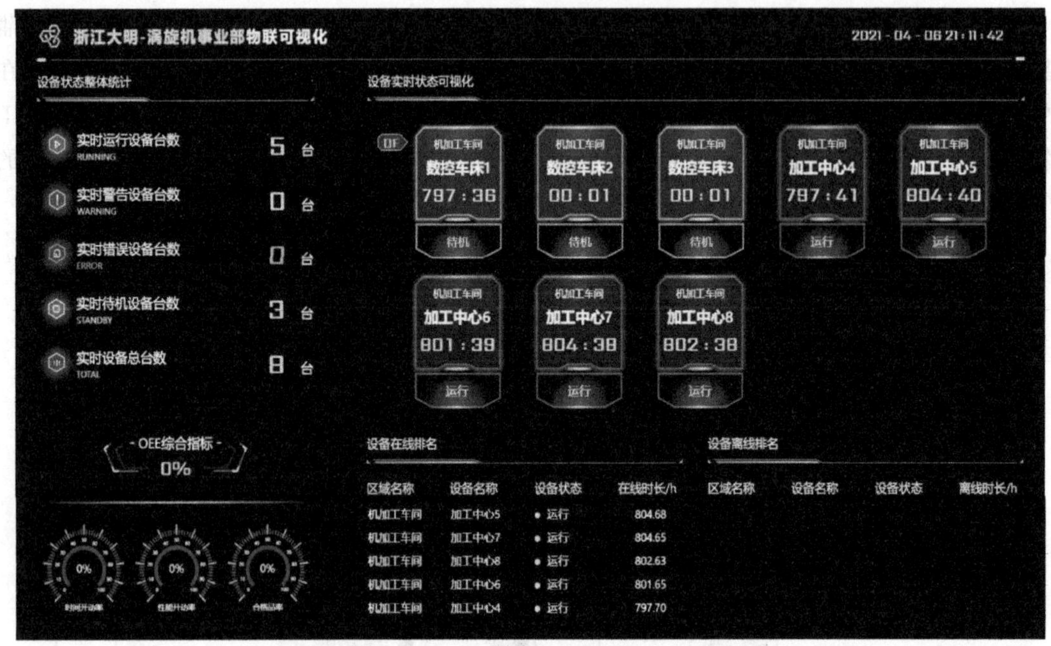

图 8－25　IOT 整体框架

有益的改进建议的，公司视情况予以相应的奖励。员工还有常态化的数智化操作培训：每周进行一次操作培训，可以不断强化他们的记忆。同时还会定时参加企业创始人开展的动员大会，让员工在工作岗位上持续保持热情和干劲，为产品的质量贡献出自己的力量。同时，大明制冷一直在寻求高质量的人才，他们与天津商业大学进行合作，搭建人才的桥梁。大明制冷的员工工作实景如图 8－26 所示。

图 8－26　员工工作实景

大明制冷通过改造实现了生产工序、销售订单、物料采购、物料库存等数据的开放流动与深度融合，打破内部数据孤岛，以集成化、数字化、智能化手段解决因生产管理数据不通畅带来的业务不流畅，以及生产管理不规范、质量问题难追溯等痛点，实现生产全流程管理的透明化和可视化，生产管理数智化已经成为“大明制造”的标签。工厂内数据采集屏幕如图 8－27 所示。

图 8－27　工厂内数据采集屏幕

大明公司的产品执行的是国家标准，实际产品性能要超出国家标准的要求，在行业内也属于高品质的产品，得到市场和行业的广泛认可，产能逐年增长，在国内位居前列。公司内现有的日本进口数控立式加工中心如图 8－28 所示，德国进口三坐标检测仪如图 8－29 所示。

图 8－28　日本进口数控立式加工中心

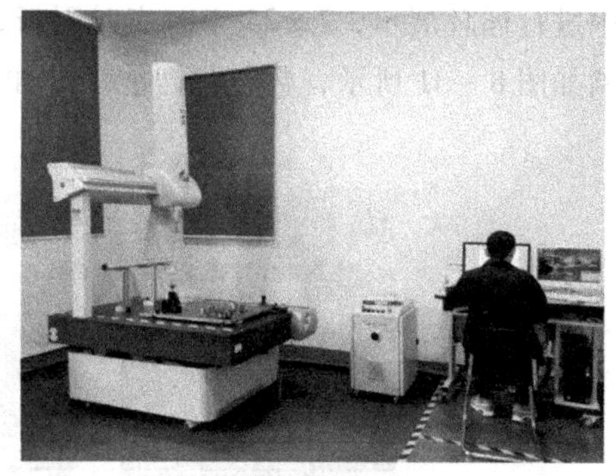

图 8－29　德国进口三坐标检测仪

（三）大明制冷数智化质量管理取得的成效

1. 内部绩效管理改善

经测算，大明制冷通过数智化改造后，整体生产效率提升 17%，运营成本降低 15%，订单交期率提升至 98%，产品合格率趋近 100%，在制品统计效率提升 70%，库存账物准确率提升至 97%，呆滞物料库存降低 80 万元。扁平化、可视化的管理，大大提升了企业管理实效，如图 8－30 所示。

数智化管理以后，所有的出库入库都不用手台账登记，而是直接采用扫描，包括半成品也直接进行扫描，这提升了整个仓储管理跟成品仓库的效率，同时真正实现从采购生产设备监控考勤质量，把控销售业务反馈售后服务可以对整个企业的每个环节作出快速反

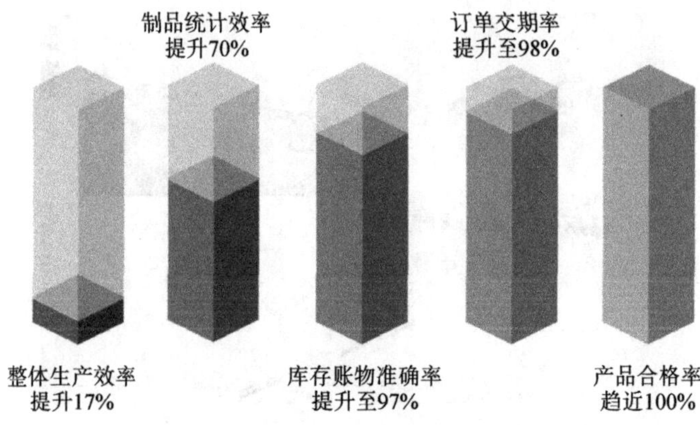

图 8－30　企业内部管理绩效提升

应，就能够及时地反馈到工厂，工厂能够及时作出的反应就是数智化改造以后为大明制冷企业带来实实在在的好处。在成功上线蒲惠云 MES 后，有了实时采集的数据支持，并以直观图表方式展示，使生产决策人员能够分清改进的轻重缓急，有的放矢。看板上总生产进度、仓库动态库存展示、销售订单进度情况以及各个车间实时生产情况皆可在蒲惠云看板中进行循环展示，7×24 小时实时更新，为企业长远发展保驾护航。大明制冷数智化宣传墙如图 8－31 所示，数智化智能工厂如图 8－32 所示。

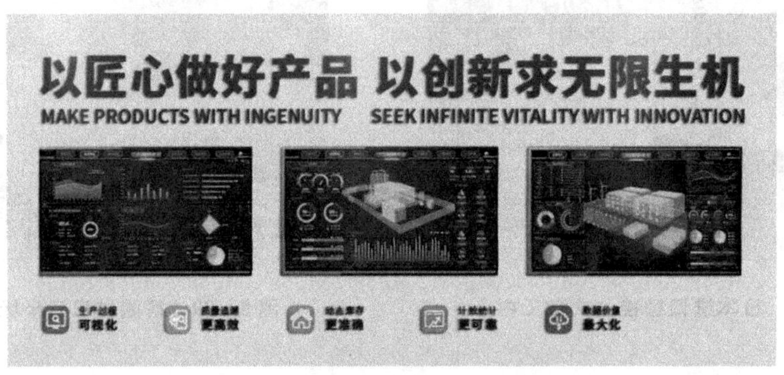

图 8－31　大明制冷数智化宣传墙

图 8－32　大明制冷数智化智能工厂

2. 客户满意度提高

大明制冷通过预估不良品的产出概率，了解了产品潜藏的变异，而采取管理预防措施以提升过程质量检验的能力。并通过对生产过程中各个程序的质量检验，大大降低了最终产品的残次率，节省了企业的成本。有效的应用统计控制可以及时发现过程中的问题并及时采取适当的改善措施。在发生问题之前，消除问题或降低问题带来的损失，使最后送到顾客手上的产品都是非常优质的产品。慢慢地，越来越多的顾客看到了大明制冷的产品，他们开始相信国产的东西，大明制冷也因此积累了很多的客源。企业内部产品出厂合格率为100%（如图8-33所示），产品质量在同类产品中名列前茅，客户满意度不断提高，投诉率不断下降。

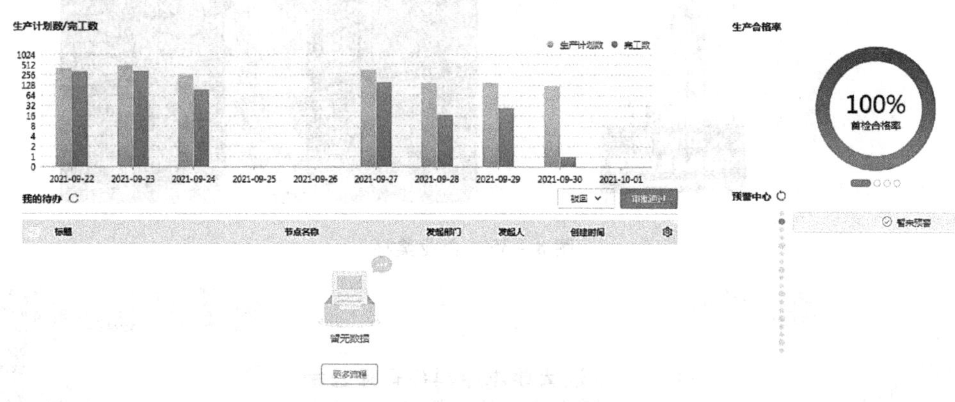

图8-33　生产合格率为100%

目前，浙江大明制冷发往俄罗斯的1000台制冷压缩机设备正式装车交付，这是大明在完成数字化改造后接到的新一批外贸订单。通过数智化系统，大明制冷的每一件产品都能做到精准溯源，这让国外销售商心里很踏实。

3. 行业知名度提升

随着“数据孤岛”被打破、生产经营数据实现互联互通，企业发展突飞猛进。产品不仅被成都等地的国家“一带一路”中转枢纽用于冷库建设，还被大庆油田二十万员工冷链食品保障项目、湖北宜昌海关冷链周转项目等大型工程采用，还出口到俄罗斯、科威特、印度尼西亚、马来、南非、中东等国家和地区，收获全球用户赞誉。企业参与的大型项目如图8-34所示。

在大明制冷，所有的产品都能无条件退换、无条件保修，为顾客提供完善的质量保障。大明制冷以其高标准化和企业魅力，获得市场和行业的广泛认可，并先后获得了商务部外贸发展事务局中国北极熊奖知名品牌、领导品牌、龙头企业等荣誉（如图8-35所示），并受邀参加各地制冷设备展会（如图8-36所示），在展会期间展示了企业活塞、螺杆、涡旋全系列产品，让更多的客户了解到大明更优质的产品与更专业的服务。

大型项目参与

- 重庆一带一路冷链工程
- 大庆油田二十万员工冷链食品保障
- 湖北宜昌海关冷链周转

……

图 8-34　企业参与的大型项目

图 8-35　企业奖杯

图 8-36　受邀参与展会［2020 中国（嵊州）制冷设备基地展览会］

与此同时，大明制冷受到政府和各界的重视。2021 年 3 月 4 日，浙江省智能制造专家委员会主任毛光烈及嵊州市常委领导到大明制冷科技有限公司参观指导；2021 年 4 月 27 日，工信部中小企业发展促进中心主任单立坡一行领导到大明制冷科技有限公司参观指导，如图 8-37 所示；2021 年 4 月 27 日，象山茅洋商会到大明制冷科技有限公司参观指导；大明制冷车间也被评为 2020 年度绍兴市智能制造示范车间，如图 8-38 所示。

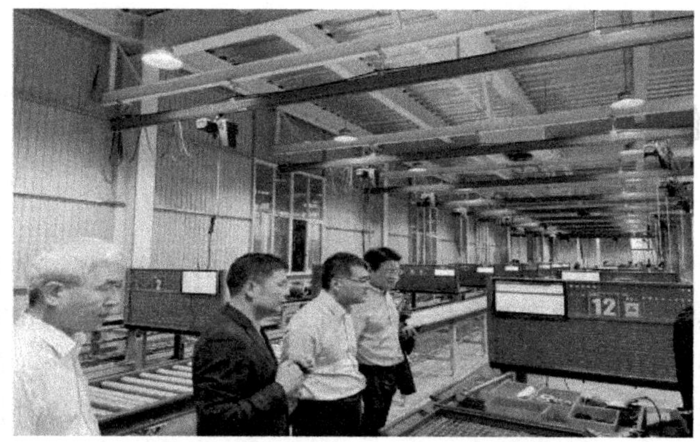

图 8－37　工信部中小企业发展促进中心主任单立坡一行参观指导

2020 年度绍兴市智能制造示范车间拟认定名单（43 家）

序号	企业名称	车间名称	属地
1	浙江绍兴苏泊尔生活电器有限公司	注塑车间	越城区
2	喜临门家具股份有限公司	床网生产车间	越城区
3	浙江绍兴三锦石化有限公司	丙烷脱氢制丙烯装置车间	越城区
4	浙江佳人新材料有限公司	副产品综合利用车间	越城区
5	浙江古纤道绿色纤维有限公司	工业聚酯生产车间	越城区
6	浙江启利兴光可可制品股份有限公司	疏水抗团聚可可制品智造车间	越城区
7	绍兴中纺科技有限公司	高技术纤维新材料生产车间	越城区
8	振德医疗用品股份有限公司	功能性敷料数字化车间	越城区
9	绍兴柯桥恒鸣化纤有限公司	纺二车间	柯桥区
10	索密克汽车配件有限公司	基于 APS 多目标柔性作业汽车零部件智能车间	柯桥区
11	浙江越新印染有限公司	基于大数据平台的纺织印染智造车间	柯桥区
12	浙江东进新材料有限公司	功能性面料智能化生产车间	柯桥区
13	浙江维艺实业股份有限公司	染整数字化车间	柯桥区
14	浙江捷众科技股份有限公司	汽车精密塑料零部件数字化车间	柯桥区
15	上虞京新药业有限公司	左乙拉西坦生产车间	上虞区
16	卧龙电气驱动集团股份有限公司	高效无刷直流家用电机智能制造黑灯车间	上虞区
17	浙江晶鸿精密机械制造有限公司	单晶硅炉核心部件制造车间	上虞区
18	晨辉光宝科技股份有限公司	SMT 车间	上虞区
19	浙江倍合德制药有限公司	高端药物中间体 HAA 制造车间	上虞区
20	浙江嘉成化工有限公司	2-氨基-4-乙酰氨基苯甲醚制造车间	上虞区
21	浙江新时代中能循环科技有限公司	退役锂电池综合利用示范车间	上虞区
22	浙江扬帆新材料股份有限公司	光引发剂制造数字化车间	上虞区
23	浙江灿根智能科技股份有限公司	传动部件数字化车间	诸暨市
24	浙江凯诗利科技有限公司	袜业智造车间	诸暨市
25	浙江蔡司管道科技有限公司	聚烯烃暖通管道生产车间	诸暨市
26	诸暨市润澜袜业有限公司	润澜袜业生产数字化车间	诸暨市
27	浙江铭仕兴新暖通科技有限公司	水暖铜件及铜阀门智能制造示范车间	诸暨市
28	浙江百立机械有限公司	卡车底盘制动阀数字化生产车间	诸暨市
29	浙江越隆缝制设备有限公司	高速智能刺绣机生产数字化车间	诸暨市
30	浙江诸暨八方热电有限责任公司	热电智造车间	诸暨市
31	浙江佳阔电器有限公司	集成灶及厨房电器制造车间	嵊州市
32	浙江大明制冷科技有限公司	大明制冷车间	嵊州市
33	浙江钜丰冲压科技有限公司	定转子冲片生产车间	嵊州市
34	浙江乐英医疗用品有限公司	防护系列产品车间	嵊州市
35	浙江科恩电器有限公司	油烟机制造车间	嵊州市
36	嵊州市湖坊泡沫有限公司	泡沫包装制造车间	嵊州市
37	浙江医药股份有限公司新昌制药厂	冻干无菌粉针 117 车间	新昌县
38	浙江斯菱汽车轴承股份有限公司	汽车轮毂轴承数字化车间	新昌县
39	北斗星智能电器有限公司	集成式燃气灶数字化钣金生产车间	新昌县
40	浙江维尔新动物营养保健品有限公司	维尔新智能维生素预混料生产车间	新昌县
41	浙江三花智能控制股份有限公司	高效节能制冷空调控制元器件智造车间	新昌县
42	浙江美力科技股份有限公司	先进复合材料汽车零部件及高性能弹簧数字化车间	新昌县
43	远信工业股份有限公司	热风拉幅定型机数字化车间	新昌县

图 8－38　大明制冷车间被评为 2020 年度绍兴市智能制造示范车间

四、案例理论分析

随着互联网、大数据、人工智能、区块链等新技术的迅猛发展，企业数智化转型成为社会的高度关注热点。数字化和智能化是数字经济的显著技术特征，在实现经济发展的同时又为企业的发展管理起到了一定协同作用。面对中国质造，制造企业都积极响应党中央号召，积极引入数智技术，提高产品质量。通过我们对浙江大明制冷科技有限公司的调查得知，该企业已经成功地将数字化与智能化相结合，引入并在企业运用，以此在该基础上更好地实现了企业全面质量管理，在质量强国背景下不断提高产品质量和自身的发展水平。图 8-39 为我们就数智化的四个相应平台（云 MES、云 OA、销项易和 IOT）结合公司全面质量管理的分析叙述。

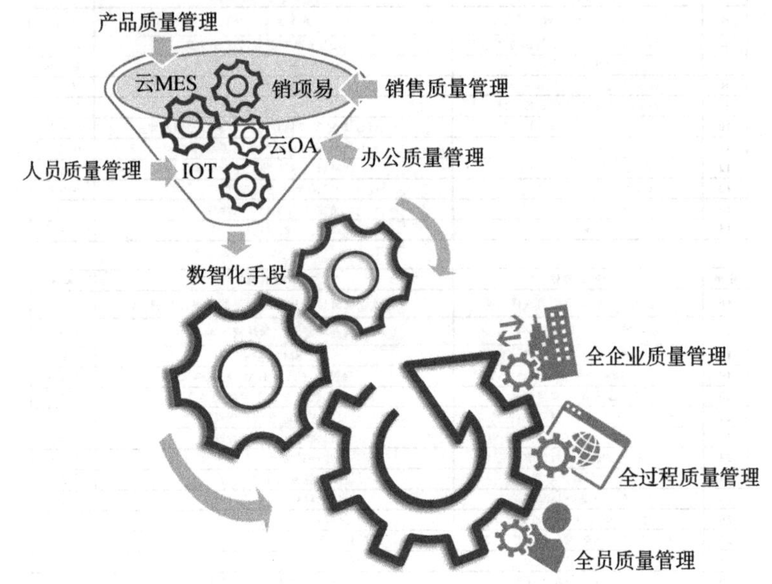

图 8-39　以数智化平台实现企业全面质量管理

（一）案例理论支撑：全面质量管理理论

1. 全面质量管理理论概述

全面质量管理是指一个组织以质量为中心，以全员参与为基础，其目的在于通过顾客满意和本组织所有成员及社会受益而达到长期成功的管理途径。全面质量管理起源于美国，费根堡姆博士于 1961 年在《全面质量管理》一书中最先提出了全面质量管理的概念，而后在日本得到了成功的运用，引起世界各国意识到质量工作的重要性，为此质量管理的理论也“与时俱进”发展，从 20 世纪 80 年代的 TQC 发展到今天的 TQM。

全面质量管理有两大内涵：其一是永无止境地推进质量改进，即持续不断地改进质量并及时进行成本的控制；其二是追求用户满意的目标，不断地满足或者超出用户的期望。全面质量化管理强调“质量”，是因为企业在改进自身生产技术，尤其是在数智化不断发展的社会，让企业中的成员都忠于职守，把自己的工作做好，同时当所完成的工作成果传递到下一个环节，或者作为整个过程的最后一步传递到最终用户时，必须保证其达到质量标准。全面质量管理的有效应用，是企业提高产品质量、增强竞争力、保持持续稳定发展的根本。

2. 全面质量管理理论的适用性

一个企业的发展是以良好的质量保证为前提的，如果没有可靠的质量，尤其是在目前追求实体经济高质量发展的时代，即便技术再高端、营销手段再高，也难以赢得用户的信赖。因为质量是一个公司的命脉，是企业赖以生存的法宝。做好质量就拥有市场、拥有了先机，所以质量的研究在企业中是非常重要的环节。

全面质量管理的特征概括为“三全”，即全员的质量管理、全过程质量管理、全企业的质量管理，如图 8－40 所示。通过我们对浙江大明制冷科技有限公司的调研得知，该企业以“打造民族品牌、创建百年企业”为目标，遵循“品质为本、创新为魂”的经营理念，并坚持在数智化的发展下，将企业不断壮大。同时在与其负责人的交谈中也可以感受到该企业是非常在意产品的质量，并在人员、部门等方面进行了质量管理，这也与全面质量管理的前三个特征是吻合的。

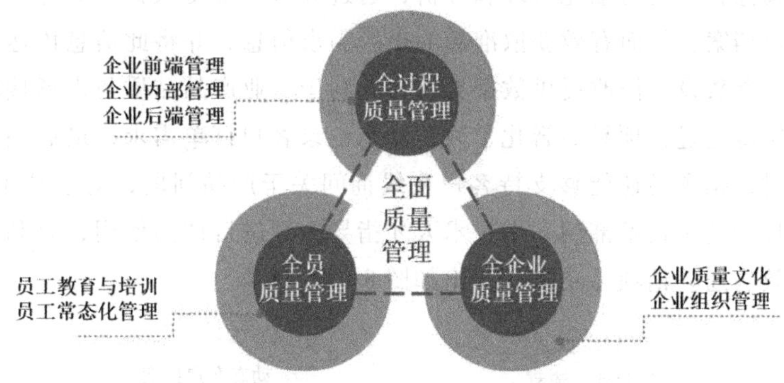

图 8－40　全面质量管理理论

同时随着国内企业逐渐与国际接轨，要求我们的质量管理水平需要同步跟上国际水平，所以全面质量管理在中小企业的深入开展，既可以提高产品生产过程的效率又可以鼓舞员工士气、增强员工质量意识，从而在根本上保证产品的质量。

（二）数智化赋能“全过程”——打造产品卓越质量

浙江大明制冷科技有限公司通过数智化手段，连接起企业的前段与后端。大明制冷通过销项易对销售进行数智化管理，提高销售质量，同时通过销项易输出的内容又与企业内部信息入口进行连接。大明制冷在企业内部使用IOT数智化管理手段，提高生产质量，同时通过IOT输出的部分内容又传输至企业后端，大明制冷在企业后端使用云MES数智化管理手段，提高材料质量。通过数智化手段，连接了企业的前后端，大明制冷进行全过程智能管理，如图8－41所示。

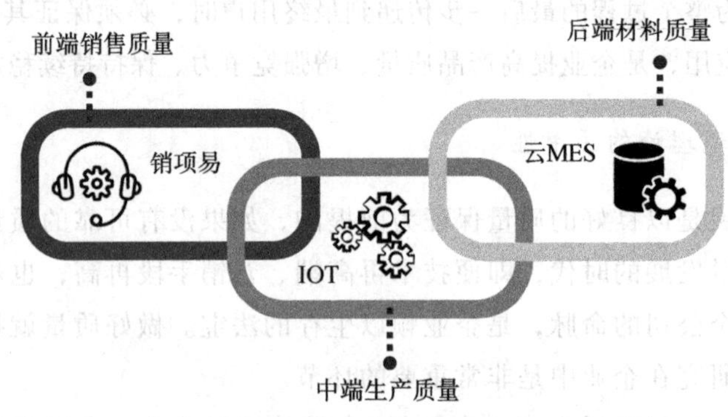

图8－41 数智赋能全过程管理

1. 企业前端管理

浙江大明制冷科技有限公司引进销项易软件，智能加强客户管理。销售部门通过多渠道汇总客户信息，统一管理，打造企业自己的客户大数据体系；设立个性化客户管理标签，精准客户画像，实现精细化管理和分析；通过分析全维度数据，洞悉客户需求，形成多渠道动态客户档案，从而有效获取准确的市场需求信息，并将此信息传达至产品设计研发部门，为产品参数设计修改提供数据支持，有利于企业产品品质与市场接轨，提高市场占有率；大明制冷通过销项易数智化手段，动态记录客户订单需求，最后整合信息传送至生产部门，同时，销项易还能够支持客户在线询问关于产品问题，对于技术方面的问题，能够将问题直接传送至技术部门，由技术人才指导客户进行产品使用，有利于形成部门之间的无纸化高效沟通。销项易功能的产出如图8－42所示。

图8－42 销项易功能的产出

浙江大明制冷科技有限公司通过销项易数智化手段的应用，智能提高销售部门的管理水平。销售员通过销项易可以直接在客户现场销售收款管理并进行记账、小票打印，回公司后交接班时缴纳货款，使业务与款项同时进行，提高企业人力资源利用效率；同时通过销售易数智化手段，能够产生互动排行、团队分析的直观数据统计，企业能够轻松地获取员工绩效；销项易还会整合、清理、管理、关联、归档关于销售流程的数据，从而优化业务流程，实现数据化运营，最大限度提高企业运营效率，提高销售部门质量管理。

浙江大明制冷科技有限公司通过销项易数智化手段的应用，为管理者智能决策提供依托。销项易是老板的移动助理，让老板拥有管家婆式的贴心助理，将所有业务数据实时显示在手机上，通过销项易数智化的应用，对访客、销售数据、销售业绩、库存、采购、客户资料、财务进行分析，形成可视化报表，使企业随时掌握业绩情况，为上层管理人员管理销售部门提供决策依据。

2. 企业内部管理

（1）机器设备管理。生产设备是指在生产过程中为生产工人操纵的，直接改变原材料属性、性能、形态或增强外观价值所必需的劳动资料或器物。生产设备的质量及其技术先进程度，直接影响着产品的质量、精度、产量和生产效率。生产设备作为固定资产，在生产过程中的价值消耗逐渐转移到其产品中去。生产设备的技术水平和装备水平，在一定程度上是生产水平的标志。浙江制冷科技有限公司引进了日本进口数控立式加工中心、德国进口三坐标检测仪、国际领先转子加工设备等高精度加工、检测设备，使用高精度、高效能的机器设备，力求打造出最高品质的压缩机，推动企业从中国制造向中国质造迈进。有了良好的机器设备，浙江大明制冷科技有限公司通过对技术设备采用IOT的数智化管理，实时监控设备状态，实现设备可视化，有利于设备的检修以及监控产品的加工状态，以提高制造质量。IOT的整体框架如图8-43所示。

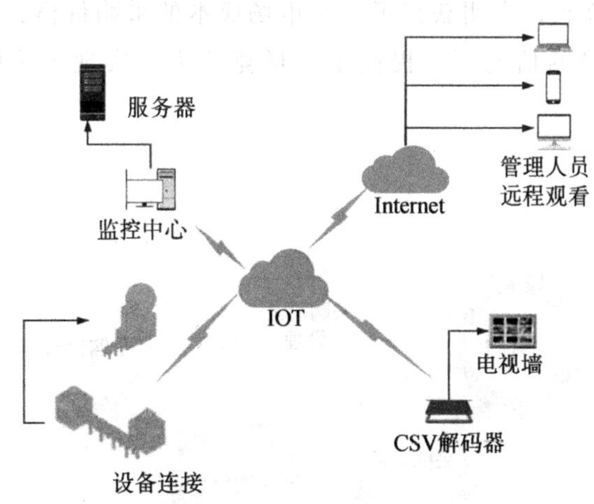

图8-43　IOT的整体框架

浙江大明制冷科技有限公司根据市场需求，改进产品或者设计新的产品后，工艺会有所变化，大明制冷需要模拟工艺流程，形成新的合理的工艺路线。

（2）工艺策划和开发质量管理。工艺路线是描述物料加工、零部件装配的操作顺序的技术文件，是多个工序的序列。工序是生产作业人员或机器设备为了完成指定的任务而做的一个动作或一连串动作，是加工物料、装配产品的最基本的加工作业方式，是与工作中心、外协供应商等位置信息直接关联的数据，是组成工艺路线的基本单位。优化工艺路线能够大幅地降低成本，提高生产效率。

浙江大明科技制冷有限公司利用目前已有的生产系统数智化，该系统已经大大细分制冷发动机生产的工艺，细分为78道工序，大明制冷需要根据目前新的产品或改进产品的性能，通过科学技术方法，系统模拟生产工艺流程，通过时间、效率、人性化的考虑，选取最优的工艺路线，如果遇到目前工艺无法满足新产品生产的情况，需要设立新的工序，开发新的技术点，这是需要技术和管理投入的，这不是技术部和研发部就能够决定的，需要将此情况写进策划，提交公司管理层，进行决策，经管理层同意后才能够实施，实现工艺策划和开发环节的质量管理。

3. 企业后端管理

（1）采购质量管理。在管理层同意新产品或者产品改进的方案后，浙江大明制冷科技有限公司的采购部进行采购，以投入生产。采购的物品类别是根据生产产品工艺中所需要的，采购的物品数量是根据预计该产品市场需求产生的预计销售量和固定库存决定的，这些具体数据都会通过企业的数智化手段，在企业内部显示，不需要手工登记，直接在企业内部就可查询到。

采购物品的数量和种类有明确的质量保证，还需要保证采购物品的质量，就是在保证物品品质的同时，价格也是能够接受的，就是通俗的“物美价廉”。浙江大明制冷科技有限公司采取的手段是与固定的供应商签订长期的采购合同，集成采购，以后续诚信合作获得谈判价格的筹码，大明获得了低于市场成本的采购价格，降低了产品的采购成本，在不影响产品质量的情况下，提高了市场竞争力，实现了采购的质量管理，如图8－44所示。

图8－44　采购质量管理

（2）库存质量管理。浙江大明制冷科技有限公司以销定产，以产定采，通过数智化获得最佳预计销售量，从而获得最合理的采购材料数量。这大大降低了原材料库存，从而减少仓储管理成本，与此同时，也减少了原材料库存占用的流动资金，提高了企业的资金使用率。

浙江大明制冷科技有限公司通过数智化手段——MES，提高库存质量管理。

MES系统广泛用于各类制造、装配行业，可以同时为生产、质检、设备、工艺、物流、仓库、计划等部门提供实时信息服务，通过工业以太网，将设备控制系统、条码扫描器、车间PC、大屏幕显示终端、条码打印机和网络打印机等设备连接起来，实现数据通信，同时通过路由器接入工厂骨干网，通过信息实时采集、整理归纳、传递反馈，形成工作任务要求处理，实现品质控制、生产运行监控、产品追踪、生产调度、设备管理、人员调配与考核等功能，从而达到对生产过程全方位管控，使企业的生产处于有序的可控状态，将企业生产数据和ERP、供应链、库存等企业内部的信息孤岛集成为闭环的信息体，促进企业提高自动化水平。同时以工艺持续改善为目标，提高产品的可追溯性和交付能力，不断改善质量控制过程，规范质量控制手段，以现代先进制造业的需求为导向，利用数据挖掘功能，为企业的信息化提供方案。MES三层应用架构如图8－45所示。

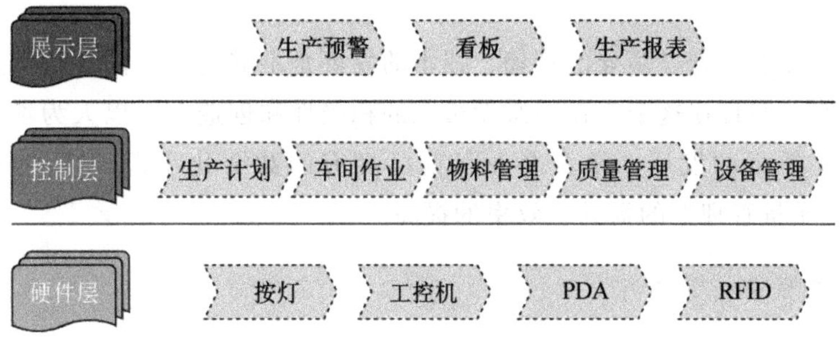

图8－45　MES三层应用架构

物资整理，通过最优的规范化、标准化生产工艺路线，合理规划各区块生产项目，实现对各区块物资整理，为重点生产项目预留生长空间。通过工艺需要零件构件，发现各区块生产重点和生产用料，划分各区域的必要物品及非必要物品。对于必要物品放置于邻近作用面仓库，对使用频率较小的物品放置于其他仓库。浙江大明制冷科技有限公司依据自身出库的需要，遵循先进先出和满足要求的非满托盘产品优先出库的原则，采用人工与设备相结合的方式来完成出库管理。通过MES系统的管理与指导，实现了准确的出库与追溯，全面分析，及时处理及自我调整，进而能够在供应商和生产者方面分别实现精准投料与精准供给。

为了仓库物资拿取方便，便于管理，安全可靠。对物资进行信息录入，且只有符合要求的机械、材料才可录入平台，并自动生成二维码。由计划员在基于MES的项目管理平台上填写派工单，包括该生产需要的材料用量，劳务人员通过扫码领取材料，管理人员在手机端实时查看材料的总量、剩余量，消耗日期及领用人等信息，且材料存储量达到安全库存时，平台自动推送信息至物资负责人处，提示材料存储情况，安全警报库存不足。MES 库存质量管理如图 8－46 所示。

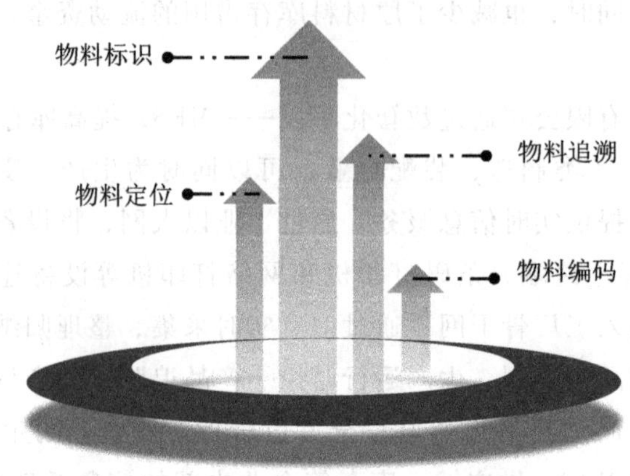

图 8－46 MES 库存质量管理

（三）数智化赋能"全人员"——提升员工质量能力

一个企业的发展，光靠领导的管理、技术的发展是不够的，还需要这个企业全体员工的积极主动参与，并且在这个工作中激发员工的积极性和创造性，以人为本进行高质量的管理，确保员工质量的发展，结合企业目前已拥有的数智化手段，以"内秀"促"外慧"，实现员工质量管理上的提升、效率的提高。

1. 加强员工质量教育培训

培训和质量意识的灌输是推进全员质量管理的一项重要的措施。我们通常可以透过企业员工素质的高低去评价一个企业的好坏，因为员工和企业是相互联系的，所以大部分企业都比较倾向对员工进行全面的培训。通过我们调查得知大明制冷科技有限公司也会定期地召集公司全体员工进行标准的培训和质量意识的灌输，通过互联网计算机技术进行整理，集合相关知识与技术资源，通过大明制冷公众号实现线上教育资源的高效传递和表达，从而让员工掌握学习软件操作和信息化系统的使用，具备操作相应软件的能力。

随着大明制冷公司数智化的不断发展，为了满足企业不同分工下的员工培训需求，建立了以线上教育培训体系为依托搭建、有自主知识产权的在线教育体系，确保培训内容是完全符合企业本身和员工需求的，而且可以把拥有企业自主知识产权的智力成果保留下来，建立相关的制冷知识题库，通过企业大数据的线上传送，考核员工的能力及其自身的学习成果。因为数智化下的线上教育拥有即时通信、信息存储等功能，可以突破之前时间和空间的限制，来帮助员工快速实现在实际工作中的信息对接。数智化员工质量教育培训如图 8－47 所示。

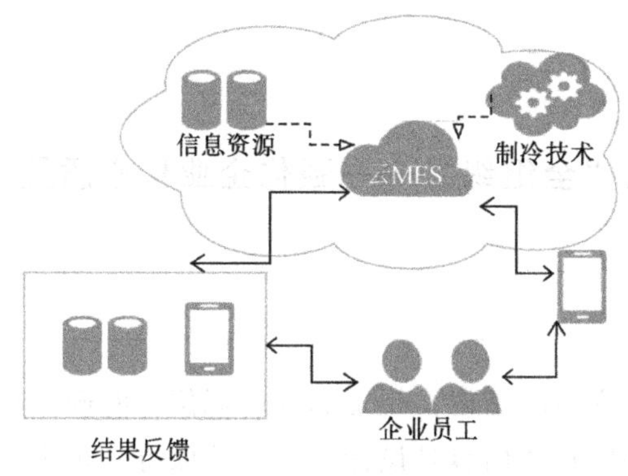

图 8－47　数智化员工质量教育培训

同时在培训员工相应工作能力，加强员工的思想教育工作，对其个人理论素养、道德修养、技能培养等方面均有益处。再者，引导员工将线上教育培训平台作为终身学习的平台，着重强调“质量无小事”“全员参加”“不断创新改善”，既可以加强大明制冷对数智化方面的改进，又可以让员工更加注重公司的发展与产出产品的质量。

2. 优化员工常态化管理

企业在对员工进行培训后，其后期的管理也是非常重要的，在此浙江大明制冷科技有限公司在对于员工的管理上首先建立了一个相关的评估体系，明确了工作期间的规定和员工的奖惩措施。其次，就是要推进全员常态化管理的持续运营，即树立年度计划、提高全员参与度和提升员工自主性等。

针对员工的评估体系，浙江大明制冷科技有限公司利用 IOT 平台在系统上呈现设备的使用效率和人员的工作效率，通过设备运行了多长时间和每个员工各自操作不同数量的加工进行对比，如果同样的工作时间内，设备的产能差距过大，那么员工的工作状态是有问题的，这时车间的领导人员就要介入调查并进行调整管理。同时人员岗位配置 ISO9001 体系的正常运作，满足信息化系统运行的需要，结合线上线下的解答疑惑，确保系统正常流转，通过 IOT 系统实现数据高效性、有效性，从而促进企业员工工作流程运营的优化性。在年底，就可以根据相应员工的表现结合前期的年度计划，对员工实施相应的奖惩措施。优化员工常态化管理如图 8－48 所示。

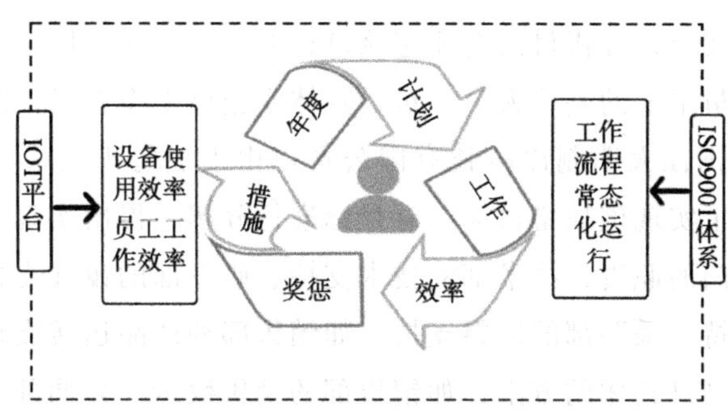

图 8－48　优化员工常态化管理

（四）数智化赋能"全组织"——强化企业核心质量

1. 建设组织高质量框架

组织管理是指通过建立组织结构，规定职务或职位，明确责权关系等，以有效实现组织目标的过程。组织管理的具体内容是设计、建立并保持一种组织结构。组织管理的内容有三个方面：组织设计、组织运作、组织调整。

（1）组织设计。每个组织都可以划分为上层管理、中层管理、基层管理。上层管理负责制定方针和目标，中层管理负责分解和执行，基层管理负责执行，如图8-49所示。

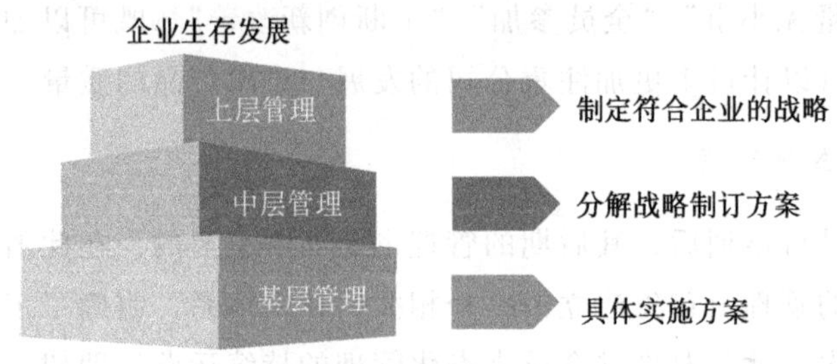

图8-49　组织管理

浙江大明制冷科技有限公司的组织设计也划分为上层管理、中层管理和基层管理。以董事长谢总为核心的团队是大明制冷的上层管理人员，负责制定企业战略，把握企业的大局。董事长谢总有打造"百年企业"的愿景，这需要质量、品牌、信誉等企业综合竞争力强，立足于行业前端，上层管理人员的思想也决定了企业的战略方向，谢总的愿景使大明制冷始终把"打造民族品牌、创建百年企业"作为企业根本目标，遵循"品质为本、创新为魂"的经营理念，以匠心做好产品，以创新求无限生机，努力将"大明制冷"打造成国产压缩机民族品牌、中国一流制冷压缩机制造商，实现以小众行业成就民族品牌。各部门的经理就组成了大明制冷的中层管理人员，在大明制冷的远大目标下，各经理分解这个战略目标，细化到实处，分析目前企业应该进行的工作。在中层管理人员制定了工作方案后，以各部门的成员组成的基层人员，负责具体实施该工作方案，以达成工作目标。

（2）组织运作。浙江大明制冷科技有限公司以由上层管理人员奠定了远大的战略目标，中层管理人员为了实现该战略目标，对目标进行分解，得出实现目标的要素，再根据要素，分配企业各部门的职责，技术部的技术支持、研发部的设计支持、财务部的资金支持、生产部的产品支持、采购部的原料支持、如销售部的产品运转支持、行政部的链接支持、各部门在职责内制订具体的方案，如销售部的销售数量、采购部的采购数量、生产部的生产数量等，再由基层人员执行方案。中层员工分析数据如图8-50所示，基层员工执行情况如图 8－51 所示。

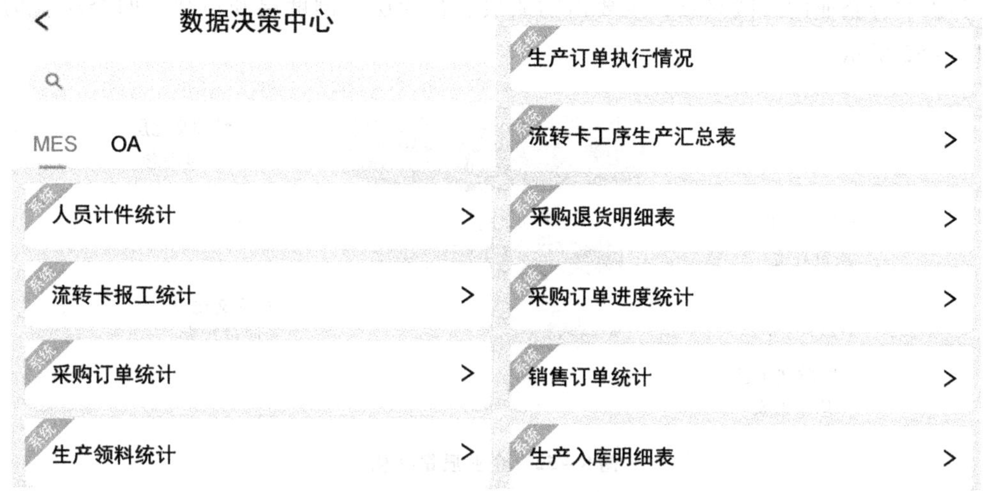

图 8－50　中层员工分析数据（手机云平台截图）

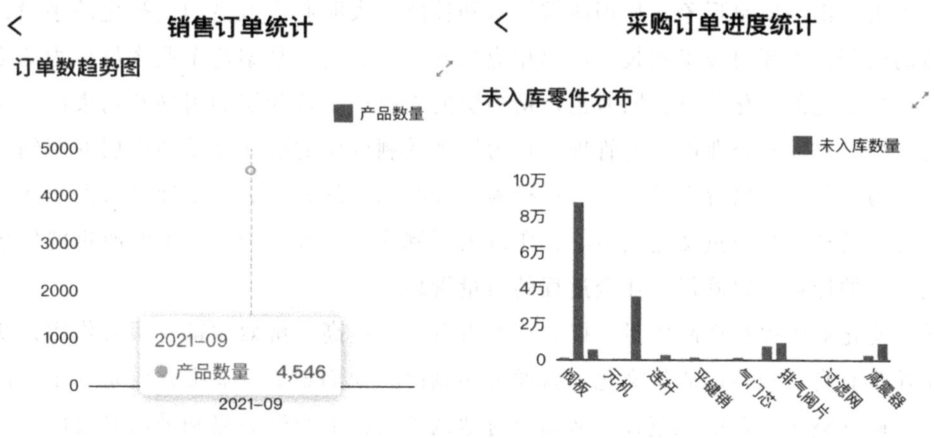

图 8－51　基层员工执行情况（手机云平台截图）

（3）组织调整。浙江大明制冷科技有限公司的组织设计，在运行过程中，可能会出现部门之间的冲突、职能的不明确、人员的冗余等问题，针对这些问题，大明制冷依托先前所有的数智化手段——云 OA 平台，更有效地确保每个层级和部门的质量化。因为云 OA 是企业运用现代化办公硬件和计算机技术来实现办公自动化、数字化、云端协同办公的方式，而大明制冷又拥有这项技术，所以他们通过使用电脑、PDA、钉钉、微信群、云 MES 等方式，实现数据扫描录入、信息平台共享、在线 OA 审批等，减少沟通环节，实现无纸化办公。

2. 塑造企业质量文化

企业质量文化是以质量为中心，建立在物质文化基础上，与质量意识和质量活动密切相关的企业物质活动和精神活动的总和，是在围绕和提高产品质量，为客户和其他利益相关方创造价值的实践中逐渐形成的。它根植于企业长期的生产经营实践中，是一种客观存在，并影响着企业的成败兴衰，主要由物质层、行为层、制度层和精神层四个层次构成，如图 8－52 所示。

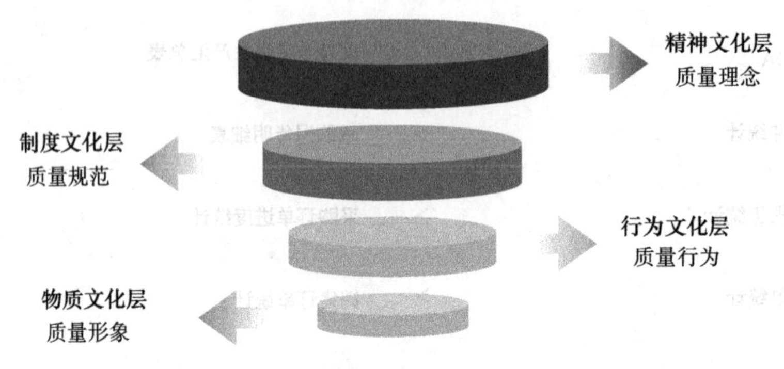

图 8－52　企业质量文化

物质层是质量文化的基础性层面，主要是指企业质量的显现部分和外在体现，主要是通过监测表现出的质量形象，培训所需技术和技能，大明制冷就借助数智化的手段，通过对机器的监测，不断对技术和技能做出相应的升级。制度层是塑造企业成员行为的主要机制，是质量文化的固化部分，同时也是精神层的支撑层、行为层的引导和约束层，通过对制度的贯彻，加强对企业内部的管理。行为层既受制度层的引导又受物质层的制约，通过对质量行为的倡导，培育人员的高质量行为，大明制冷的教育员工培训就来源于此层级的启发。最后精神层是质量文化的核心，所以大明制冷树立预防为主、不断改进的思想，通过对精神层的诠释，以确保企业全过程的质量管理。

质量文化对于提高产品质量、提高市场占有率、提高经济效益都有很大作用，所以每一家企业都有自己独特的质量文化。就像大明制冷，他们塑造企业文化就是为了提高产品的质量，确保整个企业的规范性，从而及时地调整自己的经营策略和采取必要的措施，以适应市场的变化，持续地满足顾客不断发展的需求和期望，还应超越顾客的需求和期望，使自己的产品或服务处于领先的地位。因此，塑造优秀的企业质量文化是企业实现质量持续改进、业绩不断提高的成功之路。

五、案例总结与启示

（一）总结

本案例以浙江大明制冷科技有限公司全面质量管理为例，开始探索数智化成功助推企业全面质量管理的原因，综合分析国家政策背景、质量水平现状，总结本案例的研究意义，认为数智化对企业提升全面质量管理有重要作用。为此，本案例从全面质量管理覆盖多方面角度出发，理论化展现全面质量管理以及数智化运用手段，共总结出以下几点供参考和借鉴。

1. 数智化可以促进企业注重过程要素管理

企业将产品的每一道工序纳入数智化范围，实现每一道工序的可视化，包括耗费材料、耗费时间、运行过程、流转速度、产品目前状态等方面，有利于企业直观地发现工序安排的合理性，为优化企业产品工艺流程和成本控制提供数据支持，同时，也有利于企业判断产品质量出现问题的原因，以对症下药，提高产品质量。

2. 数智化达到企业各部门联动参与质量管理

企业通过运用数智化手段，将各部门连接成一个整体，明确部门职能以及监控部门完成情况，形成产品质量管理闭环。比如，采购部门需要采购生产所需的原材料，原材料的质量显然会影响产成品的质量，采购部门内部会检测原材料质量，完成自我检测，形成质量检测报告，同时，在完成采购进入仓存部门前，仓存部门也会对原材料进行质量检测，再次确保原材料的质量以及监督采购部门的职责完成情况。通过数智化，加强各部门联系，实现全企业对产品质量的提高。

3. 数智化会带来企业人员要素管理的提高

企业通过数智化手段，形成良好的工作环境，明确各个人员的职能范围，给予一定的数据权限，充分发挥每一个员工的能力。同时，部分高层人员能够查看员工工作情况，形成监督作用，以此去除员工消极懈怠情况，形成良好的工作氛围。

4. 数智化实现以数据驱动企业管理全面发展

大数据已然成为未来制造业最为重要的生产要素，面对互联网高速发展的世界经济潮流，制造企业需要充分对接“互联网 +”、大数据、云计算，推动制造企业销售和采购渠道数智化，发挥互联网所提供的大数据资源优势和云计算算法优势，促进制造业发挥“1 + 1 > 2”的协同效应，推动产品生产更加契合需求类型和需求层次。营造智能生产和智慧制造蓬勃发展的局面，变“冰冷”“机械化”的制造过程为充满创新、充满创造、充满期待的智慧过程，提升制造业数字化、智能化发展水平，从而实现企业管理的全面发展，铸就高质量发展。

（二）启示

针对本案例提出的问题，通过深入的调查和逻辑上的分析，结合研究背景，基于上述的总结，共整理出以下几点启示供四大利益相关方参考和借鉴。

1. 中小企业要量力而行，聚焦本业提高质量

受新冠疫情的影响，在疫情防控、复产复工、产能压缩等多重压力下，各行各业尤其是制造业企业，面临着严峻的用工难题。且自 2020 年下半年开始，铜、铝、钢、玻璃等大宗原材料的国内国际价格都出现了大幅上涨，部分商品的价格涨幅甚至超过一倍。从目前的情况看，原材料涨价的压力大部分被生产厂商“硬抗”了下来，但值得警惕的是，已有不少中小制造企业因此面临亏损甚至倒闭的风险。所以对于中小企业而言，生存始终是第一考虑，做大做强是为了更好地活着，选择合适的土壤，量力而行，不要冒进不要攀比。在激烈的市场竞争中，中小制造企业的优势在于专业，在于精深，以精取胜，要利用好有限的资源集中做自己能做的事，积极响应“专精特新”发展意见，只有在一项产品的制造上，做专、做深、做精，生产出技术更先进、工艺更精细、性能更优异的产品，才能在偌大的市场上得以生存发展。

2. 制造企业要把握方向，积极拥抱数智化时代

成功没有捷径可走，每一个企业都是在成长过程中摸索出一套适应自己发展的法则，不同制造企业的管理模式和业务模式存在差异。进入 21 世纪以来，以“智造”为主要特征的制造业数字化浪潮正在席卷全球，来势汹汹、势不可当。随着信息化向网络化、数字化、智能化方向发展，进一步深化融合，为企业提供了极大的发展机遇和空间。制造企业要把握好发展机遇，顺应时代潮流，积极拥抱数智化时代，而数字化、智能化改造是一个逐步积累和不断优化的过程，企业需要通过在实践中不断完善，根据自身的需求和特点，明确方向，循序渐进，有针对性地进行探索，进一步满足企业的相关需要，从而在多个方面实现提升企业能力，掌握企业发展规律性。

3. 制造行业要完善质量体系，加强产品质量标准管理

随着制造业的迅速发展，大量企业对产品的质量把控严格，但其中一些制造企业由于产品质量不佳、技术含量不高、设备设施陈旧等问题，生存的空间越发狭小，在市场上难以立住脚跟。面对严酷的内部外部环境，以质量提升助力制造业跑出“加速度”，促进中国经济提质增效、转型升级，推动高质量发展，已刻不容缓。如何提高制造行业整体质量，完善产品质量标准体系极其重要，要加快形成与高质量发展相适应的制造行业标准体系，积极推动国内标准与国际先进质量标准体系对接，健全质量监管及责任追究制度。加强从设计源头端起始的贯穿原料采购、生产施工、检查验收、总结改进、试运行等全过程、全流程的质量管理体系性要求，引导产业把转型升级的立足点转到提高质量和效益上去。

4. 政府部门要积极引导，鼓励企业创新加快人才培养

虽然各类企业依托“数智化”转型探索了许多行之有效的经验做法，但仍然存在部分

需要各级政府协调解决的难题。政府需要创新思维形式积极引导，并加强对专业人才队伍的培养，为各类产业数智化转型提供良好的政策环境，优化政府服务，提高政策精准度。鼓励企业进行技术创新，技术创新是制造业实现高质量跨越发展的不竭动力，要进一步完善创新投入机制、创新激励机制、创新保护机制，加强创新投入的连续性与创新规划的引导性，切实营造开放式创新生态环境。

思考题

1. 数智技术给中小制造企业带来了哪些机遇？
2. 浙江大明制冷科技有限公司如何通过数智化转型实现企业质量全面提升？

案例编写：范吴栩（工商管理 19 级）；武娇健（国际商务 19 级）；
王俏雁（会计 19 级）；曹依凡（工商管理 19 级）；李青青（会计 19 级）
指导教师：丁志刚

参考文献

［1］耿德伟，傅娟．我国制造业高质量发展面临的挑战与对策［J］．中国经贸导刊，2021（3）：50－54．

［2］李晓飞．智能制造时代的企业全面质量管理推进［J］．中国工业和信息化，2020（5）：28－33．

［3］阳镇，陈劲．数智化时代下企业社会责任的创新与治理［J］．上海财经大学学报，2020（6）：33－51．

［4］王一鸣．百年大变局、高质量发展与构建新发展格局［J］．管理世界，2020（12）：1－13．

［5］焦勇．数字经济赋能制造业转型：从价值重塑到价值创造［J］．经济学家，2020（6）：87－94．

［6］杨孟．迎接“智造”时代，探索中小制造企业数字化转型之路［N］．科技日报，2020－08－31．

案例9

数字赋能视角下印染企业管理能力提升路径分析——以浙江越新印染有限公司为例

摘　要

国家对于制造业企业的转型高度重视，不断地强调制造业企业要实现高质量发展。在互联网技术、云计算、5G等数字技术蓬勃发展的今天，数字技术与经济领域不断融合，新一轮的数字经济正在蓬勃发展，企业也在不断进行信息化、数字化建设和改造。

本案例以浙江越新印染有限公司（以下简称“越新印染”）为案例对象，以企业能力理论为依托，在数字赋能视角下探究越新印染通过借助数字孪生技术搭建数字孪生智慧工厂提升企业管理能力的内在机理，解决了企业因信息滞后而导致的管理问题，从而助推企业高质量发展。该公司的这一发展路径能够为同类型的企业提供有效借鉴，同时也为制造业企业实现高质量发展提供了更多选择路径。

关键词：数字孪生；智慧工厂；数字赋能；管理能力

一、绪论

（一）研究背景

1. 纺织制造业实现高质量发展上升为国家战略

“十四五”时期，我国纺织行业在基本实现纺织强国目标的基础上，立足新发展阶段、贯彻新发展理念、构建新发展格局，进一步推进行业的高质量发展，在新的起点确定行业在整个国民经济中的新定位，即“国民经济与社会发展的支柱产业、解决民生与美化生活的基础产业、国际合作与融合发展的优势产业”。根据《国民经济和社会发展第十四个五年规划和2035年远景目标纲要》，“十四五”对于纺织行业提出了行业发展、产业结构、科技创新、品牌时尚建设、绿色发展水平以及增进民生福祉的发展要求，基本建成纺织行业责任导向的绿色低碳循环体系，行业碳排放在达峰后稳中有降。在纤维新材料、智能制造、时尚建设、绿色制造、高端产业用纺织品共五个领域实施一系列重点工程，具体落实“十四五”时期实施转型升级高质量发展的重点任务。

2. 印染企业因信息滞后导致的管理问题

印染企业的生产过程融合了物理和化学加工，生产设备多，加工工艺流程长，技术要求较高，对机器设备操作与管控要求高，低污染、低耗能是目前大环境下的基本生产要求，再加上生产经营活动中与外部联系广泛，由此决定了印染企业管理的复杂性。目前大多数印染企业还未完全实现管理体系与管理能力的现代化，究其根本原因是企业数字化、信息化程度不够，信息传递滞后，导致企业管理问题凸显，成为企业实现高质量发展的“绊脚石”。2021年上半年全国规模以上印染企业主要运行指标如表9－1所示。

表9－1　2021年上半年全国规模以上印染企业主要运行指标

主要运行指标		较2020年同期	较2019年同期
三费比例（%）	7.03	降低0.39个百分点	提高0.26个百分点
产成品周转率（次/年）	9.32	提高21.45%	降低11.64%
应收账款周转率（次/年）	4.30	提高18.13%	提高6.18%
总资产周转率（次/年）	0.50	提高18.30%	降低9.35%

3. 数字技术蓬勃发展

以大数据、人工智能等数字技术为支撑的新产业、新业态迅速“补位”，云端互 动、数据拼单、靠工业互联网转产等抓住产业数字化、数字产业化赋予的机遇，形成发展新动能，数字赋能经济的脚步正在加快。在数字经济时代，各国已陆续将数字经济发展的注意力聚焦到制造业。美国提出了“先进制造业国家战略计划”，英国提出了“工业 2025 战略”，德国发布“工业 4.0 高科技战略计划”，法国提出“新工业法国”计划，以及日本发布“再兴战略”等。

自 2015 年我国提出“国家大数据战略”以来，推进数字经济发展和数字化转型的政策不断深化和落地，2017 年以来，“数字经济”已经连续四年被写入政府工作报告，2020 年政府工作报告中明确提出“要继续出台支持政策，全面推进‘互联网 +’，打造数字经济新优势”制造业应顺应数字经济发展趋势，运用数据技术并借助国内互联网发展优势，实现数字化转型和升级。

基于以上背景，本案例重点关注“以印染企业为代表的制造业企业如何借助数字孪生技术解决企业因数字化程度不足、信息滞后导致的管理问题，并以数字赋能为视角，研究企业通过数字赋能从而提升管理能力的内在机理”这一关键问题。本案例根据案例研究的方法，选取了引入数字孪生技术的印染企业——浙江越新印染有限公司为研究对象。

（二）研究思路（如图 9 –1 所示）

本案例根据越新印染借助数字孪生技术打造智慧工厂，并以数字赋能为视角研究数字技术提升企业管理能力的内在机理，从而推动企业数字化、高质量发展的主题，设计了以下研究思路：研究主题确定——相关概念介绍——研究对象介绍——案例主体介绍——案例分析讨论——总结与启示。本案例分为六个部分，每个部分研究内容如下：

第一部分——绪论：通过研究当前的背景确定本案例的研究思路，并结合了适当的研究方法，最后总结出案例的研究意义。

第二部分——相关概念：首先明确专业名词数字孪生的含义，目前推广数字孪生技术的应用企业和应用场景，其次结合本案例重点介绍数字孪生智慧工厂主要构成要素和功能。

第三部分——案例对象介绍：对浙江越新印染有限公司的企业概况、发展历程、产品、企业荣誉进行基本介绍。

第四部分——案例主体介绍：从传统印染企业的改进之前因信息滞后引发的管理问题出发，再介绍越新印染打造数字孪生智慧工厂具体做法，最后对其产生的成效进行分析。

第五部分——案例分析讨论：介绍数字如何赋能企业管理层次和管理职能，实现纵横交互，高效协作。以纵向为企业管理层次即战略管理层、运营管理层、作业管理层，横向为管理职能即人力资源、生产流程、市场营销来展开分析讨论，解释数字孪生技术是如何影响企业管理的。

第六部分——案例总结与启示：总结了本案例研究的主要内容，从个性上升到共性，阐述了通过数字孪生赋能企业，打造数字孪生智慧工厂的意义，最后对制造业企业提出建设性的意见和展望。

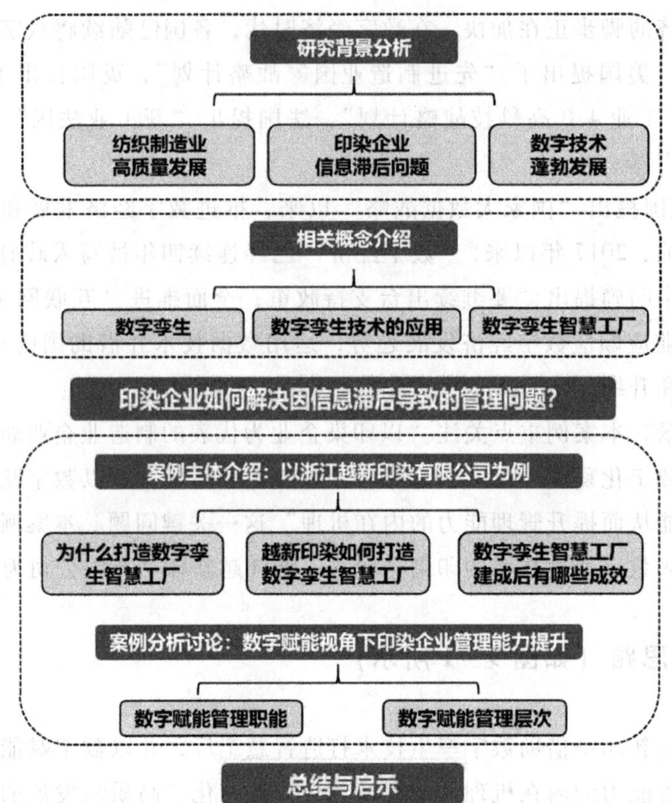

图 9-1 研究思路

（三）研究方法（如图 9-2 所示）

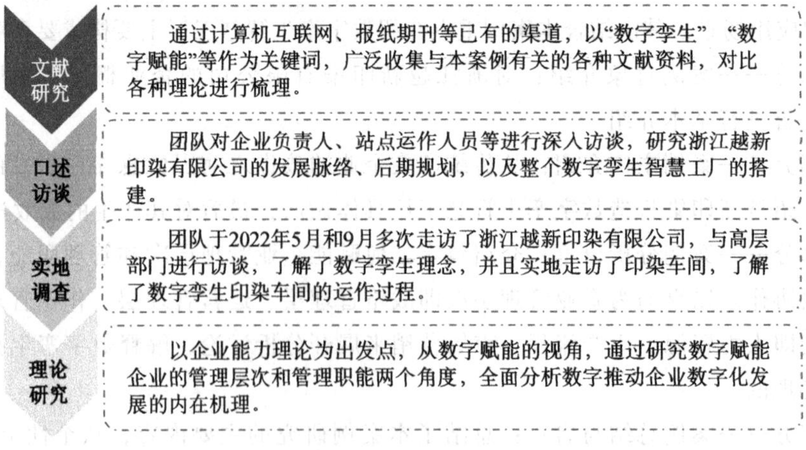

文献研究	通过计算机互联网、报纸期刊等已有的渠道，以“数字孪生”“数字赋能”等作为关键词，广泛收集与本案例有关的各种文献资料，对比各种理论进行梳理。
口述访谈	团队对企业负责人、站点运作人员等进行深入访谈，研究浙江越新印染有限公司的发展脉络、后期规划，以及整个数字孪生智慧工厂的搭建。
实地调查	团队于2022年5月和9月多次走访了浙江越新印染有限公司，与高层部门进行访谈，了解了数字孪生理念，并且实地走访了印染车间，了解了数字孪生印染车间的运作过程。
理论研究	以企业能力理论为出发点，从数字赋能的视角，通过研究数字赋能企业的管理层次和管理职能两个角度，全面分析数字推动企业数字化发展的内在机理。

图 9-2 研究方法

（四）研究意义

在国家要求各制造业企业高质量发展和数字经济蓬勃发展的背景下，现阶段，我国许多印染企业的技术、装备与国外相比并不落后，但相对工艺技术而言，管 理是印染行业创新发展的短板。管理体系与管理能力的现代化是印染企业生存和发展的命脉，印染企业要立足自我，内部挖潜、苦练内功，找准制约提质增效的瓶颈问题，加快补齐管理短板，实现管理增效，提升发展质量。传统的制造业企业如何整合并运用先进的数字技术，破除如今的管理困境，重塑管理体系，实现更高效的智慧管理从而加快数字化转型是一个非常重要的议题。数字孪生智慧工厂是通过把现代科技手段和印染产业中的创新应用结合起来，在促进整个纺织印染服装全产业中具有积极意义。同时，我国传统制造业企业虽然发展历史悠久但是目前明显已经陷入发展瓶颈期，因此，通过研究浙江越新印染有限公司如何通过数字孪生技术推动整个企业实现智慧管理具有重要的理论和现实意义，具体包括：

（1）具有理论研究意义。本书通过研究越新印染数字孪生智慧工厂的搭建以及运用，并结合企业能力理论，分析数字孪生能够赋能企业管理层次和管理职能的内在机理。

（2）具有现实推广价值。印染企业属于一个跨学科、跨人群、融合多项技术手段的资源整合与系统配置的制造行业，需要依托相关行业领域的专业知识和技术人才，通过探究越新印染的发展模式，帮助更多流程式制造业企业实现数字化转型，打造一个可以推广的模式。

通过对越新印染以数字孪生技术为依托赋能企业管理层次和管理职能的研究，发现其中存在的不足之处。针对越新印染转型、改革、完善自身的构架提供改进意见，同时给其他同类型制造业企业提供一些参考意见。

二、相关概念

（一）数字孪生

数字孪生（Digital Twin），也被翻译为数字双生、数字双胞胎、数字镜像或者数字化映射，是在新一代信息技术和制造技术驱动下，整合了多属性、多维度、多应用可能性的仿真技术。数字孪生利用数字技术对物理实体对象的特征、行为、形成过程和性能等进行描述和建模；同时又采用了先进的传感器、工业物联网、历史大数据分析等技术，具有超逼真、多系统融合、高精度的特点，实现监控、预测、数据挖掘等功能。简单来说，数字孪生就是在一个设备或系统的基础上，创造一个数字版的“克隆体”，并且这个“克隆体”具有可操作性、实时性、保真性等特性，实体与“克隆体”的联系贯穿于整个生产流程，如图 9-3 所示。

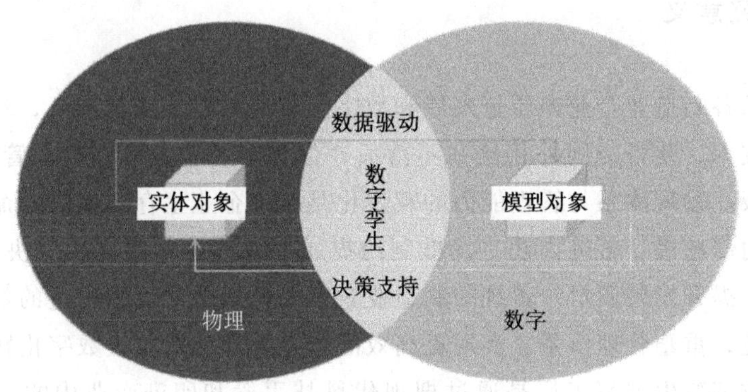

图 9-3　数字孪生解释图

数字孪生概念最早源于航空航天项目。EricJ. Tuegel 等 2011 年在美国空军实验室的研究文献中提到了数字孪生一词，认为数字孪生是一种典型的高维度空间的复杂系统，提出了一种用于预测飞机结构寿命和保证结构完整性的数字孪生概念模型。E. H. Glaessgen 等 2012 年提出，数字孪生是对已建造好的运载工具或系统的、整合了多物理属性、多维度、多种可能性的仿真模型。在此之后数字孪生被推广到工业生产领域，Grieves 博士 2014 年说明数字孪生包括三个主要部分：①在真实空间中的实体产品；②在虚拟空间中的虚拟产品；③在虚拟产品和物理产品之间存在的数据和信息连接。

数字孪生技术的特点如下：

（1）利用计算机技术建立的虚拟模型是对物理对象的真实映射，并对物理对象的各类数据实时感知并集成融合；

（2）通过参与物理对象的全生命周期，不断积累相关信息，并与其共同进化；

（3）虚拟空间的数字化模型能够对现实中的物理对象准确描述，而且能够控制物理对象的运行过程，孪生数据能够促使物理对象不断优化，直到最优。数字孪生连接物理空间与信息空间的方式如图 9-4 所示。

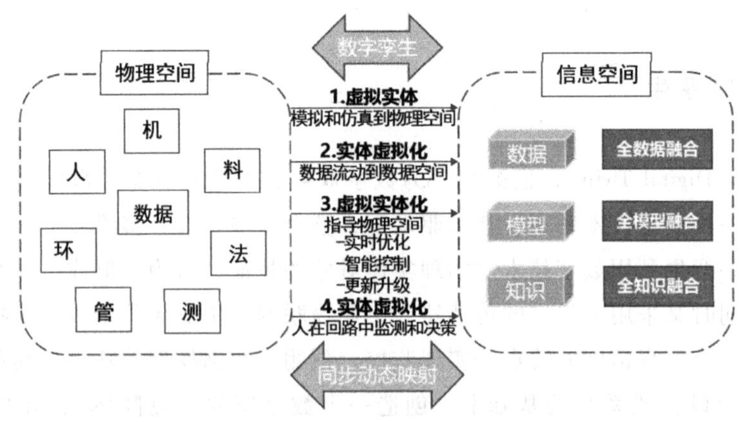

图 9-4　数字孪生技术图

（二）数字孪生技术的应用

数字孪生的术语虽然是最近几年才出现的，但是数字孪生技术内涵的探索与实践，早已经在十多年前就已开始并且取得了相当多的成果。数字孪生技术应用于企业的发展同时也应用于公众场合。

1. 应用场景

（1）数字化设计：数字孪生 + 产品创新。数字孪生技术打造产品设计数字孪生体，在赛博空间进行系统化仿真，实现反馈式设计、迭代式创新和持续性优化。目前，在汽车、轮船、航空航天、精密装备制造等领域，已普遍性展开原型设计、工艺设计、工程设计、数字化样机等形式的数字化设计实践。

（2）虚拟工厂：数字孪生 + 生产制造全过程监管。在赛博空间打造出映射物理空间的虚拟车间、数字工厂，促进物理实体与数字虚体之间的数据双向动态交互，依据赛博空间的变化及时调整生产工艺、优化生产参数，提升生产效率。

（3）设备预测性维护：数字孪生 + 设备管理。开发设计设备数字孪生体并与物理实体同步交付，实现设备生命周期数字化管理，同时依托于现场数据收集与数字孪生体分析，提供产品故障分析、寿命预测、远程管理等增值服务，增强用户体验，减少运维成本，强化企业核心竞争力。

（4）智慧城市：数字孪生 + 城市运作管理。建设城市数字孪生体，以定量与定性结合的形式，在数字世界预演天气环境、基础设施、人口土地、产业交通等要素的交互运作，绘制“城市画像”，支撑决策者在物理世界实现城市规划“一张图”、城市难题“一眼明”、城市治理“一盘棋”的综合性效益最优化布局。

（5）智慧医疗：数字孪生 + 医疗服务。将数字孪生与医疗服务相结合，实现人体运作机理和医疗设备的动态监测、模拟和仿真，加快科研创新向临床实践的转化速度，提升医疗诊断效率，优化医疗设备质控监管。

2. 应用企业

数字孪生技术的应用企业如图 9 - 5 所示。

中国航空工业集团第一飞机研究院（简称“一飞院”）在 21 世纪初开发的飞豹全数字样机与已经服役的飞机形成了简明意义上的“数字孪生”。

北京五一视界数字孪生科技股份有限公司（51WORLD）是一家领先的数字孪生平台公司，以原创全要素场景（AES）为基础，融合物理模拟、工业仿真、人工智能、云计算等技术，重新定义数字孪生应用生态，帮助政府及企业进行新一轮数字化升级，并引领数字孪生成为新型基础设施之一。51WORLD 通过 AES 建立数字孪生平台，实现多源时空数据融合，城市数字底座搭建，多元仿真模型模拟等应用价值。

图 9-5　数字孪生技术的应用企业

数字冰雹信息技术有限公司，专注于数据可视化领域并且成功应用于智慧城市、公安、交管、监所、应急管理、航天战场等多个领域。在嫦娥五号探月任务中，数字冰雹通过数字孪生技术，为航天五院提供了“采样封装可视化监测系统”，对嫦娥五号航天器进行了数字孪生三维仿真，并通过加载遥测数据，实现航天器工作状态监测、点云数据监测、多维遥测数据可视化分析等功能，为科研人员开展月表形貌探测和地质背景勘察任务提供有力支持。

泰瑞数创科技（北京）有限公司形成了贯穿数据采集、处理和应用的全产业链支持能力，为智慧城市、工业互联网和智能驾驶行业客户提供全产业链数字孪生解决方案。西安核音智言科技有限公司是在智慧城市、数字孪生、软件产品与服务领域，集解决方案咨询、平台研发、运维服务于一体的高新技术企业，已为行业提供了各类以数字孪生技术为核心的软件服务。

（三）数字孪生智慧工厂

基于数字孪生技术以及理念的运用，数字孪生智慧工厂日渐形成，如图 9-6 所示。

图 9-6　数字孪生智能工厂组成要素

对于制造业企业来说，在制造阶段，通过数字化手段构建起来的虚拟生产线，将产品本身的数字孪生同生产设备、生产过程等其他形态的数字孪生高度集成起来，实现如下功能：

①生产过程仿真：在产品生产之前，就可以通过虚拟生产的方式来模拟在不同产品、不同参数、不同外部条件下的生产过程，实现对产能、效率以及可能出现的生产瓶颈等问题的提前预判，加速新产品导入的过程。

②数字化产线：将生产阶段的各种要素，如原材料、设备、工艺配方和工序要求，通过数字化的手段集成在一个紧密协作的生产过程中，并根据既定的规则，自动地完成在不同条件组合下的操作，实现自动化的生产过程；同时记录生产过程中的各类数据，为后续的分析和优化提供依据。

③关键指标监控和过程能力评估：通过采集生产线上的各种生产设备的实时运行数据，实现全部生产过程的可视化监控，并且通过经验或者机器学习建立关键设备参数、检验指标的监控策略，对出现违背策略的异常情况进行及时处理和调整，实现稳定并不断优化的生产过程。

④服务阶段优化：数字孪生可以实现远程监控和预测性维修、优化客户的生产指标、产品使用反馈等功能，改善用户对产品的使用体验，这些功能将随着物联网技术的成熟和传感器成本的下降逐渐大规模投入使用。

三、案例对象介绍

（一）企业概况

浙江越新印染有限公司创始于 2011 年，总部位于浙江绍兴，是一家专业染色加工优质高档服装面料的大型印染企业。公司外景如图 9－7 所示。公司注册资本为 5000 万元人民币，拥有固定资产近 6 亿元，占地 6 万余平方米，员工 1200 余人，定型机 25 台，年生产能力 3 亿多米以上，同时拥有面积达 5000 平方米的新产品研发中心。公司主要经营生产加工印花、染色、漂白、针纺织品、服装，批发零售纺织品、服装、化纤原料以及货物进出口。公司在主业上不断创新，谋求转型升级并积极拥抱互联网时代消费市场的变化，凭借自身的核心技术的探索与实践，投资新建了新技术研发中心和越新市级印染研究开发中心。公司不断改革创新，2020 年成功研发出新产品“麂皮绒”等创新产品，并探索出一条基于数字孪生理念的新型数字化转型之路，实现了企业的高质量发展。

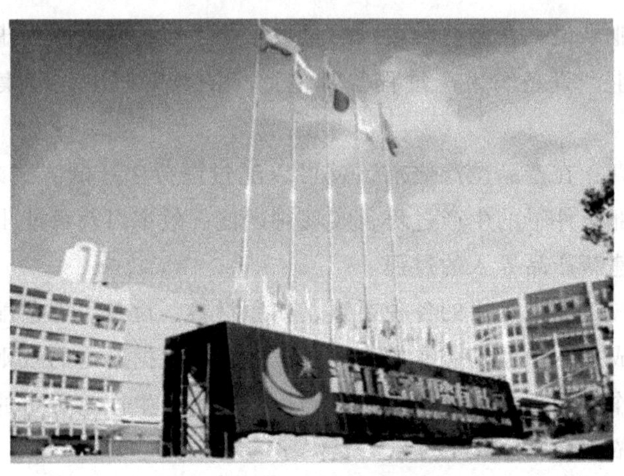

图 9－7 越新印染有限公司外景

浙江越新印染有限公司位于“中国轻纺城”——绍兴柯桥，是目前全国规模最大、设施齐备、经营品种最多的纺织品集散中心，也是亚洲最大的轻纺产品专业市场。而纺织印染产业是绍兴柯桥的“母亲产业”，上承织造业，下接服装家纺业，在整个纺织产业中起着承上启下的作用。浙江越新印染有限公司坚持走“精品化＋差异化”产品发展路线，积极以政府“绿色高端，世界领先”的倡导为目标，营造了“美丽工厂、绿色生产”的环境，以“品质，服务，责任”为宗旨，不断改革创新，致力于打造业内品质一流的印染生产基地。如今，在传统制造业面临的发展困境和数字技术的浪潮下，越新印染依靠新型数字化转型升级，实现了企业的高质量发展。

（二）发展历程（如图 9－8 所示）

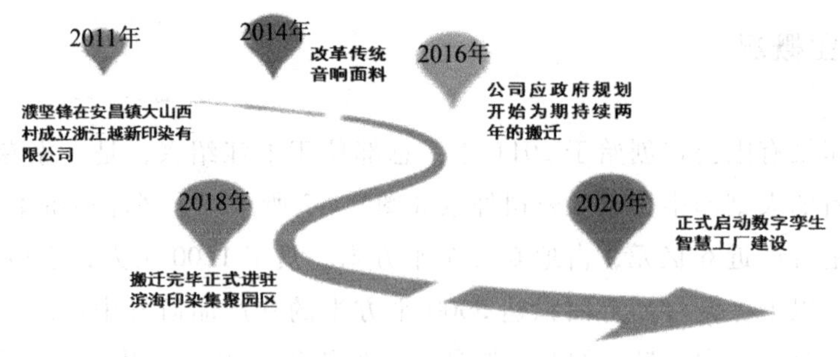

图 9－8 企业发展历程

2011 年，濮坚锋应政府之邀，收购、盘活破产倒闭的梅荣企业，在安昌镇大山西村成立了浙江越新印染有限公司，以科技创新带动企业迈向高端市场，产品主销上海、广州、深圳、中国香港，以及欧美、日韩等地。

2014 年，越新印染革命性地改变传统音响用材，成为 JBL 面料专供商。这款集防水、防火、透气、透音于一体的复合面料正是基于“原创＋功能”的产品开发理念和团队孜孜不倦的探索。

2016 年，越新印染有限公司再次顺应绍兴政府的号召，勇于承担社会责任，进行工厂搬迁。工厂的搬迁意味着工厂内的人员、设备、资产投入、已建立的良好的基础和合作伙伴都发生了巨大的改变。

2018 年，绍兴市委正式开启一条不同寻常的“产业迁徙”之路——将散落在越城区的印染和化工企业分别搬迁至柯桥和上虞的集聚区。越城区 34 家拟搬迁印染企业组成的 5 个组团已经全部开工，21 家拟搬迁化工企业已经全部完成签约。越新印染则是进驻绍兴滨海印染集聚园区的企业之一。

2020 年，绍兴印染业聚集将全部完成。同年 10 月，越新印染和数制科技有限公司签订战略合作，共同开发“智慧印染”项目。

（三）产品介绍

公司主营产品为人棉、全棉、天丝、莫代尔、涤纶仿真丝以及各种混纺梭织高档服用面料，并一直致力于研发各种创新类复合面料。产品遍及全国各地，远销欧洲、拉美等多个国家和地区，经济效益和综合竞争实力位居行业前列。

作为纺织印染行业的佼佼者，公司一直致力于纺织印染技术的绿色化、高新化发展，已取得 4 项发明专利、12 项实用新型专利，7 项软件著作权等。部分印染产品如表 9 - 2 所示。

表 9 - 2　　部分印染产品展示

产品图样	产品介绍
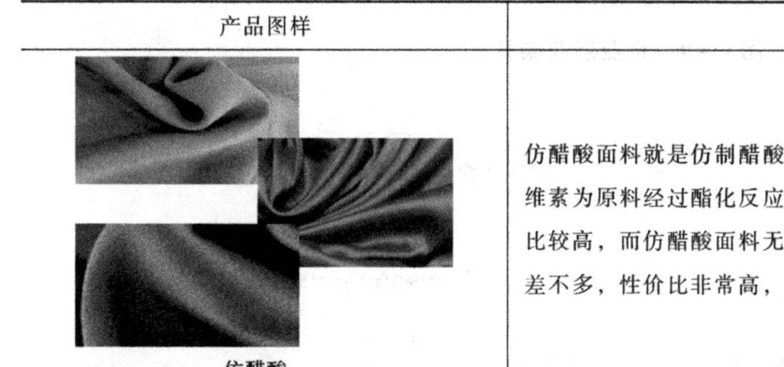 仿醋酸	仿醋酸面料就是仿制醋酸面料制作而成的一种面料，是用醋酸和纤维素为原料经过酯化反应制成的人造纤维。市面上的醋酸面料价格比较高，而仿醋酸面料无论是在性能、颜色等各方面都和醋酸面料差不多，性价比非常高，受到人们的欢迎
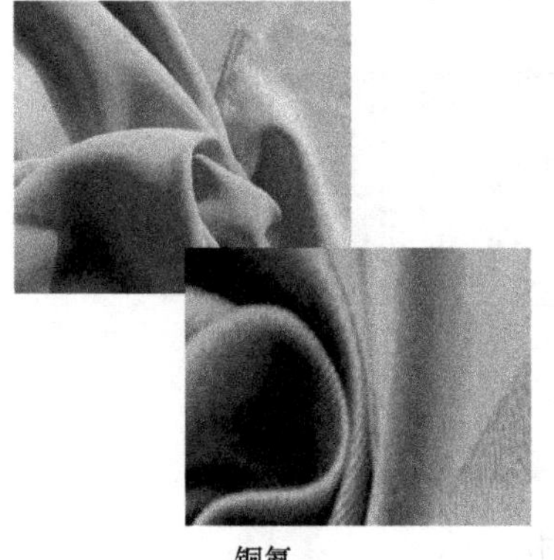 铜氨	铜氨是一种再生纤维铜氨丝，取自棉花种子周边的绒毛，100% 纤维素纤维。由于纤维细软，光泽适宜，常用于高档丝织或针织物的生产。其服用性能较优良，吸湿性好，极具悬垂感，服用性能近似于丝绸，符合环保服饰潮流。铜氨纤维比较昂贵，具有会呼吸、清爽、抗静电、悬垂性佳四大功能，其最吸引人的特性为具吸湿、放湿性，属呼吸、清爽的纤维

（四）企业荣誉（如图9－9、图9－10所示）

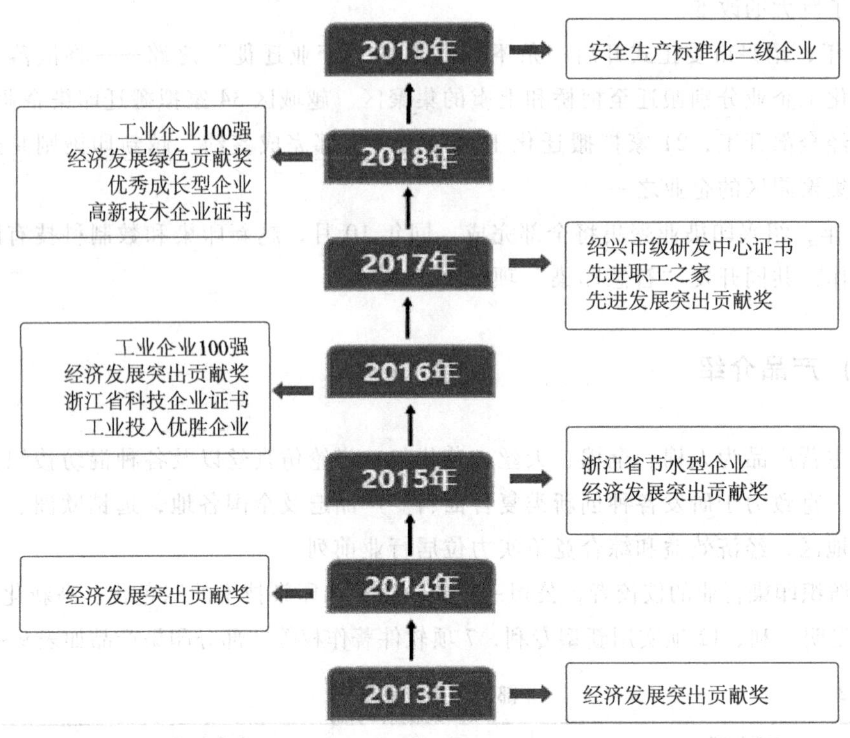

图9－9　企业所获荣誉

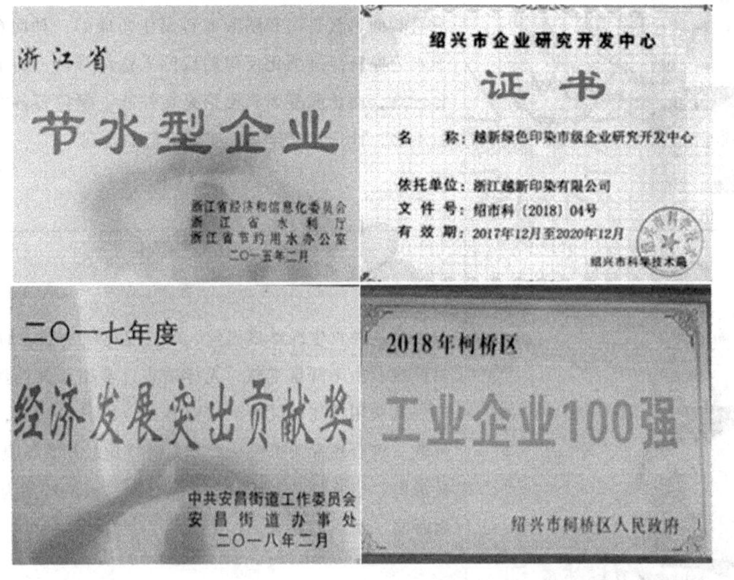

图9－10　企业部分荣誉证书

四、案例主体介绍

（一）越新印染打造数字孪生智慧工厂的缘起

企业面临的问题如图9－11所示。

图9－11 企业面临的问题

1. 外部环境压力

印染行业污染主要体现在废水和废气两方面。印染作为水污大户，其废水排放量和污染物总量分别位居全国工业部门的第二位和第四位，占纺织业废水七成以上。从污染物质来看，印染废水污染物质主要来自纤维材料、纺织用浆料、印染加工所用的染料、化学药剂等，印染废水主要包括退煮漂废水、染色废水、丝光废水、后整理废水、设备冲洗水等，总染整废水pH在10～11，有机物含量高，COD在800～2000mg/L，同时有约10%未成功上色染料残留在废水中。废气方面，印染作为工业源VOCs（挥发性有机物）的重点来源，再加上废气主要以高温气体混合物的形式排放，污染物包含甲醛、氨气、多苯类以及染料分子等。行业公认废气排放主要来自高温定型机，其排放的废气具有高温（120～170℃）、高污染、成分复杂的特性。

近两年，国家环保政策密集出台，各级政府对环保的监管力度都有所加强，对环保不合格的企业坚决实施停产并采取制裁措施，环保压力逐年增大，印染企业面临着严苛的环保标准，也面临着较大的外部环境压力。

2. 内部管理问题

（1）材料浪费难把控。印染作为一种流程式加工方式，其工艺过程流程长并且工艺复杂，整体呈现连续性的特征，流程之间联系紧密。任何一个生产环节出现故障都会导致整个生产过程的瘫痪和生产材料的浪费。由于诸多客观要素和非可控因素的影响导致生产流程的每一步并不能完全处于一种“信息透明”的状态之下，例如染缸温度并不能满足印染要求时，问题上报给管理者或者有经验的技术员工，召开紧急会议讨论解决方案再到执行的期间，花费大量资源加热起来的染缸早已冷却，重新加热将再度耗费资源。中途停止生产检查会严重拖慢生产进程，不停止生产则会导致产品不合格，出现问题就会陷入进退两难的境地，管理生产不易把控，容易落入管理“黑箱”。

同时，排产不当也会导致生产材料的浪费。在排产时，一个订单排一次产会造成物料额外消耗、洗缸成本增加、部分机器空转、排产变动协调难等问题，在一定程度上反映了企业生产设备、生产物料、人员精力、时间成本的有效利用率低。生产材料的“边角料”如果直接舍弃也是一种资源的浪费，有效利用材料“边角料”也能够帮助企业降低成本，减少浪费。企业无法高度整合生产过程中产生的一部分还具备剩余价值的材料，储备这些具备剩余价值的材料也需要占用企业资源。如果不能及时高效地将这些资源进行合理利用，只会造成物料积压，加重企业负担。

（2）生产全流程难回溯。产品生产周期包括采购产品原料、生产加工、包装仓储、渠道物流、终端销售，每一个环节都有可能导致问题的发生。当生产过程出现异常时，或者调查出某批次已销售产品存在问题时，为了锁定问题出现在哪一个具体的生产设备和生产原因上，需要手工对现有大量的纸面产品流程卡、领料单等信息展开过滤、清查。这往往浪费大量人力以及时间，造成异常发生后不能快速响应、效率低下，甚至为了调查清楚存在潜在风险的产品需要召回已销售产品，这对于企业的品牌建设及售后成本都造成很大的损失。

滞后管控下的产品具有源头不可追溯、流向不可跟踪、信息无法查询、关键数据采集难、责任认定模糊、产品召回难的痛点。同时，产品无法追溯还会导致问题原因无法总结，异常情况无法提取经验，风险管控能力不高，产品从制作到销售的各个环节透明度低，无法确切地掌握产品在企业内部、各生产环节的流动加工情况。产品在生产过程中出现的问题都无法确切地指出是在哪一步出现的问题，更何况将产品交付到客户手中。售后管理做得不好是企业管理不到位的表现之一，会对企业的信誉造成一定的损失。

以上问题的归根结底来源于信息的滞后性、信息的不对称性带来的管理问题。信息滞后是制约企业追赶的关键要素，正是由于信息滞后导致传递指令和信息反馈的滞后，导致企业管理有漏洞，发展能力弱化，发展速度缓慢。基于以上原因，印染企业需要结合数字技术改变传统生产模式，也就是数字孪生技术，建立数字孪生智慧工厂。数字孪生模型是企业新的数字化突破，其描述、诊断、预测、决策等功能实现实时可视化的数据流通、专业科学的信息预测分析、可视化综合分析看板、企业专属定制 App 等有助于改变企业信息滞后的问题，实现智慧生产，提供优质产品，吸引优质客户，有效地推动整个企业的一体化管控，对于提升企业管理能力，推动企业实现高质量发展具有重要的意义。

（二）越新印染打造数字孪生智慧工厂的做法

越新印染携手 BinMade 数制科技有限公司共同通过数字孪生技术将现实中的实体工厂在数字化世界中构建完全一致的虚拟孪生模型，实现对实体工厂的仿真、监测、分析和控制。具体来说，整个数字孪生工厂包含物理实体层、孪生模型层和服务层，如图 9－12 所示。

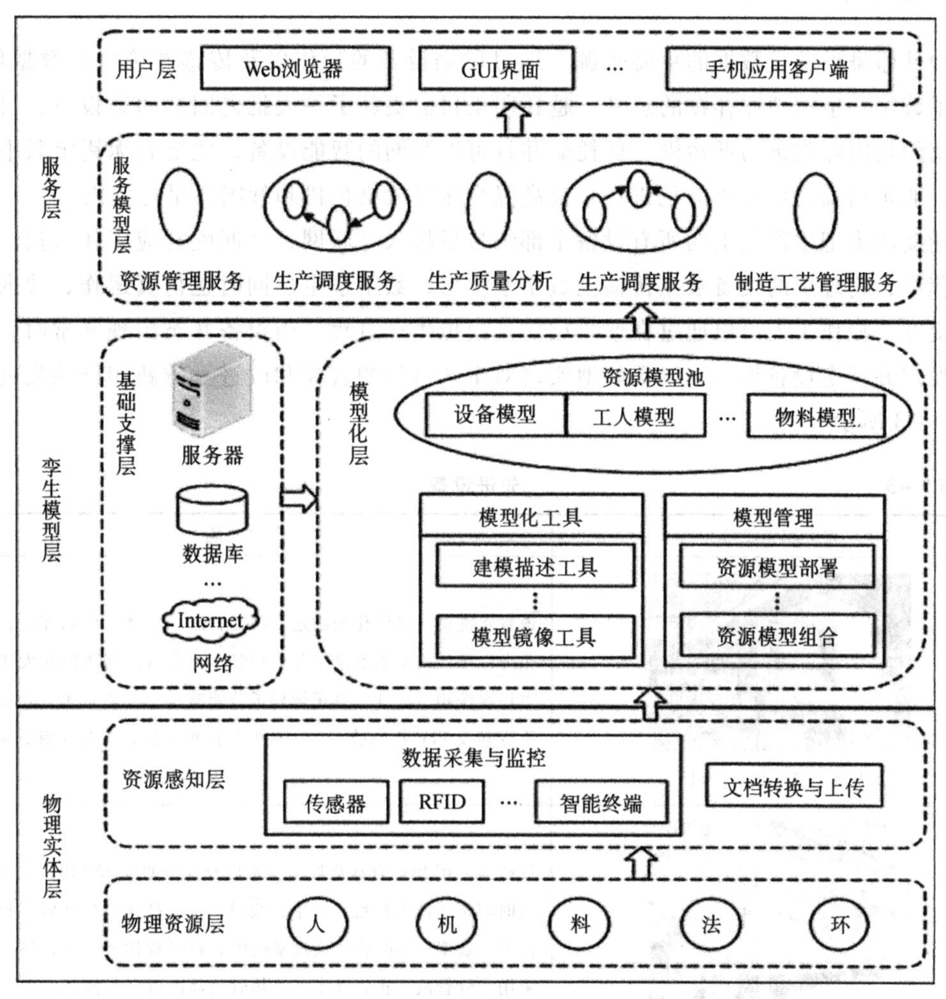

图 9－12　数字孪生三层系统

（1）物理实体层。物理实体层是制造车间的主体，主要包括人、机、料、法、环五个大类。“人”指制造产品的人员，包括操作工人、维修工人等；“机”指制造产品所用的设备、工装等辅助生产用具；“料”指制造产品所使用的物料，包括半成品、原料等用料；“法”指制造产品所使用的方法，包括工艺指导书、标准工序指引、生产计划表、检验标准、各种操作规程等；“环”指产品制造过程中所处的环境，包括各种设备的布局、温度、湿度、噪声等要求。

（2）孪生模型层。孪生模型层主要由仿真模型与孪生数据组合构成，其中仿真模型是对车间物理实体关键物理特征的真实写照，孪生数据由车间物理实体产生，将仿真模型与孪生数据在逻辑规则下进行结合与匹配，从而形成了孪生模型。

（3）服务层。服务层主要面向使用者，主要负责在孪生数据驱动下为车间服务系统的运行提供相应的支持与服务。

1. 物理层——设备升级

硬件印染设备是数据的主要来源。通过印染设备的运作以及传感器接口的数据传送，才有了数字孪生模拟体存在的意义。越新印染目前更新了一大批老旧的印染设备，目前正在使用的是国际先进的低污染、低耗能并且可以联网的智能设备，主要有无锡宝联平幅水洗机、亚东高温高压溢流染色机、东宝高温高压气流染色机和韩国日星定型机等。

越新印染把生产线上的所有设备全部编号后接入互联网，并匹配对应工作人员。在生产过程中，物理层的设备数据传输至数字孪生层，数字孪生层同时也仿真运作，数据不断实时交互。操作工人可以通过在孪生层仿真模拟生产过程，当设备状态出现异常时，可以及时发现并锁定设备编号，以更好地实现对生产过程的管控和改进。越新印染的先进设备如表9－3所示。

表9－3 先进设备

先进印染设备	主要功能
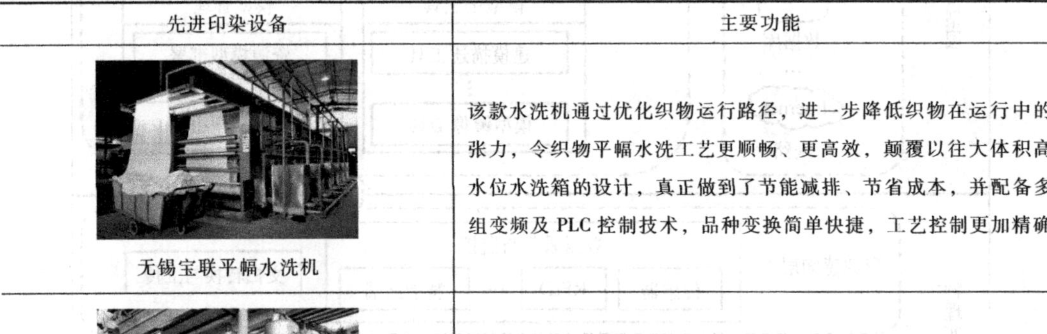 无锡宝联平幅水洗机	该款水洗机通过优化织物运行路径，进一步降低织物在运行中的张力，令织物平幅水洗工艺更顺畅、更高效，颠覆以往大体积高水位水洗箱的设计，真正做到了节能减排、节省成本，并配备多组变频及PLC控制技术，品种变换简单快捷，工艺控制更加精确
 亚东高温高压溢流染色机	该机型采用PLC自动化控制技术以及独特的筒体结构，避免织物长时间挤压产生折痕，对于二股投入也能高速顺畅运转，提高染色生产效率。同时提供大流量喷嘴、高扬程优质主泵，热交换器采用无缝管液压扩管技术，换热管与筒体可自由伸缩，高效节能
 东宝高温高压气流染色机	该染色机具有适应性广、超低浴比、匀染性好等特点；该机器采用独特的高温排放系统、冷水快速加热系统、连续水洗系统，省水省时，是印染加工的理想机型。同时该型染机配备自动化控制技术，适用多种集控系统，使染色管理更加方便高效

续表

先进印染设备	主要功能
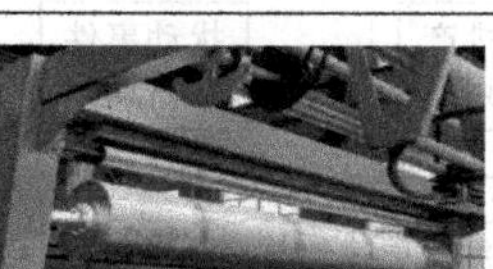 韩国日星定型机	该机器烘箱采用模块式结构技术，可以按照加工品种的工艺要求，自由选择烘箱节数。在主控制台上，通过独立驱动的调幅丝杆，可预先设定烘房内各点的幅宽形态，保证织物的整理效果。织物传送由变频控制的电机驱动，可精确控制各类型的织物运行，在启动、停机、紧急刹车或停电时均能维持稳定的织物张力

2. 数字孪生层——搭建系统

越新印染以物理车间真实场景为依托，借助基础的网络、数据库以及服务器等先进数字化技术搭建数字孪生系统，目前主要包含了智慧排产系统、工艺监测系统、设备管理系统、质量检测系统，实现对生产全流程的动态管控，如图 9-13 所示。

图 9-13　四大系统

（1）智慧排产系统。一般排产都是根据订单人工排产，派单员都是依托经验或者简单的历年数据分析，对于正在发生或者将来发生的数据预测不够准确。数字孪生技术关键在于仿真模拟加预测，越新印染依托数字孪生技术将数据全部输入进行模拟生产，通过科学的数据预测和分析，实现智能排产。智能排产系统的体系架构，如图 9-14 所示，包括数据层、计算层和应用层，其中数据层通过 WebService 接口与物联感知系统、生产计划管理系统和工艺管理系统等联接，获取生产计划、工艺规程、计划执行和扰动情况等信息，为分析计算提供基础数据。分析计算层包括扰动事件处理、排产参数计算和排产计算；其中排产参数计算基于存储的“排产知识”自动配置资源和计算工时，排产计算基于生产状态、工艺规程、制造资源配置和工序工时构建排产模型并进行计算，生成优化的排产方案。应用层面向排产应用，实现基于扰动事件的重新排产。智慧排产彻底摒弃了人工排产

所有缺点，更新了排产体系，提高了生产效率，降低了生产成本。

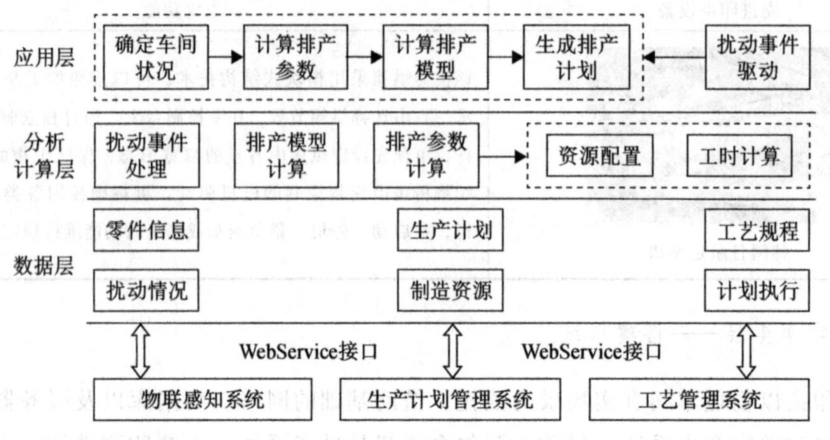

图 9－14　智能排产系统

（2）工艺监测系统。产品质量是企业能否长远发展的关键一环，印染流程长并且具有连续性，涉及的具体印染工艺也很多样，传统管控模式无法及时监测错误并纠正，是导致产品质量不够稳定的原因之一。越新印染在车间孪生数据的驱动下，通过采集产线设备数据、模型数据、生产进程数据等传输到数据中心，实现产品全加工过程的实时监控和远程控制，建立全流程工艺监测体系，并在后期实现过程优化，减少出错率，提高产品质量。

（3）设备管理系统。设备是印染工厂里的重要组成部分，设备出现纰漏是导致产品质量不稳定的另一重要原因，连续运转的设备极易出现空缸等问题，对整个流程都会产生影响。越新印染将全生产流程的生产设备都依托孪生数据，一是提前进行科学的数据计算，提前预设好设备的最佳工作时间、工作温度等主要数据；二是异常报警，实时的孪生数据可以与实际生产数据形成对照，若是实际生产数据不符合科学计算数据的话，系统就会出现红色“异常”二字，可以实现问题迅速锁定，责任人迅速处理的效果，更好地实现整个生产的管控。

（4）质量管理系统。生产过后出现质量问题往往无法确定具体是哪一环节出错，导致生产成本高，生产效率低。越新印染为此搭建质量管理系统，一是进行基本的质量检测和分析，对所生产的成品布进行基本的指标分析并记录数据；二是回溯整个生产过程中从白坯布到成品布所经历的所有化学染料、机器以及经手哪位负责人。双管齐下实现对产品的硬性把控。

3. 服务层——可视化应用

（1）中心驾驶舱数字看板——实时管控，可视化生产。数字看板是基于物理层与数字孪生层交互产生数据的一种可视化呈现方式，越新印染在总控室设置总控数字看板作为中心驾驶舱，并在各个车间仓库等均设置电子看板作为各个分舱，数字看板是实现可视化柔性管控非常重要的一步，是实现物理工厂与孪生工厂数据交互传输的可视化手段，如图 9－15 所示。

图9-15 中心数字看板

总控看板主要由效率看板、质量看板、仓储看板、客户看板、风险看板等众多系统组成。效率看板通过设备开机率、有效利用率、资源调度效率、人员绩效分析、异常处理响应效率综合展示车间生产效率问题和订单执行进度，辅助管理层开展短期调整和长期优化工作，监控业务管理；质量看板则聚焦工件质量问题信息，实时把控工件质量趋势数据，奠定质量优化基础，并且以项目为单位开展交付产品质量管控工作，监控业务管理；客户看板则可以实时看到客户数据以及订单完成情况；风险看板是通过识别异常信息结合历史数据分析识别当前项目风险，支持定位到具体的风险预示指标，如项目质量风险、项目成本风险、项目进度风险，监控业务管理。

越新印染的数字车间如图9-16所示。

图9-16 越新印染的数字车间

（2）企业专属 App——全流程协同，企业整体上云。数字孪生智慧工厂实施之后，办公也随之主张加快如今的数字化脚步。越新印染引入数制科技公司开发的白鹭协同 App 并且采购了一批工业手机方便公司内部人员使用。白鹭协同 Logo 和名称如图 9－17 所示。白鹭协同与工厂适配，是企业生产管理的全流程高效协同的移动端工具，助力企业整体上云。白鹭协同 App 有管理者入口、产品质量查询入口和客户服务入口三个入口，如图 9－18 所示。

图 9－17　白鹭协同 Logo 和名称

图 9－18　白鹭协同 App 三个入口

（3）白鹭协同。App 可供管理者实现透明、实时、移动数字化管理，一方面，管理者可以线上随时处理生产过程中出现的异常问题，厂内员工随时利用 App 上报问题。在订单版面，每一笔订单的基本信息、生产状态、完成情况一目了然，详细到当管理者入口前工序、机台编号、操作员姓名等，都能一键查询。在质量总览、质量分析板块，管理者能清楚掌握布匹生产情况，对有关产品质量的数据实时获得，及时把握产品的质量改进情况，方便管理；另一方面，管理者可以在 App 上实现任务指派、工作会议、报表审阅等基础管理工作，并且任何部门的任何员工工作到岗情况、工作出勤等情况一目了然，基础管理实现扁平化、透明化，白鹭协同 App 界面如图 9－19 所示。

（4）产品查询入口。App 配备可追溯质量管理体系，如图 9－20 所示，该体系确保在移动端实现从坯布进厂、加工、库房管理到出货记录等一系列环节的可追溯性。做好在产前、产中和产后的生产档案记录，建立从销售的终端产品追溯到白坯布源头的追溯体系，

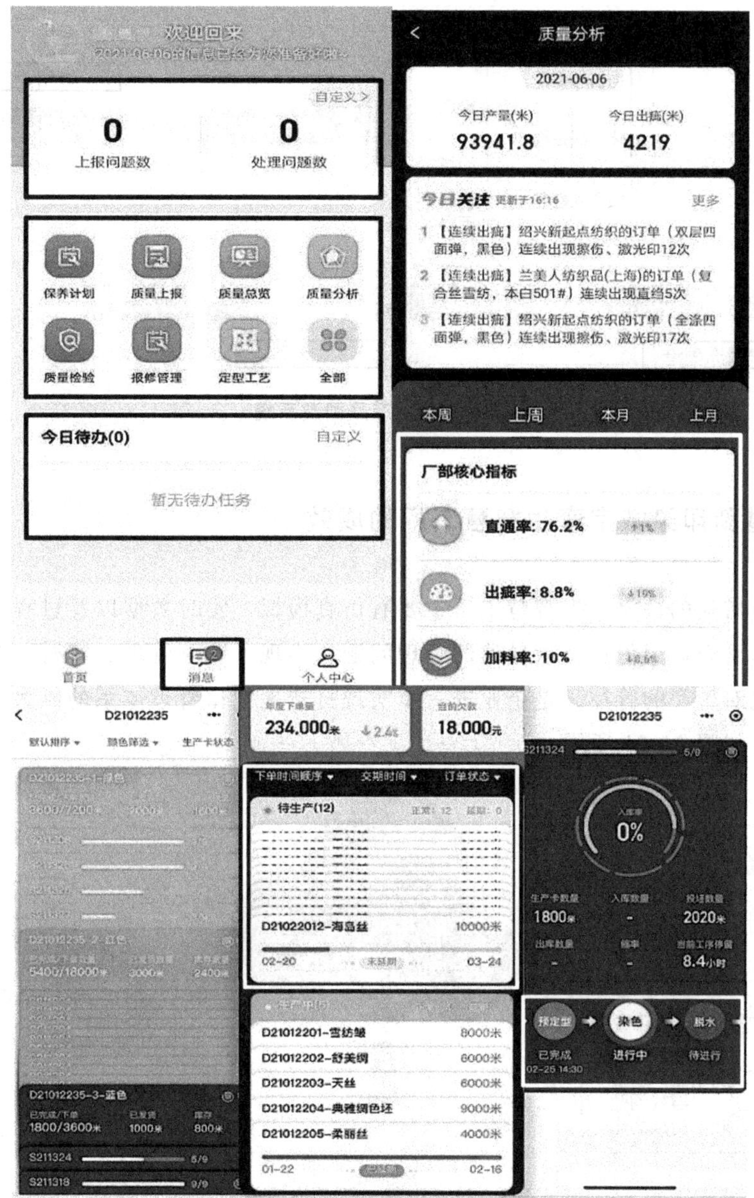

图 9－19　白鹭协同 App 界面

并通过电脑软件把各生产环节采集的数据有机地结合起来并传送到网络信息平台，达到了“生产可记录、信息可查询、流向可跟踪，责任可追溯”的要求。

（5）客户服务入口。公司发送实时更新以及客户相对应的产品在线生产情况，为客户提供有关产品和服务的第一手资料，与越新印染签订订单的客户能在线监测生产流程和生产进度，及时查询布匹质量、花色情况。客户还能自主查询订单状况和物流配送情况，并且客户还可以通过 App 发送产品反馈给公司，增加客户黏性。

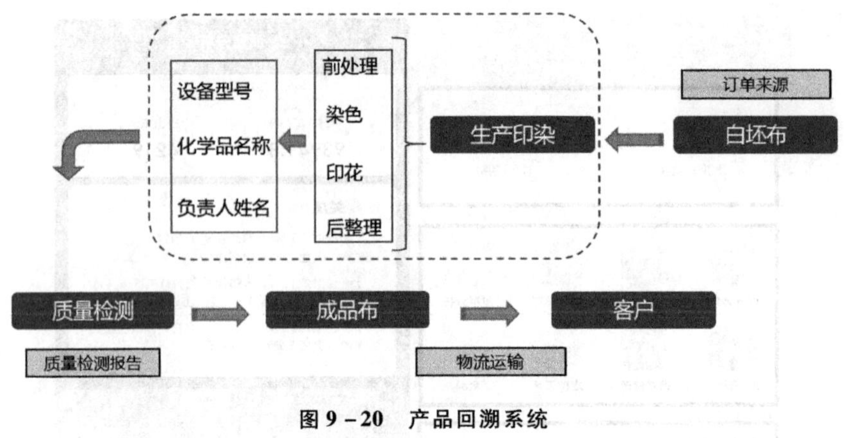

图 9－20　产品回溯系统

（三）越新印染数字孪生智慧工厂的成效

越新印染搭建的数字孪生智慧工厂主要有仿真模拟、实时数据以及过程回溯的三大功能，解决了印染企业因信息滞后导致的管理问题，实现了预测管理、实时制管理和优化管理，更好实现对生产的管控，是企业进一步实现打造现代化管理体系的巨大飞跃。智慧工厂的成效分析如图 9－21 所示。

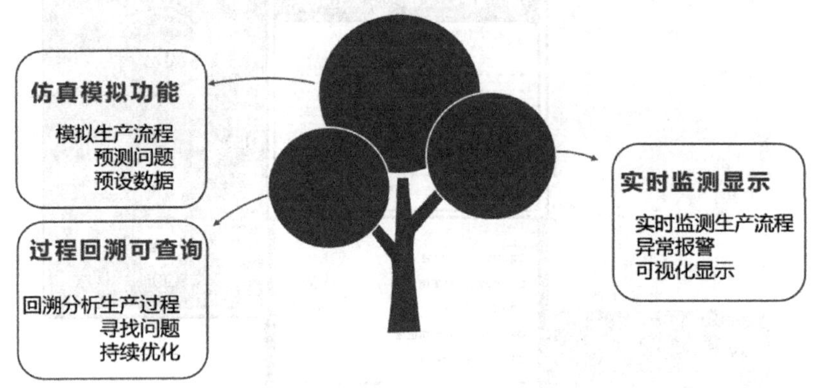

图 9－21　智慧工厂的成效分析

1. 仿真模拟功能——科学的预测管理（如图 9－22 所示）

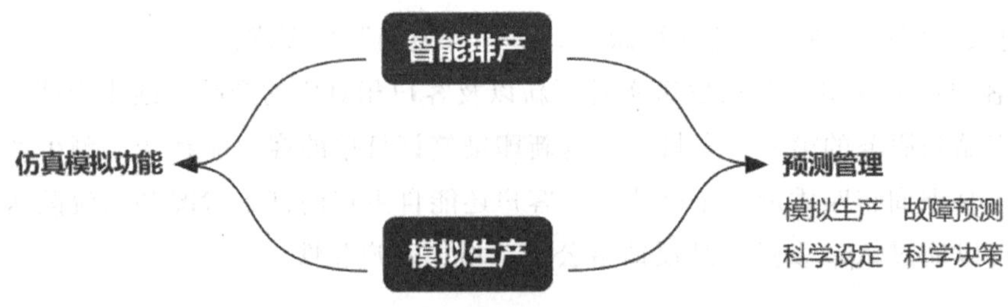

图 9－22　仿真模拟功能

数字孪生具有仿真模拟功能。根据实际生产流程，通过工厂生产车间的数字孪生动态模型，分析整个印染的运行状态，依据历史数据以及新数据对整个印染流程的物料配送、机器运行等生产步骤等进行仿真模拟运行，对整个生产流程进行虚拟调试和预测运行，达到问题可预测、风险可预知并提前解决的效果，成功规避了可能影响生产进程和生产效率的大部分可能性，提高了企业对生产流程的整体管控。

一方面，越新印染实现了智能排产。通过物理车间生产的历史数据进行分析挖掘，同时获取并存储生产过程的资源配置和工时计算知识，并基于当前的生产情况，以及设备状态、生产任务、加工工艺等数据自行进行分析和判断，自动调用知识进行资源配置和工时计算，得到所有工序的加工安排及配套的工时，自动完成对新订单的排产计算，避免了人工排产可能出现的差错和紧急插单对整个生产的影响。

另一方面，越新印染能够给生产设备的健康状态和故障征兆进行诊断，并进行故障预测和科学设定，例如染一号布的最佳染缸温度是85°C、最佳时间是5个小时，负责人可以对其在孪生模型中通过模拟生产作出科学设定，并在实际投入生产时作为设备是否合理运行的参照数据。如果生产过程中发生改变，对于拟采取的调整措施，可以先对其数字孪生模型在仿真云平台上进行虚拟验证，如果没有问题，再对实际产品的运行参数进行调整，可以帮助企业避免非计划性停机，实现预测性维护和运行控制与优化。这极大地提高了生产效率和对设备的利用率，对设备与生产的管控也更上一层楼。

2. 实时交汇数据——实时的可视化管理（如图 9－23 所示）

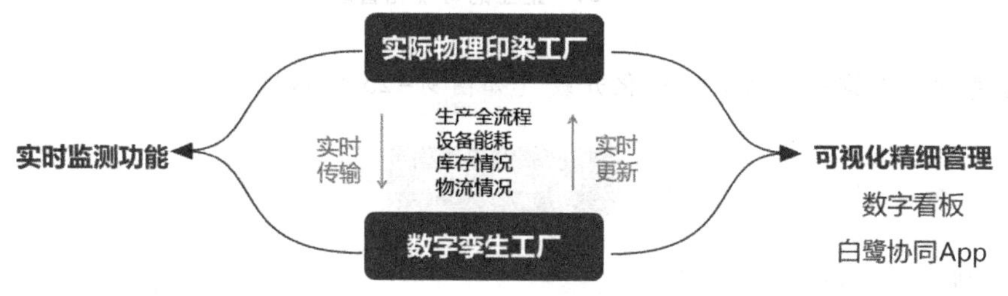

图 9－23　实时监测功能

数字孪生可实现可视化的实时数据展示，实现了企业的实时管理。物理工厂与虚拟工厂二者同步进行，产生的实际数据可实时出现在数字看板和移动端 App 上，成功建立起物理世界与信息世界双向的、不间断的闭环信息反馈，并通过可视化的技术实现了在数字看板和 App 的可视化呈现。在数字看板上，设备每个部位的温度、开机时长、当前生产阶段、设备利用率、产量、库存、物流等关键数据信息实时更新，打破过去生产过程中看不到的生产“黑箱”，能够做到实时监测生产，更好地实现对生产的整体把控。另外，还能监测机器实际能耗，科学应对如今严厉的环保力度。同时，当出现与仿真模拟运行后计算得出设计的科学数据不匹配时或者生产过程中出现临时的设备问题或原料问题时还能自动异常报警，并同步呈现在数字看板上和 App 上，员工能够立即锁定是哪一环节的哪一步骤里的哪一机器出现问题，同时相关的负责人名字也会同步出现，成功避免过去因无法确定问题根源所在而导致生产线停滞带来的能耗损失和效率降低，整个工厂实现了透明化的实时管理。

同时，实现企业的全流程协作白鹭协同 App 进一步推进越新印染实现企业管理的扁平化，改善了较为垂直的管理结构。办事一步到位，推进线上全程办公，管理效率大幅提升，同时也大幅降低员工负担。据统计，越新印染员工工作效率提升至少 30%，极大地降低了管理成本。还有就是公开、透明的考核数据加强了对工作人员随时且有效的监督、交流和管理，底层数据准确性、及时性、全面性得到保障，信息全流程可追溯，极大地提高了员工的工作积极性和认真程度。越新印染为建立现代化管理体系，培育现代化管理能力而更进一步。企业的可视化管理如图 9－24 所示。

图 9－24　企业的可视化管理

3. 信息回溯查询——决策的优化升级（如图 9－25 所示）

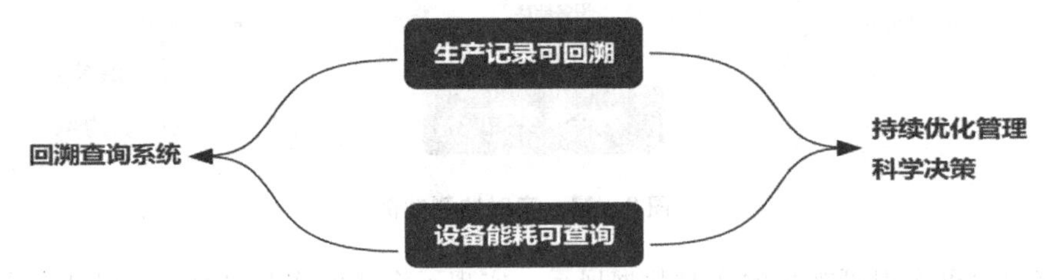

图 9－25　回溯查询系统

数字孪生工厂具备根据结果回溯找问题的功能，越新印染实现以最终产品质量为依据的生产过程全面回溯，数字工厂将物理工厂的所有数据全部储存在数据库中，管理人员在数字看板上经过简单操作即可获得以产品数据为依据的全流程动态回溯，详细到设备、染料、负责人编号等，成功做到“生产可记录、信息可查询、流向可跟踪，责任可追溯”的效果，并通过分析其中的问题，从而找到可以优化的地方进行持续优化，从而提高对整个生产全流程的管控，做到不断持续优化。同时，在移动端 App 上也可以实现查询，打破工厂与管理人员之间和企业与客户之间的数据壁垒，数据全部透明化呈现。

另外，是对设备管理的不断优化升级，在实现企业生产成本下降、生产能耗降低以及清洁生产的目标之路上，对设备的管理更需不断升级优化。在对生产过程全面回溯时，设备情况耗能情况也实现可查询，有利于企业根据实际生产数据不断提供对设备的改进和运用。

越新印染通过打造数字孪生智慧工厂延长了对生产过程和设备耗能的管控，加深了对企业管控的程度，有助于实现对企业管理的不断优化升级，更精准地优化提高，并对决策迭代持续优化。

五、案例分析讨论

（一）企业能力理论

企业能力理论是战略管理领域的新兴企业理论。通过运用企业能力理论，可以揭示影响及决定企业竞争优势的关键因素。要求企业具备三个主能力：战略能力、流程能力和市场能力。战略能力是企业最高层的能力，它指导企业的一切能力。流程能力是企业的内在能力，它代表了企业的内部运作。市场能力是企业的外在能力，它是企业一切能力的最终体现。针对制造业，战略能力依旧是企业的最高层能力，市场能力依旧是企业的外在能力，而生产能力成为了企业的内在能力。

企业能力理论的起源，最早可以追溯到1776年亚当·斯密在《国富论》中阐述的分工理论（Kundsen，1996），用现代企业能力理论来看，企业的劳动分工实质上是生产流程被日益简化、分解的连续“发现过程”；企业能力理论的早期开创性的研究主要应归功于英国著名经济学家阿尔弗雷德·马歇尔和潘罗斯（E. Penrose）的研究。1925年，马歇尔提出由于专业化分工导致技能、知识、协调不断增加，从而推动企业不断进化。1959年，潘罗斯进一步深入研究企业内部成长问题，他认为企业应被视为一系列资源的集合而不仅是“产品——市场”的集合；随着1984年伯格·沃纳菲尔特（Bieger Wernerfelt）《企业资源基础论》一文的发表，企业能力理论进入了一个新的阶段——企业资源基础论。企业资源基础论主要研究企业竞争优势维持的问题而不是内部竞争优势的产生问题；1990年，普拉哈拉德和哈默发表《企业的核心能力》一文，正式确立了核心能力在管理理论与实践上的地位：核心能力是企业持续竞争优势的根本所在；围绕着企业如何在动荡的市场环境下持续发展，企业分工理论、企业内部成长论、企业资源基础论和企业核心能力论作出了不同解释，形成了企业能力理论的基本框架。上述理论的共同之处在于，把注意力从关注企业外在的产业机会和市场吸引力，转向了企业内在的自身资源与能力，特别强调技术、资源、知识等客观显现因素的作用。

该理论在解释企业发展能力方面具有很强的说服力，强调了客观显现因素的作用，尤其是对企业获取可持续发展能力的影响，明确了对企业能力的分析在企业战略制订过程中的重要性。

（二）数字赋能

数字赋能概念最早起源于20世纪60年代末至70年代初的“自助”及“政治察觉”运动，20世纪80年代开始，赋能理论被广泛应用于社会工作、妇女研究、贫困研究、少数族群、弱势群体等领域。而20世纪80年代后期赋能则强调个体控制和决定自己的命运和前途。在今天看来，数字赋能更多是指通过大数据、移动互联和人工智能等数字化工具对特定的人群进行赋能，使他们获得相应的生活技能和生存能力。

从社会学角度来说，数字赋能是识别、促进及提高人们应对需要及解决其本身问题的能力，并且动员所需要的数字资源，使人自觉控制生活的过程。数字赋能是一种行为、一种措施，也是一种注重结果和回报的过程。首先，数字赋能要求人们必须掌握至少一门数字技术，技术决定着信息拥有量和能否体验新的赋能途径。技术拥有者和不拥有者之间的差距进一步扩大了人与人之间的差异。数字赋能正在逐渐改善数字鸿沟现象。其次，数字赋能的实施者和接受者都期望从中获得精神、政治、社会、教育或经济能力，从根本上提高经济地位、社会地位和政治地位等。最后，相互之间的信任和尊重也是数字赋能所追求的目标。

因此，对于企业来说，数字赋能可以表达为：数字赋能的双方在互相信任和尊重的基础上可以通过使用数字技术或手段使企业摆脱单一供给，并深度挖掘用户需求，探索多元的业务场景。

新时代人们对物质生活和精神生活的追求越来越高，随着数字技术快速发展，数字教育、智慧交通、智能医疗等新态势不断地改变着人们的生活方式，同时也不断改变着企业的发展方向和生产方式。数字赋能的产生与发展主要依靠互联网技术，现如今，数字赋能已经成为企业获取竞争力的一项重要标配。

下文主要以数字赋能为视角从企业管理职能与管理层次两个角度来探究数字提升印染企业管理能力的路径，如图9-26所示。

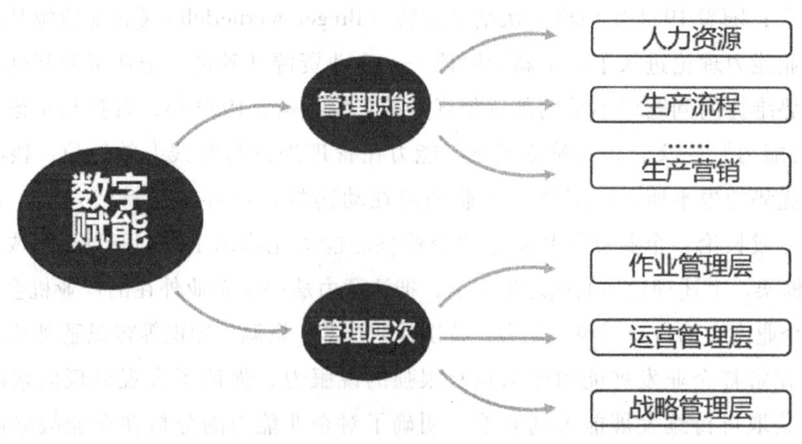

图9-26　数字赋能管理分析

（三）数字赋能管理职能

1. 数字赋能人力资源——线化考核，释放潜力（如图9－27所示）

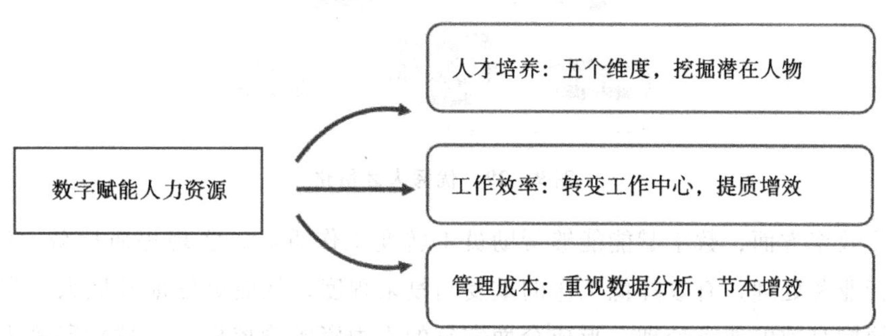

图9－27 数字赋能人力资源思路图

2014年达沃斯论坛上李克强总理指出：要在960万平方千米的土地上掀起"万众创新、人人创新"的新浪潮。2018年9月18日，国务院下发《关于推动创新创业高质量发展打造"双创"升级版的意见》，"双创"理念开始在企业扎根发芽，各种新产业、新模式、新业态不断涌现，人力资源作为其中巨大的内生动力也迎来了阶段性的变革，从程序化控制人力成本的1.0阶段，积极投资、培养员工能力的2.0阶段，转型升级为以员工为本、为员工赋能的3.0阶段。当前，拥有数字化知识和技能的人才短缺是制约传统企业数字化转型升级的主要因素。越新印染通过引进外部数字人才以及内部培养数字化人才来提升企业能力，实现从效率到智能的思维转变。在转变过程中，数字赋能对于人才培养、工作效率、管理成本等方面都有显著的辅助提升作用。数字化人力资源管理如图9－28所示。

图9－28 数字化人力资源管理

在人才培养方面，数字赋能能够辅助管理者找到潜在"人物"，让优秀人才脱颖而出。通过附着在员工行为上的多维数据，从五个维度量化"优秀人才"的标准：核心地位、业务桥梁、开放交流、组织框架、广泛合作，如图9－29所示。这五个维度可以使管理者从客观上判断员工的价值和潜力，更有效地挖掘潜在人物，为管理者提供更加准确和有依据的判断。

图9－29 优秀人才量化

在工作效率方面，数字赋能能够帮助员工转变工作重心，实现提质增效。HR通过数据流转进行业务处理，有效降低工作的重复与复杂程度，从而更好地开展人力资源管理工作，实现协同高效的业务处理，形成全面完整的人力资源管控模式。越新印染人力资源的共享平台分为前、中、后三个部分。前台负责人才获取、薪酬共享、人才发展、员工关系等基础操作性事务；中台主要负责人力预算、组织设计、招聘规划、资源配置、文化关怀等工作；后台负责薪酬体系、信息系统规划、绩效管理等。数字化使其人力资源效率得到显著提升，同时让HR能把更多时间关注于业务创新。

在管理成本方面，数字赋能能够重视数据分析，为企业节本创值。数字化的迅速发展，让企业HR意识到，在做人才决策时运用客观的数据分析，于人力资源管理而言大有裨益，人力资源部门开始理解数据分析可以为企业创造更多的价值。筛选、建立人才库、培训与发展、员工工作表现等，人力资源数字化技术可以应用到员工生命周期的每一阶段。利用大数据、AI等技术，可以对人力资源管理工作中形成的数据进行预测与评估，通过分析状况、探究问题、建模预警、协调控制等方式由事后管理向事先防范转变，极大地降低企业的人力管理成本。

数字对人力资源具有很大的赋能作用。过去HR做事更多要凭经验判断，难免掺杂着主观因素，很多信息也是碎片和模糊的，并且常常只能滞后性地做出管理动作。但是随着技术发展，随着AI能力在我们HR领域的应用，HR开始具有前瞻性和科学性，我们管理动作变得有全局观、有客观性，更加清晰和完整。

2. 数字赋能生产流程——精密智控，降本增效（如图9－30所示）

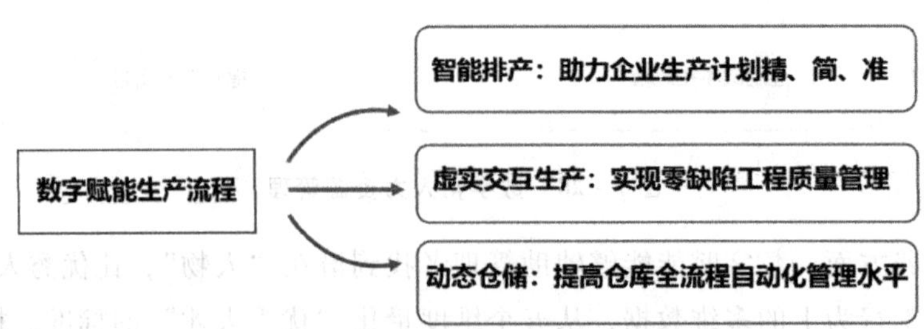

图9－30 数字赋能生产流程思路

在资源条件有限、快速交付的背景下，数字赋能助力企业从需求到交付全过程的生产计划精、简、准。智能排产从根本上减少计划制订的时间、减轻计划员工作负荷，提高工作效率；降低了对人员经验技能依赖的同时，使生产计划制订更为及时精确，生产计划调整更加简化，对市场的反应更加准确；能够更好地响应插单、改单、订单逾期、交货期回复、人员变动及设备意外故障等问题对计划的影响。数字化在满足企业缩短订单交货周期，提升整个供应链的协调效率，减少库存和呆滞，整体运营效率提升的基础上，为企业生产排产装上了一个智能化感知业务的大脑，提高企业经营决策质量与智能化水平，打通各个信息孤岛。需求计划与生产执行的协同，使企业产能需求预估与实际产能差异渐微、需求与计划排配合理、计划与执行过程同步。从人工排产到智能排产，不仅是展现形式的变化，关键是通过数字赋能系统根据前期的学习和数据积累，计算出更加合理的排产方式。

企业通过赋能给生产设备，实现全数据、全模型交互融合，形成虚实响应与交互、以虚控实、迭代优化的新型调整机制，自动、统一汇总生产信息到系统平台。实时更新使模拟数据同真实设备状态保持一致，实现车间设备真实运行情况的实时同步监控。生产技术人员实时掌握生产数据，把握生产进度，通过设定监控属性预警阈值以及预警等级，提供详细的预警信息和视角定位将数据及时传送到虚拟车间，实现生产过程中的告警可视化生产管理。提升生产安全过程中的监管力度，提高生产效率，减少不必要的资源浪费。赋能数字孪生技术在仿真模型“预演”的基础之上，进行分析、评估、验证，迅速发现系统运行中存在的问题并及时进行调整与优化，进行虚拟系统验证，减少实体产品系统的更改与返工次数，从而有效降低成本、缩短工期、提高效率、实现硬件和软件的并行开发，做到“零缺陷”工程质量管理。车间自主感知生产如图9－31所示。

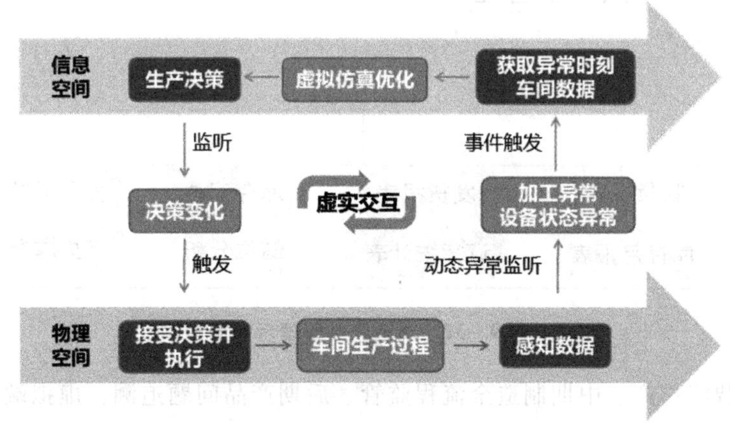

图9－31 车间自主感知生产示意图

应用智能物流仓储系统可对收货、质检、入库、出库、盘点、调拨、转仓、寄售等仓储环节进行智能化管理，实现关键件/批次物料的追踪、入出库、货物流转、库存盘点、仓储配送的细化管理与控制，有利于加快货物周转效率，减少呆料积压、提升仓储作业效率、减轻人工劳动强度、降低仓储管理成本。智能化仓库出入库作业能够迅速、准确、有效缩短作业时间，同时使作业准确率得到提高。通过条形码等技术，可准确跟踪货物的流向，实现货物的可追溯。在追溯过程中，技术人员能够快速地查询到出问题的所有生产数据。在产品交付给消费者后，“回放”仍然可以在售后服务中发挥作用。通过系统将产品信息详情展现给消费者，实现全周期追溯管理。智能化仓储管理系统与管理部门对接后，从生产计划的制订开始到下达货物的出入库指令，可全流程自动化作业，系统自动过账，保证信息准确及时，避免账实不同步的问题，切实提高仓库的管理水平。将静态的传统印染仓储管理模式升级为动态的仓储管理模式。动态仓储管理如图 9－32 所示。

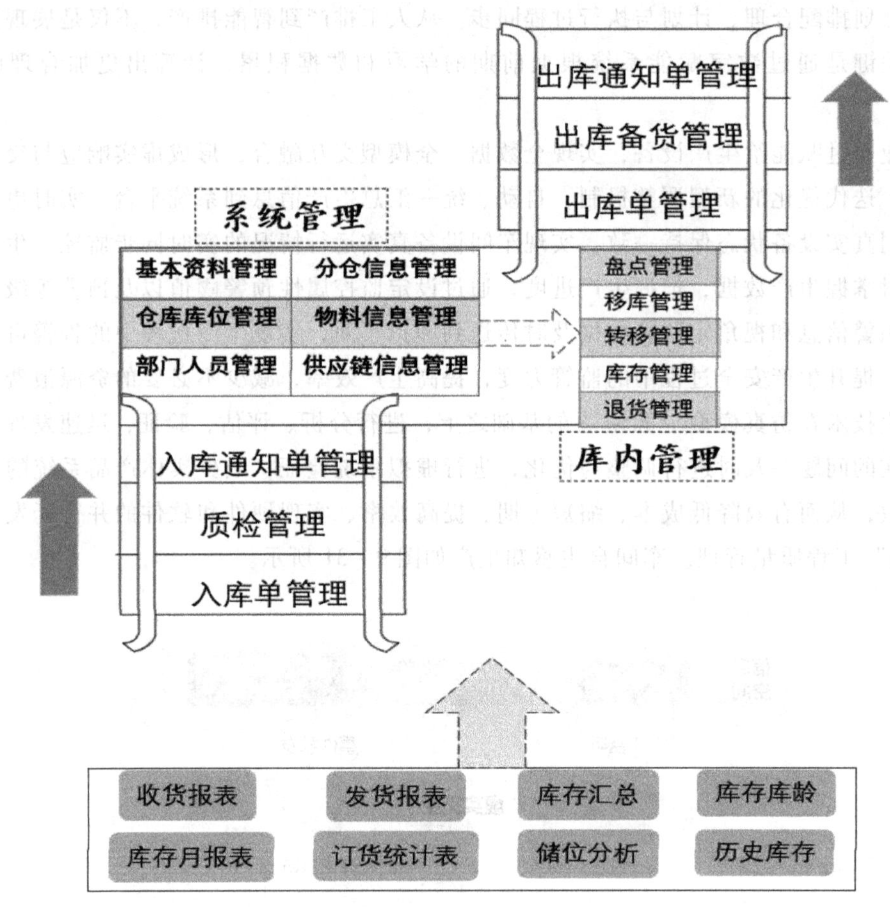

图 9－32　动态仓储管理示意图

前期工程智能排产、中期制造全流程监管、后期产品问题追溯，虚拟端到现实端的协同完善了传统生产中的缺陷，满足客户需求，落实具体问题，提供解决方案，提高生产效率。数字赋能对于企业的核心价值主要体现在数据流贯通保证了数据的准确、及时、共享，系统集成实现了数据的互联互通，并在此基础上进一步实现数据可视化、透明化，保证了企业技术和生产能力的从无到有、从弱到强。

3. 数字赋能市场营销——营销协同，精准触达（如图9－33所示）

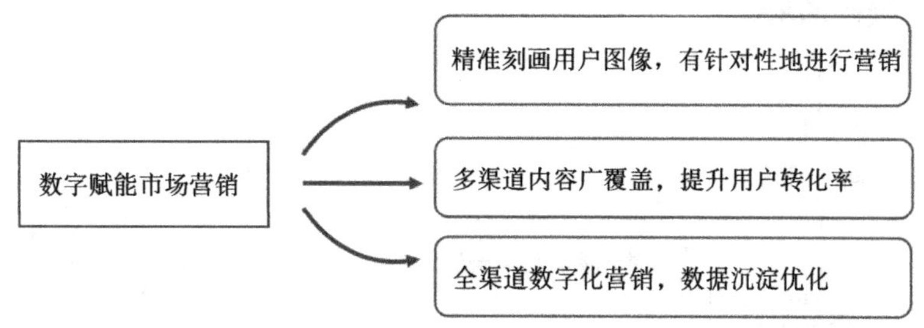

图9－33 数字赋能市场营销思路

随着市场经济的深入，营销理念逐渐从“以产品为中心”转向到“以客户为中心”，数字赋能为企业和客户之间建立起一条“快速通道”，即涉及业务架构、流程、系统等多个方面的全渠道营销转型。企业识别用户渠道如图9－34所示。

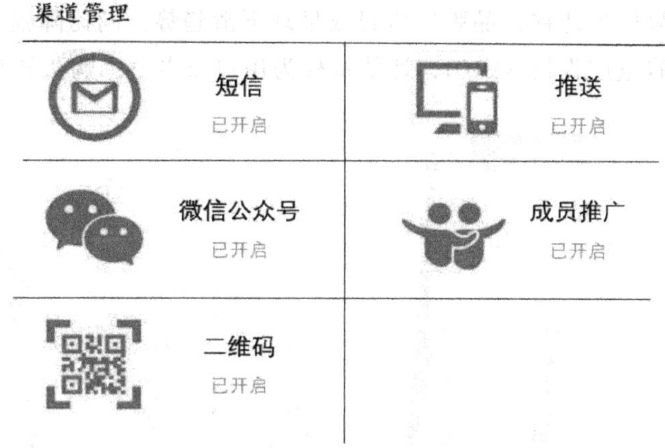

图9－34 企业识别用户渠道

企业通过数据精准识别用户，统一用户画像。对企业自有渠道数据进行有效整合：将App、微信公众号、小程序、短信、web等多个渠道的数据汇集到一个数据池，打破各渠道数据孤岛情况，推动渠道间信息共享，将用户的基本属性特征、生活方式、消费习惯、兴趣爱好、消费行为、活跃渠道等信息集中起来，形成统一用户画像，为企业开展更加主动的、更强效果转化的、更具有针对性的营销策略提供底层的数据支撑。

多渠道优质内容广覆盖，提升用户转化率。针对不同属性的用户，为其打上相应的标签，描摹用户360度立体画像。依据用户画像，自动为其推送合适的、相关的、可能感兴趣的内容，进一步提升用户的企业认知，尽最大可能地抓住销售转化的契机。利用数据驱动的洞察力，把握好营销的黄金时间，设置最佳推送时间，增加内容的曝光率。假设企业考虑将广告内容投放在微信平台上，该平台用户高峰期在上班前、下班后，那么在上班时间段可以做次要的内容营销，在用户流量较多的时候，再分享核心的营销内容，这样才能有更高的转化效果。刻画用户标签的流程如图9－35所示。

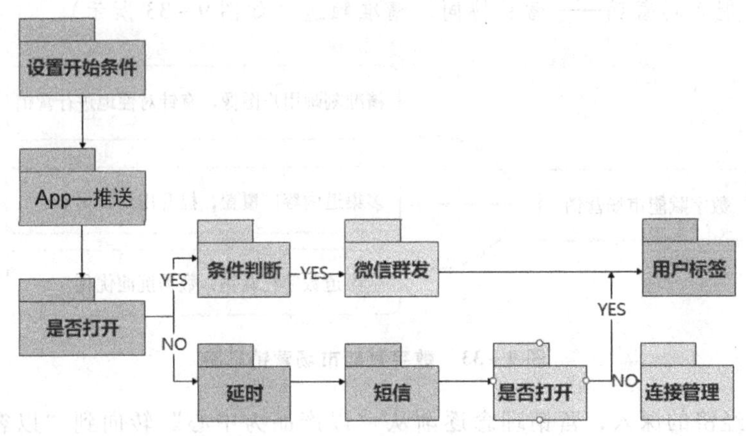

图 9 -35　刻画用户标签流程

秒针发布的“2019 年度中国互联网广告流量”（如图 9 -36 所示）显示，品牌商的预算从品牌广告向效果广告迁移，品牌广告投放呈现下滑趋势，同比降幅 10.6%。这一转变意味着品牌商更加看重广告投放 ROI，评估指标为用户点击率、购买转化指标等。

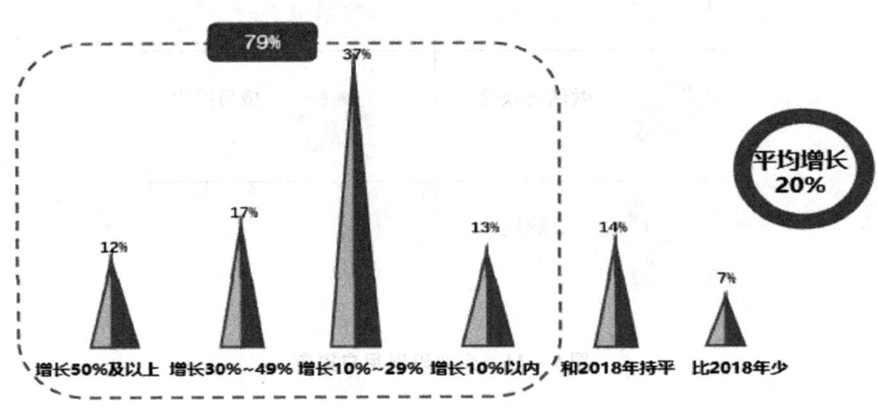

图 9 -36　2019 年度中国互联网广告流量

全渠道数字化可以实现广告投放以及效果数据的全面打通，让跨场景、跨端、跨渠道的品牌推广变得可沉淀、可追溯、可优化、可持续，将以品牌为维度的消费者数据资产储存起来，进而推动长效可持续的品牌增长。根据营销目标，实现渠道预算的智能分配，一键生成渠道投放策略，完成营销策划；之后通过对智能化投放和自动化策略实时调整，确保广告投放及优化的准确执行和效果；最后在投放后提供效果评估和后续优化洞察，并沉淀数据和优化经验，提升优化模型的准确性，实现数据闭环运用与持续迭代。

（四）数字赋能管理层次

1. 数字赋能作业管理——智能生产，动态追溯（如图9-37所示）

图9-37 数字赋能作业管理思路

越新印染通过数字赋能，助力企业实现“精、简、准”的供需对接。数字赋能在生产设备实现生产自动化的基础上，再以管理软件作为中枢管理系统，以现场总线PROFIBUS、工业以太网PROFINET、MODUBUS等通信技术为传输网络。在数字化的输入端，计划员将业务逻辑和排产规则经验梳理固化到系统中。数据信息超级智慧，可持续改进和创新。计划员可根据业务需要自行设置渠道评估的数据指标，及时数据反馈形成可视化报表，运营人员能够非常直观地查看不同用户不同渠道的流量占比及转化率。对于流量大且转化率高的渠道，加大投放规模；对于数量低、转化低的渠道，选择性优化。系统针对订单的核心数据，获取状态信息、传递控制指令，进行一键智能排产，以此为越新印染提供了在高级生产计划与排产方面的智能决策服务，让自动化生产智能设备高效运转，从根本上减少计划制订的时间、减轻计划员工作负荷，提高工作效率，实现越新印染多品种、小批量、大规模场景下高度柔性的印染自动化生产，提高企业的生产效率。

印染产品的产品质量监测大多依赖经验主义，由于员工具备或长或短的周期性生理疲惫因素，导致产品瑕疵出现概率大，即便车间自动化水平提升，生产效率得到进一步提高，生产过程中出现的质量问题仍旧无法及时发现，安全事故不断，成本逐年增加，给企业带来严重损失。基于此，越新印染利用数字孪生技术赋能生产设备，实现实时监控。数字赋能通过全数据、全模型交互融合，实时采集设备运行状态及参数，形成叙事响应与交互、以虚控实、迭代优化的新型调整机制，通过仿真软件中模型状态的实时更新，使模拟数据同真实设备状态保持一致，使物理车间自主感知生产状态。产品计划生产参数在虚拟系统验证后更改虚拟参数，实现生产线同步更改和监测分析，解决过去漂白难、染色杂的问题。通过设定监控属性预警阈值以及预警等级，同时开放接收第三方系统推送的预警接口，实现不同等级的预警展示，技术人员直观掌握工厂运转状态，通过异常数据进行调整辅助，提升生产安全过程中的监管力度，尽最大可能降低生产过程中的失误率，减少实体产品系统的更改与返工次数，从而有效降低成本、缩短工期、提高效率，如图 9－38 所示。

图 9－38　操作员根据异常数据调整方案

越新印染通过数字孪生技术搭建智能物流仓储系统，可快速完成产品原材料、产品配套件、成品件之间快速流转和输送工作，仓库与供货单位、用户能够有机地协调，实现仓库储流数字化管控和智能化运输。在自动化仓库中，可存放的商品多、数量大，品种多样。通过条码技术等，可准确跟踪货物的流向，实现货物的可追溯。在出现产品质量问题时，借助数字孪生，技术人员能够快速地查询到出问题的原料或加工环节，追溯生产数据，甚至细化到当时染料的稀释度去分析故障的原因。在产品交付给消费者后，"回放"仍然可以在售后服务中发挥作用，必要时进行产品召回，以此提高产品质量水平。数字赋能企业仓储系统将成品从原材料到制品、半成品、生产过程、出入库、销售、市场流向等创建为一个完整的数据链，实现产品去向可追、来源可查，建立产品质量全周期追溯管理。

2. 数字赋能运营管理——精准运营，引入人才（如图 9－39 所示）

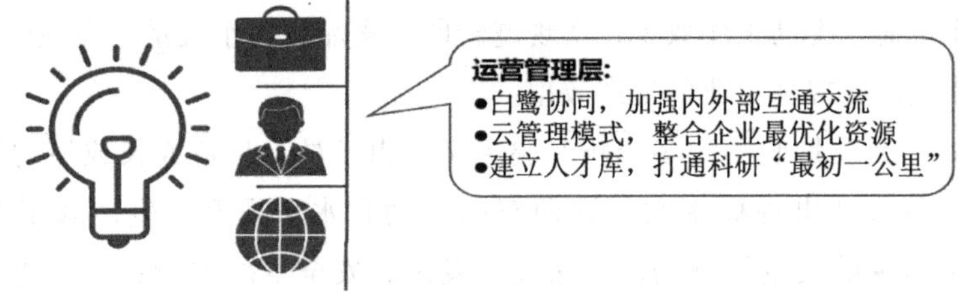

图 9－39　数字赋能运营管理思路

越新印染依托于与数制科技公司共同开发的 App——白鹭协同，搭建"云平台"，连通内外部数据源，无缝集成各聊天工具信息、订单单据等数据，全量实时采集用户属性与行为数据，打通用户运营触点。在客户端，数据信息超级透明，系统公开企业生产数据，提供产品质量报表数据、质检现场数据、各关完工情况、配送执行状态跟踪等数据，从现场运行、物料管控，生产过程到质量管控，可实现订单的全程跟踪，全面贴合各端用户的查询需求。负责人在 App 上发布成品消息，客户可以在线下单并且获得最新资讯，并且查询订单状况和物流配送情况，端端相连，有机结合，加强企业与客户之间的互通交流，准确了解市场对印染产品的真正需求，及时调整产品结构，提高市场占有率。数据信息系统通过用户量度、用户细分及用户触达三个步骤，形成用户画像，分析消费者行为、产品需求趋势、物流服务质量等储存数据，直接连接客户需求，实现按客户需求生产。系统超级柔性，首先通过对用户行为、用户生命周期进行测量和分析，把握用户需求，其次细分用户的生命周期阶段、用户需求，定制个性化的运营策略，最后选择合适的用户触点、触达方式，在合适的时机，触达特定的用户人群，实现有效供给，如图 9－40 所示。

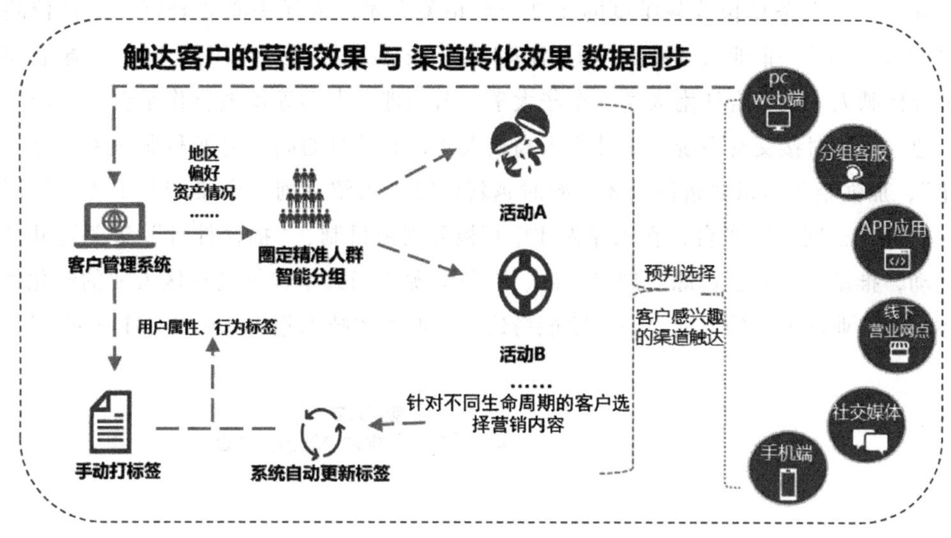

图 9－40　用户触达数字化示意图

越新印染利用数字孪生，依托 App 平台打造柔性化、扁平化、精细化的管理环境以及公开化、透明化的人员数据，实现对工作人员随时且有效的监督和交流和管理。越新印染通过将组织的人力资源、生产资源以及财务资源的要素做到最优化整合，自由部署在企业私有云或是公有云上，并可以在智能手机、平板电脑上进行浏览使用，实现企业信息化多终端融合应用，推进线上全程管理，建立有效的业务流程，办事一步到位。越新印染使用网络化和定量化的方式来实现数字化和信息化，推动企业扁平化管理，成功打造“云管理”模式。越新印染在企业数字孪生平台设置人员管理模块后，可以统一显示所有车间当前生产线上工人和班组人员信息情况，包含员工在岗信息、员工 KPI、班组荣誉、信息公告、员工心情和人员实时定位信息等，实现车间现场可视化，实景视频融合，降低安防风险，AI 标记人员与路径，避免无效监控。在系统生产端，工厂作业流程步骤清晰可见，同时有设备检测、产品质量检测、人员检测、库存量等实时数据并且实时更新，管理人员可以实时监测员工的工作情况并且线上直接布置任务，每当员工出现工作失误时，信息也会直接发送至车间组长的消息接收柜中。毫无疑问，这样的人员管理模块可以全面且快速掌握车间全体员工的状态，实现有效精准管理。

在新形势下，越新印染充分发挥数字孪生带来的技术红利，收集各类人员信息数据，建立人才库、技术库，打造“人才技术超市”，让企业到中心就能找到想要的人才和技术，持续为产业固链、补链、强链。一方面，企业收集工厂原始人员的数据，对人员学习参训、实操能力、服务情况等信息进行“积分制”管理，探索晋位晋升激励制度，结合数据精准、精益、高效地考虑人才适用性，为入厂员工量身定制职业发展规划，推动人才价值“全提升”。越新印染通过人员绩效分析、工况分析等指标分析员工劳动强度和熟练度，实时对其进行优化和调整，做到人员岗位、人与工作任务、工作内容、工作角色的精准适配，用好人才。另一方面，越新印染注重知识技术社区的人才数据收集，全面网罗高校院所、企业车间、服务单位等各维度的印染产业相关人才，依托中心整合资源，让校院人才接通“产业地气”、企业人才找到“广阔天地”、服务人才得到“用武之地”。越新印染开展校地合作聘人才，整合江南大学、东华大学、浙江理工大学等校地合作平台信息统一入驻中心，建立实时对接交易系统，柔性聘入高校人才，有效打通高校院所科研成果转化“最初一公里”，加强企业知识型储备人才。同时越新印染加入绍兴柯桥印染产业工程师协同创新中心，建设“云问诊”平台，在入库人才中积极开展项目制、“揭榜挂帅”等关键共性技术攻关活动，推动平台创新资源、制造资源、服务资源协同共享，提高社区人才的转化率，引进人才，为企业注入新的血液。数字赋能搭建的企业人才技术超市如图 9－41 所示。

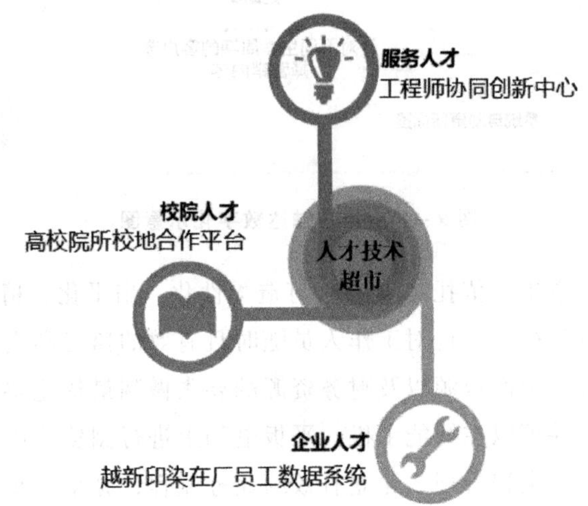

图 9－41　数字赋能搭建的企业人才技术超市

3. 数字赋能战略管理——数据驱动，科学决策（如图 9－42 所示）

图 9－42　数字赋能战略管理思路

数字赋能为企业提供信息仓库。信息仓库不仅可以实现对结构化数据的存储，也可以对半结构化甚至是非结构化数据进行存储，实现对各类音频、视频、图片、文本等不同载体的有效兼容。信息仓库将处在不同部门、系统、数据格式之间的海量数据进行汇集整合，对历史数据进行全面、细致存储。信息感知收集之后，进行归类，建立各类数据库，对每一个数据库的数据进行分类、排序、组合和显示，并对录入数据进行比对、调用、运算。这样就可以得到表示对象或事件的数据的多个属性或变量。信息仓库的发展，实现了存储从 TB 向 PB 级别的跨越，与传统数据整合相比，信息仓库不但更加具备海量性，同时也具备无限性。不同于过去的存储空间受限，信息仓库明显提升数据存储容量，降低集纳成本，优化数据资源，真正解决了数据在汇集、储存、归纳上的问题，使企业数据资源不再停留在纸面上而是集中汇聚在数字载体上。越新印染引进数字孪生系统，通过知识图谱和编码连接的方式，将企业的工艺数据与信息概念形成语义连接，将隐形的知识显性化。数字孪生技术在传统静态模型中，增加了实时运行数据的反馈，动态记录，并且用可视化的方式进行展现，彻底改变了越新印染原有的知识管理方式，激活了沉默的知识资产，从而帮助员工重新认识、管理和控制机器世界，提高员工的判断力，从而提升工厂的生产运营效率。基于数字孪生技术的信息数据融合如图 9－43 所示。

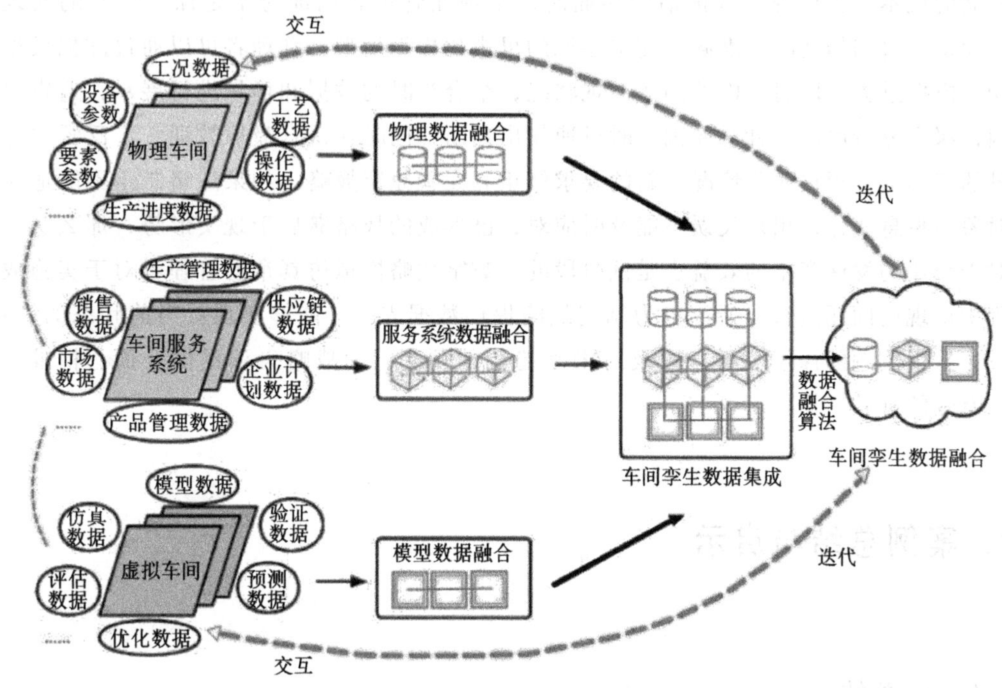

图 9－43　基于数字孪生技术的信息数据融合

数据数字化、信息化赋予越新印染生产车间一颗拥有智慧的“大脑”。数字分析通过信息仓库所提供的生产数据、客户信息、环境数据等数据，使用“智慧大脑”进行样本归纳、类比推理分析，发现数据的共同契合点。从现有的数据发现潜在的机遇，实现数据计算、推理和持续迭代更新，从而权衡利弊制定适合企业自身发展的战略目标，而不是根据以往自身对市场的分析判断来决策战略，体现出战略环境的能动适应性、战略对象的交互动态性和战略问题的持续演化性的决策特征。生产车间在数字孪生系统的帮助下，面对现实复杂情景中突发情况，可以自动给出最优方案并持续完善方案生成。数字化分析能在根源层面沿着动态演变过程中获取关键节点，跳出传统思维框架，聚焦真实场景中鲜活主体的关键行为特征，深度破解数据之间的联系，实现企业效益最优化。分析作为战略决策的前期准备，是决定战略实施能否成功的必备要素，分析应以决策需求为导向，决策要符合战略要求，以统一标准的数据为基础，依托多维度多层次指标体系，贴合企业战略不同需求设计分析场景使用，同时结合数字化分析工具应用，提高数字化分析能力，实现数据实时分析应用并持续、快捷地提升企业的战略准度和速度。

数字赋能为企业建立战略决策模型。数字孪生将仿真模型和传感器数据结合，数字孪生通过使用 CAD 等工具开发出满足技术规格的产品虚拟原型，精确地记录产品的各种物理参数，以可视化的方式展示出来，并通过一系列的验证手段来检验设计的精准程度，通过一系列可重复、可变参数、可加速的仿真实验，来验证产品在不同外部环境下的性能和表现，在设计阶段就验证产品的适应性，给予企业无限的出错率以及低成本的消耗，可以有效地评判增加的项目是否带来了性能的提升，供企业多版本的战略决策实施进而降低实施战略的成本。在出现不可预估的局面时，呈现在管理者面前时不是保留完整的实地现场，而是通过扫描清晰、准确、完整还原的可视化虚拟模型。管理者可以通过虚拟模型回溯功能模拟过去一段时间内的问题出现状况，结合当时的数据和场景进行展示，追查失误原因，深入分析原因，针对原因及时迅速作出判断，同时在认真吸取教训、广泛听取各方意见的基础上，根据实际情况、新的要求修正和完善原定战略。如果战略制定不能适应战略对象的瞬息变化，出现失误不能及时应对，已形成的战略滞后于现实形势，那么实施战略对于企业的发展产生的效益也是低阶段的。数字战略模拟仿真帮助管理者对于实施战略过程中出现的问题进行分析，也为制定战略提供数据支持，能够实现对当前状态的评估、对过去发生问题的深度分析，以及对未来趋势的预测，为战略失误提供全面、精准、及时、有效的补救依据。

六、案例总结与启示

（一）总结

本案例以越新印染打造数字孪生智慧工厂为例，探索数字赋能企业提升管理能 力内在机理，并综合分析国家政策背景、印染企业现状等，总结本案例的研究意义，得出企业引入数字孪生技术，打造数字孪生智慧工厂对推动企业提升管理能力，实现高质量发展的重要意义。本案例从数字赋能管理层次和管理职能两个角度出发，理论化展现数字对于提升企业管理能力的积极作用，同时归纳出对其他同类型 制造业企业的借鉴意义。为使分析方向更有针对性，本案例归纳出以下两点内容：

1. 数字孪生技术有助于智慧工厂建设

数字孪生作为新兴的数字技术对于制造业企业来说具有巨大的益处，越新印染搭建的数字孪生智慧工厂实现了仿真模拟预测、实时监测管理、回溯查询优化等功能，从智能排产、故障预测处理到实时生产设备等数据传输、实时异常报警再到产品全流程超细节回溯，实现了生产过程全流程数字化升级。通过可视化技术将数据通过数字看板和白鹭协同App呈现，同时企业整体上云，实现线上办公，扩展了数字孪生技术的应用范围，有助于建设企业智慧工厂。

2. 数字化方式有效提升企业管理能力

管理问题的本质是信息的滞后性，是企业数字化程度不足的外在表现。数字化方式利用数字技术为企业高质量发展赋予新动能，提升企业能力是数字化发展的核心。越新印染借助数字化技术手段，解决了因信息不对称引发的管理问题，缓解了外部带给企业的压力，加强了企业内部信息之间的统筹协调，更加合理高效地整合企业资源，有效提升企业的信息处理效率和管理能力，促进企业稳健发展，推进企业管理能力的现代化。

（二）启示

1. 政府应提供发展平台，打造自由健康的发展环境

政府的职责是为企业营造自由发展的环境，包括搭建平台、完善政策、做好服务。政府需要革除制约企业发展的体制性障碍，提供有效的信息服务和支持，为企业搭建良好的体制平台；政府要配套制定金融、财政、税收、人才等方面的优惠政策，为企业搭建合理的政策平台；政府要根据发展市场制定完善相关政策，以规范企业行为的公平、公正、公开，为企业搭建健康的市场平台；政府要根据企业发展实况，制定科学配套的法律法规，指明企业发展方向，从战略层面主导，基础层面扶持，为企业发展增添后劲，引导、支持和保障企业的发展。

2. 行业应追求智能发展，实现全行业数字化升级

行业应积极追求智能化发展空间，形成数据互联互通，引进先进数字化生产设备，对印染过程中的生产、工艺、能耗、质量、运营等数据进行数字化管理，全面赋能数字化转型，有力地推动印染行业的智能化、精细化，同时改变印染劳动密集型的局限性，推动印染行业的转型升级，助力印染行业实现提质增效。在智能发展新版图中要以科技提升产业创新能力、以绿色提升可持续发展能力、以智能提升超柔性供给能力、以集约提升产业控制能力、以开放提升资源整合能力。

3. 企业应提升数字化水平，提升数字化管理能力

时代的发展浪潮中，企业发展落后的原因早已不再是生产设备落后、技术不精湛等，企业要善于融合应用信息技术，打通核心数据链条，基于数据的广泛汇聚、集成优化和价值挖掘，构建数据驱动型高效运营管理模式的路径。数字化管理模式可以带动企业资本、技术、人才、市场的紧密发展，能够最大化地发挥企业内部资源优势，帮助企业增强运作效率，优化企业内外部信息传输过程，实现信息资源的共享，提高管理效率，降低企业成本，为企业创造价值。

思考题

1. 数字孪生技术具有什么特点，适用于什么应用场景？
2. 数字孪生技术给越新印染带来了哪些能力？

案例编写：王嘉（国际商务19级）；陈盼盼（工商管理19级）；
周昱均（ACCA20级）；惠泽伟（公共管理19级）
指导老师：丁志刚

参考文献

[1] 钱艺文，黄庆华，周密．数字经济促进传统制造业转型升级的内涵、逻辑与路径［J］．创新科技，2021，21（3）：10－17.

[2] 段秀芳，徐传昂．中国数字经济与经济高质量发展耦合协调机理研究［J］．商业经济，2021（6）：3－8.

[3] 李英杰，韩平．数字经济下制造业高质量发展的机理和路径［J］．宏观经济管理，2021（5）：36－45.

[4] 齐亚磊，罗文春．中国制造业高质量发展的内在逻辑与发展路径探究——以数字化变革为视角［J］．中国发展，2019，19（3）：33－36.

[5] 林晓清．基于数字孪生理念的智能工厂与案例分析［J］．数字制造科学，2019，17（4）：314－318.

[6] 《智慧工厂》编辑部（译）．数字孪生——工业4.0时代智能制造的未来趋势［J］．智慧工厂，2020（3）：19.

[7] 卢阳光，马逢伯，漆书桂．数字孪生视角的数字工厂建设［J］．信息技术与标准化，2019（6）：35－39.

[8] 任川，陈磊．建立在智能工厂基础上的企业数字孪生体［J］．中国石油和化工标准与质量，2018，38（21）：127－128.

[9] 黄新明．高质量发展背景下印染业转型升级探析［J］．精品，2020（3）：27.

[10] 孙鹏宇．浅谈制造业企业在数字化转型中的“危”与“机”［J］．财务管理研究，2020（6）：41－44.

[11] 荆文君，孙宝文．数字经济促进经济高质量发展：一个理论分析框架［J］．经济学家，2019（2）：66－73.

[12] 赖明忠．试论企业数字化管理［J］．湖南社会科学，2009（1）：214－216.

[13] 刘淑春，闫津臣，张思雪，林汉川．企业管理数字化变革能提升投入产出效率吗［J］．管理世界，2021，37（5）：170－190.

[14] 赖明忠．试论企业数字化管理［J］．湖南社会科学，2009（1）：214－216.

[15] 刘坚，孟奇，刘玲红，邱诗波，付文婷．试论人才建设对企业发展的重要性及实现途径［J］．企业科技与发展，2018（10）：268－269.

其他篇

案例 10

捷昌的隐形冠军之路——基于 Timmons 理论的同心持续创业

摘　要

我国正由“制造大国”向“制造强国”转型，但因为新冠疫情常态化、中美竞争加剧、世界制造业发展呈现“价值链”缩短态势等一系列不利因素，制约了制造业的转型升级。如何打破技术垄断，形成不可替代的竞争优势，中国亟须培育一批具有生态主导力和核心竞争力的“隐形冠军”企业，增强我国产业安全的着力点。

本案例首先总结了浙江捷昌线性驱动科技股份有限公司（以下简称“捷昌”）“隐形冠军”的成长之路。捷昌成立20多年来，围绕线性驱动技术，先后经历了医疗捷昌、多元捷昌、全球捷昌、数智捷昌四个阶段，一步步通过自主研发，取得核心技术优势，稳步做强做大，将市场拓展到医疗康护、智慧办公、智能家居、工业环境领域，实现全球化、数字化。至2021年，捷昌已经拥有300多人的研发团队，取得专利500多项，市场已经遍布全球100多个国家，2020年度营收18.7亿元，占据全球线性驱动零部件的细分领域前三位，并已成为国内线性驱动领域B端第一大厂商。

其次，本案例整合Timmons理论和同心多元化理论，阐述了捷昌的成功之道。捷昌从成立开始，始终围绕线性驱动技术，挖掘合适商机、创建高效团队、寻求有利资源，并不断达成三要素新的平衡，实现同心多元化持续创业。

最后，本案例为当今中国制造企业成为“隐形冠军”提出三个建议：一要有正确的理念，专注核心技术提高竞争力；二要有合适的方法，学会将团队、机会、资源相匹配；三要有科学的手段，保证创业过程的平衡，并依托政府构建商业生态系统。保障创业的可持续性，实现企业高质量发展。

关键词： 线性驱动；隐形冠军；Timmons 创业理论；同心多元化

一、绪论

（一）研究背景

随着中国制造强国的发展进程，中国在全球价值链中的分工地位明显提高。然而中国制造业的全球价值链前向参与度与后向参与度在2010年之后均呈下降趋势，对高技术产品进口的依赖程度仍然较高。面对世界制造业呈现的三大新态势和两个新转机，如何打破技术垄断，形成不可替代的竞争优势，中国亟须培育一批具有生态主导力和核心竞争力的“隐形冠军”企业，增强我国产业安全的着力点。

1. 世界制造业呈现三大新态势（如图10－1所示）

图10－1　世界制造业三大新态势

（1）制造业大趋势：经济内循环发力，价值链呈“缩短”新态势。根据麦肯锡全球研究院的相关研究显示：目前几乎所有商品生产价值链中的贸易强度（即总出口与总产出的比率）都有所下降，特别是在那些最复杂和交易量最大的价值链。可以说，全球制造业价值链的“缩短”是多重因素共同作用的结果：首先，发展中国家的创新能力提升、国内配套能力增强，许多中间投入品实现国内生产，无须到国际市场采购；其次，随着经济增长和收入水平提高，发展中国家本土市场规模持续扩大，本国制造的商品可以实现内销而减少外销；随着机器人、人工智能以及工业互联网、智能制造等技术不断成熟，“机器换人”更加普遍，产业的资本密集度、知识密集度不断提高，使原本容易实现全球劳动力成本套利的产业链，即使布局在一国内部也变得有利可图；同时供应链响应速度提升、价值链本地化对供应链韧性的改善等因素，也在促使全球制造业价值链呈现“缩短”态势。

（2）制造业大动荡：新冠疫情暴发，供应链呈“脆弱”新态势。2020年新冠疫情暴发，短期冲击极为严重，尤其是对贸易、服务业冲击很大，并进一步降低了全球贸易增速。多个国家积极采取防控举措，但也造成实体经济增速放缓。同时，实行边境控制，加剧经济下行压力。世界经济不稳定、不确定因素显著增多，将抑制投资和生产效率的提升，加剧全球经济衰退。延迟复工、销售滞缓、进出口受阻、劳动力不足等因素会造成供应链的某些环节“断链”，会导致制造业发展受阻，全球经济分工将不得不面临大调整的局面，新冠疫情在全球范围快速扩散，会导致全球经济下的供应链呈现“脆弱”态势。

（3）制造业大转型：受疫情推动，产业链呈“数字化”新态势。新冠疫情的持续影响，同时也催生了各种智能新技术、新产品和新业态，数字化可能成为全球经济新的增长点。在线会议、在线教育、在线娱乐、在线医疗以及在线电子商务与消费新模式促进了营销方式创新；新冠疫情推动了人工智能、大数据和机器人等技术普及，随着新数字经济深入研究企业级应用和新型工业系统，同时也促进了制造业实现数字转型，世界将围绕 5G、大数据、人工智能、云计算等新兴产业展开合作，加快共建“数字丝绸之路”，新数字经济的发展已经不仅仅只局限在消费领域，还进入了生产领域，促使制造业呈现“数字化”态势。

2. 中国制造业产生两个新转机

全球制造业发展三大新态势深刻影响中国的发展，现如今制造业发展再次面临两个新转机。

（1）内循环经济下，劳动密集型向技术驱动型转变。改革开放以来特别是加入 WTO 以来，我国凭借劳动力成本优势承接国际产业转移，成为世界重要的劳动密集型产业和环节的生产和出口基地。但伴随我国经济持续增长，我国居民收入水平的提高意味着对更高质量、更高性能产品和服务的需求不断增长，这将成为推动我国制造业升级的重要动力。特别是国内大循环的作用不断显现，对国际产业资本的吸引力加大，使我国国内资本、技术和知识密集型制造业的发展水平持续提高，随着人口红利边际递减，我国劳动密集型产业及价值链的劳动密集型环节正向低成本发展中国家转移；在产业发展由粗放型向集约型转变和价值链中低端向中高端的转变下，国内产业向以技术创新为驱动转变。

（2）政策引导下，企业成长转向“隐形冠军”模式。“隐形冠军”的概念由赫尔曼·西蒙教授提出，指那些不为公众所熟知，却在某个细分行业或市场占据领先地位，拥有核心竞争力和明确战略，其产品、服务难以被超越或模仿的中小型企业。我国产业要想顺利转型升级、迈向中高端，解决制造业“大而不强”的问题，核心在于保持“专、精、特、新”，打造“隐形冠军”。党中央、国务院高度重视这项工作，在《国民经济和社会发展第十四个五年规划和 2035 年远景目标纲要》中明确提出，要“实施领航企业培育工程，培育一批具有生态主导力和核心竞争力的龙头企业，培育专精特新‘小巨人’企业和制造业单项冠军企业”。浙江省明确支持中小企业“专、精、特、新”发展，深入实施“雏鹰行动”，引导中小企业走“专、精、特、新”发展之路，培育打造一批省级隐形冠军和国家级专精特新“小巨人”、制造业单项冠军企业。加强隐形冠军企业评价工作，完善动态培育库。实施大中小企业融通发展工程，培育打造一批典型示范。

（二）研究意义

本案例的研究对象为捷昌驱动股份有限公司，其从事多领域线性驱动的研发、生产和销售，是国内线性驱动行业的领先企业。捷昌作为国内最早从事线性驱动的企业，深耕钻研线性驱动技术20年，将线性驱动技术应用于医疗康护、智慧办公、智能家居、智慧工业多领域，占据全球线性驱动零部件的细分领域前三位，是国内线性驱动领域B端第一大厂商，成为“隐形冠军”。研究捷昌的成长发展，揭示其持续成功创业的经验，具有很重要的理论与实践意义。

1. 理论意义：寻迹“隐形冠军”密码，完善创业理论

本案例整合了同心多元化理论和Timmons创业模型。通过运用Timmons创业过程理论，并与同心多元化理论结合，使其原本的创业理论不仅关注创业三要素，而且拓展到如何在企业的持续创业过程中，保持专注核心技术，使商机、团队和资源围绕核心，并实现一种持续的动态平衡，完善了现有的创业理论，从而建立一种分析隐形冠军的理论模型。

2. 实践意义：总结“隐形冠军”经验，指导创业实践

本案例总结了捷昌成为隐形冠军的经验。中国经济当前发展正处于提质增效、动力转换的关键时期，政府需要大量中小企业主动转型，像德国一样，涌现出一大批细分市场、细分行业的“领跑者”。但中国企业参与全球市场竞争时间不长，在核心竞争力方面的较量远不及西方多年的核心技术积累，而且，近几年中美贸易冲突更加激烈，美国政府依靠贸易打压手段，对中国企业进行制裁和严厉打击，影响中国企业的发展。因此，本案例研究捷昌的隐形冠军之路，可以有助于其他企业了解成为隐形冠军的困难，并作出正确的决策，也有助于政府为培育隐形冠军提供更好的政策支持环境。

（三）研究思路

本案例的研究思路从创业角度出发，对捷昌驱动股份有限公司进行研究。通过实地走访、导师约谈、查阅文献资料等多种研究方法，立足实际情况，结合理论基础，阐述了捷昌的发展历程，深入分析其每个发展阶段的企业的核心优势，剖析出捷昌是如何从无做到有，并从有做到优，最后总结出实践启示。本案例的总体思路如图10－2所示。本案例分为五个部分，每个部分的研究内容如下：

第一部分绪论：包括研究主体背景、意义、思路与方法。

第二部分案例对象介绍：介绍企业的基本情况、组织结构、高管兼创始人、发展历程、企业文化等方面。

第三部分案例主体介绍：根据实地调研考察的资料和深度访谈的内容，总结捷昌的详

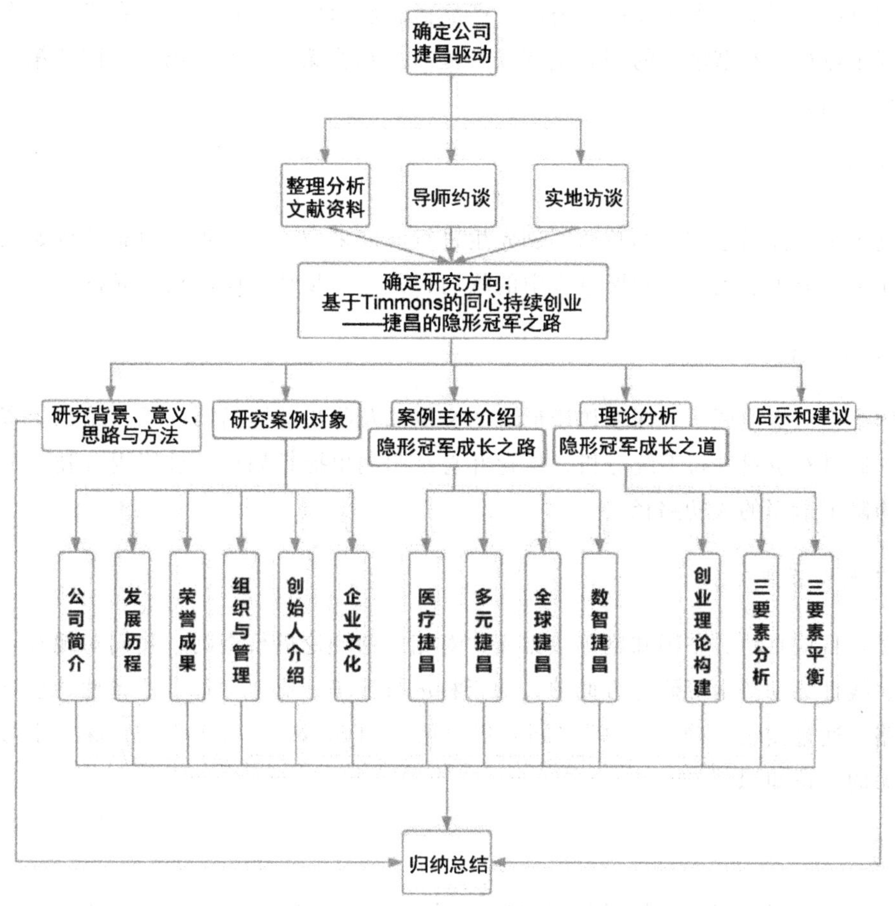

图 10-2 研究思路

细发展过程，勾画出捷昌不同发展阶段的路径，归纳捷昌如何在隐形冠军道路上取得成功。

第四部分案例理论分析：结合同心多元化和 Timmons 创业理论，对捷昌商机、团队、资源三要素的平衡进行剖析和解读，重点分析捷昌成为隐形冠军的原因。

第五部分案例总结与启示：通过以上理论的分析，总结捷昌成功带来的启示，并为其他的企业提供一些建议和指导。

（四）研究方法

本案例内容通过实地调研、深度访谈、文本分析、文献查阅以及案例分析五种研究方法层层推进。

1. 实地调研法

案例小组先到浙江省新昌县省级科技产业园区进行实地考察，在与捷昌总部市场总监邓创先生沟通交流后，我们深入了解了捷昌的由来、成长道路的艰辛、数不清的荣誉和未来发展的方向。再通过参观捷昌办公区、产品概念展示区、生产车间、食堂、宿舍等，切身感受到企业员工和谐融洽的相处氛围以及捷昌“认真第一、速度第一、团队第一、结果第一”的执行理念。

2. 深度访谈法

案例小组对捷昌总部市场总监邓创先生进行深度采访。从负责人对企业创始人创业经历的讲述中充分了解到公司发展过程中的坎坷，并进一步掌握捷昌相关资料。

3. 文本分析法

案例小组对实地调研、深度访谈形成的文稿以及收集的捷昌第一手、第二手资料进行了整理。通过对资料进行系统分析，深化并总结归纳出捷昌如何突破国内外技术壁垒，逐渐发展为隐形冠军的成功路径。

4. 文献查阅法

通过在百度百科、中国知网等数据库中对相应的理论进行查阅，我们对现有企业的隐形冠军、线性驱动技术等研究方面的文献资料进行搜集，梳理出符合逻辑性的思维方法与研究思路，通过搜索“隐形冠军”“同心多元化”“Timmons”等关键词，深入学习并总结出了相关的理论知识。

5. 案例分析法

本案例小组紧紧围绕“捷昌如何突出重围发展为‘隐形冠军’”这一研究主题，通过实地调研、深度访谈、文本分析、文献查阅四个方法步步递进，通过案例小组成员的归纳总结以及发散思维，将实际与理论相结合来分析捷昌发展为隐形冠军的秘诀。

二、案例对象介绍

（一）公司概况

1. 公司简介

浙江捷昌线性驱动科技股份有限公司于2000年在浙江新昌成立，2018年9月，在上海证券交易所上市（股票代码603583. SH），是一家集全球化、数字化、信息化、智能化、专业化、平台化于一体，合专注力、创新力、开放力、领导力、持续力于一身的科技集团，并精耕于智慧驱动产品的研发、生产及销售。其产品包括电动推杆、升降立柱、升降框架、控制器等，运用于为智慧办公、医疗康护、智能家居、工业环境等关联产业提供驱动及智能控制解决方案，致力于科技驱动智慧生活。公司概貌如图 10－3 所示。

图 10－3　公司概貌

目前，公司设有新昌、杭州、中国台湾研发中心，拥有博士领衔的研发团队，并与国内外科研专家团队共同探索行业前沿技术。在亚太、欧洲、美洲等地区设有子公司和生产基地，总占地面积达 24.7 万平方米，拥有 2600 多名员工，其中研发工程师 300 多人。公司快速响应客户需求，为客户定制开发领先市场的差异化产品。建有行业领先的自动化生产线，装备自动切割生产线、激光焊接机器人以及一体化喷塑生产线等，可高标准、高效率地交付客户订单。捷昌已与世界知名家具、医疗企业建立战略合作，助力其客户服务谷歌、微软、苹果、亚马逊等世界 500 强企业。产品与服务得到 100 多个国家和地区客户的信赖。截至 2021 年 10 月，公司授权专利 524 项、著作权 83 项。产品通过 UL、CE、ROHS、SAA、PSE、KC、BIFMA 等国际认证。

2. 发展历程

捷昌 20 年的发展历程，如图 10－4 所示。

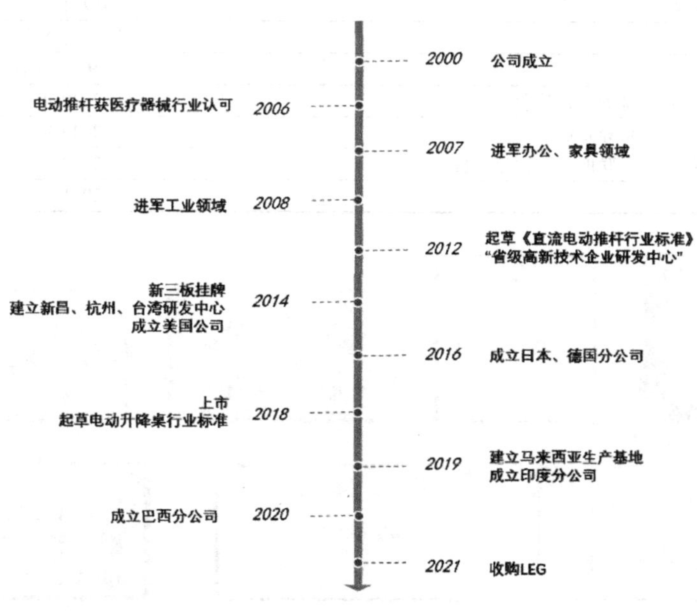

图 10－4　发展历程

3. 荣誉成果

捷昌经过20年发展，取得了一系列的荣誉和成果，如表10－1和图10－5所示。

表10－1　　企业荣誉

名称	获取荣誉时间
首批进入高新技术产业园企业	2003年
浙江省1000家成长型中小企业	2010年10月
浙江省科学技术奖	2011年
2012年浙江出口质量优秀企业	2012年
中华人民共和国轻工业行业标准	2012年5月
省级高新技术企业研究开发中心	2012年9月
浙江名牌企业	2013年
2013年中国创新创业大赛优秀企业奖	2013年
2012年度中小企业跨越奖	2013年2月
浙江省创新型试点企业	2013年6月
省优秀工业新产品	2014年10月
2014年度中小企业跨越奖	2015年2月
浙江省电子信息50家成长性特色企业	2015年5月
省优秀工业新产品	2015年12月
浙江名牌产品	2015年12月
2015年度自营出口十强企业	2016年2月
2016年省级企业研究院	2016年4月
被评为“创新层最具投资价值企业”	2016年5月
被评为最具投资企业	2018年
浙江省第一批上云标杆企业	2018年1月
省级高新技术企业研究开发中心	2018年2月
被评为“浙江出口名牌”	2019年3月
国家知识产权示范企业	2019年5月
国家高新技术企业	2019年8月
被评为“绿色工地”	2019年10月
荣登“2020中国新经济企业500强榜单”	2020年
成为浙江省“未来工厂”培养企业	2020年
2020年度浙江省省级工业互联网平台创建项目	2020年
IF设计奖	2021年

图10－5　荣誉证书

（二）公司管理

1. 组织和管理

自设立以来，公司已建立了成熟的管理制度体系和组织运行模式，为了匹配企业的长期发展和稳定运作，公司组织结构和管理体系将趋于复杂化，经营管理制度、内控制度等也有了更高标准，如图 10 - 6 所示。

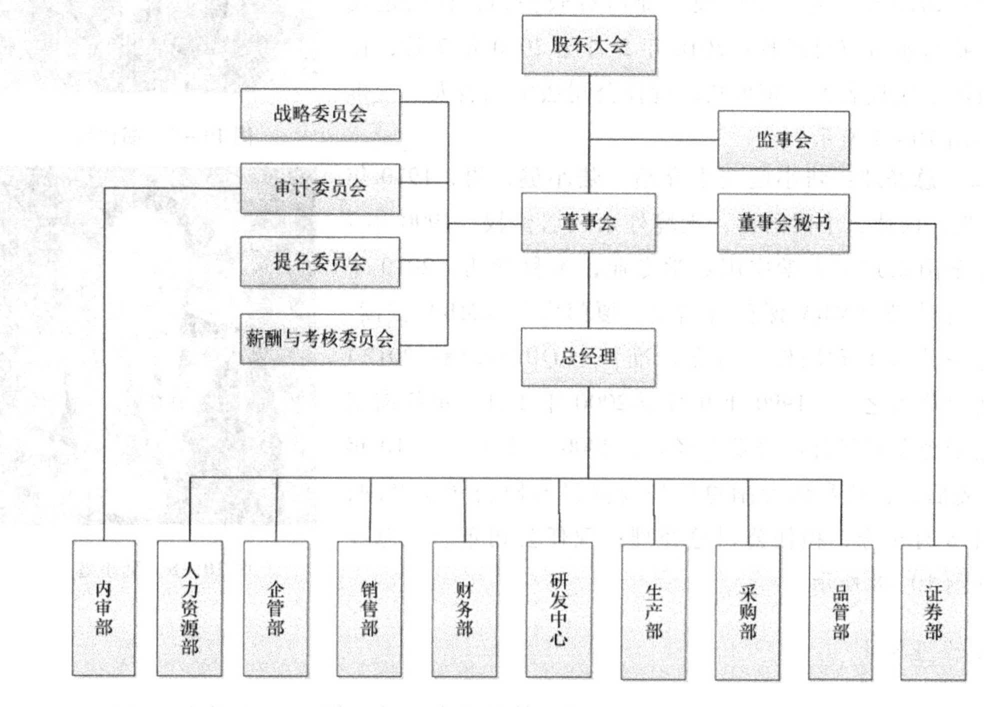

图 10 - 6　组织结构

董事长胡仁昌主攻公司对外事务，负责制定企业宏观策略，负责主持股东大会等事宜。总经理陆小健负责对内事务，直接负责各常规部门的管理，减少管理的层级，优化管理流程，精简管理岗位，减少信息流在组织链条上的停留时间，缩短信息流在链条上的流动长度，加快信息流从发送端到接收端的转移和交互。扁平化组织结构又要求企业对组织成员赋予更多市场权限，而组织成员又需要切实提高工作能效，承接原有的市场决策和执行力。企业及时响应市场需求，快速应对市场变化，使其在市场中立于不败之地。

在管理方面，企业有每月开展两次双周会的特色，每位模块负责人汇报当前重点工作情况，企业高层对其工作进行指导和落实，其他模块负责人和部门成员对其工作进行支援和协调，会议结束后，布置和分配相关工作，在下月的双周会汇报时，对重点工作进行复盘，落实相关问题，再展开未来工作的展望。

2. 高管兼创始人介绍

图 10－7　胡仁昌

（1）董事长：胡仁昌先生介绍。胡仁昌，男，1968 年 1 月出生，汉族，中国国籍，无境外永久居留权。2011 年 6 月，复旦大学 EMBA 课程班结业，具备机械制造技术背景，是《中华人民共和国轻工行业标准》（QB/T4288—2012）的主要起草人之一。1992 年 10 月创办新昌县东昌模具厂，任厂长；2000 年 3 月，创办捷昌医疗，任公司法定代表人、总经理；2010 年 4 月，投资设立捷昌有限公司，任法定代表人、执行董事兼总经理；2010 年 5 月至 2010 年 7 月，任捷昌有限法定代表人、董事长；现任公司法定代表人、董事长，如图 10－7 所示。

图 10－8　陆小健

（2）总经理：陆小健先生介绍。陆小健，男，1970 年 4 月出生，汉族，中国国籍，无境外永久居留权。1990 年 7 月毕业于南京理工大学应用数学专业，本科学历，2010 年 11 月北京大学 EMBA 课程班结业，厦门大学 EMBA 在读，是《中华人民共和国轻工行业标准》（QB/T4288—2012）的主要起草人之一。1990 年 9 月至 2000 年 2 月，担任南京四开电子企业有限公司研发部经理；2000 年 3 月至 2010 年 7 月，先后担任捷昌医疗副总经理及捷昌有限公司总经理；2010 年 8 月至今，担任公司总经理；现任公司董事、总经理，如图 10－8 所示。

3. 企业文化

在捷昌长期发展过程中，已经形成了独特的企业文化，赋予企业高洁的灵魂。

捷昌使命：提升社会大众的工作环境和生活品质，让所有员工和合作伙伴的生活更美好。

捷昌愿景：打造行业一流，社会广泛尊重的百年企业。

核心价值观：尊重专业，求是创新，追求卓越，精诚共进。

执行理念：认真第一，速度第一，团队第一，结果第一。

品质理念：精研设计，精选材料，精工制造，精密测试。

服务理念：方案更全，技术更优，品质更高，响应更快。

可持续发展观：在发展的同时，公司积极履行社会责任，特别是在缴纳税金、创造就业、支持创新创业、慈善公益、绿色环保、关爱员工等方面。

（三）产品介绍

公司主要从事线性驱动系统的研发、生产和销售业务。线性驱动原理是通过机械结构，将电动机的圆周运动转换为推杆的直线运动，从而达到推拉、升降重物的效果。经过多年的技术研究与积累，公司已经具备了生产智能终端产品配套驱动控制系统的实力。主要产品线性驱动系统由推杆、升降立柱、配套使用的控制器等部件组成，按应用领域可分为医疗康护驱动系统、智慧办公驱动系统、智能家居控制系统、工业环境驱动系统。

1. 医疗康护驱动系统

公司生产的医疗康护驱动系统主要应用于高档电动病床、养老护理病床、病人移位器等医疗康护设备中。使用公司产品的医疗康护设备可实现自动升降、倾斜、称重等功能，从而降低护理人员的劳动强度，提高病人的安全性，避免人为因素产生的意外伤害。以多功能ICU病床为例，病床采用公司的驱动系统后，可根据负载方向不同、旋转速度等综合因素，自主调节推杆运行位置，从而使定位精度控制在±0.5mm；结合采用公司的CAN总线技术，将温湿度、称重、呼叫器等外围医护设备与病床连接，使病床能综合采集病人生理活动参数，给医护人员诊断提供必要的数据，如图10－9所示。

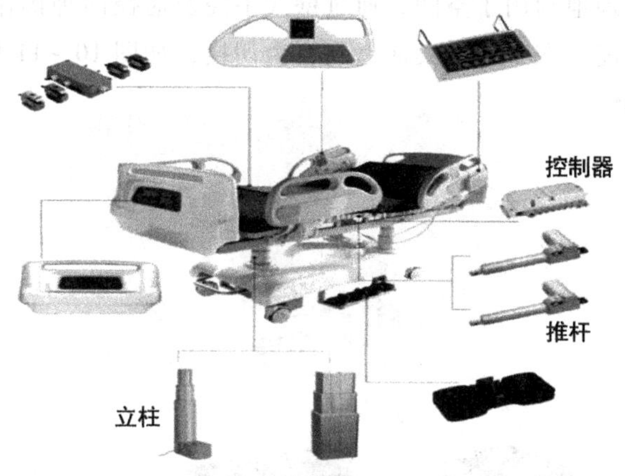

图10－9　医疗产品展示

2. 智慧办公驱动系统

公司生产的智慧办公驱动系统主要用于打造“人体工学”办公环境的智能办公领域。在办公室或其他办公场所使用公司产品配套的智慧终端设备后，能减少工作人员的劳动强度，节约人工成本，符合现代人的生活工作理念。以智能升降办公桌为例，线性驱动产品提供的自动升降功能，可根据每个人的高度和偏好，自动调节办公桌的高度，达到舒适的效果，并且可以帮助人实现站立办公，缓解腰椎、颈椎疲劳，目前已大量应用于欧美公司的办公场所，如图10－10所示。

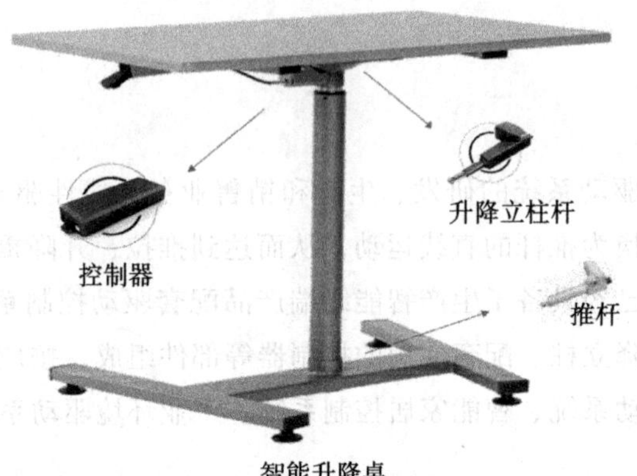

图 10-10 办公产品展示

3. 智能家居控制系统

公司开发生产的智能家居控制系统主要应用于以住宅为平台的家具、家电、橱柜及其他智能化住宅系统。通过为家居终端产品配套智能升降控制系统，使家居终端产品的高度、延伸性可以满足不同家庭成员使用的需求，从而提高使用人员的舒适度，符合现代人的居住生活理念。以公司开发的厨卫升降系统为例，利用驱动器及控制系统，就可以实现家庭厨房家具的升降或者位移功能，从而快速方便地调节到适合自己的高度或距离；榻榻米升降控制系统则合理地利用了空间，通过壁式手控及遥控两种操作方式，控制立柱的升降以调整榻榻米的高度，在卧榻与桌面之间自由切换，如图 10-11 所示。

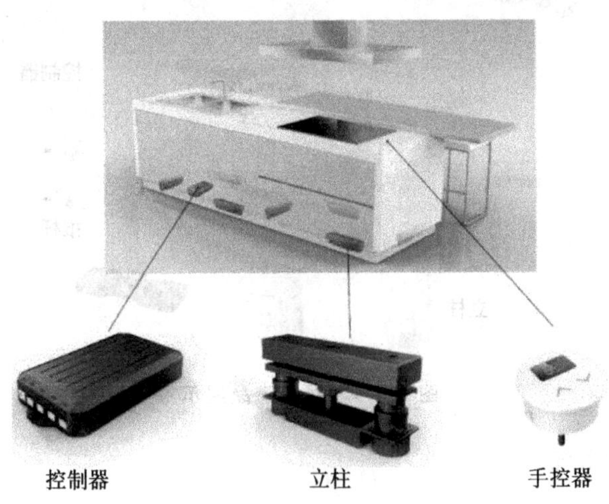

图 10-11 家居产品展示

4. 工业环境驱动系统

公司开发生产的工业环境驱动系统主要应用于光伏、锂电等工业领域，包括工业自动化、木工机械、特种车辆应用、新能源应用等。新能源领域智能推杆解决方案，用清洁能源替代传统化石能源，赋能光伏、光热发电设备升级，提高能源利用率和发电效率，产品实现高精度行程回馈、待机能耗极少、寿命长、防护等级高、自锁性能好、同步等级高、可实现多点精准定位，可在严苛户外环境下长时间工作，整个使用寿命内几乎无须任何维护，实现绿色可持续发展。以光伏发电站的光伏跟踪支架为例，通过减少组件与太阳直射角的夹角，获得更多太阳辐射精确定位，更大精度控制，更小夹角转换时间间隔，为响应国家生态文明建设和能源转型，提供新发展，如图 10 - 12 所示。

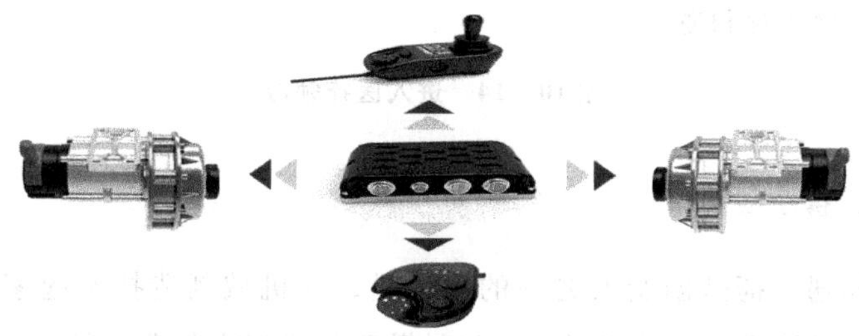

图 10 - 12　工业产品展示

三、案例主体介绍：捷昌的隐形冠军成长之路

在捷昌专注线性驱动的 20 余年，它经历了医疗捷昌、多元捷昌、全球捷昌、数智捷昌四个阶段，通过持续创业实现了技术应用从单一领域拓展到多领域，市场布局从国外延伸到全球，产品链条从传统过渡到数智，不断推动线性驱动产业发展，成为线性驱动行业的"隐形冠军"，如图 10 - 13 所示。

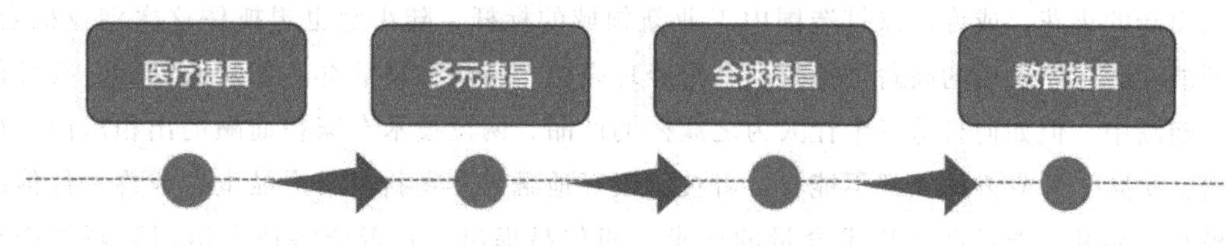

图 10 - 13　捷昌隐形冠军之路

（一）审势而动——医疗捷昌

2000 年，捷昌两位创始人在机缘巧合下走到了一起，结合各自的技术专长，在医疗领域屡败屡战，放弃医疗床产品市场，进入医疗行业线性驱动零部件的细分领域，经过不懈努力，他们在艰巨环境下推出一系列具备自主知识产权的线性驱动零部件产品，产品获得了国际的一致认可，如图 10 - 14 所示。

图 10-14　进入医疗领域

1. 志同道合，携手创业

（1）创始人相遇。捷昌创始人之一的胡仁昌，靠机械制造技术起家，1992 年开始在新昌县东昌模具厂担任厂长。早年间，胡仁昌勤于打拼多次创业，拥有了模具厂厂长这一当时炙手可热的头衔。多次创业的经历让他有了对机会的敏锐嗅觉，1999 年一次工厂机器故障，胡仁昌照例重金聘请南京四开电子企业有限公司的技术人员解决难题，这次公司派研发部经理陆小健（原名为苏捷，毕业于南京理工大学数学系，在 1990 年 9 月担任研发部经理）携团队前往解决。在解决技术难题过程中，胡仁昌被陆小健的电子控制技术所吸引，他发现不同于传统的产品制造技术，电子控制技术能更快捷、精准地用于产品的生产，且不被产品种类所限制，他想自己的模具开发、机械制造本领与陆小健的电子控制技术结合，或许能打造出国内尖端的模具产品，早一步实现工业自动化。于是胡仁昌邀请陆小健吃了一顿改变两人往后命运的晚饭。

（2）共谋创业。两人拥有相似的技术背景和同样的创业热情，交谈甚欢，在工作交接期间，通过多次深入交流，达成了共同创业的一致想法。如果将二人的技术之长捆绑在一起擦出新的火花，或许可以打造国内工业新领域的标杆。陆小健也想抓住这次创业机会，果断放弃了在原公司的高薪优待福利和总经理高位，与胡仁昌放弃一切从头开始，投身创业的浪潮中。但如何打造一个让人为之震撼的产品，两位技术专家在简陋的出租房内日夜钻研，实践了所有方法，都不能将二者技术很好地融入开发新模具产品上，或许一件传统的模具产品并不能承载高技术含量的要求。胡仁昌提出，是否能将技术运用到新的产品上，让二者的技术发挥更大的价值。

2. 初出茅庐，定位医疗

（1）发现医疗床市场。很长一段时间，胡仁昌和陆小健一直在寻找什么样的产品适合将二者的技术融合优势发扬光大。真正使两人开始关注医疗器械领域，是源于对生活的偶然发现。胡仁昌的一位亲戚在踏青出行时，贪玩爬树，不慎摔落，腰部受到了严重损伤，行动十分不便，于是，想到用医疗床（如图 10-15 所示）代替人工。但在当时的医疗条件下，医疗床几乎都是国外的牌子，且价格贵，普通家庭难以负担。胡仁昌深思着一个问题：国内医院大多没有配备专用的电动床，很多相关产品都依赖进口，没有人做这片领域，我们是否能够进入这块市场，让国人可以用上价格低廉的医疗床呢？塞翁失马，焉知非福，亲戚的受伤是祸，但却让胡仁昌和陆小健发现了一个尚处于蓝海，可让他们大展身手的商机。此时，在他们心里，已经埋下了一颗以医疗床领域为主的创业种子。

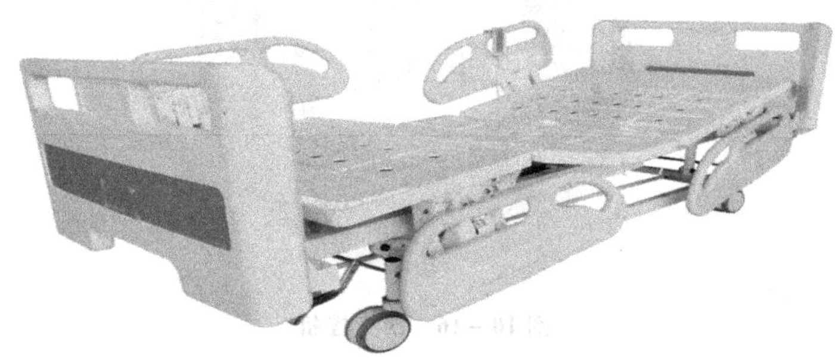

图 10－15　医疗床

（2）医疗床产品销售遇挫。一开始的捷昌因为没有知识背景，只能模仿国外行业龙头的产品起家，他们从市场现有的电动医疗床入手，在胡仁昌丰富的模具开发经验和陆小健熟练的电子控制技术支持下，对其进行拆解和分析，琢磨电动医疗床的原理和结构是什么。经过不懈研究，四款精心研发的电动护理床成型。

但是光有产品，没有市场也是不行的。过去没有销售渠道，他们选择敲开一家家医院的大门来推销产品，然而却一次次被拒绝，理由大部分都是："现有的产品，质量已经很好，你们的产品我们之前没有听说过，不知道质量怎么样，我们不想随意更换产品……"市场的难以推进给热情创业的二人泼了一次冷水，电动床创业路程就此搁浅。这颗关于医疗床的创业种子虽然种下去了，但却没有在它合适的土壤中成长。

3. 深思熟虑，专注驱动

（1）转战线性驱动零部件。于是两位创始人开始参加国内外医疗领域的各种展会，希望能够找到相关医疗产品，实现市场的突破。终于在 2000 年年初的一次展会上，胡仁昌与陆小健意外发现了电动床的重要零部件——线性驱动产品，此产品的海外市场十分可观，两位创始人在权衡之下，打算专精于护理床中的电控部分，即线性驱动系统，进入国外几大龙头平分市场份额的利基市场。2000 年，二人决定进入医疗床的细分产业。他们分别取各自名字中的一个字出来，取名"捷昌"，于新昌东门水电站创立了捷昌线性驱动的前身——捷昌医疗设备有限公司，正式进入线性驱动行业。

（2）挫折与突破。初步进入线性驱动行业，捷昌要面对许多困难，周围没有线性驱动相关企业可以学习借鉴，一切都是从头开始，作为国内第一批的开拓者，困难可想而知。各种资源匮乏使捷昌发展举步维艰。捷昌所面临的四大挫折如图 10－16 所示。

专业人才短缺问题：在新昌这个小县城，相关人才难找，产业、地域的吸引力低，资金、前途等现实问题让捷昌的人才聚集蓝图难以施展。政府针对创新平台能级小、层次低，人才引进难、留不住等瓶颈，围绕"建立产学研深度融合的技术创新体系"目标，为

图 10－16 四大挫折

科技型人才谋得更多红利。积极健全“企业出题、院所解题、政府助题”的产学研合作协同创新长效新机制、新模式。在“新昌模式”的扶持下，捷昌吸收新昌政府对高新技术产业各项政策的红利，解决了人才引进问题，进而为技术的突破提供更多“智脑”。

配套的供应链缺失问题：上游没有专做线性驱动的厂商，业余的厂商产品也不符合公司标准。政府出资大力引进技术人才，组成技术团队与上游零部件制作工厂现场沟通设计共创，一同研发线性驱动产品的原材料。企业向新昌县华雄机械有限公司、慈溪市烨奇五金厂等当地供应商通过报价模式直接采购，既带动当地实业共同发展，也解决了“供应难”的问题。

专门的基础研发设备和生产设备低端问题：手工制作的产品的精密程度低，导致产品合格率极低。新昌政府于 2003 年建立第一个科技孵化器，捷昌被确认为首批进入省级高新技术产业园的企业。在政府的扶持下，捷昌将原有的老旧设备改善，购进激光切割机，解决人工切割效率低、质量低的烦恼，大大提升了产品的生产效率与品质。

线性驱动技术落后问题：捷昌发现国内现有的直线驱动生产主要采用的系统复杂、体积大，介质滴漏现象易污染环境，且存在噪声大、安全性低、功能单一、性价比不高等缺点。国内产品在性能、可靠性方面与欧美国家相比差距很大，很多设备都依赖进口。捷昌通过人才孵化和引进，打造了初版研发团队。经过胡仁昌和陆小健亲自招揽、培养的精英团队夜以继日地研发、试制，拥有自主知识产权的 JC35 直线位移及位置专用控制装置率先进入市场，广泛应用于 ICU 监护床、手术床、CT 机、核磁共振 MRI 成像系统等医疗仪器设备的位置调整及位置控制，打响自主研发第一炮，成为企业的金名片。

（二）顺势而为——多元捷昌

上一阶段，捷昌在医疗领域已小有成就，但医疗市场有限，只有将集中转变为多边，才能让捷昌在细分领域的地位更高、风险更小。认识到这点，捷昌将线性驱动技术应用到办公领域、家具领域、工业领域当中，同时为了夯实多元化，捷昌实现了技术的多元化，还进一步推动研发、质量、人才管理体系的完善，使公司不断发展壮大。

1. 领域迈向多元化

捷昌将线性驱动技术进一步应用到办公领域、家具领域、工业领域当中，实现了产品多元化，如图 10－17 所示。

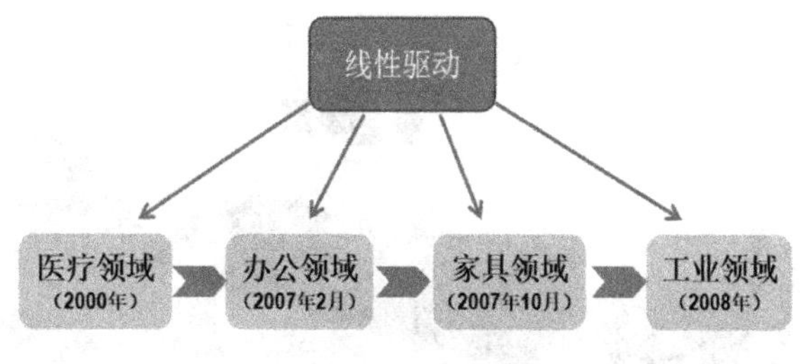

图 10－17　捷昌进入多元化

（1）依靠人性化，开拓办公领域。2007 年的展会上，胡仁昌看到了升降桌（如图 10－18 所示）这一展品，发现升降桌的原理与捷昌正在研发的线性驱动技术的原理相似。据了解，人性化发展是电子科技化时代的一个必然发展趋势，在办公领域，需要办公用品尽量适合人体的自然形态，身体不需要任何主动适应，从而尽量减少顾客使用工具造成的疲劳。当时强调“自我实现的需要”的发达国家十分推崇，因而升降立柱已被欧洲各国广泛应用于办公领域。对于捷昌来说，进军办公领域可以继续专注于线性驱动技术的研发，增强企业的核心竞争力，使进入新市场壁垒的成本大大降低；还可以扩大市场的份额，使企业进一步发展。于是在 2007 年，捷昌满怀信心，带着线性驱动技术，进入了办公市场。

图 10－18　办公升降桌

（2）拓展智能化，进军家居领域。捷昌总部所在的新昌地区邻近盛产家具的嵊州，捷昌认为办公领域涉及的升降桌、人体工学椅等产品，与家居领域的产品在某种程度上具有一定的联系。如果进军家具领域，捷昌具有零件供应和产业集群的优势。同时，中国关于智能家庭网络系统的各种标准陆续出台，各大科研机构与企业依据标准进行研发投产；

2007 年，智能家庭网络系统开始在中国深入推广应用，部分城市试点工程取得阶段性成果。创始人也看到了这一商机，认识到线性驱动的应用延伸性很强，不但可以在办公市场发挥作用，也许还可以用到其他领域。于是 2007 年，捷昌进军家居市场。捷昌的家居升降桌如图 10－19 所示。

图 10－19　家居升降桌

（3）构建生态化，延伸工业领域。初试办公、家居市场，捷昌获得了巨大的成功，这对捷昌进军下一个领域来说，是一个极好的范例，极大增强了捷昌的自信，也奠定了坚实的技术、资金等硬性基础。

为了实现可持续绿色发展和碳达峰目标，国家对光伏、锂电等工业行业十分重视，且捷昌发现，工业领域的光伏板（如图 10－20 所示）获取能量效率低，很大一部分原因是光伏板不能及时转变角度来适应光照变化，极大阻碍了能源利用率和发电效率，而捷昌掌握的线性驱动推杆技术，恰恰能解决光伏板角度转变困难的问题，加上工业的新兴领域并未被开发，捷昌的先行探路会少很多竞争的阻碍，多一些销售的便利。于是在 2008 那年，捷昌再次带着它的“孩子”线性驱动技术，进军工业推杆市场。

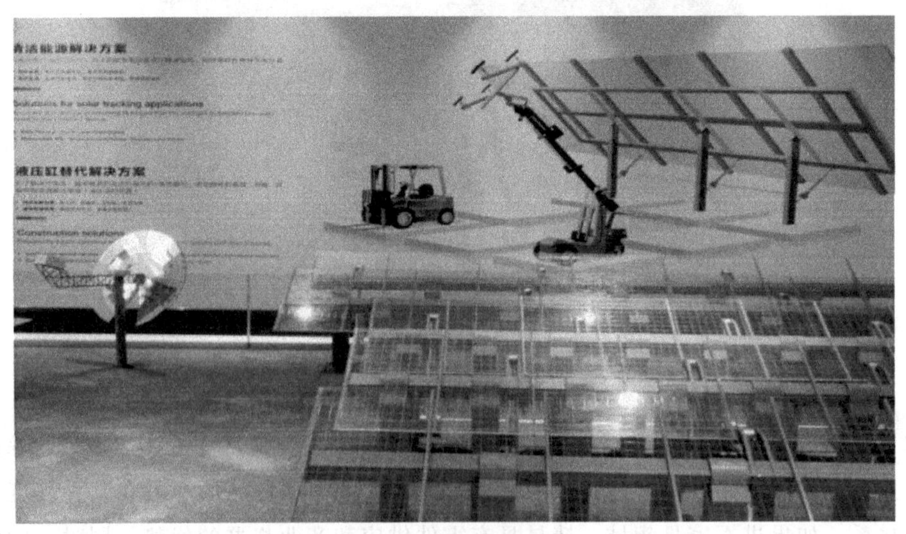

图 10－20　光伏板

2. 技术支撑多元化

创新是一个企业成长的基础。随着更多领域市场的扩张，用户的需求越来越多样化，此时捷昌的原有的核心技术产品已不足以匹配需要。改进线性驱动核心技术、提高研发创新能力的任务迫在眉睫。捷昌制定了短期的战略：以“功能创新”为目标，不断在现有产品上增加新功能，以满足客户的个性化需求。经过努力探索，捷昌注重技术集成，将多种不同领域的技术通过重组和改进，形成了一系列具有多元竞争优势的线性驱动核心技术。

如立柱无孔技术，捷昌发现常规的升降立柱，表面存在用于固定内部零件的圆孔，影响电动升降桌整体的美观性，于是率先推出兼具性能与外观的表面无孔升降立柱，赋予电动升降桌全新形象，在行业内引领了无孔立柱的潮流；出于对工作场所安全的考虑，捷昌研发了遇阻回退技术将电流感应与六轴陀螺仪相结合，凝练出双重反馈、双重保护的遇阻回退技术，最大限度地降低电动升降桌在运行过程中意外碰到障碍物对用户或桌子造成伤害的风险；捷昌推出的 EZ3.0 易安装升降系统能够使用户提高安装精度，只需一提一扣即可完成安装，框架组装时间相比常规升降桌减少 15 分钟，大大降低客户安装成本；ZOOM80 快速升降系统，不仅升降速度相比于常规升降系统提高了一倍，在产品稳定性、噪声、寿命等方面也与常规升降系统保持一致，在保证升降速度的同时带动了员工工作效率的提高，如图 10－21 所示。

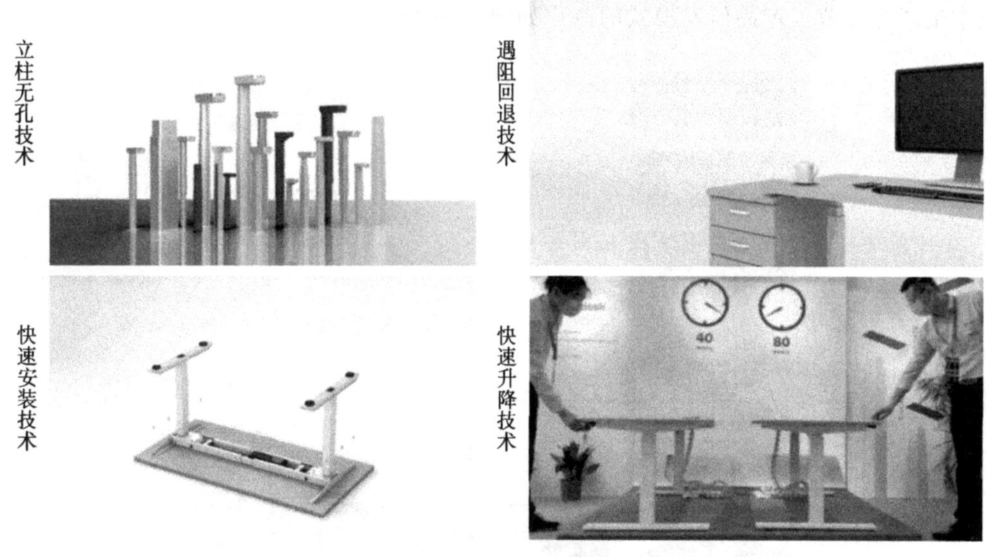

图 10－21 核心技术

不仅如此，捷昌有着更高远的目标。捷昌中长期的研发将坚持以“精益研发、创新创造”为导向，对研发进行精益化使产品的质量和成本有较大的改善空间。捷昌根据市场需求建立，开发新产品，将市场需求和产品研发有机统一起来，不断提升捷昌内部研发资源效率，并有效配置社会研发资源和力量，走企业主导型的“产、学、研”发展道路。2014

年，公司顺利通过高新技术企业资格复审。

3. 管理保障多元化

现阶段捷昌进军多个领域，经营规模不断扩大。为了夯实领域多元化，捷昌需要建立一套完整的管理体系来增强企业的运作效率，为客户提供更好的产品与服务，树立良好的企业形象。于是，捷昌在研发、质量、人才等方面建立了完整的管理体系，如图 10 - 22 所示。

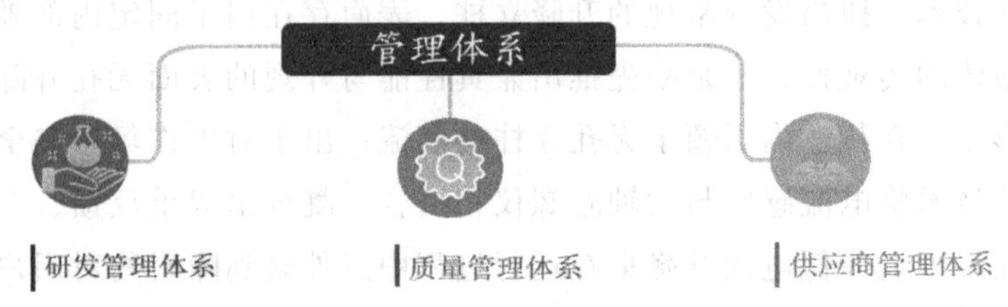

图 10 - 22 管理体系

（1）健全研发管理体系。公司自成立以来，一直致力于通过核心技术自主研发，构建自身源于技术领先性的核心优势。捷昌十分注重技术研发，制定了一套研发管理体系。公司研发中心具体落实研发项目的立项论证与研发实践，研发流程主要包括立项、设计输入、设计输出、设计评审、样件制作、设计验证、小批量试产、性能测试、客户确认、批量正常生产等环节。产品研发模式的流程如图 10 - 23 所示。

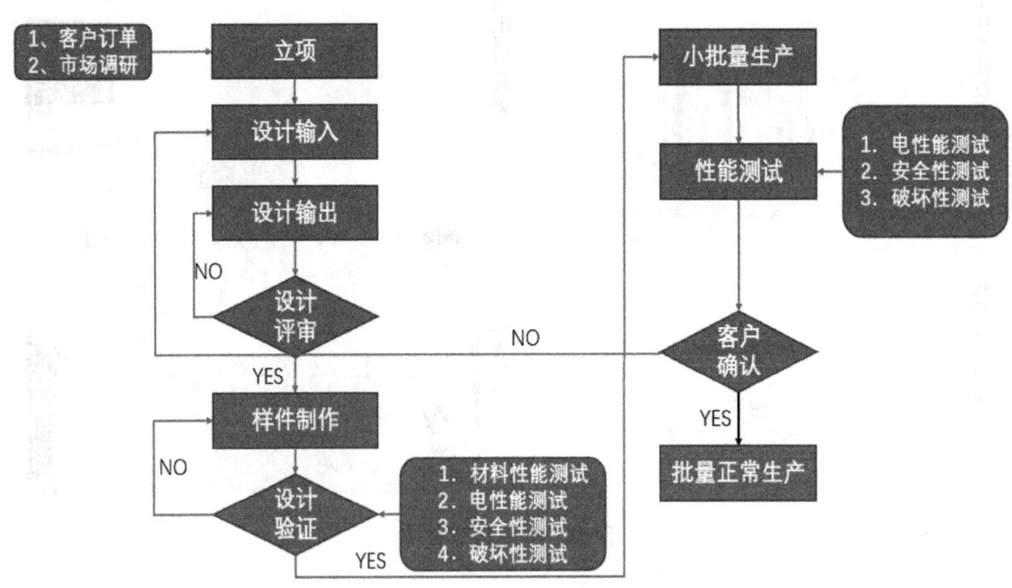

图 10 - 23 研发流程

（2）保障质量管理体系。捷昌建立了健全的质量管理体系，对产品的整条生产链进行全面的监控与监督。首先，在产品的设计上，需要对客户的需求进行评估，研究其是否具有可行性。其次，在产品的源头供应商选择上，由公司的采购、研发、生产等部门共同对供应商进行全面的调查、评价和筛选。并且在产品的生产过程中，捷昌设立了三步走，对生产现场的产品进行防护，对生产过程中不合格品进行控制，由品管部对于生产过程的不同阶段进行监督检验，以确保装配过程符合产品工艺要求。最后，在向顾客交货时，产品需经过资质审查、送样检测、现场审查、小批量供货等一系列程序，在各个方面接受审核。

在质量认证要求上，捷昌设有比常规环境更苛刻的质量实验室，拥有专业质量监控团队和完备管理体系。正是公司对质量的高要求，使捷昌在产品性能指标上已基本接近国际品牌产品。公司多款产品获得 CE 安全认证、CUL 安全认证等高标准认证，出口到欧盟及北美地区。

（3）细化供应商管理体系。公司生产相关的采购主要包括对原材料和辅料的采购，由采购部负责公司原辅材料的采购，通过遴选供应商，收集采购物资的市场信息，并依据生产计划制订采购计划，执行采购及商务谈判。

公司原辅料采购都需先对供应厂商进行评估、选择，只有经认可的合格供应商，才能向其进行采购。公司建立了规范的采购机制，按照供应商资质、产品质量、质量稳定性、产品价格、生产规模、订单交付能力等因素对供应商进行全面的考察，由采购、品管、研发、生产等部门对供应商进行调查、评价和筛选。在确定合格供应商后，采购部门一般会根据所需采购的物料与合格供应商签订相关长期框架协议，并根据生产量的需求结合市场价格走势判断，分批次进行采购；在每次采购时，公司会与供应商通过传真等方式确定具体的产品订单，订单内容包括产品名称、型号、订单金额、数量、交货方式、履行期限、文件要求等项目。公司采购部门建立了严格完善的“采购部管理规定”“供应商管理规定”等管理制度，采购流程如图 10－24 所示。

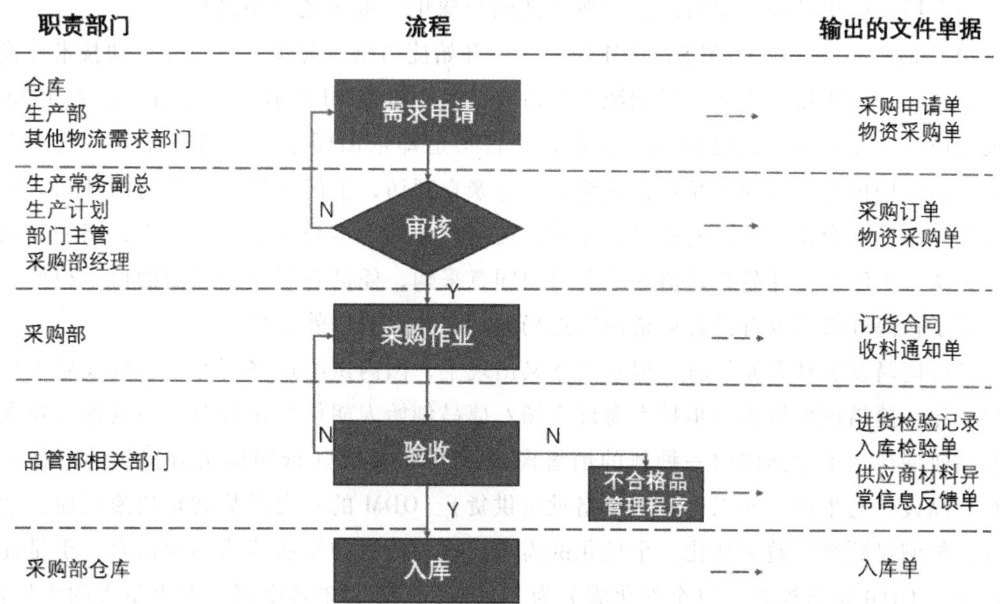

图 10－24 采购流程

如今，捷昌形成了两种采购模式：直接采购、外协加工。随着捷昌规模的不断扩大，传统的采购模式已不足以满足产品生产的需求，在此基础上，将零部件外包给加工企业，进行外协加工，大大降低了生产成本和时间成本，同时，带动了上游企业的发展，实现共赢。2015 年，居优智能公司成立，主营业务为智能家具及配件的研发、制造、加工、批发、零售，捷昌自设公司加工零件，可以大大降低成本，更容易实现零件的定制化。

（三）借势而进——全球捷昌

过去十多年，欧美消费升级趋势带动了海外升降桌、电踏车、电动医疗床、全地形车、高空作业平台等新兴产业的大发展，制造业细分领域随之出现了“从供应全球到渗透国内”的特征。国内智慧办公驱动系统蓝海初现，线性驱动市场首先打开了多行业久坐人群的市场。捷昌需要抓住机遇，响应国内线性驱动产品需求激增的发展情况，不断开拓国内市场，融入全球化。为推动企业的全球化进程，捷昌实施了市场、生产全球化和人才全球化。

1. 市场全球化

捷昌由于其天生全球化的特质，在市场布局方面，与传统企业策略不同，它在市场选择上，重点考虑的是市场规模与发展潜力、拥有海外网络关系及销售渠道稳定等因素。创始人吸取了之前医疗床创业失败的经验，做出大胆决定，打破常规，确定市场战略基调：先抢占海外市场，再反哺国内市场。

捷昌开始注重市场的选择与评估，避开需求较小的国内市场，首先选择欧美市场，再将海外市场的成功经验反哺国内，实现“逆向全球化”的市场开拓之路。

（1）海外市场：从 OEM 到 ODM 模式。一开始捷昌刚刚起步，对线性驱动技术在摸索当中，还没有形成技术优势，只能纯生产仿制产品，靠 OEM 模式维持生计。随着 JC35 系列成果研发，捷昌有了自己的核心技术，销售渠道却依旧闭塞。在销往北美与欧洲市场时，只能以国内低成本的产品价格优势，通过亲自拜访，上门介绍等方式与海外知名度较好的医疗小厂商合作，同样的质量、品质，捷昌产品的价格却少了将近一半，国外一批资金不充裕且不注重零件品牌价值的厂商很快同意采购，凭借着那些小厂商的口口相传，捷昌熬过了在海外市场没有销售渠道的窘迫局面，正式打开海外市场。

其后捷昌发展到多元领域，但新问题又出现了，国内供给过多而海外市场仅靠小厂商难以消化，捷昌该如何进一步扩大海外市场？捷昌创始人胡仁昌在展会上与其他行业人士一起钻研探讨，了解到国内一种新的销售模式：ODM 模式（依照购买方提供的产品需求进行产品设计与生产，并以合理的价格批量供货）。ODM 的一大优势就是快速反应、适应性强，能满足顾客日益多样化、个性化的需求，这和捷昌的发展战略不谋而合，于是捷昌开始开展 ODM 销售模式，以个性化服务为“底牌”，游说知名度高、需求量大的大厂商，顺利与北美市场的著名厂商 Herman Miller、HATContract、Haworth、Steelcase、Ergo Depot

（此后也是捷昌的前五大客户）达成战略合作。捷昌依托客户的品牌和市场渠道实现智能升降桌等终端产品的销售，做到了“扩大并且稳固北美市场”的目标。

当然捷昌在海外市场并不是一帆风顺，欧洲市场老牌龙头根深蒂固，捷昌在欧洲市场的份额只占 6%，并且难以提升，捷昌只好另谋他路。捷昌先是于 2016 在德国设立子公司，又于 2021 年，通过并购产品价格、定位与全球第一的力纳克相近的 LEG，探索 C 端道路，贯通全产业链上、中、下游拓宽市场，并实现资源共享，强化捷昌在欧洲市场的布局、渠道、研发、品牌，更好地树立捷昌在欧洲高端市场的品牌形象。

（2）国内市场：ODM 引进到走向 OBM 趋势。过去国内线性驱动行业并未发展起来自成体系，市场潜力较大，适用范围较小（当时仅在医疗领域），国内消费者对于高科技产品的需求低，人们的需要层次还停留在购买传统产品的层面上，因此捷昌不得不暂时战略性放弃国内市场，但捷昌一直想吸引国内 B 端有消费能力的企业，它将销售布局定位在广东、江苏、浙江等地区的医疗器械、家具生产商，通过加强客户联系，为国内客户提供更便捷的服务，并借着从事国外经贸时积累的品牌影响力，成功打开国内市场。后期捷昌将把在国外试验成功的 ODM 模式沿用到国内，以此方式与国内 C 端家居和办公产品厂商形成战略合作。至此，捷昌实现了借助海外市场“反哺”国内市场的战略计划。

2. 生产全球化

捷昌通过市场全球化战略解决了多元化导致的供需不平衡问题，行业市场规模不断扩大，消费升级更是助推相关需求的增加，仅靠国内几个生产工厂难以快速响应市场动向，因此捷昌走上一条生产全球化的道路，来保障市场全球化的原动力，突破产能瓶颈。

（1）海外生产基地支撑供给，就近设立子公司优化服务。捷昌在北美市场以美国供应为主，作为全球最主要的智慧办公、智能家居消费市场，美国下游厂商对于产品的设计和功能带有普遍的个性化需求，为此捷昌设立美国生产基地，引进智能 SMT 高速生产线、自动 PCB 视觉检测、视觉引导的全智能总装线、高精密注塑机群等智能化装备，加强向国外客户快速批量交货的能力，同时为了保障销售服务，提高北美客户开发效率和公司的服务能力，捷昌又于 2014 年在美国设立子公司来负责北美市场的销售和售后服务。

2016 年，捷昌在欧洲和东亚市场份额继续扩大，国内生产基地仍可及时响应，所以捷昌在韩国、日本和德国先后仅设立子公司，优化欧洲和东亚市场的服务能力。中美贸易摩擦加剧，使两国进出口自由度受到很大影响，尤其是国内出口销往美国的产品，关税极高，严重压缩了捷昌的利润，捷昌不得不另寻尚处于劳动密集型的人力成本低且美国关税控制力度小的马来西亚作为替代基地，2019 年捷昌成功设立马来西亚工厂，2020 年正式开工，弥补了北美市场供给不足的缺陷，并减缓美方设立的贸易壁垒对企业利润下滑的影响。

（2）国内生产基地贯彻成本管理战略。随着人口红利优势持续下降，捷昌借助最后一波人口红利的助推，降低生产过程中的人力成本，并借助海内外消费成本差异，将本国生产基地产出的产品用于对外输出，满足海外市场。2014 年，捷昌在宁波设立全资子公司宁波海仕凯作为新的生产制造基地，消除公司产能瓶颈，在2015年捷昌智慧办公领域的产能同比增长了94.23%，次年2015年，公司又设立全资子公司浙江居深化优布局智慧办公产业，加大扩充公司在海内外智能家具板块的业务，持续保持充足供给。捷昌的生产基地如图10－25所示。

图10－25　生产基地

3. 人才全球化

捷昌在全球化进程中还面临着一个重要问题：人才如何解决？市场全球化，需要更多的高质量销售人才去保障供货渠道，生产全球化需要更多高端的技术人才和全能的管理人才保障技术的领先和子公司、生产基地等的良好运作。因此为了迅速、有效地与海外市场接轨，捷昌积极聘用具有专业能力、管理经验的跨国人才定制人才发展核心战略。

（1）基地＋政策招揽国际人才。捷昌看重跨国人才具有的先进的知识和专业能力、丰富的跨国管理能力和广阔的国际视野，希望通过跨国人才的帮助使企业迅速了解并攻入海外市场，并引进学习海外成功的商业模式助力捷昌拓宽发展道路。为此，捷昌在美国和马来西亚设立生产基地，在德国、美国、日本和印度设立分公司，通过这些布局，直接接触当地人才，就地招聘，通过高薪资和舒适的工作环境、优质的企业文化来吸引国际人才。

捷昌所处的新昌地区，为调动地区经济发展，保持创业竞争优势，积极助推当地企业走出国门，提供了许多政策便利，还亲自牵线搭桥，定期举办海外高层次人才智力项目洽谈对接活动，让海外专家与新昌企业更加零距离、面对面，项目更具针对性，这直接拉近了企业人才引进与技术创新的距离。该地区还实施《海外高层次人才引进计划》《关于为外国籍高层次人才和投资者提供入境及拘留便利的实施办法》《关于鼓励海外高层次人才回国工作的建议》等政策，为招揽国际人才提供政策保障。

（2）合作＋培养发展国内人才。在吸引跨国人才的同时，捷昌也致力于国内人才的培育。2015年，捷昌设立杭州研发中心和中国台湾研发中心作为分公司，目的是整合国内和国外地区的优势研究资源，为公司的项目研发及基础研究作人才储备；同时捷昌积极借助新昌政府的政策红利：积极深化“企业出题、院校解题、政府助题”的产学研合作长效机制，促进企业需求与高校院所科研成果有机对接，使创新链和产业链互相融合促进。

捷昌还定期组织员工培训，包括职前培训、在职培训、专业培训。对于部分培训，公司会给予补贴。根据业务需要，公司会挑选优秀管理人员接受专业培训或者邀请专家学者来公司进行专题演讲，以提高受训人员的本职技能。捷昌还会选择优秀员工去高校进修，鼓励员工在工作期间攻读硕博士学位，提升眼界，获取更多知识为企业助力。

在2016年捷昌被评为省级企业研究院，进一步提升了技术人员的综合素质并扩大了人才储备。开展企业研究院是现今为企业提供人才，支撑技术支持、研究具体问题、提升利润、开拓业务、布局战略的有效手段，捷昌也跟紧潮流积极在浙江大学建立创新创业实践基地，与上海交通大学合作成立了人体工学工程联合实验室，与杭州电子科技大学成立了联合研发中心（如图10-26所示），与中国人民解放军海军总医院合作开发颈肌训练装置并与中科院宁波材料所等科研院校建立了密切合作关系，为多个学校建立基金会，培养线性驱动行业人才。

图10-26　联合研发中心

同时捷昌连续多次举办“天姥英才”高层次人才创新创业大赛（如图10-27所示），还赞助了“捷昌驱动杯”世赛家具制作项目全国挑战赛，并在湖北生态工程职业技术学院隆重举行开幕式暨“浙江捷昌线性驱动科技股份有限公司人才培养基地”揭牌仪式。紧跟新昌政府“个性化定制”的招才引智道路，利用现有的产业资源、科研力量、孵化器等平台为高层次人才和创新团队提供生活补助和科研经费，至今捷昌拥有的2600多名员工里，研发工程师已达到了300多人。

图10-27　“天姥英才”创业大赛

（四）趁势而上——数智捷昌

随着数字化时代的到来，捷昌借助数字化，在信息系统、车间制造、产品研发方面实行进一步的转型升级，通过建立智能化信息系统，改造智能化生产车间，研发智能化物联网产品，全方位打造数智捷昌，持续向“未来工厂”迈进。

1. 管理数字化，打造高效系统

作为一家主要依赖出口且具有多家海外子公司的外向型企业，捷昌面临着各子公司间频繁往来交易还有公司集团化管控原有 K/3 WISE 系统不能满足公司集团化发展需求。2016 年 4 月，捷昌同绍兴金蝶签订 K/3 Cloud、S－HR 及 PLM 实施项目，建立协同化信息办公平台，实现组织人事、PLM 物料、产品 BOM 同 K/3 Cloud 集成同步。信息系统升级改造后，捷昌只要在总部部署数据库服务器，应用服务器放在虚拟机上来实现私有云部署，实现了信息管理的数字化。

在客户体验方面：金蝶管理客户（包括潜在客户）的信息档案，客户包括中间客户（代理商、经销商）和终端客户。通过客户细分、客户属性的定义，可以对客户进行精细化管理，为客户提供定制化服务。在供应链和服务商方面：捷昌的各分子公司之间的产品、零部件和原材料存在相互供应的业务场景。通过金蝶云的协同计划模式，在计划方案中设置组织间的供应关系，及产品 BOM 中设置好部件或材料的供应组织，系统 MRP 需求计划运算后，自动生成组织间的组织需求单，工单进度可直接通过社交软件或短信通知客户。这样实现一次计划，产品涉及的所有零部件协同供应，避免因为部件间的供应不及时，耽误交期的情况发生。在物流跟踪方面：通过统一的接单平台和订单预留功能，跟单员能实时跟踪销售订单的执行情况，真正实现按单生产，按单出货。在供应链的上游，捷昌通过运输提前期的设置，统筹考虑全球供需平衡。通过供应商管理平台，将销售/生产计划提前发布给供应商，给足供应商充分的准备时间调节产能和准备物料，并接受供应商反馈的交货信息，实现大供应链计划管理。在生产研发方面：研发总监能在整体上把控各个产品经理负责研发的产品进度，整体统筹各产品研发进程，快速满足市场个性化的需求。研发部门通过 PLM 系统进行物料及 BOM 的建立和维护，系统自动同步到 ERP 中的总部组织，再分配到各业务组织，实现物料、BOM 等环节的深度集成。捷昌的金蝶系统如图 10－28 所示。

2. 车间数字化，实现绿色生产

作为拥抱大健康产业的前瞻布局，捷昌“未来工厂”项目建设于新昌县省级高新技术产业园区，总建筑面积约 7 万平方米，此项目实现了进一步数字化的跨越。捷昌数字化车间解决方案通过建设一个制造工艺信息平台，从整体上改善生产组织与管理，提高制造系统柔性、数字化设备效率。将制造信息及时地与相关部门、供应商共享，实现虚拟制造和

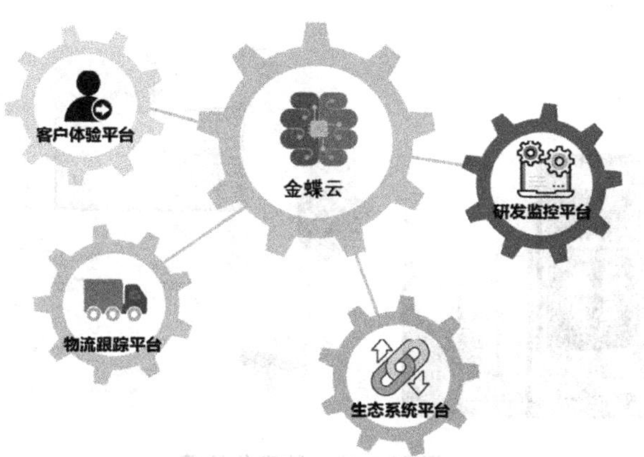

图 10－28　捷昌的金蝶系统

并行工程，保障生产顺利进行。它由自动化研发试制车间、金属加工车间、精密注塑车间、SMT 车间、智能组装车间和智能立体仓库组成。其中，注塑车间采用高精密设备，集中供料系统、智能设备管理系统，保证零部件快速、准确提供。项目达产后，能够更好地为客户提供高效专属定制服务；同时，随着“中国智能制造 2025”的推进，捷昌驱动紧抓时代机遇，立志将新工厂打造成自动化、信息化、网络化、数字化高度融合，设备实时互联、数据集成融合的驱动行业智能制造标杆工厂。捷昌的自动化生产如图 10－29 所示。

图 10－29　自动化生产

捷昌通过数字化设备的引进，产品全生命周期管理，可以将“绿色”贯穿于产品设计、选材、生产制造、废物回收以及管理的每一个环节，响应了浙江省“无废城市细胞”建设和新昌县全域“无废城市”建设号召。设有的能源综合管理监控系统可以对生产设备进行实时能源消耗监测，通过能源数据分析，不断优化调度，而降低能源消耗。捷昌的数字化运营如图 10－30 所示。

图 10-30　数字化运营

3. 产品数字化，催生万物互联

线性驱动是2000年之后开始逐步成长的，从传统家居到电动家居，结合物联网实现智能化发展。现在可以通过传感器反馈到主控制器、执行驱动装置。一开始所有产品都是独立个体，现在很多产品能够实现相互交融，物联网的出现使所有物品都连接起来。比如近几年各大公司推出的语音盒子（智能音箱），更加推动了整个产业物联网发展，而线性驱动也要接入平台，实现整个万物互联，如图10-31所示。

图 10-31　万物互联

在持续聚焦线性驱动技术的同时，捷昌也在不断拥抱大数据、人工智能、5G、物联网等新一代信息技术，旨在结合时代潮流切实帮助传统产业完成产品的定制开发，驱动新经济业态、新商业模式。公司研发的最新蓝牙组网系统，可实现工位预约、语言控制、手机控制等功能，助力客户开启智能升降新时代。捷昌的智能家居、智慧办公领域已逐渐渗入物联网，让用户更便捷地享受到产品服务，享受到捷昌产品为生活带来的美好。在医疗领域，捷昌用物联网通过传感器与医疗床附带产品来对生物的生理状态进行捕捉。在物流上，通过物流运输的各个环节实现系统感知。及时自我调整，使物流成为现代综合性物流系统。

四、案例理论分析：捷昌的隐形冠军成功之道

捷昌经过 20 年的努力，从成立开始，始终围绕线性驱动技术，挖掘合适商机、创建高效团队、寻求有利资源，并不断实现三者新的平衡，实现同心多元化持续创业，成为了线性驱动行业的隐形冠军。

（一）案例理论概述

1. 创业研究回顾

创业是指新企业内独立的个体（创业者）在考虑社会发展规律及市场需求的基础上跟踪和捕捉机会（发现商机），并对组织内现存资源进行整合，启动新业务，提供新颖产品或服务来实现创造价值、增长财富、推动创新的探索行为。创业涵盖了个人或团队、创业机会、企业组织与资源等基本要素。

持续创业是指企业内部将原来的产品或服务，嫁接到另一种新产品或新服务上，由此产生二次创业。但是，新产品或新服务的生命也是有限的，这就需要三次创业、四次创业……多次实现持续创业，捷昌从医疗到多元，再到全球，最后到数智化，成为隐形冠军，就是企业持续创业的典范。

对创业模型的研究是创业理论的重点，也是创业研究的基础。本案例对经典的、有影响力的创业模型进行梳理归纳，并按照资源、机会、环境等维度对模型进行比较研究。

所有模型均具有动态特征，根据外部环境的变化和时间的推移，这些模型呈现出动态性变化的特点。如最先发现的 Gartner 创业模型阐释了企业创建的过程，但忽略了创业机会的重要性，1998 年的 Wickham 模型和 2000 年的 Christian 创业模型具有较强的现实指导意义，提出了企业发展过程的动态性，但适用范围受到限制。而 2000 年提出的 Timmons 创业模型在其他四个创业模型的基础上考虑了复杂性、动态性、连续性和互动性，并将其融于一体，阐释了新企业创建的基本过程。本案例分析认为，Timmons 创业模型以实现三要素动态平衡为核心，能很好地解决企业创业过程中要素不平衡。企业创业过程中遇到的机会、资源、团队三要素失衡可能会使企业持续创业道路受阻，故本案例采用 Timmons 创业模型分析捷昌成功之路，如表 10 - 2 所示。

2. Timmons 创业理论模型

Timmons 模型的核心是，三个要素构成一个倒立的三角形，创业团队位于三角形的底部。创业行为是以机会为契机，其关键步骤就是寻找商机；资源是创业过程的必要支持，

表 10－2　创业模型的演化

时间	创业模型	特点
1985 年	Gartner 模型	创业者要协调模型中创业者自己、组织、环境等因素，各因素相互影响，构成了网状结构，阐释了企业创建的基本过程
1998 年	Wickham 模型	以创业者为核心来带领团队发现机会、组织资源，同时为适应外部环境而不断学习。动态学习过程成为创业能否成功的关键
1999 年	Sahlman 模型	此模型强调了要素之间的适应性和匹配性，并拓展了要素的外延，从组织行为学的角度来研究创业活动
1999 年	Timmons 模型	强调弹性与动态平衡，认为创业活动随着时空变迁，机会、团队、资源三项要素会因比重发生变化而产生失衡的现象。三要素随时空变迁而实现动态的平衡是此模型的核心
2000 年	Christian 模型	强调个人能力随着环境的变化和创业过程的进行不断地调整，新企业的创建是创业者创业能力动态变化的结果

是机会开发和利用的基础保证，尽可能调动一切可利用资源并加以控制以获得最大经济效益；作为创业主体，创业团队在机会与资源之间起到匹配与调节作用；由于创业过程是个具有风险性和不确定性的复杂的动态过程，三要素之间很少能相互匹配，所以企业必须不断地维持各要素之间的平衡，此时创业团队扮演着决策者的角色，如图 10－32 所示。

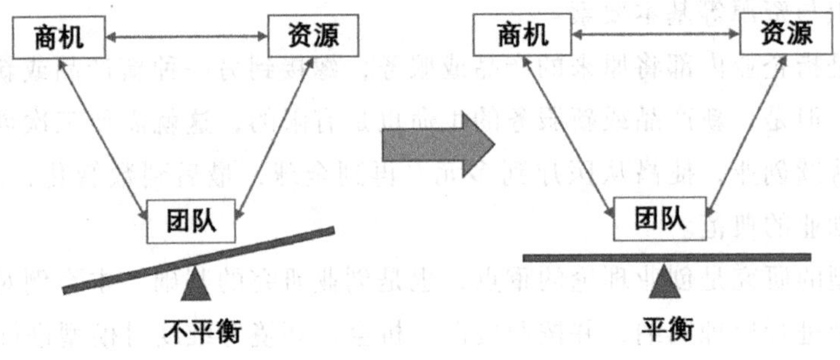

图 10－32　三要素平衡过程

（1）商机。Timmons 认为一个商业机会“其特征是具有吸引力、持久性和适时性，并且伴随着可以为购买者或者使用者创造或增加使用价值的产品或服务”，在创业前期，机会的识别与评估最为关键，而其他两个要素团队和资源的目的都是推动商业机会的实现。机会识别首先需要感知市场需求或未充分开发的资源，而后识别或发现特定市场需求与特定资源间的“匹配”，最终形成商业概念以达到需求与资源之间的新匹配。一般来说，商业机会的来源有两种路径：机会发现路径与机会创造路径。

（2）团队。Timmons 认为创业过程中，由于机会的模糊、市场的不确定性、资本市场的风险以及外在环境的变迁等，经常影响到创业活动，使创业过程充满了风险。因此创业团队作为决策主体，其主要任务是在不确定的外部环境下平衡与协调商机和资源，在整合的过程中进行有效管理，必须要依靠团队的领导、创造力与沟通能力来发掘问题，掌握关键要素，弹性调整机会、资源、团队三个层面的搭配组合，使新事业能够顺利进行。由此可见建设高效能团队的重要性，团队从感情、目标、利益、创新四方面出发来构建。

（3）资源。没有资源自然无法实现创立新企业的目标，资源是创业者必须要正视的一个重要问题。对资源的整合利用是企业发展过程中的一个难点和关键。创业者通过对不同来源、不同层次、不同结构、不同内容的内外部资源进行获取、整合、配置，使企业具有较强的柔性、条理性、系统性和价值性，并创造出新的资源，进而增强企业的竞争优势。

（4）三要素平衡。三要素中资源和机会是双向关系，资源是机会的先决条件和限制。识别机会没有资源支撑，会导致机会难以开发而产生以机会为主的不平衡；资源充足却没有机会去使用，会造成资源无效浪费而产生以资源为主的不平衡；创业过程中常常在两种不平衡间波动；团队作为机会的识别主体，在于客观发现与主观创造机会，团队作为资源的整合主体，在于向外获取或者由内产生资源，由此团队把握机会与资源，使其两要素相对匹配，而团队在两者的不平衡中，受两要素的反作用影响而不断自身发展，最终达到三要素的动态平衡。

3. Timmons 创业理论模型的优化——基于同心多元化视角

通过 Timmons 创业过程理论与同心多元化理论的结合，企业不仅要关注创业三要素，而且要拓展到持续创业过程中，实现三要素围绕核心，并保持一种持续的动态平衡，从而建立一种分析隐形冠军的理论模型。

（1）同心多元化战略。同心多元化是企业以一种主要产品为圆心，充分利用该产品在技术、市场上的优势和特长，不断向外扩散，生产多种产品，充实产品系列结构的战略，是企业利用原有的生产技术条件，制造与原产品用途不同的新产品。这种发展战略有利于企业利用原有的技术、资源、渠道。

（2）同心多元化视角下的 Timmons 创业模型。在同心多元化视角下，企业在创业时期用原有的技术、特长、经验等发展新产品，增加产品的种类，从同一圆心向外扩大业务经营范围，在此期间的每个阶段，将机会、创业团队和资源三者做出最适当的搭配，并能随事业发展而做出动态的平衡。所有机会、团队、资源都为核心产品服务，通过坚持三要素间的动态性、连续性和互动性，使企业发展不断从不平衡到平衡，从而优化了 Timmons 创业模型，更好地解释了持续创业，如图 10－33 所示。

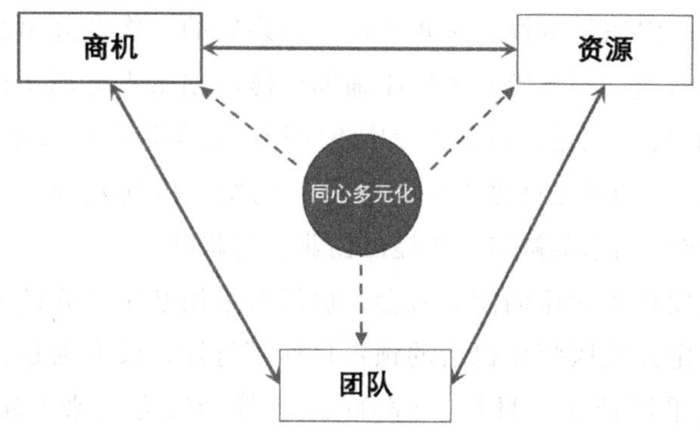

图 10－33　同心多元化视角下的 Timmons 创业模型

（二）多元化商机识别分析

根据 Timmons 创业过程模型，商业机会是创业的起点，也是持续创业的关键点。而捷昌能够发展到今天的隐形冠军，与它对于商业机会的成功把握密切相关，捷昌对于商业机会识别的成功经验可以概括为两大类：机会发现与机会创造。而捷昌对商业机会的识别又不局限于这两种方法，往往运用过程中是交替使用发现与创造机会即改造机会。正是捷昌机会识别方法的多样化，才让捷昌每次都可以在发展不同的关键时期中一一识别医疗床、线性驱动零部件、办公家居、光伏工业和数字化转型等机会，如图 10－34 所示。

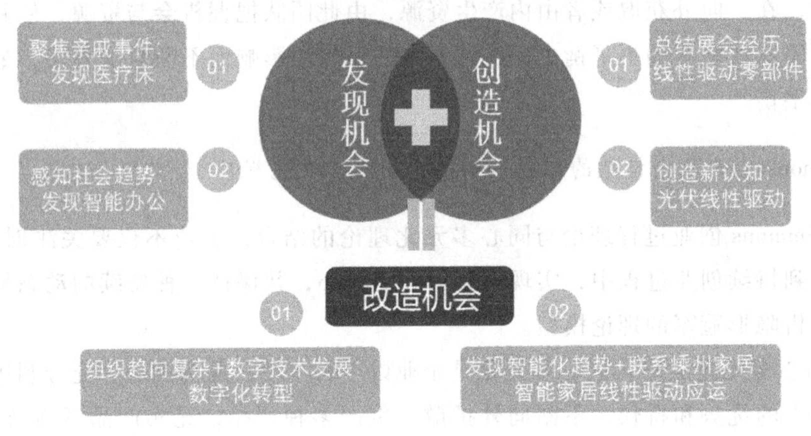

图 10－34　多元化商机识别

1. 聚焦与感知，发现机会

捷昌对于发现机会的运用在于感知由外生冲击（制度、市场或技术变动）带来的客观存在与聚焦事件，来发现市场中已有的不完善性。由此捷昌通过这些发现问题，提炼问题背后所反映的需求缺口，解决创始人与环境之间存在信息不对称，以此作为捷昌的商业机会。

（1）聚焦身边经历，发现医疗床机会。对于捷昌来讲，发现医疗床的商业机会正是源自创始人对客观环境的内在警觉性：聚焦于胡仁昌亲戚的一次意外事故，从树上掉落摔伤腰部而无法进行日常活动，需要借助医疗床辅助。捷昌创始人运用了标准搜寻理论中的有意识挖掘信息：研究医疗床问题，发现医疗床不实用，且还是依赖国外的高价进口；纯粹凭运气聚焦到亲戚事故，在两者之间融合的结果下，创始人由此发现医疗床市场存在不完善性，以这些问题出现产生需求的缺口作为捷昌创业的商业机会。

虽然捷昌创始人发现医疗床的商业机会，但没有采用基于风险的数据搜集和因果分析法的意识，即不能确定开发医疗床机会的预定目标可行性，没有通过搜集尽可能多的信息来降低风险，也没有采用使命、目标、SWOT 分析等传统方法来制定完整的机会开发战略，其结果是市场远远没有达到创始人一开始设想的规模和消费潜力，这造就了捷昌的第一次起步的失败。

（2）感知社会发展，发现智能办公领域机会。捷昌起步以医疗线性驱动为核心，走集中战略道路，在 2006 年捷昌已经做到了医疗行业的广泛认可，但是捷昌认识到局限于医疗领域，会使发展受限，从而陷入了下一个困境："捷昌下一步该如何发展?"捷昌迫切需要一个商业机会来改变现状。

消费者日益多元化的消费需求，推动了捷昌再次运用机会发现手段从环境变化发现机会。捷昌紧随时代发展，创始人敏锐感知到社会关注健康问题的主流趋势，随着坐着办公的时间越来越长，人们逐渐意识到久坐对腰背不好，开始尝试坐站交替办公，但传统办公桌无法满足站着办公的需求。以该趋势下办公桌的升降需求为缺口，捷昌创始人抓住此次机会，进军办公领域。

这次捷昌创始人进行了详细机会评估——消费者对产品的认可度。捷昌创始人分析当前的社会状况：消费水平提高，消费观念升级，未来升降办公桌等智慧办公产品会逐步由可选消费品转向必需消费品，因此包含电动升降办公桌在内的智慧办公行业将会快速发展。国内健康办公意识正在觉醒，伴随着国内外人体工学理念的进一步普及以及人们对健康生活的追求，消费者对升降桌的需求可能会出现爆发点。

捷昌对机会识别巧妙运用，并加以评估，最终使捷昌在智能办公领域大获成功，日后智能办公领域反而逐渐超越医疗领域成为捷昌的最大销售市场。

2. 总结与认知，创造机会

创造机会涉及创业者、市场、客户等因素的综合作用，通过自身行动或与不同利益主体之间进行交互行动，创业者形成其最初的机会信念，并观察市场反应，而他对机会的信念也随着所获信息的增多而不断变化，创业者常会逐步认识到自己关于机会范围和本质的最初信念需要改进，从而形成以不断学习为基础的新的机会理念。通常创造机会在不确定性中进行。

捷昌对商业机会识别的成功经验在于创造机会，运用了总结经验和改变认知两个手段。捷昌主要是对先前的成功经验和失败经验进行归纳和总结，尤其是第一次商业机会实现的失败经验和看展会的经历。而改变认知在于捷昌响应国家政策需求，从而创造机会。

（1）总结展会经验，创造医疗床零部件机会。医疗床的商业机会因为缺乏详细的机会评估而失败，捷昌创始人在失败中积累和总结经验，此后捷昌在学习中不断强化认知，在干中学下提高创造机会的能力，如图 10－35 所示。

图 10－35　医疗床失败总结的经验

在医疗床失败后，创始人到处参观各大展会，观察新兴产品，了解市场情况，偶然间发现了医疗床的零部件：线性驱动推杆也有市场。而创始人在展会结束后，进行了一个深刻的思考："如果大的产品做不好的话，为什么不可以做小的部分呢？"反思之后，总结上次经验，结合这次看展的经历，捷昌创始人主观能动地细分医疗床机会，构造出集中于线性驱动零部件的商业机会。

捷昌创始人创造机会后，并没有盲目去开发，而是进行了不确定性的评估，从市场、行业、经济因素等方面进行了系统的调研：在当时国内该行业处于一片蓝海，但由于产品的技术精密，其成本决定了产品的定价偏高，那时国家经济环境虽处于稳步发展的阶段，人民的低消费意愿，造成人民对高端产品的需求动力不足，由此捷昌推断国内市场消费者对价格敏感，对产品的接受度低。国内销售渠道也是问题，最初医疗床就是在没有市场中失败的。捷昌在国内定价虽偏高，但在国外却有价格优势，且西方较多发达国家长期使用线性驱动产品，对产品接受度高，捷昌可以在海外市场的"细缝"中获取价格敏感的消费者市场。至此捷昌从海外市场入手，开始了长达20年的在线性驱动领域精耕细作的隐形冠军之路。

（2）改变政府认知，创造光伏工业领域机会。国家能源局曾发布《关于做好可再生能源发展"十四五"规划编制工作有关事项的通知》，该通知指出，"十四五"期间可再生能源将成为能源消费增量主体，预计到2035年，可再生能源将基本满足能源消费增量，2050年，可再生能源将成为能源消费总量主体。光伏领域则是其中重要的一项。捷昌创始人依靠认知偏差和启发法来进行决策，然后再在行动过程中逐步完善决策，这是一个渐进的过程。光伏能源主要依靠朝向太阳的光伏面板，吸收太阳光转换成能量。当时政府并没有将光伏面板与线性驱动联想在一起，但捷昌的创始人却发现二者可以结合。

捷昌发现其中的认知偏差，太阳是东西落，不同时间段太阳的位置不同，使太阳光强烈程度发生了空间位移的转变。而线性驱动可以提供具有感知光强度而发生精准转动来调整方向的设备，最大效率吸收太阳光。

在从未有过线性驱动应用在光伏板的情况下，捷昌创始人凭借现有资源和能力进行分析，首先线性驱动应用关键在于角度转动的精度，且有明确的数据要求：例如中信博的斜单轴系统，用回转减速，跟踪精度±2度，cos（2度）=99.94%，最大误差0.06%，精度可谓要求极高。而捷昌驱动现有高定位精度与重复定位精度的JC35SA6（零位精度<0.2mm，定位精度<0.2mm），在技术上可提高光伏板的效能。由此捷昌从一步一步渐进分析到反复思考再到归纳结论，最终通过内生增长和技术创新创造机会，在该领域捷昌成为了政府这方面的第一大供应商。

3. 互补与致知，改造机会

在创业初期，企业适应外部环境以识别机会；发展到一定阶段，通过与环境的不断互动，企业联合利益相关者，实现内外部资源的集聚，在发现机会之上用以共同创造机会。事实上，机会发现与机会创造之间存在潜在链条，以及企业在持续创业动态发展过程中，机会发现会向机会创造转变。捷昌从发现到创造，又从创造到发现，两者相互补充，相互促进，从而使商业机会达到一种致知的境界，捷昌于是在发现与创造中得以改造出家居领域和数字化转型的机会。

（1）家居与智能互补，联想改造机会。社会的发展趋势除了关注健康问题，就是家居智能化趋向。人们对消费品便利化、智能化、网络化程度要求的提高以及智能领域技术水平的不断改善，各种智能产品开始被越来越多的消费者接受和认可，线性驱动在智能家居中的应用有很多，例如卧室床的升降、电视机的升降、橱柜的升降等，捷昌创始人凭借自身的警觉性发现外生变化。

虽然线性驱动技术可以赋能智能家居，但是捷昌无法投入资源。因为对于当时的捷昌来说，在资源受限，企业规模受限，人才虽有但不充足的情况下，具体应用于哪个家具的不确定性很多，如果一不小心失败，那么资源的大量浪费会使捷昌在医疗和办公领域市场受到负面影响，甚至影响捷昌后续发展，捷昌发现了家居市场的机会，但却在巨大风险中无法开发机会。

此时捷昌的创始人再次依靠先前经验，渐进性分析家具市场，联想到办公领域涉及的桌子、椅子等产品，与家具领域的产品在某种程度上具有一定的联系，并且了解到新昌邻边的嵊州生产家具，且厨具做得最好，有很好的市场规模，如果依托嵊州的市场进军家具领域，捷昌具有一定的优势，而且可以弱化风险，可先以嵊州作为实验点，成功后再推广。因此捷昌创始人以此改造先前发现的智能家居机会，细分到厨具产品上，此后捷昌在厨具产品市场获得成功，捷昌加大投入，涉及智能家居多方面领域。

（2）内外需求推动“数字化”转型，制造改造机会。捷昌创始人在大环境背景下，发觉了第四次工业革命处在重大突破的关口，而新冠疫情的来袭，不仅对捷昌造成影响，还加速了全社会数字化、网络化、智能化的进程。相应地，中央同样高度重视我国的智能制造行业发展，希望通过数智技术提升制造业竞争水平，抢占未来科技和经济的发展制高点，并提出 2021 年是“十四五”的开局之年，未来五年是打造数字经济优势，夯实智能制造基础的重要时期。

捷昌创始人意识到内部组织规模扩大、子公司内部交易频繁、员工数量庞大带来一些问题。信息交流阻碍大，各分公司和子公司不断增加、全球生产基地扩张，如何依托信息系统，核算各细分组织的运营成本和利润也成了一项难题。

如何打造？该不该打造？捷昌评估了数字化的机会。目前数字化转型，只需要对现有的信息系统升级改造，从原来的有 K/3 WISE 系统到 K/3 Cloud、S-HR 及 PLM 实施项目的系统。面对捷昌的产品多样性、全球化客户及客户的个性化需求，需要研发环节能快速响应销售的报价需求、生产的配置需求，而通过金蝶云内置的 PLM 系统的项目管理，每个产品经理都能很好地管理各个产品线、不同客户的个性化产品需求。因此具有实践价值。而对现有的信息系统升级改造，仅仅从原来的有 K/3 WISE 系统升级及改造到 K/3 Cloud、S-HR 及 PLM 实施项目的系统，且绍兴金蝶公司有现成的技术与实施方案，成本支出较小。因此数字化转型性价比高，捷昌对环境变化的发现和对组织内部问题的认知，在深刻分析两者内在联系后达到致知，最终改造出数字化转型的机会。

捷昌的多元化商机识别分析如表 10－3 所示。

表 10－3　多元化商机识别分析

	发现机会	创造机会	改造机会
概念解析	独立于创业者客观存在 以警觉外生冲击（制度、市场或技术变动）、聚焦事件寻找市场的不完善，在于外部感知	基于不确定性的直观推断 以认知偏差和启发、先验经验、与利益相关者交互，渐进分析、效果逻辑建立联系，在于内部改变认知	发现与创造的融合 客观发现与主观认知结合，相互补充，对机会进行可行性改造，内生与外生的双重影响，改造机会在于致知
捷昌做法	（1）医疗床机会：聚焦事件（亲戚的经历）粗略评估，看到市场的不完善性 （2）智能办公机会：注重健康问题的环境趋势下的外生冲击	（1）线性驱动零部件机会：总结医疗床失败形成先验经验，参加展会，产生线性驱动的认知 （2）光伏工业机会：捷昌建立联想，发现认知偏差，渐进分析光伏面板，创造新产品	（1）智能家居机会：感知社会环境发现智能化趋势，联系周边产业嵊州家居，两者联合，改造发现 （2）数字化机会：深入思考解决组织趋向复杂，疫情等环境催生数字技术，主客观下推动

（三）高效能团队构建分析

创业团队已然成为当前创业的一种主流形式，表明了创业主体更多的是以团队的形式存在而非单独的个体。然而，创业团队的形成过程与创业实施过程同步存在并不断完善、优化，所以，创业团队会对创业进程、创业绩效产生影响。因此，团队的构建是关键。从管理实务角度来看，团队建设分为四个维度：凝聚情感，结盟目标，共享利益，发展创新。下文将从这四个维度出发，以捷昌为例，说明如何建设团队，如图 10－36 所示。

图 10－36　高效能团队构建

1. 人人匹配，情感凝聚

创业团队的组建起初以情感为纽带使团队成员组合成为一个集体。在构建团队时，由于各方面资源匮乏，公司知名度低，团队在招募人才上具有一定的困难性，因此需要依靠与团队成员间的匹配性来招募和团结成员，其中包括：与领导者的契合度、与成员的契合度。与领导者的契合度主要依靠领导的个人魅力；不定期聚餐、户外活动、学习活动、员工互助，都有利于团队成员之间的情感交流，培养成员间的契合度。领导者必须了解团队成员的心理需求和情感诉求，需要促进团队成员之间的坦诚沟通，营造宽松的交流氛围。

（1）成员情感交融。核心人才通常是团队的中坚力量，因此，他们与各团队成员的匹配度尤为重要。如果说与岗位的匹配度是人才进入企业的前提条件，那么与团队成员的兼容度就决定了人才是否能够持续为企业服务。领导者在甄选人才的时候，需要考虑核心人才与团队成员的契合度。

捷昌两位创始人在机缘巧合之下相遇，经过了解，发现双方都有着共同的理想信念，这使他们惺惺相惜，正是情感的纽带，将他们联系到了一起，使他们开始一起创业。胡仁昌有过创业办厂的经验，积累了大量资源，主要负责公司的对外业务、战略的制定；陆小健是机械、电气方面的技术专家，主要负责内部事物、技术的研发，他们建立了捷昌驱动。两位创始人组建起了第一支属于捷昌的团队。

（2）领导者魅力吸引。最关键的还是团队成员与领导者之间的契合程度。领导者的权力主要有专家权力、魅力性权力等，如果一名领导具备某项其他人所没有的技能、知识等，那么团队成员会有更高的忠诚度和追随感，团队间的契合度将会不断提高。

捷昌的创始人陆小健为机械、电气方面的技术专家，具备丰富的从事先进机械制造和光机电一体化产品研究开发的经验，曾参与国家“863”计划CIMS攻关小组的研究；公司吸纳和培养出了一批技术过硬、年富力强的研发骨干，专业涵盖机械设计、电子工程、自动化控制、嵌入式软件、工业设计模具设计等，专业技术涵盖全面，创新设计能力强。创始人高水平的专业性能力，带动捷昌快速发展。正是陆小健高超的专业水平，加上其坚持不懈、专一的品质，形成了其独特的领导魅力。有许多成员正是被其领导魅力所感染，选择加入捷昌。捷昌的市场总监在访谈时，也表明自己正是因敬佩创始人而加入捷昌。

2. 人企统一，目标结盟

公司通过情感，将人员聚集到一起，但要团队成员团结一致、精诚合作，光靠情感是远远不够的，需要与团队成员分享愿景，把团队成员的个人目标与企业目标连接起来，实现目标同向。应牢记两点：一是每个人对自身重要性的追求是永久的推动力；二是人们只对自己高度认同的事情任劳任怨。

团队成员与企业实现目标上的结盟，需要努力做到人与岗位的匹配、员工对企业文化的认同。通过目标结盟，促进团队成员之间的有效合作。

（1）岗位匹配。企业在进行人岗匹配时，做好知岗、知人、匹配、异质四部曲，如图

10－37所示。所谓知岗，就是进行工作分析，对某项工作就其有关的内容与责任，汇集、研究以及分析资料，来明确一个岗位的细化责任从而真正地了解这个岗位；所谓知人，就是构建胜任素质模型，在知道该岗位的要求和特点后，就需要利用履历分析、纸笔面谈等来发现员工相关的素质，最后评价判断其是否能胜任该项工作；匹配就是能够知人善用，实现人尽其用，避免人才浪费。最后，提高整体团队的异质性，增强团队成员之间能力的互补性，在动态环境中充分发挥个人的能力。

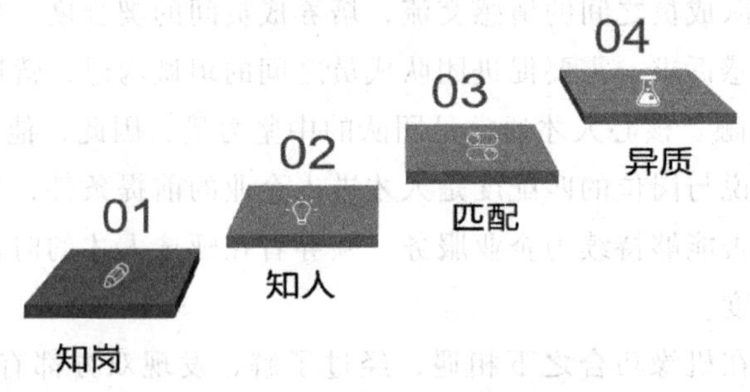

图10－37　岗位匹配四部曲

捷昌正是考虑到各个员工的不同职业倾向和性格，决定可以由员工自己选择职业发展的道路。捷昌内部设有销售序列、管理序列、技术序列（研发、工程、IT品质）三个序列，例如管理序列的晋升，从经办、主办到一级、二级专员，再到最后的高级专员、资深高专。捷昌对每个岗位都按照岗位工作流程和工作内容，进行详细的工作描述，员工根据不同岗位的要求，可以根据自己的兴趣擅长，选择适合自己发展的路径。捷昌再通过充分了解核心人才的技能、兴趣以及价值观，综合考量员工是否适合这个岗位，再将他们放到合适的工作岗位上去，从而实现企业和个人发展的双赢。

捷昌还要考虑团队的整体结构，实现异质，实现人才的多样化。捷昌始终坚持以技术创新为根本，在业务发展和技术研发过程中不断扩充和优化研发团队，并培养了一批稳定和可靠的技术骨干。同时，在产品的开发过程中需要企业拥有对下游应用领域熟悉了解的技术型人才，才能够开发出符合客户需求的产品。并且随着公司产品远销到欧美各国，公司重点培养销售方面人才，已形成多语种业务人员的合理搭配，使公司在国际销售业务中与同等规模的行内企业相比有着一定的优势。

（2）文化认同。人才对企业文化的认同是实现目标结盟的关键。企业是所有员工的基本活动场所。核心人才是否认可、适应并融入企业环境是十分重要的。因此，领导者在考察核心人才的时候，要特别了解他的价值观是否能够与企业文化相适应，即所有人需要有一致的目标和理念。如果两者之间存在矛盾，即使核心人才的才能再出众也不可录用。

在塑造企业文化的诸多力量中，领导者的主导带动作用举足轻重。领导者的一举一动、一言一行都会在员工的心中刻下烙印，深深影响着普通员工的思维模式和行为方式。捷昌的使命是“提升社会大众的工作环境和生活品质，让所有员工和合作伙伴的生活更美好”，捷昌的两位创始人一直为着这个目标而不断奋斗。因此，自从捷昌创立以来，一直专注于线性驱动技术的研发和发展，创始人的“工匠精神”已经深深影响了员工，许多员工都有着专注精神，不断研发出新的线性驱动产品提升大众的生活质量，使产品从单一的推杆产品创新拓展至提供升降立柱、升降框架、控制器、手控器在内的整套线性驱动系统和解决方案，使捷昌从艰难创业走向行业领先。

3. 资源共享，利益一致

随着团队规模的扩大，人数的增多，情感和目标不足以支撑团队的持续发展。再好的团队，再好的关系，都离不开利益。利益共享，只是关系的起点，利益问题得不到解决，团队建设就是一纸空谈。相反，做好利益共享，能够吸引更多的人才。利益共享模式的正确设计，是一门领导艺术。俗话说：“甲之熊掌，乙之砒霜”，即一个员工所珍视的东西，可能另一个员工认为是多余的。因此，利益共享要达到预期的目的，需要精心地因地、因事、因时选择不同的方式。G 管理模式中的利益共享包括财富分享、福利分享、知识分享。

（1）财富共享。员工所创造的财富在分配上可用于企业的扩张、股东的分红、员工的报酬等。企业的财富有限，但应该有一个合理分配的比例，做好统筹兼顾，特别是不可忽视对员工的报酬这一方面的作用。

为实现利益共享，捷昌实施了股权激励的制度，让公司的有功之臣都成为真正意义上企业的主人。公司授予董事、高管、核心技术及业务人员共 91 人限制性股票 200 万股，占公司总股本的 1.66%。其中首次授予限制性股票 162.70 万股，占公司总股本的 1.35%；预留 37.30 万股，占公司总股本的 0.31%。

福利分享也是企业分配方式之一，是财富分享的另一种方式。捷昌为员工办理医疗养老保险、提供餐补、免费住宿、节日慰问品、五险一金等常规福利，申请了购房补贴、购房津贴等政府补助。同时，使员工感受到来自企业的关怀，在员工结婚时送祝福及礼金，为员工受伤或重大疾病提供慰问金。

（2）知识共享。员工从企业创造的新知识、企业运作的成功经验中获得企业创造的财富，如员工通过不断培训获得知识，员工在实操工作中技能水平不断提高等。

捷昌定期组织员工培训，包括职前培训，在职培训，专业培训。对于部分培训，会给予补贴。捷昌为新进人员组织职前培训，包括公司介绍、制度讲解、安全规范等。根据工作特性，各部门主管根据实际工作需要组织提高员工专业技能和效率的在职培训。根据业务需要，捷昌会挑选优秀管理人员接受专业培训或者邀请专家学者来公司进行专题演讲，以提高受训人员的本职技能。

（四）内外部资源整合分析

在社会经济发展的一定阶段上，资源总是表现出相对的稀缺性，从而要求企业对有限的、相对稀缺的资源进行合理配置，以便用最少的资源耗费，生产出最适用的产品和服务，获取最佳的效益。蒂蒙斯也认为，企业在创立过程中，率先占有的各种资源会对企业发展形成优势壁垒。可以说企业为获取利润对资源进行的一系列活动就可以看作一个资源整合的过程，我们对捷昌整合利用内部资源、优化配置外部资源和融合重组内外部资源的能力和过程进行了以下概括，如图 10－38 所示。

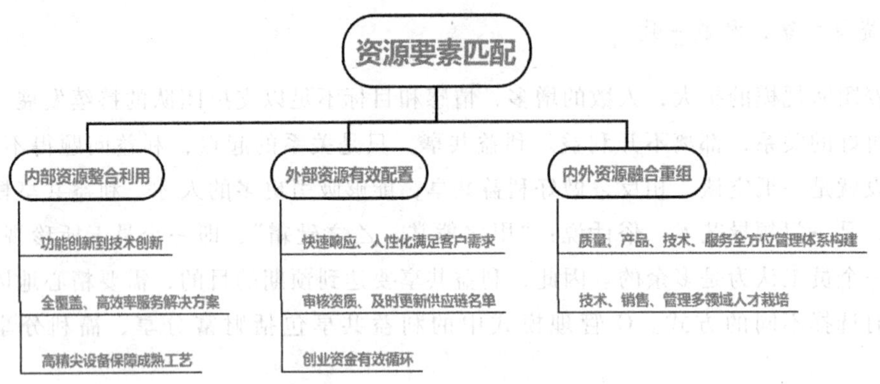

图 10－38　内外部资源整合

1. 内部资源整合利用

初创时期企业的基础建设和发展壮大都需要识别大量资源；走到发展型和成熟型的企业往往又迫切需要识别那些具有高度价值、有助于企业创新的异质性资源，来形成企业的核心竞争力，保持在不断变化的市场环境中的领先地位。

（1）及时掌控技术动脉。技术是一个创新企业生存发展的动脉。过去的捷昌通过从“模仿”到“仿创”再到“自主创新”的转变，掌握了线性驱动技术的多重运用。但随着市场的扩张、用户需求的多样化，捷昌先发的竞争优势慢慢削弱，越来越多的企业进入赛道，提高研发创新能力迫在眉睫。于是捷昌以“功能创新”作为短期战略的目标，不断在现有产品上增加新功能，以满足客户不断变化的需求。研发过程中注重技术集成，将多种不同领域的技术通过重组而形成竞争力。捷昌决定做自己的技术。比如：捷昌将掌握的机械传动技术、电机控制技术、软件技术等充分整合设计出 JC35 系列线性驱动产品，满足不同市场的需求乃至引导客户的需求，实现与客户的双赢。

研发对产品的质量和成本的影响要远在制造之上，对研发进行精益化可以对产品的质量和成本有较大的改善空间。于是捷昌中长期的研发将坚持以“精益研发、创新创造”为导向，市场需求建立，开发新产品，将市场需求和产品研发有机统一起来，不断提升捷昌内部研发资源效率，并有效配置社会研发资源和力量，走企业主导型的“产、学、研”发展道路。

（2）整合产品服务优势。为了快速响应市场需求，捷昌在不改变传统生产模式的基础上，把每一个消费者视为一个潜在的细分市场，不同于过去的简单开发出技术提升的产品，再直接对接客户售卖，现在的捷昌根据每一个消费者自身的独特要求，进行设计和生产产品，并缩短交货期，快速将产品供应给消费者。捷昌的销售人员通过亲自联络密切掌握客户需求，对于客户提供的设计思路和具体要求，尽可能满足，将客户理念融入生产环节，实现 ODM 定制策略。在生产之前，捷昌内部研发部门会评估客户需求是否具有可行性，通过评估后，软件部门开始编制程序，并由硬件部门组织产品打样，打样期间每一道工序完成，车间会即可进行质检程序，质检无误后，投入下一生产环节。样品生成后，由厂部安检部门测试软硬件样品的质量以及性能是否合规，如果合规，再送至客户检视，客户审核满意后，厂部才将样品投入量产，为客户提供满意度最高的产品。客户收到产品后，定期上门回访，对产品性能进行检测，收到用户反馈后，将意见拥有未来产品的开发方向。

捷昌为顾客提供高质量、人性化服务，并借此更快速、敏锐地了解市场需求的动态发展趋势，从而实现与消费终端需求的对接，并反过来为消费者提供更好的服务与产品。

(3) 尖端设备的持续更新。设备是维持企业生产运行和持续发展的重要物质保障，由于线性驱动产品配套智能终端，技术要求高、生产难度大，对产品切割、组装、注塑、加工的要求非常高，为了产品快速更迭，设备必须及时更换，达到最高精度标准，以防出现创业初期设备跟不上技术要求导致产品合格率低的问题。捷昌投资打造数控激光切管机、转子自动线成套设备、安川搬运机器人系统、丝杆组件自动组装设备、数控点对点钻孔加工中心等，基本实现生产设备的全自动化，解放人力、物力，减少资源浪费和劳动力懈怠问题，提高了生产效率。并对生产设备和通风设备进行隔声、吸声、减振、消声等综合处理优化生产环境，践行企业绿色发展的美好品质。捷昌一向对产品技术有着高标准的要求，公司固定资产中生产经营所需的房屋及建筑物、机器设备，占比高达95%左右，项目的设备购置费平均在41.11%左右，为逐年增长的销售需求配备足够产能。捷昌还通过重金聘请专业生产线配置团队全面规划生产设备放置、使用、维护事项，实现设备运作的最高效益。捷昌还吸取外国专家的设备构造建议并购买国外最新的尖端设备，提高生产工艺成熟度，为线性驱动技术的最大化实现提供支撑。

2. 外部资源优化配置

创业企业自身的“新创弱性”特点导致其创业活动均是在资源约束的环境下进行的，因此创业企业强烈依赖于外部资源的获取。捷昌初期发展和后期蓄力需要足够的外部资源来支撑依靠技术驱动的企业运行风险。

(1) 加大资深客户黏性。所谓客户黏性，指的是客户对于品牌或产品的忠诚、信任与良性体验等结合起来形成的依赖感和再消费期望值。依赖感越强、再消费期望值越高，客户黏性越高。TOB 的销售模式由于宣发、市场、运营的投入几乎为零，让捷昌十分依赖下游客户的长期稳定购买。捷昌通过特定的电话员沟通服务，积极主动地与下游客户建立更紧密的合作关系，快速响应客户需求，为其提供整体化的解决方案，让客户认为自己足够被重视，还建立了完善的“5 年质保、24 小时响应反馈内容、48 小时反馈问题”的售后体系，从沟通到销售到物流到售后全程跟踪全程反馈。经过多年积累，公司产品及品牌日益得到大型客户的认同。在下游产业链中，捷昌对前五大客户的销售收入占公司当年营业收入的50%左右，公司已经与前五大客户建立稳定的客户合作关系，主要客户构成变化较小，经过长期良好的业务合作以及市场化的双向选择，公司在国外已经逐渐形成了比较集中和稳定的客户群体。

在国内，线性驱动市场规模相对较小，但随着我国经济的快速发展，居民收入水平不断提高，部分消费者的消费观念正在发生变化，逐渐接受改善健康医疗环境和提高生活品质的医疗、家居产品，市场未来潜力较大。捷昌在国内市场的开拓主要通过与各大企业形成贸易合作，与重视"人体工学"的尖端行业小米共绘商业蓝图，深入国内升降桌市场，与全球领先的 AI + IOT 云平台涂鸦智能达成贸易合作，携手共拓智能家居市场。通过与在国内相关市场有一定市场份额的 C 端企业合作，捷昌实现了国内线性驱动行业领跑。

（2）提升供应链的可靠性。经过 20 余年辗转寻找供货商，捷昌不再依靠没有线性驱动技术背景支撑的小厂商凑零件和原料，现在有更多技术实力雄厚的中小型企业为捷昌提供所需的零部件。捷昌为保证后续产品的产出质量，任何原辅料的采购都需先对供应厂商进行评估、选择，只有经检验认可的合格供应商，才能向其进行采购。捷昌建立了规范的采购机制，按照供应商资质、产品质量、质量稳定性、产品价格、生产规模、订单交付能力、经营能力等因素对供应商进行全面的考察，由采购、品管、研发、生产等部门对供应商进行调查、评价和筛选，后续还要定期评价，建立详细的供应商档案及合格供应商名录。在确定合格供应商后，采购部门一般会根据所需采购的物料与合格供应商签订相关长期框架协议，并根据生产量的需求结合市场价格走势判断，分批次进行采购；在每次采购时，公司会与供应商通过传真等方式确定具体的产品订单，订单内容包括产品名称、型号、订单金额、数量、交货方式、履行期限、文件要求等项目。品管部门还会根据生产部门的反馈，督导并协助协作厂商改善质量。及时更新供应商名单，实时关注供应商产品的质量把控和技术革新，一旦供应商提供的产品不符合捷昌的技术标准，捷昌便会选择寻找其他厂家来供应。

（3）保障创业资金的合理性。实业企业由于最初靠技术驱动生产，需要大量资金实现技术突破，高精尖的生产设备、熟练的生产工人、标准的技术研发环境等都需要大量的创业资金来维护，在捷昌发展初期，两位创始人拿自己的私人存款出来为自己的创业梦想买单，在几近破产之时才完成了自主研发的线性驱动系列产品。后来企业成功上市，捷昌募集资金来实现各项目的落地，将进一步优化公司产品结构，增强公司盈利能力，提升公司核心竞争力，保证公司的持续稳定发展，不仅能消化新增折旧和摊销费用，还能将留存收益作为持续创业的后备资金为公司发展留有余地。新昌政府为大力推动高新技术企业发展而制定的一些红利政策，还有国家和浙江省对高新技术企业的福利政策，让捷昌创业资金的流转更为灵活。从外界各方面吸收创业资金，将资金运用于技术开发和产品生产等企业基本活动，并借此获取收益，又将赚来的钱投入企业生产研发过程，捷昌实现了创业资金的循环。

3. 内外资源融合重组

（1）完善统筹管理体系。捷昌的技术指向性决定了企业管理体系的侧重，对于质量、产品、技术、人才等管理体系的完善程度要求较高。为了突出产品竞争优势，捷昌对产品的整条生产链进行全面的监控与监督。维持一个整洁、规范的环境，对生产过程中不合格品进行控制，防止不合格品被无意使用或装配，流入下道工序，放行出厂。由品管部对于生产过程的不同阶段进行监督检验，以确保装配过程符合产品工艺要求。最后在向顾客交货时，产品需经过资质审查、送样检测、现场审查、小批量供货等一系列程序，在各个方面接受审核。

捷昌注重质量管控和检测设备的投入，拥有完善的零部件检测设备、隔音室、推拉力测试设备、寿命检测设备等，以保证进厂零件、生产过程部件、出厂产品每台经过噪声测试和额定负载测试，每种新开发的产品经过完整的寿命试验。同时，由品管部代表捷昌定期对质量管理体系的执行情况进行跟踪和监督，分别从客户满意度、进料检验合格率、来料不良率、成品检验合格率、产品过程合格率、企业标准匹配性等方面进行考核和评审，确保质量控制体系有效、持续运转。

（2）多元调控人才制度。在技术方面，捷昌创始人陆小健为机械、电气方面的技术专家，在机械制造和光机电一体化产品开发上具备丰富的经验，曾参与国家“863”计划有关项目的研究；公司还吸纳和培养了一批技术过硬、年富力强的研发骨干，专业技术涵盖全面，创新设计能力强。在销售方面，随着公司产品远销到欧美各国，公司重点培养销售方面人才，已形成多语种业务人员的合理搭配，使公司在国际销售业务中与同等规模的行内企业相比有着一定的优势。在管理水平方面，公司拥有完善的线性驱动行业管理团队，该团队对线性驱动行业的发展趋势具有良好的专业判断能力，对行业内的各种机会有敏锐的捕捉能力。凭借自身丰富的经验，公司有效地把握行业方向，抓住市场机会，取得优良的经营业绩。

公司高度重视研发创新人才的培养工作。立足于现有稳定的核心技术团队，捷昌不断引进、吸收优秀人才，进而完善技术研发人员结构，激发研发团队创新活力，以满足公司可持续发展需要。同时，公司通过为技术研发人员营造良好的创新环境，如组织员工参与行业技术培训、参加学术会议等，帮助研发人员及时了解行业最新发展动态，并激励研发创新、奖励专利申报、鼓励研究前沿科技，以充分发挥研发技术人员的创造能动性。

（五）同心多元化视角下的捷昌持续创业分析

通过对捷昌隐形冠军之路的分析，可以发现捷昌的发展是一个持续创业的过程。根据Timmons理论可知，一个企业要想成功创业，除了做好识别商机、构建团队、整合优化资源的工作之外，还需要掌握三个要素之间的关系，实现三要素的动态平衡。捷昌实施核心多元化战略，以线性驱动为核心，从医疗领域拓展到多个领域。在此过程中，商机、团队、机会围绕线性驱动展开，捷昌不断实现三要素的平衡，实现三要素相匹配，如图10-39所示。

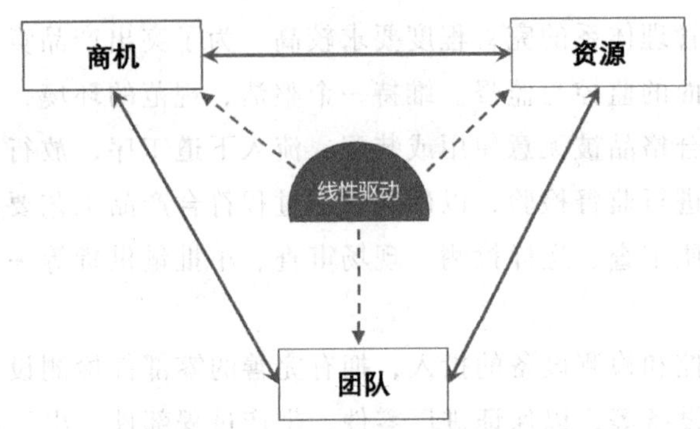

图 10－39 同心多元化视角下的持续创业

1. 推动三要素平衡，实现持续创业

捷昌创业起步的过程始于发现与创造商业机会，因其价值重要性，所以权重较大，但对新创企业来讲，起步时因资源匮乏而权重较小，两要素分别在创业杠杆的两端，因此以创业者为支点的杠杆处于不平衡状态，向权重较大的机会那端倾斜，此为机会驱动型失衡状态；而创业者与创业团队作为创业模型的底层、创业杠杆的支点，起到衡量机会与资源权重的作用，以获取外生、内生增长资源使其匹配机会，调节两端使其平衡；当获得一定成功后，在企业发展快速成长下，资源随之增长，此时资源充足，权重变大，但起步的机会被开发耗尽，权重变小，创业杠杆的两端又向资源倾斜而不平衡，此为资源驱动型失衡状态，创始人与团队又要去寻找新的机会来利用资源，使其两者平衡，因此捷昌在机会驱动与资源驱动两失衡状态下波动，达到一种不持续的平衡状态，如表 10－4 所示。

表 10－4 三要素平衡分析

阶段	方法	平衡路径	具体描述
阶段一	机会驱动	发现商机→寻找资源（创始人）	发现医疗床、线性驱动零部件商机，但没有资源
			创始人寻找资源：原材料定制化；政府助力改进设备
阶段二	资源驱动	资源积淀，商机开发耗尽→寻找商机（创业团队（引进技术人才））	完善管理体系；资源不断增多
			团队进军领域多元化：进军办公、家居、工业领域
阶段三	机会驱动	商机增多→开发资源（创业团队（人才全球化））	消费升级，国外渗透国内
			团队开发资源：市场、生产全球化
阶段四	资源驱动	资源又积淀→抓住商机（专业团队）	数智化技术出现
			团队紧跟数智化趋势

2. 聚焦同心多元化，实现隐形冠军

捷昌要想保持长久的发展，必须拥有自己的核心技术。核心技术对企业的生存现状和长足发展有十分重要的意义，也是同心多元化的关键。Timmons 理论的同心持续创业如图 10－40 所示。自捷昌创立以来，一直专注于线性驱动技术的研发和发展，线性驱动从单一的医疗领域渗透到多个领域。捷昌足够专一，使其能够形成核心竞争力，取得长足的发展。

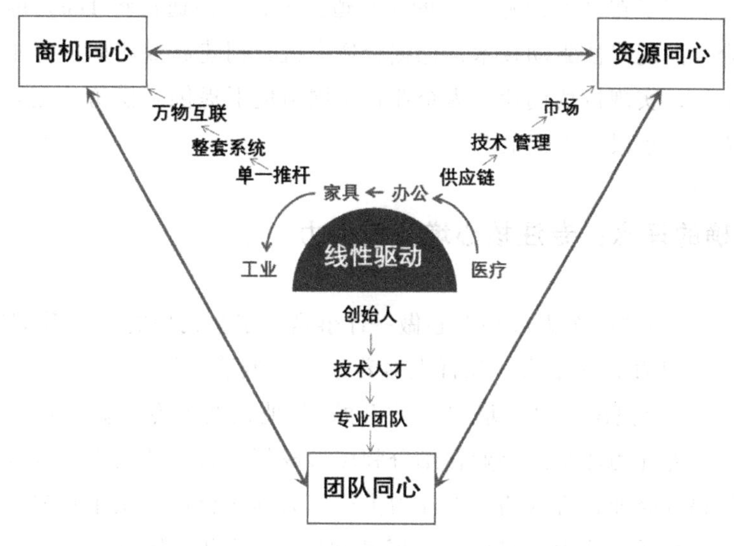

图 10－40　基于 Timmons 理论的同心持续创业

（1）围绕线性驱动的商机识别。捷昌围绕线性驱动技术识别商机。首先捷昌在医疗领域，发现了线性驱动的市场，决定专注于线性驱动，实现了单一推杆的研发。随后捷昌深度挖掘线性驱动的特性，发觉其可应用于多个领域，于是进军了办公、家具、工业领域，线性驱动产品呈现多样化的发展，产品从原本的单一推杆，到与开关电源、控制器或面板一起组成整套线性驱动系统。随着市场份额的扩大和时代的发展，线性驱动紧跟潮流，结合物联网技术，实现万物互联。

（2）围绕线性驱动的资源整合。在资源的整合上，捷昌亦是围绕线性驱动展开。在捷昌专注于医疗领域的发展初期，需要获取原材料来生产产品，但由于线性驱动产品的超前性，没有供应商提供相关的原材料，捷昌采取原材料定制化的方式。在多元化的阶段，线性驱动技术需要创新，实现整套线性驱动系统的发展，运用到多个领域，因此技术需实现自主研发，同时建立完善的管理体系。为了夯实同心多元化战略，在线性驱动拓展到全球消费市场时，捷昌提升了服务质量，健全了销售服务资源，在后期捷昌引进数字化技术助力线性驱动升级。

（3）围绕线性驱动的团队构建。捷昌同样围绕线性驱动来发展团队。在创业刚起步时，两位创始人专注于研究线性驱动技术，初步组建起一支小团队。为了更好地研发线性驱动技术，实现线性驱动的多样化，捷昌又引进了大量的相关技术人才。随着线性驱动技术的不断发展，捷昌配备了专业的团队。

五、案例总结与启示

本案例主要介绍了在“隐形冠军”的成长道路上，捷昌通过将 Timmons 理论和同心多元化理论相结合，围绕线性驱动技术，挖掘合适商机、创建高效团队、寻求有利资源，并不断达成新的平衡，实现持续创业。为企业在中国情境下提供可模仿的范式。对本案例的总结从理念、方法、手段三方面展开。

（一）正确的理念：专注核心增强竞争力

华为任正非说过：“一个人如果专心做一件事是一定会成功的。”“我们这 30 年都对着同一个‘城墙口’冲锋，几十人、几百人对着这个‘城墙口’，几万人、十几万人还是攻这个‘城墙口’，总会把这个‘城墙口’攻开的。”他强调了专注做一件事的重要性，对任何企业都适用。专注力能帮助企业在细分领域形成创新力、持续力、开放力等方面的优势积累。在如何提升企业核心战略的专注力上捷昌为其他企业提供了正确方向。首先，企业必须转变理念，形成专注力，贯彻“工匠精神”，形成自己的核心竞争力，在技术创新上实现聚焦。其次，多元化要服务于企业所制定的核心战略，专注于技术的多边提升，例如捷昌使用同心多元化战略，每个领域的产品始终以线性驱动技术为核心。最重要的是，企业要耐得住时间的摧残，不“朝三暮四”，不“浅尝辄止”，沉下心来将以技术为内核的服务与产品做深、做透、做到极致。企业还要以消费者需求为驱动力，构建企业的核心战略。像捷昌就以线性驱动技术作为底牌，开展产品研发、销售等业务活动。企业可以以外部需求为导向、以企业有形资产和无形资产为基础，围绕市场、产品、团队等打造自己的核心战略。

（二）合适的方法：Timmons 三要素保驾护航

正确企业的发展理念后，企业可以通过把控机会动向、构建有效团队和寻找有利资源三个方法将理念贯彻到实际。

1. 把控机会动向，追逐行业势态

现今大环境的商业机会已经被广泛挖掘，企业寻找商业机会的合适方法应该是聚焦市场“细缝”。正如雷军所说：“站在风口，猪都会飞”，创业者要有精准的商业敏感度去发现潜伏在环境中的商业机会，也要具有想象力与认知力，去创造机会；机会在发现与创造交互中，逐渐被改造成有价值的商业机会。创业起步后，如何发展壮大，这又需要不断寻找新的商业机会以求进一步发展。

2. 企业家精神与创业团队的联结

团队在创业过程中对机会和资源进行有效的管理，并在机会与资源之间起到匹配与调节作用。在一个成功的创业团队中，团队成员之间的契合度通常很高，领导者通过自身魅力凝聚团队。团队成员目标与企业目标同向是关键，需要通过人岗匹配和企业文化认同来实现。通过物质和知识的共享如股权激励制度、员工培训计划等创造团队的利益，激发员工的积极性。同时在创业过程中，创业团队需不断创新，获取新的人才、调整组织结构，来适应复杂的市场环境。

3. 资源禀赋与创业行为的交互

在中国经济发展的复杂背景下，企业初创期往往面临资源获取难、层次低、不会灵活应用等问题。因此，企业要获得快速成长和发展机遇，需要对各种资源进行有效运用，充分发挥各种创新资源的协同作用。新创企业往往会耗用资源禀赋弥补试错成本，来获取生存能力。这时，需要企业合理利用内部资源，统筹分配资金，异质化提升技术，提高产品服务带来的附加价值。一旦企业步入正轨，就会吸引外界的关注，政府更愿意培养有发展潜力的新兴企业，这阶段企业会得到外界资金、政策的支持和全产业链的磨合，实现资源禀赋下的创业路径延伸。后期企业差异化竞争优势明显，需要更加注重内外部资源融合重组，实现企业价值链、供应链、研发生产链等链条的整体优化。

（三）科学的手段：平衡三要素实现持续创业

Timmons 创业模型告诉我们，在激烈的市场竞争中所出现的机会模式，要求创业者和创业团队能够在最短的时间内，重新拼凑资源，适应新机会所引发的各种可能问题，实现团队、资源、商机的三要素平衡。在向“隐形冠军”发展中，企业在机会驱动和资源驱动不平衡状态两类中波动，借助科学手段，帮助三要素达到动态平衡，实现持续创业。

在机会驱动型的不平衡状态下，企业虽然找到了维持创业的入口，通过剖析环境发展态势结合自身创业目标，发现具有价值的商业机会，却没有获取相适应的资源而开发机会，资源无法拼凑，创始人的创业战略就无法部署实施，企业持续创业过程便难以持续。此时需要创业者借助社会关系（政府、投资者等其他利益相关者），结合自身需求与外部形势，获取外部资源（原材料供应商、生产设备、市场渠道等）来实现机会；在资源驱动型的失衡状态下，企业拥有很多创业资源（充足的创业资金、稳定的原料供应等）而由于机会的缺失难以有效利用，出现产品无法销售或技术难以提升等致命问题，创业过程也会难以持续，此时需要创业者借助警觉性、依靠认知偏差等识别新的机会（新市场开拓、新产品研发）。团队则需要创业者在机会与资源不平衡状态下逐渐搭建，依靠吸引海内外人才（高薪酬、研究院、企校合作等）来保障企业专注的核心技术持续创新，保障机会和资源的平衡。但是三要素平衡只靠企业一般是难以实现的，企业同时也要学会向政府“借力”，从政府手中获取自身难以获取的优质资源（高质量人才、减税减息），从政府政策中寻找潜在的机会（发展方向、未来计划）。企业发展过程中首先判断出所处哪种不平衡状态，有针对性采用上述所对应每种失衡状态的科学手段，最终完成三要素平衡，企业走向持续创业过程。

思考题

1. 捷昌是通过怎样的方式实现隐形冠军的？
2. 从 Timmons 理论看，捷昌为什么能成为隐形冠军？

案例编写：成一诺（会计 19 级）；王可欣（会计 19 级）；
厉嫣琳（工商 19 级）；李佳桓（工商 19 级）
指导老师：周鸿勇

参考文献

[1] 汪建成，林欣．社会创业的资源整合过程——多案例研究 [J]．管理案例研究与评论，2021，14 (2)：163 – 177.

[2] 叶晶晶．初创企业进行资源整合 [J]．现代工业经济和信息化，2021，11 (3)：106 – 107.

[3] 肖梦婧，肖杨，周森．环境不确定性下的效果推理型资源整合能力对新创企业创业绩效的影响研究 [J]．中国集体经济，2020 (35)：72 – 74.

[4] 葛宝山，王治国．隐形冠军企业创业研究述评及展望 [J]．外国经济与管理，2020，42 (11)：20 – 32.

[5] 刘云芬．中国家族企业发展成"隐形冠军"的实践困境与路径选择 [J]．财会月刊，2020 (13)：124 – 128.

[6] 李森，吴德龙，夏恩君，赵轩维．国外隐形冠军研究综述与展望 [J]．技术经济，2020，39 (1)：10 – 18，42.

[7] 谢丹丹．中国隐形冠军？如何找到适？合自己的道路？ [J]．中外管理，2020 (1)：122 – 125.

[8] 唐德森．创业机会内涵、来源及识别 [J]．合作经济与科技，2020 (1)：146 – 149.

[9] 赵静杰，王军，王特．基于 Timmons 三要素理论的创业者竞争情报分析模型构建 [J]．情报科学，2019，37 (10)：140 – 145，169.

[10] 刘双赐．MK 亚洲公司同心多元化策略研究 [D]．上海：上海交通大学，2019.

[11] 杜培森．隐形冠军视角下装备制造业企业转型升级路径的研究 [J]．现代经济信息，2017 (11)：31 – 32.

[12] 周及真．德国如何炼就"隐形冠军" [J]．理论导报，2017 (4)：45 – 46.

[13] 万朝春．基于过程视角的创业机会评估研究 [D]．北京：北京交通大学，2017.

[14] 彭秀青，蔡莉，陈娟艺，于海晶．从机会发现到机会创造：创业企业的战略选择 [J]．管理学报，2016，13 (9)：1312 – 1320.

[15] 杨鸥．浅析多元化战略的选择与实施——以春都集团为例 [J]．西部皮革，2016，38 (14)：135.

[16] 斯晓夫，王颂，傅颖．创业机会从何而来：发现，构建还是发现 + 构建？——创业机会的理论前沿研究 [J]．管理世界，2016 (3)：115 – 127.

[17] 孔赫男，李天柱，西凤茹，侯锡林．基于 Timmons 理论的"科学商业"创业要

素研究——一个本土背景的典型案例分析［J］. 科技管理研究，2015，35（21）：250－255.

［18］王浩翔. 创业团队结构及其演化机理的研究综述［J］. 财经界，2015（17）：354.

［19］朱泓，朱忠贵. 多元化的多视角解析与多元化策略的选择［J］. 统计与决策，2015（7）：183－185.

［20］李楠. 基于Timmons模型的传统企业互联网二次创业模型分析［J］. 商业时代，2014（32）：75－76.

［21］汪洋，许宏杰. 基于隐形冠军角度的创业企业战略选择研究［J］. 经济与管理研究，2014（8）：88－95.

［22］葛宝山，高洋，蒋大可. Timmons的思想演变及其贡献：对创业学的再思考［J］. 科学学研究，2013，31（8）：1207－1215.

［23］赵驰，周勤. 中国奇迹还是小富即安？——兼论中国隐形冠军企业成长［J］. 产业经济研究，2013（3）：55－63.

［24］陈飞，王安民. 创业团队理论研究文献综述［J］. 科技与管理，2012，14（5）：74－78.

［25］雷培莉，杨金月，曹建华，李仕剑. 中国大学生创业成功和失败案例分析——以蒂蒙斯模型分析［J］. 经济研究导刊，2012（12）：122－123.

［26］王华. “隐形冠军”的创业之道［J］. 领导科学，2009（29）：42－43.

［27］李雪灵，万妮娜. 基于Timmons创业要素模型的创业经验作用研究［J］. 管理世界，2009（8）：182－183.

［28］冯济武. 湘电集团同心多元化战略开启破冰之路［N］. 中国工业报，2009－06－11（A03）.

［29］路金芳. 煤炭企业同心多元化发展战略分析［J］. 当代经理人，2006（1）：101.

党建赋能宝纺印染高质量发展的路径与机理分析——基于马斯洛需求层次理论

摘　要

随着世界经济复苏乏力、中美贸易战全面爆发以及我国经济形势进入新常态，经济下行压力不断加大。因而尽快摆脱困境，走出低谷，实现高质量发展，是当前中小民营企业的强烈愿望。但因我国中小民营企业综合实力较弱、创新能力不强、融资难度较大，实现高质量发展非常困难，亟须找到一套切实可行的办法。

首先，本案例对浙江宝纺印染有限公司（以下简称“宝纺印染”）通过党建赋能企业高质量发展的成功做法进行了总结。宝纺印染在党建过程中，以国家大政方针为指引，构建了“矩阵式党建管理架构、融合式党建管理制度、感怀式党建多元活动”“三管齐下”运作模式，将党建融入企业经营管理成功破解悬浮式运作难题，使党建与企业经营紧密结合，把党建作用力转化为企业组织、制度、活动的原动力，实现企业高质量发展。

其次，运用马斯洛需求层次理论阐述党建赋能宝纺印染高质量发展的机理。由于现代人对于生理需要层次的限制性不高，我们着重从需求层次理论的安全需要、社交需要、尊重需要和自我实现需要四个层次解读宝纺印染党建如何赋能，满足员工四大需要，层层化解党建运作难题，最终转化为企业经营生产力的内在机理。

最后，对民营企业如何开展党建促进高质量发展，提出了“耦合党建文化与企业文化、融合党建工作与企业工作、结合党的先进性与优越性”三点建议，供同行企业借鉴。

关键词： 企业党建；三管齐下；高质量发展；马斯洛需求层次理论

一、绪论

（一）研究背景

1. 国家对非公企业党建工作高度重视

当前，随着经济社会结构的深刻变化，非公有制经济组织和社会组织不断涌现，成为创新创业人才的富集地和经济社会发展的内动力。随着我国非公企业蓬勃发展，如何精准把握非公企业的规律和特点，增强党建工作的针对性、有效性，让党的工作真正扎根到中国经济社会较活跃的领域之中，成为加强党的基层组织建设的着力点。

2. 非公企业高质量发展面临挑战

非公企业高质量发展面临三大挑战。首先，政策环境仍不平等，国家政策与地方性政策不协调造成企业“融资难融资贵”和“用地难用地贵”两大顽石，严重阻碍企业扩大生产。其次，舆论观念不友好，各方仍存在民营企业是“配角”或“补充”的错误认识，没有足够重视民营企业发展的现实需求。最后，员工不稳定，劳动密集型企业高污染、高强度、高危险的弊端使其脱离新时代发展轨迹，员工管理难度上升，传统金钱激励的方法已经难以满足员工多层次的需要，导致印染企业员工频频跳槽，“用工荒”成为企业发展的重要约束因素。

3. 印染行业管理绿色转型高标准

传统印染行业目前处于中低端产能普遍过剩、环境污染及能耗问题较为严重的严峻态势。为了进一步规范印染行业管理，推动印染行业由高增长向高质量发展转型升级，引导和推动印染行业健康有序发展，印染行业的环保监管进一步趋严，运行标准有所收紧。国家对相关产业制定“十三五”行业节能减排共性关键技术研发计划，以加快绿色发展进程；支持印染企业按照污染物排放等量或减量原则加快更新改造，提升纺织行业清洁生产和绿色制造水平等。2013—2019 年部分中国印染行业相关调控政策汇总情况如表 11 -1 所示。

表 11 -1　　2013—2019 年部分中国印染行业相关调控政策汇总情况

时间	政策	主要内容
2013 年 9 月	《大气污染防治行动计划》	对多个行业进行工业废弃重点治理，纺织印染行业是其中之一，染整环节是工业废弃的重灾区

续表

时间	政策	主要内容
2014 年 3 月	《印染企业环境守法导则》	针对全国范围内新、改、扩建以及现有的纺织印染企业，从立项建设到日常管理全过程，引导和规范印染企业环境管理和污染防治水平
2017 年 9 月	《印染企业规范公告管理暂行办法》	提到各省、直辖市及计划单列市、新疆生产建设兵团工业和新主管部门负责本地区印染企业规范公告申请和受理、审核、推荐以及日常监督检查工作
2018 年 1 月	《纺织印染建设项目重大变动清单》	项目规模扩大、建设地点重新选址、生产工艺变化导致新增污染物或污物排放量增加、环保措施变动导致不利环境影响加重等情况属于建设项目重大变动
2019 年 10 月	《印染行业绿色发展技术指南》	指南共 5 部分，前 4 部分为绿色先进适用技术，指适应我国印染行业发展特点、较为成熟可靠有技术提供单位且适用推广应用的技术；第 5 部分为前沿科技攻关技术，指在关键领域攻关或推广应用中仍存在重大难题需要解决的技术

基于以上背景，本项目重点关注“印染企业如何将党建融入企业管理，满足员工需要，留住员工，助推企业高质量发展”这一关键问题。本项目根据案例研究的方法，选取国内一家成绩发展显著的印染企业——浙江宝纺印染有限公司作为典型的研究对象。

（二）研究意义

浙江宝纺印染有限公司，实现党建赋能企业管理，成为当今非洲蜡染市场占有率第一名，行业员工流失率最低的非公有制企业。因此，通过研究宝纺印染如何将党建融入企业管理，将党建转化为生产力具有重要的理论和现实意义。

1. 理论意义：完善企业党建理论，支持企业发展

本案例运用马斯洛需求层次理论解读党建赋能宝纺印染高质量发展的机制。运用马斯洛需求层次理论解读党建赋能宝纺印染高质量发展的机制。企业如何破解悬浮式党建运作难题，将党建转化为生产力的良性循环还未形成一种成熟的可推广的模式，相关理论也还未形成完整的体系。本案例通过研究宝纺印染党建的“三管齐下”运作模式对满足员工需要的作用，着重从需求层次理论的安全需要、社交需要、尊重需要和自我实现需要四个层次解读宝纺印染党建如何赋能，层层化解党建运作难题，最终转化为企业经营生产力，推动企业高质量发展，为完善非公有制企业党建理论提供一定理论支持。

2. 现实意义：提炼企业党建方法，提供借鉴方案

本案例总结了宝纺印染通过党建赋能企业高质量发展的成功做法。宝纺印染在党建过程中，围绕国家大政方针，加强党的基层组织建设，扩大基层党的组织覆盖和工作覆盖，构建了“矩阵式党建管理架构、融合式党建管理制度、感怀式党建多元活动”“三管齐

下”运作模式，将党建融入企业经营管理，成功破解悬浮式运作难题，把党建作用力转化为企业组织、制度、活动的原动力，实现企业高质量发展。为我国其他非公有制企业进行党建开拓思路，使党建与企业经营紧密结合，促进企业持续发展。

（三）研究思路

本案例的研究主题是基于非公有制企业如何借助党建融入企业管理，如何满足员工需要，赋能企业高质量发展。为此，我们的研究思路如下：研究主题确定——研究对象介绍——研究主体介绍——案例分析讨论——总结与启示，如图 11－1 所示。

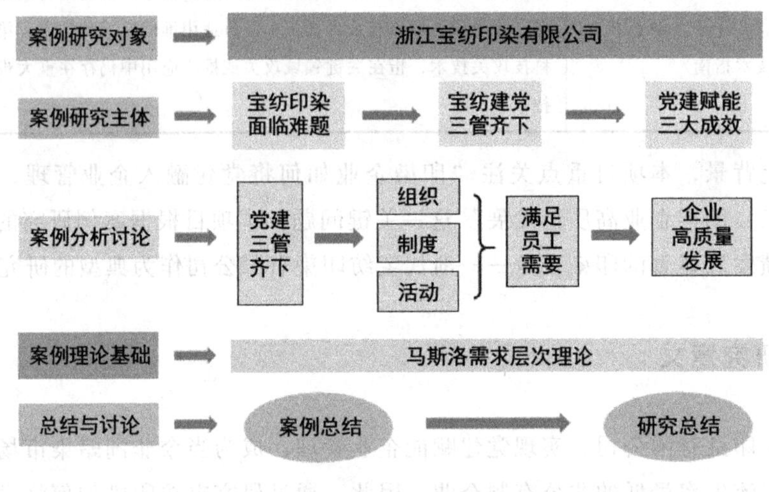

图 11－1 研究思路

本案例一共分为五个部分，各部分的内容如下：

第一部分——绪论：由当前我国印染行业面临难题的大背景引出本案例所关注的问题，针对问题结合研究方法，整理研究思路，总结出研究意义。

第二部分——案例对象介绍：主要对浙江宝纺印染有限公司的整体情况、企业文化、发展历程、所获荣誉等做了总体介绍。

第三部分——案例主体分析：从我国印染行业面临的难题出发，介绍浙江宝纺印染有限公司将党建融入企业管理的做法，并对其取得的效果做了总体概括。

第四部分——案例分析讨论：首先对马斯洛需求层次理论做了简单概述，并对本案例进行了适应性分析，然后围绕宝纺印染党建的“三管齐下”——组织、制度、活动进行分析，并对其满足员工需要进而促进宝纺印染高质量发展方面进行了探讨，分析党建满足了员工的哪些需要，党建如何满足员工的各项需要，赋能宝纺印染高质量发展。

第五部分——案例总结与启示：总结了本案例研究的主要内容，从个性上升到共性，阐述了将党建融入企业发展的重要意义，最后对宝纺印染将党建融入企业管理提出建设性的意见和展望。

（四）研究方法（如图 11-2 所示）

口述访谈法	团队成员与浙江宝纺印染有限公司执行董事戚总、副总经理兼质量总监施总进行深入访谈，了解了浙江宝纺印染有限公司的发展历程、市场定位、党建文化、员工联系机制等相关内容
理论分析法	运用马斯洛需求层次理论，对宝纺印染党建的“三管齐下”——组织、制度、活动，如何满足员工需要赋能宝纺高质量发展进行分析
文献研究法	通过互联网电子期刊、公司官网资料、公司微信公众号资料等已有途径，广泛收集与本案例有关的各种资料，并对收集的资料进行梳理分析
实地调查法	2021年，团队成员于6月4日走访浙江宝纺印染有限公司总部，对公司戚总进行访谈了解公司发展发展的基本情况；于6月5日到宝纺生产车间实地考察了解宝纺的生产运作模式；于10月4日再次到宝纺总部对戚总进行访谈进一步加强对公司党建文化的了解

图 11-2　研究方法

二、案例对象介绍

（一）公司概况

浙江宝纺印染有限公司，位于绍兴市柯桥区滨海工业区兴滨路 2970 号，创建于 2002 年，是一家集研发、生产和销售于一体的科技型、环保型印染企业，如图 11-3 所示。现占地面积 168 亩，员工 1200 余人。主营非洲民族服饰——蜡染印花布，目前蜡染印花布风格共 9 种。年生产能力 3 亿米，2020 年出口集装箱超 1800 个，出口 1.1 亿美金，销售超 10 亿元，是目前国内乃至全球较大的蜡染印花布生产基地之一。

图 11-3　公司概况

宝纺印染多年来坚持自主经销，出口比例超80%，是全区第一家销售超十亿元的印染企业，也是唯一荣获绍兴市高质量发展奖的印染企业；宝纺印染积极响应国家“一带一路”的战略布局，坚持做差异化产品，参与国际化竞争，2008年时任国务院总理温家宝莅临宝纺，进行指导，给予“人无我有、人有我优”的评价与寄望；宝纺印染坚持以“绿色高端、世界领先”为目标，深耕非洲市场近20年，重视市场开拓、客户积累与品牌建设，产品畅销坦桑尼亚、刚果（金）、刚果（布）、尼日利亚、多哥、喀麦隆、马里、几内亚等非洲30多个国家及地区，深受非洲人民喜爱，宝纺成为了风靡非洲的知名品牌。

（二）企业文化

企业的发展来源于员工的稳定和凝聚力，宝纺印染坚持“以人为本”的企业文化建设，倡导社会责任与经济效益相统一，提出“幸福是踏踏实实干出来”的劳动引导理念。企业注重员工培训（如图1-4所示），用党建文化引导企业文化，企业文化转化为党建文化。在生产生活中以党组织为首坚持用社会主义核心价值观引领企业发展，将党建文化内化为企业发展的指导性内在驱动力。在企业管理、经营、回馈社会等事业中体现社会主义核心价值。由党员干部责任担当，董事会、工会设身处地保障后勤，全体员工凝心聚力、守望相助，成为宝纺印染高质量可持续发展的最大竞争力。

企业口号：始终坚持以人为本，提升个人价值来聚合为企业动力。幸福宝纺，幸福宝纺人。

图11-4　企业文化

（三）发展历程

宝纺印染自2002年创立，成立初期是一家普通棉麻印染企业，2004年6月正式投产。由于创业初期的染色效益、废水回用率、产品档次没有竞争力，开业后即亏损。在2007

年为应对经济危机，宝纺印染在获得当地银行贷款后改造投产一条真蜡印布生产线。在产品远销西非的同时，宝纺印染也顺利实现扭亏，随后撤资改造和引进五条真蜡染生产线，实现第一次成功转型，成为全球金融危机“覆巢”下的“完卵”之一，随后为寻突破良机，与中国香港合作商合作，开始打造“宝纺”品牌。2008 年，宝纺印染开始在尼日利亚等国开设专卖店，掌握销售主动权和生产权。2012 年，宝纺印染开始绿色工厂改造，耗资 1.2 亿元引进了绿色高端生产线，花 3 年时间进行整改，将真蜡染生产线全部替换为对环境污染较少的仿蜡染生产线，对生产设备、生产车间进行智能化、绿色化改造。2015 年，宝纺印染将仿蜡染原料由棉麻替换为手感基本一致、价格只有其一半的涤纶，由此占领了非洲 20%～30% 的市场，并成为国内最大的涤纶仿蜡染生产商。现在公司正朝着“绿色高端，世界领先”的目标稳步前行，致力成为绿色、高效、创新发展的引领者。宝纺印染的发展历程如图 11－5 所示。

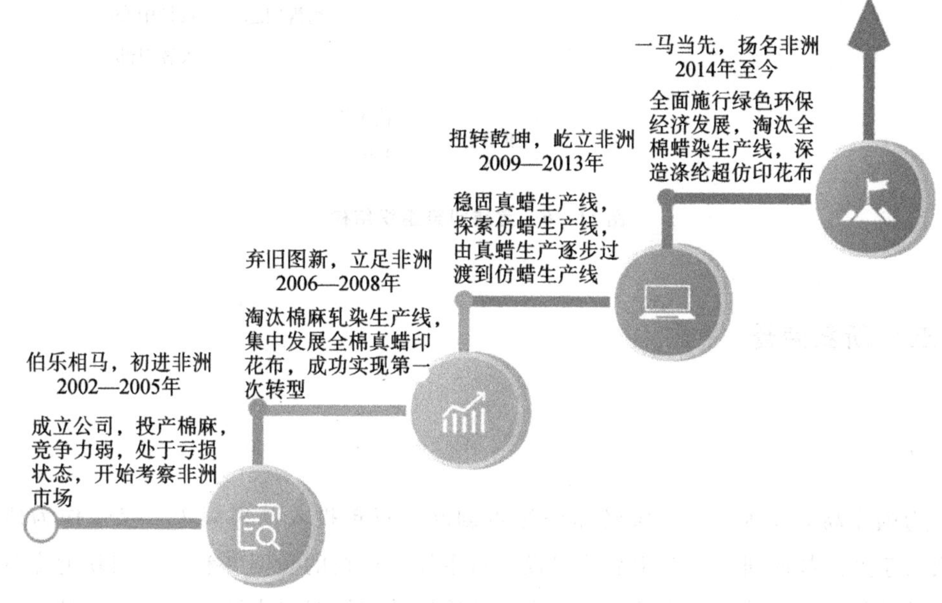

图 11－5　宝纺印染的发展历程

（四）组织结构

浙江宝纺印染有限公司采用直线职能制组织结构，快速灵活、责任清晰，既保持了直线型结构集中统一指挥的优点，又吸收了职能型结构分工细密、注重专业化管理的长处，打造宝纺印染特有的管理高效运作组织架构。在宝纺印染的组织结构中，全部中高层管理人员皆为党员，车间技术骨干积极申请入党，党组织对入党积极分子的人品、技能作出评价，层层筛选提高高层领导者党性意识与模范能力。目前，宝纺印染凭借该组织结构不断发展壮大，同时在发展中对其不断完善。宝纺印染的组织结构如图 11－6 所示。

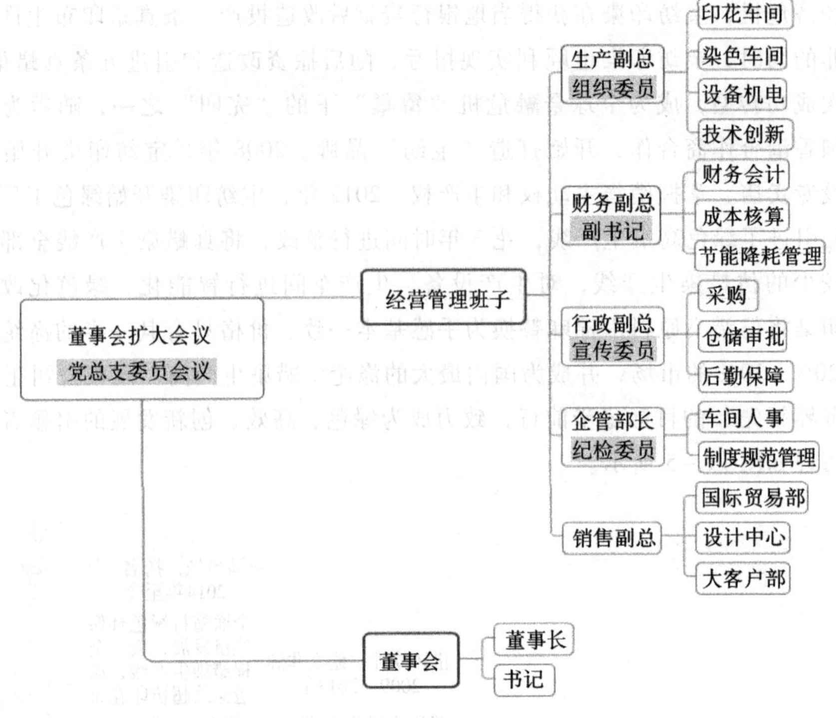

图 11－6　宝纺印染组织结构

（五）所获荣誉

1. 专利

作为国家高新技术企业，宝纺印染注重创新，每年投入销售额 3%～5% 作为研发费用，致力于产品技改研发、自主品牌建设，自主知识产权的发明专利、实用新型专利、工业新产品数量居行业前列。宝纺印染自主设计研发的双幅双层水洗设备与自动贴标及检验设备，因省水、省气、省电、减员、减排效果提高了 50% 以上，以科技攻关前三名的成绩成功立项。

在党建引领下，宝纺印染更专注于规范经营与创新发展，陆续通过了环境管理体系、质量管理体系、能源管理体系、知识产权管理体系、两化融合管理体系、职业健康安全管理体系的全面认证，2017 年成立研发中心与技术中心，2019 年成为国家高新技术企业，2020 年通过《印染行业规范条件》公告认证。企业多方面部分认证证书如图 11－7 所示。

2. 企业荣誉

作为中国印染行业龙头企业，中国印染协会副会长单位，宝纺印染自创建以来一直以“品立宝纺，质行天下”为宗旨，靠自身的战略优势、产品优势、管理优势、员工优势，

图 11－7　企业多方面部分认证证书

多次被纺织工业联合会评为纺织服装企业竞争力 500 强企业、印染行业竞争力 10 强企业，曾获中国印染行业协会十佳企业等国家级行业荣誉。因全身心投入纺织行业、二十年聚焦创新发展，浙江宝纺印染有限公司董事长兼法人虞宝木获得“2018 中国纺织行业年度创新人物”这一全行业广泛关注与认可的殊荣。宝纺印染所获部分荣誉如图 11－8 所示。

图 11－8　宝纺印染所获部分荣誉

三、案例主体分析

宝纺印染在党建过程中，以国家大政方针为指引，构建了“矩阵式党建管理架构、融合式党建管理制度、感怀式党建多元活动”三管齐下的运作模式，成功将党建融入企业经营管理中，使党建与企业经营紧密结合，破解党建悬浮式运作难题，把党建作用力真正转化为企业管理力，实现企业高质量发展，如图 11－9 所示。

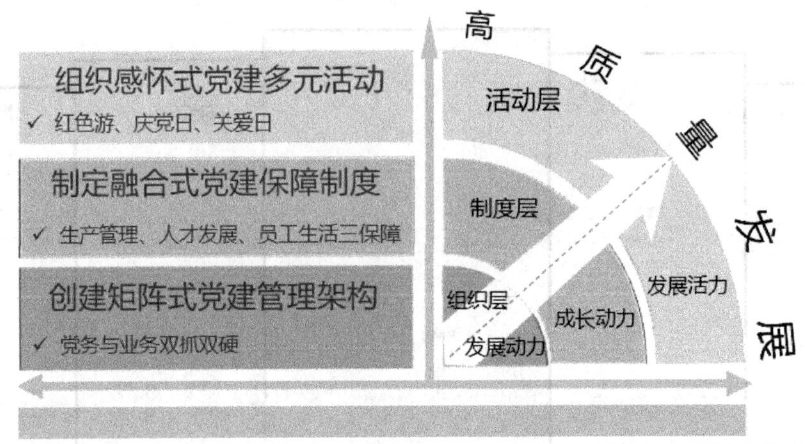

图 11－9　宝纺印染党建三管齐下示意图

（一）创建矩阵式党建管理架构，构建企业发展能力

宝纺印染始终围绕“党建促进业务，业务协同党建”这一脉络主调，通过多年的探索努力，建立起矩阵式党建管理架构。矩阵式架构是将经营职能式与党建架构式合二为一、优势互补的模式，使优秀党员既是企业管理者又是党的干部，实现党务与业务双抓双硬。

1. 构建规范党组织架构，发挥战斗堡垒作用

（1）完善党组织架构。2006 年，宝纺印染开始着手党建管理。宝纺印染党总支下设两个支部和一个工会，支部分别为行政支部和生产支部，生产支部党员占党总支党员数 70% 以上。宝纺印染的党总支结构如图 11－10 所示，分设书记、副书记、组织委员、宣传委员、纪检委员等岗位，各自权责明确，并按照要求定期开展“三会一课”、组织生活会、民主评议会等，在时代发展之下始终怀抱党心，跟党走，听党意，坚定走党的领导章程，不犯思想错误，党员职工在企业现场管理、品牌建设、国际市场竞争、社会经济效益等核心竞争力的构建中发挥战斗堡垒作用。

（2）提高工会地位。工会组成人员包括工会主席和工会委员。工会每年会进行工作总结报告，同时说明下一年的工作计划。在宝纺党支部的发展历程中，工会的作用显著，对宝纺在制订计划、统筹员工方面的影响加大，地位在不断提高。工会代表维护职工的合法权益，保护、调动广大职工的积极性，保障工会组织切实发挥作用。

在防疫期间，工会为响应国家“减少流动、就地过年”的号召，积极发挥作用，组织动员三百余名员工主动选择留厂过年。为保障留厂员工生产生活需要，从“宝纺党总支关爱基金”为留厂员工发放春节福利，由党员干部带头负责员工健康安全，稳定员工情绪。因此宝纺印染获得中国纺织工业联合会颁发的“全国纺织行业抗击新冠疫情先进集体”荣誉称号，获此荣誉的全国印染企业仅两家。细水长流、温暖真诚的“家文化”在

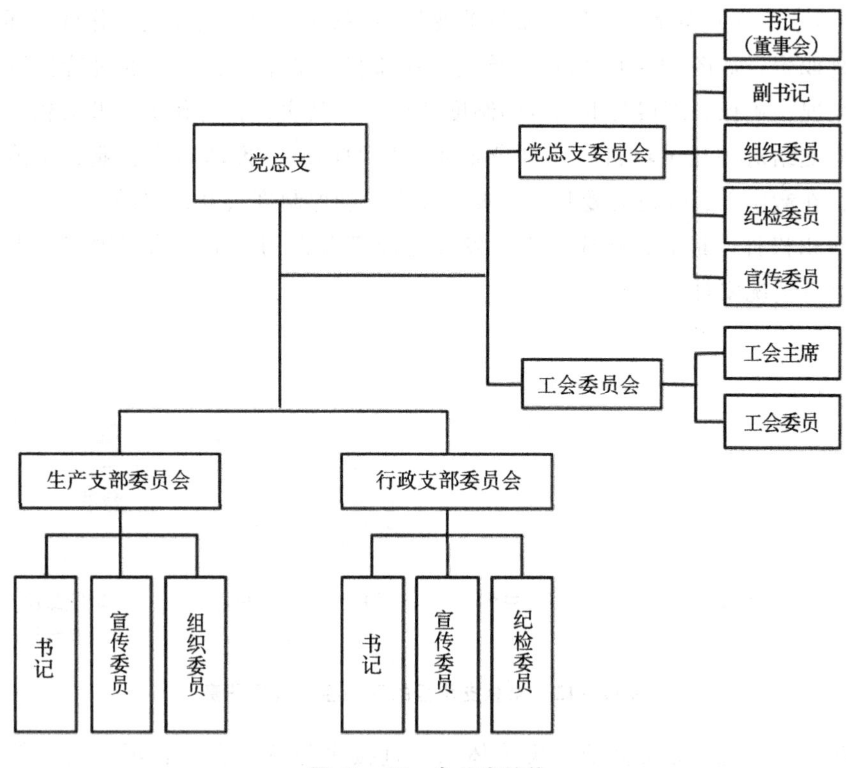

图 11－10　党总支结构

危难中更凸显出凝心聚力、守望相助的团结力量，以维护员工稳定、提高生产安全、保障产品优质。

2. 形成矩阵式党建管理，发挥党员先锋模范作用

矩阵式党建管理架构如图 11－11 所示。

董事会			党总支				
董事会扩大会			党总支委员会				
	经营领导班子		书记	副书记	组织委员	宣传委员	纪检委员
		执行董事	戚昕				
		财务总监		张继良			
		生产副总			任世林		
		行政副总				盛永康	
		企管副总					应宝祥

图 11－11　矩阵式党建管理架构

（1）建立党员干部两手抓模式。宝纺印染设立的党员干部两手抓模式，是矩阵式结构的一个体现。宝纺将党建责任制明确写入企业章程，要求企业各级管理岗位的党员干部

“一手抓业务、一手抓党务”“两手抓两手硬”。党总支除承担的党建工作外，还承担了四项企业管理职责，如图 11 – 12 所示。首先，在监督职能上，党总支通过管控制度实施落地的具体情况，确保管理层与下属贯彻制度的执行。其次，在合作上，开展银企共建、村企共建等党支结对等相关项目，在自身企业发展的同时，推动周边企业、乡镇等共同发展。再次，在激励上，开设关爱基金、表彰大会、确保制度公开，奖励员工建言献策，提高员工工作积极性。最后，在应急上，发挥先锋模范作用，率先响应国家、当地管控政策，做好突发情况安排。

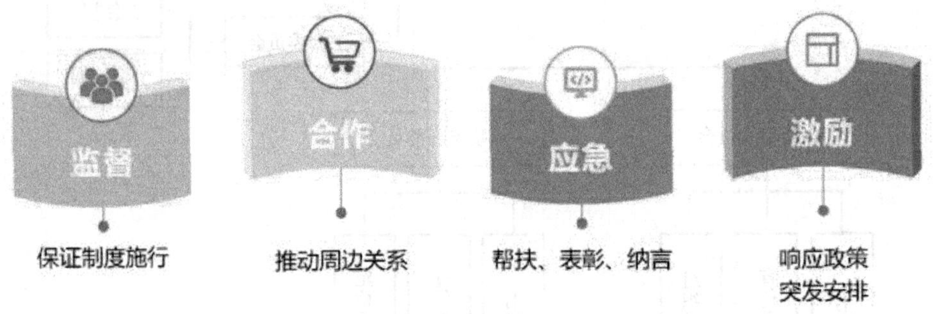

图 11 – 12　党总支承担的四项企业管理职责

宝纺印染将党总支委员会纳入决策体系，直接参与董事会的各项重大决策，如造价 2000 万元的“宝纺之家”就由党总支提议，经董事会批准，有效改善了职工的居住条件，为生产生活提供了有力的后勤保障。支部委员身兼企业管理与党务两职，将支部建到生产一线，成立由车间主任、技术骨干、安全联络员、支部党员组成的工作群组，共同商讨生产调度、操作规程、学习培训、安全规范等重要事项。

在新冠疫情暴发期间，宝纺印染 90% 的外地员工都无法顺利返岗，宝纺印染党总支采取了党员“一人包一省”的做法，进行对点帮扶，建立系统党员联系员工策略，及时掌握并向员工传达防疫相关讯息及企业复工复产安排，有序组织员工返岗。积极鼓励员工采取独立式返岗方法，并主动报销费用，最终 900 多名外地员工顺利返岗，成为柯桥区内第一家复工复产的印染企业。

（2）设立党员双向发展晋升模式。宝纺印染设立的党员双向发展晋升通道，是矩阵式结构的另一个体现，如图 11 – 13 所示。本着“把党员培养成技术骨干、把业务骨干发展成党员干部”的理念，宝纺印染积极探索生产经营人才和党务工作人才双向发展晋升模式，通过多岗位轮岗、上挂下派等方式不断夯实企业后备人才的基础。这一模式体现了党总支对管理型人员的高标准、高要求，从而实现与企业生产经营的各类工作的有效对接，提高各部门间的协调性和信息对称性，实现党建赋能，使企业发展富有灵活性和强劲的活力。

双向发展晋升通道开通至今，宝纺印染员工普遍将入党视为荣誉，尤其是青年高学历员工，提交入党申请书同比增长 46.1%，员工队伍的整体跳槽率比同行低 35%，而党员同志在主管以上管理干部中占比超 90%，党员年龄结构逐年年轻化，党组织的持续学习、创新发展能力稳步提升，企业整体发展呈现出欣欣向荣的景象。

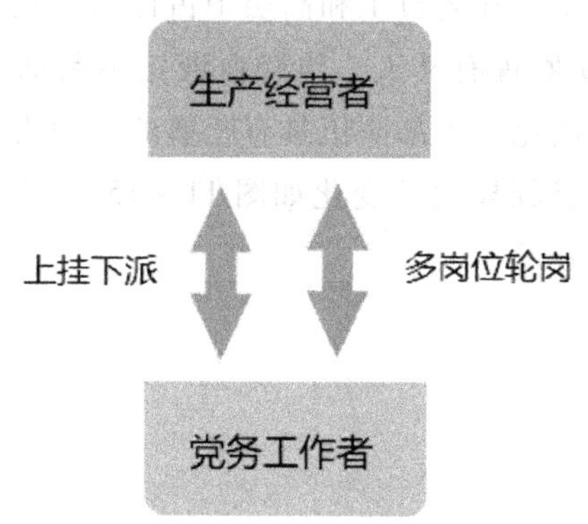

图 11－13 双向发展晋升制度

3. 提升党员队伍质量，发挥企业员工战斗力

（1）扩大党员队伍。自 2006 年成立宝纺印染党支部以来，宝纺印染党员人数逐渐增加，党组织规模不断发展。宝纺印染的党员情况如图 11－14 所示。历经 6 届民主选举，从 3 名党员构成的党支部发展成为 50 名党员的规模，党组织在完善自身建设中对企业的作用逐渐显著。宝纺印染对于党总支工作给予的大力支持，使党员人数在管理人员中基本占 90% 以上，党员人数扩张速度加快。宝纺印染的老员工和年轻员工自觉地加入党总支建设中，贡献自己的力量，形成了强有力的党组织队伍。同时宝纺印染的基层员工的党员意识也在不断增强，党员不仅出现于党总支内部，也出现在基层员工的队伍中，由上到下，党的精神得以有效影响更多的员工。基层员工自发入党的先进意识，加强了党的号召力和影响力。

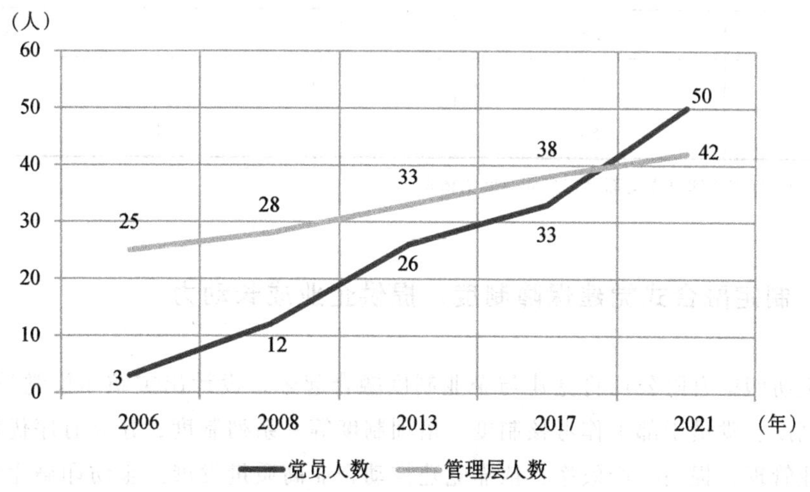

图 11－14 宝纺印染党员情况

（2）优化党员结构。宝纺印染党总支的党龄结构趋向年轻化，40～60岁是宝纺印染党总支的主要力量，说明了党员在老员工和高层中占比高，具有较高成熟性和稳重性。同时宝纺印染的党总支20～30岁现有9人，年轻血液正不断涌入，并呈现上升趋势，表明了党总支队伍年龄结构得到优化，干部队伍具有旺盛的生命力和战斗力，领导班子更加富有朝气和活力。宝纺印染高层领导党龄变化如图11－15所示。宝纺印染高层党员人数及管理层人数统计如表11－2所示。

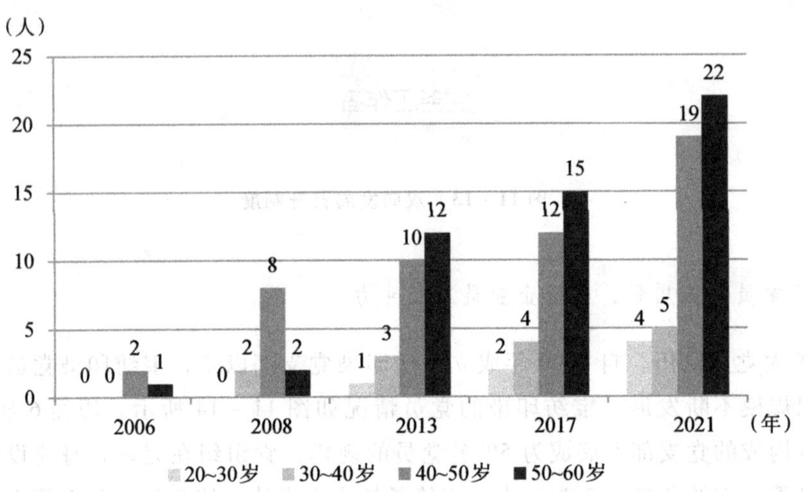

图11－15 宝纺印染高层领导党龄变化

表11－2 宝纺印染高层党员人数及管理层人数统计

年份	党员人数（人）	40岁以下党员人数（人）	管理层人数（人）
2006	3	2	25
2008	12	10	28
2013	26	13	33
2017	33	16	38
2021	50	24	42

注：时间划分以宝纺印染党支部书记换届时间为依据。

（二）制定融合式党建保障制度，提供企业成长动力

浙江宝纺印染有限公司将党建与企业制度融合起来，设计出宝纺印染党员联系制度、党员日志制度、党员干部工作考核制度、培训制度等一系列制度，建立有序优质的组织制度加强企业管理，提高生产效率，依靠党建推动企业高质量发展。宝纺印染党建融合企业管理的三大制度如图11－16所示。

图 11-16 党建融合企业管理的三大制度

1. 党建融合生产管理制度——提高产品“质”“量”

（1）建立党员联系制度，提高管理效率。宝纺印染创立的党员联系点制度是指每一名党员需要负责相应区域（机台/块面）的相关工作，并联系该区域的基层员工。在固定并确认对接区域的员工后，党员干部需要协助处理好责任机台的清洁卫生工作，定期参加机台义务劳动；深入了解对接员工们的工作、思想、生活等方面的情况，及时为员工解决工作中的实际难题。宝纺印染车间党员干部联系点及党员联系块面卡（其一）如图 11-17 所示。

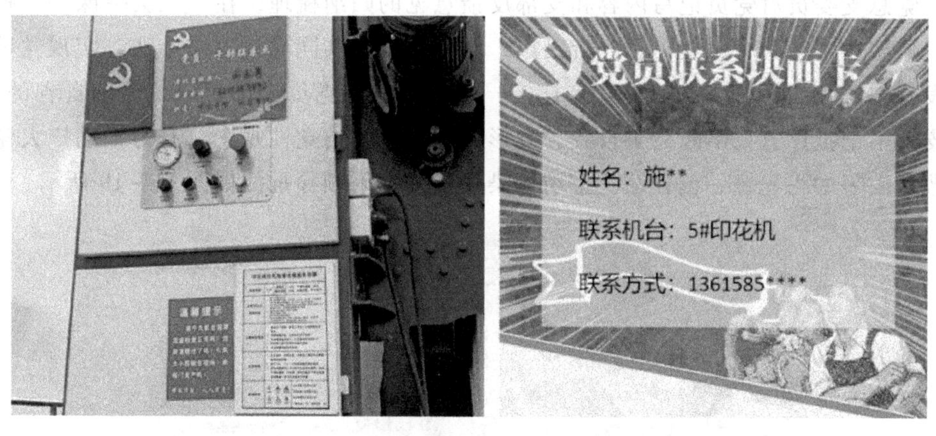

图 11-17 宝纺印染车间党员干部联系点及党员联系块面卡（其一）

党员联系制度为党员干部发挥带头作用提供了平台。联系点员工交流如图 11-18 所示。党员干部对待工作，以身作则，率先垂范；对待基层员工，耐心引导、精准帮扶。在此过程中，调整、巩固、充实、提高自我，为企业省心、省力。党员联系制度的创建有效促进了生产效率的提高。工作问题，找得到人解决；生活问题，找得到人沟通。保证了现场管理和品控管理的井然有序，高层领导与区块负责人的实时对接，使公司在规范经营与创新发展方面更上一层楼。

图 11－18　联系点员工交流

（2）落实党员日志制度，培养先锋意识。干部党员的日志作为党员记录自己联系群众、服务群众、展示先进性的纪实手册，是党员先锋模范作用的量化反应，是评价党员领导干部现实表现的依据之一。每个机台上的党员或入党积极分子，每日进行工作记录，记录内容涉及员工的思想、生产、安全、卫生、出勤率以及建言建议等。

日志定期由指定的党员干部收集整理，交予党组织支部的两位书记进行审阅与批注。随后，党总支委员对党员记写内容和支部反馈意见的归纳梳理，在“三会一课”中提出代表性、典型性生产问题，集民意、听民声，与基层群众共同商讨解决办法，实现党员干部作用发挥与群众问题的有效解决直接挂钩。党员日志使党员干部养成了反躬自省的习惯，通过支部书记批评意见不断完善自我，无形中增强了党员党性观念，有力推动广大党员在服务改革发展中当先锋、创佳绩。宝纺印染党员日志附领导批注如图 11－19 所示。

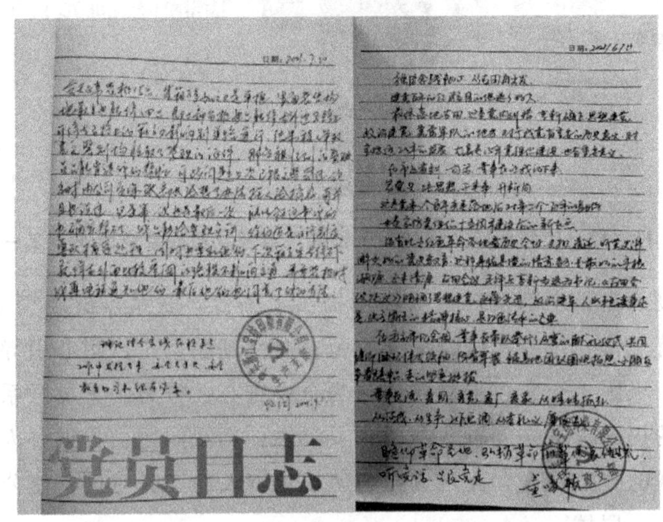

图 11－19　宝纺印染党员日志附领导批注

（3）落实党员干部工作考核制度，助力人才发展。为保障党员干部的工作质量，激励党员干部自我完善，宝纺印染制定了党员干部工作考核制度。考核条件包括党员日记记录情况、员工生产生活情况、生产质量与能耗成本排名情况、区块面员工献计献策情况等。考察工作由专职副书记唐卫良同志牵头进行，纪检监察室协同考评进行相关内容考核，公布考核结果。

为鼓励先进，宝纺印染党总支制定出“党员关爱基金管理办法”，以每年 50 万元的董事长关爱奖金作为基金支持，对每月考核成绩突出的优秀干部进行奖励。

2. 党建融合人才发展制度——提升人员素质

宝纺印染重视员工自我发展与企业发展相互结合的道路，给予公开的成长环境与机会。借鉴党建活动，宝纺在人才建设方面另辟蹊径，提出以“三训”方案来提高员工素质。所谓“三训”，是指党员干部领导进行下的三项人才培育方案，即技能培训、车间晨训和企业军训，如图 11 - 20 所示。

图 11 - 20　宝纺印染“三训”

（1）技能培训。党的十八届五中全会提出“推行终身职业技能培训制度”，主要提高劳动者素质、促进高质量发展，着重解决“三重三轻”的现象。宝纺印染董事会及党总支积极响应，每年在生产淡季时，对优秀员工于柯桥开设职业培训点，弥补职业素养的不足。开设第一年，宝纺印染组织的各类学习培训活动次数就达到 51 次。职业技能培训部分情况如表 11 - 3 所示。通过宝纺印染举办的学习培训活动，员工掌握了新技术、新思想，增强自身的职业能力，体现了企业对员工的重视，同时，宝纺员工技术水平、素质文明和团结协作能力的提升，也推动了公司经济的发展，增强了企业凝聚力和战斗力，为实现百年企业做贡献。

表 11 - 3　职业技能培训部分情况

时间	培训项目
2020 年 3 月	MES 终端操作培训
2020 年 8 月	台风洪涝等灾害应急管理培训 + 演练
2020 年 10 月	ERP 软件操作培训、职业健康教育

续表

时间	培训项目
2021 年 3 月	质量体系培训
2021 年 5 月	高级技工系列培训
2021 年 7 月	消防安全培训 + 演练、有限空间作业安全培训
2021 年 9 月	技师安全生产培训、印花技能培训、6S 管理培训、精益生产培训、职业素养培训

职业技能培训——6S 培训如图 11－21 所示。

图 11－21　职业技能培训——6S 培训

（2）车间晨训。为规范思想建党、政治建党，进一步纠正员工工作态度，帮助员工快速进入工作状态，确保各项工作高质量完成，纪检委员每天早晨开工前都会组织员工在车间进行约 15 分钟的晨训活动，对工作出现问题的员工进行思想教育，让触碰红字的员工在国旗、党旗下自我批评，如图 11－22 所示。

图 11－22　在红旗下自省

员工教育充分利用了“三明治”话术，晨训头一天，纪检部部长对当天工作批复表格上出现红字的人员进行记录，调查分析其犯错原因，寻找解决办法为第二天晨训做准备。在会上，再对出现问题的员工进行简单的批评教育、思想纠正的同时，提出工作建议与鼓励，让员工在愉快的氛围内意识到自己的不足，培养其知耻心和团队精神，切实有效地提高落后机台的各项生产指标，同时令其在无形中形成对党建的信任，促进整体员工共同发展。

（3）企业军训。为让宝纺印染员工提高身体与心理的双重战斗力，增强员工思政教育、训练员工意志力、塑造员工团结精神，宝纺印染每年都对全体员工进行为期一周的短期军事化训练。

宝纺印染每年的军训安排大体是前四天训练站军姿、稍息立正跨立、停止间转法、行进与停止、敬礼礼毕这几项“基本功”，中间两天开始锻炼整个团队的协作能力，进行齐步、正步的练习，最后一天进行整体排练，为军训汇演做准备，如图 11－23 所示。

图 11－23　企业军训

3. 党建融合员工保障制度——激发工作活力

（1）党建基金保障。浙江宝纺印染有限公司党建基金的设立，是其企业党组织高度重视基层党建工作的又一有力行动。党建基金主要分为党员关爱基金和党建活动基金两部分，党建关爱基金用于奖励切实落实关爱与帮助生活困难党员和员工的优秀党员干部，党建活动基金用于补助公司困难党员、员工和举办各类党建活动，如图 11－24 所示。

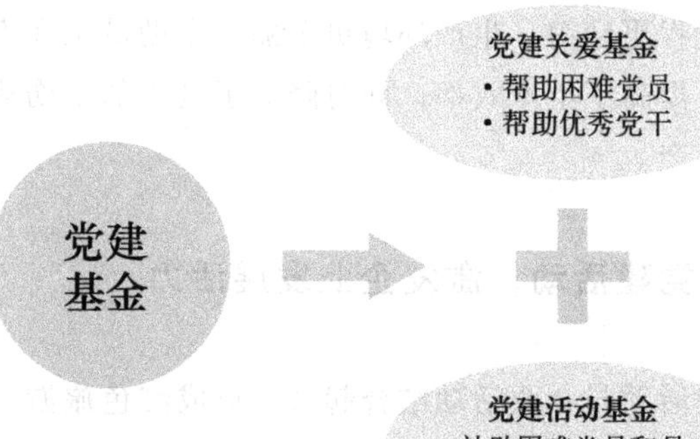

图 11－24　宝纺党建基金两大用处

党建基金来源主要有以下三个方面：首先是党员捐款，这是主要的基金来源，是通过划拨定额党费作为党建基金；其次是非党员个人捐助，这是次要的基金来源，是通过在职员工自发捐助，所筹集到的部分党建基金；最后还有来自公司的资助，这属于辅助的基金来源，是企业为确保党建工作的顺利进行，每年从企业利润中抽取 50 万元为底金，来补充党建基金。

党建基金的合理利用才能发挥其最大的功效，为此，宝纺印染设立了一系列基金制度保障，如实施制度、惩罚制度、监督制度，以追求党建工作的正常进行和党建作用的有效发挥，如图 11－25 所示。

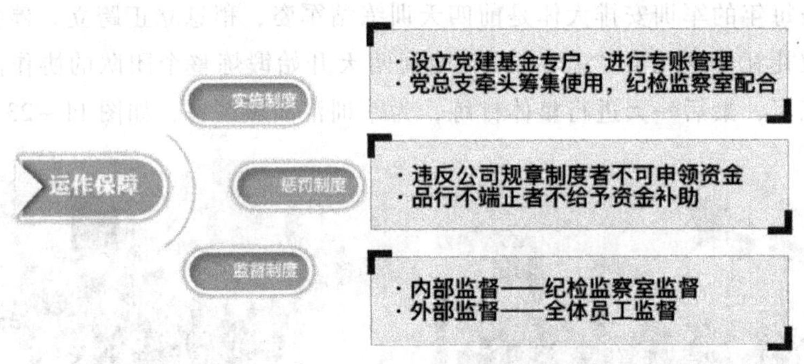

图 11－25　保障机制三方面

党建活动基金，让宝纺印染党总支能够不断学习新知识、补充新血液、提高党建赋能的效力，让宝纺印染党总支的生命力更加旺盛，让企业发展更进一步；党员关爱基金，强化了党员和广大员工的使命感和归属感，让员工们体会到被重视的感觉，帮助宝纺印染党建工作更加深入人心，夯实了宝纺党总支的群众基础。

（2）工厂环境保障。随着党中央提出“创新、协调、绿色、开放、共享”的发展理念，绿色发展被提上日程，宝纺党总支委员会在参与董事会的重大决策时，提出宝纺也要走绿色发展之路，并决定投资 1.2 亿元，进行绿色改造，其中不仅包含产品的绿色创新，生产环境的绿色环保，还包含了对员工的关怀。

改造后的车间生产流程更精简，生产环境更美丽，帮助员工在潜移默化间提高了素质文明，提高了质量意识，提高了生产效率，同时降低了员工的工伤概率，保障了员工身体安全，促进了企业安全生产。

（三）组织感怀式党建活动，激发企业发展活力

宝纺印染积极把党建活动与企业活动结合起来，形成红色旅游、庆祝建党、节日关爱等多元化的党建活动，如图 11－26 所示。把员工凝聚到党组织周围，将个人追求与企业发展使命紧密联合在一起，潜移默化培养员工“企业为家”意识。

图11－26　宝纺党建三类活动

1. 开展红色旅游活动，感受红色精神

宝纺印染在注重生产力提升的同时也关注员工身心健康的成长，形成了常态化、制度化的员工旅游福利，全体员工不论职位高低，凡是在宝纺印染达到相对工龄的人，每年都可享受一次宝纺福利游。在不影响生产的情况下，每年由党支部筹划旅游活动（如表11－4所示），依照工龄及对企业的奉献程度划分不同旅游期限的红色旅游计划，精心挑选具有红色旅游意义地点，会晤红色基地，弘扬红色精神；领略大好河山，激发爱国热忱，在出行中增加宝纺印染上层组织与基层员工的联系、拉近距离、培养团结精神，增强集体凝聚力。

表11－4　红色游基本情况

时间	地点	人数/对象	内容	收获	开销
2018年3月至2018年10月	北京	80余人	爱国主义教育，旅游团队共建	提升了员工满足感、幸福感；加强了团队建设	160万元
	厦门	200余人			60万元
	奉化	100余人			50万元
	横店	400余人			40万元
2019年6月	延安	50人	重走长征路、梁家河知青路，学习艰苦奋斗的延安精神	总结提炼出“实事求是、精益求精”的宝纺精神	16万元
2020年4月	余村	200人	走访习近平总书记“绿水青山就是金山银山”理念诞生地	坚定“绿色高端、世界领先”目标，走可持续发展道路	20万元
2021年4月	上海	950人	游览外滩、东方明珠塔、城隍庙，学习参观四大史料陈列馆等	了解国际化大都市，以工匠精神走好国际化之路	100万元
2021年6月	古田	42人	通过情景学习寻根溯源，学习古田会议精神，在毛主席纪念园宣誓献礼致敬	积极学党史、悟思想、干实事、开新局，从古田再出发	12万元
2021年6月	南湖	21人	重访嘉兴南湖中共一大会址，南湖革命纪念馆，学习红船精神	在工作中继承发扬创新、奋斗、奉献的红船精神	5万元

一路走来，宝纺印染不忘初心，以红色文化引经据典，重温延安精神、传承红船精神、发展工匠精神等，正其心才能发其身，这样的红色之旅不仅带来了领导人员的思想革新，也让更多的企业员工受到了党建精神的感染与熏陶，为企业发展坚定信念，铸就红色精神引领，如图11－27所示。

图11－27　红色游、会佳地（部分红色旅游点）

2. 组织建党庆祝活动，培养担当精神

宝纺印染把党的节日当作是自己的节日。每逢七一建党节，由企业党支部牵头，开展党建主题党日活动。有的活动以红色党建为主题，忆峥嵘岁月，重温党的历史，共庆党的繁荣。有的以学习为主，时刻关注国家与党的动态，以此作为企业发展前行的风向标。为庆祝建党周年，宝纺印染以企业联系基层，进行了村企共建活动，进一步推动区域党建互联互动、融合共进、辐射群众，架起村企沟通的桥梁，共同庆祝中国共产党建党周年。

正是因为在对党的学习中，宝纺印染倡导学习精神与落实实践并重，加上党支部的严格督促，才有党员干部走进生产一线，从而坚持采购经营管理、工艺技术创新、节能降耗管理、成品质检管理等严管严抓，让宝纺印染在发展中坚持务实作风，做到工作热情与严谨态度相结合，践行创优创新、脚踏实地、勇于担当的实践精神。宝纺印染党日纪念活动情况如表11－5所示。党日活动参会情况如图11－28所示。

表11－5　　党日纪念活动情况

时间	节日	活动内容	目的
2019年	建党98周年	银企结对共建，共谱发展新篇	贯彻党的十九大精神，建立亲清的银企合作关系
2019年	建国70周年	主题教育，坚持党建引领企业发展	灌输党建精神，不忘初心
2020年	建党99周年	村企共建活动	推动区域党建互联互动、融合共进、辐射群众架起村企沟通的桥梁
2021年	建党100周年	发扬传承红色经典，梳理行动指南	建党精神带动工作热情与做事严谨相结合

图11－28　党日活动参会情况

3. 组织党的关爱活动，激发奉献精神

宝纺印染是劳动密集型企业，许多职工来自外地，他们背井离乡，独自打拼，长期缺失情感上关怀，因此员工的情绪安抚工作是十分必要的。为此，宝纺为员工提供三代式的福利环境，并践行着“夏送清凉冬送温暖”的帮扶互助理念，依靠工会与党建基金组织提供物质支持，开展了两个层面上的关怀活动。

首先，在团体层面上，在重大节假日期间举办大型宴联，以增进企业员工之间的联系；提供物质奖励，以华为手表作为福利送给党员，以衣服作为国庆礼物送给员工的孩子，用实际行动来稳定员工思想情绪；积极开展节日慰问走访活动，上门送达企业关怀，使员工在心理层面上也感受到宝纺印染的关怀，减少了员工流失率。

其次，在个人层面上，为解决员工个人困难，宝纺印染会定期号召党员干部走进群众，提供帮扶工作，解决员工实时困难，做到不遗漏、不偏袒、不放弃每一位员工。对于本身确有困难的员工，在公平、公开、公正原则上，量入为出，统筹兼顾进行党员关爱基金帮扶。正是这种对员工无微不至的关爱，体现着企业人文情怀，激发员工对企业更加积极地奉献。宝纺印染送温暖活动如图 11－29 所示。

图 11－29　宝纺印染送温暖活动

（四）党建三管齐下，铸就企业高质量发展成效

宝纺印染依靠党建三管齐下，从柯桥轻纺城的一家加工贸易厂，成为一家在非洲蜡染市场占有率占据第一的民营企业。宝纺印染党建赋能企业发展成效如图 11－30 所示。

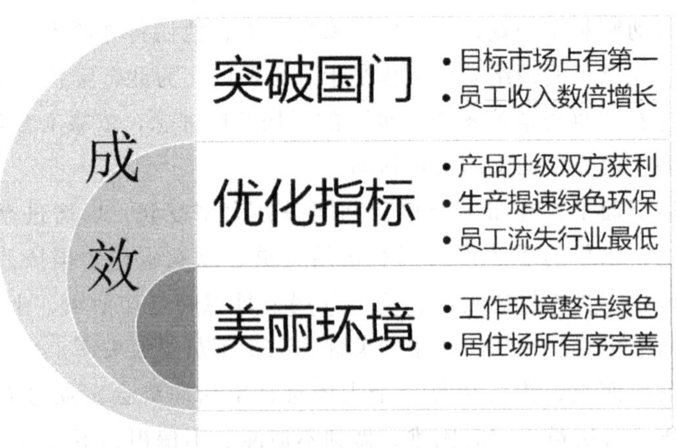

图 11－30　宝纺印染党建赋能企业发展成效

1. 突破国门，市场倾心

宝纺印染成立初期恰逢传统印染行业处于举步艰难的境地，2002 年，宝纺董事长虞宝木在纺织部部长的带领下，前往非洲喀麦隆考察，寻求市场生机。15 年时间，宝纺印染的蜡染产品在拥有高研发投入与先进的研发团队引入的双重条件下，经过由普通棉麻布到以棉为原料的真蜡印染布，真蜡印染布到以涤纶为原料的仿真蜡印染布这两次突破性变革，最终使产品达到颜色更鲜、手感更好、透气性更强、性价比更高的效果。与此同时，宝纺印染实现了成本的节约。宝纺印染的成本下降了三分之二到四分之三，生产的单位能耗下降了 60%～70%。如今的宝纺印染，成功开发近三分之二的非洲市场，成为非洲蜡染市场占有率第一的中国民营企业。

由于宝纺印染积极响应党的号召、坚持党的引领，所以不论是 2008 年经济危机、2014 年埃博拉病毒、2015 年印染行业棉花危机，还是 2020 年新冠疫情，宝纺印染仍然能逆境求生、节节攀升。2008 年以来，宝纺印染销售出口额整体向上增长持平，平均销售出口同比率达 72.16%。2020 年，全年实现销售增长 6.1%、出口 1.1 亿美元的优异成绩，成为如今非洲蜡染市场占有率第一的龙头企业。宝纺印染非洲蜡染市场占有率变化如图 11－31 所示。

图 11－31　宝纺印染非洲蜡染市场占有率变化

企业稳固向上发展，员工收入增长有保障，2006—2021 年无论是基层员工、中层管理人员还是高层管理人员薪资均呈上涨趋势，平均增幅约 5.5 倍以上，现各阶层员工收入高于同行水平，如图 11－32 所示。

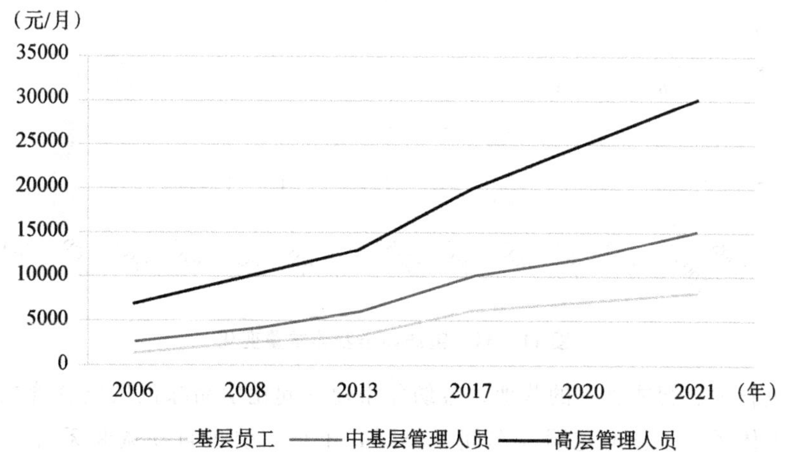

图 11－32　宝纺印染党建以来各层员工收入增长变化

2. 优化指标，生产省心

（1）生产标准体系升级，发展格局扩大。2012 年，宝纺印染在党总支的号召和带领下，落实“十二五”规划提出的发展要求，促进资源节约型和环境友好型社会建设，开始进行绿色化、数字化的生产标准制度升级。为引进绿色智能的高端生产线，切合国家发展方向，宝纺印染耗资 1.2 亿元，花费了三年时间，进行生产环境和技术改造。此次改造主要是为了革新企业的生产标准制度，让企业生产标准向绿色化、数字化变革，紧跟党的发展步子。革新生产标准，为宝纺印染扩充党员干部队伍提供机会。宝纺印染优先选择将党员干部培养成技术骨干，同时鼓励技术骨干积极入党。党员干部带头做好智能化设备的学习工作，为基层员工起到了先锋模范作用，大大提升企业竞争力，推动企业稳定发展（如图 11－33 所示），获奖数量得到显著提升（如图 11－34 所示）。

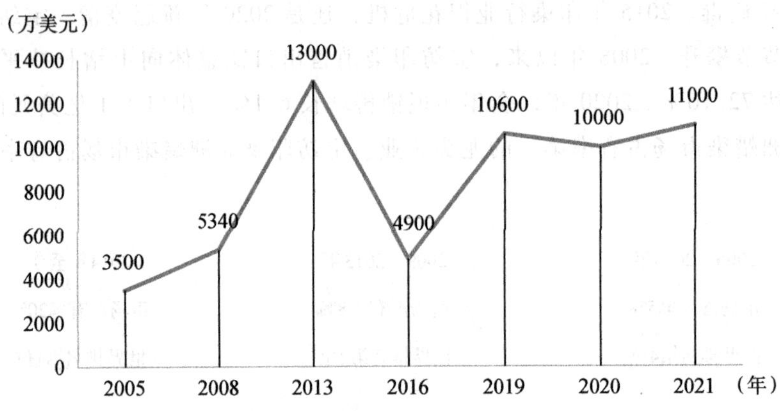

图 11－33 宝纺印染生产产值变化

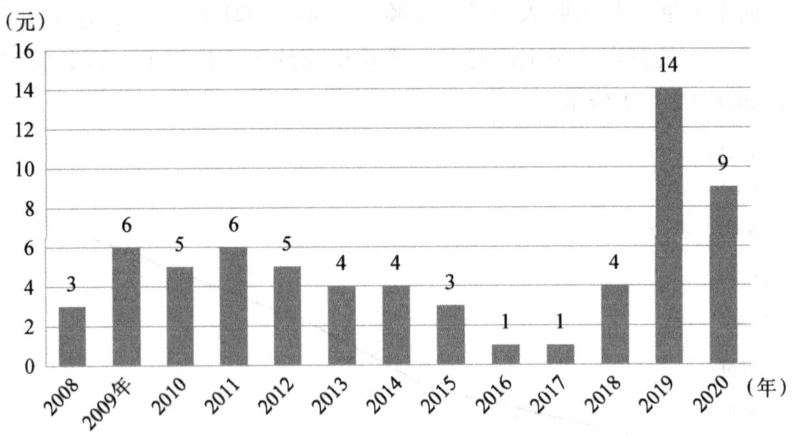

图 11－34 宝纺印染获奖数量变化

通过绿色管理、智能管理的落地，宝纺印染建立起化学品绿色供应链管控体系、质量环境安卫管理体系，打造出花园式车间、公园式工厂，引进自动调浆系统、自动贴标系统、染化料配送系统、ERP 系统和 MES 系统，并完成了对原有生产线的智能设备替换工作。

在绿色智能的生产标准制度管理模式下，宝纺印染产品数量、质量得到严格把关，能耗和污染大幅度降低，宝纺印染发展格局接轨环境友好型社会的建设，生产环境的改善也提高了员工生产积极性，增强了员工对企业升级和党的政策认可度。至此，宝纺印染顺利通过一系列质量环境管理安全体系认证，成为本土印染企业的绿色先锋。宝纺印染绿色管理与智能管理认证证书如图 11 - 35 所示。

（2）员工流失率稳步下降。宝纺印染坚持履行企业的社会责任，2003 年宝纺印染成立，当时生产车间加工的废弃物排放大，生产噪声大，车间工作温度高达 46°C，员工难以忍受恶劣的工作环境，纷纷离职。2006 年，宝纺印染坚持党建引领与“以人为本”的使命担当，在员工工作环境、待遇、招聘、沟通上下足了功夫，全体员工凝心聚力、守望相助，员工流失率有所好转，现如今远远低于同行水平，每年保证员工流失率控制在 3%～10%，为企业经营发展的出色成绩夯实了基础。宝纺印染坚持党建引领以来员工流失率变化如图 11 - 36 所示。

图 11 - 35　宝纺印染绿色管理与智能管理认证证书

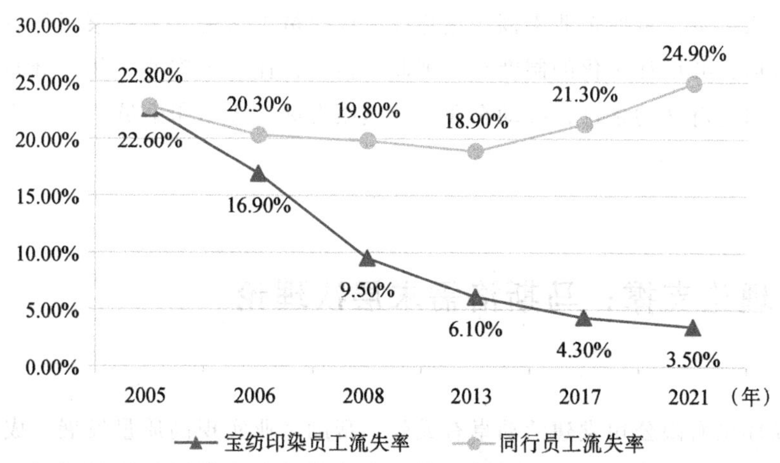

图 11 - 36　宝纺印染坚持党建引领以来员工流失率变化

3. 环境美丽，工作舒心

（1）整洁、绿色的工作环境。宝纺印染在习近平主席“绿水青山就是金山银山”的绿色发展观和奋斗幸福观指导下，恪守国家行业及地方环保的最高标准，并投入数千万资金改变“脏乱差”的现象，从员工衣着抓起，统一着装为绿色军装工作服；从废物摆放抓起，统一设置废物排弃桶，清洁人员每日定点及时清理；从生产线公共区域抓起，划分清洁路线与运输路线，在生产生活中实现整洁工作标准化、常态化。宝纺印染厂容厂貌变化情况如图 11－37 所示。

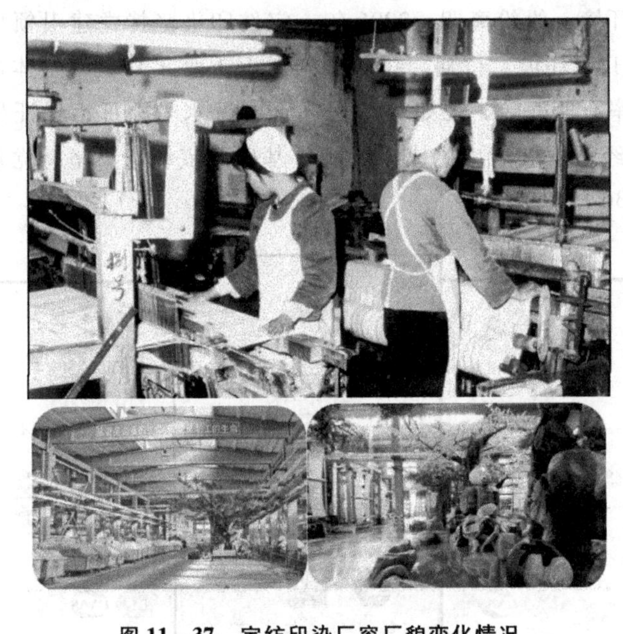

图 11－37　宝纺印染厂容厂貌变化情况

（2）完善、有序的居住环境。为了让员工在工作之外能有一个“温暖的家”，董事长虞宝木不惜投入巨资，重抓企业幸福文化建设，优化员工宿舍、宝纺家园等后勤保障，男女老少各得其所，并用社区化的制度来管理职工宿舍，让员工安心工作，舒心生活，为员工安心工作创造更舒适的条件，推动企业持续健康发展。宝纺印染员工居住环境如图 11－38 所示。

四、案例理论支撑：马斯洛需求层次理论

浙江宝纺印染有限公司党建活动卓有成效，帮助企业实现高质量发展，成果丰硕，完美阐释了党建工作对企业发展的重要性。那么党建赋能企业发展的机制是怎样的呢？我们接下来将重点从马斯洛需求层次理论的安全需要、社交需要、尊重需要和自我实现需要四

图 11－38　宝纺印染员工居住环境

个层次对宝纺印染的成功原因进行详细分析。

（一）理论概述

马斯洛需求层次理论由美国心理学家亚伯拉罕·马斯洛于 1943 年提出，该理论中把人的需要分成生理需要、安全需要、社交需要、尊重需要和实现自我需要五大类，这种五阶段模式可分为不足需求和增长需求。五种需要可分为高低两级，其中生理需要、安全需要和感情需要都属于低一级的需要，这些需要通过外部条件就可以满足；而尊重需要和自我实现需要是高级需要，他们是通过内部因素才能满足的，而且一个人对尊重和自我实现的需要是无止境的，如图 11－39 所示。

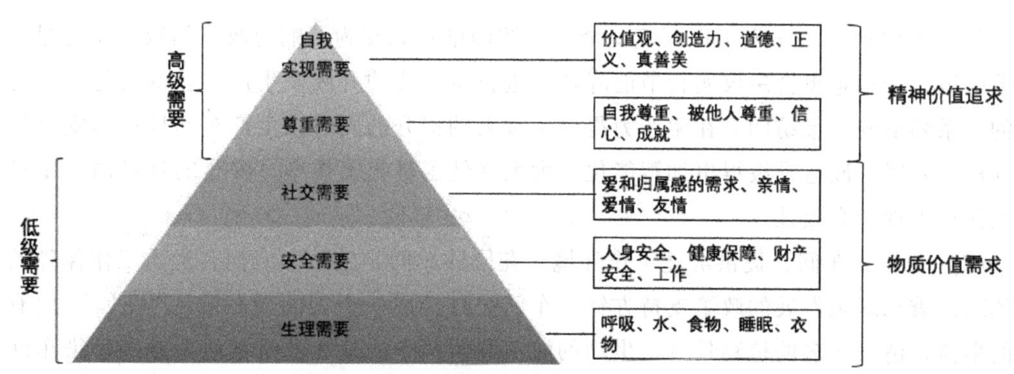

图 11－39　马斯洛需求层次理论

马斯洛强调，五种需求具有普遍适用性，但由于个体的生理、心理、社会经济特征以及所处的时代背景都存在着显著差异，因此，五种需求的表现形态和满足状态也贴上了鲜明的个人和社会标签。需求是一种动态过程，它们是由低向高呈阶梯式逐渐上升。同一时期，一个人可能有几种需要，但每一时期总有一种需要占支配地位，对行为起决定作用。任何一种需要都不会因为更高层次需要的发展而消失。各层次的需要相互依赖和重叠，高层次的需要发展后，低层次的需要仍然存在，只是对行为影响的程度大大减小。

由于现代社会人们对呼吸、水、食物、睡眠、衣物等生理需求基本得到满足，因此本案例主要从马斯洛需求侧层次理论的安全需要、社交需要、尊重需要和自我实现需要四个方面进行分析讨论。

（二）党建保障安全需要——提高企业生命力

马斯洛需求层次理论认为，安全需要是指人们需要稳定、安全、受到保护、有秩序、能免除恐惧和焦虑等。宝纺印染遵循以人为本的企业文化理念，在生存与生产环境上满足宝纺员工的安全需要。同时，满足员工的安全需要赋予了宝纺印染来自员工的生命力与热情，使宝纺印染的生命力生生不息。党建保障员工安全需要如图 11 –40 所示。

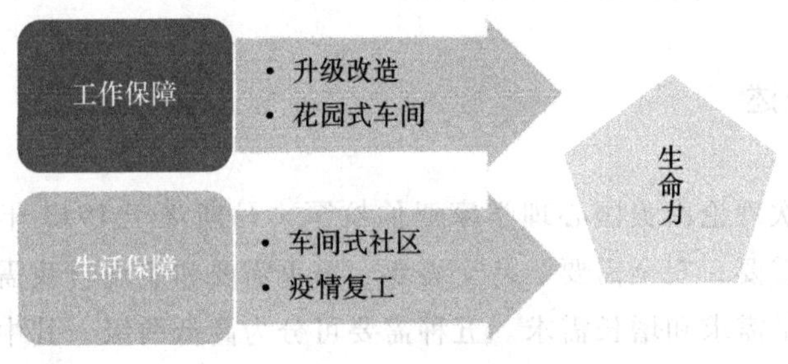

图 11 –40　党建保障员工安全需要示意图

1. 工作安全保障

（1）升级改造，增强工作环境安全。宝纺印染党总支为了响应政府的数字化与绿色化改造政策，推动董事会决议实行节能降耗，进行生产线的升级及生产工艺的改进。通过改造的一系列措施，宝纺印染在生产力得到了极大的提升的同时，生产车间环境的安全性也得到极大升级。改造升级得更加智能化，大大降低了员工工伤率，安全的环境激发了员工的工作积极性和高效性。

（2）花园式车间，提供舒适工作环境。花园式车间是宝纺印染拥有优质工作保障的重要体现，秉承绿色发展的政策支持方针，车间被打扮成一个美丽的花园。“花园”内有休息的桌椅，清新繁多的植物景观，生动的游鱼和假山……这些都是其他企业的印染车间难以打造的工作环境。宝纺的花园式车间满足了员工在工作过程中对心理安全要求，提高了员工主人翁意识，催生出更强大的生命力。

为进一步发展以人为本的理念，完善党建建设。宝纺印染为员工打造公园式住房社区，建设幼儿园、图书馆、篮球场等举措让员工可以安心工作，舒心生活，为员工的人身安全和健康提供了保障。

2. 生活安全保障

宝纺印染深受疫情影响，面临复工复产难题。宝纺董事会及宝纺印染党总支召开会议，当机立断成立小组进行疫情期间的复工复产工作，由党总书记指挥工作。针对宝纺印染员工回厂难的各项问题，如路途遥远、防疫物资缺乏等情况，宝纺印染采取了诸如对返厂员工进行专车接送，向每一位返厂的宝纺员工发放防疫礼物（口罩、洗手液）、为员工保留岗位、发放基本工资等保障生活安全的措施。此外，公司郑重承诺“不放弃，不减薪”稳定了员工工作不安情绪，使员工能够放心工作，专心生产。员工对宝纺印染生活保障的肯定如图 11－41 所示。

“在宝纺生活幸福吗”

—“幸福，我们宿舍完全按宾馆标准配置，生活区域装了监控，宝纺家园的活动区域环境优美功能丰富，让老人孩子都有玩耍的地方，我们**工作着很放心，没有后顾之忧。**过年了回老家，开工了回宝纺，**宝纺是我们第二个家。**”

——宝纺基层员工

图 11－41　员工对宝纺印染生活保障的肯定

（三）党建促进社交需要——强化集体凝聚力

社交需求不仅是局限于利益，更多的是精神上的满足需要。社交需要主要表现在两个方面，一是基本感情的需要，即人人都需要伙伴之间、同事之间的关系融洽或保持友谊和忠诚；二是归属的需要，即人都有一种归属于一个群体的感情，希望成为群体中的一员，并相互关心和照顾。宝纺印染将以人为本思想投入员工社交需求的建设，宝纺印染的感怀式党建活动通过对内团队建设来实现上下级间的社交需要，有利于提高人才工作积极性，增强个人归属感，从而提升企业凝聚力。党建满足员工社交需要如图 11－42 所示。

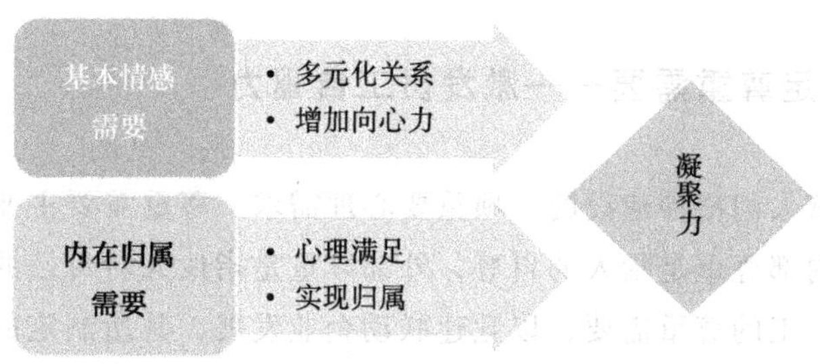

图 11－42　党建满足员工社交需要示意图

1. 满足基本情感需要，聚合员工向心力

宝纺印染将党建融入企业管理，通过举行红色旅游、传统节日送温暖等党建相关的娱乐活动让员工感受到公司的温度，同事之间的关系进一步升温，公司凝聚力进一步增强，有家庭的员工生活也得到进一步丰富，让员工在公司感受到亲情、爱情、友情的存在，这与马斯洛需求层次理论中的社交需要内容相契合。

在制度方面，宝纺印染实施联系制度，促进员工之间的工作社交，使企业的同事与同事之间，领导与下级之间的距离更近，从而使中高层干部的社交需要得到实现。

2. 实现内在归属需要，增强企业认同感

调动内在积极性是维持生产活力的重要方法，当社交需求发展为主要的激励源时，工作被人们视为寻找和建立温馨和谐人际关系的机会，因此可以提供社交往来机会的职业会受到重视。对于外地员工占比 90% 以上的劳动密集型企业来说，家文化打造尤为重要。

宝纺印染致力于从党建活动与党建制度上塑造公司党建家文化。每逢党的生日，宝纺印染为员工子女添置新衣，组织员工看党建经典电影、参加红色文旅等，使员工受到党的凝聚力和团结心的感召，加强对党、对企业的热爱（如图 11－43 所示）。党员联系制度的实施让党员干部从工作上、生活上更加全面了解员工，用人所长，使员工工作获得更多信任感。与此同时，员工在工作中无法展现出来的能力，通过深层次的接触，能帮助党员干部更好地识人用人，加强企业凝聚力，满足党总支建强队伍的社交需要。

> “感谢董事长给我们外出旅游的机会，通过这样愉快的集体活动，我们既**感受到了大家长的关怀，更提高了同事之间的团队协作和凝聚力**，调动了大家的工作积极性，营造了团结友爱、和谐进取的氛围。
>
> 在北京的这三天，我感受的不仅是快乐，还有一种坚持不懈的精神，更感受到脚踏实地、勇往直前的力量。**未来，我们要更努力的改革创新，把宝纺品牌做优做强！**”
>
> ——优秀党员干部任世林

图 11－43　员工对旅游活动的赞赏

（四）党建满足尊重需要——激发员工自驱力

尊重需要是丰富人们精神建设的一项重要心理需求。尊重需要主要分为内部尊重和外部尊重两大部分。内部尊重是指人的自尊，外部尊重是指他人对自己的尊重。浙江宝纺印染有限公司为满足员工的尊重需要，以党建联动企业发展，其所制定的制度，为宝纺员工打造了一个共同体现自尊与他尊的环境，也促使员工自我尊重与企业生产发展实现双向成就。党建满足员工尊重需要如图 11－44 所示。

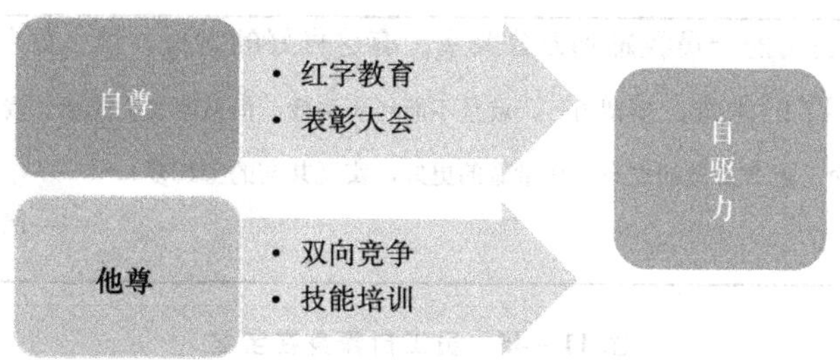

图 11－44　党建满足员工尊重需要示意图

1. 红字教育，催生自尊追求

宝纺印染采取“鼓励式”与“教育式”两种模式培养员工。一是开展表彰大会、设立优干光荣榜、退休欢送会等，优秀干部树立榜样，其他员工学习榜样，自我认可，发展更优秀的自己为企业创造更优质的价值；二是进行晨训教育式“红学”，对绩效落后与问题反馈的员工进行教育与整改，在车间大环境中的实名反馈与“三明治”话术教育之下，催生员工自尊心理，使员工在生产少犯错、不犯错。宝纺印染从精神塑造方面入手，全面提升员工整体综合素质，增强员工的自身自觉性，提高员工的独立性、自主性，让员工自发形成严格的系统化生产生活方式。

2. 制度公开，营造他尊环境

宝纺印染为保障党建人才平等发展，开通了双向发展晋升通道。双向发展晋升通道包含多岗位轮岗、“上挂下派”、脱产培训等多样化晋升渠道，为员工营造公平公开、激烈有趣的晋升氛围。一方面，基层业务干部对标先进学先进，找准差距补短板，提高站位，开阔视野。另一方面，基层党务干部到生产一线经风雨、见世面、壮筋骨，苦练内功，攻坚克难，获得同事、领导认可。员工可以充分认识到岗位不分“热门”还是“冷门”，工作没有“肥缺”或者“苦差”。

宝纺印染为保障党建人才综合发展，兼顾思想教育与职业技能教育培训。支部书记定期对党员联系点干部的纪实手册（党员日记）进行评价，尊重优干劳动成果，保证优干树立正确价值观。宝纺印染提供体系化的职业技能培训，强化员工对自己岗位职责的认识，增强员工自身工作能力，让员工在提升工作技术的同时获得证书认可，从而提高社会地位，获得社会认可。

除此之外，宝纺印染还设立优秀干部、员工光荣榜，公开激励表扬有贡献的员工，物质奖励与精神奖励相结合，让员工在精神上接收到企业对其的重视与关照，催生自耻自荣，增强员工的自信心和荣誉感（如图 11－45 所示）。

“身为公司的一员我感到万分荣幸，有这样好的老板，这么好的平台，还有什么解决不了的困难。所谓勇气，就是不断经历失败，但从不丧失热情。我们必须不忘初心，牢记使命，把产量做的更高，质量做的更好，实现共同的宝纺梦！

——优秀党员刘志芳

图 11－45　员工自豪身在宝纺

（五）党建提升自我实现需要——追求更高创造力

当人们低层次需求得到满足后，就会开始追求更高层次的需求。马斯洛需求层次理论的提出可以让员工在工作的过程中更清晰地了解自己的基本需求，其他更高层次的需求才能进一步成为其激励因素，最终使员工向追求自我实现需求靠拢。宝纺印染在为员工创造与提供了满足安全、社交、尊重需要的条件和环境的同时，在制度与活动上为员工指明实现自我路径，使员工不断进行思想变革，修缮自我。党建满足员工自我实现需要如图 11－46 所示。

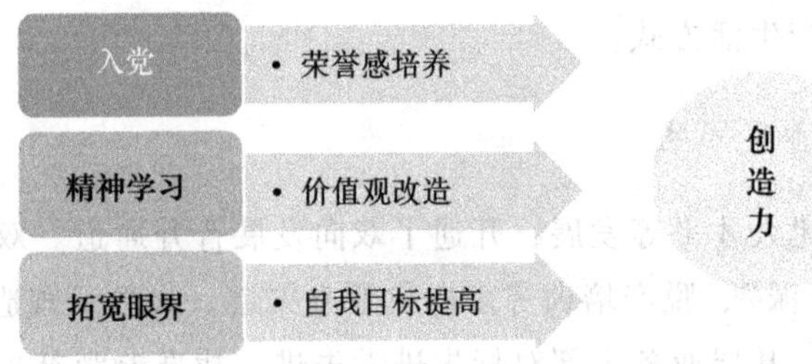

图 11－46　党建满足员工自我实现需要示意图

1. 获得自我荣誉感，挖掘更大潜在力

宝纺印染的党建矩阵式组织架构与公开透明的双向晋升制度为员工开通实现自我的渠道。公开透明的晋升制度下，每个员工可以通过提供劳动而获得基本生活物资，通过努力工作得到企业和社会的认可，实现社会身份和地位的提升。通过双向晋升制度，为表现优秀的员工提供入党的机会，这对于劳动密集型的印染企业员工来说无比光荣，在宝纺党建文化的熏陶下引领员工找到工作的价值所在，充实员工的自我实现价值。宝纺印染鼓励员工申请入党，并将成为党员作为公司中高层岗位任职资格之一，且中高层兼任党务职责与经营职责，号召员工从基层抓起以党的标准严格要自己，汲取党的养分不断提升自我、挖掘自我内在潜力，创造自我价值。

2. 培养自我价值观，塑造更强精神力

宝纺印染组织的全员旅游、国外学习旅游等，让员工接触更广阔、更高内涵的环境，通过亲身实践体会到更高层次的人生境界，提升自我发展的动力（如图 11－47 所示）。经过实践学习新思想转化而成的宝纺精神，如“五个服从”“五个文明”“新十条”等，将先进思想运用到实际生产生活管理之中，使员工养成时时事事在学习的习惯，领导养成时时关注时事政策的习惯，保证企业时刻紧跟时代发展潮流，避免故步自封现象。

> 宝纺是我们的家，我们是宝纺的主人翁，爱厂如爱家不只是口号，我们有责任有义务做好自己的本职工作：**德行为先，表里如一，以厂为家，敬业爱岗，刻苦钻研，用心细心，多动脑筋，不断创新，对照目标，超额完成。**要用心用情，用实际成绩，回报董事长、回报宝纺的知遇之恩。
>
> ——员工董晓敏

图 11－47　员工的自我要求

（六）总结

对企业来说，员工就是生产力，对于污染大、环境差、员工流失率高的印染企业更是如此，如何真正留住员工，让员工全心全意为企业的发展服务是企业一直难以破解的难题。浙江宝纺印染有限公司通过将党建融入企业管理的一些举措为员工提供的物质生活保障和精神生活追求，实现了马斯洛需求层次理论中安全需要、社交需要、尊重需要和自我实现需要（如表 11－6 所示）。

表 11－6　　宝纺党建满足四大需求的措施要点

	党建具体措施	党建效果
安全需要	①花园式工厂、公园式社区的打造 ②疫情期间保护员工不致失业 ③党员联系基层，及时反馈情况	①环境安全 ②职业安全 ③劳动安全
社交需要	①党日活动集体聚会 ②定期全员分批旅游 ③开展红色游学活动	①建立良好人际关系 ②获得他人接纳与信任 ③增强对企业的认同感
尊重需要	①技能学习培训 ②晋升通道开通 ③意见收集、信息公示 ④公开表扬、美化环境	①增强信心建设 ②尊重员工思想 ③获得社会认同
自我实现需要	①提供入党机会 ②组织游学活动 ③确立晋升、绩效、福利制度	①满足员工荣誉感 ②塑造正确价值观 ③提高目标达成度

五、案例总结与启示

本案例以浙江宝纺印染有限公司为例，研究了非公有制企业如何开展党建工作，发挥基层党组织在企业发展中的战斗堡垒作用和党员先锋模范作用，实现高质量发展。宝纺印染持之以恒抓党建工作取得的成效和经验，有力地印证了“党建做实了就是生产力，做细了就是凝聚力”。

宝纺印染党建赋能企业高质量发展做到了以下三点。

（一）耦合党建文化与企业文化

党建文化与企业文化具有共同的价值取向，党的理想、党的主张、党的要求既是党建工作的重点，也是企业文化建设的价值遵循，以人为本、全面发展已经成为企业文化发展的核心要素。党建文化不是悬在空中的难以触碰的文化，唯有将党建文化内化为企业经营理念，将党建文化本土化，才能让员工切实感受到党建文化与生产生活息息相关，的确是为民服务的好文化，大大提高工作荣誉感。

只有实现党建文化与企业文化的耦合，倚靠员工对党的信任度，才能让员工深悉企业决策的正确性、可信度，避免因为企业盈利性目的，使员工认为企业变相剥削劳动力，从而造成员工与公司施行的措施之间产生较大的鸿沟。

（二）融合党建工作与企业工作

非公有制企业党建工作与企业发展之间可以同频共振，共生共荣。开展党建活动以来，宝纺印染围绕党建与发展“目标同向、工作同步，互促共赢”的目标，从“党建架构与经营职能合二为一、双向晋升、三会一课内容与生产经营内容挂钩”方面，推进党的建设与业务发展深度融合；以“融合式党建保障制度”为重点，统筹党建力量抓好各领域建设，推动党支部在落实党的中心任务中发挥领导核心、政治核心作用；让党员的理想信念转化为凝聚力、优良作风转化为执行力、示范作用转化为带动力。

只有推动党建工作与公司经营工作有机结合，才能取得“党建强，业务强”的“双强”效果。党建与经营是一企两翼的关系，重视与做实党建，为企业发展提供风向标指引、生命力动能、科学管理决策，企业发展强盛为党建提供人力、财力、物力保障，达到企业“硬实力”与党建“软实力”互促的效果。

（三）结合党的先进性与优越性

当前非公有制企业的党建，不管是组织决策、指挥体制改革还是党建活动管理中，越是任务艰巨繁重，越需要党员干部奋勇当先、实干担当，党的先进性能不断夯实巩固改革基础、凝聚改革共识、汇聚改革力量。同时要做到先进性和优越性结合，越是出色的干部，越能在企业担当重任，得到企业的嘉奖。如此，广大员工才能以入党为荣，心甘情愿、奋发图强进入党组织队伍，在企业中能干、肯干从而实现自我目标。

只有做到先进性和优越性结合，才能凝聚全党的战斗力和创造力，才能充分发挥战斗堡垒作用，开创改革发展新局面。与此同时，企业才能拥有一批强有力、高素养的人才队伍，为企业繁荣富强添砖加瓦。

思考题

1. 宝纺印染是怎样通过党建推动企业发展的？
2. 从马斯洛需要层次理论看，党建赋能企业高质量发展的机理是什么？

案例编写：陈倩（工商管理 19 级）；周琴（工商管理 19 级）；
林馨怡（公共管理 19 级）；徐茂兰（公共管理 19 级）；施绣（工商管理 19 级）
指导老师：周鸿勇

参考文献

[1] 赵娜，谭天．社交媒体中的积极老龄化探析——基于马斯洛需求层次理论［J］．新闻爱好者，2021（3）：22－26.

[2] 魏巍，黄丽霞．基于马斯洛需求层次理论的农民工信息需求分析［J］．图书馆学研究，2016（5）：58－62.

[3] 葛亮．从单位政治组织到社会政治组织——基于“两新”党建和群团改革的判断和预测［J］．学习与实践，2020（1）：91－99.

[4] 梁焯．基层党建形式主义的发生逻辑［J］．贵州师范大学学报（社会科学版），2021（3）：45－52.

[5] 肖天奉．江苏省淮安市检察院：弘扬周恩来精神以“党建＋”助推检察工作［J］．党建，2018（12）：46，53.

[6] 钱力，倪修凤．贫困人口扶贫政策获得感评价与提升路径研究——以马斯洛需求层次理论为视角［J］．人文地理，2020，35（6）：106－114.

[7] 陈诗佳．精益生产模式下降低员工流失率的对策研究［J］．湖南科技大学学报（社会科学版），2017，20（1）：84－88.

[8] 马永喜，王颖．绍兴市印染行业环境管理问题及对策［J］．生态经济，2015，31（3）：177－180.

[9] 胡敏．用党建工作创新为民企赋能［J］．人民论坛，2018（11）：120.

[10] 宝纺印染：不忘初心，坚持绿色发展［J］．中国纺织，2019（10）：180－181.

[11] 赵大朋．新形势下“两新”党组织功能的激活与实现：挑战与对策［J］．理论月刊，2019（2）：84－91.

[12] 牛胜强．浅议节能降耗与我国经济和谐发展［J］．理论月刊，2011（7）：52－55.

[13] 梁焯．基层党建形式主义的发生逻辑［J］．贵州师范大学学报（社会科学版），2021（3）：45－52.

[14] 陈戈．两新组织党建的“融合”之道［J］．今日浙江，2017（14）：44－45.

[15] 陈鹏军．把握新要求，探索新路子，开创两新组织党建工作新局面［J］．唯实：现代管理，2017（10）：55－56.